陕西师范大学历史文化学院　　陕西历史博物馆
陕 西 师 范 大 学 人 文 科 学 高 等 研 究 院 编

丝绸之路研究集刊

Journal of the Silk Road Studies

|第九辑|

粟特研究专号

社会科学文献出版社
SOCIAL SCIENCES ACADEMIC PRESS (CHINA)

《丝绸之路研究集刊》编委会

目 录

先秦至西汉初期的敦煌与河西

郑炳林

（兰州大学敦煌学研究所）

对于汉武帝取得河西、设置敦煌郡之前的敦煌归属和居民以及建置沿革，虽然历史文献有零星的记载，但学术界仍然没有进行全面的梳理。敦煌文献 P.4640《阴处士碑》记载，敦煌"天成厥壤，允姓曾居。地载流沙，陶唐所治。河分千溜，法序九畴。据五服而为郊，开一门而展掖"。[①]《史记·五帝本纪》称"帝尧为陶唐"。[②]帝尧时肯定管辖不到敦煌，这是敦煌文士有意将其历史沿革附会到帝尧时期，但是了解到敦煌是有可能的。P.4640《吴僧统碑》记载禹流放三苗于三危："《记》曰：天之经则悬星应分，地之理则岳镇随方。三苗远适于金行，敦煌因基于火德。"[③]论述的就是先秦时期敦煌的沿革，是说允姓曾经居住在这里，陶唐也管理到这个地区，《禹贡》所记载的九畴和五服范围，开辟河西地区就是张汉朝之掖。因此要了解先秦河西敦煌地区的居民和沿革，首先必须了解河西及敦煌在设郡之前都有哪些居民生活在这里，他们的迁徙变化情况如何；其次要探究汉武帝派遣张骞出使西域的缘由和目的。

一 乌孙大月氏时期的河西与敦煌

匈奴进入河西地区之前，河西和敦煌地区生活的主要是乌孙和大月氏人。周穆王西巡见西王母乐而忘归发生在河西走廊的酒泉到敦煌一带，敦煌文献中留下了关于这方面的记载。由于历史久远，且夹杂有很多传说成分，这些珍贵的历史记载变得扑朔迷离。为了还原秦至西汉初期敦煌历史的原貌，有必要对这些记载进行探索。这个时期需要解决三个问题，即乌孙、大月氏时期的敦煌，匈奴右部统治下的敦煌，以及张骞出使西域经过河西时期的情况。

秦至西汉初年，敦煌河西地区居民应当进行过三次更替。首先是乌孙人生活时期的敦煌，《史记·大宛列传》记载乌孙：

> 是后天子数问骞大夏之属，骞既失侯，因言曰："臣居匈奴中，闻乌孙王号昆莫，昆莫之父，匈奴西边小国也。匈奴攻杀其父，而昆莫生，弃于野。乌嗛肉蜚其上，狼

---

① 郑炳林、郑怡楠辑释：《敦煌碑铭赞辑释（增订本）》，上海古籍出版社，2019 年，第 214 页。
② 《史记》卷 1《五帝本纪》，中华书局，1982 年，第 45 页。
③ 郑炳林、郑怡楠辑释：《敦煌碑铭赞辑释（增订本）》，第 273 页。

往乳之。单于怪以为神，而收长之。及壮，使将兵，数有功，单于复以其父之民予昆莫，令长守于西域。昆莫收养其民，攻旁小邑，控弦数万，习攻战。单于死，昆莫乃率其众远徙，中立，不肯朝会匈奴。匈奴遣奇兵击，不胜，以为神而远之，因羁属之，不大攻。今单于新困于汉，而故浑邪地空无人。蛮夷俗贪汉财物，今诚以此时而厚币赂乌孙，招以益东，居故浑邪之地，与汉结昆弟，其势宜听，听则是断匈奴右臂也。既连乌孙，自其西大夏之属皆可招来而为外臣。"天子以为然，拜骞为中郎将，将三百人，马各二匹，牛羊以万数，赍金币帛直数千巨万，多持节副使，道可使，使遣之他旁国。①

从这条记载可知，乌孙在昆莫之父时，为匈奴西边小国，匈奴杀其父，降服其民，而没有记载乌孙最初生活的地区。这些记载同《汉书·西域传》记载的乌孙略有不同：

> 乌孙国，大昆弥治赤谷城。……东与匈奴，西北与康居，西与大宛，南与城郭诸国相接。本塞地也，大月氏西破走塞王，塞王南越县度，大月氏居其地。后乌孙昆弥击破大月氏，大月氏西徙臣大夏，而乌孙昆莫居之，故乌孙民有塞种、大月氏种云。始张骞言乌孙本与大月氏共在敦煌间，今乌孙虽强

大，可厚赂招，令东居故地，妻以公主，与为昆弟，以制匈奴。语在《张骞传》。武帝即位，令骞赍金币往。……骞既致赐，谕指曰："乌孙能东居故地，则汉遣公主为夫人，结为昆弟，共距匈奴，不足破也。"乌孙远汉，未知其大小，又近匈奴，服属日久，其大臣皆不欲徙。②

从这些记载看，乌孙最早生活的地方和大月氏一样，在敦煌间。是生活在东部还是敦煌西部，这里有个关键地名就是悬度。悬度，根据《汉书·西域传》，在乌秅之西南："其西则有县度，去阳关五千八百八十八里。去都护治所五千二十里。县度者，石山也，谿谷不通，以绳索相引而度云。"③就是说大月氏迁徙至悬度北部之前，居住地是乌孙故地。乌孙人生活的地方就是西汉政府准备迁徙乌孙并进行安置的地方。张骞出使乌孙时，汉武帝给乌孙预留的地方在哪里，是整个河西走廊还是仅仅是敦煌？《汉书·武帝纪》记载元狩二年（前121）匈奴浑邪王投降汉朝，汉武帝以其地置武威、酒泉郡，并修筑了令居塞以西至酒泉的亭障。《汉书·张骞传》记载：

> 其秋，浑邪王率众降汉，而金城、河西并南山至盐泽，空无匈奴。匈奴时有候者到，而希矣。后二年，汉击走单于于幕北。
>
> 天子数问骞大夏之属。骞既失侯，因曰："臣居匈奴中，闻乌孙王号昆莫。昆莫

---

① 《史记》卷 123《大宛列传》，第 3168 页。
② 《汉书》卷 96 下《西域传下》，中华书局，1962 年，第 3901—3902 页。
③ 《汉书》卷 96 上《西域传上》，第 3882 页。

父难兜靡本与大月氏俱在祁连、燉煌间，小国也。大月氏攻杀难兜靡，夺其地，人民亡走匈奴。子昆莫新生，傅父布就翎侯抱亡置草中，为求食，还，见狼乳之，又鸟衔肉翔其旁，以为神，遂持归匈奴，单于爱养之。及壮，以其父民众与昆莫，使将兵，数有功。时，月氏已为匈奴所破，西击塞王。塞王南走远徙，月氏居其地。昆莫既健，自请单于报父怨，遂西攻破大月氏。大月氏复西走，徙大夏地。昆莫略其众，因留居，兵稍强，会单于死，不肯复朝事匈奴。匈奴遣兵击之，不胜，益以为神而远之。今单于新困于汉，而昆莫地空。蛮夷恋故地，又贪汉物，诚以此时厚赂乌孙，招以东居故地，汉遣公主为夫人，结昆弟，其势宜听，则是断匈奴右臂也。既连乌孙，自其西大夏之属皆可招来而为外臣。"天子以为然，拜骞为中郎将，将三百人，马各二匹，牛羊以万数，赍金币帛直数千巨万，多持节副使，道可便遣之旁国。骞既至乌孙，致赐谕指，未能得其决。语在《西域传》。骞即分遣副使使大宛、康居、月氏、大夏。乌孙发译道送骞，与乌孙使数十人，马数十匹，报谢，因令窥汉，知其广大。

颜师古曰：

祁连山以东，燉煌以西。①

燉煌就是敦煌，颜师古的注释基于将祁连山比勘为天山，这样祁连、敦煌间，只能在祁连山以东敦煌之西。颜师古的注释错误，学术界已经有明确的论述，但是仍然有很多学者至今沿用这一论断，②遭到学术界的不断批判。③如果将祁连比勘作张掖酒泉南部的祁连山，乌孙原来的生活地域就与大月氏一致，都在河西地区。我们从这段记载中得知，首先乌孙的故地是在敦煌、祁连间；其次张骞向汉武帝建议将乌孙迁徙回故地的时间是在浑邪王投降汉朝的元狩二年之后两年，即元狩四年（前119）。元朔六年（前123），张骞因从大将军击匈奴知水草处而军得以不乏得到封侯，张骞失侯的时间是元狩二年击匈奴后期。张骞出使乌孙的时间是元狩四年，这个时期西汉政府虽然得到河西，但还没有设郡，仅在河西地区驻军屯守。《汉书·武帝纪》记载元狩二年浑邪王投降汉朝，当时就设置了武威、酒泉郡。此外如《史记·匈奴列传》《汉书·匈奴传》等都没有记载酒泉郡的具体设置时间，如果结合《汉书·武帝纪》的记载分析，"以其地为武威、酒泉郡"实际上是元狩二年之后做的事情。就是说元狩二年浑邪王投降汉朝后金城河以西至盐泽空无匈奴，西汉政

---

① 《汉书》卷61《张骞传》，第2691—2692页。

② 余太山《塞种史研究》（中国社会科学出版社，1992年，第53—56页）、林梅村《祁连与昆仑》（《敦煌研究》1994年第4期，第113—116页）提出故地不应在河西走廊而应在东天山地区；王建新、王茜《"敦煌、祁连间"究竟在何处？》（《西域研究》2020年第4期，第27—38页）认为："今祁连山并非汉代祁连山，汉代的祁连山应为东天山，月氏故乡不可能在河西走廊西部，应在以东天山为中心的地区。"

③ 陈秀实：《驳"'敦煌、祁连间'究竟在何处"立论》，网络撰文。参陈秀实：《汉将霍去病出北地行军路线考——〈汉书〉"涉钧耆济居延"新解》，《西北师大学报》1998年第6期，第85—87页。

府在这里也没有进行任何政区建置。

酒泉郡何时设置？即西汉政府在河西何时进行政区设置？司马光撰写《资治通鉴》在综合分析整个资料的基础上，认为酒泉郡设置于元鼎二年（前115）。根据《资治通鉴》的记载，浑邪王降汉之后，"金城河西，西并南山至盐泽，空无匈奴"。胡三省认为金城河指自允吾以西通谓之金城河。① 没有记载设酒泉郡，仅记载得浑邪王地，陇西、北地、上郡益少胡寇，诏减三郡戍卒之半。② 元狩三年（前120），"是岁，得神马于渥洼水中"。③ 因此西汉取得河西之后，没有进行政区建置，仅仅驻军并设置屯田官而已。而《汉书·武帝纪》作元鼎四年秋。元狩四年霍去病击败匈奴，"是后匈奴远遁，而幕南无王庭。汉渡河自朔方以西至令居，往往通渠，置田官，吏卒五六万人，稍蚕食匈奴以北"。④ 到这个时期，汉朝仍仅在河西设置田官吏卒而已。元鼎二年，"浑邪王既降汉，汉兵击逐匈奴于幕北，自盐泽以东空无匈奴，西域可通"。张骞建言汉武帝招乌孙东居浑邪故地，并得拜中郎将出使乌孙等西域诸国，"乌孙王既不肯东还，汉乃于浑邪王故地置酒泉郡，稍发徙民以充实之；后又分置武威郡，以绝匈奴与羌通之道"。⑤ 根据《汉书·匈奴传》的记载，汉武帝置酒泉郡的时间是在元鼎三年之后，"而西置酒泉郡以隔绝胡与羌通之路"。⑥《汉书·张骞传》亦记载张骞元鼎二年出使乌孙返回，拜为大行，

岁余卒，"而汉始筑令居以西，初置酒泉郡，以通西北国"。⑦ 从此之后汉与西域通使开始频繁起来，使者相望于道。通过这些记载可知，从元狩二年浑邪王投降汉朝到元鼎二年这七年时间里，西汉政府仅在河西驻军屯田，如何对河西这块新得到的土地进行管理，汉武帝还没有一个想法，直到张骞建言招来乌孙东居河西，都不想直接管理。因此乌孙的故地是哪个地方就很明确，就是河西地区。

秦汉之际大月氏人的生活地区和乌孙人一样，都是在河西地区。大月氏人最初是和乌孙人共同生活在河西地区，后来赶走乌孙人独居河西地区，还是原先就与乌孙人共同生活在敦煌河西地区，文献中没有明确的记载。《史记·大宛列传》记载：

> 是时天子问匈奴降者，皆言匈奴破月氏王，以其头为饮器，月氏遁逃而常怨仇匈奴，无与共击之。汉方欲事灭胡，闻此言，因欲通使。

月氏王，《史记正义》："凉、甘、肃、沙等州，本月氏国之地。《汉书》云'本居敦煌、祁连间'是也。"⑧ 唐张守节认为大月氏人的生活区域为整个河西地区，而《汉书》记载大月氏人的活动地区是敦煌到张掖，即河西走廊的西部地区。汉武帝

---

① 《资治通鉴》卷19，汉武帝元狩二年，中华书局，1956年，第634页。
② 《资治通鉴》卷19，汉武帝元狩三年，第636页。
③ 《资治通鉴》卷19，汉武帝元狩三年，第636页。
④ 《资治通鉴》卷19，汉武帝元狩四年，第645页。
⑤ 《资治通鉴》卷20，汉武帝元鼎二年，第656—658页。
⑥ 《汉书》卷94上《匈奴传上》，第3773页。
⑦ 《汉书》卷61《张骞传》，第2694页。
⑧ 《史记》卷123《大宛列传》，第3157页。

依据张骞的建言，准备将乌孙招来东居浑邪故地，就是指河西走廊，而不是单单指浑邪王原来居住的地方。《史记·大宛列传》亦记载大月氏：

> 大月氏……故时强，轻匈奴，及冒顿立，攻破月氏，至匈奴老上单于，杀月氏王，以其头为饮器。始月氏居敦煌、祁连间，及为匈奴所败，乃远去，过宛，西击大夏而臣之，遂都妫水北，为王庭。其余小众不能去者，保南山羌，号小月氏。[①]

对于该条记载，《史记正义》曰："初，月氏居敦煌以东，祁连山以西，敦煌郡今沙州，祁连山在甘州西南。"明确了大月氏的生活区域是张掖西南祁连山之西到敦煌，即酒泉、敦煌间，而不是前面记载的凉、甘、肃、沙等州。笔者推测，大月氏将乌孙人驱逐出河西之后，乌孙人实际上投靠了匈奴，部落人民都归属了匈奴，并在匈奴的帮助下逐渐强大起来，在帮助匈奴打败大月氏后重新在匈奴西部建立了政权。而大月氏人驱逐乌孙人，整个河西地区包括南山一部分归属于大月氏。大月氏被匈奴打败后，部分月氏人南迁到南山，羌人将其称为小月氏，因为归属诸羌，有时将其称为南山羌。

这里我们需要弄清楚两个地点，即南山和羌中。南山指哪些地方？根据《史记·大宛列传》《汉书·张骞传》《资治通鉴》，浑邪王投降汉朝之后金城河西并南山至盐泽空无匈奴，毫无疑问，

南山就是指河西走廊南部的祁连山。羌中，根据《史记·大宛列传》《汉书·张骞传》等的记载，河湟地区、祁连山及其以南的柴达木盆地诸羌生活的地方都统称为羌中。

留居河西或者保南山羌的小月氏归附于诸羌或者匈奴，成为其管辖下的部落。根据《史记·卫将军骠骑列传》，元狩二年夏霍去病出北地击匈奴，"骠骑将军逾居延，遂过小月氏，攻祁连山，得酋涂王"，"赐校尉从至小月氏爵左庶长"。[②] 这里记载的小月氏实际上已经成为匈奴右部管辖下的小王或者附属性的地域政权。

留居河西保南山羌号称小月氏的，就是后来在敦煌西南建立政权的南山羌，又被称为狼何羌。《汉书·赵充国传》汉宣帝元康三年（前63）记载：

> 后月余，羌侯狼何果遣使至匈奴借兵，欲击鄯善、敦煌以绝汉道。充国以为"狼何，小月氏种，在阳关西南，势不能独造此计，疑匈奴使已至羌中，先零、罕、开乃解仇作约，到秋马肥，变必起矣。宜遣使者行边兵豫为备，敕视诸羌，毋令解仇，以发觉其谋"。[③]

阳关西南就是《汉书·西域传》记载的婼羌，"出阳关，自近者始，曰婼羌……辟在西南，不当孔道。……西北至鄯善，乃当道云"。[④] 很显然狼何羌与婼羌的方位是一致的，东北部就是

① 《史记》卷123《大宛列传》，第3161—3162页。
② 《史记》卷111《卫将军骠骑列传》，第2931页。
③ 《汉书》卷69《赵充国传》，第2973页。
④ 《汉书》卷96上《西域传上》，第3875页。

鄯善和敦煌，因此婼羌与狼何羌有某种关系。在西汉对诸羌的征伐中，小月氏很快就在破羌将军辛武贤的打击之下臣服于西汉，成为辛武贤率领下攻打诸羌的主要力量。根据《汉书·赵充国传》，西汉政府配合赵充国准备从西部攻击罕羌的军队有："破羌将军武贤将兵六千一百人，敦煌太守快将二千人，长水校尉富昌、酒泉候奉世将婼、月氏兵四千人，亡虏万二千人。"[①]其中婼、月氏兵就是指来自婼羌和狼何羌的部队，在破羌将军辛武贤打击之下已经臣服于西汉，由于其与诸羌之间人种上的不同，所以很快就归属西汉攻击诸羌。笔者认为狼何羌很可能就是南山羌，狼何羌与婼羌之间肯定存在某种联系。又记载婼羌"又去胡来王唐兜，国比大种赤水羌，数相寇，不胜，告急都护。都护但钦不以时救助，唐兜困急，怨钦，东守玉门关"。婼羌与其他诸羌间存在很大不同，实际上往北就进入西域都护管辖范围，就可以得到西域都护的护持，往东北就进入敦煌郡的管辖范围，可以得到西汉政府的庇护。将婼羌归入西域范围，很可能就是基于婼羌同诸羌之间存在很大的区别。南山羌就在这个方位，《史记·大宛列传》《汉书·匈奴传》记载张骞出使大月氏，"俱出陇西，经匈奴，匈奴得之，传诣单于"。返回时"还，并南山，欲从羌中归，复为匈奴所得"。[②]很显然羌中是指祁连山南，张骞选择羌中就是希望经过羌中地区顺利返回汉朝。如果从羌中道，可避开匈奴控制的河西走廊，但是很快张骞被俘，很可能首先进入的羌人

地区与匈奴关系亲密，这个羌人地区就是婼羌或者南山羌，即狼何羌。在西汉政府已经打败匈奴置河西四郡据两关后，元凤四年（前77）汉朝已经在鄯善伊循城置司马吏士屯田，元康二年（前64）西汉以郑吉为卫司马，使护鄯善以西南道。而元康三年（前63）狼何羌还向匈奴借兵攻打鄯善、敦煌，足见狼何羌与匈奴关系非常亲密，应当说他们之间建立了某种联盟。因此赵充国平定诸羌期间，破羌将军就首先平定了狼何羌，带领这些小月氏的部队准备从西部对诸羌形成东西夹击之势。由于狼何羌属于小月氏，虽然与匈奴之间关系密切，但是与诸羌处于游离状态，当辛武贤率军征伐时，他们很快就投降西汉，跟随敦煌太守出击诸羌。

狼何羌是连接匈奴与诸羌的枢纽，匈奴就力图借助狼何羌建立通诸羌的联盟。《汉书·赵充国传》记载赵充国根据诸羌解仇交质盟诅，认为：

> 至征和五年，先零豪封煎等通使匈奴，匈奴使人至小月氏，传告诸羌曰："汉贰师将军众十余万人降匈奴。羌人为汉事苦。张掖、酒泉本我地，地肥美，可共击居之。"以此观匈奴欲与羌合，非一世也。间者匈奴困于西方，闻乌孙来保塞，恐兵复从东方起，数使使尉黎、危须诸国，设以子女貂裘，欲沮解之。其计不合。疑匈奴更遣使至羌中，道从沙阴地，出盐泽，过长坑，入穷水塞，南抵属国，与先零相直。[③]

① 《汉书》卷69《赵充国传》，第2980页。
② 《史记》卷123《大宛列传》，第3157、3159页；《汉书》卷61《张骞传》，第2687、2689页。
③ 《汉书》卷69《赵充国传》，第2973页。

匈奴通过小月氏通使诸羌，说明小月氏与匈奴之间关系密切，这是一个历史事实，不是临时动机。沙阴地就是指居延北部的遮虏障附近，盐泽指罗布泊，匈奴通过罗布泊地区与小月氏通使，这个首先接触的小月氏就是婼羌或者号称南山羌的狼何羌。也就是先零羌通使匈奴或者匈奴通使诸羌，都必须经过小月氏，小月氏处于诸羌通过罗布泊通使匈奴的交通道路上，符合这一条件的只有婼羌和狼何羌。

由此可知，大月氏在匈奴打击之下西迁之后，留居的小月氏进入南山，附属于诸羌，所建政权叫狼何羌，又称为南山羌，往西北紧邻婼羌。因此，南山作为方位泛指祁连山及其以南地区，作为地名指青海海西州的所在地德令哈附近，作为地域政权指以小月氏为主建立的狼何羌，因为他们是从大月氏中分裂出来的，所以很多时候称之为小月氏。

二 匈奴统治时期的敦煌与河西

《汉书·匈奴传》记载，"匈奴，其先夏后氏之苗裔，曰淳维。唐虞以上有山戎、猃允、薰粥，居于北边，随草畜牧而转移"，[①]主要生活在秦朝以北的地区。秦代西部临边主要有三个郡，即上郡、北地郡和陇西郡，其中上郡是夺匈奴河南地设立的。《汉书·匈奴传》记载：

> 秦昭王时，义渠戎王与宣太后乱，有二子。宣太后诈而杀义渠戎王于甘泉，遂起兵伐灭义渠。于是秦有陇西、北地、上郡，筑长城以距胡。[②]

秦代置北地郡、陇西郡，沿着黄河修筑长城，这个长城就是西起临洮并沿河修筑的亭障。根据《汉书·韩安国传》：

> 昔秦缪公都雍，地方三百里，知时宜之变，攻取西戎，辟地千里，并国十四，陇西、北地是也。[③]

西戎是秦对西北少数民族的统称，其中包括义渠胡等。汉朝初年基本上维持秦代面貌，西部疆域主要控制在黄河沿线，主要有陇西郡和北地郡。《汉书·李广传》记载李广在汉武帝前任职上谷太守、上郡太守，"后徙为陇西、北地、雁门、云中太守"。[④]陇西、北地就是西汉初期最西部的边界。《汉书·东方朔传》记载："初，建元三年……八九月中，与侍中常侍武骑及待诏陇西、北地良家子能骑射者期诸殿门，故有'期门'之号自此始。"[⑤]直到汉武帝即位初期，陇西郡、北地郡都是西汉政府所能控制的最西部疆域范围。而西汉邻接的河西地区，就是在汉朝初年被匈奴所占领。

根据《史记·匈奴列传》《汉书·匈奴传》，匈奴进入河西走廊是匈奴冒顿单于时期的事情，

① 《汉书》卷94上《匈奴传上》，第3743页。
② 《汉书》卷94上《匈奴传上》，第3747页。
③ 《汉书》卷52《韩安国传》，第2401页。
④ 《汉书》卷54《李广传》，第2440页。
⑤ 《汉书》卷65《东方朔传》，第2847页。

匈奴西邻大月氏、氐、羌，氐人生活的区域是陇西郡南部，羌人生活的地区是陇西郡的西部。《史记·匈奴列传》记载秦汉之际的匈奴：

> 当是之时，东胡强而月氏盛。……单于有太子名冒顿。后有所爱阏氏，生少子，而单于欲废冒顿而立少子，乃使冒顿质于月氏。冒顿既质于月氏，而头曼急击月氏。月氏欲杀冒顿，冒顿盗其善马，骑之亡归。……右方王将居西方，直上郡以西，接月氏、氐、羌。①

根据《汉书·匈奴传》，匈奴在冒顿单于之前，西邻大月氏、氐和羌。冒顿单于之后，匈奴强盛，打败大月氏占领河西走廊之后，西部疆界有所变化，西接氐、羌：

> 当是时，东胡强而月氏盛。……单于有太子，名曰冒顿。后有爱阏氏，生少子，头曼欲废冒顿而立少子，乃使冒顿质于月氏。冒顿既质，而头曼急击月氏。月氏欲杀冒顿，冒顿盗其善马，骑亡归。……及冒顿以兵至，大破灭东胡王，虏其民众畜产。既归，西击走月氏，南并楼烦、白羊河南王，悉复收秦所使蒙恬所夺匈奴地者，与汉关故河南塞，至朝那、肤施，遂侵燕、代。……右王将居西方，直上郡以西，接氐、羌；而单于庭直代、云中。②

匈奴右王位于上郡以西，邻接大月氏和氐、羌。楚汉之际，刘邦与项羽相争，疲于兵戈，冒顿单于率部西击大月氏，进入敦煌河西地区，河西成为匈奴右贤王管辖下领地，这样匈奴西部就与羌、氐邻接。汉高祖白登之役后，汉与匈奴相安无事，至汉文帝四年，匈奴单于遗汉书称：

> 罚右贤王，使之西求月氏击之。以天之福，吏卒良，马强力，以夷灭月氏，尽斩杀降下之。定楼兰、乌孙、呼揭及其旁二十六国，皆以为匈奴。③

汉朝公卿议击与和亲孰便，公卿称："单于新破月氏，乘胜，不可击。且得匈奴地，泽卤，非可居也。和亲甚便。"④汉文帝六年，汉朝遗匈奴书称："故罚右贤王使西击月氏，尽定之。"⑤从这些记载可知，匈奴冒顿对河西大月氏的战争发生在汉文帝四年之前。这次战争，匈奴将大月氏直接驱赶到中亚地区，其管辖范围到达了罗布泊地区，而势力控制范围到西域地区。由此，在匈奴进入河西地区之前，河西地区生活的主要是大月氏人，大月氏人紧邻氐、羌，西部与楼兰等西域二十六国相接。匈奴南下进入河西地区之后，这里就成为匈奴右贤王管辖下浑邪王、休屠王部落属地。《史记·大宛列传》记载大月氏被匈奴大破之后遁逃到匈奴之北，⑥实际上是匈奴之西。大月氏退出河西走廊，河西走廊成为匈奴右部管辖下

---

① 《史记》卷110《匈奴列传》，第2887—2891页。
② 《汉书》卷94上《匈奴传上》，第3748—3751页。
③ 《史记》卷110《匈奴列传》，第2896页。乌孙、呼揭，《史记正义》："二国皆在瓜州西北。乌孙，战国时居瓜州。"
④ 《汉书》卷94上《匈奴传上》，第3757页。
⑤ 《史记》卷110《匈奴列传》，第2897页。
⑥ 《史记》卷123《大宛列传》记载："月氏在吾北。"（第3157页）

的地方。匈奴右贤王的控制范围有多大，《史记·大宛列传》记载：

> 而楼兰、姑师邑有城郭，临盐泽。盐泽去长安可五千里。匈奴右方居盐泽以东，至陇西长城，南接羌，鬲汉道焉。①

就是说陇西郡西邻匈奴右贤王的辖区，主要标志是陇西郡的长城；西部以罗布泊为线与楼兰、姑师相邻。

匈奴完成对河西地区的占领时间，应当是汉高祖被围白登之前。《汉书·郦陆朱刘叔孙传附娄敬传》记载："高帝罢平城归，韩王信亡入胡。当是时，冒顿单于兵强，控弦四十万骑，数苦北边。"②说明冒顿单于已经完成内部的统一，西边击败大月氏，东边降服了东胡。《史记·卫将军骠骑列传》记载，元狩二年春，霍去病将万骑出陇西"逾乌盭，讨遬濮，涉狐奴，历五王国……过焉支山千有余里，合短兵，鏖皋兰下，杀折兰王，斩卢侯王，锐悍者诛，全甲获丑，执浑邪王子及相国、都尉，捷首虏八千九百六十级，收休屠祭天金人"。这年夏天霍去病出北地，逾居延，过小月氏，攻祁连山，得酋涂王，获五王、五王母、单于阏氏、王子五十九人，相国、将军、当户、都尉六十三人，斩首虏三万二百级。鹰击司马赵破奴斩遬濮王、捕稽沮王，校尉高不识从骠骑将军捕呼于耆王王子以下十一人。从霍去病等人的

这些战功中我们得知匈奴河西地区及其附近都有匈奴的哪些部落，由此得知河西地区是匈奴右部的政治中心所在地。"其秋，单于怒浑邪王居西方数为汉所破，亡数万人，以骠骑之兵也。单于怒，欲召诛浑邪王。"③汉武帝元狩二年，匈奴浑邪王杀休屠王投降汉朝，金城河西并南山至盐泽空无匈奴，可知河西地区主要生活的是匈奴右部的浑邪王和休屠王等。

《汉书·西域传》记载："孝武之世，图制匈奴，患其兼从西国，结党南羌，乃表河西，列四郡，开玉门，通西域，以断匈奴右臂，隔绝南羌、月氏，单于失援，由是远遁，而幕南无王庭。"④这就是秦汉之际，河西地区居民变化、政权更替的主要脉络。

三　张骞出使西域行经敦煌河西

在汉武帝取得河西地区之前最大的壮举就是张骞出使西域。张骞出使西域就是为了联合大月氏共击匈奴，打通西汉同西方联系的通道，同时收取西域地区诸方面的信息。《史记·大宛列传》记载张骞出使西域：

> 张骞，汉中人。建元中为郎。……汉方欲事灭胡，闻此言，因欲通使。道必更匈奴中，乃募能使者。骞以郎应募，使月氏，与堂邑氏胡奴甘父俱出陇西。经匈奴，匈奴得之，传诣单于。⑤

---

① 《史记》卷123《大宛列传》，第3160页。
② 《汉书》卷43《郦陆朱刘叔孙传附娄敬传》，第2122页。
③ 《史记》卷111《卫将军骠骑列传》，第2933页。
④ 《汉书》卷96下《西域传下》，第3928页。
⑤ 《史记》卷123《大宛列传》，第3157页。

《汉书·张骞传》也记载了张骞出使西域：

> 时匈奴降者言匈奴破月氏王，以其头为饮器，月氏遁而怨匈奴，无与共击之。汉方欲事灭胡，闻此言，欲通使，道必更匈奴中，乃募能使者。①

张骞出使西域行经的地方主要是羌中，羌中所指，应该是羌人生活的地区，即洮河以西的河湟地区和柴达木盆地。羌中，《史记·秦始皇本纪》记载秦始皇并六国设三十六郡，"地东至海暨朝鲜，西至临洮、羌中，南至北向户，北据河为塞，并阴山至辽东"。《史记正义》："《括地志》云：'临洮郡即今洮州，亦古西羌之地，在京西千五百五十一里羌中。从临洮西南芳州扶松府以西，并古诸羌地也。'"②按照《括地志》的记载，临洮应当是羌中的一部分，实际上按照秦朝的疆域范围，秦的西部疆域到临洮，邻接羌中，即羌人生活的地区。根据《汉书·靳歙传》："从定三秦，别西击章平军于陇西，破之，定陇西六县，所将卒斩车司马、候各四人，骑长十二人。"③靳歙平定陇西郡之后没有西行用兵，说明陇西郡是秦汉之际中原政府管辖的最西部之郡，陇西郡管辖有六个县。《汉书·郦商传》记载："沛公为汉王，赐商爵信成君，以将军为陇西都尉。别定北地郡，破章邯别将于乌氏、枸邑、泥阳，赐食邑

武城六千户。"④郦商应当是接替靳歙出任陇西郡都尉，从陇西郡出兵平定北地郡，说明陇西郡紧邻北地郡，这两个郡是当时中原政府管辖的最西部的两个郡。另外据《汉书·爰盎传》记载，爰盎曾调为陇西都尉。⑤《汉书·晁错传》记载："高后时再入陇西，攻城屠邑，驱略畜产；其后复入陇西，杀吏卒，大寇盗……自高后以来，陇西三困于匈奴矣，民气破伤，亡有胜意。""今使胡人数处转牧行猎于塞下，或当燕代，或当上郡、北地、陇西，以候备塞之卒，卒少则入。"⑥表明汉文帝时西汉与匈奴相邻的是上郡、北地郡、陇西郡。

笔者查阅地图，西汉与匈奴邻接河右安定郡，而汉武帝末年才设置安定郡，《汉书·王䜣传》记载武帝末年，"上数出幸安定、北地，过扶风，宫馆驰道修治，供张办"。⑦就是说西汉政府取得河西之前，安定郡还没有设置。

经匈奴即道经匈奴，出陇西即从西汉出陇西郡离开进入匈奴地区。西汉初期与河西一带匈奴接触的主要是陇西郡和北地郡，陇西郡最西部管辖范围约沿着黄河西起临夏积石县，东到白银的青城，从这里往西经匈奴管辖的河西走廊，最好的行经路线是经兰州、永登翻越乌鞘岭进入河西走廊。但是笔者推测张骞的行经路线是从兰州翻越乌鞘岭，沿着祁连山的北麓经匈奴与羌人的接合部往西到西域地区，所经过的地区主要是河西走廊和西蒙古高原。张骞从自己亲身经历得

---

① 《汉书》卷61《张骞传》，第2687页。
② 《史记》卷6《秦始皇本纪》，第239—240页。
③ 《汉书》卷41《靳歙传》，第2086—2087页。
④ 《汉书》卷41《郦商传》，第2074页。
⑤ 《汉书》卷49《爰盎晁错传》，第2271页。
⑥ 《汉书》卷49《爰盎晁错传》，第2278、2285页。
⑦ 《汉书》卷66《王䜣传》，第2888页。

出当时通使大月氏的情况："今使大夏，从羌中，险，羌人恶之；少北，则为匈奴所得。"①羌中道必须经过青藏高原或者祁连山脉，道路艰险不仅表现在诸羌部落间往往积怨有仇，行旅生命安全得不到保证，而且匈奴与诸羌的交通都不是很顺利，张骞西行更是这样。诸羌与西汉关系并不密切，特别是作为附属于羌和匈奴的小月氏更是这样。所谓少北，就是靠近匈奴地区行走，往往被匈奴捕捉。这次张骞没有从羌中道前往西域，而是出陇西经匈奴，从而为匈奴所得。羌中，即羌中道，羌中道危险有两方面的原因：其一，羌中道所经过的各个部落间没有统属关系，且矛盾很深，很难协调放行；其二，羌中地区自然环境恶劣，道路难行。就是说张骞是从羌中少北西行的，所以被匈奴所得，他应当走的是祁连山北麓羌与匈奴的接合部。

张骞被匈奴俘虏后，在匈奴生活了十余年。他的活动区域主要在河西走廊及匈奴的右方地区，这可以从汉武帝对匈奴的战争中得到证实。张骞被封博望侯，主要功绩是出使西域和作为卫青的行军向导取得胜利。元狩二年，霍去病分别从陇西郡、北地郡出兵攻打匈奴都取得了胜利，除了赵破奴对匈奴地区情况很了解外，很可能得益于张骞出使西域得到的情报信息。最了解匈奴右方河西地区的山川形势和物产水草的，只有在这一带生活了十余年时间的张骞，因此敦煌河西地区的取得应当是张骞的主要贡献。《史记·大宛列传》称：

单于留之……留骞十余岁，与妻，有子，然骞持汉节不失。居匈奴中，益宽，骞因与其属亡乡月氏，西走数十日至大宛。大宛闻汉之饶财，欲通不得，见骞，喜，问曰："若欲何之？"骞曰："为汉使月氏，而为匈奴所闭道。今亡，唯王使人导送我。诚得至，反汉，汉之赂遗王财物不可胜言。"大宛以为然，遣骞，为发导绎，抵康居，康居传致大月氏。大月氏王已为胡所杀，立其太子为王。既臣大夏而居，地肥饶，少寇，志安乐，又自以远汉，殊无报胡之心。骞从月氏至大夏，竟不能得月氏要领。②

张骞出使西域就是要联合大月氏共同对付匈奴，由于大月氏适应了西域的环境，不愿与匈奴为敌，显然没有达到预期的目的。但是"骞身所至者，大宛、大月氏、大夏、康居，而传闻其旁大国五六，具为天子言其地形所有"。③这些信息的获得，使汉武帝增加了对西域的了解，特别是增强了汉武帝出兵征伐匈奴的决心。获取西域地区的信息是张骞出使的主要目的，了解出使地方的风土人情、山川形势等几乎是汉代使者的共同职责，如张安世长子张千秋与霍光子霍禹以中郎将击乌桓回，谒大将军霍光，"问千秋战斗方略、山川形势，千秋口对兵事，画地成图，无所忘失"。④同样汉武帝也向张骞询问西域的山川地形和人物物产等信息。这些信息在西汉对匈奴战争的胜利中起到了巨大的作用。张骞出使大月氏收

① 《史记》卷123《大宛列传》，第3166页。
② 《史记》卷123《大宛列传》，第3157—3158页。
③ 《汉书》卷61《张骞传》，第2689页。
④ 《汉书》卷59《张汤传附张安世传》，第2657页。

集的情报主要有汉朝通往西域的交通道路，此外还有西域各国的物产、气候、居民等内容。由此得知，张骞生活在匈奴右贤王管辖地区，在这十余年时间，他主要收集了匈奴地区的交通和自然环境等情况，这也为他以后在汉武帝出兵攻打匈奴的战争中充当向导储备了知识。当然有些是他实际勘察的，有些是打听到的，如西南夷通西域的消息就是道听途说，汉武帝通西南夷的战争检验了该消息的不可靠。但是在他亲身经历的地区战争进行得非常顺利，这些都得益于他情报的准确。《史记·卫将军骠骑列传》记载：

> 张骞从大将军，以尝使大夏，留匈奴中久，导军，知善水草处，军得以无饥渴，因前使绝国功，封骞博望侯。①

《史记·大宛列传》记载：

> 骞以校尉从大将军击匈奴，知水草处，军得以不乏，乃封骞为博望侯。是岁元朔六年也。其明年，骞为卫尉，与李将军俱出右北平击匈奴。匈奴围李将军，军失亡多；而骞后期当斩，赎为庶人。是岁汉遣骠骑破匈奴西域数万人，至祁连山。其明年，浑邪王率其民降汉，而金城、河西西并南山至盐泽空无匈奴。匈奴时有候者到，而希矣。其后二年，汉击走单于于幕北。②

从这些记载可知，首先，张骞作为军事向导，参与了汉朝对匈奴战争的几乎每次大型的战役；其次，他对匈奴右部情况比较熟悉，而对于左部比较生疏，所以出右北平攻打匈奴就失道而延误了军期。霍去病攻打河西地区的匈奴时就显得异常顺利，这可能与张骞两次被俘期间主要活动于河西及匈奴右部有关。敦煌名称的使用也可能与张骞有关，是他在作为行军向导的过程中将敦薨作为敦煌，张骞是汉中人，如果他使用的是关中方言，那么敦煌和敦薨的发音基本上没有很大的区别。

张骞从河西走廊西行，从西域返回的路线同样也是计划经河西走廊，《史记·大宛列传》记载张骞在大月氏："留岁余，还，并南山，欲从羌中归，复为匈奴所得。留岁余，单于死，左谷蠡王攻其太子自立，国内乱，骞与胡妻及堂邑父俱亡归汉。"③另外《汉书·张骞传》也记载："并南山，欲从羌中归，复为匈奴所得。"④南山，《史记正义》认为："南山即连终南山，从京南东至华山过河，东北连延至海，即中条山也。从京南连接至葱岭万余里，故云'并南山'也。《西域传》云：'其南山东出金城，与汉南山属焉。'"⑤张骞从西域地区返回，原计划是经过羌中道，避免被匈奴抓到，但是最后还是没有幸免。是他没有走羌中道还是经过羌中道时被某个政权所俘交给匈奴？笔者认为应是后者。张骞从西域返回时被俘的地点是哪里？笔者认为是在罗布泊地区，因为这里是匈奴

① 《史记》卷111《卫将军骠骑列传》，第2929页。
② 《史记》卷123《大宛列传》，第3167页。
③ 《史记》卷123《大宛列传》，第3159页。
④ 《汉书》卷61《张骞传》，第2689页。
⑤ 《史记》卷123《大宛列传》，第3159页。

与西域诸国接合部，罗布泊之东是匈奴管辖区。根据《史记·大宛列传》，楼兰、姑师邑有城郭，临盐泽。"匈奴右方居盐泽以东……南接羌，鬲汉道焉。"[①] 姑师即车师，楼兰在罗布泊西南部，张骞从西域返回很显然是傍南山走羌中道，即从疏勒经莎车、于阗、且末、楼兰，楼兰往东是匈奴控制区，往东南经婼羌、狼何羌准备过柴达木盆地到湟水流域，最终到西汉陇西郡，这就是羌中道，历史时期这条道路经常被使用。但是在某个环节出了问题，导致复为匈奴所得。鉴于当时小月氏与匈奴之间关系甚好，而张骞经羌中道东行首先必须经过婼羌和狼何羌，所以他很可能就是被狼何羌俘虏送给匈奴的，而不是被匈奴俘虏的。

① 《史记》卷 123《大宛列传》，第 3160 页。

月氏在西迁前的活动范围及其在东西文化交流中的地位

——兼论张家川马家塬文化的性质

（陕西师范大学人文科学高等研究院 甘肃简牍博物馆）

2006 年以来，在甘肃张家川马家塬战国墓地连续发掘 15 个年头，发掘墓葬 78 座，祭祀坑 3 个，出土各类文物 3600 多件（组）。前期的考古简报已经发表，[①] 并有一些研究性论著。墓葬布局规模之大、随葬品等级之豪华以及出土物之丰富，在辽阔的西部地区还是第一次。

随着发掘工作的陆续进行，对该墓地文化属性即族属问题的讨论也陆续开展起来。根据史书的记载和传统说法，周秦以来对中原地区以外的周边部族大体以东夷、南蛮、西戎、北狄而概之，对地处西部地区的张家川马家塬墓地以西戎墓地和戎人墓地来归属，应该没有多大问题。具体说，就是这支文化属于战国中晚期西部地区不同于中原华夏族的一支地方文化。但是，西戎是对西部众多族群的泛称或者统称，而非对某一个单独族群的专称。[②] 因此，它究竟属于西戎的哪一个部族，还需要进一步研究。

笔者认为，张家川马家塬墓葬的文化应属于春秋战国时期活动于甘肃、宁夏和陕北以西的月氏。

一

首先从活动地域看，张家川马家塬一带曾经在月氏的活动范围内。

月氏是曾经活动于北方辽阔地区的强大民族。在秦末汉初匈奴冒顿单于崛起之前，月氏曾

---

① 甘肃省文物考古研究所等编：《2006 年度甘肃张家川回族自治县马家塬战国墓地发掘简报》，《文物》2008 年第 9 期，第 4—28 页；早期秦文化联合考古队等：《张家川马家塬战国墓地 2007—2008 年发掘简报》，《文物》2009 年第 10 期，第 25—51 页；《张家川马家塬战国墓地 2008—2009 年发掘简报》，《文物》2010 年第 10 期，第 4—26 页；《张家川马家塬战国墓地 2010—2011 年发掘简报》，《文物》2012 年第 8 期，第 4—26 页；《甘肃张家川马家塬战国墓地 2012—2014 年发掘简报》，《文物》2018 年第 3 期，第 4—25 页。

② 当然，也有人认为，西戎的"戎"专指某一上古民族，比如今人编写的《甘肃志·民族志》就认为："西戎或戎这一称谓，在战国以后的许多著述中，被逐渐当作西部各族的泛称。有的甚至把戎作为除汉族以外所有民族的泛称。但在战国以前，西戎或戎确实是一个单独存在过的古代民族。"（甘肃省地方史志编纂委员会编：《甘肃省志·民族志》，甘肃人民出版社，2004 年，第 64 页）但这种观点实际上是站不住脚的。

"控弦者可一二十万。故时强，轻匈奴"。①因此才有头曼单于将其子冒顿纳质于月氏的行为。《史记》《汉书》记载，"始月氏居敦煌、祁连间"，"本居敦煌、祁连间"。只是在追述时记载了月氏在一个特定时期的活动范围，并不是说，月氏自始至终就是局限在"敦煌、祁连间"。随着考古学、语言学、人类学的发展，我们对古代民族的认识必将有一个更宽广的视域。《中亚文明史》把阿尔泰的巴泽雷克大墓同月氏联系起来。"我们知道南西伯利亚、蒙古和中央亚细亚是斯基泰文明的活动范围，正是在南西伯利亚，发现了极多的斯基泰时期的考古遗址，主要是在阿尔泰山脉的北部。鲁金科教授发掘的巴泽雷克（Pazîrîk）古墓非常著名，其时代为公元前五至前三世纪。在他们遇到匈奴的挑战之前，公元前三世纪时月氏的势力达于顶点。阿尔泰地区事实上是月氏帝国的一部分，巴泽雷克遗址当与月氏有联系。"②

从东边来看，月氏的范围也不局限在河西走廊的西部。顾祖禹《读史方舆纪要》"姑臧废县"条下引《西河旧事》："姑臧城，秦月氏戎所据，匈奴谓之盖臧城，语讹为姑臧也。"③刘昫所撰《旧唐书》"姑臧"条下亦有"秦月氏（氏）戎所处"的注说。④这都可以佐证，早在两汉以前，月氏的居地就在河西的东部，不独敦煌、祁连间。王国维《月氏未西徙大夏时故地考》认

为："周末月氏故居，盖在中国之北。《逸周书·王会解》'伊尹献令'条列月氏于正北。《穆天子传》'己亥至于焉居禺知之平'。'禺知'亦即'禺氏'，其地在雁门之西北、黄河之东，与'献令'合。此二书疑皆战国时作，则战国时之月氏当在中国正北。《史记·大宛列传》始云'月氏居敦煌、祁连间'则已是秦汉间事。"⑤

即使在秦汉时期，月氏的范围也不局限在"敦煌、祁连间"。《史记》张守节《正义》引《括地志》："凉、甘、肃、瓜、沙等州，本月氏国之地。"⑥这就包括了整个河西走廊。还有，《史记·匈奴列传》记录早期的匈奴，"诸左方王将居东方，直上谷以往者，东接秽貉、朝鲜。右方王将居西方，直上郡以西，接月氏、氐、羌"。⑦所谓上郡以西，包括了今天的内蒙古西部、甘肃和陕北。正如荣新江教授所言，"月氏人的活动范围，也不仅仅局限在敦煌、祁连间，在中国西北的广阔天地里，都有他们的身影"。⑧所有这些都可说明，早在秦汉以前，像张家川马家塬这样的地方，实际上包括在月氏的范围之内。

《汉书·地理志》安定郡有月氏道。周振鹤《汉书地理志汇释》："治所当在今宁夏固原市南与隆德县、西吉县交界处一带。"⑨此地距张家川马家塬大约70公里路程。清人钱坫《新斠注地理志集释》月氏道下注曰："月氏国本在敦煌、祁连间，

① 《史记》卷123《大宛列传》，中华书局，1959年，第3161页。
② 〔匈〕雅诺什·哈尔马塔主编：《中亚文明史》第2卷，徐文堪等译，中国对外翻译出版公司，2002年，第130页。
③ （清）顾祖禹：《读史方舆纪要》卷63，中华书局，2005年，第2991页。
④ 《旧唐书》卷40，中华书局，1975年，第1640页。
⑤ 谢维扬、房鑫亮主编：《王国维全集》第14卷，浙江教育出版社，2010年，第283页。
⑥ 《史记》卷123《大宛列传》，第3157页。
⑦ 《史记》卷110《匈奴列传》，第2891页。
⑧ 荣新江：《华戎交汇：敦煌民族与中西交通》，甘肃教育出版社，2008年，第10页。
⑨ 周振鹤：《汉书地理志汇释》，安徽教育出版社，2006年，第370页。

后为匈奴所逼，西去大宛西。此则以其国降人所置者也。"① 这样的观念实际上比较牵强，想当然而已。天水、陇西、安定即今天的甘肃东部和宁夏南部，周秦时期有很多所谓西戎的部族。《汉书·百官公卿表》曰："邑有蛮夷曰道。"《汉书·地理志》中县邑之以道名者二十九，其中陇西四：狄道、氐道、羌道、予道；天水四：戎邑道、绵诸道、略阳道、獂道；安定一：月氏道；北地三：除道、略畔道、义渠道；上郡一：雕阴道。② 上面这些县邑曰道者虽是汉代的行政区域，但生活其间的众多部族则是从周秦以来就绵延下来的。月氏也一样。日本学者榎一雄有《小月氏和尉迟氏》一文，他认为："《汉书卷二八下·地理志·安定郡》条并列若干县，末尾有'月氏道'。安定郡位于今甘肃省固原县一带，所以月氏道也应在那一地域。……可知月氏道是月氏部族所在的行政区划。安定郡是元鼎三年（前114）设置的，月氏道的开设当是元狩二年续后元狩四年（前119）征伐匈奴使汉朝声威扩大的结果。"③ 他在考述论证大月氏西迁后留居南山的小月氏时有一段总括性的看法："月氏的后代分布在自柴达木盆地西北至帕米尔高原的阿尔金山脉、昆仑山脉南麓、葱茈羌、白马黄牛羌与其东面的汉人有接触，无论哪一种都分为许多类别。这样的分布可以认为是赵充国（前137—前52）其时以来的状况吗？不，可以判断在月氏西迁以前，这个地域就是月氏的

领域。当月氏西迁时，这一地域的月氏没有移动，他们不认为有迁移的必要。"④ 笔者认为，对《汉书·地理志》安定郡月氏道的月氏，亦当作如是观。他们同上文列举的其他部族一样，是周秦以来留居此地的月氏部落的一部分。

1974 年发掘的居延新简中有一枚里程简（图1），上下四栏，左边残缺，每栏文字都不完整。但其中的第二栏存留的文字，对我们研究月氏的位置极为重要。全文是："月氏至乌氏五十里，乌氏至泾阳五十里，泾阳至平林置六十里，平林置至高平八十里……"汉代的高平是今天的固原，汉里每里为415.8米，从固原东南走，按照上面的里程记载，月氏当在今天平凉以东的四十里铺。"高平是汉代安定郡首县，遗址在今固原市原州区。泾阳古城在今平凉市西北安国乡油坊庄村北，大体位置在东经106°30′41.17″，北纬35°39′15.66″左右。里程简所记从泾阳到高平140汉里，合58千米左右。中间有一个平林置，当是泾阳和高平之间的一个驿置，位置在中间偏南。泾阳县以南的两个地名乌氏和月氏。分别相隔20千米，因此按里程简的记载，乌氏的位置当在今崆峒区，月氏的位置当在今崆峒区以东四十里铺。"⑤ 还有，1982 年崇信县文化馆收藏了一件王莽时期的货泉钱范（图2），高0.7厘米，周长24.5厘米。出自该县黄寨乡何湾村。钱范正面略呈正方形，列钱范四枚，左右各两枚分别为钱背

① 钱坫：《新斠注地理志集释》，《二十五史补编》第1册，中华书局，1955年，第908页。
② （清）王先谦：《汉书补注》第6册，上海古籍出版社，2008年，第2819页。
③ 〔日〕榎一雄：《小月氏和尉迟氏（上）》，斯英琦、徐文堪译，《民族译丛》1980年第3期，第49页。
④ 〔日〕榎一雄：《小月氏和尉迟氏（上）》，斯英琦、徐文堪译，《民族译丛》1980年第3期，第50页。
⑤ 张德芳：《西北汉简中的丝绸之路》，《中原文化研究》2014年第5期，第27页；张多勇《从居延 E·P·T59·582 汉简看汉代泾阳县、乌氏县、月氏道城址》（《敦煌研究》2008年第2期，第69页）则认为汉简里程简所记月氏，当在四十里铺东面10多公里的白水镇。

和钱面，右面两枚钱面均有"货泉"字样。钱范背面有"月氏"二字。[①]这是王莽时期在此铸币的遗留。崇信是平凉的邻县，地处平凉东南。

图 1　居延里程简

图 2　崇信县博物馆藏货泉钱范
（崇信文化馆藏，采自《芮鞫文明——崇信文物精华》）

根据《汉书·地理志》对月氏道的记载以及后人对月氏道的定位，包括《中国历史地图集》的标注、史为乐《中国历史地名大辞典》和周振鹤《汉书地理志汇释》等著作，结合居延里程简的记载以及崇信"月氏"钱范的出现，似乎有必要对"月氏"的确切位置进行重新研究。但不管

---

① 周荣：《甘肃崇信出土"货泉"铜母范》，《文物》1989 年第 5 期，第 55 页；崇信县博物馆编：《芮鞫文明——崇信文物精华》，中国文史出版社，2017 年，第 104—105 页。

怎么说，上文提到的所有关于"月氏"的记载，都在张家川马家塬战国大墓的周围几十里，都可同马家塬出土遗物和文化建立起某种联系。

二

杨建华先生认为张家川大墓中虎和羊动物装饰、锻制的金箔银箔饰片、纵向条纹和横断的节段纹以及车厢侧板上虎、羊等草原流行装饰主题，同中亚七河地区的文化有许多相似性，而且传入方式不是浸润式的，而是经由天山山脉直接传入甘肃天水地区。[①]这就把马家塬文化的一些特定元素同中亚七河地区的文化联系在了一起。早期发掘参与者赵吴成同米玉梅专门从出土的蜻蜓眼、虎噬羊牌饰、有柄铜镜、圆雕动物车饰、鹤嘴斧和空首斧、棕榈纹车饰、独辀马车、金银佩饰等八个方面细致研究了马家塬文化的外来因素，指明了上述出土遗物同北方草原文化的密切关系。比如谈到大量的金银出土，文章就认为："大量使用金银装饰人身、兵器、马具、车辆的传统，是欧亚草原地带的部族首领或贵族们用以象征地位和权势的习俗。"[②]王辉的《张家川马家塬墓地相关问题初探》更是比较全面地论述了马家塬文化的各类构成因素。他认为："马家塬墓地的文化因素较多，包含有欧亚草原东部的中国北方系青铜文化的因素；欧亚草原地带中、西部的斯基泰、塞克、巴泽雷克等文化的因素；秦文化和甘青地区传统文化等多种文化因素。""从文化

传统来看，大量使用金银器，尤其是装饰多用金银器的传统是这一时期欧亚草原地带的斯基泰、巴泽雷克等文化和中国北方青铜文化的特征之一，和中国中原传统文化中主要以玉为装饰的传统不同。""在马家塬墓地出土的金器中，镶嵌工艺主要用于带饰和其他人体装饰品上，以肉红石髓、绿松石或费昂斯（faience）镶嵌。而这类工艺约在公元前5世纪末—前4世纪的欧亚草原斯基泰等文化中被广泛使用，镶嵌的形状也与马家塬墓地相同。"[③]上述观点，虽然没有直接确认马家塬文化的族别和属性应与中国西部雄踞一时的月氏有关，但都确认了马家塬文化的欧亚草原属性和与斯基泰文化、巴泽雷克大墓的关系，从某种意义上讲，为我们进一步指明马家塬文化的属性应属于月氏文化的观点提供了支持。

斯基泰文化所谓马具、武器、动物纹饰三大特征，马家塬出土文物中都有丰富的体现。并且已有一些学者做过论述，下面仅选择一些笔者认为确乎同月氏文化相联系的部分做一些比较。

大量的金银饰品，尤其是死者身上的金腰带特别引人注目（图3）。M16的死者身上光金腰带就有三圈，还有大型的黄金带钩（228克）和臂钏（159克），这种现象只有在中亚的乌孙墓和月氏墓中才能看到。苏联在伊塞克湖南面的山坡上发现过60多座乌孙墓，其中一座比较特别而不同于其他乌孙墓，由于出土金器较多而被命名为"金人墓"，发掘者阿基舍夫认为是

---

① 杨建华：《张家川墓葬草原因素寻踪——天山通道的开启》，《西域研究》2010年第4期，第51—56页。

② 米玉梅、赵吴成：《从马家塬战国墓管窥上古时期的中西文化交流》，《鲁东大学学报》2015年第6期，第91页。后来赵吴成、马玉华的专著《战国戎人造车》，同样从八个方面论述了马家塬文化的外来因素，但同上文不同的是，《战国戎人造车》所列八个方面，没有了文章中所列的棕榈纹车饰、独辀马车和金银佩饰，而多了海贝、龙首对吻环和鸟兽合体神纹（文物出版社，2020年，第202—208页）。

③ 王辉：《张家川马家塬墓地相关问题初探》，《文物》2009年第10期，第72—73页。

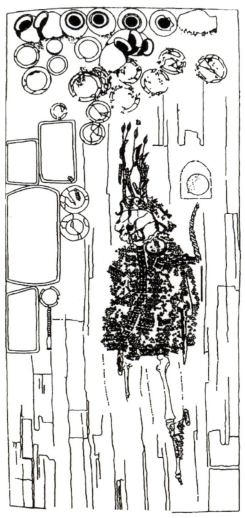

图 3　左：马家塬 M16 墓主人身上装饰　　右：伊塞克古墓金人出土情况
（采自《西戎遗珍：马家塬战国墓地出土文物》）

塞迦墓，时间在公元前 5 世纪到前 3 世纪。也有不同意见认为是在公元前 200 年。[1] 根据墓室平面图，死者遗骸身上除了金腰带（图 4）外，还布满了各种珠子。一眼望去，跟马家塬墓室中的情形极为相似。墓中出土的金器有 4000 多件。"人骨的周围上下都有装饰上衣的装饰品或头饰、靴饰，都是黄金片做的。"[2] 不管是阿基舍夫认为的塞迦墓，还是乌孙墓，从马家塬大墓到伊塞克湖南边的"金人墓"，再到阿富汗北部席比尔甘（Siberkand）被认为是月氏贵族的迪利·雅特佩（Tillya Tepe）黄金大墓，都有着一脉相承的文化习俗。1978 年 11 月，苏联和阿富汗学术考古调查团在阿富汗的西北部发掘了 6 座大墓。发现的金器就有 20000 多件。二号墓、

① 〔日〕小谷仲男：《大月氏——寻找中亚谜一样的民族》，王仲涛译，商务印书馆，2017 年，第 187 页。
② 〔日〕小谷仲男：《大月氏——寻找中亚谜一样的民族》，第 205 页。

图 4　伊塞克湖南面 "金人墓" 金腰带
（采自《丝路秘宝：阿富汗国家博物馆珍品》）

图 5　马家塬 M21 随葬珠饰品
（采自《西戎遗珍：马家塬战国墓地出土文物》）

三号墓和六号墓都发现了中国的铜镜，上面还有汉字。"发掘者确认其年代约在公元前 1 世纪至公元 1 世纪。这个时间正是大月氏人统治大夏初期。"① 发掘结束后，由于国际关系骤变，阿富汗宝藏被严密封存，难得见其真面目。前几年，敦煌研究院同阿富汗国家博物馆合作，轮流在敦煌等多个博物馆举行展览。展品中有 110 多件珍贵的金器出自黄金之丘。出土的墓主的金腰带就可看作月氏文化在空间上的延展和时间上的传承。

除了黄金饰件和金腰带之外，最引人注目的还有死者身上佩戴的各种珠子。伊塞克湖南面的 "金人墓"，墓主人的身边堆满了各种珠饰。同样，

马家塬墓葬中的一些豪华大墓也随葬了很多珠子（图 5）。发掘的同志告诉笔者，仅 M14 中就清理出各种珠饰 36000 多颗。如此鲜明的文化特征只有在欧亚草原的大通道上才能看到。

戴尖顶帽的人物形象的发现，也是应该引起注意的现象（图 6）。"活跃的相互接触和便利的交通，促进了草原地带大体一致的游牧文化的兴起和传播。从中欧直到朝鲜的草原地带使用相同类型的马具（笼头、马衔、马勒带、马鞍、马饰），武器（弓、弓袋、箭、箭筒、剑、战斧、铠甲）和衣着（裤子、束腰长袍、腰带、靴子、尖顶帽）。"② 希罗多德的《历史》就把斯基泰人分成饮豪麻汁的塞迦人、戴尖顶帽的塞迦人和住在海

① 林梅村：《大夏黄金宝藏的发现及其对大月氏考古研究的意义》，氏著：《西域文明：考古、民族、语言和宗教新论》，东方出版社，1995 年，第 267 页。
② 〔匈〕雅诺什·哈尔马塔主编：《中亚文明史》第 2 卷，第 392 页。

图 6　马家塬墓葬豪华大墓中戴尖顶帽的人物形象
（采自赵吴成、马玉华《战国戎人造车》）

的车辆有 43 辆。按照类型可分为五种。其中 I 式、II 式和 III 式，最为豪华。《战国戎人造车》一书中有精美的复原图和详细的研究。随葬马车的习俗，我们在大约同时期的巴泽雷克大墓中也能见到。单辀，有伞盖，表现了同马家塬车辆的相似性。[①]

那边的塞迦人。因而戴尖顶帽的习俗不管在希罗多德的记载中还是在波斯人的铭刻中都不难找到，但同中原的华夏文化却有着完全不同的面貌。马家塬出土的这种戴尖帽的形象，自然同中亚和西域联系了起来。

随葬大量装饰豪华的车辆也是马家塬文化的一大特色（图 7）。到目前为止，已经发掘出

总之，从文献中记载的春秋战国时期月氏雄霸一时和他们广泛的活动范围，到有关文献记载的与马家塬距离相近的"月氏"位置（如《汉书·地理志》记载的"月氏道"、居延里程简中的"月氏"、崇信发现的"月氏"钱范等）以及马家塬文化表现出的强烈的中亚和阿尔泰特色，有理由认为，甘肃张家川马家塬墓地是战国时期一处月氏文化的遗存。其文化属性即其族属，应归属于月氏。将其笼统地称为"西戎文化"，失之宽泛。

关于马家塬文化的属性，已有一些学者进行了探讨。李永平最先发表文章《甘肃张家川马家塬战国墓出土文物及相关问题探讨》，开始涉及马家塬文化的属性问题，虽然没有明确表达，但文中引用了不少卢水胡小月氏的简文，言下之

图 7　马家塬 M3、M16 出土车辆复原图
（采自《西戎遗珍：马家塬战国墓地出土文物》）

---

①　有伞盖的车，参见赵吴成、马玉华：《战国戎人造车》，第 31 页。

意，马家塬的文化族属可能是卢水胡人。① 赵吴成发文《甘肃马家塬战国墓马车的复原——兼谈族属问题》，认为马家塬文化属于绵诸戎的可能性较大。② 还有学者认为，可能与河西的沙井文化有关系。③

《史记·匈奴列传》载："当是之时，秦晋为强国。晋文公攘戎翟，居于河西圁、洛之间，号曰赤翟、白翟。秦穆公得由余，西戎八国服于秦，故自陇以西有绵诸、绲戎、翟、獂之戎，岐、梁山、泾、漆之北有义渠、大荔、乌氏、朐衍之戎。而晋北有林胡、楼烦之戎，燕北有东胡、山戎。各分散居溪谷，自有君长，往往而聚者百有余戎，然莫能相一。"④ 可见，所谓的"百有余戎"，连司马迁也没能搞清楚。王宗维先生研究过西戎八部，有《西戎八国考述》一文发表在《西北历史研究》上。据王先生研究，春秋战国时期的西戎随着历史的发展已逐步分别融合到西方的秦人和其他中原部落中。⑤ 年轻学者姚磊著有《先秦戎族研究》，按照他的统计，文献中常见的戎至少有 41 种。⑥ 但不管有多少戎，秦汉时期势力强大者北方是匈奴，西南是羌人。在此之前的战国时期，就数月氏。其他的戎翟部落都不能与之匹敌。

谷苞先生主编的《西北通史》第 1 卷专门有讨论："秦穆公霸西戎的影响，第一，很可能引起了欧亚草原上游牧民族的一次迁徙运动。先秦古籍记载，原在河套以北活动的是月氏（亦称禺氏、禺知）部落，在河西地区活动的是大夏（亦称敦薨、吐火罗）部落，由于秦穆公向西、向北用兵，于是河套以北的月氏被迫西迁，活动于河套以西至阿尔泰山一带；不仅如此，月氏的一部还继续西迁，越过阿尔泰山，进入楚河、伊犁河流域，另一部则向南，进入河西走廊，赶走了在敦煌一带活动的大夏，迫其西迁。第二，由于这次民族迁徙，于是在欧亚草原上出现了一条东西方贸易的商道。阿尔泰山东段的商道，大致是从洛阳出发，经今山西北部、河套地区至阿尔泰山；阿尔泰山西段的商道，大致是经额尔齐斯河上游、楚河、伊犁河流域、哈萨克草原西通欧洲；两段的交汇点在额尔齐斯河上游地区。控制东段商道的是月氏人，控制西段商道的是斯基泰人（或称塞人）。"⑦ 这一看法是极有见地的。他把秦穆公霸西戎（前 623）同欧亚北部草原的民族大迁徙联系了起来，指出其影响了东西方世界的历史发展。但是，月氏人控制商道东段，斯基泰人控制商道西段的看法却未必尽然。因为，"月氏不仅是被叫做斯基泰人，实际上他们就是斯基泰人本身"。⑧ 在笔者看来，斯基泰人虽不能同月氏直接画等号，但认为月氏为斯基泰的一支，应该是成立的。从希罗多德的《历史》到斯特拉波的《地理学》，从

① 李永平：《甘肃张家川马家塬战国墓出土文物及相关问题探讨》，《文博》2007 年第 3 期，第 10—15 页。
② 赵吴成：《甘肃马家塬战国墓马车的复原——兼谈族属问题》，《文物》2010 年第 6 期，第 75—83 页；另见赵吴成、马玉华：《战国戎人造车》，第 225 页。
③ 张寅：《东周西戎文化马家塬类型来源初探》，《考古与文物》2019 年第 2 期，第 71—76 页。
④ 《史记》卷 110《匈奴列传》，第 2883 页。
⑤ 王宗维：《西戎八国考述》，《西北历史研究》，三秦出版社，1987 年，第 1—55 页。
⑥ 姚磊：《先秦戎族研究》，武汉大学出版社，2016 年，第 230 页。
⑦ 谷苞主编：《西北通史》第 1 卷，兰州大学出版社，2005 年，第 222 页。
⑧ 〔匈〕雅诺什·哈尔马塔主编：《中亚文明史》第 2 卷，第 128 页。

来没有将斯基泰看作一个单独的族群，其中包括了多个不同的部落。将月氏归为斯基泰的一个分支和部落，也是学界近年来的一种比较趋同的看法。因此，认为斯基泰人控制商道的西段，月氏人控制商道的东段，避免造成概念的混乱，还不如说欧亚草原北方的商道实际上由月氏控制更确切些。

总之，春秋战国时期，只有像月氏这样强盛一时的民族才能支撑起欧亚北部草原广阔地区的直接交流。张家川马家塬大墓的豪华程度也只能与强大的月氏相匹配，其他的戎王或贵族无法达到这种程度。不管是中原文化的西传还是中亚、西域文化的东来，在此空间和时间范围内的月氏发挥了重要作用。

《厄立特里亚海周航记》版本及年代作者研究叙要

李大伟　　　　　　　　黄冬秀

（陕西师范大学历史文化学院）（西安思源学院国际学院）

厄立特里亚（Erythrean）海是古希腊人对印度洋及其支域红海与波斯湾等广大海域的称谓，不仅包括今日的红海、阿曼湾和直到印度河等地区，而且包括了从孟加拉湾顶直到桑给巴尔（Zanzibar）的印度洋。[①] Erythrean 在希腊语中意为"红色"，古代作家对该词红色意义的起源有着不同理解。公元前 2 世纪古希腊史学家和地理学家阿伽萨勒奇德斯（Agatharkhidēs）认为该词并不是指"红色的海"，而是来自一个神秘的波斯语 Erythras：Erythras 为上古时期一位神秘的波斯国王，相传其首次跨过红海，故这片海域便以其名命名，古代希腊语称其为 Ἐρυθρὰ θάλασσα（Erythra thalassa）。[②] 普林尼亦言及我们称呼这片海域为"红海"（the Red Sea），但是希腊人称其为 Erythum，来自 Erythras 国王。至于被称为红海的原因是有人认为由于太阳反射海水呈红色，还有人认为红色是指沙子或泥土的颜色，或者代表该地海水的特征。[③]

《厄立特里亚海周航记》（以下简称《周航记》）属于希腊–罗马周航记序列著述，这些书都冠以 περιπλους，即"周航"的名称，是古代希腊最早出现的散文形式之一，也是古代希腊最早出现的地理学作品。此类作品发端于古风时代，一直持续到 6 世纪拜占庭时期；现存文献中，提及的《周航记》共有 40 余部，其中 10 部大体完整。[④] 如公元前 5 世纪西拉克斯（Skulax）、公元前 5 世纪迦太基人哈诺（Hanno）[⑤]、公元前 3 世纪托勒密二世舰队司令与地理学家提摩太尼（Timosthenēs）、公元前 3—前 2 世纪的马萨斯（Mnaseas）、1 世纪早期的门尼波斯（Menippos）、2 世纪的阿里安（Arrian，86/89—146/160）等皆

① Pliny, *Natural History,* T. E. Page, ed., Cambridge: Harvard University Press, Vol. Ⅱ, Book Ⅵ, 28, pp. 421-423；吴长春：《〈厄立特里亚海回航记〉与西亚东非文明史研究》，《西亚非洲》1990 年第 3 期，第 46 页。

② Agatharkhidēs, "On the Erythraean Sea," in G. W. B. Huntingford, *The Periplus of the Erythraean Sea, by an Unknown Author,* London: the Hakluyt Society, 1980, pp. 177-179.

③ Pliny, *Natural History,* Vol. Ⅱ, Book Ⅵ, 28, p. 421.

④ 陈思伟：《古代希腊罗马的周航记及其功用》，《史学集刊》2021 年第 1 期，第 60 页。

⑤ 公元前 5 世纪，迦太基人哈诺曾记载关于非洲地区的航行，最初以布匿（Punic）语书写。曾被翻译为希腊文版本，普林尼在其参考者中曾提及此人。

图 1　17 世纪厄立特里亚海地图①

曾以《周航记》的形式记载了欧洲、非洲乃至亚洲诸地海洋的航行状况，遗憾的是这些记载大部分已经佚失。②这些希腊《周航记》的记载主要关注古代的海洋航行，丰富了希腊–罗马人以及西方世界的海洋知识。《周航记》是以作者亲身经历所著，不仅记载了印度洋地区的航行状况，而且尤为详细地记载了该地区的贸易状况，为我们留下了古代希腊–罗马世界关于印度洋地区最为完整与权威的记载。

一　《周航记》版本③

《周航记》现存两件手抄本，分别为海德堡大学与大英博物馆藏手抄本。海德堡大学藏手抄本（Codex Palatinus Graecus 398, fol. 40v–54v）约于 10 世纪抄写在羊皮纸上。此手抄本呈现出两种不同风格，应出自两人之手：前者以小写书写，周围有小的注释与更正；后者又增加了一些更正。④大英博物馆藏手抄本（Add. MS 19, 391）约于 14—15 世纪抄写在羊皮纸上，这卷羊

---

① 近代荷兰著名的制图师、地理学家和宇宙学家亚伯拉罕·奥特留斯（Abraham Ortelius，1527—1598）所绘，其为第一个现代地图集《世界的剧场》（*Theatrum orbus terrarum*）创始人，详见 Abraham Ortelius, *Theatrum orbus terrarum*, Antverpiae: Apud Ioannem Bapt. Vrintium, 1609。

② 亨廷福德（G. W. B. Huntingford，1901—1978）曾整理早期希腊《周航记》系列著作，详见 G. W. B. Huntingford, *The Periplus of the Erythraean Sea, by an Unknown Author*, p. 4。

③ 威尔弗雷德·肖夫（Wilfred H. Schoff）、亨廷福德与庞纬等曾对《周航记》版本流源有所整理，此处有所参考，详见 Wilfred H. Schoff, *The Periplus of the Erythraean Sea*, New York: Longmans, Green, and Co., 1912, pp. 17-20; G. W. B. Huntingford, *The Periplus of the Erythraean Sea, by an Unknown Author*, p. 198；庞纬：《〈厄立特里亚海周航志〉译注》，硕士学位论文，东北师范大学，2019 年，第 8—13 页。

④ G. W. B. Huntingford, *The Periplus of the Erythraean Sea, by an Unknown Author*, p. 13; Lionel Casson, *The Periplus of the Erythraean Sea*, Princeton University Press, 1989, p. 5.

皮纸的一部分被认为来自希腊阿索斯山（Mount Athos）修道院。这两件手抄本内容大致相同，通常认为大英博物馆藏手抄本应抄自海德堡藏手抄本，其中两个版本之间的差异应是抄写员疏忽造成的。①

《周航记》最早出版的现代印本是波西米亚著名的希腊学者西吉斯蒙德·盖伦（Sigismund Gelenius，1497—1554）于 1533 年出版，此本认为阿里安为《周航记》的作者。②此本为首个刊印本，流传甚广，但是讹误颇多，甚至存在一些随意的修改。③1550 年，意大利地理学家巴蒂斯塔·拉穆西奥（Batt. Ramusio，1485—1557）曾将《周航记》校订出版，该本先后于 1554 年、1563 年与 1588 年重印。④1577 年，瑞士新教神学家与语言学家约翰内斯·施图克（Iohannes Stuckius，1542—1607）以西吉斯蒙德·盖伦的刊印本为基础在日内瓦出版《周航记》，⑤并首次附有拉丁文译文。⑥1683 年，尼古拉斯·布朗卡尔（Nicholas Blancard）以约翰内斯·施图克校订本为基础，1698 年，英国古典学家约翰内斯·哈德森（Johannes Hudsonus，1662—1719）以西吉斯蒙德·盖伦与约翰内斯·施图克校订本为基础，先后出版《周航记》，并附拉丁文译文与注释。⑦1807 年，《周航记》以希腊文出版，并附约翰内斯·哈德森的注释译文。⑧1809 年，博尔赫克（Borheck）以约翰内斯·哈德森校订本为基础出版《周航记》。⑨

1849 年，法布里丘斯（B. Fabricius）校订本出版，并于 1883 年修订重印。⑩法布里丘斯校订本较为优良，尤其是 1883 年重印本。1855 年，德国希腊文献学家查尔斯·穆勒鲁斯（Carolus Müllerus，1813—1894）以海德堡大学藏手抄本为基础对《周航记》进行了校订出版，并附拉丁文译文、注释。⑪此本较为优良，多被参考。1883 年，重新修订的法布里丘斯校订本对查尔斯·穆勒鲁斯校订本进行了一些纠正，并附德文译文与注释，更加完善，威尔弗雷德·肖夫（Wilfred H. Schoff，1874—1932）甚至认为此本几乎没有什么不足之处。⑫1927 年，瑞典著名语言学家亚尔马·弗里斯克（Hjalmar Frisk，1900—1984）校订本

---

① Wilfred H. Schoff, *The Periplus of the Erythraean Sea*, p. 17; G. W. B. Huntingford, *The Periplus of the Erythraean Sea, by an Unknown Author*, p. 12; Lionel Casson, *The Periplus of the Erythraean Sea*, p. 5.

② Sigismund Gelenius, *Arriani Periplus Euxini Ponti, Eiusdem Erythraei*, Basel, 1533.

③ Lionel Casson, *The Periplus of the Erythraean Sea*, p. 6.

④ Batt. Ramusio, *Delle Navigationi et Viaggi Raccolta da Gio*, Venetia, nella Stamperia de Giunti, 1588.

⑤ Iohannes Stuckius, *Arriani Historici et Philosophi Point Euxini & Maris Erythræi Periplu*, Genevæ, Eustache Vignon, 1577.

⑥ Wilfred H. Schoff, *The Periplus of the Erythraean Sea*, p.18.

⑦ Nicolai Blancardi, *Arriani Ars Tactica, Acies Contra Alanos, Periplus Ponti Euxini, Periplus Maris Erythæi, Liber de Venatione, etc., etc*, Amstelodami, Janssonio-Waesbergii, 1683; Johannes Hudsonus, *Geographiae Veteris Scriptores Græci Minores*, Oxoniea E Theatro Sheldoniano, 1698.

⑧ *Syllogē tōn en epitomē tois palai geographēthenton typois ekdothentōn philotimō dapanē tōn ex Iōanninōn adelphōn Zōsimadōn charin tōn tēs Hellēnikēs paideias ephiemenōn Hellēnōn*. En Biennei tes Austrias ek tes Schraimblikes Typographias, 1807, pp. 295-333.

⑨ Borheck, *Flacii Arriani Nicomediensis Opera Graece ad optimas editiones collata*, Lemgoviae, Meyer, 1809, pp. 91-121.

⑩ B. Fabricius, *Arriani Alexandrini Periplus Maris Erythrei*, Dresdae, in commissis Gottschalcki, 1849; B. Fabricius, *Der Periplu des Erythraeischen Meeres von Einem Unbekannten*, Leipzig, Verlag von Veit & Comp., 1883.

⑪ Carolus Müllerus, *Geographi Graeci Minores*, Parisiis, Didot, 1855, Vol. I, pp. 257-305.

⑫ Wilfred H. Schoff, *The Periplus of the Erythraean Sea*, p. 20.

出版。① 此本对《周航记》文本与语言研究极为细致，为目前学界公认的权威校订本，后续校订都是在此基础上进行的一些微小调整。②

《周航记》刊印本与校订本：

（1）Sigismund Gelenius, *Arriani Periplus Euxini Ponti, Eiusdem Erythraei*, Basel, 1533.（首个刊印本）

（2）Batt. Ramusio, *Delle Navigationi et Viaggi Raccolta da Gio*, Venetia, nella Stamperia de Giunti, 1588.

（3）Iohannes Stuckius, *Arriani Historici et Philosophi Point Euxini & Maris Erythræi Periplu*, Genevæ, 1577.（首个拉丁文版本）

（4）Nicolai Blancardi, *Arriani Ars Tactica, Acies Contra Alanos, Periplus Ponti Euxini, Periplus Maris Erythæi, Liber de Venatione, etc., etc*, Amstelodami, Janssonio—Waesbergii, 1683.（附拉丁文译文、注释）

（5）Johannes Hudsonus, *Geographiae Veteris Scriptores Græci Minores*, Oxoniea E Theatro Sheldoniano, 1698.（附拉丁文译文、注释）

（6）*Syllogē tōn en epitomē tois palai geographēthenton typois ekdothentōn philotimō dapanē tōn ex Iōanninōn adelphōn Zōsimadōn charin tōn tēs Hellēnikēs paideias ephiemenōn Hellēnōn*, En Biennei tes Austrias ek tes Schraimblikes Typographias, 1807, pp. 295-333.

（7）Borheck, *Flacii Arriani Nicomediensis Opera Graece ad optimas editiones collata*, Lemgoviae: Meyer, 1809, pp. 91-121.

（8）B. Fabricius, *Arriani Alexandrini Periplus Maris Erythreai*, Dresdae, in commissis Gottschalcki, 1849.

（9）Carolus Müllerus, *Geographi Graeci Minores*, Parisiis: Didot, 1855, Vol. I, pp. 257-305.（附拉丁文译文、注释）

（10）B. Fabricius, *Der Periplu des Erythraeischen Meeres von Einem Unbekannten*, Leipzig: Verlag von Veit & Comp., 1883.（附德文译文、注释）

（11）Hjalmar Frisk, *Le Périple de la Mer Erythrée*, Göteborg, 1927.

在《周航记》刊印本与校订本出版的同时，又出版了若干译注版本。1800 年，英国古典学家威廉·文森特（William Vincent, 1739—1815）以尼古拉斯·布朗卡尔校订本为基础将《周航记》译为英文出版。此本对《周航记》所记地理与贸易注释甚多，1807 年与 1809 年被再次修订出版。③ 1802 年，德国历史学者布雷多（G. G. Bredow, 1773—1814）以威廉·文森特英译本为基础将《周航记》译为德文出版，并附威廉·文森

---

① Hjalmar Frisk, *Le Périple de la Mer Erythrée*, Göteborg, 1927.
② Lionel Casson, *The Periplus of the Erythraean Sea*, p. 6.
③ William Vincent, *The Periplus of the Erythrean Sea*, Part the first, *An Account of the Navigation of the Ancients, from the Sea of Suez to the Coast of Zanguebar*, London: Cadell, Davies, 1800; William Vincent, *The Commerce and Navigation of the Ancients in the Indian Ocean*, London: Cadell & Davies, 1807; Vol. I, *The Voyage of Nearchus*, Vol. II, *The Periplus of the Erythrean Sea*, Part the first, *An Account of the Navigation of the Ancients, from the Sea of Suez to the Coast of Zanguebar*; William Vincent, *The Voyage of Nearchus and the Periplus of the Erythrean Sea* (ascribed to Arrian), Oxford, 1809.

特英译本。[①]1826—1827 年，布兰迪（S. Blandi）意大利文《周航记》出版，[②]该本参考底本不详。[③]1836 年，赖夏德（C. G. Reichard）将《周航记》译为德文出版，[④]该本参考威廉·文森特英译本。[⑤]1861 年，斯特里贝尔（Streubel）以约翰内斯·施图克、约翰内斯·哈德森与博尔赫克校订本为基础将《周航记》译为德文。[⑥]1879 年，英国古典语言学家麦克林德尔（J. W. McCrindle，1825—1913）以查尔斯·穆勒鲁斯校订本为基础将《周航记》译为英文出版，此本对印度地区的地理与贸易注释尤多。[⑦]

1912 年，美国古典学者威尔弗雷德·肖夫以查尔斯·穆勒鲁斯校订本为基础，并参考法布里丘斯校订本与威廉·文森特英译本将《周航记》译为英文出版，此本注释尤详，系统整理了《周航记》中的地名与货物。[⑧]1980 年，英国语言学家与历史学家亨廷福德据亚尔马·弗里斯克校订本将《周航记》译为英文出版，此本对《周航记》所记载各地地理状况、航线与商品等注释尤详，并对公元前 2 世纪古希腊史学家和地理学家阿伽萨勒奇德斯所著《厄立特里亚海》残篇进行了翻译研究。[⑨]1989 年，美国古典学家莱昂内尔·卡森（Lionel Casson，1914—2009）以弗里斯克校订本为基础，并参考其他校订本将《周航记》译为英文出版。此本译文较为严谨，注释丰富可靠，为目前成果较新的译本，并附希腊原文。[⑩]

20 世纪以来，随着对《周航记》文本校订不断完善，国际学界对《周航记》的研究也日趋成熟，这些研究集中体现在对《周航记》所记内容的注解上，其中尤以威尔弗雷德·肖夫、亨廷福德与莱昂内尔·卡森等学者为代表。同时，《周航记》也受到国内学界关注，并被译为中文。2015 年，武晓阳以威尔弗雷德·肖夫英译本为基础将《周航记》译为中文，收录于《斯特拉波"东方世界"探研》附录，但此本无注释。[⑪]2019 年，庞纬以弗里斯克校订本为基础将《周航记》译为中文，并附注释。[⑫]目前，法国布代丛书（Budé series）正在编辑一套七卷本的周航记丛书，拟包括《周航记》，第一卷关于伪斯凯姆努斯（Ps.-Scymnos）的周航记业已出版。[⑬]

《周航记》译本：

（1）William Vincent, *The Periplus of the Erythrean Sea, Part the first, An Account of the Navigation of the Ancients, from the Sea of Suez to*

① G. G. Bredow, *Untersuchungen Ueber Einzelne Gegenstaende der Alten Geschichte, Geographie, und Chronologie*, Altona, Hammerich, 1802.
② S. Blandi, *Arriano Opuscoli, Tradotti da vari*, Milano, Sonzogno, 1826-1827.
③ 庞纬：《〈厄立特里亚海周航志〉译注》，第 12 页。
④ C. G. Reichard, *Sammlung Kleiner Schriften aus dem Gebiete der mathematischen und alten Geographie*, Güns, Reichard, 1836.
⑤ 庞纬：《〈厄立特里亚海周航志〉译注》，第 12 页。
⑥ Streubel, *Des Pseudo-Arrians Umschiffung des Erythraeischen Meeres*, Berlin, Druck von Hickethier, 1861.
⑦ J. W. McCrindle, *The Commerce and Navigation of the Erythraean Sea*, M. A., LL. D., Calcutta, 1879.
⑧ Wilfred H. Schoff, *The Periplus of the Erythraean Sea*, New York: Longmans, Green, and Co., 1912.
⑨ G. W. B. Huntingford, *The Periplus of the Erythraean Sea, by an Unknown Author*, London: the Hakluyt Society, 1980.
⑩ Lionel Casson, *The Periplus of the Erythraean Sea*, Princeton University Press, 1989.
⑪ 武晓阳：《斯特拉波"东方世界"探研》，北京师范大学出版社，2015 年，附录 11《厄立特里亚航海记》，第 261—277 页。
⑫ 庞纬：《〈厄立特里亚海周航志〉译注》。
⑬ D. Marcotte, *Ps.-Scymnos, Circuit de la terre*, Paris: Les Belles Lettres, 2000；陈思伟：《古代希腊罗马的周航记及其功用》，《史学集刊》2021 年第 1 期，第 60 页。

the Coast of Zanguebar, London: Cadell, Davies, 1800.

（2）William Vincent, *The Commerce and Navigation of the Ancients in the Indian Ocean*, London: Cadell & Davies, 1807; Vol. Ⅰ, *The Voyage of Nearchus*, Vol. Ⅱ, *The Periplus of the Erythrean Sea, Part the first, An Account of the Navigation of the Ancients, from the Sea of Suez to the Coast of Zanguebar.*

（3）William Vincent, *The Voyage of Nearchus and the Periplus of the Erythrean Sea* (ascribed to Arrian), Oxford, 1809.

（4）G. G. Bredow, *Untersuchungen Ueber Einzelne Gegenstaende der Alten Geschichte, Geographie, und Chronologie*, Altona: Hammerich, 1802.

（5）S. Blandi, *Arriano Opuscoli, Tradotti da vari*, Milano: Sonzogno, 1826-1827.

（6）C. G. Reichard, *Sammlung Kleiner Schriften aus dem Gebiete der mathematischen und alten Geographie*, Güns, Reichard, 1836.

（7）Streubel, *Des Pseudo-Arrians Umschiffung des Erythraeischen Meeres*, Berlin: Druck von Hickethier, 1861.

（8）J. W. McCrindle, *The Commerce and Navigation of the Erythraean Sea*, M. A., LL. D., Calcutta, 1879.

（9）Wilfred H. Schoff, *The Periplus of the Erythraean Sea*, New York: Longmans, Green, and Co., 1912.

（10）G. W. B. Huntingford, *The Periplus of the Erythraean Sea, by an Unknown Author*, London: the Hakluyt Society, 1980.

（11）Lionel Casson, *The Periplus of the Erythraean Sea*, Princeton: Princeton University Press, 1989.

（12）武晓阳:《斯特拉波"东方世界"探研》, 北京师范大学出版社, 2015 年, 附录 11《厄立特里亚航海记》, 第 261—277 页。

（13）庞纬:《〈厄立特里亚海周航志〉译注》, 硕士学位论文, 东北师范大学, 2019 年。

二 《周航记》成书年代

《周航记》写作风格前后一致, 叙述内容集中统一, 其记载应源自作者个人的亲身经历, 这表现在《周航记》的记载更为直接、详细, 并且明确提到正在行驶的航行路线等方面, 而且据其所记航海专题而言, 应由一位作者完成, 非汇编而成, 尽管有学者认为《周航记》于 3 世纪被汇编而成。[①] 关于《周航记》的成书年代, 众说纷纭, 但以莱昂内尔·卡森、威尔弗雷德·肖夫等为代表的学者在对《周航记》译注过程中, 据其文本记载内容对该书成书时间提出了较为合理、准确的认识。

莱昂内尔·卡森指出关于纳巴泰（Nabataean）的历史研究明确了纳巴泰国王的序列,[②] 可以肯定《周航记》的成书时间应在 1 世纪中叶。《周航记》第 19 章（6: 28—29）记载前往佩特拉

① Lionel Casson, *The Periplus of the Erythraean Sea*, p. 7.
② G. Bowersock, "A Report on Arabia Provincia," in *the Journal of Roman Studies*, 1971, Vol. 61, p. 223.

（Petra），见到马尔库斯（Malichus），即纳巴泰（Nabataeans）①的国王等。②佩特拉的国王只能是纳巴泰的国王，在国王序列中明确有2位（或3位）名为马尔库斯的国王。马尔库斯一世（Malichus I）生活在公元前1世纪，马尔库斯二世（Malichus II）在公元40—70年统治，然后其子拉本二世（Rabbel II）统治，直到106年被罗马兼并。相传拉本二世有一子名为马尔库斯，在其父去世后成为流放的国王或附属于罗马的国王，但是其在任何情况下都不可能在佩特拉，因此只有可能是马尔库斯二世，《周航记》便写于此时，即公元40—70年。③亨廷福德亦援引关于"马尔库斯，纳巴泰的国王"的记载，但仅提到应在106年该地被罗马兼并之前，并没有莱昂内尔·卡森的认识精确。④

威尔弗雷德·肖夫对《周航记》成书时间进行了更为详细的考证，将《周航记》成书时间认定为公元60年前后，其考证结论的核心论据如下。

第一，《周航记》第57章曾记载希帕鲁斯（Hippalus）发现了到达印度的海路。⑤希帕鲁斯为一位希腊航海者，因其发现前往印度的规律季风，印度洋季风被称为"希帕鲁斯"。普林尼曾记载罗马皇帝克劳狄（Claudius，公元41—54年在位）时期红海地区征税官安尼乌斯·普洛卡姆斯（Annius Plocamus）的一名被释放的奴隶在航行时被北风刮走，历经40天到达塔普罗巴内（Taprobane，即锡兰），并受到了当地国王的款待，他告诉国王有关罗马人民及其皇帝的事情，随后返回，锡兰国王之后派遣以拉齐亚斯（Rachias）为首的使节前往罗马。⑥威尔弗雷德·肖夫认为希帕鲁斯的发现应在此事件之后，文森特甚至认为应在公元47年前后，⑦并在《周航记》作者航行前不久，这位作者明显表现出对希帕鲁斯的尊敬，并称自此之后可以利用季风直接穿越海洋。⑧

第二，《周航记》第38章中记载在印度河口周围有一处斯基泰人（Scythia）的海岸、斯基泰人的大都会米南伽拉（Minnagara），这座城市受制于相互交战的帕提亚王子。⑨第41章记载了另外一座名为米南伽拉（Minnagara）的城市，其仅为印度名称，指"侵略者之城"。⑩第47章提到了非常好战的内陆族群巴克特里亚人（Bactrians）。⑪

---

① 纳巴泰地区指叙利亚与阿拉伯的边界、幼发拉底河至红海的地区，106年被罗马帝国征服；佩特拉古城为约旦南部的一座历史古城。
② Wilfred H. Schoff, *The Periplus of the Erythraean Sea*, p. 29.
③ Lionel Casson, *The Periplus of the Erythraean Sea*, pp. 6-7.
④ G. W. B. Huntingford, *The Periplus of the Erythraean Sea, by an Unknown Author*, p. 9.
⑤ Wilfred H. Schoff, *The Periplus of the Erythraean Sea*, p. 45.
⑥ 〔古罗马〕普林尼：《自然史》，李铁匠译，上海三联书店，2018年，第74页；Pliny, *Natural History*, Vol. II, Book VI, 24, pp. 401-407.
⑦ Vincent, *Periplus of the Erythrean Sea*, Vol. II, in *The British Critic*, Vol. XXVII, London: Bye and Law, St. John's Square, 1806, p. 294.
⑧ Wilfred H. Schoff, *The Periplus of the Erythraean Sea*, pp. 7-8.
⑨ Wilfred H. Schoff, *The Periplus of the Erythraean Sea*, p. 37.
⑩ Wilfred H. Schoff, *The Periplus of the Erythraean Sea*, p. 39.
⑪ Wilfred H. Schoff, *The Periplus of the Erythraean Sea*, p. 41.

《周航记》记载的斯基泰人为萨卡（Saka）部落，被月氏人驱赶，遍布在俾路支地区、印度河下游河谷以及印度海岸邻近地区。他们臣服于帕提亚王国，成为其重要的一部分，北部受到贵霜王国的压力，但是应在贵霜征服这一地区之前，即公元95年。"好战的巴克特里亚人"指月氏或贵霜部落，月氏人占领了巴克特里亚的希腊化王国，2世纪建立强大的国家，征服了印度北部大部分地区。《周航记》的记载显示，月氏人对印度河与恒河的征服早已开始，甚至在月氏国王被班超打败之前，即公元90年班超在于阗附近击败月氏。[1] 这场失利定会传遍整个印度地区，《周航记》作者将不会以好战的族群称呼月氏人，因此写作时间应在公元90年或95年之前。[2]

第三，《周航记》第64章关于Thin（秦）地的记载，指中国西北地区的秦朝。秦在《周航记》时代是中国最强大的国家，不断向西扩张领地，都城即现代的西安府（Singanfu）。《周航记》记载："丝绸经陆路从那个国家带到巴克特里亚与印度，但是那里的人很少过来。"[3] 这便显示此时丝绸之路仍旧动荡，应在班超经营西域之前。塔克拉玛干沙漠北缘路线在公元94年被班超打通，南缘路线早在公元73年即被打通，[4] 显示《周航记》的记载应在公元73年之前。[5]

第四，《周航记》第19章记载马尔库斯，即纳巴泰国王。[6] 此条记载应该最能够确定该书写作时间。犹太史家约瑟夫斯（Josephus，37—100）在《犹太战记》中提到阿拉伯国王马尔库斯，即指纳巴泰国王，曾帮助罗马皇帝提图斯（Titus，39—81）远征耶路撒冷，并于公元70年征服。[7] 沃盖（Vogüé）证实纳巴泰国王阿雷塔斯（Aretas）有一子马利克（Malik）或马尔库斯三世（Malchus Ⅲ），公元40—70年统治。[8] 这位马尔库斯的妹妹嫁给了希律·安提帕（Herod Antipas，前21—39），后被其抛弃，是因为其哥哥菲利普（Philip）的妻子希罗底（Herodias）。[9] 希律此举导致与其岳父阿雷塔斯之间的战争，这就解释了为何马尔库斯帮助罗马反对犹太人，其反对犹太人应在其统治末期。即如果《周航记》写作于此次征服之后，马尔库斯也应被称为"皇帝的朋友"，如第23章记载的查里贝尔（Charibael）。因此，《周航记》应写作于提图斯公元70年远征之前。[10]

---

[1] 公元90年月氏王求娶东汉公主，班超拒还其使，遂生怨恨，遣副王谢率军攻打班超，为班超所败，纳礼求和。"初，月氏尝助汉击车师有功……因求汉公主。超拒还其使，由是怨恨。永元二年，月氏遣其副王谢将兵七万攻超。……超伏兵遮击，尽杀之，持其使首以示谢。谢大惊，即遣使请罪，愿得生归。超纵遣之。月氏由是大震，岁奉贡献。"详见《后汉书》卷47《班梁列传》，中华书局，1965年，第1580页。

[2] Wilfred H. Schoff, *The Periplus of the Erythraean Sea*, pp. 8-9.

[3] Wilfred H. Schoff, *The Periplus of the Erythraean Sea*, p. 48.

[4] 永平十六年（73），"明帝乃命将帅，北征匈奴，取伊吾卢地……遂通西域，于阗诸国遣子入侍。西域自绝六十五载，乃复通焉"。详见《后汉书》卷88《西域传》，第2909页。永元六年秋，"超遂发龟兹、鄯善等八国兵合七万人，及吏士贾客千四百人讨焉耆……于是西域五十余国悉皆纳质内属焉"。详见《后汉书》卷47《班梁列传》，第1581—1582页。

[5] Wilfred H. Schoff, *The Periplus of the Erythraean Sea*, p. 11.

[6] Wilfred H. Schoff, *The Periplus of the Erythraean Sea*, p. 29.

[7] Josephus, *The Jewish War*, Ⅲ, 4, § 2, in *the New Complete Works of Josephus*, William Whiston, trans., 1999, Grand Rapids, MI: Kregel Publications, p. 780.

[8] Vogüé, *Syrie Centrale: Inscriptions Sémitiques*, Paris, 1869, p. 107.

[9] Josephus, *Jewish Antiquities*, in *the New Complete Works of Josephus*, pp. 594-597.

[10] Wilfred H. Schoff, *The Periplus of the Erythraean Sea*, p. 11.

第五，《周航记》第23、27章皆提到了查里贝尔（Charibael）的名字，希木叶尔（Homerites）①与示巴（Sabaites）两个部落的国王，以利亚撒（Eleazus）的名字，即（产）乳香（Frankincense）地区的国王。②由格拉泽（Glaser）在南部阿拉伯发现的铭文判断，Charibael 不是人名，而是一个称谓，1 世纪有数位统治者有此称谓。在格拉泽铭文 1619 号中，提到了国王以利亚撒在公元 29 年统治与查里贝尔国王在公元 40—70 年统治。③查里贝尔作为皇帝的朋友，应出现在尼禄统治早期，这时贸易比较繁荣，如《周航记》所记，所以大概应在公元 54—60 年。④

第六，《周航记》第 2 章提到了麦罗（Meroe）城。⑤这座努比亚（Nubian）王国首都在罗马人占领埃及不久后遭受了罗马人的严厉对待。1 世纪上半叶努比亚的皇后干大基（Candace）稳固了权力。⑥之后普林尼记载邻近沙漠地区的野蛮部落洗劫了努比亚王国，以至于尼禄派遣了一支探索之旅，冒险远至麦罗，但只是看到了沙漠，除此之外别无他物。⑦麦罗的建筑很少，仍旧被一位名叫干大基的皇后统治着，干大基这个称谓已经连续被很多皇后使用，这件事发生在公元 67 年，很明显在《周航记》作者的记载发生之后。普林尼之后不久，麦罗肯定被摧毁，其名称数个世纪都未曾出现。⑧

第七，《周航记》提到大量增加的与印度的贸易，但是没有提到公元 64 年 7 月 19—25 日罗马被烧之后引起的贸易中止与下降，所以其应写作于这场灾难之后。⑨季风被发现之后，印度与罗马的贸易不断增加，尤其是罗马从印度进口的物资增加。《周航记》第 10 章提到的大船，是为肉桂贸易而用。这些奢侈品的大量进口与尼禄奢靡的生活有关，尤其是在其宠妻萨比娜·波皮亚（Sabina Poppaea）的影响下，她的影响从公元 58 年直到公元 65 年去世。⑩普林尼也记载萨比娜·波皮亚的葬礼上消耗了大量的香料，阿拉伯一年内都生产不出尼禄在其妻波皮亚去世之日所焚烧的如此大量的香料。⑪

第八，《周航记》没有记载与波斯湾的贸易，波斯湾受帕提亚控制，显示其写作时间应在罗马与帕提亚开战时期。《周航记》作者记载，甚至在阿拉伯南部沿海地区，贸易停止在乳香之地（Frankincense Country）及其属地马西拉（Masira）岛，并解释库里亚·穆里亚（Kuria

---

① 希木叶尔，古也门王国（公元前 110—公元 525 年），公元前 110 年建立，6 世纪被阿克苏姆王国所灭。
② Wilfred H. Schoff, *The Periplus of the Erythraean Sea*, pp. 30-32.
③ Glaser, *Die Abessinier in Arabien und Afrika auf Grund Neuentdeckter Inschriften*, Franz: München, 1895, pp. 37-38.
④ Wilfred H. Schoff, *The Periplus of the Erythraean Sea*, p.12.
⑤ Wilfred H. Schoff, *The Periplus of the Erythraean Sea*, p. 22.
⑥ "有一位埃塞俄比亚人，是个有大权的太监，在埃塞俄比亚女王干大基的手下总管宝库，他上耶路撒冷礼拜去了。"《使徒行传》（8: 27），详见 *The Harper Collins Study Bible*, Wayne A. Meeks, ed., London: Harper Collins Publishers, 1993, p. 2073。
⑦ Pliny, *Natural History*, Vol. II, Book VI, pp. 475-477.
⑧ Wilfred H. Schoff, *The Periplus of the Erythraean Sea*, p. 12.
⑨ Wilfred H. Schoff, *The Periplus of the Erythraean Sea*, pp. 12-13.
⑩ Wilfred H. Schoff, *The Periplus of the Erythraean Sea*, p. 26.
⑪ Pliny, *Natural History*, Vol. IV, Book XXII, pp. 61-62.

Muria）群岛岛屿以远的沿海地区臣服于波斯，[①]不能前往过去。[②]针对亚美尼亚继承权相互矛盾的主张，导致公元 55 年罗马对帕提亚发动战争，即尼禄在位第 2 年。此时，帕提亚南部发生内战（甚至有可能在他们新获得的南部阿拉伯地区），帕提亚遂放弃了对亚美尼亚人的主张。但是当公元 58 年战争重启的时候，他们再次重申主张，与罗马的敌对活动一直持续到公元 62 年，直到双方同意在亚美尼亚缓和，帕提亚派遣使团前往罗马。公元 62 年夏天，双方签订停战协定，帕提亚使团在秋季访问罗马，但是并未签订条约而返回。同年冬季，罗马攻打亚美尼亚，停战协定被破坏，但被击退，又重启停战协定。公元 63 年春，第二个帕提亚使团来到罗马，解决了一件事情，即让帕提亚王子担任亚美尼亚国王，希望得到罗马皇帝的授权，这个仪式大约在公元 65 年进行。公元 62 年冬，双方冲突当然停止了，同年夏季商业贸易利益应被关注。因此，《周航记》的时间应不晚于公元 62 年夏，不早于公元 58 年夏，最有可能的是帕提亚从南部争端中恢复之后 2—3 年，即公元 60 年应为《周航记》的写作时间。[③]

亨廷福德主要据麦克道尔（MacDowall）与威尔逊（Wilson）的考证，将《周航记》写作时间限定在 95—130 年，主要论据有二。[④]其一，《周航记》第 41 章提到了马班努斯（Manbanos）王国开始的地方。[⑤]马班努斯国王应为拿哈帕纳（Nahapāna），铭文曾提到 119 年与 123 年的拿哈帕纳，但是没有证据显示其执政的具体时间，麦克道尔与威尔逊提到其应在公元 95 年继位。[⑥]其二，《周航记》第 52 章记载卡利耶纳（Kalliena）城[⑦]，其在长者沙拉干内斯（Saraganēs）时期成为合法集市，但在桑达内斯（Sandanēs）时贸易受阻。沙拉干内斯直到 138 年仍与拿哈帕纳斗争，《周航记》作者时期的桑达内斯似乎是卡利耶纳的统治者，但是没有证据证明桑达内斯与沙拉干内斯不是同时代的人，麦克道尔据此认为《周航记》应写于 120—130 年。[⑧]比较而言，麦克道尔与威尔逊的考证并没有莱昂内尔·卡森与威尔弗雷德·肖夫精确，尤其是没有提出更为直接的证据。

尽管如此，关于《周航记》与普林尼《自然史》写作时间的先后也产生了一些争议。普林尼《自然史》通常被认为在公元 73—77 年问世。[⑨]亨廷福德认为《周航记》的写作应在普林尼《自然史》之后，主要是因为普林尼对东非海岸的记载停止在加尔达菲角（Cape Gardafui），即莫斯莱特角（Mossylites Cape）[⑩]，尽管他提到了一些作家将埃塞俄比亚的一座城市放在了这一点之外的

---

① 马西拉岛为位于阿曼东部沿海的岛屿。乳香之地指盛产乳香的阿拉伯东部沿海地区，尤以今阿曼地区为最。库里亚·穆里亚群岛位于阿曼西南部地区。
② Wilfred H. Schoff, *The Periplus of the Erythraean Sea*, pp. 32-34.
③ Wilfred H. Schoff, *The Periplus of the Erythraean Sea*, pp. 14-15.
④ G. W. B. Huntingford, *The Periplus of the Erythraean Sea, by an Unknown Author*, pp. 8-11.
⑤ Wilfred H. Schoff, *The Periplus of the Erythraean Sea*, p. 39.
⑥ D. W. MacDowall and N. G. Wilson, "The Reference to the Kuṣānas," *Num. Chron.*, 7 series, X(1970), pp. 238-239.
⑦ 卡利耶纳城，位于印度西海岸地区。
⑧ D. W. ManDowall, "The Early Western Satraps," *Num. Chron.*, 7 series, IV (1964), p. 280.
⑨ Wilfred H. Schoff, *The Periplus of the Erythraean Sea*, p. 10.
⑩ 加尔达菲角、莫斯莱特角位于索马里地区，亚丁湾东部。

海岸上，即巴拉加萨（Baragaza）。① 同时，《周航记》与托勒密《地理志》都没有提到非洲海岸的巴拉加萨，而在提到摩苏伦（Mosullon）之后继续向南提到了拉普塔（Rhapta）与曼诺西亚斯（Menouthias）等地，② 托勒密在摩苏伦之后提到了比《周航记》还多的 7 个地方。③ 托勒密主要参考提尔的马里努斯（Marinos，70—130）的地理著作，尤其关于非洲东部海岸地区与加尔达菲角南部地区。139 年，托勒密在亚历山大里亚工作，直到 161 年罗马安东尼·庇护（Antoninus Pius，86—161）皇帝去世时仍旧健在。如果早期时间无误，那么马里努斯肯定工作到了 130 年前后，所以《周航记》在普林尼时应并未出现，但是就地理证据而言应在马里努斯写作之前。如果《周航记》在普林尼时期已经存在，几乎可以肯定普林尼知道这些信息。④

威尔弗雷德·肖夫则认为《周航记》早于普林尼《自然史》，因为《周航记》与《自然史》关于阿拉伯福地（Arabia Felix）⑤ 的记载极其相似，普林尼应是浓缩了《周航记》的记载，但是《自然史》第 6 章内容与《周航记》不一致，甚至早于《周航记》。当然，普林尼作为一个编纂者，似乎没有太多的辨识力，他有可能选择《周航记》的记载，尤其是在其与毛里塔尼亚朱巴二世（Juba Ⅱ，前 48—23）国王的早期记载不矛盾

之时。普林尼比《周航记》记载了更多关于麦罗的信息，但是没有提及阿克苏姆（Axum）；他终止于非洲海岸的摩苏伦海角，称大西洋从此开始，随后记载朱巴国王，但是如果他知道《周航记》，他的记载应该包括直到桑给巴尔的非洲海岸。普林尼关于前往印度的航行记载，提到了这是可靠的信息，第一次出版。⑥ 很多人认为这是指《周航记》，但是普林尼又记载了与《周航记》不同的路线，并对印度沿岸地区有了不同记载。普林尼记载之时通往印度的航线已开通 30 余年，他可能会从任何一位船员口中得到这些信息，并非仅从《周航记》获得，正如其关于阿拉伯福地的记载与《周航记》记载非常类似一样。因此，主张普林尼的一些记载来自《周航记》，是建设性的，甚至是有道理的，但并不是决定性的。⑦

如威尔弗雷德·肖夫所言，普林尼《自然史》晚于《周航记》，且有可能用到了《周航记》的记载，但是普林尼并没有提到《周航记》的作者。对此，威尔弗雷德·肖夫认为《周航记》的作者没有文学声誉，故被普林尼所忽视。⑧ 亨廷福德则认为普林尼非常仔细地给出了《自然史》中所涉作者的名录，其中一些作者也没有文学声誉，甚至在文学圈子也不有名，而且最主要的是普林尼并没有提到比莫斯莱特角更远的地方。⑨

以上关于《周航记》与普林尼《自然史》写

---

① Pliny, *Natural History,* Vol. Ⅱ, Book Ⅳ, p. 469.
② 摩苏伦，古代索马里贸易中心；拉普塔、曼诺西亚斯位于东非沿海地区。
③ Ptolemy, *The Geography*, E. L. Stevenson, trans, New York: Dover Publication, Inc., 1991, pp. 93-109.
④ G. W. B. Huntingford, *The Periplus of the Erythraean Sea, by an Unknown Author*, pp. 11-12.
⑤ 阿拉伯福地，即希腊–罗马地理学家所指的阿拉伯南部地区，即也门及其周边。
⑥ Pliny, *Natural History,* Vol. Ⅱ, Book Ⅵ, p. 417.
⑦ Wilfred H. Schoff, *The Periplus of the Erythraean Sea*, p. 10.
⑧ Wilfred H. Schoff, *The Periplus of the Erythraean Sea*, p. 15.
⑨ G. W. B. Huntingford, *The Periplus of the Erythraean Sea, by an Unknown Author*, pp. 11-12.

作时间的争论，主要基于这两部地理著作记载内容的相似性以及地理空间的差异性，尤其是亨廷福德认为普林尼关于东非海岸地理空间的记载远少于《周航记》，由此认为《周航记》出现在《自然史》之后。但需要注意的是，这些因素并不是判定《周航记》与《自然史》写作时间先后的决定性条件。就《周航记》体裁与风格而言，其应是当时代人记载当时代之事，因此其所记内容可以更好地揭示写作时间。比较而言，莱昂内尔·卡森、威尔弗雷德·肖夫对《周航记》的写作时间给出了相对合理且准确的范围，其应早于普林尼《自然史》的写作。庞纬据莱昂内尔·卡森、威尔弗雷德·肖夫的考证以及《周航记》的记载，亦认为《周航记》的写作不早于 1 世纪。[1] 因此，将《周航记》写作时间限定在 1 世纪中叶应是一个较为客观的认识。

三 《周航记》作者

由于《周航记》海德堡大学藏手抄本与罗马史学家阿里安所写的《黑海周航记》(*Periplus of the Euxine Sea*) 手抄本出现在一起——阿里安曾在 131 年担任安纳托利亚中部地区卡帕多西亚 (Cappadocia) 的长官，因此《周航记》经常被认为是阿里安所著。伦敦大英博物馆所藏的手抄本

则没有提到这些信息。[2] 阿里安作为杰出的希腊作家，颇具声誉，其行文风格、写作能力与《周航记》相差甚远，而且两者语言差异甚大，尤其是阿里安以阿提卡希腊语 (Attic Greek) 书写，[3] 而《周航记》以后古典希腊语书写，即 κοινη，通用希腊语，《周航记》的写作根本不会进入希腊文士的法眼，更不会受古典研究领域的欢迎。在法布里丘斯与查尔斯·穆勒鲁斯对《周航记》进行仔细校注之前，此种语言很少被专门研究，而且经常被视为错误或不符合语法的写作。[4]1855 年，查尔斯·穆勒鲁斯否定了《周航记》的作者为阿里安的观点，指出这是一个明显的错误，至此《周航记》不再被认为是阿里安所著。[5]

格拉泽认为普林尼《自然史》第 6 章内容来自《周航记》，普林尼提到的这些未出版的记载，即为《周航记》作者的记载，并指出在《自然史》第 6 章结尾的索引 (Index) 中出现的人名瓦西利斯 (Basilis) 就是《周航记》作者的名字，其写作于公元 56—67 年。[6] 对此，威尔弗雷德·肖夫认为普林尼《自然史》第 6 章 (35) 中提到瓦西利斯是记载麦罗城与上尼罗河的作者，[7] 而且瓦西利斯关于印度的记载曾被公元前 2 世纪古希腊史学家和地理学家阿伽萨勒奇德斯引用，后者关于厄立特里亚海的记载大约在公元前 113

---

① 庞纬：《〈厄立特里亚海周航志〉译注》，第 3—6 页。
② Wilfred H. Schoff, *The Periplus of the Erythraean Sea*, p. 7.
③ 阿提卡希腊语是古代雅典阿提卡地区的希腊语方言，又被称为古典希腊语，长期以来一直作为希腊世界颇具影响的方言，最类似于后来的希腊语。通用希腊语流行于希腊化时代、古代罗马和拜占庭时代，主要以阿提卡希腊语与爱奥尼亚希腊语为基础，并与其他方言语言混合而成。
④ G. W. B. Huntingford, *The Periplus of the Erythraean Sea, by an Unknown Author*, pp. 6-7.
⑤ R. Oliver and G. Mathew, *History of East Africa*, Oxford, 1963, Vol. I, p. 94.
⑥ Glaser, *Skizze der Geschichte und Geographie Arabiens*, II, 164, in *Ausland*, München, 1891, pp. 45-46；Pliny, *Natural History*, Vol. II, Book VI, pp. 338-503.
⑦ Pliny, *Natural History*, Vol. II, Book，VI, 35, p. 475.

年，早于《周航记》1个半世纪。此瓦西利斯并不是之后的瓦西利斯（Basilis），之后的瓦西利斯关于印度的记载被2—3世纪罗马作家阿特纳奥斯（Athenaeus）引用，因此格拉泽所言普林尼文本中的瓦西利斯与索引中的瓦西利斯是不同的人，这一认识是错误的，而且普林尼应该不会列举那些在罗马社会中没有任何文化影响的人物，他的索引一定会忽视一位无名的船员，仅提到信息有可靠的来源，最有可能的是普林尼用了《周航记》作者的记载，但是并未提及他的名字。①

至此，《周航记》的作者到底是谁，仍旧是一个未解之谜，海德堡大学与伦敦大英博物馆所藏手抄本也没有提到任何信息。因此，有关《周航记》作者的线索只能从《周航记》的文本内容中探究、辨析。

据《周航记》所记内容，作者应为一位商人，因为《周航记》主要记载了厄立特里亚海沿途各地大量的贸易信息，包括贸易物资、商品销售、贸易港口状况等，以及他所前往地区的所有贸易全景，记载了阿拉伯、印度与非洲以及罗马的埃及商人的贸易活动。这些信息对于前往异域贸易的商人有非常重要的价值。而且，对比而言，传统的周航记主要面向海员提供最新的航行指南，《周航记》则集贸易指南与航行指南于一体，其中大量的贸易信息更能显示作者的商人身份。②当然，《周航记》作者并没有将叙述主题限定在商业

贸易方面，同时也记载了其他状况，尤其是沿途所见的独特人群、从事生产的劳动以及一些历史事件等，但是几乎没有提及宗教状况。③

《周航记》作者以通用希腊语写作，行文朴实，时常将希腊语与拉丁字母混淆，并经常出现拙劣且不符合语法的写作。这显示其为没有受过太多教育的希腊人或讲希腊语的埃及人，其中前者更有可能。如亨廷福德认为通用希腊语在此地比拉丁语、埃及语更加流行，尤其是《周航记》第47章提到亚历山大东征印度的事情，显示其更有可能为希腊人，④莱昂内尔·卡森亦认为作者肯定为一位生活在埃及的希腊人，因为他不断提到罗马月份所对应的埃及时间等。⑤

因此，基本可以确定的是《周航记》作者是一位生活在埃及的希腊商人，为了贸易来到印度，并据其亲身经历与见闻著成《周航记》。关于作者的行程，一些学者提出了自己的认识。威尔弗雷德·肖夫指出《周航记》作者应住在贝勒尼塞（Berenice），而非亚历山大里亚，因为他没有记载尼罗河地区，并从卡普托斯（Copotos）穿越沙漠，⑥有可能从加尔达菲角航行到桑给巴尔，但是《周航记》对此记载非常模糊，并不确定，好像是从他处引用而来，除非这部分内容确实在抄写之时佚失了。关于乳香之地的阿拉伯东部海岸、波斯湾、波斯沿海、俾路支以及印度河地区的信息，似乎是他听说而来，因为此时这些地区被罗

---

① Wilfred H. Schoff, *The Periplus of the Erythraean Sea*, p. 15.
② Lionel Casson, *The Periplus of the Erythraean Sea*, pp. 8-9.
③ Lionel Casson, *The Periplus of the Erythraean Sea*, p. 9.
④ G. W. B. Huntingford, *The Periplus of the Erythraean Sea, by an Unknown Author*, pp. 7-8.
⑤ Lionel Casson, *The Periplus of the Erythraean Sea*, p. 8.
⑥ 贝勒尼塞，位于红海西侧海岸，为上埃及地区的古代港口；卡普托斯，位于上埃及地区，尼罗河东岸，古代为与印度、阿拉伯以及埃及北部地区贸易的重镇。

马的敌人帕提亚控制。[1] 卡森认为《周航记》作者的行程从非洲沿途到达拉普塔（Rhapta），再从阿拉伯—印度到达印度南端的科摩林角（Cape Comorin）。当然，很多人认为《周航记》作者没有从印度东部海岸航行到恒河河口，因为他关于这一地区的记载非常简略，但是这种认识颇具争议，也有可能是这些地区对于《周航记》作者没有太重要的商业价值，因此只进行了概括性的简略叙述。[2]

四 《周航记》与古代印度洋贸易

自古以来，人类便活跃在印度洋地区。两河流域作为人类文明的发祥地之一，文化与商贸中心很早就集中在该地与波斯湾周边，与埃及、印度诸地的联系不断发展，以印度洋为中心的贸易体系逐步形成，印度洋成为沟通东西方交往的重要通道之一。由于地理之便，波斯湾—红海、印度与东南亚诸地航海者和商人常年活跃在印度洋地区，熟知该地航行条件、季风与贸易状况，阿拉伯人、波斯人、埃及人与印度人等成为印度洋地区航海与贸易的常客。

相对而言，希腊人在印度洋地区的航行与贸易较为稀少，直到亚历山大征服东方，希腊人开始与东方有了更多交往。亚历山大东征时期，希

腊将领尼克霍斯（Nearkhos）曾率领希腊舰队从印度航行到波斯湾。[3] 托勒密埃及时期，希腊人开始寻求对红海与亚丁湾等前哨地区的征服，涉足印度洋事务。[4] 此时也出现了一些与印度洋航行有关的希腊人士，如公元前3世纪托勒密二世舰队司令与地理学家提摩太尼、公元前2世纪的阿基波斯（Arkhippos）、提尔的马里努斯[5] 所提到的第欧根尼（Diogenēs）与西奥菲洛斯（Theophilos）等，其中第欧根尼与西奥菲洛斯对印度洋地区的了解应来自个人经历。[6] 但是，并没有发现希腊船只在印度洋航行的明确证据，也没有证据表明在图拉真（Trajan，53—117）运河[7] 开通之后来自地中海的船只通过苏伊士地峡进入红海地区。[8]

托勒密埃及衰落之后，罗马帝国进入埃及，通过继承托勒密埃及在红海地区的遗产扩大在印度洋地区的影响，尤其是罗马帝国与帕提亚帝国的矛盾也促使罗马人对印度洋地区展开探索，因为所有到达罗马的东方物资都须向帕提亚以及阿拉伯半岛的王国支付大量通行费，除非罗马人开拓并控制一条通向印度的海路。罗马人在红海地区不断扩张，并与阿比尼西亚人结盟，势力逐步渗透到阿拉伯半岛与非洲沿线。前述普林尼曾记载罗马皇帝克劳狄时期红海地区征税官安尼乌斯·普洛卡姆斯的一名被释放的奴隶曾航行到锡兰。[9] 之

① Wilfred H. Schoff, *The Periplus of the Erythraean Sea*, p. 16.
② Lionel Casson, *The Periplus of the Erythraean Sea*, p. 8.
③ Nearkhos, *The Voyage of Nearchus, from the Indus to the Euphrates,* in William Vincent, *The Commerce and Navigation of the Ancients in the Indian Ocean,* Vol. 1, London, 1807.
④ Wilfred H. Schoff, *The Periplus of the Erythraean Sea*, p. 4.
⑤ 提尔的马里努斯，古希腊地理学家、数学家，其关于地理的著述被托勒密《地理志》多有引用、参考。
⑥ W. Dittenberger, *Orientis Graeci Inscriptiones Selectae,* Vol. 1, Leipzig, 1903, No. 190.
⑦ 图拉真运河，通过尼罗河将地中海与红海地区相连，在图拉真时期修建，因此得名。
⑧ G. W. B. Huntingford, *The Periplus of the Erythraean Sea, by an Unknown Author*, p. 3.
⑨ Pliny, *Natural History,* Vol. II, Book VI, 24, pp. 401-407.

后，一位名叫希帕鲁斯的希腊航海者，观察到了印度洋规律变化的季风，航行到印度。罗马人航行到印度洋引起了传统权力格局的巨变，帕提亚与阿拉伯半岛地区王国的利益受到严重影响，直到波斯萨珊与阿拉伯帝国的兴起再次改变了印度洋地区的权力格局。

古代希腊-罗马地理学家关于印度洋的记载多源自二手信息，希罗多德关于绕非洲航行的记载，由腓尼基水手完成，而非希腊人。[1] 古希腊地理学家厄拉多塞（Eratosthenēs，前276—前196）、阿伽萨勒奇德斯、提尔的马里努斯以及后来的普林尼、托勒密与3世纪的希腊地理学家阿伽塞美鲁（Agathēmeros）等关于印度洋的认识也是源自二手信息，其自身对这些地区并无任何知识。[2] 唯有公元前24年罗马地理学家斯特拉波（Strabo，前64/63—24）可能参加了罗马的埃及长官埃利乌斯·伽鲁斯（Aelius Gallus）对阿拉伯地区的远征。

古代希腊-罗马关于印度洋的知识最有可能来自埃及或至少从埃及出发的商人，因为即使在图拉真运河开通之后，从地中海到达红海的船只也极为稀少，甚至在托勒密时期古代埃及人也很少越过亚丁湾到达印度洋。[3] 印度洋自然是阿拉伯人与印度航海者的领地，他们熟悉如何利用季风跨海航行，这个秘密似乎被小心地守护着，直到希腊人希帕鲁斯出现。罗马帝国的大部分时期，印度洋贸易基本掌握在来自埃及的人（或为希腊人，或为埃及人）与阿拉伯人、印度人手中。[4]

可以想象在图拉真之前，任何一位希腊-罗马人航行到印度洋肯定搭乘的是在埃及建造的船只，因为运河开通之后地中海的船只才有可能航行过来。遗憾的是，无论有多少船只经运河从红海航行到印度，也无论这些船只来自哪里、由谁建造，他们的航行记载都没有保留下来。因此，我们应该感到非常庆幸——拥有《周航记》这份一手资料。

一位来自埃及的希腊人，作为罗马人的臣民，驾船远航，首次记载了由西方世界组织的与东方诸地的海上贸易。无论是斯特拉波、普利尼或托勒密，都不能与这位匿名的商人相比，因为《周航记》作者的记载源自其亲身所见。[5]《周航记》作为早期希腊-罗马世界关于印度洋直接知识记载存留的唯一作品，对印度洋航行与贸易进行了最完整与最权威的记载，为我们留下了弥足珍贵的文献史料，对于研究早期印度洋贸易、海上丝绸之路历史以及古代希腊-罗马关于印度洋知识体系的形成具有极其重要的价值。

---

① 〔古希腊〕希罗多德：《历史》，王以铸译，商务印书馆，2021年，第1—2页。
② G. W. B. Huntingford, *The Periplus of the Erythraean Sea, by an Unknown Author*, p. 3.
③ G. W. B. Huntingford, *The Periplus of the Erythraean Sea, by an Unknown Author*, p. 4.
④ G. W. B. Huntingford, *The Periplus of the Erythraean Sea, by an Unknown Author*, p. 4.
⑤ Wilfred H. Schoff, *The Periplus of the Erythraean Sea*, p. 7.

中亚的琐罗亚斯德教：花剌子模的新发现

葛乐耐 著　　　　　　李思飞 译

（法国法兰西学院）　　（陕西师范大学历史文化学院）

20 世纪 90 年代以来，学界关于中亚琐罗亚斯德教知识的增进主要来自粟特纳骨器和在中国发现的粟特人纪念性葬具，两者皆提供了在伊朗世界其他地方从未见过的来世图像。[①]

然而自 2008 年特别是 2014 年以来，历史学家们对早期琐罗亚斯德教的关注焦点已经转移到花剌子模地区（the Khorezm Region），即古典希腊–罗马作家笔下位于粟特西北的古代王国"花剌子模"（Chorasmia）。[②] 与粟特相反，花剌子模自阿契美尼德时代起就一直保持独立。其最早的都城对应于公元前 2 世纪到公元 2 世纪存在的阿克察汗卡拉遗址，由澳大利亚–卡拉卡尔帕克（Australian-Karakalpakian）联合考古队发掘。这里有关宗教艺术最重要的发现是所谓的"仪式建筑群"，特别是被称为"阿帕达那"（āpadāna）的圆柱大厅，其旁边的小礼拜堂里似乎有王室圣火。在这间大厅里，研究人员从散落在地上的碎片中复原出了一组大规模壁画；笔者在此评论的这幅作品一度装饰着大厅的南壁。放射性碳样本显示其年代为 1 世纪。画中有三位站立的神祇，高逾 6 米（图 1）；右边可能还有第四位神。笔者将介绍与米凯莱·米纳尔迪（Michele Minardi）共同主导且正在进行的研究成果。[③]

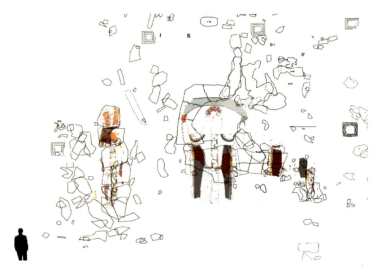

图 1　阿克察汗卡拉，神祇
（由 Mélodie Bonnat 部分构拟）

---

① Grenet, Riboud, Yang 2004; Grenet 2013 [2017].

② 不同历史时期，汉文史籍对 Chorasmia 有过不同称谓。此地《魏书》作"呼似密"，《大唐西域记》作"货利习弥伽"，《新唐书》作"火寻"，其晚期称谓"花剌子模"系指花剌子模王朝（约 13 世纪）及其疆土。据伯希和（P. Pelliot）考证，古代 Chorasmia 的汉语称谓可能是《史记》里的"䮷潜"，但他的比定尚待充分论证。参看 P. Pelliot, "Le nom du Xwarizm dans les textes chinois," *T'oung-Pao*, 34, 1938-1939, pp. 146-152. 此承法兰西学院客座副教授、北京大学中国古代史研究中心兼职研究员庆昭蓉博士惠告，特此致谢。本文将 Chorasmia 统一译为花剌子模。——译者注

③ 2017 年以前研究的绘画的主要参考文献：Betts et al. 2012 [2016]; Betts et al. 2015; Grenet 2018。有关自那时起就阐明的详细信息，请参看下文。

尽管左侧的神保存得不甚完整，但目前可以有把握地确认其为斯鲁沙（Sraosha，中古波斯语作 Srōsh）神——仪式活动的监督者和对抗恶魔的主要战士。他以一个留长发的年轻男性神祇的形象出现（图 2）。他持有武器，因而在其腰带上我们可以观察到一把阿契美尼德类型或曰"米

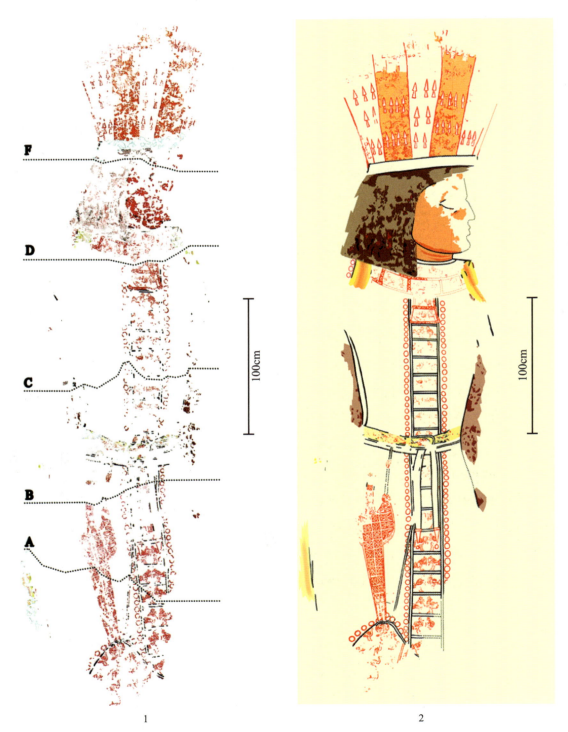

图 2　1 号神（斯鲁沙）：重新拼组碎片的临摹图；部分构拟

底型"（"Median"）短剑（akinakes）。此外，他的裤子上还装饰着象征迅捷的鸟——大鸨的形象。虽然所有这些属性特征都对应着斯鲁沙众所周知的称号（epithets），但它们当然也可以属于其他神祇。识别这一纪念性偶像的真正关键在于他束腰外衣中央垂直带上重复的图案：它展示了成对的面对面复制的复合生物（图3），复合生物有着公鸡的身体、人的头和手，它是一个戴帕达姆（padām）口罩和紧帽的"人鸟祭司"，手持一束巴尔索姆（barsom，仪式用嫩枝）树枝。这个形象是公鸡祭司帕罗达什（Parōdarsh）的视觉呈现，帕罗达什在阿维斯塔文本《万迪达德》（Vendīdād 18.14-23）中与阿塔（Ātar）和斯

鲁沙联系在一起，但更直接地与后者相关：在夜晚的最后阶段，火神阿塔向斯鲁沙请求燃料；斯鲁沙唤醒了帕罗达什（意为"向前看"）鸟，"那些说错的人称其为'公鸡啊，喔喔叫'（cock-a-doodle-doo）"并作为他的"斯鲁沙瓦雷兹"（sraošāwarez，助理祭司），用其公鸡的鸣叫唤醒忠实的信徒。

三年前，人们发现了另一个关于公鸡祭司的图像与"斯鲁沙瓦雷兹"的功能及斯鲁沙神之间复杂联系的论证：在装饰斯鲁沙服装的中央条带下部，米纳尔迪与笔者注意到了手持巴尔索姆者的标准图式的一个例外。① 在这里，一位"人鸟祭司"（可能还有面对他的那位）手里并没有拿着这

图3　1号神，束腰外衣上的重复图案：手持巴尔索姆树枝的帕罗达什

---

① Grenet, Minardi 2021.

些神圣的树枝，而是另一件完全不同的物品：可被认为是一个带有三根垂鞭的短鞭子（图4）。一幅来自威尼斯的16世纪画作显示了与古罗马牧神节（Lupercalia）仪式中使用的鞭子完全相同的类型。在《万迪达德》中，这个工具被称为斯鲁索·卡拉纳（sraošō.caranā，意为"斯鲁沙的法器"），它被用来责打那些在服务期间没有认真遵守仪式的人。有趣的是，在20世纪60年代伊朗亚兹德附近的沙里发巴德（Sharifabad），斯鲁索·卡拉纳仍然被用来对付不守规矩的男孩子，特别

是由"斯鲁沙瓦雷兹"来执行，帕罗达什是这类助理祭司的象征性代表。[1] 这一新发现明确解决了头戴雉堞冠（mural crown，亦称城垛冠）的阿克察汗卡拉的巨大神祇即是斯鲁沙的身份比定问题。

另一论据可从神祇头部的特征——一个雉堞头冠，带有火红色的悬眼和角状城垛得到证明。这很可能是一个"在制高点的胜利的房子里，内在被赋予了它自己的光"的图像，这光芒是斯鲁沙在天堂理应拥有之物〔《亚斯纳》（Yasna）57.21〕。遗憾的是，神祇的手臂已失。由于它们

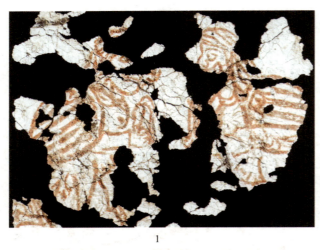

1

2

3

图4　1号神，束腰外衣下部图案：手拿鞭子的帕罗达什

[1]　Boyce 1977, p. 43.

没有重叠在他的身体上，可以假设它们或许显示了一些标志物。这些标志物可能是权杖或火祭坛，或二者兼而有之，正如在后来粟特的斯鲁沙图像志中看到的那样；或者，此神也可能手持一根棍棒。[①]

站在右侧的斯鲁沙身旁的神（图 5）的身份就没有那么简单直白了，但毫无疑问与他或她用双手承托的嵌有繁星的天穹有关。一些伊朗神与天空有着明确的联系：阿胡拉·马兹达（Ahura Mazdā）、阿斯曼（Asman）、阿娜希塔（Anāhitā）、弗拉瓦希（Fravashis），以及那些与星体有关的神：密特拉（Mithra，太阳）、马赫（Māh，月亮）和蒂什特里雅（Tishtrya，天狼星，Sirius）。笔者认为，这幅图像就像帕罗达什的图像一样，直接阐明了阿维斯塔格式化套语"她们从下方支撑起苍穹"（upa.dāraiiən asmanəm）。它只出现在《弗拉瓦尔丁·亚什特》（*Frawardīn Yasht*）（Yt. 13.29）中，这是一首献给弗拉瓦希们的赞美诗，她们是一群女性神灵，在其众多职司中有一项是控制天水下降过程的结束，并将其分发到各个国家和地区。如果是这样的话，这个人物可能是弗拉瓦希的一种人格化显现，或者是花剌子模特定的弗拉瓦希。在后来的粟特艺术中，我们有两幅可以很有把握地比定为弗拉瓦希的图像，皆出现在片治肯特壁画中（图 6）。一幅显示了一

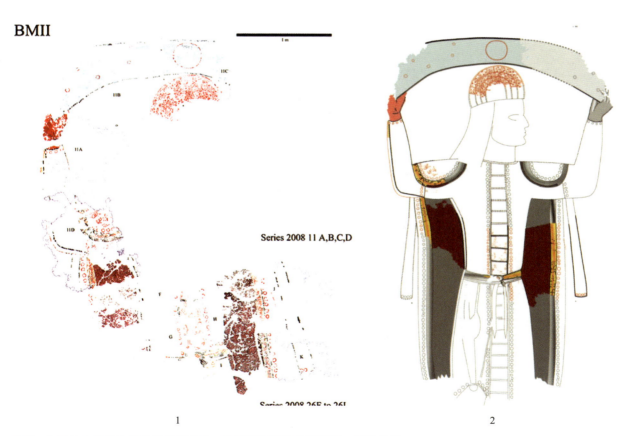

图 5　2 号神（建议比定为弗拉瓦希）：重新拼组碎片的临摹图；部分构拟

---

① 关于颈带上反复出现的船只和船夫图案，可能与斯鲁沙作为安全通行的守护者的职司有关，见前揭 Grenet, Minardi 2021。

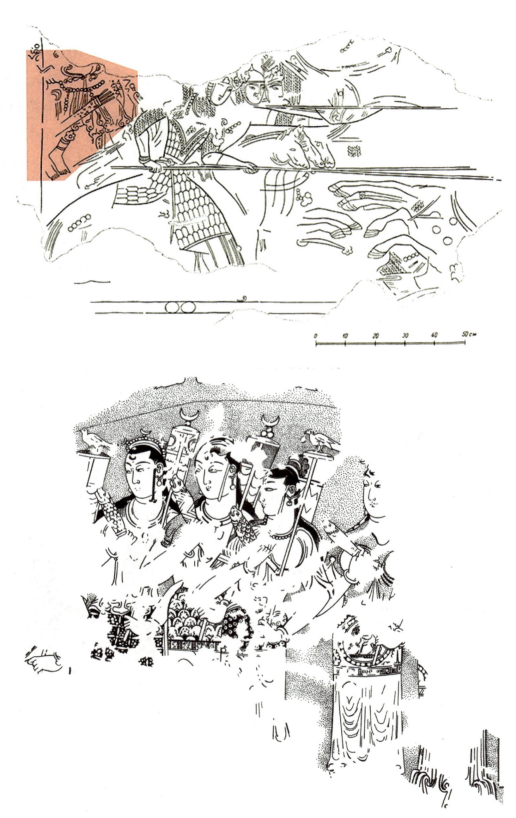

图 6　表现弗拉瓦希的片治肯特壁画（8 世纪早期）：上，来自 II 号神庙庭院；下，来自 III 号房屋 6 号房间

群弗拉瓦希手持棍棒和旌旗；[1] 在另一幅画中，众弗拉瓦希按照惯例被缩减为两个女孩，飞翔在其庇护着的战斗中的武士上方。在这两种情形下她们都是女性，这与阿维斯塔语中 Fravashis 的语法性别一致。在阿克察汗卡拉图像的例证中，由于面部的残损无法确定其性别，但其所戴的无边便帽（calotte）有时是由花剌子模和伊朗萨珊王朝的女王／王后们戴着的。

正如带有反复出现的人鸟祭司帕罗达什图案的斯鲁沙一样，我们可以推想另一位神祇罩袍中央的重复纹样（图7）与她的职司有直接关联。[2] 四块嵌板上的图案也都没有着色，只用红色的轮廓线描绘出来。与帕罗达什的镜像不同，每块嵌板上的场景彼此略有不同，但在每个情形下均有一大一小两个人物交替出现。较小的形象是一个琐罗亚斯德教祭司，有时蹲着，有时站着，在这里完全是人的形象，他戴着一个口罩、一顶紧帽，并且至少在（从上到下）第三块嵌板上，有一只手从他的 kustīg（仪式腰带）上穿过，腰带的悬端清晰可见；对于所有这些细节，我们可以将其与撒马尔罕附近穆拉库尔干（Mullakurgan）的纳骨器上的祭司（图8）做一比较。在下面的嵌板上，祭司手持一小型器皿。较大的人物总是坐在宝座上，留着胡须，头戴有飘带的王冠；他与2世纪钱币上花剌子模国王们的肖像非常相似，但除此之外，他还戴着口罩（图9）。在他们之间有一个低矮的坡形平台，较高一侧靠近坐在宝座上的人物；有时可以看到上面有一小型器皿。这让人想起印度帕西人拜火寺庙里的 urvīs（现代名称 ālat gāh），即承托祭奠花瓶的长支架。

这些图像中最为奇怪的特征是连接宝座上人物的手掌与祭司面前平台的轻微弯曲的线条；在第二块和第三块嵌板中尤为明显。最初，米纳尔迪与笔者把它们解释为火舌朝手的方向升起。现在我们一致认为，火舌上升的想法是不对的，因为在任

0   10 cm

图7　2号神祇外衣图案

① 一种颇为相似的类型似乎可以从片治肯特绘画中得到说明：画中描绘了天堂和地狱，在天堂之门的两侧各有两个手持棍棒的小型带翼人物，见 Maršak, Raspopova 1991。

② Grenet, Minardi 2022.

图 8　第二块和第三块嵌板上的 3 号神祇外衣图案；穆拉库尔干纳骨器，约 7 世纪（撒马尔罕国立博物馆）

图 9　花剌子模国王（2 世纪钱币）；第三块嵌板宝座上的人物面部

何古代图像志中都没有类似参照，而火能真正触及神明的理念本身就与琐罗亚斯德教祭祀不相容：所升上来的只有献祭肉类的馨香和芬芳的供品。这些"舌头"更适宜理解为流水。在美索不达米亚［来自大神恩基（Enki）］和印度（来自在舍卫城施展神迹的佛陀）都描绘了从神那里发出的生命之水的

溪流。它们从恩基的肩膀和佛陀的双脚流出，而不是从这些人物的手部，但在所有例证中，水均是从身体的重要部位直接生发出来。

事实上，在阿维斯塔程式中有一个套语准确地描述了王座人物的姿态，尤其是在第三块嵌板上，"溢出的空心手掌"，与祭拜者正在进行的液

体奠酒有关。值得注意的是，这一套语出现的上下文之一是《阿邦·亚什特》（*Ābān Yasht*），即献给阿娜希塔和水域的亚什特。它正好在文本的结尾（Yt. 5.132）[1]：

> 为了这献祭（亚斯纳），为了这赞美，为了这祈求，呵，阿雷德维·苏拉·阿娜希塔，请从那些星星降临阿胡拉所安置的这个地球上吧，为了献祭者（*auui zaotārəm yazəmnəm*），请下降到溢出的空心手掌（*aoi pərənąm vīyžraiieintīm*）上来，为了帮助他，为了给尽其所能向你奠酒并献祭的人带来成功（*zaoθrō.barāi arədrāi yazəmnāi*）。

在《亚什特》第十五篇的重复序列中，描述了过去的英雄们是如何向大气和空间之神瓦尤（Vayu）献祭的，使我们更为接近正在讨论的图像：

> 在金色的宝座上，在金色的靠垫上，在金色的地毯上，在铺展开的巴尔索姆枝上，有流溢的空心手掌（*zaranaēne paiti gātuuō zaranaēne paiti fraspāiti zaranaēne paiti upastərətāţ paiti barəsmən pərənəbiiō paiti γžāraiiaţbiiō.*）。

综上所述，我们建议在此识别为一位国王正在对天上降下的水进行奠酒（*zaoθra*），以净化它并确保水的供应无虞。这是琐罗亚斯德教婆罗钵语文本中的 *āb-zōhr*，它在现代仪式中被适度保存

了下来。[2] 在我们讨论的这幅绘画中，奠酒被不现实地、象征性地描绘成水流，但与阿维斯塔语 *vīyžāraiieintīm*（溢出的）的含义一致。宝座上的人物在祭司面前操作祭奠，祭司的身量和服装与前者有显著区别，他正在以一种不那么崇高的、更为现实的方式准备奠酒；在第四块嵌板中，他只是手拿一个细长的小容器，看起来像一只雪花石膏瓶（alabastron）——一种仪式用细颈瓶。王室人物可能是某位花剌子模国王在仪式连续环节里重复出现的形象。同样可能的是，我们遇见了从王室祖先中选出的一些人物，其形象仿效《亚什特》赞颂的那些古代献祭英雄。很明显，上文引述的《亚什特》第十五篇中的段落表明，与"流溢的空心手掌"一起提到的 zaotars 不一定是祭司（尽管现代翻译中有时也会引入这个术语）。

这幅画与阿维斯塔一些段落如此精确的吻合，证实了我们从《万迪达德》中与斯鲁沙有关的公鸡祭司帕罗达什的混合形象中得出的结论：隶属于古代花剌子模宫廷的祭司们对阿维斯塔有着精确的了解，宫殿的装饰也是在与他们的密切协商下完成的。

这是迄今已知最早的琐罗亚斯德教艺术。阿契美尼德艺术并没有为伊朗众神创造出原创图像，而是重复利用了从美索不达米亚借来的图像，即现在象征阿胡拉·马兹达的阿舒尔（Ashur）的带翼圆盘，以及仿自伊什塔尔（Ishtar）的阿娜希塔的人格化形象。在中亚，琐罗亚斯德教神像出现在 2 世纪的贵霜钱币上，比阿克察汗卡拉神像晚了一个世纪，他们中只有一部分神的图像是原创

---

[1]　译文引自 Kellens 2016, pp. 124, 134.
[2]　Boyce 1966.

的，而其余神像则是复制希腊或印度的类型。[①]

笔者将以两句直接与粟特有关的评论结束本文。

第一个评论是关于我们在阿克察汗卡拉的宗教图像中发现的"形似象形文字的"（hieroglyphic）设计，即提供了精确的阿维斯塔套语的图像置换的细节。片治肯特的壁画提供了一些例证，最引人注目的是这个从一本书中出现的一尊金色神像的图像（图10），在行进中被人抬着。此神似乎举着一个火台和一根权杖，这些都是斯鲁沙的特征，并且可能在阿克察汗卡拉图像中就已经被描绘在他手中了。尽管最初被认为是一顶轿子，但这个造型的下半部分是书，显然是一本从左侧装订的法典。这个明显奇怪的组合可以从斯鲁沙的主要称号 tanu.manthra 中得到直接的解释，该称号意为"拥有神圣的词语作为身体"。在婆罗钵语文学中，阿维斯塔的名字之一是"神圣的词语"，马赫拉斯潘德（Mahraspand）。这幅 8 世纪早期的图像是阿维斯塔抄本存在的最早的视觉证据。[②]

第二个评论，是古代花剌子模艺术家的一项创造，即公鸡祭司帕罗达什被传到了粟特人那里。在 1 世纪布哈拉绿洲一位伊朗名字叫作 Hyrkōdes 的国王发行的一些钱币（图11）上，出现了一个非常相似的图像，只是祭司的标志性特

图 10　片治肯特 XXVI 号房址 3 号房间壁画，7 世纪早期，根据描述的填色临摹图

图 11　布哈拉绿洲 Hyrkōdes 钱币，1 世纪

---

① 文献记录收集在 Shenkar 2014。
② La Vaissière, Riboud, Grenet 2003.

征被火焰所取代。这位混合型神祇的名字与希腊语称号 makaros（幸运的，财富给予者）联系在一起，被称为 Ordiēthros，这是一个古伊朗语语段（syntagm）*ṛtahya-āθṛ 的希腊文转写，意为"阿塔 / 阿沙之火"（Fire of Arta/Asha）。虽然在这种情形下，神圣之火并不与斯鲁沙有关，而是与另一位火神阿沙有关，但这种图像组合显然是从花剌子模那里继承下来的。[①]帕罗达什的特定图像也在粟特以及受粟特影响的区域内持续存在着，它在 6 世纪各不相同却都暗示斯鲁沙的介入的语境中一再出现（图 12）：在撒马尔罕的纳骨器（斯鲁沙在人死后的三天里照看灵魂）上，在巴米扬

2

3

图 12　6 世纪琐罗亚斯德教语境下的人鸟祭司：左下，撒马尔罕纳骨器细部；右上，巴米扬壁画细部（较小佛像头部上方）；右下，萨保安伽的墓葬浮雕（西安，579 年）细部

的一幅显示战车上的密特拉的清晨升起的绘画上，以及在中国的萨保墓葬浮雕上。[②]

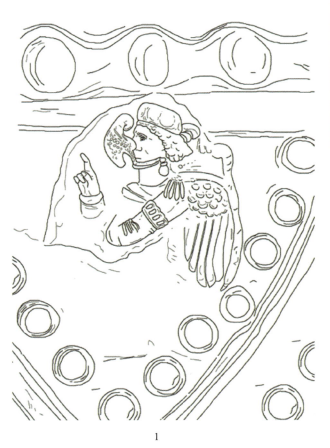

1

　　附记：法兰西学院客座副教授、北京大学中国古代史研究中心兼职研究员庆昭蓉博士对本译文悉心细阅并予指点，令译者多有启发，颇受教益，在此特致以诚挚谢意。

①　Grenet, Minardi 2021.
②　关于安伽、史君、虞弘墓葬浮雕请参看 Wertmann 2015。

参考文献

Betts et al. 2012 [2016] - A.V. Betts, V.N. Yagodin, F. Grenet, F. Kidd, M. Minardi, M. Bonnat, S. Khashimov, "The Akchakhan-kala Wall Paintings: New Perspectives on Kingship and Religion in Ancient Chorasmia," *Journal of Inner Asian Art and Archaeology* 7, 2012 [2016], pp.125-165.

Betts et al. 2015 - A.V.G. Betts, M. Bonnat, F. Kidd, F. Grenet, S. Khashimov, Gh. Khodzhanijazov, M. Minardi, *Des divinités avestiques sur les peintures murales d'Akchakhan-kala, Ouzbékistan, Comptes Rendus de l'Académie des Insciptions et Belles-lettres*, 2015, pp. 1369-1396.

Boyce 1966 - M. Boyce, "Ātaš-zōhr and āb-zōhr," *Journal of the Royal Asiatic Society*, pp. 100-118.

Boyce 1977 - M. Boyce, *A Persian Stronghold of Zoroastrianism*, Oxford, 1977.

Grenet 2013 [2017] - F. Grenet, "More Zoroastrian Scenes on the Wirkak (Shi Jun) Sarcophagus," *Bulletin of the Asia Institute* 27, 2013 [2017], pp. 1-12.

Grenet 2018 - F. Grenet, "Was Zoroastrian Art Invented in Chorasmia?" in *Ancient Chorasmia, Central Asia and the Steppes. Cultural Relations and Exchanges from the Achaemenids to the Arabs.* ed. M. Minardi, A. Ivanchik, Leiden (*Ancient Civilizations from Scythia to Siberia* 24), 2018, pp. 68-86.

Grenet, Minardi 2021 - F. Grenet, M. Minardi, The Image of the Zoroastrian God Srōsh: New Elements, Ancient Civilizations from Scythia to Siberia 27, 2021.

Grenet, Minardi 2022 - F. Grenet, M. Minardi, "An Illustration of the āb-zōhr and of Some Avestan Formulas on a Wall Painting at Akchakhan-kala (Chorasmia, Early 1st Century AD)," in *Iranica* 30: *The Reward of the Righteous Festschrift in Honour of Almut Hintze*, eds. Alberto Cantera, Maria Macuch and Nicholas Sims-Williams, Wiesbaden, 2022, pp. 195-212.

Grenet, Riboud, Yang 2004 - F. Grenet, P. Riboud, Yang Junkai, "Zoroastrian Scenes on a Newly Discovered Sogdian Tomb in Xi'an, Northern China, " *Studia Iranica* 33, 2004, pp. 273-284.

Kellens 2016 - J. Kellens, *Cinq cours sur les Yašts de l'Avesta*, Paris, 2016.

La Vaissière, Riboud, Grenet 2003 - É de la Vaissière, P. Riboud, F. Grenet, "Les livres des Sogdiens, " *Studia Iranica* 32, 2003, pp. 127-135.

Maršak, Raspopova 1991 - B.I. Maršak, V.I. Raspopova, "Cultes communautaires et cultes privés en Sogdiane," in *Histoire et cultes de l'Asie centrale préislamique*, eds. P. Bernard, F. Grenet, Paris, 1991, pp. 187-201.

Shenkar 2014 - M. Shenkar, *Intangible Spirits and Graven Images: The Iconography of Deities in the Pre-Islamic Iranian World*, Leiden-Boston, 2014.

Wertmann 2015 - P. Wertmann, *Sogdians in China. Archaeological and Art Historical Analyses of Tombs and Texts from the 3rd to the 10th Century AD*, Darmstadt, 2015.

粟特艺术之龙座神蒂什特里雅 / 蒂什身份比定[*]

康马泰 著

（首都师范大学历史学院　意大利威尼斯大学）

李思飞 译

（陕西师范大学历史文化学院）

正如笔者试图在另一篇论文中所论证的那样，美索不达米亚元素在中亚艺术与文化形成中起着重要作用。在那篇论文中，笔者重点关注了由娜娜（Nana）和纳布（Nabu）组成的美索不达米亚神圣夫妻，粟特艺术家将蒂什（Tish）的图像与纳布叠加之后，在 8 世纪片治肯特（Penjikent）壁画上继续表现这对夫妻。^①粟特的蒂什被阿维斯塔雨神蒂什特里雅（Tishtrya）所同化，后者的标志物是箭矢。粟特艺术家对纳布的标志物——一支尖笔（stylus），因其最初是抄写员（或书记、文牍）之神——加以改造，代之以蒂什的箭矢。这位神保留了其最初在伊朗文化圈也同样作为抄写员庇护神的原始职能的某些记忆，^②阿卡德语文献就已经将他与箭矢关联在一起。^③此外，粟特艺术家保留了纳布的象征动物西鲁什（mushhushshu）并将其传递给蒂什，正如人们能在片治肯特 XXV 区 12 号房址至少一幅壁画（图 1）上见到的那样。^④

就像美索不达米亚、希腊及许多其他天文 –

图 1　片治肯特 XXV 区 12 号房址壁画（8 世纪）细部
（采自 MARŠAK, RASPOPOVA 1991: fig. 3）

占星系统一样，古代伊朗人也把每一个行星与他们"异教"时期的神灵相对应。根据这一系统，古伊朗人将蒂什特里雅与水星（Mercury）联系在一起，水星的粟特语和波斯语名皆为蒂尔。如上文所述，蒂尔对应于美索不达米亚的纳布。蒂什

＊　本文系国家社科基金冷门绝学研究专项学术团队项目"敦煌壁画外来图像文明属性研究"（20VJXT014）阶段性成果。

① COMPARETI 2017.
② PANAINO 2020, p.363.
③ ROCHBERG 2009, pp.62, 73.
④ MARŠAK, RASPOPOVA 1991, fig. 3.

特里雅还与天狼星（Sirius）有关，天狼星是夜空中最为明亮的恒星，也是大犬星座（Canis Major）的一部分。[1]

伊朗佛教环境中的行星神像（它们很显然也被认为表现出强烈的印度元素）出现在巴米扬地区的卡克拉克（Kakrak）壁画中，在那里一个可能是水星（在波斯名为蒂尔，在印度名为 Budha）化身的形象表现为一位弓箭手，与一只狗一起坐在佛陀旁边（图 2）。[2]弗朗茨·葛乐耐（Frantz Grenet）提议将阿富汗西部古尔比扬（Ghulbyan）一幅 4—5 世纪壁画中描绘的另一位神祇比定为蒂什特里雅。[3]他认为该神祇宝座底部有鱼的池塘，尤其是其右手中饰有绶带的箭矢，均强烈显示出这位神应被比定为琐罗亚斯德教的雨神（图 3）。这样的比定或许是正确的，并且从马库斯·莫德（Markus Mode）对一尊立于片治肯特 II 号神庙柱廊里的雕像残件的观察中[4]得到了证实。不仅那尊雕像的基座描绘了摩羯（Makara，又名摩羯罗，印度的龙），而且根据莫德的构拟图，

图 2　与一只狗一起坐在佛陀身旁的弓箭手（可能是水星的化身），卡克拉克（约 7 世纪）
（采自 COMPARETI 2008, fig. 1）

图 3　阿富汗古尔比扬壁画（约 4—5 世纪）上的蒂什特里雅
（采自 LEE, GRENET 1998, fig. 1）

---

[1]　PANAINO 1995, pp. 47-85.
[2]　COMPARETI 2008, pp.142-144.
[3]　LEE, GRENET 1998, p.82.
[4]　MODE 2019.

这位神还托着一个上面有一条鱼的盘子。类似西鲁什和摩羯，甚或是长着狗脸的水生动物，皆与琐罗亚斯德教的蒂什特里雅联系在一起，后者的形象是根据非常古老的美索不达米亚的纳布的形象创作而成的。

这位神现身于巴克特里亚的非佛教万神殿里。由于某些尚不明确的原因，在一枚现藏大英博物馆的2世纪胡维色伽（Huvishka）贵霜金币（图4）上，蒂什特里雅被描绘成女性。贵霜钱币的一大优势是带有巴克特里亚语铭文，由此可以确定所刻神祇的名称。阿维斯塔语的蒂什特里雅对应于巴克特里亚语的泰罗（Teiro），其形象可能是基于阿尔忒弥斯（Artemis）的图像创制的。[1]正如研究古代伊朗艺术的专家所熟知的，其他贵

图4　饰有泰罗（Teiro）图像的胡维色伽时期贵霜金币（2世纪），大英博物馆
（采自 SHENKAR 2014, pl. 25）

霜诸神都具有借鉴希腊艺术的图像学特征。通过贵霜钱币所流播的宗教图像还表现出其他一些反常现象，譬如德鲁瓦斯帕（Druvaspa），她本是阿维斯塔女神，却以一袭男装的形象出现在迦腻色伽（Kanishka）和胡维色伽金币上。[2]尽管如此，泰罗仍是贵霜万神殿中唯一一位被描绘成女性的男性神祇。

申卡[3]正确地注意到，蒂什特里雅/蒂尔在花刺子模也受到崇敬，因为当地人名中包含有源于该神的某些形式。不过他还观察到，有几件花刺子模银碗均装饰有娜娜女神的图像，但没有发现蒂什特里雅/蒂尔的形象。实际上，有一件来自达吉斯坦（Daghestan）的有趣的8世纪花刺子模银碗，上面一位头戴冠冕的神坐在一条龙之上，左手握有一支小棍（图5）。根据鲍里斯·马尔沙克的说法，[4]这位神应是女人，因为她脸庞干净无须，长发而且着裙装。但是依据上文对贵霜钱币所描绘的泰罗的观察，笔者更倾向于将来自达吉斯坦的花刺子模银碗上的神祇比定为蒂什特里雅/蒂尔。每个细节，诸如其象征动物，疑似箭矢的棍棒，还有其女性着装，都强烈暗示着这种比定。与出现在达吉斯坦银碗上的龙角相似的角，令人联想起在阿卡德语中名为 mushhushshu（西鲁什）的怪兽头上的元素之一，它是马杜克（Marduk）和纳布的象征。[5]西鲁什最完好的古代形象之一，是装饰在闻名遐迩的伊什塔尔门上的图像（图6），目前保存在柏林佩加蒙博物馆。其中马杜克

①　GRENET, MARSHAK 1998, p.12; SHENKAR 2014, pp.149-151.
②　SHENKAR 2014 , pp. 96-97.
③　SHENKAR 2014 , p.151.
④　MARSHAK 2000.
⑤　BLACK, GREEN 1992, figs. 7, 31, 53, 76, 195, 110, 137, 159.

之龙的角是卷曲的。这种奇异的卷曲的角还出现在一只有翼复合生物的耳朵后面，这只生物是来自片治肯特Ⅱ号神庙4—6号礼拜堂第5室（第Ⅲ时期）东壁的一幅5世纪晚期至6世纪早期粟特壁画上一位神祇（亦称"白色女神"）宝座的一

图5　来自达吉斯坦的非科学发掘花剌子模银碗（约8世纪），俄罗斯国立艾尔米塔什博物馆
（采自 MARSHAK 2000）

图6　伊什塔尔门上的西鲁什，柏林佩加蒙博物馆
（采自 BLACK, GREEN 1992, fig. 138）

部分。该复合生物的翅膀有鳞片，脸颊上有一朵花（图7）。它的头看起来像狗，狗可能是蒂什特里雅的象征动物。[1]花剌子模银碗和粟特壁画上的神祇很可能恰是同一位神，因为他们的象征动物都是一只复合生物或龙。Ⅱ号神庙粟特壁画上出现狗的面孔或许是由于蒂什特里雅在古代美索不达米亚和伊朗的天文-占星学中以一只狗（拉丁语 canis）来表示大犬星座。最有可能的是，粟特艺术家将纳布之龙（西鲁什）诠释成了蒂什特里雅之狗。

让人联想起美索不达米亚原型之一的带角龙可见于一些非科学发掘的伊朗金银器上。现藏俄罗斯国立艾尔米塔什博物馆的来自托米斯（Tomys，俄罗斯乌德穆尔特自治州）的伊斯兰早

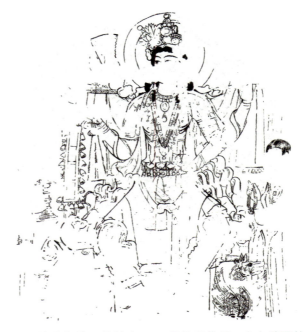

图7　片治肯特Ⅱ号神庙4—6号礼拜堂第5室东壁粟特壁画上的蒂什（5世纪晚期至6世纪早期），俄罗斯国立艾尔米塔什博物馆
（采自 BELENITSKII, MARSHAK 1981, fig. 34）

---

[1]　BELENITSKII, MARSHAK 1981, fig. 34.

期（？）银盘饰有一条形似西鲁什的龙，龙背上坐着一位乐师。①在这一特定例证中，骑龙之人似乎不是神祇，龙的胸部和尾巴上有一些植物的部分（图8）。另一幅有一位神坐在有角翼龙之上的图像出现在法国国家图书馆馆藏银盘的中央（图9）。葛乐耐曾重点探讨了银盘中央骑龙之神周围的四对女性形象。他建议根据每对女性人物的标志物，将她们分别比定为琐罗亚斯德教一个特定的季节性节庆。对于中央的骑龙之神，葛乐耐接受了马尔沙克的假说，将其与托米斯银盘进行比对，但他更偏向于将那位神比定为琐罗亚斯德教的大地女神斯潘达马特（Spandarmad）。最后一件非科学发掘的早期伊斯兰时期翼龙铜雕像，也有与托米斯银盘及法国国家图书馆收藏银盘上的龙一样的角，据称来自赫尔曼德河地区（阿富汗），现藏大英博物馆。②根据本文所提出的假设，不应排除前文所述的金属制品上所描绘的神可能指的正是蒂什特里雅 / 蒂什 / 泰罗与他的龙。正如我们已经观察到的，蒂什特里雅在中亚可以装扮成女性。因此，这些金银器很有可能是7—8世纪巴克特里亚或粟特的制品。

根据迈克尔·申卡③和葛乐耐④的观点，片治肯特Ⅱ号神庙4—6号礼拜堂粟特壁画上的神有可能是阿娜希塔（Anahita），而那条龙实际上则应当被比定为中古波斯语文献中时而提及的有翼或水生的狗。吉蒂·阿扎佩⑤也坚持认为，粟特壁画中描绘的生物具有狗的外貌，因此她建议将此神

图 8　来自托米斯（Tomys，俄罗斯乌德穆尔特自治州）的非科学发掘银盘（早期伊斯兰时期？），俄罗斯国立艾尔米塔什博物馆
（采自 MARSHAK 2017, fig. 184）

图 9　非科学发掘银盘（约7世纪），法国国家图书馆
（采自 GRENET 2016, fig. 51）

---

① MARSHAK 2017, fig. 184.
② HARPER 1978, pp.97-99.
③ SHENKAR 2014 , p.78.
④ GRENET 2020, p.23.
⑤ AZARPAY 2011.

比定为妲厄娜（Daena）的化身。正如笔者在前文已经提到的，这只有翼生物形似犬的外观可能是由于粟特艺术家试图把像西鲁什一样的纳布之龙与蒂什特里雅之狗的形象叠加在一起。

在这条龙的所有表现形式中，唯有犄角是一个恒定的特征，而翅膀、鳞片和头部可以自由描绘。根据马尔沙克的说法，不仅片治肯特 II 号神庙礼拜堂的神祇是女性，而且其象征动物也是一个典型的伊朗概念之表现的粟特变体，在阿维斯塔文本中被称作"赫瓦雷纳"（xwarenah，中古波斯语称赫瓦拉 / xwarrah，当代波斯语称法尔 / farr，粟特语称法恩 / farn），我们可译为"灵光"或"魅力"。学者们最初混淆了这种有翼复合生物与波斯语文学中的森莫夫（simurgh，中古波斯语作 senmurv），尽管亚历山德罗·保萨尼[1]和鲍里斯·马尔沙克[2]已经正确地将它比定为伊朗灵光的象征。

在笔者看来，II 号神庙 4—6 号礼拜堂的有翼生物未必就是伊朗灵光之象征：其耳后的角可以被更好地解释为直接借用于古代美索不达米亚艺术，粟特艺术家在许多个世纪后仍然以其他一些变体形式令这一古老的形象得以重现。事实上，他们可能为这个生物添加了翅膀，更有趣的是，还加上一只狗头。如上所述，狗可被看作纳布 / 蒂什的象征动物西鲁什的一个合适替代物，因为这位神与大犬星座及其主要恒星天狼星有着天文－占星学上的密切关联。片治肯特 II 号神庙 4—6 号礼拜堂中，位于神祇宝座下的动物形似犬的外观与大犬星座的象征之狗形成了参

照。由此，笔者认为片治肯特壁画上所谓的"白色女神"根本不是女神，而是男神。在这幅画还原度最高的摄影图版上，可见端坐于宝座之上的神祇，身着垂长的衣衫，似乎盖住了裤子。[3]在他的左手中有一根短棍的痕迹，上面点缀着连续排列的正方形装饰纹样。遗憾的是，这根短棍的上部已不存，但在背景中仍依稀可见一些系在棍子末端的缀带甚至条幅。这根短棍可能就是粟特艺术家由纳布的尖笔转变而来的蒂什的箭矢。同时，还有另一个几乎完全漫漶不见的标志物，上面系着一些缀带。最后，我们端详神祇的坐姿，它使人想起萨珊岩刻浮雕中类似的王室场景之一，还有前文提到的来自达吉斯坦的花剌子模银碗上的神。至少从贵霜－萨珊（Kushano-Sasanian）时期以来，这种坐姿就已经开始与中亚的阿娜希塔图像相匹配。[4]3 世纪波斯征服巴克特里亚之后，它被引入中亚，尽管这种姿态最初的指向是国王。只在无须和头发垂肩这些细节上，才暗示这个角色可能是个女神。很显然，这些都是不足为信的因素，因为即便是男神，也可以长发及肩、白面无须。

另一位坐在无角龙之上的神祇见于片治肯特 II 号神庙 4—6 号礼拜堂第 5 室（第 IV 时期）西壁壁龛的一幅 6 世纪残破壁画。在这个例证中，壁画图像肯定植根于印度艺术，这可以从其西壁形象和酷似摩羯的龙形宝座上（图 10）得到清晰体现。学者们尚未对这位神祇提出任何确切的比定，虽然他们一致认同她是个女神；他们通常称

① BAUSANI 1978.
② MARSHAK 2002, p.37.
③ MARSHAK, GRENET 1999, fig. 162.
④ GRENET 2020, pp.23-24.

图 10　片治肯特 II 号神庙 4—6 号礼拜堂第 5 室西壁壁龛的蒂什（6
世纪），俄罗斯国立艾尔米塔什博物馆
（采自 MODE 2019, fig. 20）

这位神为"红色女神"。[1] 即使在这种情形下，似乎也没有足够的证据判别此神是女性还是男性。若仔细审视，神左手所持物品看起来像同一礼拜堂内年代为第 III 时期的蒂什壁画上左手拿着的装饰有方块纹样的棍子（图 7）。此外，物品末端饰有条幅，条幅下部正位于龙头的正上方。两幅壁画中的标志物诸如系有缎带的棍棒（可能是一支箭矢）和龙都是一样的，在笔者看来，这只是被描绘成印度风格的另一幅蒂什图像，印度风格在 6 世纪已经开始成为非常流行的粟特神祇表现形式。神是同一位神，但风格不同，因为它们是当地艺术家在两个不同时期分别绘制的。另外，两幅画中神的着装颇为类似：它们在第 IV 时期的壁画中只有部分可见，因为一挂幕帘和一些衣褶遮住了神祇。[2]

正如马库斯·莫德在一篇着重探讨片治肯特"双子神庙"的内容丰富的论文中所强调的，II 号神庙庭院南部装饰有一个有水上场景的 6 世纪浮雕，以及一个带有一尊雕像（第 IV 时期）痕迹的基座。浮雕水上场景出现了一条形似摩羯的龙，同一个基座表现了另一条摩羯。莫德认为，所有这些关于水和印度水生生物的暗示应当皆与当地河流有关，比如阿姆河（Oxus）和泽拉夫善河（Zerafshan）。他提出的与水神的关联无疑是正确

---

① SHENKAR 2014 , p.170; MODE 2019, pp.96-97.
② MODE 2019, pp.95-97.

的，尽管笔者认为无论从年代还是风格的角度来看，蒂什是更符合这种重构的人选。事实上，蒂什是阿维斯塔雨神蒂什特里雅的粟特语名，他是一位水神，在Ⅱ号神庙4—6号礼拜堂第Ⅳ时期的一幅壁画上坐在摩羯之上。由此，我们或可提出，片治肯特Ⅰ号和Ⅱ号神庙是献给一对神祇夫妻的，而这对夫妻神十有八九是娜娜和她的丈夫蒂什。

考古学家在Ⅱ号神庙4—6号礼拜堂西壁发现了一幅娜娜坐在狮子上的彩绘图像残迹，而在东壁则有蒂什（前称"白色女神"）的图像，他具备蒂什的所有典型特征和标志物，还伴有一只形似犬的西鲁什。马库斯·莫德[1]完成了对Ⅱ号神庙4—6号礼拜堂（第Ⅲ时期）内三联体壁画内容的识别，并推断北壁应绘有第三尊神，但未保留任何痕迹。粟特艺术家在片治肯特的一座城市神庙里描绘了娜娜和蒂什彼此相对的图像，因为这可能是一对能够保佑丈夫和妻子的偶像。他们在私人住宅如第XXV区12号房址及粟特南部基尔曼泰佩（Kirmantepa）的陶制纳骨器上也再现了这对偶像（图11）。[2]奇怪的是，这件纳骨器上娜娜女神左下方的手里，握着一个可能是有鳞怪兽或鱼形的物体。

图11　乌兹别克斯坦卡什卡达里亚地区基尔曼泰佩（Kirmantepa）粟特纳骨器（约7世纪），塔什干大学（采自 SHENKAR 2014, fig. 112）

---

① MODE 2019, p.95.
② SHENKAR 2014, pp.123-126.

最近在卡菲尔·卡拉（Kafir Kal'a）发掘出土的木制雕饰带上，也可见娜娜手握权杖的形象，权杖的形状像是一条正在吞食圆形物体的鱼（图 12）。[1] 女神似乎正用左下方的手移开一块纺织物来显露自己。这个姿态可能使人联想起片治肯特 II 号神庙 4—6 号礼拜堂第 5 室西壁壁龛里一幅蒂什的图像（前称"红色女神"），如上文所述，莫德认为这表现了这尊神正向信徒显露自身的动作。[2] 这样的细节表明，娜娜和蒂什都可能是庆典仪式的一部分，这些仪式包括在特殊场合展示这对神圣夫妻，而祭司通常将他们隐藏起来，不让朝拜者看到。至此，我们或可提出，娜娜和蒂什的标志物也是可互换的。

应当记住的是，考古学家在片治肯特 II 号神庙庭院南翼内基座的残垣中发现了一条鱼的残片。莫德在构拟这位水神（在笔者看来是一条鱼）的雕像时，根据典型的粟特图像程式在基座上复现了一条摩羯，并在假想的接受膜拜的雕像手中复现了一只盘子里的一条鱼。事实上，粟特神明有时被描绘为一手托盘，盘子上有他们象征动物的小形象。不应排除粟特艺术家会从形形色色有象征意义的动物中进行选择，在蒂什的例子中，其象征动物有龙、狗，可能还有鱼。如果我们假设古代美索不达米亚的娜娜和纳布 / 蒂什的标志物在粟特文化语境下是可以互换的，那么娜娜的鱼也可能作为蒂什的标志动物。蒂什神在琐罗亚斯德教领域的含混性指向了这种标志物的交换。除此之外，他还是唯一与水星 / 蒂尔相关，同时又

图 12　撒马尔罕卡菲尔·卡拉木雕饰带上的娜娜女神（6 世纪）

（采自 GRENET 2020, fig. 2）

与天狼星有关的神明。行星在琐罗亚斯德教天文 – 占星学中被认为是恶魔实体，而恒星则具有积极性质。[3] 在水星 / 蒂尔的例子中，这种含混性似乎更为突出，这或许能够解释他的女性外表，甚至在图像层面上也解释了他与妻子娜娜标志物的互换。在阿卡德语文本中，金星（Venus）和水星被指定为两种性别，[4] 而且不应排除至少自阿契美尼德时期以来，水星的含混性一直持续存在于诸如波斯人和粟特人等伊朗民族当中。

蒂什的女性外形在中国文化环境，尤其在敦煌得到了证实。在奥雷尔·斯坦因（Aurel Stein）

① GRENET 2020, pp.23-24.
② MODE 2019, pp.95-97.
③ PANAINO 2020.
④ ROCHBERG 2009, p.73.

于敦煌发现的绢画《炽盛光佛并五星图》（大英图书馆，斯坦因绘画31）中，通过汉文题记可知其精确纪年为897年，就可见出现在位于中央的牛车上光芒四射的佛陀周围的众行星的人格化身（图13）。根据莉拉·拉塞尔–史密斯（Lilla Russell-Smith）对这幅画的描述，[1]水星在西方一直是男性，在中国变成了女性，但仍被描绘成手拿笔和文书的作家。这位学者还认为，自佛教从印度传入中国后，对行星的人格化描绘就开始在中国流行起来。这确实是正确的，尽管依据本文表达的看法，水星的女性着装可能是从中亚人（或许是粟特人）而非从印度人那里借用来的。事实上，印度的水星（Budha）是一位男性弓箭手。至少有另外一位古代占星图像学专家在"炽盛光佛"类型的中国绘画中描述了"反常"的女性水星形象。[2]如果在"西方的"占星术–天文学向中古中国的图像流播过程中，考虑到粟特人而非印度人所担当的中介角色，这种反常现象就会变得愈加清晰。

另一个非常相似的情形还出现在法国著名探险家保罗·伯希和（Paul Pelliot）20世纪初在敦煌发现的所谓编号伯希和中国4518.24的小幅纸画上，目前保存在法国国家图书馆。这幅画再现了两位神祇，学者们认为二者皆为女性。然而，他们的象征动物和标志物都指向植根于粟特艺术的一对神圣夫妻。女神为娜娜，坐在一头不同寻常的狮子身上，而男神则很可能是蒂什特里雅/蒂什，他一手托盘，盘中有一只狗的小型图像。

如上所述，狗是蒂什特里雅的象征动物，而娜娜的狮子则表现为狗或狼的样子。奇怪的是，穆斯林占星家有时会把狮子描绘成狼。根据伊斯兰书籍插图专家的说法，伊斯兰占星学公约中，狮子被表现为狼的形象（反之亦然），这体现了非常强烈的中亚元素。[3]

总而言之，我们应当承认，自从最初在贵霜钱币上出现以来，中亚艺术家就一直把蒂什特里

图13 敦煌绢画《炽盛光佛并五星图》（897年），大英图书馆，编号斯坦因绘画31
（采自 KOTYK 2017, fig. 4）

---

① RUSSELL–SMITH 2006, p.100.
② KOTYK 2017, p.51.
③ COMPARETI 2021, p.10.

雅 / 蒂什描绘为身着女性服装，并且由于某种原因，继续在花剌子模金属细工器物和粟特绘画中用这种方式表现他，直到伊斯兰化时期。在粟特的私人住宅和片治肯特的"双子神庙"中，蒂什特里雅 / 蒂什与娜娜形成了一对重要的偶像。在笔者看来，这些宗教建筑应被视为专门献给这对神圣夫妻的，后者与他们在粟特艺术中的象征动物和标志物一起，多次出现在壁画和灰泥装饰中。

参考文献

AZARPAY 2011 - G. AZARPAY, "Imagery of the Sogdian dēn," R. GYSELEN, C. JULLIEN (eds.), *Maître pour l'éternité. Florilege offert à Philippe Gignoux pour son 80ᵉ anniversaire, Paris*, pp. 53-85.

BAUSANI 1978 - A. BAUSANI, "Un auspicio armeno di capodanno in una notizia di Iranshahri (Nota ad Ajello)," *Oriente Moderno* LVIII/7-8, pp.317-319.

BELENITSKII, MARSHAK 1981 - A. BELENITSKII, B. MARSHAK, "The Paintings of Sogdiana," G. AZARPAY, *Sogdian Painting. The Pictorial Epic in Oriental Art*, Berkeley–Los Angeles–London, pp.11-77.

BLACK, GREEN 1992 - J. BLACK, A. GREEN, *Gods, Demons and Symbols of Ancient Mesopotamia. An Illustrated Dictionary*, London, 1992.

COMPARETI 2008 - M. COMPARETI, "The Painting of the 'Hunter–King' at Kakrak: Royal Figure or Divine Being?" *Annali di Ca' Foscari* XLVII/3, pp.131-149.

COMPARETI 2017 - M. COMPARETI, "Nana and Tish in Sogdiana: The Adoption from Mesopotamia of a Divine Couple," *Dabir* 1/4, pp.1-7.

COMPARETI 2021 - M. COMPARETI, *The Elusive Persian Phoenix. Simurgh and Pseudo-Simurgh in Iranian Arts*, Bologna, 2021.

COMPARETI 2021 - M. COMPARETI, "The So-Called 'Pelliot Chinois 4518.24' Illustrated Document from Dunhuang and Sino-Sogdian Iconographical Contacts," *Journal of Asian Civilizations* Vol 44. No. 2, pp.1-49.

GRENET 2016 - F. GRENET, "Extracts from a Calendar of Zoroastrian Feasts. A New Interpretation of the 'Soltikoff' Bactrian Silver Plate in the Bibliothèque Nationale, Paris," S. STEWART, A. HINTZE (eds.), *The Zoroastrian Flame. Exploring Religion, History and Tradition*, London-New York, pp.205-221.

GRENET 2020 - F.GRENET, "The Wooden Panels from Kafir–kala: A Group Portrait of the Samarkand *nāf* (Civil Body)," *Acta Asiatica* 119, pp.21-42.

GRENET, MARSHAK 1998 - F.GRENET, B.MARSHAK, "Le mythe de Nana dans l'art de la Sogdiane," *Arts Asiatiques* 53, pp.5-20.

HARPER 1978 - P. HARPER, The Royal Hunter. *Art of the Sasanian Empire*, New York, 1978.

KOTYK 2017 - J. KOTYK, "Astrological Iconography of Planetary Deities in Tang China: Near Eastern and Indian Icons in Chinese Buddhism," *Journal of Chinese Buddhist Studies* 30, pp.33-88.

LEE, GRENET 1998 - J. LEE, F. GRENET, "New Light on Sassanian Paintings at Ghulbiyan, Faryab Province, Afghanistan," *South Asian Studies*, 14, pp.75-85.

MARSHAK 2000 - B. MARSHAK, "Bol orné de l'effige d'une divinité," J.-F. JARRIGE (ed.) *L'Asie des Steppes d'Alexandre le Grand à Gengis Khân*, Paris–Barcelona, p.70.

MARSHAK 2002 - B. MARSHAK, *Legends, Tales, and Fables in the Art of Sogdiana*, New York, 2020.

MARSHAK 2017 - B. MARSHAK, *History of Oriental Metalwork and the Problem of Cultural Continuity*, Saint Petersburg, 2017. [in Russian]

MARSHAK, GRENET 1999 - B. MARSHAK, F. GRENET, "L'art sogdien (IVe–IXe siècle)," P. CHUVIN (ed.), *Les arts de l'Asie Centrale*, Paris, pp.114-163.

MARŠAK, RASPOPOVA 1991 - B. MARŠAK, V. RASPOPOVA, "Cultes communitaires et cultes privés en Sogdiane," P. BERNARD (ed.) , *Histoire et cultes de l'Asie centrale préislamique*. Paris, pp.187-195.

MODE 2019 - M. MODE, "In the Heart of the City: On Sogdian Temples and Deities at Penjikent," J. A. LERNER, A. L. JULIANO (eds.), *New Research on Central Asian, Buddhist and Far Eastern Art and Archaeology. Inner Asian Art and Archaeology II*, Turnhout, pp.91-124.

PANAINO 1995 - A. PANAINO, *Tištrya. Part II. The Avestan Myth of the Star Sirius*, Rome, 1995.

PANAINO 2020 - A. PANAINO, "The Conceptual Image of the Planets in Ancient Iran and the Process of Their Demonization: Visual Materials and Models of Inclusion and Exclusion in Iranian History of Knowledge," *NTM Zeitschrift für Geschichte der Wissenschaften, Technik un Medizin* 28, pp.359-389.

ROCHBERG 2009 - F. ROCHBERG, "The Stars Their Likenesses. Perspectives on the Relation between Celestial Bodies and Gods in Ancient Mesopotamia," B. L. PORTER (ed.), *What is a God? Anthropomorphic and Non–Anthropomorphic Aspects of Deity in Ancient Mesopotamia*, Winona Lake, pp.41-91.

RUSSELL–SMITH 2006 - L. RUSSELL–SMITH, "Stars and Planets in Chinese and Central Asian Buddhist Art in the Ninth to Fifteenth Centuries," *Culture and Cosmos* 10/1-2, pp.99-124.

SHENKAR 2014 - M. SHENKAR, *Intangible Spirits and Graven Images: The Iconography of Deities in the Pre–Islamic Iranian World*, Leiden–Boston, 2014.

粟特人与中古时期陆上丝绸之路的印章（珠饰）传播*

韩　香

（陕西师范大学中国西部边疆研究院）

中古时期是陆上丝绸之路的繁荣时期，东西方文明在这条路上得以发展与交融，而粟特人是其中重要的推动者。作为一个商业民族，公元3—8世纪，他们活跃于粟特本土、西亚波斯、东罗马以及东方丝国中国等地区，在进行贸易的同时，也传播了东西方文化。印章（珠饰）文化就是其中之一。

自20世纪以来，中亚（西域）等地区相继发现有属于中古时期的东西方流派的各种印章及珠饰等，而中西亚式印章、珠饰及艺术风格也在中国北方地区的中古墓葬中多有出土和发现，虽然这与当时丝绸之路上东西方各种人员的流动有关，但其中总少不了粟特人的身影。笔者尝试根据东西方文物考古等资料，分析印章（珠饰）及文化在丝绸之路上的传播与影响，进而探讨粟特人在印章（珠饰）文化传播中的作用。

一　中古陆上丝绸之路上印章（珠饰）及其文化

中古时期，陆上丝绸之路所经地区，主要有萨珊波斯、中亚粟特、西域及中原北方等地区，公元3—8世纪这条路上进行着频繁的人员往来以及文化传播与交流，小小的印章及相关珠饰文化也起到了传播东西方文化的作用。

中西印章在起源及发展轨迹上走了不同的道路。有学者认为商朝已有印章，河南安阳殷墟据传就出土过青铜印章（图1）。[①]春秋战国以后，印章已大量使用，往往称"玺"或"章"，材料多为铜质，印章的结构也普遍采用了汉文的布局模式，如形状以正方居多，内容以文字为主等，可以说中国印章在这方面已发展成一种独特的形式，自秦汉开始走向成熟，并一直影响到后世。正如学者所言，中国印章的形态与性质始终呈现独立

---

*　本文系教育部人文社会科学研究一般项目"陕西汉唐中亚胡族遗迹调查、整理与研究"（21YJA850003）、国家社科基金中国历史研究院重大历史问题研究专项重大招标项目"中原地区与西域各民族交流交往交融史料整理与研究"（LSYZD21005）阶段性成果。

① 李学勤:《玺印的起源》，氏著:《缀古集》，上海古籍出版社，1998年，第78—81页；金夷、潘江:《再论中国玺印的起源——兼说所谓商玺的真伪》，《考古与文物》1996年第1期，第44页附图；孙慰祖:《中国玺印篆刻通史》，东方出版中心，2016年，第51—52页，图1、图4。

图1　台北"故宫博物院"藏早期三玺

发展的轨迹。①

　　西方印章的发展更是源远流长，而且有一个流变的过程。一般认为早期的印章出自美索不达米亚、埃及、印度河、爱琴海及希腊等古代文明中，②这些印章文明距今 4000—3000 年或更早，形成了图章印和滚筒印两种基本形式，主要用于标识私人物品的所有权或者作为族徽以及用作辟邪等护身符使用。③这类印章也随着两河流域文明的外向发展而进一步向大印度河流域、埃及、古希腊罗马、西亚（阿富汗、伊朗）等地传播。

　　至公元前 5 世纪，随着波斯阿契美尼德（Achaemenid）王朝的兴起，古波斯文明崛起并入侵希腊，臣服于或流入波斯的希腊工匠将希腊和地中海东岸流行的圆板龟背穿带印章以及镶嵌或雕刻印章纹饰等和波斯的题材纹饰结合起来，无论是塔式印还是滚筒印，帝王或贵族驭兽的题材极为丰富（图 2：1—6）。④公元前 4 世纪末，随着马其顿亚历山大的东征，希腊文化向东

方传播，中西亚地区进入"希腊化"时代，镶嵌或雕刻的印章饰物逐渐取代了楔形平面印章和西亚原有的滚筒印章。在此地区继之而起的帕提亚王朝（Parthian Empire，前 247—224）、贵霜王朝（Kushan Empire，55—425）等在工艺美术上大量继承了希腊的传统，喜欢用宝石和半宝石制作图章式印章，如玛瑙、紫水晶、红玉髓、青金石等，在印章的形式和纹饰上也是大量吸收希腊文化因子。不过该地区的印章在吸收希腊题材的过程中，也加入不少当地的宗教信仰及文化环境因素，如表现帝王神勇和权力的人兽格斗或国王及勇士驭兽的场面等，或者将希腊神祇与印度等地神祇信仰结合起来的表现方式等，由此也丰富了中西亚地区印章纹饰题材。

　　萨珊波斯时期是印章发展的一个重要阶段。萨珊波斯帝国（Sassanid Empire，224—651）被认为是古波斯阿契美尼德王朝的延续，也是第二个波斯帝国。萨珊帝国历时四个多世纪，和西边的罗马、拜占庭，和东方魏晋南北朝隋唐时期的

　　①　孙慰祖：《中国玺印篆刻通史》，第 13 页。
　　②　Dominique Collon (ed.), *7000 Years of Seals*, British Museum Press, 1997, p.19.
　　③　〔英〕汪涛、〔英〕汪海岚：《安瑙印章及其引出的问题》，韩香译，《西域文史》第 6 辑，科学出版社，2011 年，第 84 页。
　　④　John Curtis and Nigel Tallis (ed.), *Forgotten Empire-The World of Ancient Persian*, The British Museum Press, 2005, p.92, pl.66,67,68,69,70,74.

图 2　大英博物馆藏阿契美尼德时期印章

中国都有密切的交往。这个帝国兴起后，继续采用阿契美尼德时期的艺术风格，在雕刻、建筑及金属器皿等制作上表现出高超的技艺，其艺术品常常以狮子、大象、格里芬等怪兽，以及植物、几何图形和复杂的图案为特色。

　　萨珊地区的珠宝几乎像钱币一样流行，大部分珠宝使用的是半宝石，如石髓、紫晶、红玉髓和青金石等，多用来制作耳环、饰带以及刻制图章等。[①] 该地区出现了半球形、半算珠形和戒圈形珠宝印章，和希腊式的印章饰物共同使用。半球形印珠是萨珊印章的典型器物，早期的半球形印珠留一个小孔可以穿绳或线，便于佩戴在身上，后期发展成可以直接套在手指上的环形印珠。[②] 这种指环形印章最初出自古埃及十八王朝时期，此后影响到古希腊（迈锡尼）、古罗马，其中罗马指环印尤其多。[③] 高级官员则使用一类大型平面印章，根据戳记推断

此类印章可能镶嵌在金属钮上。萨珊印章在希腊写实纹饰的基础上引入了波斯文明特有的族徽、拜火祭坛、人头翼牛、带有神灵的动物等，在西亚印章系统中比较有代表性。它一方面在工艺与风格上保留了两河流域及古波斯的印章传统，另一方面随着贵霜艺术的影响，逐渐形成了自身特有的风格。如印章戒面，有球形或半球形，可以佩戴在身上或嵌在金质指环套在手上；材质也多种多样，如青金石、紫水晶、玉髓、玛瑙、玻璃、象牙、碧玉、石榴石等宝石与半宝石；在雕刻工艺上也趋于成熟，制作中使用旋床研磨的砣具较多，钻具主要用来雕刻头部、脸部细节等；另外在雕刻图案题材上也丰富多彩，如以郁金香、石榴、玫瑰等为主的植物纹，以狮子（包括人头翼狮）、公牛、羱羊、雄鹿、蛇、马（包括天马）、象、狗、猴、兔、骆驼、鸟、公鸡、鱼、格里芬等为主的动

---

① 〔俄〕B.A. 李特文斯基主编：《中亚文明史》第 3 卷《文明的交会：公元 250 年至 750 年》，马小鹤译，中国对外翻译出版公司，2003 年，第 52 页。

② 尚磊明：《萨珊王朝印珠试论》，《中国书法》2017 年第 11 期，第 115 页。

③ 〔日〕新关钦哉：《东西印章史》，今村光甫译，东丘印社，2003 年，第 81 页。

物纹，姿态与表现形式上都显示出一定的宗教意味；还有各种人物纹，以男性帝王或贵族为多（图3：1—9）。[①]其中肖像居多，不仅仅是国王、政府要人及宗教人士等，有的肖像显然并不是持有人而是守护神。这些印章图像有的是精细雕琢出来的，有的是以线条刻画出来的。可以说萨珊印章无论是题材工艺还是装饰风格等方面都继承和发展了前代的印章及珠饰文化，并由此形成自身的特色。如具有不同风格头饰的波斯帝王侧面肖像以及人头翼牛、翼狮、翼马等，还有带有祆教色彩的动物纹饰等。

尽管公元651年萨珊波斯帝国被大食（阿拉伯）所灭，但这个帝国在几个世纪内所产生的影响非常深远，随着其与东方交往的密切，其文化也沿丝绸之路进一步向东方传播，包括印章及珠饰文化。

有学者指出，贸易活动和文化的交流对印章的传播具有很强的推动力，特别是那些在贸易圈或交互作用域上较为强势的文明会对周边乃至远地文明产生更大的影响。[②]中古时期的中亚地区一直受到周边强大政权的影响，如取代阿契美尼德王朝而起的帕提亚王朝以及之后兴起的贵霜王朝，都曾经统治过广大的中亚地区。公元224年，萨珊王朝的建立者阿尔达西尔一世（Ardashir I）杀死了帕提亚（安息）王阿尔达汪五世（Ardavan V），攻占了其首都泰西封（tesiphon），建立了历史上著名的波斯萨珊王朝。公元227年，贵霜臣服萨珊波斯，原贵霜王朝统治区的巴克特里亚

1 2 3 4

5 6 7 8 9

图3 萨珊波斯时期印章

① Vladimir G. Lukonin, *Archaeologia Mvndi Persia II*, Nagel publishers Geneva, 1967, p.92, pl.60; p.104, pl.72,74,75,80,93, 101, 102,103; A.D.H.Bivar, *Catalogue of the Western Asiatic Seals in the British Museum, Stamp Seals II: The Sassnian Dynasty*, The Trustees of the British Museum, 1969, pl.1-30.

② 韩回之编著：《他山之玉——域外高古印特集》，西泠印社出版社，2016年，第11页。

（Bactria）、索格底亚那（Sogdiana）及喀布尔河谷相继为萨珊波斯所有，贵霜残余势力仅限于犍陀罗（Gandhara）地区。至5世纪中叶，贵霜王朝势力最终走向灭亡。而萨珊波斯也相继和嚈哒、西突厥争夺中亚势力范围，影响力更是扩展到帕米尔以西广大地区，因而这里的印章及珠饰文化等也深受萨珊波斯文化的影响。如中亚地区至印度次大陆在孔雀王朝（Maurya Dynasty，前312—前184）和贵霜早期（1—2世纪）主要受到希腊文化影响，使用的印章以镶嵌或雕刻饰物的戒面印章为主，如赫拉克利斯（Hercules）像、希腊式女神像等（图4:1、2），[①]至贵霜中期沦为萨珊波斯属国后开始出现大量萨珊风格的半球形平面印章。不过中亚的印章纹饰除了部分沿袭希腊的古典题材，更多地则体现出中西亚复杂的宗教信仰和民族构成。比如，宗教题材的印章可以涉及拜火教、摩尼教、婆罗门教、早期佛教、粟特和希腊多神崇拜等，而印章上的铭文也涵盖了希腊文、粟特文、佉卢文、婆罗米文、帕提亚文、巴列维文等多种书写系统，[②]显示出这里的多元文化特征。

属于萨珊时期的中亚地区印章出土不多，有些属稍晚萨珊朝统治时期的吐火罗斯坦，约4世纪；也有属嚈哒人（Hephthalite）统治时期的吐火罗斯坦，约5世纪。俄罗斯国立艾尔米塔什博物馆（Hermitage Museum）收藏的宝石印章，刻有中年男子的侧面胸像，右边侧面刻有用佉卢文拼写的铭文"阿斯帕罗比多"，即"骑兵长官"（图4:3）[③]。更多属于私人收藏中亚阴文雕刻戒指印章。

不过在属于大中亚的范围内，在2—7世纪西域（新疆）地区的丝绸之路上出现了相当数量的平面印章等。部分外形和中国战国秦汉印章类似，材质以铜为主，但是纹饰题材为中亚典型的题材，如人物、龙、狮子、鹿等，且雕刻通常较

| 1 | 2 | 3 |

图4　1、2阿富汗国家博物馆（National Museum of Afghanistan）藏印章戒指　3艾尔米塔什博物馆藏萨珊及嚈哒统治时期的吐火罗斯坦出土的宝石印章

---

① O.M.Dalton, *The Treasure of the Oxus- with Other Examples of Early Oriental Mental- work,* The British Museum 1964, Plate. XVI, 102, 105, 106.

② 韩回之编著：《他山之玉——域外高古印特集》，第14页。

③ 〔苏〕Б.Я.斯塔维斯基：《古代中亚艺术》，路远译，陕西旅游出版社，1992年，第86页，图版84、图版85。

为粗糙；也有不少是带有西亚风格的印章，但整体风格趋于简约。有学者认为这些大概就是丝绸之路上的贸易用印。[1] 由此也可以看出古代西域地区（今新疆地区）是印章传播与发展的一个重要地区。

19 世纪英国探险家斯坦因（M.A.Stein）等在和田地区几处知名的遗址，如约特干（Yotkan）、尼雅（Niya）、喀达里克（Khadalik），以及塔里木东南部的米兰（Miran）、楼兰（Loulan）等古代遗址，发掘到不少印章，一般来讲大多是石质或金属质地，也有烧土或陶质者。据学者统计，这些印章有阳文的，也有阴文的。从材质上看有青铜的、铅的、木头的、骨质的、石质的、黏土的、炭精的及各种宝石的，从形状上看也五花八门，有方的、圆的、长方形的、五角形的、椭圆的、菱形的、心形的等。阳文的印章以青铜和石质为主，阴文的印章则以石质或宝石质地为主。其中阴文印章图案人像和动物图像占绝大多数，而阳文印章则主要以动植物和几何图案为主。[2] 这些印章的背后通常都有一个穿孔，有一些印章则被制成指环。这些印章上通常刻有动物纹、人物纹、花朵、集合图案、抽象符号及汉文、婆罗米文（Brāhmī）等。其中人物形象和动物图像在数量上占有很大比例，像凹雕的有长着长卷发的希腊诸神头像、印度三神像，还有持花男子半身像、持花或镜子女子半身像，波斯人面孔图像，罗马战士半身像，戴头盔或头饰的男性头像，等等。斯坦因认为这类封印虽然多有可能出自当地，但受波斯、罗马等的影响是显而易见的，它们大部分用玉髓或玉髓一类的宝石或岩石雕刻而成（图 5：1—14）。[3]

和斯坦因同时期的西方探险家还有瑞典人斯文·赫定（Sven Hedin）。他曾在高昌故城收集到 50 多枚印章，大部分属于伊朗（波斯）系统的印章，全部是圆形的石印（青金石、红玉髓、玉髓、玛瑙、水晶、石榴石等），现收藏在瑞典斯德哥尔摩人种学博物馆（The National Ethnographic Museum of Sweden）。[4] 驻喀什噶尔的俄罗斯第一任领事彼得罗夫斯基（H.Φ.Petrovsky）等也在 20 世纪初的新疆探险活动中收集有一些印章，现藏在圣彼得堡的艾尔米塔什博物馆等地。

除此之外，旅顺博物馆藏日本大谷探险队收集的出自新疆的印章，主要是一些肖形印。这些肖形印系 20 世纪初日本西本愿寺派第 22 代门主大谷光瑞（おおたにこうずい）组织的"中亚探险队"前后三次（1902—1904，1908—1909，1910—1912、1911—1914）历时 12 年在中国新疆地区如吐鲁番、库车、和田、楼兰等地进行考

① 〔日〕新关钦哉：《东西印章史》，第 64 页。
② 刘文锁：《中亚的印章艺术》，中山大学艺术史研究中心编：《艺术史研究》第 4 辑，中山大学出版社，2002 年，第 389—392 页。
③ Aurel Stein, *The Serindia -Detailed Report of the Explorations in Central Asia and Westernmost China,* Oxford University Press,1921, Vol. I, pp.230-231. Vol. Ⅳ, Plate. V, Khot. 0094, Khot .0095, Khot. 004.a, Khot. 004.b, Yo.0096.b, Yo.012.a, Yo.00206, Yo.00141, Khot.02.f, Yo.00159, Plate XXIX, L.A.00134, L.A. Ⅷ-Ⅸ,001. Plate.XX, NXXIV.viii.96, NXXIV.74; Aurel Stein, *Ancient Khotan: Detailed Report of Explorations in Archaeological Explorations in Chinese Turkestan,* Oxford: Clarendon Press, 1907, Vol. I, p.439; Vol. Ⅱ, Plate. LXXII, NXV.167.
④ Hans Henning V.Der Osten, "Geschnittene steine aus ost turkestan im ethnographischen museum zu Stockholm," *Ethnos* Nos, 1-4.1952, pp.166-169.

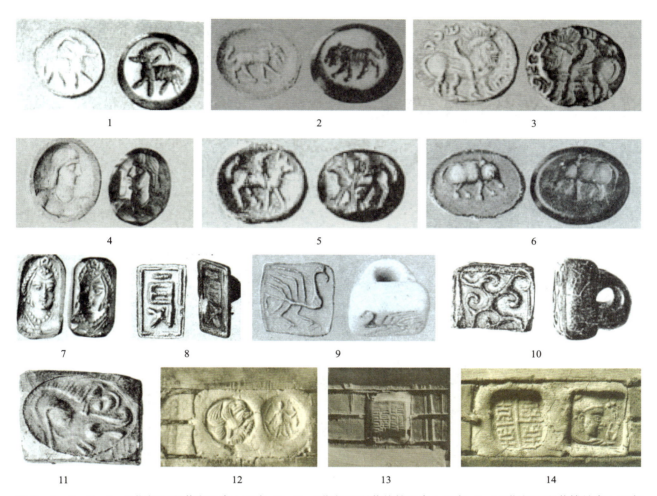

图5 1、2、3、4、7 斯坦因所获和田出土印章 5、6、8 斯坦因所获约特干出土印章 9、10 斯坦因所获楼兰出土印章 11 斯坦因所获尼雅遗址出土木质文书上的封泥

古探险的收集品。这些印章数量较大，计有120多枚（图6：1），材质包括煤精石、铜质、铁质、木质等，图案纹饰包括花叶纹如忍冬花、莲花、海石榴花等，动物纹如大角羚羊（鹿）、骆驼、羊、狗、马、猴等，其具体年代大概在东汉后期及魏晋南北朝时期，隋唐时期也有。[1] 日本学者香川默识也曾将大谷探险队三次所获文物选择了一些代表性文物编成《西域考古图谱》，收录了一些新疆出土或采集的印章（图6：2），这些印章主要收藏在旅顺博物馆、韩国国立中央博物馆（National Museum of Korea）、东京国立博物馆（Tokyo National Museum）等地。[2] 这些印章既有汉字印章，亦有几何图案及动物像印章，

① 王珍仁、孙慧珍：《新疆出土的肖形印介绍》，《文物》1999年第3期，第84—88页。有学者指出，这类印是一种图像性质的玺印，用肖形定名并不妥帖，建议称"图像玺"，见沙孟海：《印学史》，西泠印社，1987年，第40页。此外四川地区也发现有较早时期的一些肖形或图像印，多少也表明巴蜀文化同域外的联系，但应该和新疆地区发现的肖形印不属同一类，有学者将之称为少数民族玺，另归一类。见曹锦炎：《古玺通论（修订本）》，浙江大学出版社，2017年，第50页。
② 〔日〕香川默识编纂：《西域考古图谱》上卷，国华社，1915年，第123页。

图6　大谷探险队所获新疆出土肖形印及其他印章

有的铜印上还有天马图案。[①] 这些肖形印和前述西方探险家所搜集的印章一样，也应属于丝绸之路印章。

　　新中国成立后随着新疆考古工作的开展，也陆续出土或搜集到一些散见印章。如新疆维吾尔自治区博物馆所藏一枚灰黄色玉髓印章，1959 年出土于新疆巴楚县脱库孜萨来（Tokozsarai）遗址，椭圆形的戒面上雕刻有一个持物有翼且呈行进状的男子形象（图 7：1、2），线条简单疏朗，不过带有比较明显的波斯风格，这种有翼男性形象也出现在萨珊印章上，因而该枚印章似可归为萨珊波斯式产品。也有学者认为印章图像是属于萨珊系的瓦那依提女神。[②] 吐鲁番博物馆收藏有一枚椭圆形橘红色玛瑙印章，也称人像石花押，内雕刻有一个站立的男子形象（图 7：3），男性身体朝向左，右手执一权杖直抵腰部，高鼻，须发皆长。该印章采集于高昌故城，其制作年代大概在 5 世纪前后，正处于麹氏高昌时期（5 世纪中叶至 7 世纪中叶），大概属于中亚西部区域产品。从材质及人物形象、姿势等看，颇具萨珊波斯风格，也可归为萨珊式印章。此外新疆维吾尔自治区博物馆收藏有一枚嵌金宝石的金戒指，戒面刻出一个手持花朵的坐椅子上的女性形象（图 7：4）。该戒指发现于新疆尼勒克（Nilka）喀什河谷（Kashi river valley）的一棵树墓地（Yikeshu Cemetery）。有研究者指出，该戒指与大英博物馆一枚女性半身像印章非常类似，这个印章上刻有属于 3—4 世纪东马尔瓦（印度中部）的婆罗米文，从铭文及肖像所具有的萨珊文化特点判断，其大概制作于南亚次大陆的后犍陀罗时代。[③] 对于尼勒克出土印章中的女神形象，有学者认为是中

①　东京国立博物馆编：《东京国立博物馆图版目录·大谷探险队将来品篇》，东京国立博物馆，1971 年，图版 135，见〔日〕新关钦哉：《东西印章史》，第 25 页。

②　〔日〕岩本笃志：《徐显秀墓出土贵石印章与北齐政权》，《史滴》第 27 期，早稻田大学东洋史座谈会，2005 年 12 月，第 138 页。该文承蒙荣新江先生惠赠，谨致谢忱！

③　葛嶷、齐东方主编：《异宝西来——考古发现的丝绸之路舶来品研究》，上海古籍出版社，2017 年，第 117—119、133—135、136—138 页，图 14、图 18、图 19、图 32；新疆维吾尔自治区文物事业管理局等主编：《新疆文物古迹大观》，新疆美术摄影出版社，1999 年，第 133 页图版 0325，第 266 页图版 0725；中国文物交流中心编：《中国西域·丝路传奇》，文物出版社，2013 年，第 53 页图版；新疆维吾尔自治区文物局：《丝路瑰宝：新疆馆藏文物精品图录》，新疆人民出版社，2011 年，第 225 页图版；《丝绸之路：大西北遗珍》编辑委员会编：《丝绸之路：大西北遗珍》，文物出版社，2010 年，第 89 页，图版 78。

图7　1、2 新疆维吾尔自治区博物馆收藏巴楚县脱库孜萨来出土印章　3 吐鲁番博物馆收藏高昌故城采集玛瑙印章　4 新疆博物馆收藏尼勒克喀什河谷一棵树墓地发现的嵌金宝石金戒指

西亚地区崇拜的阿那希塔女神。[1]这些印章或戒饰等如果不是舶来品，也应属于丝绸之路上的贸易用印。

　　新疆地区印章的发现，显示出西域是文明交往的重要通道，体现了多元文化的特征。其中既有中原式青铜方形印章等的出土，亦有相当一批印章具有浓郁的中西亚风格，不排除东西方人员往来与中原对西域经营施之的影响。这些印章当中有一些属于舶来品，亦有本地制造的产品。当然从出土的印章（珠饰）及风格来看，西域（新疆）地区汉文化和其他文化以不同的形式相互交融，有时候会形成一种独特的文化风格，突显出了西域在丝绸之路上的独特地位。像尼雅一带发现的具有东西合璧风格的封泥等，就具有相当的地方特色。这些封泥上不中不西或者说亦中亦西风格和特征的印章，与和田等地发现的马钱等钱币一样，应当属于丝绸之路上民族之间的贸易用品，显示出这一地区贸易往来活跃的特点。

　　既然这些印章饰物的多元风格与人员的流动及文化的传播有关，那么是谁在有意或无意地承担这种文化传播的任务呢？这里发现的中原式青铜印章显然与中原经营西域的活动有关，但相当一批中西亚风格的出土印章也说明了丝路文明的影响，而承担这一传播任务的人员应当就是在这一时期活跃于丝绸之路的诸民族，其中尤以粟特民族为代表，正是他们的通商活动促进了印章等文化的传播。正如学者所指出的，远地贸易不仅仅是物资方面的交易，它还使一个地域的文化成果最终传播到另一个地域。在这种场合，作为中间人的商人所扮演的角色是不容忽略的。[2]

二　粟特人与中古陆上丝绸之路的印章（珠饰）传播

　　如前所述，新疆地区出土的印章等主要发现于吐鲁番、尼雅、约特干、于阗、巴楚、楼兰、米兰等地，这些地区也正处于丝绸之路的沿线地带。中古时期随着陆上丝绸之路的发展，新疆境

---

①　〔日〕岩本笃志：《徐显秀墓出土贵石印章与北齐政权》，《史滴》第 27 期，第 138 页。
②　〔日〕新关钦哉：《东西印章史》，第 54 页。

内丝路沿线地区成为人员密切往来的通道，其中当以粟特人最为活跃，因为他们是当时丝路贸易的主要承担者。有学者即指出，萨珊王朝的印章不仅仅在伊朗高原、安纳托利亚、中亚等地发现，在中国新疆一带亦有类似出土物，大概和当时伊朗系统的粟特人活跃的通商活动有关。[①]

中古时期，粟特人活跃于丝绸之路，"利所在，无不至"。[②]十六国北朝隋唐时期，粟特人更是构建起了中原与中西亚、西域之间的贸易网络，以粟特商胡为主的胡人群体在丝路贸易中扮演了重要的角色。据荣新江先生研究，从粟特本土向东，几乎每一个大的城镇或者是位于重要交通干道上的一些小城镇，都有粟特人的身影。不论是北方草原路上的弓月，还是南向印度的洪扎河谷，不论是葱岭高原上的渴槃陀，还是塔里木盆地的神山堡，都成为他们的商贸据点，甚至成为他们货物的集散地。西域由于地理位置上的特殊性，必然成为粟特人的驻足之地，一些西域王国也从粟特人操纵的丝路贸易中获取到丰厚的利益。[③]通过对文献与考古材料的梳理，中古西域地区有粟特聚落存在的在西域北道或北新道有怛罗斯、碎叶、弓月、北庭、据史德、龟兹、焉耆、高昌、伊州，南道有勃律、渴槃陀、于阗、且末、楼兰、播仙镇、石城镇等。[④]这其实和前述西域（新疆）地区印章发现地多有重合。

丝绸之路上印章等的传播显然也和他们的活动有密切的关系。中古时期粟特人沿着他们经商的路线由西向东进入塔里木盆地，然后足迹遍及河西走廊、中原北方、蒙古高原等地区。如在沙州、瓜州、肃州、甘州、凉州、天水、西平、金城、原州、灵州、夏州、六胡州、并州、代州等，当然也包括长安、洛阳、同州等都有粟特聚落的存在。[⑤]可以说，粟特商人在沟通中亚与中国交通线的每个地方，都建立了牢不可破的城镇殖民网。[⑥]

如果说新疆地区的萨珊系的印章及饰物和粟特人的活动密不可分，那么随着中古时期粟特人的进一步东来，他们也将这种印章（珠饰）等文化向内地传播，这一点可以在中古北方地区的一些墓葬出土的印章或珠饰等上面找到相关线索。可以说，真正在中国境内发现有明显西方风格的印章（珠饰）还是在中古时期，而且多集中在中古北方地区，这显然和粟特系的民族活动有千丝万缕的联系，因为这些地方本身也是粟特人聚落活动的地区。

有明确出土地且有时间可考的具有典型萨珊系风格的印章，在中国主要有以下几例发现。一例是1981年固原史诃耽夫妻墓出土宝石印章，有学者对此专门做过研究。[⑦]史诃耽墓出自固原发现的一处中亚粟特侨民墓地，墓主均为中亚史国

① 〔日〕新关钦哉：《东西印章史》，第23—27页。
② 《新唐书》卷221下《西域传下》，中华书局，1975年，第6244页。
③ 荣新江：《中古中国与粟特文明》，生活·读书·新知三联书店，2014年，第21页。
④ 荣新江：《中古中国与外来文明》，生活·读书·新知三联书店，2001年，第19—36页；荣新江：《中古中国与粟特文明》，第3—21页。
⑤ 荣新江：《中古中国与外来文明》，第37—110页；荣新江：《中古中国与粟特文明》，第22—41页。
⑥ 〔法〕魏义天：《粟特商人史》，王睿译，广西师范大学出版社，2012年，第41页。
⑦ 林梅村：《固原粟特墓所出中古波斯文印章及其相关问题》，《考古与文物》1997年第1期，第50—54页；郭物：《固原史诃耽夫妻合葬墓所出宝石印章图案考》，《考古与文物》2015年第5期，第96—101页。

人。该枚印章出自葬于唐咸亨元年（670）的史诃耽与其妻张氏的合葬墓。此墓虽早年被盗，但墓中仍出土有黄金饰物、玻璃残器、东罗马金币、鎏金铜器等，包括一枚带有胡语文字的宝石印章（图8：1）。这枚蓝色圆形宝石印章直径1.6、厚0.5厘米。一面光洁，边凸起；另一面刻有纹饰，中间为一卧狮，其面部清晰，鬃毛直竖。狮子背部有三权结果实的短枝（树状物，顶生三朵石榴花），周围有一圈字母文字（铭文）。有学者考证该铭文为中古波斯文，意为"自由、繁荣、幸福"，而印章图案中守护的那棵树应是西亚宗教中的生命树，大概是火祆教遗物。狮神守护生命树这一主题源于萨珊波斯艺术，该枚印章应当是在波斯南部制造的。[1] 有伊朗学者判定该铭文为巴列维（Pahlavi）铭文，是萨珊王朝的一种祈祷文，可译为"世界宽容！世界宽容！世界宽容！"[2] 亦有人根据伊朗学者对这枚宝石印章的释读，推测以石榴为特点的三权树、狮子图像及印章上的铭文可能和中亚阿什（Ashi）女神崇拜有关系。[3] 该枚印章从形制及纹饰来看，应当是来自中西亚的舶来品，萨珊风格比较明显。不过考虑到印章上的文字及史诃耽的粟特人身份，这枚印章应该是中亚粟特一带具有波斯风格的制品，随着史姓粟特人的东迁，这种萨珊式印章也被带入中国。这枚印章出土于墓葬中，显示出主人对其的珍视与身份认同。

此外，2002年在山西太原发掘的北齐徐显秀墓，出土一枚嵌蓝宝石金戒指及一枚素面指环（图8：2）。[4] 嵌蓝宝石金戒指工艺复杂，由黄金戒托、戒指环与宝石戒面组成，宝石戒面镶嵌在黄金戒托正中。戒指环在靠近戒托两端各刻有三分之一的怪兽纹饰，似龙飞龙，似狮非狮。椭圆形蓝宝石戒面上阴雕一个戴头盔、双手持杖形器的人物形象。张庆捷先生等认为该戒指具有粟特艺术风格，但只是一件豪华的首饰，象征着社会地位及财富，最多还寓含着少许护身符的作用。[5] 不过从戒面上描绘的手持大棒的人物形象来看，应该描绘的是希腊赫拉克勒斯（执金刚神）的形象，是中西亚地区钱币及印章铭文上的常见纹饰。有学者将其与萨珊朝印章图案比较，发现有较大的相似性，具有继承希腊罗马神话传说的琐罗亚斯德教文化色彩。[6] 徐显秀墓无论是壁画还是出土文物，都有浓郁的中亚文化色彩，如人物服饰上的联珠菩萨纹等，显然和北齐胡风盛行有关。这枚戒指上的宝石采用阴雕工艺，以及刻绘人物双手持杖显然既有波斯风亦有希腊风，和当时北朝时期的胡人东来有关。因而这枚戒指和指环大概也应属于舶来品，和中亚特别是粟特系胡人的东来活动有关。

除此之外，还有几件与此相类似的饰物。如1973年在山西寿阳县贾家庄北齐定州刺史库狄回洛墓出土一件玛瑙狮形雕饰（图8：3），出自棺

① 林梅村：《固原粟特墓所出中古波斯文印章及其相关问题》，《考古与文物》1997年第1期，第51—53页，图一。
② 罗丰：《北朝、隋唐时期的原州墓葬》，宁夏回族自治区固原博物馆、中日原州联合考古队编：《原州古墓集成》，文物出版社，1999年，第24页，图版122。
③ 郭物：《固原史诃耽夫妻合葬墓所出宝石印章图案考》，《考古与文物》2015年第5期，第100页。
④ 太原市文物考古研究所编：《北齐徐显秀墓》，文物出版社，2005年，图版50、51；张庆捷、常一民：《北齐徐显秀墓出土的嵌蓝宝石金戒指》，《文物》2003年第10期，第53页。
⑤ 张庆捷、常一民：《北齐徐显秀墓出土的嵌蓝宝石金戒指》，《文物》2003年第10期，第54页。
⑥〔日〕岩本笃志：《徐显秀墓出土贵石印章と北齐政权》，《史滴》第27期，第139页。

内中间一具人骨的腰部，紫黑色中间带一圈天然的白色弦纹，扁薄椭圆形，有宽边，一面中间阴刻一狮，昂首翘尾，作缓行状。[1] 该阴刻雕饰和北齐徐显秀墓出土的宝石戒指有很多相似之处。同墓亦出土玛瑙珠饰、玻璃器等，应该也是北齐统治时期的中西亚制品，属于粟特系珠饰系统。

1983—1992 年河南偃师杏园唐墓 M902 出土一枚金戒指（图 8：4），戒指环体厚重，上嵌椭圆形紫色水晶，水晶上浅刻两字，文字为中古时期的巴列维语。文字释读已经日本专家森本公诚考证，自右至左缀列为"'pd"，读作"apd"或"aad"，意思是"好极啦!""奇妙无比!"等到后来的伊斯兰时代，又增加了"值得称赞"的意思。萨珊王朝的银币上锤印有这种铭文。而刻有这种铭文的印章，设在法国巴黎的国立公文书馆中有一件，出土地点不明。[2] 镶嵌紫水晶的手工艺，更贴近萨珊波斯、犍陀罗等在金银器制作上的独特风格，不排除其为一件舶来品，至于携带者，可

1

2

3

4

图 8　1 固原史诃耽墓出土宝石印章　2 太原徐显秀墓出土嵌蓝宝石戒指　3 山西寿阳库狄回洛墓出土玛瑙狮形雕饰　4 河南偃师唐墓出土金戒指

---

[1]　王克林:《北齐库狄回洛墓》,《考古学报》1979 年第 3 期, 第 393 页, 图版 11。
[2]　中国社会科学院考古研究所河南二队:《河南偃师市杏园村唐墓的发掘》,《考古》1996 年第 12 期, 第 6、22、23、24 页, 图版叁: 2, 图十三: 4。

能也是粟特系民族。

类似风格的宝石戒指在中古北方其他地区也有出土。1997 年，新疆伊犁昭苏县波马 73 团场发现一座古墓葬，出土一批罕见的金银器，如镶嵌红宝石金面具、镶嵌红宝石金盖罐等，也包括一枚镶嵌红宝石金戒指。戒指为金质，嵌红宝石，戒面为椭圆形。戒面周缘为点焊的两圈细金珠点，构成不甚明显的三角形。戒指与戒面相对的一面亦有镶嵌宝石的基座，似黄豆粒般大小，原镶嵌的宝石已经佚失（图 9：1）。[1] 1976 年，河北赞皇出土东魏李希宗墓志及文物，包括三枚拜占庭金币，还有金戒指一枚（图 9：2），上嵌一青金石，呈蓝灰色，刻一鹿，周有联珠纹，无论是从纹饰风格还是式样上看，都应是中西亚传入品，[2] 是作为一种装饰品使用。该戒指上的青金石及所刻纹饰与隋李静训墓出土项链上的饰物相似，李静训墓出土项链由 28 颗嵌小珍珠的金球组成，上端有个扣钮，中央镶嵌着一颗青金石，

青金石凹雕一只大角鹿。有学者认为这种金属制作工艺及凹雕纹饰与技法，大概属于阿富汗、巴基斯坦一带产品，[3] 多少可以归入犍陀罗艺术系统。此外，宁夏固原北周李贤夫人吴辉棺中出土了一枚金戒指（图 9：3），戒面上雕一裸体人物手执弧形花环。戒面石质大概是一种类似青金石的宝石，宝石石面上雕一人，右腿前迈，双手上举，两侧各垂一囊状物。[4] 有学者认为大概是中亚的阿纳希塔女神形象。[5] 这几类戒指大概也属于戒面印一类，推测其原产地是萨珊或中亚犍陀罗等地区。这类饰物的出现和中西亚胡人特别是粟特人的迁徙活动有关。

河北东魏李希宗墓、北周李贤夫人墓与新疆昭苏县波马古墓出土的宝石金戒指的戒面上均刻有人物或动物形象，各有特点。但相同之处是，这些纹饰中的人物形象均非中原人物，就人的形象而言，如果和西方印章比较，也颇有波斯艺术的风格；而其中的动物类如狮子、鹿等也多为萨

图 9　1 新疆昭苏出土嵌红宝石金戒指 2 东魏李希宗墓出土嵌青金石金戒指 3 固原北周李贤夫人吴辉棺中出土金戒指

① 安英新：《新疆伊犁昭苏县古墓葬出土金银器等珍贵文物》，《文物》1999 年第 9 期，第 8 页，彩图 2；王炳华：《新疆波马金银器》，氏著：《西域考古历史论集》，中国人民大学出版社，2008 年，第 684、689 页。
② 石家庄地区革委会文化局文物发掘组：《河北赞皇东魏李希宗墓》，《考古》1977 年第 6 期，第 388 页，图版 6。
③ 熊存瑞：《隋李静训墓出土金项链、金手镯的产地问题》，《文物》1987 年第 10 期，第 78 页。
④ 宁夏回族自治区固原博物馆、中日原州联合考古队编：《原州古墓集成》，第 19、198 页，图版 76。
⑤ 〔日〕岩本笃志：《徐显秀墓出土贵石印章与北齐政权》，《史滴》第 27 期，第 138 页。

珊印章中的常见主题。因而虽然它们属于戒指类饰物，但也应归为印章或珠饰一类，颇类似波斯戒面印章与珠宝。上述这些宝石印章及戒指大概多为舶来品，应当是中古时期沿丝绸之路而来的粟特系胡人带来的。

此外，陕西历史博物馆 2010 年征集品中，也有一些来自甘肃临夏出土的玛瑙印章。印章直径 1—2.5 厘米，均为圆形，内容主要分为狮子、雄鹰等动物以及手持兵器或与猛士搏斗的勇士、骑士两类（图 10）。[①]大多有穿心孔，此类器物在

1

2

图 10 陕西历史博物馆收藏的印章征集品

甘肃、青海、新疆以及内蒙古等丝绸之路沿线均有少量发现，颇有萨珊波斯风格。虽然这些征集品没有明确出土地点，也不排除是仿制品或当地制品，但不能否认这些征集印章具有的西方色彩。考虑到河西走廊沿线亦是中古粟特人活跃地区，这些印章也多少可以归入丝绸之路贸易用印。

总而言之，中古时期北方及西北地区的墓葬中偶或有一些西方风格的印章或珠饰等出土，这种印章和珠饰又与新疆（西域）等地同时期的出土物有千丝万缕的联系。这种现象并不是偶然的，它们的出现显然应当和中古时期陆上丝绸之路的人员迁徙、商业贸易等的发展有关。中古时期是陆上丝绸之路的活跃期，中国和中亚、西亚等地政治交往密切，人员往来频繁，相应的文化交流也得以展开，大到丝绸、狮子、鸵鸟，小到印章及饰物等，其中印章（珠饰）物品虽然微小，但也是作为流动迁徙人员的随身物品而流动，具有一定的身份标识等特征，多少也承载了文化的传播功能。从印章出土地如中亚、西域、河西以及北方地区来看，这类印章珠饰的出现与粟特人的活动轨迹有所重合，其艺术风格也具有波斯粟特色彩，因而中古时期印章的传播与粟特人的活动有密切的关系，这个群体在传播文化与促进交流方面的作用值得进一步认识与挖掘。

---

① 陕西历史博物馆编：《陕西历史博物馆新入藏文物精萃》，三秦出版社，2011 年，第 150—151 页，图版 117。

Paikend: From a Fortress to a Sogdian City

Results of Studies of the Bukhara Archaeological Expedition

Andrey V. Omel'chenko

(The State Hermitage Museum, Saint Petersburg, Russia)

Paikend is an ancient abandoned during Middle Age city, located on the southwestern border of Bukhara region, in the lower Zeravshan River. Its emergence and flourishing were determined by the geographical factor. The settlement was located in two caravan passages from the capital Bukhara. To the south of Paikend, after two caravan days, Amul-Farab lies - the most important crossing on the Amu Darya River. Here the northern (Black Sea region - the Volga region - Khorezm) and eastern (China - Fergana - Chach (Tashkent) - Samarkand Sogd) roads converged. Then one branch went to south-west, through Merv to Iran and Near East, another one went along the Amu Darya to the south-east, to the lands of Tokharistan and on to India (Fig. 1. 1).

Paikend (Paykand, Baykand, Bi) is mentioned in medieval Chinese, Arab, and Persian written sources, particularly frequent by authors from the late 9th to the early 11th centuries. The "History of Bukhara" wrote by Narshakhi mentions Paikend, which was "older than Bukhara" and was well fortified, for which it received the name "Shahristan-i Roin" - "Copper City". Ferdowsi in the history of Iranian rulers named "Shah-name" mentioned that Feridun (Traetaon), the epic king of Ariana and Turan, built one of the most ancient temples of fire in Paikend. This happened, according to the legendary chronology, around 800 BCE. Later the city became one of the residences of the rulers of Bukhara - Bukhar Khudahs.

In ancient times, the Paikend Upland was a watershed between the beds of the lower reaches of the Zeravshan and Kashkadarya rivers. A vast lake lay to the south of the city-site and mentioned by medieval Arabic and Persian historical sources[1]. The area around the city was very rich in fish and game, inhabiting in the riparian woodland (tugai).

---

[1] Mukhamedzhanov, Adylov, Mirzaakhmedov, Semenov 1988, pp. 19-20.

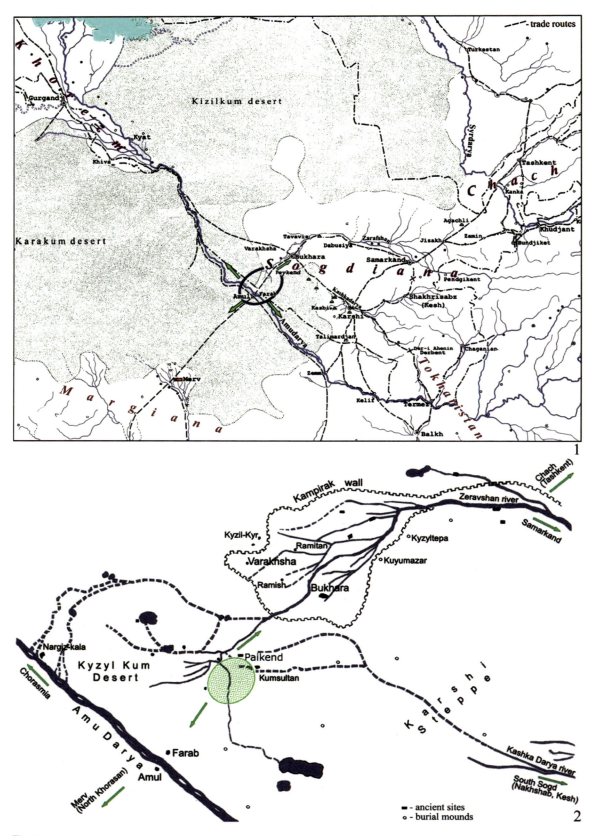

Fig.1

As the geology and hydrography observations of the city's area shown, in ancient times its territory was with several anabranches of Zeravshan (later - channels). In the Medieval time two main streets of the city were trough them: between the citadel and Shahristan 1, and between the last one and Shahristan 2. For that reason, there were large number of stone tools of hunters and fishermen of the Neolithic Kelteminar culture[1], as well as flint arrowheads of the tribes of the Zaman-Baba Bronze Age culture which were the first farmers in the lower reaches of the Zeravshan[2]. There are some bronze arrowheads of the Saka type from the 7th to the 5th centuries BCE in the cultural layers and constructions of later eras.

Paikend was located outside of Kampyrduval - the defensive wall which surrounded the Bukhara oasis, since at least the 5th century CE. However, Paikend was the main, well-fortified point on approach to the central part of the region from the south (Fig. 1. 2).

European researchers V. Tomaschek and J. Markwart in the 19th century believed that one of the residences of the kings of the Hephthalites state, known in Chinese sources as "Pa-ti-yan", was located in Paikend. Paikend is also associated with a story given by Narshakhi (apparently, of the last quarter of the 6th century) about the struggle between the usurper king Abrui and the dikhkans (nobles) of the city,[3] who were helped by the Turkic Hagan. There is a hypothesis that in the 7th century Paikend turned into a "merchant republic" which was unique for Central Asia[4].

The final structure of the city took place in this time: the total area within the walls is approx. 18.5 hectares, of which the citadel is 0.9 hectares, the area in front of it is 0.6 hectares, Shahristan 1 - 11 hectares, Shahristan 2 - 6 hectares (Fig. 2. 1). In the first half of

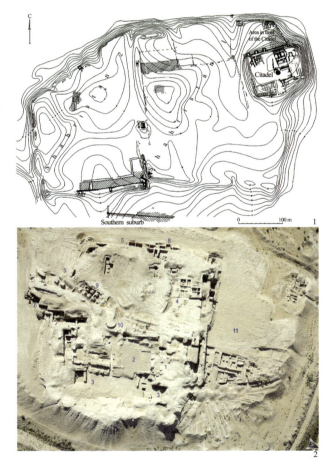

Fig.2

---

[1] It is believed that the lower stream of Zeravshan was one of the centre of appearance of the Kelteminar culture (Brunet 2014, p. 59).

[2] Sayfullaev 2007, pp. 49-52, figs. 112-114.

[3] In this case, apparently, it was about the hereditary representatives of the most prosperous urban families (patricians), rather merchants and owners of urban real estate, rather than the Central Asian land feudal lords, called dihqans in the Middle Ages.

[4] Belenickij, Bentovich, Bolshakov 1973, p. 150.

the 10th century the suburbs covered an area of up to 70 hectares of dispersed buildings. From the end of the 10th century the most part of residents of Paikend gradually had been abandoned the city by due to lack of water: lower streams of Zeravshan had dried up. The Qarakhanid ruler Arslan Khan in the first quarter of the 12th century attempted to bringing life back to the oasis. But construction of a canal was unsuccessful.

In 1896 the ruins of Paikend were visited by a topographer, a member of the Turkestan Circle of Archeology Lovers, Nikanor F. Sitnyakovsky, who made the first schematic plan of the city-site. In 1903 the American geologist Raphael Pumpelly, one of the pioneers of the archaeological study of the south of Central Asia, visited it. But a decisive role in research of Paikend belongs to the Oriental school of St. Petersburg. In the early stages famous Vladimir V. Bartold did much for the first steps of archaeological study of Paikend. In 1913-1914 his student, a graduate of the Faculty of Oriental Languages of the St. Petersburg University, secretary of the Turkestan Circle of Archeology Lovers Lev A. Zimin carried out the first excavations (fig. 3. 2).

In 1939-1940 Paikend was studied by Zeravshan expedition of the Hermitage, the Institute of the History of Material Culture, and the Uzbekistan Committee for the Protection of Antiquities and Art. Overall leadership was carried out by Alexander Yu. Yakubovsky. Michael M. Dyakonov, Vasily A. Shishkin, Vladimir N. Kesaev, Sergey K. Kabanov, Nina P. Kiparisova and others took part in the excavations of all part of the city (fig. 3.1). The Great Patriotic War interrupted Paikend's research for a long time. In 1954 and 1956 the team (under leadership of Galina V. Shishkina) of the Institute of History and Archeology of Uzbekistan explored the territory to the north-east of the city. There Badasiya castle and necropolis of nauses with ossuaries were partly excavated[1].

Archaeological research directly on the territory of Paikend was resumed 40 years later, in 1981 by the Bukhara archaeological expedition. In the 1980s it worked under an overall direction of Abdulakhad R.

Fig.3

---

① Mukhamedzhanov, Adylov, Mirzaakhmedov, Semenov 1988, pp. 5-6.

Mukhamedzhanov. In the 1990s from the Uzbek side it was headed by Dzhamal K. Mirzaakhmedov. From the side of the Hermitage, the expedition was led by Grigory L. Semenov[1] (1950-2007), who came to Uzbekistan with extensive field experience in excavations of famous early medieval Sogdian city Penjikent. In 1983-85 archaeological team from the State Museum of Oriental Art (Moscow) under the leadership of Alexander I. Naymark took part in the work.

The first years of the expedition were difficult: there was not enough funding, there were difficulties with water, no archaeological base and accessible transportation, and dust storms were frequent in the area. Despite this, significant field research has been carried out with interesting results. The outcome of the first seasons was the collective monograph "The city-site of Paikend. On the problem of the study of medieval cities in Central Asia" [2].

Periods 1 and 2   The first fortress of Hellenistic time.

From the very beginning of the Bukhara expedition's works, an essential part of excavations was the study of the city fortifications (fig. 2). G.L. Semenov addressed the issue due to scientific interests and published articles and monographs[3]. In 2011 the work was continued. As a result it is possible to talk of 6 main constructional periods of the Citadel of Paikend.

First of all it should be mentioned that there were cultural layers under oldest fortification walls (depth 14.4 m) from the benchmark in the northwestern corner (fig. 9. 4, 9. 5). The pottery assemblage named Paikend-1 has been dated from the last quarter of the 4th to the very beginning of the 3rd centuries BCE. It had the late Achaemenid "cylinder-conical" tradition (fig. 7) but new influences associated with an integration of Central Asia in the Hellenistic world are visible in tableware[4].

Thus, the old idea of simultaneous appearance of the first permanent settlements on territory of Paikend's Citadel as well as in other sites in Bukhara oasis in Romish-tepe, Varaksha, perhaps Bukhara was affirmed. That was due to migration of groups of Sogdians from the Samarkand oasis to lower parts of the Zeravshan River, caused by pressure from Alexander's military operations in eastern Sogdia (Samarkand and the mountainous regions). On the other hand this was made possible, perhaps, by geomorphologic changes in the 4th century BCE in Zeravshan valley which facilitated to resettling of farmers in Bukhara oasis[5].

The first fortifications of the beginning of the 3rd century BCE were in the north-eastern corner of

---

[1]   Subsequently, he was the head of the Oriental Department of the State Hermitage.

[2]   Mukhamedzhanov, Adylov, Mirzaakhmedov, Semenov 1988, pp. 5-6.

[3]   Semenov 1996(2).

[4]   Omel'chenko 2019, pp. 203-225; Omel'chenko, Mokroborodov, in print.

[5]   Rante, Fouache, Mirzaakhmedov 2016, pp. 441-446.

the Citadel. A wall made of large square "Hellenistic" adobe bricks was erected at a platform made of flat-convex rectangular ones which were typical for Early Iron Age. The wall had a tower 4.5 m wide and slit-like loopholes (fig. 5).

As can be seen the fortification had typical features which showed up after incorporation of Central Asia into the imperia of Alexander the Great and then Seleucids. We can assume that the Paikend fortress was a part of a program to defend of western and northern borders of Central Asian possessions against nomads (by Antiochus I?).

In the second constructional period (after the middle of the 3rd century BCE) new defensive walls were built and hid the tower and a smithy appeared near it (fig. 6)[①]. Pottery assemblages of the 3rd and the first half of the 2nd centuries BCE (Paikend-2A, B, C)(fig. 7)had a characteristic Central Asian "Hellenized" forms[②].

The first monumental buildings inside the Citadel of Paikend are associated with the Zoroastrian temple in the northeast corner (figs. 4, 11). Other

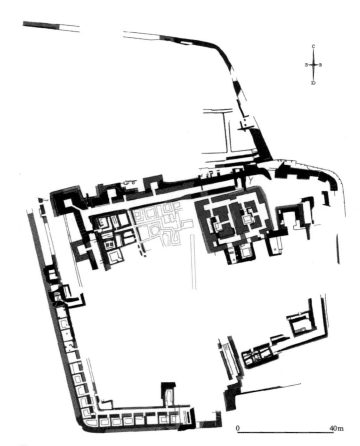

Fig.4

---

① Olga A. Papakhristu, a lead expert in the field of iron and steel industry of Central Asia, believes that it is a forge for the manufacture or repair of weapons. Another one of a later date was found in the north-western corner of the Citadel (fig. 9. 2).

② Omel'chenko 2019, figs. 10, 11; Omel'chenko, Mokroborodov, in print.

Fig.5

mention an ancientness of the Zoroastrian tradition in Paikend. This certainly was due to proximity of the region to Iran.

Since antique period it was a monumental structure with two rising sanctuaries (approximately 7 × 5.3 and 6.9 × 5.5 m) with corridors along the perimeter. Square podiums for the sacred fire were in the center of each sanctuary. Last ones were connected by staircases with an internal courtyard[3]. According to the general layout (cella in the corridor on three sides), the Paikend temple belongs to a type that had become common since the Parthian time[4].

To the south of the sanctuaries, in the courtyard of the fire temple, platform which had several constructive levels was found. At the northern edge of the temple, under the bypass "archer's" corridor, a series of pits were studied. The earliest ones were carved in ground soil. They had not household purposes and, presumably, were used for the Zoroastrian rite[5].

Period 3 "Kangju" chronological horizon, nomadic influences.

The antiquities of the next, "Kangju", chronological horizon (from the 2nd half of the 2nd

ancient Sogdian sites - Yerkurgan[1] and Uzunkir (Sangirtepa) in the valley of the river Kashkadarya, and Koktepe[2] in the valley of the middle Zeravshan demonstrated a formation of urban centres near temples too. It is interesting that legendary sources

① Suleimanov 2000, pp. 88-101.
② Rapin, Isamiddinov 2013, pp. 124-131.
③ Semenov 1996(4), pp. 171-178; Semenov 1996(3), figs. 10-14.
④ Litvinskij, Pichikjan 2000, p. 205; Suleimanov, 2000, p. 250.
⑤ Mirzaakhmedov, Omel'chenko et al 2016, pp. 13-14, figs. 30-33.

Fig.6

Fig.7

century BCE to the 2nd century CE) were found here as well, inside and outside the northern fortification wall (figs. 2. 2, 8). Near the western wall there was a ditch, which later became a street between the citadel and Shahristan 1 (fig. 2)[①]. Changes in archaeological complex are obvious and reflected in the ceramics (goblets appeared, in particular), terracotta (figurines of horsemen) (fig. 9. 1), numerous weapons (fig. 10). The similar innovations were noted in Sogdiana as well as in Bactria and Parthia after them conquest by nomads and the formation of domains under the control of nomadic dynasties.

In the south of the Citadel a treasure of weapons was discovered under a floor of "the room of painting" (or "burnt room"). It included iron swords, daggers, spear and arrowheads, bone lining of bows, remnants of a shield, bronze belt linings etc. According to the archaeological context, these finds date back to the 7th and the early 8th centuries, but the weapon had analogies among materials of Sarmatian tribes of the first centuries BCE. Researchers believed, that the treasure was kept as a relic and was hidden at the time of the assault on

① Mirzaakhmedov, Omel'chenko et al 2016, p. 39, fig. 92.

Fig.8

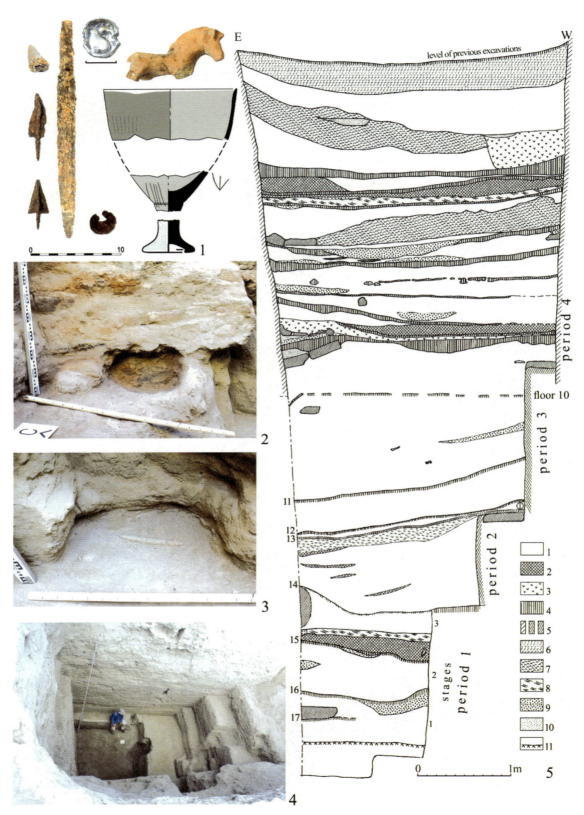

Fig.9

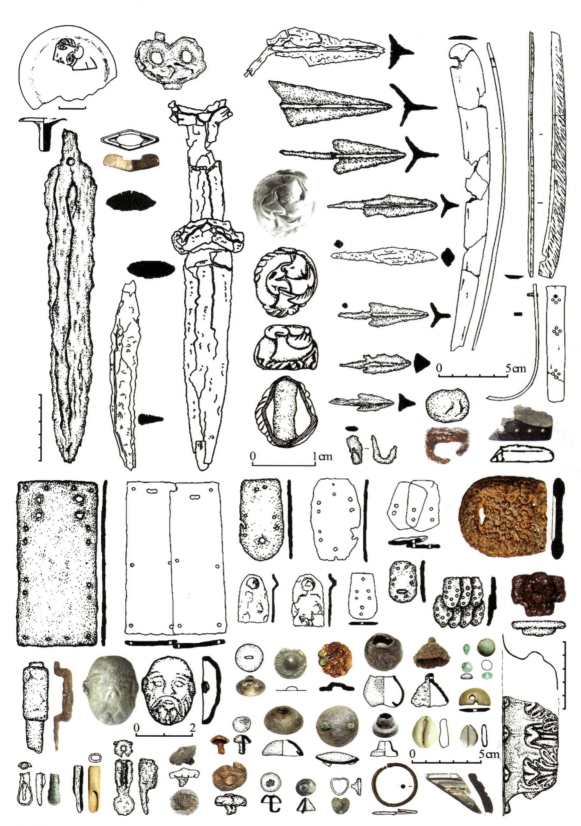

0   1 cm

0   5 cm

0   2

0   5 cm

Fig.10

Fig.11

Paikend by the Arabs in 705/706[1].

The range and number of items related to military affairs expanded significantly after new excavations after 2015 in the southern bypass archer's corridor (fig. 13. 2), near "burnt room"[2].

Most of them came from the special pits (βόθροι) of the lowest and earliest horizon in the area. This was supplemented by finds from a large room (storage?) near the corridor (fig. 13. 1). Some of them were in the mudbricks box, while others were on the floors, apparently fallen during carrying of objects. There were fragments of swords, daggers with volute-like and bar-shaped finals, knives, spears, three-bladed arrow-heads and, a quiver's hook, bone laths of a bow, parts of gorytos, armor plates, and a shield boss (fig. 10). Semi-finished products and remnants of metal-working were found along with weapons.

Some artifacts were decorated with gold foil appliqués. Parts of belts such as rivets, brackets, pendants, buttons, buckles, inserts etc. made from bone, shell (cowrie), silver, copper, iron, turquoise are numerous. Very interesting are a copper *phalera* similar to a cup with an ornament of acanthus leaves. A gold onlay (cap) with the image of a curled up griffin was perhaps the part of a scabbard. One fragment of a belt buckle was made of horn or steatite and decorated with gold nails.[3] Interesting image was scratched on one of the cone-shaped bronze final of the sword or dagger. It looks like the portrait on coins of King Hirkod, the founder of one of the domains in post-Hellenistic Sogdiana.

---

① Semenov, Adylov 2006.

② Mirzaakhmedov, Omel'chenko et al 2013, figs. 61, 62; Mirzaakhmedov, Omel'chenko et al, 2016: fig. 47; Omel'chenko, Kholov, Gorin, Sobirov, 2018, pp. 9-14, figs. 26-30.

③ A fragmented buckle of the same type was found by A.I. Naimark in the upper layers of the northern archer's corridor of the citadel.

Fig.12

Fig.13

Some of the things from the pits could relates to equipment of a heavily armed rider, as those which shown on the famous Orlat belt plates in Samarkand Sogd. According to one version, they depict Kangju warriors[1].

The rite of concealing of worn-out temple offerings in Paikend finds a close similarity in the Temple of Oxus in Bactria[2]. The objects have analogies in the Xiongnu-Sarmatian, Saka and Tochars (Eastern Sarmatians) complexes of the Eurasian steppe[3].

Period 4 Sasanian invasion. Changes in material culture.

Great changes in the construction history and material culture of the Paikend's Citadel took place in the late 3rd and the early 4th centuries CE. G. L. Semenov first found the north section of fortress wall and archer's corridor (figs. 4, 8. 1), which run around the perimeter of the late Antique fortress. There were at least four rectangular towers of 8-8.5 m wide in the northwestern corner of it. The reason of an improved

[1] Pugachenkova 1989, pp. 144, 153-154.
[2] Litvinskii 2001.
[3] Omelchenko 2020.

protection is an entrance to the citadel (1.4 m wide) between towers (figs. 4, 8. 2, 8. 3). The gates were double and twice rebuilt.

New excavations which have been going on since 2005 showed that the southwestern sector of the citadel was added in the late 3rd - early 4th centuries. The reason was a construction of the garrison barracks which had a corridor-comb type layout (figs. 4, 12). It was built in a short period of time.[1] Every third room in the chain of compartments was a warehouse. The defense of the fortress in the sector was at least a three-level: through the loopholes of the rooms, through a parapet of wallgang (*chemin de ronde*) above them and through a parapet which was over the corridor.[2]

Finds from the barracks differ sharply from the previous ones, of the first centuries CE.[3] It contains elements of the so-called Kushan-Sasanan complex[4], which became widespread in the former lands of the Kushans state in Bactria-Tocharistan after their capture by the Sasanids[5]. Bone pins with figured tops (fig. 19. 14-19. 16), spindle whorls made of marbled limestone (fig. 19. 19), and fragments of glass vessels (fig. 19. 7) are most indicative. Bullae were new and interesting features (fig. 20. 2, 20. 3).

Cups, as well as some ewer forms from garrison's barracks (fig. 18), display direct analogies on the Kushano-Sasanian pottery assemblage of Tokhāristān[6]. There is the type of cup with hemispherical and large diameter body which has rim with a small notch. It is an imitation of silver bowls. The clearest marker for the ceramic complex

Fig.14

---

①　The same layout was featured in the southeastern section of the archer's corridor which was by partitioned on compartments with access to the common corridor.

②　This was reconstructed based on the holes from the floor beams in the walls and the remains of the failed ceilings with big jars named hums from the second floor.

③　For example, tagora-vases with twisted handles which are not found in other regions of Sogdiana occured in the new pottery assemblage.

④　Omel'chenko 2013, pp. 116-117.

⑤　Zavyalov 2008, p. 194.

⑥　Zavyalov 2008, pp. 79-81.

Fig.15

Fig.16

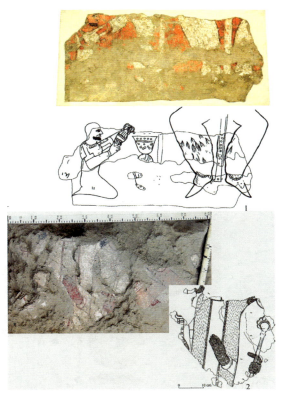

Fig.17

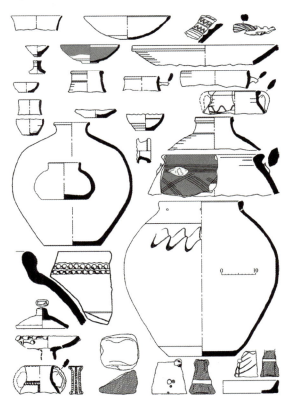

Fig.18

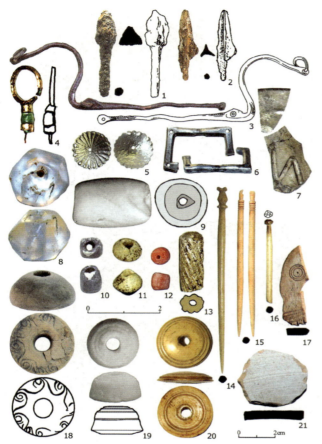

Fig.19

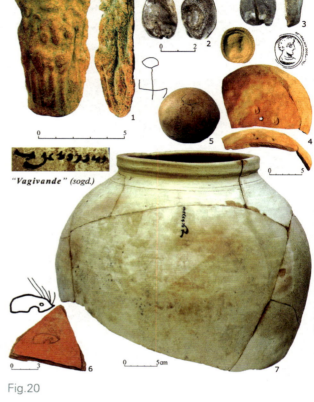

"Vagivande" (sogd.)

Fig.20

presented here are the so-called taghāra dishs with twisted handles, interior ledges and ribs inside, and incised wavy and dotted patterns. They have been also found in Marw and Khwārezm[1], and are most typical for Kushano-Sasanian pottery assemblages in Northern Bactria/Tokhārestān of the end of the 3rd and the 4th centuries CE[2].

We must also mention some "northern" influence in the handmade pottery at Paikend during this period. It has been suggested that this material belongs to the western wing of the semi-nomadic tribes (so-called Kyzylkir culture) moving into the oases of Sogdiana from the Syr-Darya region (Kaunchi-1, Otrar-Karatau and Dzhety-asar cultures)[3].

Fundamental changes had taken place in coinage of Bukhara Sogd. From Varakhsha site in the north and Paikend in the south (fig. 1. 2) copper imitations of Great Kushan coins and issues of Sasanian governors (rulers) (fig. 21. 4-21. 13) were in circulation[4]. So, the Bukhara oasis was the first

---

① Vainberg et al. 1981, fig. 44, 17.

② Zavyalov 2008, p. 194, fig. 84. 6.

③ Levina 1971, p. 3, pp. 185-93, 197, 211, 59, 28, 31-34, 35-40; Mukhamedzhanov et al. 1983, pp. 113-14; Isamiddinov, Suleimanov 1984, p. 152; Pugachenkova 1989, pp. 129-30

④ Naymark 1995, pp. 36-37, 46.

territory of Sogdiana, where small silver coins have been discontinued.

The entrance to the garrison barracks outside was in the southern fortification wall. It was divided into a labyrinth and protected trough loopholes in walls. The entrance was connected to the so-called "corridor with high sufa-benches" which may have been used for unloading luggage from pack animals. Along the central axis of the corridor a kubur (clay pipes) line ran under the floor (fig. 13. 3). Perhaps it is the oldest example of a drainage system using pipes in Sogd[①].

A fragment (40 × 45 cm) of Paikend wall painting was found on a floor of the corridor. There were images of three figures standing or walking shoulder to shoulder (fig. 17. 2). One has an object such as a torch or incense burner in his hand, the other holds a rod (mace?), the third has his palm forward[②]. Procession scenes and rows of figures standing next to each other often occur in Sogdian painting, the best known example being the painting from the so-called "palace of Ikhshēds," Sector 23/Room 1, at Afrasiab (Old Samarkand) (Al'baum, 1975, see, for instance, figs. 4, 5, 8). But in the case of the new fragment from Paikend the

position of the figures is unusually close - overlapping each other so that only their right shoulders are visible. This compositional device is vividly reminiscent of the rock reliefs of the Sasanian Shāpūr I at Naqsh-e Rajab and Bīshāpūr.

In this context, it should be mentioned that parallels with Sasanian art have already been noted in a wall painting at the site of Uchkulakh in the

Fig.21

---

①　Omel'chenko, Kholov, Gorin, Sobirov 2018, pp. 5-9, figs. 6-16.

②　Omel'chenko 2016, fig. 19. 5.

northwest of the Bukhara oasis, excavated by the Uzbek-Italian archaeological expedition[1]. In a room dating to the 5th century CE, were preserved traces of a mural showing a jousting scene (?), reminiscent of several Sasanian reliefs[2].

In my opinion, the new Paikend fragment, which is now one of the earliest known examples of Sogdian painting suggests that the influence of Sasanian art on that of Sogdiana dates back to the end of the 3rd or the beginning of the 4th centuries CE.

It cannot be excluded that the first founded fragment of wall painting from the "burned room" adjacent to the south corridor have the same date or slightly later. It was on a wall in situ and depicted scena of worship[3]. Some details - poses of figures and those clothes (fig. 17. 1) have analogies in Sasanian antiquities as well.

Considerable changes had occurred in the Fire temple (fig. 4, 11) in the north of the citadel in that period (4). It had two sanctuaries that are unusual for the temples of Transoxiana, but we can see this feature in Iran, for example, in the Sasanian temple of the royal fire Adur Gushnasp in Takht-i Suleiman[4] which possesses a čahārṭāq (the main sanctuary) and a ātašgāh (where the fire was constantly maintained)[5]. Other details also find correspondence in the fire sanctuaries of the Iranian world, but not typical for the ancient and early medieval architecture of Central Asia; in particular, alabaster and burnt bricks were widely used in the interior of the Paikend's temple. It had a vertical division in the form of three growing terraces as well: the external yard, the internal yard and the sanctuary with altars of fire. They were connected by staircases (fig. 11. 3).

New excavations in the internal yard showed that there was iwan (*portico*) which had two rows of wooden hexagonal columns. Stairs went up to the sanctuary on both sides of the courtyard. In the middle part of the iwan there was the main structure a square adobe table 3.17 × 2.85 m, 27-41 cm high, coated with alabaster (ganch) (fig. 11. 1, 11. 2). It was surrounded by sufas, coated with burnt bricks, some of which had *tamga* signs.

These remains as well as finds of traces of meals[6] evoke associations with the passage in "Chronology" of Biruni which tells of Bukhara magi. They gathered in Paikend for celebration of the autumn holiday Nak-h-Agam.

---

① Silvi Antonini and Mirzaachmedov 2009; Lo Muzio 2010.
② Lo Muzio 2014; Lo Muzio, 2015, pp. 109-118.
③ Semenov, Adylov 2006, fig. 2.
④ Even the sizes of these parts of the Iranian and Paikend temples coincided.
⑤ Stronach 1985, pp. 624, figs. 3; 9. Two rooms in the sanctuary of the Paikend's Fire temple could change functions, which is associated with the periodic erection or destruction of partitions in bypass corridors.
⑥ More than 20 unbroken daggers and knives were found on the floors and ash from altars of the Fire temple. In external courtyard there were fragments of limited types of ceramics: bowls (or goblets), cauldrons, braziers, less often jugs. 199 unbroken small cups of specific form were stacked and hidden in the corridor of the sanctuary and one was near stairs. Large numbers of wild (mainly boar) and domestic animals bones were found as well (Omel'chenko 2013, p. 108).

So, we have substantial evidence that the antique fortress at the site (future citadel of Paikend) was significantly expanded and enhanced according to a well-conceived master plan in the end of the 3rd and the beginning of the 4th centuries CE. This, of course, raises the question: for whom and why were these large-scale constructions undertaken at the southwestern periphery of the Bukhara oasis? Many elements in the material culture and art of Sasanian Empire are obvious. To my opinion, the new fortress was built as a stronghold of the Sasanian troops in the Bukhara oasis. It took place, apparently, after Šâhanšâh (King of King) Shapur I (circa 241-272 CE) captured Bukhara oasis. This was reflected subsequently in local coinage from the 4th to the 6th centuries CE[1]. According the inscription on the Ka'ba-ye Zardošt Shapur I expanded his realm to the border of "Čāčestān" (Tashkent oasis) as well[2]. But it is far north from centers of Sasanian power in Central Asia (Merv in Margiana and Balkh in Bactria-Tokharistan). If the Bukhara region, indeed, came under the political control of the Sasanians the border indeed exists. It runs along the western limits of the Nuratau range which is a natural watershed between the Zerafshan and Middle Syr Darya.

After not very long period of functioning of the barracks, it was abandoned. Signs of desolation - washaways, sand deposits, destruction of adobe masonry, are obviously. A decline of the fortress could be explained by the movement of the Xionites (White Huns) to Transoxiana, who pushed the Iranian kings to the south[3].

Period 5　New Sasanian influences. The first step of formation of the city.

Apparently, in the end of the 4th century CE the citadel is undergoing a large-scale reconstruction. The rooms of the barracks were filled up by sands, covered with adobe brickwork and turned into a massive stylobate. The archer's corridor became fortification walls. Now loopholes were only in critical points, in particular at the southern entrance to the fortress, which had stayed right in a previous position. The north-western gate was embedded; a new of 2 m wide was built in the western fortress wall. Two towers 7 × 5 m with slit-like chequered loopholes were built to protect it.

The gates led to the "Administrative" quarter, which adjoined to the Temple of Fire in the east. According to G.L. Semenov, in this part of the citadel there were warehouses and housing of servants of the Fire temple. The quarter was divided into blocks of ordinary buildings by a street and alleys (figs. 2, 4, 14. 2). The pottery assemblage is similar to its predecessor but a new type of cups and washable engobe appeared. The most interesting finds are the copper coin of Shapur I (the first in Transoxiana from

---

① 　Naymark 1995.
② 　Huyse 1999, pp. 23-24.
③ 　Omel'chenko 2016, pp. 85, 86.

the archaeological context) (fig. 21. 10), a coin of the Khwarazmian minting (fig. 21. 14), a large faceted rock crystal bead, and a very rare semi-finished glass product. In other places which were linked with the "Administrative" quarter a large burnt and ruled brick for a game similar to modern backgammon[1] and a terracotta figurine of the "Bukhara goddess" (fig. 20. 1) were found.

The most significant innovation in the period, from the end of the 4th to the 5th centuries CE, was a development of dwelling places beyond the Citadel. New quarters appeared in area to the north of the citadel (figs. 2, 4, 15). For the first time it was explored by archaeologists of State Museum of Oriental Art (Moscow) in 1983-1985. These and new excavations which were resumed after a 25-year hiatus has been studying fortification and remains of buildings. They were attributed to the same time as period 2 of the "Administrative" quarter thanks to finds of Kushano-Sasanian coins and potsherds in and under constructions of fortification. The fortress wall had a shooting corridor, which was narrowed after repair of fortification. Hewn mainland conglomerate in a base gave the massiveness of it.

The area to the north of the citadel probably was well planned at an early stage. One of the streets directed from the eastern gate (fig. 16. 1) into a quarter troughs a short labyrinth. But the largest avenue was the "military street" along the northern wall of the Citadel. With sidewalks it was 11.7 m original wide.

Along with numerous copper coins, three Sasanian silver drachmas of Šâhanšâhs of the 5th century Warahran 5 (Bahram Gor) and Jamasp were found on the Area (fig. 21. 15, 21. 16). The coins of Warahran 5 became a sample for a local silver minting. So-called Bukhar Khudahs drachms were used for an international trade in Central Asia and neighboring regions. Several hoards of the coins were found in the Paikend city-site[2].

An interesting find was a humcha (large pitcher) with the Sogdian inscription "Vagivande" was found in one of the rooms (fig. 20. 7). Under the northern wall of the area, a unique find was made - balance scales of the late Roman type (fig. 19. 3).

Thus, the Area in front of the Citadel is actually the earliest Shahristan of Paikend. It was formed when the territory of the Administrative quarter on the citadel was no longer suffced all residents and grew beyond the defensive wall of the fortress. And this was an important step towards an urbanization of Paikend.

Period 6　New data on an arrangement of Shahristan 1.

The excavations of G. L. Semenov in the 80s and 90s of the showed that territory to the west of the Citadel covering 110000 sq m was surrounded

---

① Semenov 1996(1), pp. 44-45.
② Semenov, Adylov 2006, pp. 37-39, fig. 3; Baratova, Omel'chenko 2013.

by the new fortification wall. This occurred in his view within 5th century CE most likely to the end of the age, when the most part of Central Asia was captured by Hephthalites (White Huns). There was only one bastion in the southwestern corner[①], which then defended the southern gates of the city after an expanding its area due to Shahristan 2 (fig. 2. 1).

But new studies have found that at least the southern city wall was strengthened with a series of towers initially[②]. They were not visible in the relief, because they were "hidden" by late constructions (fig. 16. 2, 16. 3). The towers 5.5-6 × 5.5 m wide, sub-oval in shape, without internal room, were built of pakhsa blocks and were located at a distance of 12.5-13.5 m from each other. The early city wall made of adobe bricks and was 3 m wide. Then as a result of periodic build-ups they reached a thickness 8.5 m. The form of towers looks like the simultaneous towers of Sasanian Iran[③]. Moreover only Kushan-Sasanian coins were found in the body of towers and in the first fortification wall. Early medieval coins were in "shirts" - extensions of the wall[④].

There is growing evidence that there were no real urban continuum within Shahristan 1 during and immediately after erection the walls. In the eastern sector of the residential quarter on Shahristan 1, under first constructions of the house No.1 a dugout

with traces of a pottery workshop were discovered. According to the pottery and the coin of Bukharan sovereign ruler Mavak (fig. 21. 18), this period is dated near the middle of the 5th century[⑤]. Another one unexpected discovery in the west of the quarter was a street 3.5 m wide under the earliest buildings. It ran parallel to the western fortification wall of Shahristan 1[⑥] and is known in ancient and medieval fortification as "military street".

Archaeological excavations of the Bukhara expedition in Paikend were continuing and bring new interesting findings, expanding our knowledge of the history and culture of the Bukhara oasis and Central Asia in general. Every season archaeological artifacts from the excavations add the collection of the Bukhara State Architectural and Art Museum-Reserve and its branch - the Museum of the History of Paikend . In general, to the beginning of the 2010s, about 12% of the Paikend area was studied inside the walls on different building horizons. Thus, Paikend, along with Penjikent, Samarkand and Nakhshab, became one of the well-studied Sogdian cities. All this was made possible through the work of a close-knit team, which included and includes archaeologists, architects, restorers, and artists: Grigory L. Semenov, Dzhamal K. Mirzaakhmedov, Shukhrat T. Adylov, Alexander

---

① Semenov 1996(2), pp. 116-118.
② Sobirov 2018.
③ Semenov 1996(2), pp. 176, 177, 186, 187.
④ Sobirov 2018, pp. 49-50, figs. 127-129, 159, 7-13.
⑤ Torgoev 2018, pp. 41-42, figs. 102, 103.
⑥ Saparov 2018, p. 48, fig. 120.

I. Naymark, Emilia F. Vulfert, Igor O. Babanov, L.N. Sergienko, N.M. Omarov, Igor K. Malkiel', Stanislav N. Makeev, Larisa Yu. Kulakova, Elena P. Buklaeva, I.V. Kuznetsov, I.O. Gurov, I.I. Suikanen, A.E. Manevsky, Vera A. Fominykh, Artem Yu. Stepanov, Elena P. Stepanova, Alexander V. Behter, Olga L. Semenova, Asan I. Torgoev, Nazbergen Zh. Saparov, Pavel B. Lurje, Normamat D. Sobirov, Tatyana G. Emelianenko, Bahtier Abdullaev, Andrey V. Omel'chenko, Dilmurod O. Kholov, Sirojiddin D. Mirzaakhmedov, Alexei N. Gorin, Alexei V. Kulish, Dmitry V. Sadofeev, Larisa O. Smirnova,

Fig.22

Viktor V. Mokroborodov, Elbek N. Sobirov, San'at Khuzhamov, Gennady P. Ivanov, Ezos N. Sobirov, Raisa A. Kazimirova, Olga N. Viktorova and others.

Bibliography

Abu Bakr Muhammad ibn Dzha'far an-Narshahi, *Ta'rih-i Buhara. Istorija Buhary* [The History of Bukhara], translation, comments and notes by Sh.S. Kamoliddin, *Archeologically-topographical*, comment by E.G. Nekrasovoj, Tashkent, 2011.

Baratova, Omel'chenko 2013 - L.S. Baratova, A.V. Omel'chenko, *Novyj klad buharhudatskih monet iz Pajkenda* [The New Hoard of Bukhar Khudahs Coins from Paikend], in *Commentationes Iranicae. Vladimiro f. Aaron Livschits nonagenario donum natalicium*, edited by S.R. Tokhtas'ev and P.B. Lurje. St. Petersburg, 2013, pp. 335-342.

Belenickij, Bentovich, Bolshakov 1973 - A.M. Belenickij, I.B. Bentovich, O.G. Bolshakov, *Srednevekovyj gorod Srednej Azii* [Medieval city of Central Asia]. Leningrad, 1973.

Brunet 2014 - F. Brunet, "O novom issledovanii neoliticheskoj Kel'teminarskoj kul'tury (Uzbekistan) [On a New Study of Neolithic Kelteminar Culture]", in *Arheologija i istorija Central'noj Azii v trudah francuzskih uchenyh*, Vol. 1, Samarkand, 2014, pp. 38-62.

Huyse 1999 - Ph. Huyse, *Die dreisprachige Inschrift Šābuhrs I an der Ka'ba-i Zardušst (ŠKZ)*, London, 1999.

Isamiddinov, Suleimanov 1984 - M.H. Isamiddinov, R.H. Suleimanov, *Erkurgan (stratigrafiia i periodizatsiia)* [Erkurgan (Stratigraphy and Periodization)], Tashkent, 1984.

Levina 1971 - L.M. Levina, "Keramika nizhnej i srednej Syrdar'i v I tys. n.je [Pottery of Lower and Middle Syr Darya in the 1st Millennium CE]", *THAJJe*, Vol. 7, Moskva, 1971.

Litvinskii 2001 - B.A. Litvinskii, Hram Oksa v Baktrii (Juzhnyj Tadzhikistan), *Baktrijskoe vooruzhenie v drevnevostochnom i grecheskom kontekste*, [The Temple of the Oxus in Bactria (Southern Tajikistan)], Vol. 1; [Bactrian Armament in Ancient East and Greek Context], Vol. 2, Moscow, 2001.

Litvinskij, Pichikjan 2000 - B.A. Litvinskij, I.R. Pichikjan, *Jellinisticheskij hram Oksa v Baktrii (Juzhnyj Tadzhikistan)*, Vol. 1: *Raskopki, arhitektura, religioznaja zhizn'*[Temple of the Oxus in Bactria (Southern Tajikistan). Vol. 1: Excavations, architecture and religious life], Moscow, 2000.

Mirzaakhmedov, Omel'chenko et al 2013 - D.K. Mirzaakhmedov, A.V. Omel'chenko, D.O. Kholov, R.M. Toirov, D.V. Sadofeev, N.D. Sobirov, A.N. Gorin, N.J. Saparov and A.I. Torgoev, *Otchet o raskopkah v Paikende v 2011-12 gg* [Report on Excavations in Paikend in 2011-2012], *MBAJe*, Vol. 12, 2013.

Mirzaakhmedov, Omel'chenko et al 2016 - D.K.

Mirzaakhmedov, A.V. Omel'chenko, A.N. Gorin, V.V. Mokroborodov, G.P. Ivanov, D.O. Kholov, N.D. Sobirov, R.M. Toirov, A.I. Torgoev, N.J. Saparov, L.O. Smirnova and A.V. Kulish, *Otchet o raskopkah v Paikende v 2013-14 gg* (Report on Excavations in Paikend in 2013-2014), *MBAJe*, Vol. 13, 2016.

Muhamedzhanov 1978 - A.R. Muhamedzhanov, *Istorija oroshenija Buharskogo oazisa: s drevnejshih vremen do nachala 20 v* [History of irrigation of the Bukhara oasis: From ancient times to the beginning of the 20th century], Tashkent, 1978.

Mukhamedzhanov, Adylov, Mirzaakhmedov, Semenov 1988 - A.R. Mukhamedzhanov, Sh.T. Adylov, D.K. Mirzaakhmedov, G.L. Semenov, *Gorodishhe Pajkend. K Probleme izuchenija srednevekovogo goroda Srednej Azii* [The city-site of Paikend. On the problem of the study of medieval cities in Central Asia], Leningrad, Tashkent, 1988.

Mukhamedzhanov et al 1983 - A.R. Muhamedzhanov, R.H. Suleimanov, B. Urakov, *Kul'tura Drevnebuharskogo oazisa v III-VI vv. n. je.* (The Culture of the Ancient Bukhara oasis from the 3rd to the 6th centuries CE), Tashkent, 1983.

Naymark 1995 - A.I. Naymark, "O nachale chekanki mednoi moneti v Bukharskom Sogde [On the beginning of minting of copper coins in Bukhara Sogd]", in *NTsA*, Vol. 1 (1995), Tashkent, 1995, pp. 29-50.

Omel'chenko 2013 - A.V. Omel'chenko, *Citadel' Pajkenda v III-V vv* [The Citadel of Paikend from the 3rd to the 5th centuries CE], in *RA*, Vol. 2. 2013, pp. 105-118.

Omel'chenko 2016 - A.V. Omel'chenko, "On the Question of Sasanian Presence in Sogdiana: Recent Results of Excavations at Paykand", in *JIAAA*, ed. J.A. Lerner, S. Stark, A.L. Juliano, Vol. 7, 2016, pp. 79-107.

Omel'chenko 2019 - A.V. Omel'chenko, "New Excavations in the Paikend city-site: The Sogdian pottery assemblage of the Hellenistic period", in *Urban Cultures of Central Asia from the Bronze Age to the Karakhanids: Learnings and conclusions from new archaeological investigations and discoveries*, ed. Ch. Baumer and M. Novák, Wiesbaden, 2019, pp. 203-225.

Omel'chenko 2020 - A.V. Omel'chenko, "Botrosy i favissa Pajkenda. Predvaritel'noe soobshhenie [Bothroi and favissae of Paikend. Preliminary report]", in *Istorija i arheologija Turana*, Vol. 5, Samarkand, 2020, pp. 378-398.

Omel'chenko, Kholov, Gorin, Sobirov 2018 - A.V. Omel'chenko, D.O. Kholov, A.N. Gorin, N.D. Sobirov, "Citadel", in *MBAJe*, Vol. 14, 2018, pp. 5-29.

Omel'chenko, Mokroborodov - A.V. Omel'chenko, V.V. Mokroborodov, "Keramicheskie kompleksy jellinisticheskogo vremeni iz Pajkenda: novye dannye (Pottery assemblages of the Hellenistic time from Paikend: new data)", in *IMKU*, Vol.

40 (in print).

Pugachenkova 1989 - G.A. Pugachenkova, *Drevnosti Miankalja* (Antiquities of Miankal), Tashkent, 1989.

Rante, Fouache, Mirzaakhmedov 2016 - R. Rante, E. Fouache, J. Mirzaakhmedov, "Dynamics of human settlements ensuing from river transformation and changes in commercial behavior: The birth of the 'North-eastern Silk Road'", *Journal of Archaeological Science: Reports*, Vol. 9, 2016, pp. 437-447.

R. Rante, J. Mirzaakhmedov, *The Oasis of Bukhara*, Volume.1: *Population, Depopulation and Settlement Evolution*, Volume.12: *Arts and Archaeology of the Islamic World*, ed. M. Milwright, M. Rosser-Owen, L. Korn, Leiden-Boston, 2019.

Rapin, Isamiddinov 2013 - C. Rapin, M. Isamiddinov, "Entre sédentaires et nomades: les recherches de la archéologique franco-ouzbèke (MAFOuz) de Sogdiane sur le site de Koktepe", in *L'archéologie française en Asie centrale: Nouvelles recherches et enjeux Socioculturels, Cahiers d'Asie Centrale*, ed. J. Bendezu-Sarmiento, Paris, 2013, pp. 21-22, 113-133.

Sayfullaev 2007 - B.K. Sayfullaev, "Novye nahodki kamennyh orudij na gorodishhe Pajkend (New Finds of Stone Tools at the Paikend City-site)", in *MBAJe*, Vol. 8, St. Petersburg, 2007, pp. 48-52.

Saparov 2018 - N.Zh. Saparov, "Shahristan 2. Dom 8a (Shahrestan 2. House No 8a)", in *MBAJe*, Vol. 14, 2018, pp. 44-49.

Semenov 1996(1) - G.L. Semenov, "Nardy v Irane i Srednej Azii [Backgammon in Iran and Central Asia]", in *Jermitazhnye chtenija pamjati V.G. Lukonina 1986-1994 gg* [Hermitage readings in memory of V.G. Lukonin 1986-1994], ed. E.V. Zejmal', St. Petersburg, 1996(1), pp. 44-49.

Semenov 1996(2) - G.L. Semenov, *Sogdijskaja fortifikacija V-VIII vekov* [Sogdian Fortification from the 5th to the 8th centuries CE], St. Petersburg, 1996(2).

Semenov 1996(3) - G.L. Semenov, *Studen zur sogdischen kultur an Seidnstraße, Studies in Oriental Religions*, Vol. 36, Wiesbaden, 1996(3).

Semenov 1996(4) - G.L. Semenov, "Svjatilishhe v Pajkende [Sanctuary in Paikend]", in *Jermitazhnye chtenija pamjati V.G. Lukonina 1986-1994 gg*, ed. E.V. Zejmal', St. Petersburg, 1996(4), pp. 171-178.

Semenov, Adylov 2006 - G.L. Semenov, "Sh.T. Adylov, Arsenal na citadeli Pajkenda [Armoury in the Citadel of Paikend]", in *Drevnjaja i srednevekovaja kul'tura Buharskogo oazisa* [Ancient and Medieval Culture of the Bukhara Oasis], eds. Ch.S. Antonini, D.K. Mirzaakhmedov, Samarkand, Rome, 2006, pp. 36-43, 140-145.

Sobirov 2018 - I.N. Sobirov, "Yujnaya krepostnaya stena", in *MBAJe*, Vol. 14, 2018, pp. 49-50.

Stronach 1985 - D. Stronach, "On the Evolution of

the Early Iranian Fire Temple", in *Acta Iranica Vol. 2*, Papers in Honour of Professor Mary Boyce, Vol. II, ed. H.W. Bailey, A.D.H. Bivar, J. Duchesne-Guillemin, J.R. Hinnells, Leiden, 1985, pp. 605-627.

Suleimanov 2000 - R.H. Suleimanov, *Drevnij Nahshab. Problemy civilizacii Uzbekistana: VII v. do n.e. - VII v. n.e.* [Ancient Nakhshab. Problems of the civilization of Uzbekistan: 7 BCE - 7 CE], Tashkent, Samarkand, 2000.

Torgoev 2018 - A.I. Torgoev, "Shahristan 1. Dom I", in *MBAJe*, Vol. 14, 2018, pp. 39-43.

Zavyalov 2008 - V.A. Zavyalov, *Kushanshahr pri Sasanidah. Po materialam raskopok gorodishha Zartepa* (Kushanshahr under the Sassanians. On the materials of the excavations of the Zartepa city-site), St. Petersburg, 2008.

Abbreviation

IMKU - Istorija material'noj kul'tury Uzbekistana [History of the material culture of Uzbekistan], Tashkent, Samarkand.

JIAAA - Journal of Inner Asian Art and Archaeology, Turnhout.

MBAJe - Materialy Buharskoj Arheologicheskoj Jekspedicii [Materials of the Bukhara Archaeological Expedition]. Issues. 1-14. *Raskopki v Paikende* [Excavations in Paikend] (2000-2005); *Otchet o Raskopkah v Paikende* [Report on excavations in Paikend] (2006-).

St. Petersburg, Publishing House of the State Hermitage Museum.

RA - Rossijskaja arheologija [Russian Archaeology], Moscow.

NTsA - Numizmatika Central'noj Azii [Numismatics of Central Asia], Tashkent.

THAJJe - Trudy Horezmskoj arheologo-jetnograficheskoj jekspedicii [Proceedings of the Khorezm archaeological and ethnographic expedition], Moscow, Publishing House of the Academy of Sciences of the USSR.

TJuTAKJe - Trudy Juzhno-Turkmenistanskoj arheologicheskoj kompleksnoj jekspedicii [Proceedings of the South-Turkmenistan archaeological complex expedition], Ashgabat.

Figures

Fig. 1. 1 - Map, historical regions of Central Asia; 2 - Bukhara oasis, schematic map[①].

Fig. 2. 1 - Paikend city-site, plan (drawing by Bukhara Archaeological Expedition, BAE); 2 - Citadel and Area to the north of it, aerial photography with the excavations: 1 - Fire temple; 2 - External yard of the fire temple; 3 - Structures of the 3rd and the 5th centuries CE; 4 - Administrative quarter; 5 - Garrison barracks; 6 - Southern entrance to the citadel; 7 - Northern entrance to the citadel, the end of the 3rd and the 4th centuries CE; 8 - Western entrance to the citadel, 5th century CE; 9 - Mosque; 10 -

---

① Based on the map of Muhamedzhanov 1978.

Minaret; 11 - The Area in front of the Citadel.

Fig. 3. 1 - Paikend, Citadel (photo by Zarafshan Archaeological Expedition, 1939-40); 2 - Excavations in the central part of the city-site (photo by L.A. Zimin, 1914).

Fig. 4. Paikend, Citadel, plan of the excavations with structures of the antique period.

Fig. 5. Citadel: 1 - Remains of the north-eastern tower of the Hellenistic period under fortification walls of the 3rd and the 4th centuries CE; 2 - Ancient platform under the tower.

Fig. 6. Remains of the smithy of the 3rd century BCE; 3 - Forge-fire; 4 - Anvil; 5 - Metallurgical slags.

Fig. 7. The table of periodization of artifacts of Paikend from the 4th to the first half of the 2nd centuries BCE.

Fig. 8. Citadel, fortifications: 1 - North-eastern corner; 2 - North-western corner, aerial photographs; 3 - Northern entrance to the fortress between towers No 1 and No 2.

Fig. 9. The stratigraphic trench in the north-western corner of the citadel: 1 - Archaeological complex of the 1st century BCE - 1st century CE; 2 - Blacksmith's forge, floor No9; 3 - Dagger on the floor No 11; 4 - General view of the trench by the horizon of 1st century BCE; 5 - Archaeological sectional drawing.

Fig. 10. Artifacts from sacrificial pits (βόθροι) and favissa in the southern part of the Citadel, 1st century BCE - the beginning of the 2nd century CE.

Fig. 11. Fire temple on the citadel of Paikend: 1 - Courtyard, view from north-west; 2 - Plan, stage 3-4; 3 - Eastern stairway.

Fig. 12. Garrison barracks of the end of the 3rd and the first third of the 4th centuries CE: 1 - Premises by the south Citadel's wall; 2 - South-western corner; 3 - Room No 15, entrances of two various periods.

Fig. 13. 1 - Citadel, south, the room with an adobe case (favissa) and a ramp; 2 - Southern bypass corridor, structures of various chronological periods; 3 - "Corridor with high ṣuffa benches", water pipe under floor.

Fig. 14. 1 - Western entrance to the Citadel between the towers; 2 - Administrative quarter in the north-western corner.

Fig. 15. Area in front of the Citadel, trench No 3.

Fig. 16. 1 - Area in front of the Citadel, the remains of western gates; 2 - Southern town walls with towers; 3 - Tower No 2 inside the medieval wall.

Fig. 17. Mural paintings from the Citadel of Paikend : 1 - "Burned corridor" in the south of the Citadel; 2 - "Corridor with high ṣuffa benches" (drawing by Larisa Yu. Kulakova).

Fig. 18. Pottery assemblage of the end of 3rd and the beginning 4th centuries CE.

Fig. 19. Artifacts of Paikend from the end of 3rd to the beginning 5th centuries CE. 1,2 - arrowheads, 3 - balance, 4 - earring, 5 - button,

6 - belt buckle, 7 - fragment of a goblet, 8-13 - beads, 14-16 - hairpins, 17 - fragment of comb 18-20 - spindle whorls, 21 - chip; 1,2 - iron, 4-6 - silver, 7,10,11,13 - glass, 8 - rock crystal, 9 - agate (?), 12 - coral, 14-17,20 - bone, 18,21 - clay, 19 - marbelized limestone.

Fig. 20. Artifacts of Paikend from the end of 3rd to the 5th centuries CE. 1 - terracotta figurine, 2,3 - bullae, 4 - ring impression on a lid, 5 - ball of a sling with scratching drawing, 6 - potsherd with painted figure (porcupine?), 7 - humcha (big jar) with a Sogdian inscription "Vagivande" (reading by Pavel Lurje).

Fig. 21. Coins from Paikend of the end of 1st century BCE - 5th century CE. 1-3, 15-17 - silver, others - copper.

Fig. 22. Bukhara Archaeological Expedition's: field, cameral and restoration works; the Museum of Paikend.

"永安五铢"背后出现的异像

阎 焰

（望野博物馆）

"半两"为最早的圆形方孔钱，[①]由春秋战国时期的圜钱演变而来。秦并天下后更以其为定式而推颁四域。除新莽币制部分复古外，圆形方孔钱纵贯秦统一后的中国历代王朝；至中华民国时期的"民国通宝"止，圆形方孔钱在中国历两千余年。由于发行时间和铸行量均远大于其他形制种类的钱币，所以圆形方孔钱和中国古钱币这两个概念近为等同。

西晋鲁褒《钱神论》："钱之为体，有乾坤之象；内则其方，外则其圆。其积如山，其流如川。动静有时，行藏有节；市井便易，不患耗折。难折象寿，不匮象道，故能长久，为世神宝。亲之如兄，字曰'孔方'。"此后世人皆谓钱为"孔方兄"。圆形方孔钱在古代亚洲更为中国周近四邻所通用。日本、朝鲜、琉球、越南所铸之圆形方孔钱，多为世人所熟知；然中土之西出现的圆形方孔钱以前得到的关注相对不多，近些年越来越受瞩目。在古代中亚内陆地区的龟兹、粟特、突骑施、回鹘等区域都有圆形方孔钱的铸造流通。中亚所出的圆形方孔钱主要受两种中土货币的影响，即汉武帝于公元前 118 年开铸的"五铢"和唐高祖于 621 年开铸的"开元通宝"。但今天可以确认的"龟兹五铢"和中亚区域出现的各类文字面文的圆形方孔钱的时间多在 3—8 世纪。

苏联古钱学家 H. 斯米尔诺娃[②]的《粟特钱币目录》，系统梳理了中亚撒马尔罕、片治肯特地区早年出土发现的粟特文字钱币。后随粟特文字钱币的不断发现和研究的深入，[③]学界有了更多新的视角。这些研究集中在 7—8 世纪河中地区及周近的粟特诸国在"开元通宝"基础上的改铸。而粟特人在本民族内部仍然延续着索格狄亚那本土的货币传统，主要使用斯塔特（Stater）银币和波斯萨珊银币。[④]

粟特范围地区早前没有独立的货币系统。其最初接受的货币系统是波斯硬质戳打银币，萨珊时代更广泛流行。待唐朝管控西域设立各

① 王雪农、刘建民：《半两钱研究与发现》，中华书局，2005 年。
② 〔苏联〕伊沃奇金娜：《斯米尔诺娃小传》，姚朔民译，《中国钱币》1990 年第 1 期，第 69—71 页；周清澍：《〈粟特青铜钱总谱〉简介》，《内蒙古金融研究》（钱币文集）第 3 辑，北方金融出版社，2003 年，第 11—14 页。
③ 〔日〕冈本孝：《粟特钱币考》，冯继钦译，《中国钱币》1987 年第 1 期，第 43—48 页。
④ 杨洁：《从粟特文文书看入华粟特人的货币问题》，《史林》2012 年第 2 期，第 152—158 页。斯塔特主体是古希腊金币计量单位，也用作银币系统。

羁縻都督府和都护府后，中土的主体流行货币"开元通宝"制式的圆形方孔样粟特钱币在此范围流行。而随着汉以来中土和西域的交流，特别是北朝时代粟特商旅以营商身份进入中土后在敦煌、灵州、长安、平城、洛阳、邺城等地定居繁衍，且不少人进入军事单位和系统，粟特人对中土之熟悉日深。唐及之前，粟特商旅在携带来波斯萨珊银币、金币及其他贵金属西国钱币的同时，应该也已经比较熟悉中土的圆形方孔铜钱了。这类圆形方孔铜钱同样有被携带回粟特地区的可能。

1995 年，笔者在豫北安阳地区的古旧市场获得一枚铜币。面文篆书"永安五铢"，径 23 毫米，穿径 8 毫米，厚 3 毫米，重 12.11 克；在"五"字外侧有铸态漏铜缺失，"铢"字偏旁"金"上三角处有孔（图 1）。最奇特的是此铜币文字面方孔，另一侧则是起凸浮雕面向左的人头像，人像高鼻、深目、无髯，头顶有如折沿帽样头饰，头顶对应"铢"字位置上穿孔，通透（图 2）。比较存世豫北周近常见的"永安五铢"行用币的状态，联系这枚特别钱币的自然磨损、钱文、铸工、锈蚀，可确认其为真品。但因此型面"永安五铢"，背人物头像铸币前所未见，故有必要做深度研判。

一 永安五铢

永安五铢，为年号钱，钱文直读。"永"字下接郭，"安"字上界边借钱郭线，独具匠趣。《魏书·食货志》载：北魏太和以后官方三次铸币，其中"永安二年秋，诏更改铸，文曰'永安五铢'，官自立炉，起自九月，至三年正月而止。……迁

图 1 永安五铢钱正面

图 2 永安五铢背异像

邺之后，轻滥尤多。武定初，齐文襄王奏革其弊。于是诏遣使人诣诸州镇，收铜及钱，悉更改铸，其文仍旧"。[1] 故可知魏分东西后，东魏武定（543—550）初曾改铸，仍称"永安五铢"；西魏大统六年（540）和十二年（546）两次铸五铢钱。"齐神武霸政之初，承魏犹用'永安五铢'。迁邺已后，百姓私铸，体制渐别，遂各以为名。……

---

[1] 《魏书》卷 110《食货志》，中华书局，1974 年，第 2865—2866 页。

文宣受禅（天保四年，即 553 年），除永安之钱，改铸'常平五铢'，重如其文。"[1]

因官铸、州铸、民铸、私铸广泛，加之流通使用时间长，尺寸、重量变化极大，故"永安五铢"无疑是整个北朝时代最复杂的货币。其断代及绝对铸造地判定都有相当难度。杜维善在《五铢图考》[2]和《永安五铢断代纠谬》[3]，喻战勇在《"永安五铢"的版式及分类研究》[4]中对"永安五铢"的分型、分类、编年做出了极为有益的梳理。

科学的考古发掘对"永安五铢"的时代有很重要的排序价值，现将历年部分考古发掘信息胪列如下。

（1）1984 年 12 月至 1985 年 1 月，陕西省咸阳市渭城区窑店乡胡家沟仓张砖厂内，发现西魏侯义墓，虽早年被盗，仍存大量遗物。墓中棺内南端出土铜钱 40 枚。39 枚"五铢"，直径 25 毫米、外郭宽 3 毫米、厚 1.5 毫米；1 枚"永安五铢"（图 3），直径 25 毫米、外郭宽 2.5 毫米、厚 2 毫米。墓志记墓主姓侯名义，字僧伽，卒年 15 岁，葬于西魏大统十年（544）。墓中出土的"五铢"钱，字画细而清晰。"五"字中间两笔较直，"朱"字上下两笔方折，穿右侧有一竖边，外郭较宽，不同于西晋和南朝的"五铢"钱，有可能即《北史》卷 5 中记载的大统六年（540）"二月，铸

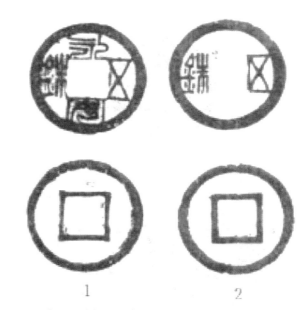

图 3　咸阳西魏侯义墓出土钱币

五铢"时所铸之钱。[5]

（2）1985 年冬，中国社会科学院考古研究所洛阳汉魏故城工作队对洛阳建春门遗址进行正式发掘。发现铜钱 6 枚，计五铢钱 2 枚，剪轮五铢 1 枚，永安五铢 1 枚（图 4），另两枚钱文锈蚀不清。永安五铢，钱文篆体，制作精致，直径 2.4 厘米。[6]

（3）1986 年 4 月，山东省济南市南郊距老城区约 4 公里处八里洼开发区基建施工暴露古墓，陪葬品散乱，后收回清理。其中出土铜钱 15 枚，为永安五铢（图 5），直径 2.3 厘米。[7]

（4）1989 年冬，在洛阳孟津北陈村东南 1.5

① 《隋书》卷 24《食货志》，中华书局，1973 年，第 690—691 页。
② 〔加〕杜维善：《五铢图考》，上海书画出版社，2009 年。
③ 〔加〕杜维善：《永安五铢断代纠谬》，中国钱币学会专题资料汇编：《中国钱币论文集》第 3 辑，中国金融出版社，1998 年，第 233—249 页。
④ 喻战勇：《"永安五铢"的版式及分类研究》，《中国钱币》2016 年第 4 期，第 7—13 页。
⑤ 咸阳市文管会、咸阳博物馆：《咸阳市胡家沟西魏侯义墓清理简报》，《文物》1987 年第 12 期，第 63、64 页。此墓虽经盗扰，但钱币发现在棺内靠南的位置，且达 40 枚之多，这明显为最初下葬置入而并非后扰携入。故此墓出土的 39 枚"五铢"和 1 枚"永安五铢"，属原始葬仪所存留。亦与《北史·魏本纪》"大统六年二月，铸五铢钱"的时间点相吻合。
⑥ 中国社会科学院考古研究所洛阳汉魏故城工作队：《汉魏洛阳城北魏建春门遗址的发掘》，《考古》1988 年第 9 期，第 817 页。
⑦ 山东省文物考古研究所：《济南市东八里洼北朝壁画墓》，《文物》1989 年第 4 期，第 74 页。

图 4　洛阳建春门遗址出土永安五铢

图 6　洛阳孟津北陈村王温墓出土永安五铢

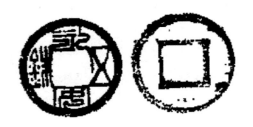

图 5　济南东八里洼墓葬出土永安五铢

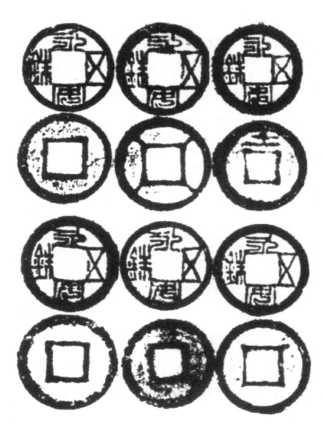

图 7　长葛出土永安五铢

公里的邙山岭头发现一座北魏墓。墓室内屡遭盗劫，散见棺钉和人骨，清理出随葬器物 36 件。其中铜钱 4 枚，圆形方孔，直径 2.3 厘米，上书篆体"永安五铢"（图 6）。墓志记录死者名王温，字平仁，燕国乐浪乐都人，卒于普泰二年（532）二月二十六日，太昌元年（532）十一月二十五日葬。[①]

（5）1998 年春，长葛市后河镇某村砖场取土时，在距地表 4 米多处发现一罐古钱。经调查，重约 20 千克。出土时，陶罐已破碎，无其他伴随物出土。出土后，民工争而取之，几经辗转得到其中一部分。经过整理，全部为永安五铢（图 7），其中大部分为光背钱，余者有背四出纹 16 枚，背穿上"土"字钱 1 枚。经实测，此批永安五铢钱径在 23.9—25.9 毫米，厚度在 1.4—2.0 毫米。任

意取百枚称重，重 352 克。拣选后最轻者 2.9 克，最重者 4.9 克。光背者在形制方面，周郭有宽缘、窄缘之分，郭缘宽在 2.0—3.0 毫米。穿径有广、狭之别，穿径在 7.5—8.6 毫米。个别钱背四决，但决纹不甚突出。[②]长葛这批窖藏钱币没有其他纪

---

① 洛阳市文物工作队：《洛阳孟津北陈村北魏壁画墓》，《文物》1995 年第 8 期，第 32—35 页。此墓考古发掘出土文物 36 件，序号 1—29；公安追缴文物 51 件，序号 30—80。钱币四枚序号为 18，简报公布两枚，其中一枚钱背有四决，决纹不特别明显。

② 田志远、董鹿生：《长葛出土一批永安五铢》，《西安金融》2002 年第 8 期，第 59—60 页。

年信息材料伴出供参考。

（6）2007年6月，河南安阳县发现东魏赵明度墓，未被盗扰。出土"永安五铢"2枚，直径23毫米（图8）；"常平五铢"1枚，直径24毫米。内存墓志记载墓主赵明度，天平三年（536）卒，天平四年（537）葬。①墓内有一男一女两副骸骨残留，可确认为赵明度夫妻合葬。而就文献记载"（天保）四年春正月……己丑，改铸新钱，文曰'常平五铢'"②以及"文宣受禅，除永安之钱，改铸'常平五铢'，重如其文"③可推判，赵明度墓内出土的"常平五铢"，为天保四年（553）之后，赵氏夫人合葬时带入。同时此墓所出土的"永安五铢"不能排除是"齐神武霸政之初，承魏犹用'永安五铢'"的东魏末至北齐初年所铸之品。

（7）2008年5月，江苏徐州云龙区骆驼山附近发现北朝时期墓葬。该墓为"凸"字形券顶砖室墓，是徐州地区南北朝至唐初流行的墓葬形制。未发现明显的盗扰痕迹，M1出土铜钱约12枚，其中"永安五铢"（图9）9枚，直径2.2厘米。据随葬品特征以及出土铜钱判断，墓葬年代应为北魏末期至东魏初期。④

"永安五铢"钱铸造因各方参与，故滥铸多，大小轻重不一，且严重贬值。一般正行用钱，直径为22—25毫米，穿径7—9毫米，重量2.5—4克。直径小于22毫米、重量低于2.5克者，基本可确认为减重和私铸。

图8　东魏（北齐）赵明度墓出土永安五铢

图9　江苏徐州云龙区骆驼山北朝墓出土永安五铢

前揭，洛阳孟津北陈村王温墓，墓主北魏太昌元年十一月二十五日葬。咸阳侯义墓，墓主西魏大统十年五月二十六日之后葬。⑤安阳县赵明度墓，墓主东魏天平四年十月十五日葬；但因有"常平五铢"同出，恐为后合葬又开启的旧墓，时代要晚到北齐天保四年之后；此墓"永安五铢"应属北齐初年铸品。这三组有绝对纪年信息参考的"永安五铢"的发现，对此型钱币时代及币型风格给出了清晰的脉络（图10）。细致观察，王温墓及侯义墓所出明显为同一版别。而赵明度墓所出，从墓志时间论，卡在王墓、侯墓之间，但钱文、字形、边郭明显不同于两者，可确认并非同一版别。倒是望野存背异像"永安五铢"的钱

① 河南省文物管理局南水北调文物保护办公室、安阳市文物考古研究所：《河南安阳县东魏赵明度墓》，《考古》2010年第10期，第95—96页。
② 《北齐书》卷4《文宣纪》，中华书局，1972年，第57页。
③ 《隋书》卷24《食货志》，第691页。
④ 贾飞、周波、胡选奇：《江苏徐州云龙区骆驼山北朝墓M1发掘报告》，《东南文化》2020年第6期，第69页。
⑤ 中国文物研究所、陕西省古籍整理办公室编：《新中国出土墓志·陕西》卷1上册，文物出版社，2000年，第19页。

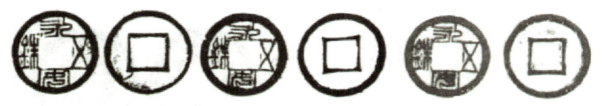

洛阳孟津北陈村北魏太昌元年（532）王温墓出土　　　咸阳西魏大统十年（544）侯义墓出土

安阳县东魏天平四年（537）赵明度墓出土
因有"常平五铢"伴出，故此"永安五铢"有可能为北齐天保初年之后铸

望野存背异像"永安五铢"（采集自安阳地区）

图10　永安五铢出土品钱形比较图

文、字形、边郭和赵明度墓相同。因望野存币也采集自安阳周近，有理由判定这两枚钱币的时代、产地、版别相同，属北齐铸币的可能性较大。

二　背异像

在货币上使用神、王头像从地中海周边始，进而影响到更广泛的地区。但中国古代货币系统一直没有这种状况，人物头像出现在中国铸币上要迟到晚清。这枚"永安五铢"圆形方孔钱背后出现头像纹样，可确认并非中土习惯，这一现象在此前和之后都未有见，非常特殊。

"永安五铢"始铸于永安二年（529）秋，天保四年正月之后不再正式铸造。其主体行用期为6世纪中叶之前的北朝时代；北魏、西魏、东魏及北齐初年，都有铸造，且私铸规模惊人。

汉末魏晋及北朝时期，王朝更迭，宇内动荡，匈奴、鲜卑、羯、氐、羌政权分立，大量少数民族进入华夏。不同种族、不同文明、不同习俗、不同审美，混杂而聚，各类文化元素汇集融合。西域陆端、北途草原，各色人等进入中原腹地，其间的中亚地区成为中西交流的重要中转通道和必经节点。地中海及更远的欧陆物产、信息也由此辗转。中亚内陆的粟特河中区域无疑扮演着极其重要的角色，其间的粟特人也成为整个商途中最活跃的一群人。敦煌、酒泉、姑臧、原州、长安、洛阳、平城、邺城等地成为如珠链一般连线的异客族群聚集点。中土的丝绸、器具等制品西去之时，西域物产香珍也随之东来，其中就应有异族外域之贵金属货币。

汉时世人已明确知晓西域诸国钱币的材质和纹样："（罽宾）以金银为钱，文为骑马，幕为人面。……乌弋……钱货……与罽宾同，其钱，独文为人头，幕为骑马。……（安息）亦以银为钱，文独为王面，幕为夫人面，王死辄更铸钱。……（大月氏国），民俗钱货，与安息同。"① 这些带有人面头像的金银钱币，丝路商贸节点城池和中土帝都大邑，对其应都不陌生。西域金银钱，北朝晚期在河西诸郡更可直接用于交易。"后（北）周之初，尚用魏钱。……时梁、益之境，又杂用古钱交易。河西诸郡，或用西域金银之钱，而官不禁。"②

晋末胡族争强，北魏、北齐鲜卑王朝，平城、洛阳、邺城、长安，异族帝王、高官悍将、宫阙甲第，同城而处，此内胡人自不在少数。故其间带入之西域奇珍异宝、金银钱币亦必有一定数量。其中部分地区存留的贵金属、琉璃制品及金银钱币已被考古发现所证实。

文示"永安五铢"的另一侧是起凸浮雕面向左的人头像；人像高鼻、深目，无髯，头顶有如折沿帽样头饰，此像样式风格明显非中土所有。纹样出现在钱币上，顺此路径，搜寻西域，中亚内陆及以西之钱币信息，更有利于比排。

波斯阿契美尼德王朝（Achaemenid Dynasty）统治时期，金属钱币首次被引入中亚内陆地区。

脱离塞琉古王朝（Seleucid Dynasty）建立的巴克特里亚（Bactria）王朝③使粟特地区深度希腊化，而同时代的帕提亚（Partjia）王朝④初期，阿萨克斯一世至弗拉特斯一世间，亦属于希腊化推行时代。到阿塔巴努斯二世至沃洛加西斯四世时，帕提亚进入反希腊–罗马文化时代，提倡复兴传统的波斯–帕提亚文化。3世纪初叶，萨珊帝国（Sassanid Empire）建立，波斯再次控制含粟特（Sogdiana）、巴克特里亚、犍陀罗（Gandhara）在内的整个中亚内陆区域。此间西亚及整个中亚内陆在1世纪前后至7世纪前，钱币系统按图案、形制变化可分为希腊和波斯两支，这分型虽不同于此前西方古代钱币史的认知，但更有助于区域化钱币在特定时间区段内的研究。⑤ 同时期存续的贵霜帝国（Kushan Empire）、嚈哒人（Hephthalite）和其他族群钱币也是在两者之间融合调整。贵霜帝国钱币多了佛教元素，⑥嚈哒人钱币更趋向波斯萨珊风格。这些同时期而不同统治实体钱币的区分，对整个波斯萨珊银币的分辨和其他关联研究非常有价值。

希腊钱币样式。正面称为"头"（head），为王及神像，反面称为"尾"（tail），图案自身

① 《汉书》卷96上《西域传上》，中华书局，1962年，第3885—3890页。
② 《隋书》卷24《食货志》，第691页。此"西域金银之钱"，应泛指整个西域含中亚周近的贵金属货币，当非单指某一品种。因斯塔特、德拉克马间的计重要素得到普遍认同，很可能此区域商人有一个相对固定的换算单位，以保持较广大范围内的不同人群和国属间商贸交易的便捷、通行和稳定。
③ 中国文献称为"大夏"。
④ 中国文献称为"安息"。
⑤ 钱币学研究传统中，"希腊钱币"笼而统之地泛指所有非古罗马（共和国和帝国）铸造的钱币。波斯帝国、安息人、犹太王国哈斯蒙尼（Hasmonaean）王朝和希律（Herodian）王朝诸王以及东方王国铸造的钱币，也归入此大类。因为铸币基本上是古希腊人的发明，扩散到希腊人居住的诸多地域，然后为其非希腊邻邦所采用（无独有偶，罗马也在其中），并通常保留了其"希腊"实物特征。实际上，要确定希腊和非希腊钱币之间的界限是很难的。参阅 Historia Numorum, *A Manual of Greek Numismatics: New and Enlarged Edition,* By Head Barclay V., assisted by G. F. Hill, George Macdonald, and W. Wroth, Oxford: Clarendon Press, 1911.
⑥ 参阅〔印度〕帕尔梅什瓦里·拉尔·笈多、〔印度〕萨罗吉尼·库拉什雷什塔：《贵霜王朝货币史》，张子扬译，中国金融出版社，2020年。

称为"纹饰"（type），大多数古希腊钱币是以敲打工艺制成的。大多形状不规则，不像现代机器制作的硬币，但是重量是精确的。公元前5世纪和前4世纪，埃伊那（Aegina）标准规定，一枚12克重的斯塔特银币包含2德拉克马（Drachm），每德拉克马6克，希腊大陆部分的多数地区、爱琴海诸岛和克里特岛普遍使用这一标准；阿提卡或埃维亚标准中，4德拉克马银币重17.2克，每德拉克马重4.3克，这一标准通用于雅典及其盟邦、埃维亚岛和西西里；波斯或吕底亚舍客勒（shekel）或双西格罗（siglos）银币重11克。①

西亚及中亚内陆的早期希腊样式钱币，造型呈豆、饼形，厚重，尺寸较小。一面王头像，一面天神、动物或禽类及其他纹饰。钱币头像及纹饰高起凸，同时几乎所有的头像都是无髯净面。

波斯（萨珊）样式钱币。阿尔达希尔一世（Ardashir Ⅰ）时期的银币直径为24毫米，而后期的统治者在铸造钱币的时候曾下令将其直径增加到30毫米，再后来有些朝代甚至为34毫米。这些都是历史上最早出现的薄坯钱币。萨珊早期承袭阿契美尼德王朝传统铸行过的7克一枚的金第纳尔，和邻国罗马的金奥里斯相同，但存世量很少；后又发行同罗马金苏勒德斯相仿的自重4.5

克的第纳尔。铸行的一枚德拉克马银币重量为4克。4德拉克马约等于1/6金第纳尔。②阿契美尼德王朝时期的钱币，同样呈豆、饼形，厚重，尺寸较小。一面波斯国王半跪持长矛、弓箭或搭弓持刃或跽射，另一面戳痕。3世纪之后波斯萨珊薄坯银币成为主流。一面戴冠虬髯萨珊王头像，个别为王、王后、王子头像组合，也有单独为女王头像者；另一面为祭火坛、双祭司，个别没有祭司只有祭火坛。此样银币，为中土最熟悉的早期域外货币，且大量被发现。③

西域中亚区域族群蓄髭虬髯是有传统的，"自宛以西至安息国，虽颇异言，然大同，自相晓知也。其人皆深目，多须髯"。④"康国者，康居之后也。……人皆深目，高鼻，多髯。"⑤汉魏之时，就以此为甄别其族群信息的一个很重要的指标。

4世纪中叶至6世纪中叶，嚈哒王朝控制北印度，独霸中亚河中直抵呼罗珊逼近波斯萨珊核心区。"嚈哒国，大月氏之种类也，亦曰高车之别种，其原出于塞北。"⑥史料也有称其为"滑国者，车师之别种也。……自魏、晋以来，不通中国，至天监十五年，其王厌带夷栗陁始遣使献方物"。⑦这段记载和宋人摹传南朝梁萧绎所绘《职贡图》录文可为对照。《职贡图》现存图像，滑国使者排首，波斯国使在其后。此暗合"滑破波斯"而为

---

① 〔英〕伊恩·卡拉代斯：《古希腊货币史》，黄希韦译，法律出版社，2017年，第2—4页。另参阅曾晨宇：《古希腊钱币史》第1卷，文物出版社，2018年。

② 〔英〕大卫·赛尔伍德、〔英〕飞利浦·惠廷、〔英〕理查德·威廉姆斯：《萨珊王朝货币史》，付瑶译，中国金融出版社，2019年，第10—12页。

③ 夏鼐：《综述中国出土的波斯萨珊朝银币》，《考古学报》1974年第1期，第91—107、110页；统计数字，1174枚。孙莉：《萨珊银币在中国的分布及其功能》，《考古学报》2004年第1期，第35页；统计数字，1900枚以上。近些年，一直有新发现，总量要超过2000枚。

④ 《汉书》卷96上《西域传上》，第3896页。

⑤ 《魏书》卷102《西域列传》，第2281页。

⑥ 《魏书》卷102《西域列传》，第2278页。

⑦ 《梁书》卷54，中华书局，1973年，第812页。

强。"使者画像：椭圆脸，皮肤白皙，鼻子平整端直，剪发齐颈。滑国人黑发无须，鼻不高，目不深，椭圆脸，颇似中原的华夏民族，应是统治民族的面貌，其被统治的土著民族，为高鼻、深目、多髭髯的粟特人，与使者画像不同。"[1] 普洛科庇乌斯说："嚈哒人是匈奴人中唯一肤色较白，面目亦不甚丑陋的一支。他们的生活方式确实并不野蛮，与其血亲殊异。"[2] 上揭史料、图像都有再释究的空间，但无疑，嚈哒人肤色白、无虬髯倒是可以确认的。

嚈哒人占有波斯萨珊东部大片土地两百年内，所使用钱币有非常强的波斯萨珊风格，或者说就是在其原有主题纹饰风格上进行改造而来的。不排除还有其他附近区域钱币风格的影响，但仿波斯萨珊币样无疑是主体。目前可以辨认的银质、铜质嚈哒钱币和萨珊钱币，王像纹饰最大的区别就是，嚈哒钱币上的王像部分有冠饰，但明显皆无虬髯，仅个别头像有唇须；而萨珊钱币上波斯王像除极个别年少登基的王和女王外，都有明显虬髯。[3] 另嚈哒薄坯银币上王像除无虬髯外还有一个特别现象，就是多长颅扁头的"面部神迹"状（图11）。此两者极相似的钱币，可就有无虬髯组合王号铭文、徽记和造币点、颅型等综合信息来甄别区分。至于波斯萨珊旧币，被嚈哒加打戳记

图 11　嚈哒银币，长颅扁头"面部神迹"状

者不在此列。

从前述希腊样钱币和波斯（萨珊）样钱币的分型及纹样，明显发现望野存"永安五铢"钱背后，凸浮雕面向左、高鼻、深目，无髯，头顶有如折沿帽样头饰的"异像"，非波斯萨珊式或帕提亚式风格，而有希腊化样式。在整个西亚及中亚古代钱币和器物遗存中这类头像风格样式并非无迹可寻。一方面从数量众多且因王铭、徽号、纹饰信息都相对比较清晰的中亚钱币来比排，另一方面从部分域外收藏和近几十年来中国山西大同、内蒙古地区的考古发现来比对，这些信息将使图像问题获得更好的剖析。

---

① 钱伯泉：《〈职贡图〉与南北朝时期的西域》，《新疆社会科学》1988 年第 3 期，第 79—80 页。嚈哒人统治阶层一直流行的"长颅扁头"习俗，很可能就和中土大汶口文化以来的东夷旧习有关；故此，其"出于塞北"为匈奴人，颇类东亚族属的信息应有所源。再后来嚈哒人西去融合其他族群而有了新的体貌变化，这种大融合可能也是讨论嚈哒人时很难单一定义其族属的原因。嚈哒人的族群移动是由东而后西，故东方对其影响更大。"长颅扁头"习俗 5 世纪后在欧洲中部也开始流行，今匈牙利地区就有一定数量的千年前"长颅扁头"的头骨发现。这些习俗亦可能是嚈哒人逐步西去而带入的。笔者在乌兹别克斯坦国家科学院撒马尔罕的考古研究所库房内见到多枚考古出土很夸张的"长颅扁头"头骨实体，这些头骨很有可能为嚈哒人。
② 参阅余太山：《嚈哒史研究》，商务印书馆，2012 年，第 12 页。
③ 参阅李铁生编著：《古波斯币（阿契美尼德　帕提亚　萨珊）》，北京出版社，2006 年；李铁生编著：《古中亚币（前伊斯兰王朝）》，北京出版社，2008 年。

1. 钱币上的图像

（1）阿契美尼德王朝时卡帕多奇亚（Cappadocia）的达塔美斯（Datames）打造过银币，主体头像面左、高鼻、深目、无项饰，有耳饰，卷发束带成箍环状（图 12）。[①] 此像主体很可能为"神"而并非王。

塞琉古帝国衰弱，巴克特里亚和帕提亚崛起，巴克特里亚区域深度希腊化，其风格的钱币也成为通行钱币。银币主体头像面右、高鼻、深目、无髯，无项饰，卷发束带成箍环状（图13）。[②] 钱币人物头像为"神"。

帕提亚帝国统治区内德拉克马银币为主要流通币，重4克，其反希腊化之前的早期钱币有明显的希腊风格和徽号；银币主体头像面右、高鼻、深目、虬髯，无项饰，卷发束带成箍环状（图 14）。[③] 反希腊之后，钱币纹样风格为之一变；国王束带，多层波浪发、虬髯，成为主流。

从前揭三个时代的钱币，可清楚看出希腊化的风格纹样，除帕提亚外，其他的都无髯。并且人物头像的头顶束带形成对卷发的固定和身份象征。望野存"永安五铢"钱背后"异像"和前列钱币图像极相近。

2. 器物上的图像

（1）1970 年，大同市博物馆在大同市南郊工农路北侧清理了两处北魏遗址，两处遗址相距不

图 12　阿契美尼德王朝达塔美斯银币

图 13　巴克特里亚银币

图 14　帕提亚银币

到 20 米。西遗址发现曲沿银洗一件、镶嵌或高雕的鎏金高足铜杯三件和刻花银碗一件。[④] 刻花银碗，圆环内捶雕的半身像，特点较为显著。头部为侧面，胸部为正面，整个像作扭头向右方直视的姿态。面部表现采取写真即肖像的手法，大眼、

---

① 曾晨宇：《古希腊钱币史》第 1 卷，第 264 页，图 2-550。另见李铁生编著：《古波斯币（阿契美尼德　帕提亚　萨珊）》，第 27 页，图 2-18，人物亦为女像，有耳饰。

② 曾晨宇：《古希腊钱币史》第 1 卷，第 319 页，图 2-728。另见李铁生编著：《古中亚币（前伊斯兰王朝）》，第 48 页，图 2-7。

③ 曾晨宇：《古希腊钱币史》第 1 卷，第 65 页，图 1-128。另见〔英〕大卫·塞尔伍德：《帕提亚货币史》，武宝成译，法律出版社，2020 年，第 22 页、图 13.5；第 231 页，图 15.3。

④ 《无产阶级文化大革命期间出土文物展览简介·大同南郊北魏遗址》，《文物》1972 年第 1 期，第 83、84 页。

高鼻，发呈波状，前覆额，后披于颈项。头顶有圈形冠。颈上挂联珠项链一条。上衣两肩各有五圆圈，圈心有点，胸部散布细点，表示锦袍上的刺绣和珠饰之类（图 15）。①

1　　　　　　　　　　　　　2

3　　　　　　　　　　　　　4

图 15　大同轴承厂出土银碗局部图像

---

① 孙培良：《略谈大同市南郊出土的几件银器和铜器》，《文物》1977 年第 9 期，第 71 页。细观察四个人头像，有两个身上双肩是"五圆圈"装饰，有一个身上双肩是"六圆圈"装饰，还有一个身上双肩是"七圆圈"装饰。再就面部细微辨别，这四个极相近的人头像，面貌略有长幼变化，很可能是同一个人的不同年龄段的形象。参阅奈良国立博物馆：《シルクロード大文明展——シルクロード・仏教美術伝来の道》，1988 年，第 210 页，fig.88。

（2）1988年，大同市电焊厂古墓M107发掘出土鎏金刻花银碗1件（M107：16）。敞口，口沿以下微内收，圆腹，圈底。口沿下及上腹饰小联珠纹，腹部以"阿堪突斯"（Acanthus）叶纹划成四等分，当中有一圆环，环内有一男子侧身头像，深目高鼻，长发披肩。口径10.2、高4.6厘米（图16）。[1]

（3）1988年，山西大同南郊古墓M109出土了鎏金錾花高足银杯，编号M109：2（图17）。[2]

（4）2010年6月，内蒙古正镶白旗伊和淖尔苏木架子图南坡墓葬被盗，考古单位抢救性发掘，追缴和清理文物中有鎏金錾花人物碗1件（M1：16）。敞口，弧腹，圈底，底部有四个人物头像，口沿下有联珠纹一周。四组"阿堪突斯"叶纹，将腹壁四等分，每一等分之间的小叶纹之上托着一个圆环，圆环内各捶揲一个人头像，头像皆侧身，高鼻深目，两两相对，三女一男。三女子样貌年轻，发式各不相同。男子中年样貌，头发较短，下颌蓄胡须。口径14.2、高4厘米（图18）。[3]

俄罗斯圣彼得堡艾尔米塔什博物馆收藏有一组早年在七河地区（Semirechie）波可夫斯科亚村（Village Pokrovskoye）发现的银器。鲍里斯·艾里克·马尔沙克（Boris Ilich Marshak）在论述有关粟特银器的部分，将其考察的粟特银器进行了细致排序和研究，归为A、B、C三个流派。其中对七河地区波可夫斯科亚村发现的这组银器，做

图16 大同南郊北魏墓出土银碗及线图

了流派B的归类，时代划归7世纪前叶至中叶。特别是其中一件素面带把人头像錾柄银杯（图

① 山西省考古研究所、大同市博物馆：《大同南郊北魏墓群发掘简报》，《文物》1992年第8期，第1—11页。
② 山西大学历史文化学院等编著：《大同南郊北魏墓群》，科学出版社，2006年，第241页，彩版一二、彩版一三。
③ 中国人民大学历史学院考古文博系、锡林郭勒盟文物保护管理站、正镶白旗文物管理所：《内蒙古正镶白旗伊和淖尔M1发掘简报》，《文物》2017年第1期，第24—29页，图三五至图四一。

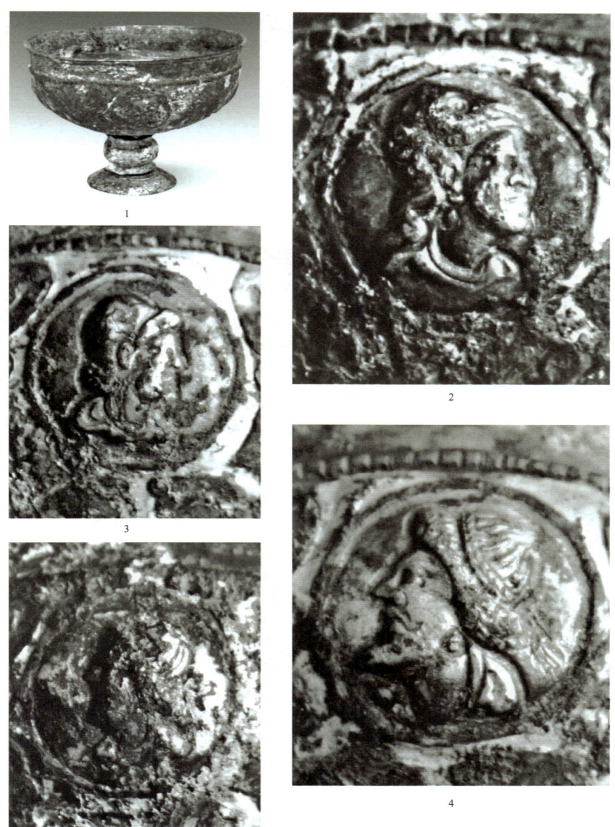

图 17　大同南郊 M109 出土银杯及装饰人物图像

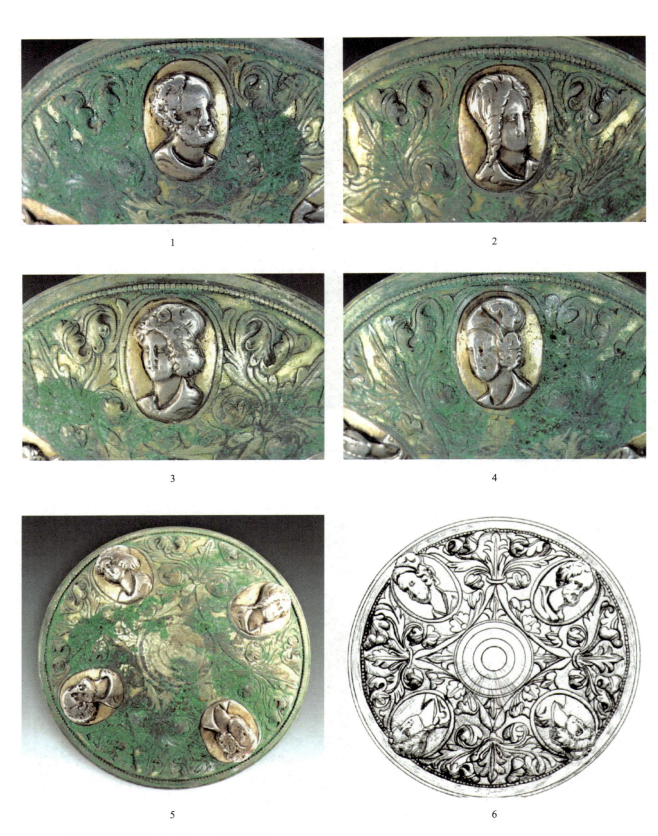

1

2

3

4

5

6

图 18 内蒙古锡林郭勒伊和淖尔 M1 出土银碗

19：1），① 錾柄指垫的纹饰很特别。錾柄指垫上有徽章样人头像，面左，浮雕，高鼻、深目、无髯，无项饰，耳廓明显。头顶特别，如卷发束带，又像是小无檐圆帽，但具体如何不好确认（图19：2、3）。

山西大同陆续发现异域风格银鎏金人物图像装饰器物后，就广受关注。其中涉及 1970 年大同市南郊工农路北侧北魏遗址发现的刻花银碗（鎏金银碗）和相关器物的讨论最多。

孙培良认为其上人物和安息王朝钱币上人物相同，故判定可能是来自波斯东部呼罗珊地区的波斯萨珊制品。同时指认此鎏金银碗和其他三件鎏金高足杯有同样纹饰分割且造型一致，故也应是高足杯，只是杯柄遗失。② 夏鼐认为该器物是中亚或西亚输入的产品，有强烈的希腊化风格，但不是萨珊式的。③ 宿白将该银碗年代定为 5 世纪末 6 世纪初。④ 孙机以俄罗斯艾尔米塔什博物馆所藏 5 世纪制作的嚈哒银碗，碗底中心有同心圆凸线两圈，其中的人像与大同银碗所捶雕的非常接近，判定大同银碗应为嚈哒制品。⑤ 随着发掘品数量的增加和海外收藏关联信息的获取，一些新的研究成果出现。王晓琨将内蒙古正镶白旗伊和淖尔苏木架子图南坡墓葬出土的鎏金錾花人物碗和山西几次发掘比对，

图 19　俄罗斯圣彼得堡艾尔米塔什博物馆收藏七河地区波可夫斯科亚村发现"素面带把人头像錾柄银杯"

① Boris Ilich Marshak, *History of Oriental Toreutics of the 3rd-13th Centuries and Problems of Cultural Continuity*, St. Petersburg Academy of Culture's Research, 2017, p.546, fig.70. 俄罗斯圣彼得堡艾尔米塔什博物馆中亚与波斯馆主任卢湃沙（Pavel Lurje）教授提供原始图片；上海外国语大学王丁教授协助联系，谨此致谢。
② 孙培良：《略谈大同市南郊出土的几件银器和铜器》，《文物》1977 年第 9 期，第 70—72 页。从器物及其他关联品的排序和形制变化看，有关此鎏金银碗是高足杯形的判断很有见地，值得注意。也有学者以为并非高足杯，就是碗。参阅孙机：《固原北魏漆棺画研究》，《文物》1989 年第 9 期，第 42—43 页。
③ 夏鼐：《近年中国出土的萨珊朝文物》，《考古》1978 年第 2 期，第 113 页。
④ 参阅中国大百科全书出版社编辑部编：《中国大百科全书·考古学》，中国大百科全书出版社，1986 年，第 237 页。
⑤ 孙机：《固原北魏漆棺画研究》，《文物》1989 年第 9 期，第 43 页。

判定这类银碗可能与贵霜－萨珊王国艺术联系密切，产地可能为萨珊的属国巴克特里亚地区。[①]付承章将内蒙古正镶白旗伊和淖尔墓葬出土的鎏金錾花人物碗和2013年大同市东信家居广场工地北魏墓所出银红玛瑙戒指及其他域外收藏品进行比对，认为大同南郊北魏遗址所出的人物纹银碗可能不是萨珊波斯的制品，而可能产自中亚。因为人物缺乏飘带、球状物等萨珊式特征，而所戴圆帽、联珠项链和衣着纹样等特征又均将银碗的来源指向中亚地区。人物纹银碗所采用的徽章式布局及徽章内人物的姿势与同类型的萨珊银器的确存在相似之处，或许说明其也间接受到萨珊文化的影响，故而不可排除彼此之间文化交流的可能性。而从最能突出人物属性的圆帽样式上具体分析，大同银碗中男性人物所戴圆帽也不一定属于嚈哒式。[②]

上述研究对重新探讨这些中国发现的异域银鎏金器物提供了非常有价值的意见，尤其就上述考古发现有几个比对值得留心。

第一，1988年大同市电焊厂古墓M107：16发掘出土鎏金刻花银碗和2010年6月内蒙古正镶白旗伊和淖尔苏木架子图南坡墓葬追缴和清理的鎏金錾花人物碗（M1：16）。就整体形制和纹样分区、布局结构、花叶组合，可明显发现两者为同一时代风格和人物造型趣味。这类制品有非常强的希腊风格和审美，迥然不同于其他制品。故可推断，此样式为深度希腊化下的制作，且工艺非常精美，应同地中海周近有联系，且很可能就直接来自那里。再从西亚及中亚的整体政权信息考察，这两件器物就算不是在希腊化的巴克特里亚地区生产的，也一定和其有深切关联，而非中亚其他王国所有。这两件制品也应该是时代相对比较早的一类（图20）。

内蒙古锡林郭勒伊和淖尔 M1 出土银碗　　　　　　山西大同南郊 M107 出土银碗

图 20　银碗比较图

① 王晓琨：《试析伊和淖尔 M1 出土人物银碗》，《文物》2017 年第 1 期，第 50—59 页。
② 付承章：《再论大同南郊北魏遗址所出人物纹银碗——兼谈东信家居广场所出银戒指》，《中国国家博物馆馆刊》2019 年第 9 期，第 68—77 页。

第二，1970年大同市南郊工农路北侧北魏遗址发现的刻花银碗（鎏金银碗），其上分割纹饰之间出现的四个人物头像非常特别，分割花叶①是常见的希腊、罗马流行纹样，但人头像没有了希腊化的风格。头像侧面，大眼、高鼻、无髯，发呈波状，前覆额，后披于颈项，头顶有圈形冠，颈上挂联珠项链一条。这些图像信息和帕提亚、波斯萨珊的人群体貌、流行发式有较大区别。同时比对七河地区波可夫斯科亚村发现的素面带把人头像錾柄银杯，其上錾柄指垫上的徽章样人头像面左，浮雕，高鼻、深目、无髯，无项饰，耳廓明显。头顶特别，如卷发束带，又像是小无檐圆帽。此两者形象风格很相近，只是波可夫斯科亚村素面带把人头像錾柄银杯图像头顶处不能确认是帽还是发。但如果结合望野存"永安五铢"背头像的图像信息则可发现，望野存"永安五铢"背头像钱币同波可夫斯科亚村素面带把人头像錾柄银杯图像近乎完全一致，故不能排除

此两者头像头顶处是波浪卷发束带而非无檐圆帽。但此三者图像的审美和结构趣味之间有一定关联是可以确认的（图21）。三者时代基本应在同一区间，相去不远，而产地各有不同。1970年大同市南郊工农路北侧所出鎏金银碗，就前述各类人物图像及文献信息判断，笔者倾向其为嚈哒控制区制作。而望野存"永安五铢"背头像钱币同波可夫斯科亚村素面带把人头像錾柄银杯，则应该是在巴克特里亚希腊化审美趣味下的制作；银杯来自河中地区；"永安五铢"背头像钱币为中土铸造。再，就望野存"永安五铢"背头像钱币参研考古材料的时间信息研判，笔者以为鲍里斯·艾里克·马尔沙克有关七河地区波可夫斯科亚村发现的那组素面银器为流派B的归类，以及制作时代划归7世纪前叶至中叶的判定还有再讨论的空间。1975年春，敖汉旗荷叶勿苏公社李家营子大队修水渠时发现一批素面银器。②特别是其中银人头执柄壶和七河地区波可夫斯科亚村的

| 望野存"永安五铢"背头像 | 俄罗斯圣彼得堡艾尔米塔什博物馆收藏 | 1970年大同市南郊工农路北侧北魏遗址发现 |

图21 头像比较图

---

① 国内称为"忍冬纹"，国外称为"Acanthus"，译为"阿堪突斯"或"莨苕"。
② 邵国田：《敖汉旗李家营子出土的金银器》，《考古》1978年第2期，第117—118页。

发现几乎雷同。研究中一般以唐代巩县白瓷人头执壶作为时代分期参照，但就个别此类白执壶前腹的兽面贴花和窑业信息，可知同类瓷器时代很可能会早到 6 世纪末至 7 世纪初；再联系外域银器东来传播的滞后性，这批素面器物的时代很可能会早到 6 世纪中叶。

第三，1970 年大同市南郊工农路北侧北魏遗址出土的三件镶嵌或高雕的鎏金高足杯（图 22）①和 1988 年山西大同南郊古墓出土的 M109：2 鎏金錾花高足银杯，恰恰是前面两组器物研判信息的补充。

大同市南郊工农路北侧三件高雕的鎏金高足杯。一件人物葡萄纹，一件镶嵌宝石高浮雕人物纹，一件立体动物人物纹，此三件器物的整体纹

2

3

1

图 22　大同市南郊工农路北侧北魏遗址出土三件鎏金高足杯

---

① 参阅奈良国立博物館：《シルクロード大文明展——シルクロード・仏教美術伝来の道》，1988 年，第 106—109 页，fig.89、90、91。

样风格、高雕人物处理，明显带有希腊化风格。与 1988 年大同市电焊厂古墓 M107 发掘出土鎏金刻花银碗和 2010 年 6 月内蒙古正镶白旗伊和淖尔苏木架子图南坡墓葬追缴和清理的鎏金錾花人物碗极为相近，故此两组应为同类品。

同时还需注意的是"人物葡萄纹"鎏金高足杯的"葡萄"和"葡萄叶"纹饰组合。葡萄的堆聚串珠形态极易确认，而葡萄叶在纹饰中单独出现则较难确认。由此高足杯的果叶组合可以清晰看到葡萄叶五瓣撑开，呈掌状浅裂形。葡萄是典型的外来植物品种，此纹样在中土其他材质器物上出现，应有迹可循。葡萄的原产地在西方，[①]也就是地中海东南沿岸、埃及及亚洲西部，这已为学界认同，但其具体源发地一直有所争论。至于希腊、罗马范围的葡萄种植明显得自前述地区。葡萄主体分为果用葡萄和酿酒葡萄两大类。早期出现的红葡萄品种逐步改良变异，1 世纪这类变种红葡萄的一支黑皮诺（Pinot Noir，也称为 Pinor Vermei）在今天的法国巴黎南部，位于第戎（Dijon）和里昂（Lyon）之间的区域规模化种植，并在此品种基础上又突变出莫尼耶皮诺（Pinot Meunier）这类名贵的酿酒红葡萄品种。莫尼耶皮诺葡萄的叶片就是典型的五瓣撑开掌状浅裂形。将纹饰和实体葡萄叶片进行对比，"人物葡萄纹"鎏金高足杯上所显纹样更趋近于酿酒葡萄，这暗合高足杯为葡萄酒具的意趣。

山西大同南郊古墓出土的 M109：2 鎏金錾花高足银杯。花叶分隔四组头像布局，两个头像波发软帽，男女不好辨认；另两个头像为男性戴无檐圆帽，其中一位年长者头像还有山羊胡须。此鎏金錾花高足银杯中的男性无檐圆帽，类似于 1970 年大同市南郊工农路北侧北魏遗址发现的刻花银碗头像所戴帽子，而另外两个人物又隐约有希腊风格。故有理由相信这件鎏金錾花高足银杯是从巴克特里亚审美向中亚族群艺术风格过渡时的产品。

三 余论

梳理了前述信息后，关于望野存"永安五铢"背异像钱币还有两点需做说明。

1. 望野存"永安五铢"背异像钱币上出现的孔洞

在历年考古发掘出土的波斯萨珊及其他西域钱币中常有穿孔现象，部分胪列如下。

（1）1957 年 8 月，西安玉祥门外发掘了隋代石棺墓一座。墓主李静训，大业四年（608）六月初一日死于汾源之宫，年仅九岁，同年十二月葬于长安县休祥里万善道场之内。墓中出土货币有隋五铢 5 枚；又波斯萨珊银币 1 枚，系卑路斯（457—483 年在位）时所铸，边缘有一小孔，可能作为装饰物佩戴，直径 2.6 厘米。[②]

（2）1966—1969 年，吐鲁番阿斯塔那-哈拉和卓地区进行古墓葬发掘，共清理出古墓 105 座。第三期唐代墓葬和内地同一时期墓葬一样，死者口中往往含有钱币，其中波斯萨珊银币较多，也有东罗马金币。其中 TAM92 出土了仿东罗马金币，在王像头上方有穿孔。TAM138 出土了东罗

① 〔美〕劳费尔：《中国伊朗编》，林筠因译，商务印书馆，2001 年，第 44 页。
② 唐金裕：《西安西郊隋李静训墓发掘简报》，《考古》1959 年第 9 期，第 471—472 页。

马金币，在王像头上左侧方有穿孔。[①]

（3）1975 年冬，河北省赞皇县南邢郭公社南邢郭大队在农田灌溉时发现了东魏李希宗及其妻崔氏、其弟李希礼的墓志并一部分文物。1976 年组织了文物检查组收集出土物，并于 10 月 1 日至 12 月 25 日对李希宗墓进行了清理。出土东罗马金币 3 枚。1 号直径 2.1 厘米，重 3.6 克，为狄奥多西斯二世（408—450 年在位）时所铸，正面为其胸像，周有铭文；背面为侧身天使立像，头前有一颗星，手执十字架，周有铭文。据 1 号金币上的穿孔和其出土位置推测，可能是崔氏身上佩戴的装饰，而不一定是作为货币殉葬的。[②] 李希宗，东魏武定二年（544）十一月二十九日亡，武定二年十一月葬。李希宗妻崔氏，武平六年（575）十二月二十二日薨于邺之道政里，七年十一月初七日归祔于司空文简公（李希宗）之茔。两个穿孔并排微错位在正面胸像头顶，对应背面天使立像位置却在脚下，故此可知孔位是有方向的。

（4）东魏茹茹公主墓位于河北省磁县城南 2 公里的大冢营村北，1978 年 9 月至 1979 年 6 月进行清理发掘。出土拜占庭金币两枚。1 号金币直径 1.6 厘米，重 2.7 克，系阿那斯塔斯一世（491—518 年在位）时所铸。正面为其胸像（靠胸像左侧有穿孔），四周有拉丁字铭文，由于剪边，铭文已不甚完整，背面是胜利女神像，侧身向右做前行姿态，右手持长柄十字架，八芒星在十字架外侧，四周有铭文。墓主茹茹公主闾叱地连，武定八年（550）四月初七日薨，时年十三，岁次庚午五月己酉朔十三日辛酉葬。[③]

（5）1982 年 11 月，宁夏博物馆对位于固原县城西南 6 公里的南郊公社小马庄大队王涝坝生产队的两座古墓进行了清理。M1 墓主为唐给事郎兰池正监史道德，葬于唐高宗仪凤三年（678）。墓主口内含外国金币一枚。圆形，上边有一穿孔。正面图案为一戴冠头像，边缘文字已磨损不清；背面图案似一祭坛，边缘文字亦已磨损不清。直径 2 厘米，重 4 克。可能是东罗马金币。[④]

（6）1987 年 7 月至 11 月，宁夏文物考古研究所固原工作站对固原县南郊乡隋代史射勿墓进行了发掘。墓主大业五年（609）三月二十四日遭疾薨于私第，时年六十有六，六年正月葬于平凉郡咸阳乡贤良里。墓内获得萨珊银币 1 枚。圆形，正面由联珠纹构成边框，边上有两个圆形穿孔。框中为萨珊王肖像。银币背面亦有联珠纹边框，中央为拜火教祭坛。左侧祭司身后由于有穿孔打过，其铸造年代不可知。直径 2.7 厘米，重 3.3 克。[⑤]

（7）固原唐麟德元年（664）史索岩墓出土东罗马金币，直径 1.9 厘米，重 0.85 克。边缘被剪，很薄，单面打压图案，币面上下各有一个穿孔，正面为东罗马皇帝半身像。[⑥]

由上述考古发掘信息可看出这类西域金、银

① 新疆维吾尔自治区博物馆：《吐鲁番县阿斯塔那 – 哈拉和卓古墓群清理简报》，《文物》1972 年第 1 期，第 8、10、11 页。
② 石家庄地区革委会文化局文物发掘组：《河北赞皇东魏李希宗墓》，《考古》1977 年第 6 期，第 388 页。
③ 磁县文化馆：《河北磁县东魏茹茹公主墓发掘简报》，《文物》1984 年第 4 期，第 6—7 页。
④ 宁夏固原博物馆：《宁夏固原唐史道德墓清理简报》，《文物》1985 年第 11 期，第 21—23 页。
⑤ 宁夏文物考古研究所、宁夏固原博物馆：《宁夏固原隋史射勿墓发掘简报》，《文物》1992 年第 10 期，第 20—21 页。
⑥ 宁夏回族自治区固原博物馆、中日原州联合考古队编：《原州古墓集成》，文物出版社，1999 年，图 113。

钱币在中土存留时的穿孔并非个案，同时在考察欧洲及西亚出土的古代贵金属货币时，也能见到穿孔及加环现象。贵金属货币除了计值，许多时候也会被当作纪念物（宝物）、首饰（装饰品）等使用。考古发掘时在亡者口中获得的贵金属货币，除了葬俗外，那些有穿孔的很可能原本就是亡人生前心爱的佩戴饰品，死后入葬或口含带入冥界。同时从穿孔状态和位置还能做出进一步的区分。如左右穿孔、上下穿孔、四角穿孔或者多缘穿孔，这些应属于穿系缝缀在帽子或衣袍之上。单一穿孔或近距离两穿孔，如孔位在主体图像上方，这类当是作为项链或者绳缀胸饰使用的。其中有一部分古金银币，工艺粗糙，薄厚不均，当属于仿制，并非流通品。联系望野存"永安五铢"背头像钱币的穿孔在篆书钱文"铢"之"金"部首之上的钱体左边侧，而对应头像面却正好在头像顶部位置，故可确认，此"永安五铢"背头像钱币的穿孔是有方向性的，有头像者是正面，人头朝上正置是其穿孔的悬挂位置。如此珍爱异族人物的形象，佩戴持有者本人可能就是胡人。

2. 望野存"永安五铢"背异像钱币的铸造问题

因一面为"永安五铢"面纹和完整的圆形方孔钱结构，另一面是起凸异族头像，故此钱币不可能是刻范成型浇铸，最合理的解释就是翻砂铸造。周卫荣以上海博物馆藏"永安五铢"

背面出现的重印现象（图 23），指出我国古代翻砂铸钱至迟可追溯到北朝时期。北魏永安五铢钱上已经有明显的翻砂工艺特征。[①] 翻砂铸造之所以在此间出现，可能就是由于"永安五铢"官铸、州铸、民铸以及更大范围和长时间私铸所造成。翻砂技术进一步方便了私铸的低成本和高批量。望野存这枚安阳地区发现的"永安五铢"背异像钱币（图 24），很有可能就是当年在邺城附近铸币点内翻砂成范时，铸工将随身携带的西域头像钱币按压在了范模里。炉火赤红，铜液流淌，铜液随时间凝固，这枚稀奇的钱币就此呈现。按压西域头像钱币进入范模的很可能就是胡人。

图 23 上海博物馆藏永安五铢

图 24 望野存安阳地区发现"永安五铢"背异像钱币拓本

---

① 周卫荣：《翻砂工艺——中国古代铸钱业的重大发明》，《中国钱币》2009 年第 3 期，第 14—17 页，图 1。参阅杨君、周卫荣：《中国古代翻砂铸钱起源年代考——以钱币铸造痕迹为中心》，《中国钱币》2017 年第 6 期，第 3—10 页。就上博此枚"永安五铢"的钱文和穿郭辨认，应属于魏"永安"而非齐"永安"。

结 语

汉武帝开通西域时，之前就已存在的中西交流变得更为频繁。岁月流逝，皇朝更迭，魏晋南北朝的动荡更使得华土之外的民族蜂拥而入，胡汉杂糅。丝绸、财货西去之时，香料、宝器也伴之东来。从中亚西域到草原戈壁，丝路走廊，大镇名城，帝都巨邑，胡客胡商步步深入。长安、洛阳、代朔、邺城，都成为他们的主要聚集点。此间胡商，中亚人占据相当的数量，粟特人所盘踞的河中地区不单是物质交换的咽喉，更是文化传播的桥梁。这枚背异像"永安五铢"的发现，再次证明了近一千五百年来"文化和金钱"是丝绸之路亘古不变的主题。

云冈十二窟乐舞图像中的"胡腾" *

刘晓伟

（山西大学音乐学院）

中亚与云冈石窟紧密联系，从拓跋鲜卑定都平城就开始了。[①] 马雍在《巴基斯坦北部所见"大魏"使者的岩刻题记》[②] 一文中考证巴基斯坦洪扎灵岩的题记"大魏使谷魏龙今向迷密使去"就是北魏出使西域使者的历史记录。

政治性的大型迁徙、佛教的传播、商人的逐利，这几种力量交织成在北魏平城的东西交往、交流与交融，丝路中西端的乐舞技艺也随之传入平城。

云冈十二窟前室窟顶雕塑有举手过肩击掌的动作（图1），这种动作特征的图像在北朝粟特人墓葬与敦煌石窟图像中大量存在，与"胡腾舞"动作特征具有一致性。

一 十二窟空间结构中的伎乐

云冈石窟绝对保护区内现有编号洞窟

图 1 云冈十二窟前室窟顶雕塑舞蹈形态（刘晓伟 摄）

---

* 本文为国家社科基金艺术学重大项目"中华民族共同体认同与各民族音乐交融共生研究"（22ZD11）子课题"中华民族共同体各民族音乐交融共生格局历史演进研究"阶段性成果。

① 张庆捷、赵曙光、曾昭东：《从西域到平城——北魏平城的外来文明艺术》，云冈石窟研究院编：《2005年云冈国际学术研讨会论文集·研究卷》，文物出版社，2006年，第150—159页。
② 马雍：《西域史地文物丛考》，文物出版社，1990年，第132页。

254 个，其中主要洞窟 45 个，各主要洞窟的附属洞窟 209 个。在云冈 22 个雕刻有乐器图像的洞窟中，现存比较完整的乐器组合一共有 69 组，涉及约 29 种乐器种类，其他伎乐演奏形式 4 种，能够辨认的乐伎约 642 身，能够辨认的乐器图像约 496 件。[①]

十二窟是云冈中期洞窟。北魏云冈中期开凿的洞窟主要包括：东部的一、二双窟和三窟；中部的五、六双窟和七、八双窟；西部的九、十双窟和十一、十二、十三一组三窟。十二窟分前室、后室（主室），前室有 4 组乐器组合，乐伎共 48 身，能分辨的乐器有 44 件，舞伎 103 身（图 2—图 5）。后室也有几十身舞伎。

整个窟顶呈长方形，正中为八方格，每一格中刻宝状莲花，花外雕出斗四式藻井，井外有纵、横的枋条，井深近 40 厘米。在这样深度的四边，每边刻 2 身紧那罗歌舞神，四周共刻 8 身歌舞神。纵横枋条交叉处刻三莲花。窟顶四周刻八大夜叉像。

这一组大的雕像围绕中心舞者，东侧是

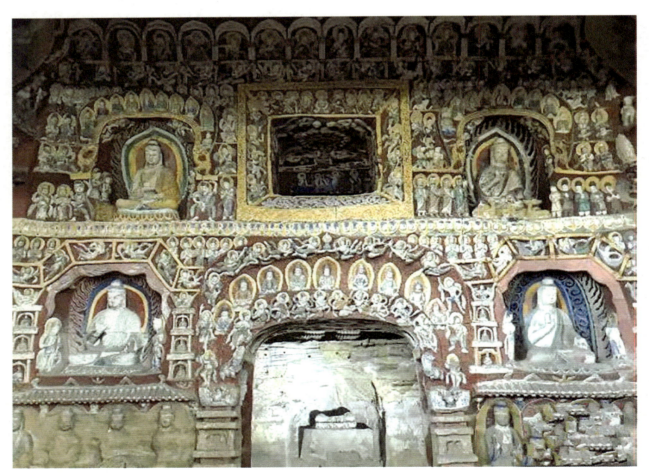

图 2　云冈十二窟前室

---

① 吴巧云：《大同云冈石窟乐器图像的统计与再校订》，《交响（西安音乐学院学报）》2015 年第 2 期，第 49—62 页。

图3 云冈十二窟前室北壁佛龛与门楣上的乐伎、舞伎

图4 云冈十二窟前室北壁明窗窗楣周围的乐伎

五弦、贝、细腰鼓、竖箜篌、横笛、击掌、琵琶、腰鼓、贝、坐伎、琵琶、横笛、排箫、细腰鼓、击掌、筚篥、细腰鼓、排箫

图5 云冈十二窟前室北壁顶部舞伎、乐伎
吹指、腰鼓、排箫、五弦、横笛、琴、五弦、筚篥、竖箜篌、琴、细腰鼓、义嘴笛、贝、腰鼓

腰鼓、筚篥，西侧是细腰鼓、筚篥、琵琶（图6）。

云冈十二窟以图像的形式传达出北魏国家意志、佛教意识的渗透与交融，因此必须将十二窟与十一、十三窟放在一起作为一组洞窟考虑。这组洞窟是云冈第二期（约470—495）的典型

（图7），占据窟内大部分空间的三世佛大像不再流行。此前只作为辅助图像的释迦多宝造像成为洞窟主体图像的组成部分，表明《法华经》在图像组织方面开始起到重要作用。[1] 而对释迦牟尼成道的庆贺主要体现在前、后室窟顶众多的乐舞伎形象上。

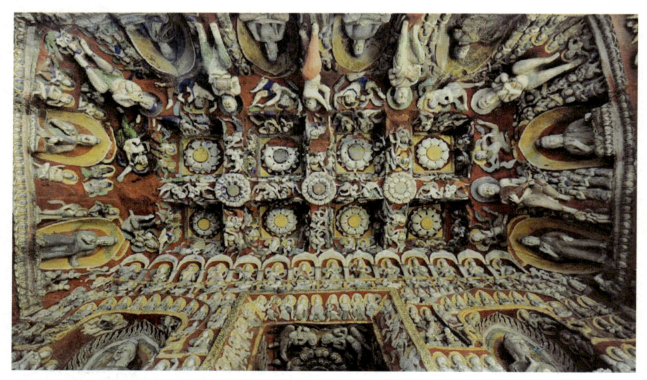

图6 云冈十二窟前室窟顶舞伎与乐伎

---

[1] 李静杰：《关于云冈第九、第十窟的图像构成》，《艺术史研究》第10辑，中山大学出版社，2008年，第326—360页。

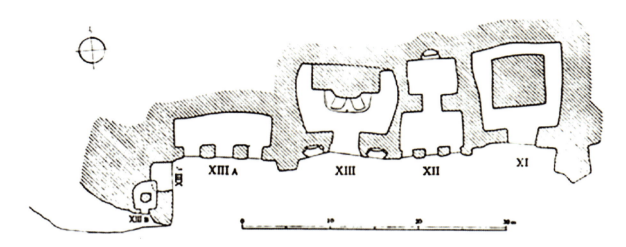

图 7 云冈十二窟剖面图
（采自〔日〕水野清一、长广敏雄《云冈石窟》第 8、9 卷，京都大学人文科学研究院，1953 年，第 20 页）

二 "一带一路"视域下的北魏平城粟特人

（一）地图上的平城

北魏平城时期，疆域版图穿过河西走廊，进入西域接近龟兹，客观上保证了东西交通通道的畅通（图 8）。太武帝灭北凉前交往的西域国家，不仅包括今帕米尔以东，位于天山南北的诸小国家，也有帕米尔高原以西的中亚、南亚国家。太武帝对西域丝绸之路的通畅格外重视，不仅中亚各国来使，平城时代还曾有古印度诸国的通使记录。[①] 政治的倾向性是佛教传播与商业交流得以推进的重要基础。

北魏平城是当时政权的核心区，也是佛教与商业交流的重要城市，佛教传播的路线与商业交流的途径有很多重叠，政治使节、商旅、僧徒来

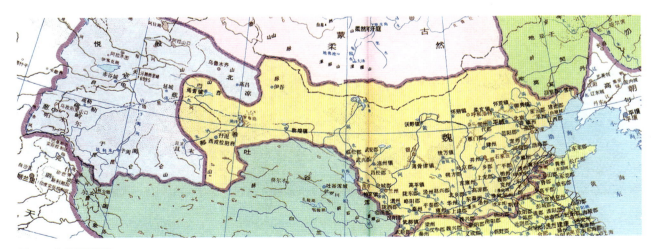

图 8 北魏疆域图
（采自谭其骧主编《中国历史地图集》第 4 册《东晋十六国·南北朝时期》，中国地图出版社，1982 年，第 18 页）

---

① 王银田：《丝绸之路与北魏平城》，《暨南学报》2014 年第 1 期，第 141 页。

往其间，"大魏使谷魏龙今向迷密使去"的题记在巴基斯坦被发现，正史文献中准确记录有往来使节十余人的姓名。平城时期，就有46个中亚、西亚、西域国家109次朝贡的记录，可见东西交流之频繁。

丝路沿线围绕龟兹、敦煌、凉州、平城等城市枢纽，存在大量的石窟寺，也有学者称"丝绸之路"为"佛教之路"。

云冈石窟就在密集分布的石窟带东段。张庆捷先生撰文明确指出"平城成为该时期唯一的丝绸之路东端"。[①] 王银田也指出："在汉唐之间，平城时代的丝路交通开启了北魏洛阳时代以及隋唐时代丝路文化的先河，在中西交通史上具有十分重要的意义。"并进一步指出："除了以平城为出发点向西伸展的丝路外，太武帝时期与朝鲜半岛的联系也是空前的。随着公元436年北燕被拓跋焘攻灭，北魏与高句丽接壤，丝绸之路进一步向东延伸，从平城经由辽西重镇龙城（今朝阳）和辽东到达朝鲜半岛，极大地促进了中原王朝与东北亚国家的交流。"[②]

（二）丝路上的粟特人

对丝绸之路商贸的研究必然离不开对粟特人的研究。

张庆捷先生在对晋阳墓志的研究中指出"据碑刻墓志资料记载，北朝以降，晋阳定居着许多粟特人"。[③] 不仅如此，在丝路沿线也有大量的粟特人信札被发现。

粟特人在书信往来中记录了自己居住与贸易往来的地点，《丝绸之路新史》著述中梳理了粟特古信札中提到的城市。[④] 荣新江先生对粟特聚落做了大量细致的考证，绘制了粟特移民迁徙路线图（图9），按照粟特人由西向东迁徙的路线，阐明了北朝隋唐时期入华粟特人从西域到东北的

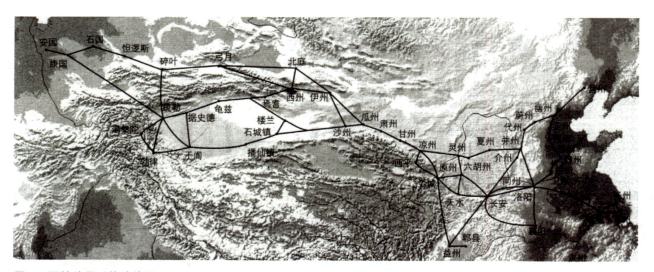

图9 粟特移民迁徙路线图
（采自荣新江《中古中国与粟特文明》，第4页）

① 张庆捷：《山西在北朝的历史地位——兼谈丝绸之路与北朝平城晋阳》，《史志学刊》2015年第1期，第17页。
② 王银田：《丝绸之路与北魏平城》，《暨南学报》2014年第1期，第139、141页。
③ 张庆捷：《山西在北朝的历史地位——兼谈丝绸之路与北朝平城晋阳》，《史志学刊》2015年第1期，第17页。
④ 〔美〕芮乐伟·韩森（Valerie Hansen）：《丝绸之路新史》，张湛译，北京联合出版公司，2015年，第152—153页。

活动遗迹，以及他们在一些城镇形成的聚落情况，为我们讨论粟特贸易网络、宗教传播、图像整合、聚落形态、汉化进程等许多问题提供了坚实的基础。[①]

（三）平城的粟特人

东西方的交往交流交融古已有之，中古中国粟特人自三国起大量徙居凉州，[②]善商贾，信仰祆教与佛教，在丝绸之路沿线形成很多聚落。[③]特殊的时候，还会在社会需求的推动下继续大量内迁。北魏时期，据《魏书》记载：

> （太延五年）冬十月辛酉，车驾东还，徙凉州民三万余家于京师。[④]
>
> 太延中，凉州平，徙其国人于京邑，沙门佛事皆俱东，象教弥增矣。寻以沙门众多，诏罢年五十已下者。[⑤]

这些迁徙到凉州的人群也包含粟特的商人与能工巧匠。北魏的平城是一个移民城市，宿白先生研究指出："从建都平城之年起，凡是从被北魏灭亡的各个政权区域内强制迁徙，或是从南北战场俘获的人口、财物，主要都集中到平城及其附近。集中的数字是庞大的，就人口而言，最保守的估计，也要在百万人以上；而被强制徙出的地点如山东六州、关中长安、河西凉州、东北和龙（即龙城）和东方的青齐，都是当时北中国经济、文化最发达的地方。迁移的同时，还特别注意对人才、伎巧的搜求。"[⑥]

西域各国的使者、商人、高僧等纷沓平城，在物质和精神方面影响着平城人的生活。各种思潮、各种文化、各种风俗、各民族之间，都空前融合，中西宗教文化思想和各种艺术流派在此产生激烈的碰撞与交融，平城成为北中国佛教文化中心和域外珍奇商货汇聚之地，中国社会经济和佛教、绘画、雕塑、乐舞等得到了长足的发展。

王雁卿撰文指出平城大量胡人的存在：从北魏平城出土的胡俑、壁画及雕刻等所表现的胡人资料分析，有四种身份，一是胡僧，二是胡伎乐舞者（图10），三是胡商，四是胡奴。[⑦]

王银田在《丝绸之路与北魏平城》一文中更明确指出平城粟特人的存在："太延五年北凉终于

图10　雁北师院北魏墓群出土的胡俑（山西博物院藏）

① 荣新江：《中古中国与粟特文明》，生活·读书·新知三联书店，2014年，第41页。
② 郑炳林：《唐五代敦煌的粟特人与佛教》，《敦煌研究》1997年第2期，第160页。
③ 刘晓伟：《胡旋：从粟特乐舞到宫廷燕乐》，《艺术评论》2020年第1期，第68—87页。
④ 《魏书》卷4上《世祖纪上》，中华书局，1974年，第90页。
⑤ 《魏书》卷114《释老志》，第3032页。
⑥ 云冈石窟文物研究所编，李治国主编：《云冈百年论文选集》第1册，文物出版社，2005年，第284页。
⑦ 王雁卿：《北魏平城胡人的考古学观察》，中国魏晋南北朝史学会、山西大学历史文化学院编：《中国魏晋南北朝史学会第十届年会暨国际学术研讨会论文集》，北岳文艺出版社，2012年，第575—585页。

被大兵压境的魏军所灭。灭北凉，占领河西走廊与太武帝经营西域的策略是相辅相成的，也意在经济。北魏平城除来自各国的外交使节外，还有胡人定居，这些人包括官僚、商人、僧人以及没有留下姓名的工匠和伎乐等，还有因婚配来平城的。留居平城的胡人当远较记载的要多，这里不仅聚集了大量胡僧，从上文所引资财百万的康家来看，粟特商人也应当不少。"[1]平城一带出土的金银器、鎏金铜器、玻璃器、波斯银币等，就是丝绸之路国际贸易在平城地区的最好体现，也是粟特人活跃的见证。

张庆捷研究表明，"粟特人"在古代山西的活动，大致有三个方面：一是带来了许多西方生产的器物，这些器物可以粗分为5类，如金银铜器、石刻绘画、陶瓷器、玻璃器和珠宝（图11）；二是引进玻璃器制造技术和葡萄种植技术；三是

传入丝路艺术，其中最著名的是乐舞。[2]

张庆捷等在对平城粟特人的研究中指出：检索史籍与实物资料，平城粟特人的职业主要有几种，第一种人是文武官员，第二种人是乐伎（图12），第三种人是来平城做生意的各国商人，第四种人是来平城传播佛教与佛教艺术的僧侣。[3]

上述研究成果成为进一步理解云冈十二窟乐舞图像文化构成的基础。

三 粟特文化属性：摩醯首罗天与五百商人

十二窟雕塑融合了东西文化多种元素，前室西壁波斯兽形柱头与中原传统人字批的结合（图13），后室顶部的摩醯首罗天[4]集佛教、祆教元素于一身（图14）。

三首六臂勇猛跏趺坐骑牛的摩醯首罗天、五

图 11 金银器、玻璃器

---

① 王银田：《丝绸之路与北魏平城》，《暨南学报》2014年第1期，第139页。
② 张庆捷：《山西在北朝的历史地位——兼谈丝绸之路与北朝平城晋阳》，《史志学刊》2015年第1期，第18页。
③ 张庆捷、赵曙光、曾昭东：《从西域到平城——北魏平城的外来文明艺术》，云冈石窟研究院编：《2005年云冈国际学术研讨会论文集·研究卷》，第146页。
④ 平棋藻井，共分九格。南三格由东而西刻：勇猛跏趺坐的夜叉像；一头四臂手持日、月、弓、箭的阿修罗王像；高发髻、袒上身、斜披络腋、下着大裙若跪坐式的紧那罗舞神像。北二格：东方格内刻三首六臂勇猛跏趺坐骑牛的摩醯首罗天；西方格内刻五首六臂勇猛跏趺坐骑金翅鸟的鸠摩罗天。西二格的南斜方格内刻一勇猛跏趺坐、袒上身、怒发后梳的夜叉像。北方格内已风化不可辨识。东二格：南斜方格的刻像与西边斜方格的刻像同。北方格也同样风化，不可辨识。藻井之间纵横枋条，刻紧那罗歌舞神，作各种姿势的舞容。参见阎文儒：《云冈石窟研究》，广西师范大学出版社，2003年，第96页。

图 12　大同云波里路北魏壁画墓东壁胡人奏乐图
（采自刘俊喜、高峰、侯晓刚、赵西晨、王啸啸、张海蛟、陶春慧《山西大同云波里路北魏壁画墓发掘简报》,《文物》2011 年第 12 期, 第 20 页）

图 13　云冈十二窟前室西壁波斯兽形柱头
（采自〔日〕水野清一、长广敏雄《云冈石窟》第 8、9 卷, 第 21 页）

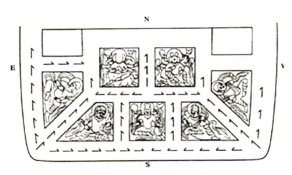

图 14　云冈十二窟后室顶部摩醯首罗天、鸠摩罗天、阿修罗王
（采自〔日〕水野清一、长广敏雄《云冈石窟》第 8、9 卷, 第 32 页）

首六臂勇猛跏趺坐骑金翅鸟的鸠摩罗天、三头四臂手持日、月、弓、箭的阿修罗王。北朝及隋时，称祆教为"胡天""胡天神"之类，唐代则以祆教、火祆教著称。陈垣先生在《火祆教入中国考》中指出："祆者天神之省文，不称天神而称祆者，明其为外国天神也。"[①]这与摩醯首罗的称谓类似。

将祆神比作摩醯首罗的记载，最早见于唐时的文献。唐初祆教开始流行，韦述《两京新记》载："（祆祠）武德四年所立，西域胡天神，佛经所谓摩醯首罗也。"[②]稍晚的杜佑《通典》载："祆者，西域国天神，佛经所谓摩醯首罗也。"[③]两宋之际董逌的《广川画跋》卷4《书常彦辅祆神像》[④]及南宋姚宽的《西溪丛语》卷上[⑤]也有类似的记载。

关于祆神与摩醯首罗的关系，《祆教文化与摩醯首罗关系新探》[⑥]一文指出："学界持唐宋时人将祆神与摩醯首罗混同的观点较多。姜伯勤、姚崇新诸先生皆认为唐宋人所记乃是以摩醯首罗喻祆神[⑦]，这主要是由于二者形象近似，姜伯勤先生就曾考证祆教神祇之一的维施帕卡神（Weshparkar）为三头六臂之像[⑧]，而摩醯首罗源于印度教和婆罗门教的主神湿婆神，湿婆主要是三头六臂和三头八臂形象。"作者进一步以北周凉州萨保史君之墓中骑牛的神像为例，指出"这是将祆神比附为摩醯首罗，包含摩醯首罗神格对祆教文化有所渗透

之意"，"这些神像的标志性样貌特征均与佛教天神摩醯首罗类同，传递出祆教文化对摩醯首罗特征因素的认知与吸纳"。经过对传世文献与出土文献的考证，作者得出结论："祆教与摩醯首罗关系密切。"

因此，接下来将十二窟的摩醯首罗天与五百商人图联系在一起，双重证据使我们能够对该窟营建过程和信仰祆教的粟特人的参与有更深的理解。粟特胡商作为供养者也可能亲自参与到石窟的营建中，将自己的形象镌刻在石头上（图15）。

阎文儒在对十二窟后室的研究中，依据《过去现在因果经》卷3"尔时有五百商人，二人为主，一名跋陀罗斯那，二名跋陀罗梨。行过旷野，时有天神而语之言：有如来、应供、正遍知、明行足、善逝、世间解、无上士、调御丈夫、天人师、佛世尊，出兴于世，散上福田，汝今宜应最前设供……时彼商人，既见如来，威相庄严，又见诸天，前后围绕，倍生欢喜，即以蜜麨而事上佛"，指出后室门东半开拱形龛外上部刻四众像，西侧下部刻四立像及二驼，东侧刻四立像及二马。这个故事应是佛本行中的二商奉食。驼与马是反映五百商人的交通工具。立于佛前奉上蜜麨的左右各四人，与经主正相同。[⑨]

王雁卿研究指出：云冈石窟第7、8窟，第

① 陈垣：《陈垣学术论文集》第1集，中华书局，1980年，第304页。
② （唐）韦述：《两京新记》，中华书局，1985年，第7页。
③ （唐）杜佑：《通典》，王文锦等点校，中华书局，1988年，第1103页。
④ （宋）董逌：《广川画跋》，中华书局，1985年，第40页。
⑤ （宋）姚宽：《西溪丛语》，孔凡礼点校，中华书局，1993年，第41页。
⑥ 汤德伟、高人雄：《祆教文化与摩醯首罗关系新探》，《山西大同大学学报》2022年第3期，第32—38页。
⑦ 姜伯勤：《姜伯勤自选集》，中山大学出版社，2015年，第249—251页；姚崇新等：《敦煌三夷教与中古社会》，甘肃教育出版社，2013年，第110—112页。
⑧ 姜伯勤：《敦煌艺术宗教与礼乐文明》，中国社会科学出版社，1996年，第492页。
⑨ 阎文儒：《云冈石窟研究》，第96页。

图 15　云冈石窟五百商人图

（上图采自〔日〕水野清一、长广敏雄《云冈石窟》第 8、9 卷，
第 53 页；下图由赵昆雨提供）

12、16-1、17 窟等佛龛两侧下部雕驮粮马、驼、

胡商队。[1]龟兹石窟、敦煌石窟对商人题材的表达方式不尽相同。云冈十二窟后室门东半开拱形龛外雕刻五百商人图，这样的题材在龟兹石窟出现较多。

胡商图也出现在更加写实的墓葬壁画中。如文瀛路北魏壁画墓中的胡人牵驼图（图 16）。

在敦煌北朝时期也有北周第 296 窟的福田经变图绘有经商图，但敦煌分布最多的是"商人遇盗图"。商人从北朝以来几乎等同于粟特人。近些年的粟特研究推动了对商人图像的深层认知，也为我们解读图像提供了新的可能。商人主题在丝路沿线几乎成为粟特人的专利，在佛教图像中发展出了"商人遇盗"[2]主题，在从隋到宋、西夏的敦煌石窟以及敦煌写本中大量出现（图 17）。沙武田教授在对"商人遇盗图"的研究中指出，图像把隋至宋、西夏时期活跃在丝绸之路上以粟特胡人为主的商业活动中颇为惊险的一幕定格在不同时期的物质载体上。[3]

张庆捷先生指出，在新疆克孜尔石窟第 8、17、38、114、184 窟等石窟壁画中，均有许多表现萨薄与商人的内容，最著名、最普遍的应是萨薄商主燃臂引路、马壁龙王救诸商人渡海和萨薄商主救商人出海的故事，这些甚至在一窟中反复出现。[4]

荣新江先生《萨保与萨薄：佛教石窟壁画中的粟特商队首领》一文对"龟兹石窟壁画所见的

① 王雁卿：《北魏平城胡人的考古学观察》，中国魏晋南北朝史学会、山西大学历史文化学院编：《中国魏晋南北朝史学会第十届年会暨国际学术研讨会论文集》，第 571 页。
② 敦煌壁画《观音普门品变》与《观音经变》中出现"怨贼难"即"商人遇盗图"。参见沙武田：《丝绸之路交通贸易图像——以敦煌画商人遇盗图为中心》，《丝绸之路研究集刊》第 1 辑，商务印书馆，2017 年，第 123 页。
③ 沙武田：《丝绸之路交通贸易图像——以敦煌画商人遇盗图为中心》，《丝绸之路研究集刊》第 1 辑，第 155 页。
④ 张庆捷：《北朝隋唐的胡商俑、胡商图与胡商文书》，氏著：《民族汇聚与文明互动——北朝社会的考古学观察》，商务印书馆，2010 年，第 141—191 页。

图16 大同文瀛路北魏墓北侧棺床前踏步彩绘

（采自刘俊喜、高峰、侯晓刚、杨庆胜、江伟伟、马雁飞《山西大同文瀛路北魏壁画墓发掘简报》，《文物》2011年第12期，第51页）

图17 莫高窟隋代第303窟商人遇盗图

（采自沙武田《丝绸之路交通贸易图像——以敦煌画商人遇盗图为中心》，《丝绸之路研究集刊》第1辑，第125页）

萨薄及其商人"和"敦煌石窟壁画所见的萨薄及其商人"展开研究，指出龟兹石窟壁画中的商人图像几乎都见于《贤愚经》中；敦煌莫高窟壁画中的商人形象，主要见于《法华经变》中的《观

世音菩萨普门品》和《化城喻品》。在深入分析对比后，他指出："我们看到在4—8世纪的丝绸之路上，不论是龟兹还是敦煌，画家所描绘的佛教故事中的商人形象，并不是本应出现的印度人的模样，而变成了他们所熟悉的西域粟特胡商的形象。"[1]

这其实也就解决了我们在云冈看到商人题材雕刻的指向。粟特商人无论是作为被表现故事的主角还是供养人，他们在洞窟建设中的作用都不能被低估。

姜伯勤在《中国祆教艺术史研究》引论中也指出："由于粟特队商的强大财力，由于他们往来于丝绸之路商道，他们无论作为艺术赞助人，还是作为外来艺术纹样的推荐者，在中国艺术史上都有重要的地位。"[2]

笔者以为，大量商人形象在佛教题材中出现，本身就是粟特商人主动为之的结果，他们出资、供养甚至直接参与石窟营建，将自身的文化形象融汇到佛教图像世界中。对于粟特人在佛教中的作用，郑炳林等以敦煌为对象做过系统研究。[3]北朝平城虽然未见可供研究的文字资料，但以此社会习性前溯，移时异地，会发现历史具有惊人的一致性。

四 图像中的舞姿

本文对云冈十二窟舞蹈图像的理解在前述研究成果的基础上展开。石窟中的乐舞图像经过了开凿者、供养人的二次创作。比如，将十二窟舞

① 荣新江：《萨保与萨薄：佛教石窟壁画中的粟特商队首领》，《龟兹学研究》第1辑，新疆大学出版社，2006年，第40页。
② 姜伯勤：《中国祆教艺术史研究》，生活·读书·新知三联书店，2004年，第7页。
③ 郑炳林、徐晓丽：《晚唐五代敦煌地区粟特妇女生活研究》，《新疆师范大学学报》2004年第2期，第36—40页；郑炳林：《唐五代敦煌的粟特人与佛教》，《敦煌研究》1997年第2期，第154—171、191页。

者的动作特征剥离出来，就会发现似曾相识。通过张庆捷先生对"胡腾舞"的研究，[①]可知在丝路沿线的粟特人墓葬、敦煌大量的唐代壁画以及佛寺、金杯和龙门石窟的唐代雕塑中（图18），都有类似的舞者形象。荣新江先生在"北朝时期的中西文化交流——从云冈石窟摩醯首罗天图像谈起"讲座中也指出：平城的佛教造像和石窟建筑不仅随北魏迁都而进入洛阳，甚至影响到遥远的敦煌。笔者以为这种影响也是商贸、宗教和政权相结合的产物。

（一）敦煌壁画中的舞姿

敦煌壁画从北魏第251、248、435窟到西魏第288窟以及北周第299、297窟（图19—图25），基本上位于紧挨窟顶的窟壁上部都有宫伎乐形象。舞蹈造型与现在新疆民间舞蹈和印度舞蹈相似。

1. 北朝壁画中的舞姿

舞者双臂向左高举，做合掌弹指状。

舞者仰颈抬头，双手捧掌向左侧高举，作供奉状。飘带绕身，卷曲飞扬，舞姿昂扬，动感强烈。

舞者双手手指交叉，举至头顶，左腿屈膝抬起。这一舞姿造型，至今仍经常出现在新疆民间舞中。

舞者肩身斜披宽帛，很像印度妇女特有的服饰——沙丽。双手交叉举至头顶。被长帛掩盖的身体有倾身出胯的动势，舞蹈风格颇显印度特色。

舞者那向右侧高高捧举的双手，既像弹指，又像捧供物，配合向左后扭头的舞姿，充分体现了舞蹈动作刚柔并济的特点。

图18　龙门石窟万佛洞唐代舞蹈造像

一男舞者裸上身肩绕帛巾，高举双臂，合掌于头上，斜身歪头，倾情起舞。在主佛头顶上，出现俗乐舞场面，实属罕见。它反映了北周最高统治者对西域舞的钟爱。

二舞者双手交叉举至头顶，大幅度摆胯移颈动头起舞。箜篌、琵琶都是当时的乐器，移颈动头的舞情舞态，充满浓郁的西域民族舞气息，至今仍是新疆一带民间舞的常用动作。

2. 唐朝壁画中的舞姿

这一时期，与其他的乐舞场景一致，具有这个特征的舞姿也是出现在经变画中，以独舞的形式。从仅在中唐第359、112窟出现（图26、图27），大略也可判断，民族交往交流交融稀释了这种舞蹈的比例。

舞伎双手高举过头顶，十指交叉，似正在弹指。至今中国新疆及中亚一带的民族民间舞中，

[①]　张庆捷：《北朝唐代粟特的"胡腾舞"》，氏著：《民族汇聚与文明互动——北朝社会的考古学观察》，第369—398页。

图 19　莫高窟北魏第 251 窟南壁
［采自王克芬《敦煌石窟全集·舞蹈画卷》，商务印书馆（香港）有限公司，2001 年，第 30 页］

图 20　莫高窟北魏第 251 窟西壁
（采自王克芬《敦煌石窟全集·舞蹈画卷》，第 33 页）

图 21　莫高窟北魏第 248 窟北壁
（采自王克芬《敦煌石窟全集·舞蹈画卷》，第 28 页）

图 22　莫高窟北魏第 435 窟北壁
（采自王克芬《敦煌石窟全集·舞蹈画卷》，第 42 页）

图 23　莫高窟西魏第 288 窟南壁

（采自王克芬《敦煌石窟全集·舞蹈画卷》，第 51 页）

图 24　莫高窟北周第 299 窟西壁龛楣

（采自王克芬《敦煌石窟全集·舞蹈画卷》，第 60 页）

图 25　莫高窟北周第 297 窟西壁佛龛

（采自王克芬《敦煌石窟全集·舞蹈画卷》，第 59 页）

图 26　莫高窟中唐第 359 窟南壁
（采自王克芬《敦煌石窟全集·舞蹈画卷》，第 111 页）

图 27　莫高窟中唐第 112 窟北壁
（采自王克芬《敦煌石窟全集·舞蹈画卷》，第 114 页）

在舞至激烈时，仍常常双手交叉弹掰手指以烘托气氛。

　　舞者长巾环绕全身，高抬右膝，十指交叉，高举过头顶，可能是舞巾旋转后的一个停顿造型。

　　3. 五代壁画中的舞姿

　　在图册中可查得五代时期仅有两幅图中有相关乐舞图像，均为双人舞。分别为榆林五代第 19 窟、第 16 窟（图 28、图 29）。

　　左侧舞伎双手合十高举过头顶。右侧舞伎执巾并列而舞。

　　左侧舞伎身披臂绕长巾，双手合十举至头顶。右侧舞伎反弹琵琶并列而舞。

　　五代之后，敦煌壁画中再没有出现过类似的

舞蹈形象。

（二）敦煌文书中的历史田野

　　前述图像中的舞蹈，依据舞姿可以判断为"胡腾"舞，这与敦煌文书中对"胡腾"的记录可相互印证。姜伯勤《敦煌音声人略论》在对寺院设乐与寺属音声人、敦煌乐营、乐营使、乐行与官府音声人的具体研究中，由 P.4640V 归义军衙内用布、纸历得知：

　　　　乐营音声人在归义军衙内属下曾有各种表演。其中一种是胡腾舞（从"音声张保昇"支用"造胡腾衣布贰丈肆尺"，可知

图 28　榆林窟五代第 19 窟南壁
（采自王克芬《敦煌石窟全集·舞蹈画卷》，第 191 页）

图 29　榆林窟五代第 16 窟南壁
（采自王克芬《敦煌石窟全集·舞蹈画卷》，第 195 页）

是用于胡腾舞舞服的开支），另一种记载是队舞。①

P.4640V《归义军乙未至辛酉年（899—901）布、纸破用历》（图 30）载：

　　九月七日……同日支与音声张保昇造胡滕衣布贰丈肆尺……
　　（二月）十四日，支与王建铎队（武）儴额子粗纸壹帖。

在敦煌地区，"胡腾舞"的历史存在与壁画相辉映，照亮了那一刻的历史天空。再回顾近些年对粟特人墓葬的研究，就会发现粟特人墓葬中那如出一辙的舞姿。

（三）墓葬中的舞姿

在墓葬文物中，这样的舞姿主要分布在北朝的石葬具围屏上。舞者单脚着地，提膝顶胯，双手合掌高举过头，与云冈十二窟的舞者、敦煌北朝的

舞者遥相呼应，成为丝路明珠（图 31—图 34）。

宁夏吴忠市盐池县苏步井乡窨子梁唐墓墓门上也出现了相似的舞姿（图 35）。虽然是唐代墓葬，但从墓门左右呼应、形成双人对舞的图像结构来看，其与敦煌五代时期构图更加接近。

（四）其他日常用品上的舞姿

这样的舞姿图像还出现在砚台、玉带和金杯上：

砚台上的舞姿（图 36）；
玉带上的舞姿（图 37）；
金杯上的舞姿（图 38）。

（五）塔上的舞姿

河南安阳修定寺唐塔，是一座单层砖浮雕舍利塔。浮雕中有大量胡人舞蹈砖雕，分布在门楣上方、右侧以及塔背后靠中间处（图 39）。

（六）现代生活中的舞姿

董锡玖先生在研究敦煌舞谱时特别提到，研

---

① 　姜伯勤：《敦煌音声人略论》，《敦煌研究》1988 年第 4 期，第 6 页。

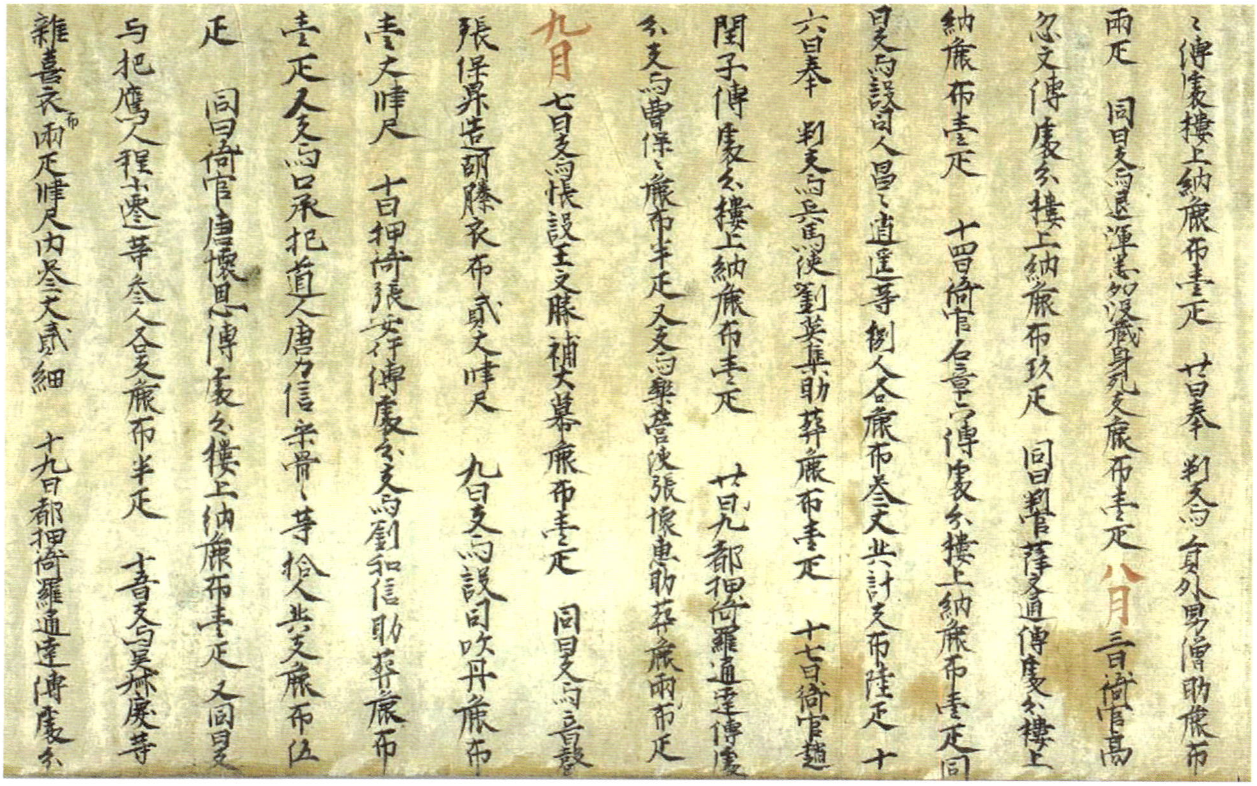

图30　P.4640V《归义军乙未至辛酉年（899—901）布、纸破用历》

图31　北周安伽墓屏风

（采自陕西省考古研究所编著《西安北周安伽墓》，文物出版社，2003年，图版三八、六三）

图32　日本 MIHO 博物馆藏石棺床

（张庆捷提供）

图33　法国吉美博物馆藏石棺床（张庆捷提供）

图34　中国国家博物馆藏北朝石堂

（采自葛承雍《北朝粟特人大会中祆教色彩的新图像——中国国家博物馆藏北朝石堂解析》,《文物》2016年第1期,第74页）

图35　宁夏吴忠市盐池县苏步井乡窖子梁唐墓石墓门乐舞图

（采自吴峰云、何继英、田建国《宁夏盐池唐墓发掘简报》,《文物》1988年第9期,第54页）

图36 北魏平城遗址出土石砚表面舞蹈图（张庆捷提供）

图37 西安市西郊长八沟窖藏伎乐白玉带上舞蹈纹玉跎尾拓片（张庆捷提供）

图38 唐代伎乐纹八棱金杯（新加坡亚洲文明博物馆藏）

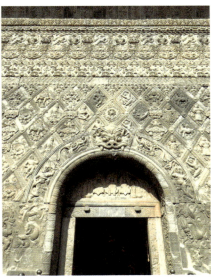

图 39　河南安阳修定寺唐塔乐舞装饰

究舞谱动作时，应结合新疆、西藏、敦煌壁画的舞姿和民间保留的古老民族舞蹈动作的特点加以分析，或可得到较准确的解释。①

王克芬先生在对敦煌舞谱 S5613 卷上酒曲子《南歌子》谱的研究中指出，这与今日新疆民间流行的"麦西来甫"等集宴中的"邀舞"很相似。②

在笔者的咨询中，新疆艺术学院王泳舸教授提示：虽然不是完全一样，但这样的舞蹈动作与中国新疆、吉尔吉斯斯坦等地的舞蹈动作体系特征一致。

结　论

通过上述几方面论证，基本可以对云冈十二窟乐舞图像给出以下结论。

第一，十二窟乐舞图像是以外室歌舞为核心的庆贺释迦牟尼得道的场景，后室的粟特五百商人图与祆教的神灵，对判断十二窟的粟特文化特征起了决定性作用。

第二，从门楣、窗棂、围栏到窟顶，构成一个相对封闭的隶属于整个云冈文化的乐舞体系。从石窟建造的视觉效果来看，这个乐舞体系的核心是前室窟顶的乐舞组合，这个乐舞组合的核心则是高举双手的舞者。在过去，这个图像也被人解读为"指挥"。这一形象，根据考古学者的研究，应为胡舞中的胡腾舞，多存在于粟特人文化遗迹中。

第三，从北魏到隋唐，从云冈、龙门到敦煌，从陕西、山西、河南、河北到新疆与中亚，这种舞蹈形象跨越时空，一直"在场"。

各民族文化互鉴共进，东西乐舞文化交往交流交融成为北朝乐舞文化重要的组成部分，为隋唐乐舞在礼乐体系下的建构奠定了基础。

---

① 董锡玖：《缤纷舞蹈文化之路》，中国艺术研究院舞蹈研究所编：《舞蹈艺术丛刊》第 25 辑，文化艺术出版社，1988 年，第 76 页。

② 王克芬：《舞论：王克芬古代乐舞论集》，甘肃教育出版社，2009 年，第 100 页。

The Central Asian Nomadic World and the Name Sogdiana

Paolo Ognibene

(Università di Bologna)

Since ancient times interaction and coexistence between profoundly different societies – nomads and sedentaries – have been necessary in some regions. Although these kinds of societies are interdependent, they have a different approach to life and a system of strongly different values[1]: coexistence, interchange of goods and products, have often alternated periods of conflict, that is incursions by nomads into the territory of sedentaries with looting[2]. The best-known example of this negative interaction is represented in history by the Mongol invasion of Central Asia which had a totally destructive impact on the region[3]. In reality, there is no real borderline between sedentary and nomadic people: often the climatic conditions determine which form of society is the most suitable in a given territory. There are therefore nomadic areas within larger territories inhabited by settled populations and sedentary outposts on the borders of the nomadic areas. But more generally, starting from China and up to the Hungarian *puszta*, there is a large strip of land that represents the gradual transition from one model of society to the other: a territory in which nomadism and sedentary lifestyle have alternated over time. Along this strip, fortifications have sometimes been built in order to prevent the passage of nomads such as, for example, in China the Great wall, but in most cases, it was immediately understood that these fortifications could only partially contain the problem.

The history of the region known as Sogdiana, whose contours have changed over time, testifies to the interaction between sedentaries and nomads through its inclusion in political formations belonging to both models of society, but it represents in any

---

[1] This is also evident in the extra-linguistic misunderstandings between nomadic and sedentary populations. We can follow this situation in a diachronic way since ancient times. See: Ognibene 2017, pp.119-128.

[2] Already Strabo in the eleventh book of his *Geography* emphasized this aspect: Str. XI, p.8, 3:«Τοιοῦτος δὲ καὶ ὁ τῶν ἄλλων νομάδων βίος, ἀεὶ τοῖς πλησίον ἐπιτιθεμένων, τοτὲ δ᾽ αὖ διαλλαττομένων».

[3] Unlike the second impact of the Mongol conquest directed towards China, which occurred at a time when the Mongols had already partially understood the economic importance of cities.

case, as well as in antiquity the Greek cities on the northern coasts of the Black Sea, a sedentary outpost on the *limes* of the nomadic world. The name of this region, for whose interpretation till now there is no unanimous opinion among scholars, has been the topic of many studies in which, at times, the close relationship with the surrounding nomadic world has been underlined. We do not know much about the oldest history of the region: the earliest attested phase seems to be that relating to the site of Sarazm [Саразм] (4-3 millennium B.C.), later in the 15th century B.C. we have the site of Kök tepe [Коктепа][1]. Both precede the arrival of the Iranian populations, probably from the north. The region is mentioned in Avesta with the name of Gava, which is said to be inhabited by the Sogdians[2]. The conquest of the Sogdiana by the Achaemenids dates back to the second half of the 6th century B.C., under Cyrus. Although no satraps of Sogdiana are known and recently discovered documents indicate that administrative control of the region was managed by Bactria[3], the name of the region is mentioned several times in the Achaemenid inscriptions.

The forms to which the name of the Sogdiana can be traced back have been examined in a clear and concise way, particularly in the works of Xavier Tremblay (2004) and Pavel B. Lur'e (2017). These are: 1. Av. *suxδəm*[4]; 2. **suγd-*, *suγδ-*[5] which are found in Avestan[6], Old Persian[7], Akkadian[8], Elamite[9], Greek[10], Latin[11], Syriac[12], Parthian[13],

---

[1] de la Vaissière 2011: http://www.iranicaonline.org/articles/sogdiana-iii-history-and-archeology (accessed on 4-03-2011); Compareti 2009, pp.27-31.

[2] Bartholomae 1904, p.509: «gava-: Name eines Landes, sva. Sogdiane: gāum yim suγδō.šayanəm G., wo die Suγδa (Sogdianer) wohnen»; de la Vaissière 2011: http://www.iranicaonline.org/articles/sogdiana-iii -history-and-archeology.

[3] de la Vaissière 2011; Shaked 2004.

[4] Av. Yt. p.10, 14: *Suxδəm*: Bartholomae 1904, p.1582, but cf. Tremblay 2004, p.133 nt. 70: «Tous les manuscrits sauf un, peu fiable, s'accordent sur *xδ*: *suxδəm* F1 Pt1 E1 MI2 H4 K40 K15, *suxδəmča* J10, *saoxδəm* K40, *saxδəm* P13, *suγδəm* L18: la correction en **suγδəm* chez Bartholomae, AIW 1582 est abusive». Tremblay 2004, p.133 n° 1; Lurje 2017a, n° 6.

[5] Lurje 2017a, n° 1; Tremblay 2004, p.133, n° 2.

[6] V. 1,4. «gāum yim suγδō.šayanəm».

[7] *Suguda* nsm: DPe 16; *Sugdam* asm: DPh 6; DH 5; Kent 1953, p.45; Bartholomae 1904, p.1582: «*suguda-*, *suγda-*: Adj., bezeichnet ein Volk, "Sogdianer" (nur Komp)».

[8] Benedict, Voigt lander 1956, p.3: «KUR su-ug-du».

[9] *shu-ug-da*, *shu-ug-ti-ya-ip*, *shu-ug-da-be*: Hinz, Koch 1987, pp.1188-1189; Hallock 1969, p.758; Basello 2021, p.25; but also: *shu-ig-da*, *shu-ig-ti-ya-ip*: Hinz, Koch 1987, p.1176; note that Elamite spelling does not necessarily imply an initial palatal: «Il segno iniziale è quello che nei sillabari si traslittera con *sh* ma lo stato fonologico delle sibilanti in elamico non è chiaro e molto spesso segni sillabici traslitterati con *sh* hanno una *s* in antico persiano» (personal communication by Gian Pietro Basello).

[10] Σόγδοι: Hdt III, p.93, 3; VII, p.66, 1; Σόγδων: Hdt VII, p.66, 2; Σογδιανὴν, Σογδίων, Σογδίους: Str, XI, p.11, 2; Σογδιανοὶ: Str, XI, p.11, 3; Σογδιανῇ: Str, XI, p.11, 4; Σογδιανῆς: Str, XI, p.11, 4-6; Σογδιανή: Str, XI, p.8, 1; Σογδιανούς: Str, XI, p.8, 2; Arr 1907, p.4,16; Paus, p.6, 5, 7. But see also Tremblay 2004, for references to Plutharc, Dionysius Periegetes, Nikephoros and Zonaras.

[11] Pliny, Nat, p.6, 16; Curt, 3.2.9, 7.10.1.

[12] *swgdyqy'*: Ephr I, 122 E, An. Syr, 207, 2; *sw'dyqy'*: Alexandréide, p.204, 5, 10-11; *swgdyqy'*: Marquart 1898, p.56, no.1. See: Tremblay 2004, p.133.

[13] *swgd*: ŠKZ 2; Tremblay 2004, p.133.

Old Turkic[①], Bactrian[②], Chinese[③], Tibetan[④], Tumshuquese[⑤], Arabic[⑥], Persian[⑦] and Sogdian[⑧]; 3. *s(u)γuδ-[⑨] present in Old Persian[⑩], Sogdian[⑪] and perhaps Chinese[⑫]; 4. *subd- *suβd- *sovd- *sūd-[⑬] present in Middle Persian and from there passed into medieval Greek, Syriac, Armenian[⑭]; 5. *suγl-[⑮] present in Chinese, Manichaean Middle Persian, Bactrian[⑯]. 6. *sūl-[⑰] attested in Sanskrit and Khotanese[⑱].

These are the data relating to the name of Sogdiana at our disposal. This situation has not changed, as far as I know, in recent years: no new elements have emerged that can give greater strength to any of the proposed hypotheses, which at the moment all have weak points. About this, therefore, there is very little to add to the excellent works that have already been written. While from the point of view of the history of studies, it seems to me that it is an important element to understand the idea that underlies any proposed identification. Each new interpretation has in fact highlighted the weaknesses of the previous ones, but beyond the pure application of the rules that operate at the phonological level – what makes an outcome and the reconstruction of a form possible or not – it is evident that behind every interpretation there is a vision of what the Sogdiana was. And from this point of view the history of the studies becomes extremely interesting even if the proposed hypotheses have proved wrong or insufficiently argued.

Scholars began to reflect on the name of Sogdiana since when relatively little was known about the Sogdian language. Wilhelm Tomaschek first touched on the question in 1877 in his *Centralasiatische Studien*:

«Der Name ist echt iranisch, und die Sprachforscher leiten denselben

---

① *swgod*: Köl Tegin, N2, W1; *swgdk*: E31, 39; Toñuquq Ⅱ: S2; *swydk*: Kāšγarī I, p.29, 5; Tremblay 2004, p.133; *syd'q, soγdāq*: Lurje 2017a.

② *Sogdokano*, Sims-Williams 2000, pp.2-3; *Sogdianagoon*: Livshits 2006, p.71; Lurje 2017a.

③ *su-te* (粟特).Tremblay 2004, p.133; Lurje 2017a.

④ sog-dag.Kumamoto 1982, p.296; Lurje 2017a.

⑤ Suḍana. Henning 1936, p.13; Lurje 2017a.

⑥ Ṣoγd, Soγd.Lurje 2017a.

⑦ Soγd. Lurje 2017a.

⑧ *swyδyk* AL Ⅱ, 7; V 14; *swyδyk-t* AL Ⅱ, 37; *swyδk'nw* Ⅱ, 9: Tremblay 2004, p.133 with a detailed list of all forms.

⑨ Lurje 2017a, n° 2; Tremblay 2004, p.133, n° 3.

⑩ *Suguda* nsm: DB I,16, DNa 23, DSe 22, DSm 9: Kent 1953, pp.13, 45; Tremblay 2004, p.133; Bartholomae 1904, p.1582: «suguda-, suγda-: Adj., bezeichnet ein Volk, "Sogdianer" (nur Komp.)».

⑪ Lurje 2017a.

⑫ *sage, suoge, xue-ge*: Lurje 2017a.

⑬ Lurje 2017a, n° 3; Tremblay 2004, p.133, n° 4.

⑭ *swptyk'*: Bahmān Yašt Ⅱ, 49; arm. *sovdik'*: Tremblay 2004, p.133; Lurje 2017a.

⑮ Lurje 2017a, n° 4; Tremblay 2004, p.133, n° 5.

⑯ MPers. *swγlyy* BBB 462; cin. *su-li* (窣利); Battr. *Bonosogoligo*: Tremblay 2004, p.133; Lurje 2017a.

⑰ Lurje 2017a, n° 5; Tremblay 2004, p.133, n° 7.

⑱ Lurje 2017a; Tremblay 2004, p.133.

übereinstimmend ab von der arischen Wurzel çuč "leuchten, strahlen, glänzen", "brennen, glühen" neupers. (Inf.) sūkhtan, wozu baktr. çūča "klar", çūka "leuchtend, Erleuchtung" und çukhra "hellfarbig, roth" gehört; der Eintritt der Media Aspirata ist bedingt durch den nachfolgenden Causativcharakter dha, welcher mit skr. dhā, baktr. dā "setzen, machen, schaffen", identisch ist. In Form und Bedeutung stimmt mit çughdha vollständig überein das ösische Adjectiv (tag.) sūghdä-g, (südl.) sighda-g "lauter, pur, rein heilig", welches in dem reineren, digorischen Dialekte, dessen Sparchschatz noch nicht in wünschenswerther Vollständigkeit vorliegt, jedenfalls sughda-g oder sughda-k lauten müsste»[1].

Tomaschek is the first to compare the term with the Ossetian word *suğdæg* [сыгъдæг / сӯгъдæг]. Later it will be Abaev to address the problem in his *Language and folklore of the Ossetians*:

«*suğda* "чистый, святой", ос. *suğdæg*, из *sukta*, *suxta* прош. прич. от *suč*- "жечь", собст. "очищенный огнем": Σουγδαία: город на юго-восточном берегу Крыма, Судак = ос. *suğdæg* (Фасмер, 71 сл.); название принесено, повидимому, скифам из Средней Азии, где была иранская область и народность того же названия, др. перс. *Suguda*, Согдиана, среднеир. *Soğd*»[2].

«*Примерами весьма древнего озвончения старых k и t могут служить* Μασσαγέται *(Геродот), если из* manu-sāka-ta, Thyrsagetae *из* tura-sāka-ta, *далее название Согдианы (др. перс.* Suguda, *ср.* Σουγδαία *в Крыму) из* sukta. *Так как и массагеты и Согдиана ведут нас в Среднюю Азию, то можно высказать предложение, что в тамошных скифских и скифо-согдийских говорах озвончение поствокальных глухих имеет большую древность. Далее робкой гипотезы пойти нельзя ввиду скудости материала*»[3].

Abaev makes no mention of what Tomaschek previously stated and equally Szemerényi in his work on the Sogdiana does not remember Tomaschek, arguing that Abaev is the first to associate the name of Sogdiana with Ossetian *suğdæg*[4]. Abaev

---

[1] Tomaschek 1877, pp.74-75.
[2] Abaev 1949, p.183.
[3] Abaev 1949, p.211.
[4] Szemerényi 1980, p.32.

returns to the point in his *IÈS* in 1979[1]. Behind the hypothesis of Tomaschek and also of Abaev we find the idea that the name of the Sogdiana is to be linked to what is "burned" and therefore becomes "pure, holy". In this sense Sogdiana would be the "sacred land". Also, among the Scythians there were particular "holy" territories such as Exampaeus [Ἐξαμπαῖος] and Woodland [Ὑλαίη][2]. A few decades later Harmatta actually takes up the same concepts without referring to previous works[3]. Also, in the 1970s there was an attempt by Eilers to explain the name of the region on the basis of a river name[4]. Szemerényi clearly summarizes the problems this hypothesis encounters[5]. Szemerényi is also the first to highlight the objective problems that Abaev's hypothesis shows: he does it in a detailed and, it would seem definitive, way[6]. In turn, he proposes an interpretation of the name in a work dedicated to the Iranian ethnic names Scythians, Skudra, Sogdians and Saka. While Abaev's hypothesis looked at Sogdiana as a "sacred land", Szemerényi's hypothesis links the term to the surrounding nomadic world. The great empires of Iran used a generic term to indicate the nomadic populations that were located north of its borders: Saka. This term in turn has been interpreted differently over time: Szemerényi seeks, in a certain sense, a general solution that reconnects the four considered terms. He considers the characteristics of the northern geographic-ethnic space and the typology of life that characterizes it. The common characteristic of these populations is nomadism and this, according to Szemeényi, is reflected in

---

[1] Abaev 1979, pp.188-189: «Восходит к иран. *suxta-ka, где suxta- – прош. причастие от *sauk-, *sauč- (ос. sūʒyn / soʒin "жечь", "гореть": понятие чистоты связывалось с огнем как очищающей стихией··· От глубокой древности свидетельствуется в топонимии: ав. Suɣδa-, др.перс. Suguda-, гр. Σόγδοι (Геродот и др.) название восточноиранской страны и народа (с характерным для восточноиранского весьма ранним озвончением xt > ɣd: ОЯФ I, р.211); далее, гр. Σουγδαία название греческой колонии в Крыму (основана в 212 г. н.э.), русск. Судак из Suɣdak: KSz II, p.87), с булгарским перебоем d > r *Surag, откуда др.русск. Сурожь (Vasmer REW III, p.39, 49). Название означало, очевидно, чистый, священный (страна, город)»

[2] Hdt. IV, p.52, 81; Hdt. IV, p.9, 18, 54, 76.

[3] Harmatta 1977, pp.3-6.

[4] Eilers 1977, p.289.

[5] Szemerényi 1980, p.34: «Of the several attempts reviewed the last one seems the least helpful. It presupposes the primacy of the trisyllabic form Suguda, and what is more, it is forced to see in this a purely Indian (or archaic Aryan) formation, an assumption for which in this Iranian heartland there is not even a shred of evidence».

[6] Szemerényi 1980, p.34-35: «The assumption that an early cluster xt could become ɣd in Sogdian as early as (the middle of?) the sixth century B.C., is not supported by a single piece of evidence. In fact, the admission (by Abajev) that the voicing of intervocalic (!) voiceless stops is not earlier than the second and/or third centuries A.D., rules out, even for isolated cases, its occurrence seven or eight centuries before. The name Σουγδαία is useless as evidence since the town was founded in 212 A.D., and the alleged example of an early change k > g, i.e. Herodotus' Μασσαγέται, explained by Abajev from *manu-sāka-ta, cannot outweight Darius' Saka ··· The equation of Sug(u)da with the PPT suxta- is, however, not only on chronological grounds erroneous, it is also demonstrably false in terms of the Sogdian phonological system. For it implies phonetic and/or phonological assumptions which are untenable». Add to this the considerations of Lurje 2017a: «as soon as Sogdian was deciphered, it became clear that Old Iranian *xt normally developed into a cluster which was always spelt with the letters <ɣt> in the Sogdian national alphabet, and never <ɣδ>, while we always observe δ in the form swɣδ-/sywδ- (see Szemerényi 1980, pp.34 ff.; Livshits 2003, p.80 n. 15; Tremblay 2004, p.134)». Tremblay 2004, p.134: «À cela Szemerényi oppose une juste critique: en sogdien, ir. anc. *xt ne saurait revêtir la forme BM ɣδ [ɣδ] mais seulement BM ɣτ [ɣτ]; a fortiori une évolution xt > ɣd dès VIe siècle av.n.è. est-elle invraisemblable».

the generic term that names them, *saka*: the term should be connected to the root *sak-* "go, roam", and so *saka* means "wanderers, vagant nomads"[①]. The interpretation offered for the name of Sogdiana links the term to Skudra and Scythians. In this case the characteristic highlighted in the name would be that of being archers, *skuda*. Szemerényi assumes that the form *suγδa-* with two aspirates requires a previous form with at least the second aspirate in intervocalic position. Two possible sequences would therefore emerge: **Suguda-* > **Suγuδa-* and for syncope **Suγδa-* or **Sukuda-* > **Sukuδa-* and for syncope **Sukδa-* with then *k* > *x* or maybe *γ* reaching thus the form **Suγδa-*[②]. In this case, the term would therefore be linked to the fundamental role played by the bow among the nomadic populations generically

called *saka*. The hypothesis of Szemerényi in turn raises various criticisms that we punctually find in the works of Tremblay and Lurje[③]: even without using Tremblay's expression according to which this supposition "offense tout ce qui est connu en avestique"[④], Lurje summarizes noting that the a. ir. **sk* remains *sk* in Sogdian. Another hypothesis was advanced by Ol'ga Smirnova in the 1960s: the idea was that the name of Sogdiana should be connected to the Persian and tajik term *suǧd* with the meaning of "low-lying ground where rain-water collects, low-lying swampy place; tilled locality rich in flowing water"[⑤]. Lurje rightly points out that it is more likely that this meaning arrived to Persian and tajik from the name of Sogdiana which, in a certain sense, has some of these characteristics, rather than the

---

① Szemerényi 1980, p.46: «Saka, used by the Achaemenids as a generic term for all Northern nomads (in lieu of the earlier Skuda), cannot have meant "dog, or stag, or powerful". In agreement with the general characterization of these peoples as nomads, their name can only be traced to the now well established root sak- "go, roam", so that Saka meant the "wanderer", "vagant nomad"».

② Szemerényi 1980, p.39: «If, then, we have to start from an Old Sogdian *Suγδa-*, then it becomes clear at once that such a form, with two spirants, presupposes an earlier form, in which the second spirant at least was between vowels so that it was spirantized in early times··· This still admits of two possibilities concerning the first obstruent in the cluster. One is that it represents an original g which became γ so that the original form was *Suguda-*, and this became *Suγuδa-* and was then syncopated to *Suγδa-*. The other is that the first obstruent started life as k, and the original *Sukuda-* developed into *Sukuδa-*, and by syncope into *Sukδa-*, in which the preconsonantal k had to become the spirant x, and eventually the voiced γ, the resulting form being *Suγδa-*. It is clear that *Suguda* is not amenable to an appropriate interpretation in Iranian. On the other hand, *Sukuda* offers just as clearly *the right solution*: it is nothing else but the anaptyctic form of the Pontic Skuda».

③ Tremblay 2004, p.134: «Cependant sa (= Szemerenyi) solution (*Skuda- "archer" > *Sukuda- > *Sukuδa- syncope en Sugδa-) est encore moins satisfaisante enc e qu'elle suppose dès avant l'avestique la succession d'une anaptyxe et d'une syncope que l'auteur de Syncope in Greek and Indo-Eutropean n'a jamais pu appuyer en grec ou en indo-iranien ancien par une étymologie sûre et qui offense tout ce qui est connu en avestique»; Lurje 2017a: « Oswald Szemerényi's suggestion (pp.39-40) that *sugda- is a syncopated form of the earlier *sukuda-, which is, in its turn, an anaptyctic variant of *skuda- "archer, Scyth," meets a serious hindrance in the fact that the Old Iranian cluster *sk remains sk in Sogdian (Tremblay 2004, p.134)».

④ Tremblay 2004, p.134 (see nt. 47).

⑤ Smirnova 1960; Lurje 2017a; Steingass 1985, p.683: «سغد: low-lying ground where rainwater collects».

opposite way[1]. After having criticized the previous hypotheses, Tremblay in turn proposed his own: the term reflects o.ir. *suxϑa- which would be a parallel form of suxta- "burned" if we consider that xϑ passes regularly in Avestan to γδ[2]. However, this is not yet the final solution since Lurje, in turn, underlines that there are no other examples of the development of *xϑ in Sogdian and therefore we are again faced with an unverifiable hypothesis.

The discussion on the term Sogdiana is a clear example of the application of the scientific method: each scholar starts with his own idea and tries to find elements to support the hypothesis. Whenever even a single element contradicts the hypothesis, if an explanation is not found, it falls away. All the hypotheses considered with the exception of that of Tremblay have fallen, the latter instead is currently simply not demonstrable.

The ancient term of the region is still present in our day: the north-western region of Tajikistan is currently called Sughd[3]. Some considerations should be made if this name simply reflects the historical past of the region or if its choice is dictated by other political-cultural reasons[4]. The union of the two

motivations is not necessarily to be excluded.

Regarding the representation of this land hidden behind its name, regardless of the correctness of the hypotheses made, it is in any case suggestive: a "sacred land", the "land of archers" or a "burnt land". Those who know the history and geography of the region can only agree that they all have a good reason to exist.

Bibliographical References

Abaev 1949 - Василий Иванович Абаев, *Осетинский язык и фольклор*, АН СССР, 1949.

Abaev 1979 - Василий Иванович Абаев, *Историко-этимологический словарь осетинского языка*, ИЭСл, Vol. 3, Наука. Ленинградское отделение, 1979.

Arr 1907 - *An.*, Ed. A.G. Roos, Leipzig, 1907 (T).

Bartholomae 1904 - Christian Bartholomae, *Altiranisches Wörterbuch*, Trübner, 1904.

Basello 2021 - Gian Pietro Basello, "From the DARIOSH Project: The Four Inscribed Metal Plaques from the so-Called Apadana in Takht-e Jamshid, Persepolis and Their Inscription (DPh)", in *Achemenet. Vingt ans après. Études offertes à Pierre Briant à l'occasion des vingt*

---

[1] Lurje 2017a: «Although from the geographical viewpoint, the middle and lower part of the Zarafšān valley perfectly falls within this denomination, the absence of any comparanda, etymology and early attestations of Persian / Tajiki soḡd /soḡod renders Smirnova's suggestion questionable (rather, the opposite, the land-name Soḡd with its abundant waters is responsible for the Persian common noun? cf. Jayḥun "the River Oxus," used also in the sense of "large river" in several classical Persian texts; see Lurje 2006, pp.414-15)».

[2] Tremblay 2004, pp.134-135: «La forme la plus anciennement attestée est av. Suxδa-; négligée ou corrigée, elle donne pourtant la clef: av. xδ ne continue que *xϑ, ce qui conduit directement à une étymologie du nom de la Sogdiane par un adjectif verbal en *-tho- *sux-ϑa- doublet de suxta- "enflammé": la Sogdiane sera donc le "<pays> brûlé". Qui plus est ce groupe permet de rendre compte du polymorphisme du nom de la Sogdiane».

[3] Tajik: Суғд.

[4] Ognibene 2013, pp.167-170.

ans du Programme Achemenet, Sus la direction de Damien Agut-Labordère, Remy Boucharlat, Francis Joannès, Amélie Kuhrt, Matthew W. Stolper, Peeters, pp. 17-33.

Benedict, Voigt lander 1956 - W.C. Benedict, Elizabeth von Voigtlander, "Darius' Bisitun Inscription, Babylonian Version, Lines 1-29", *Journal of Cuneiform Studies*, Vol. 10, No. 1, 1956, pp. 1-10. DOI: 10.2307/ 1359138; URL: https://www.jstor.org/stable/1359138 (Accessed May, 25 2021).

Compareti 2006 - Matteo Compareti, Étienne de la Vaissiére [Compareti, de la Vaissiére], *Royal Naurūz in Samarkand: Proceedings of the Conference Held in Venice on the Pre-Islamic Paintings at Afrasiab*, Istituti editoriali e poligrafici internazionali, 2006.

Compareti 2009 - Matteo Compareti, *Samarcanda centro del mondo: Proposte di lettura del ciclo di Afrāsyāb*, Sīmorγ (Mimesis), 2009.

D.P., Ed. G. Bernhardy, Leipzig, 1828.

Eilers 1977 - W. Eilers, "Einige Prinzipien toponymischer Übertragung", *Onoma*, Vol. 21, 1977, pp. 277-317.

Hallock 1969 - Richard T. Hallock, *Persepolis Fortification Tablets*, Chicago University Press, UC OIP, 1969, p. 92.

Harmatta 1977 - János Harmatta, "The origin of the name Σόγδοι", *Acta Classica Universitatis Scientiarum Debreceniensis*. Vol. 13, 1977, pp. 3-6.

Hdt - Ed. C. Hude, Oxford (OCT).

Henning 1936 - Walter B. Henning, "Neue Materialen zur Geschichte des Manichäismus", *Zeitschrift Der Deutschen Morgenländischen Gesellschaft* (ZDMG, Vol. 90, No. 1), 1936, pp. 1-18; www.jstor.org/stable/ 43368449. Accessed 13 June 2021

Hinz, Koch 1987 - Walther Hinz, Heidemarie Koch, *Elamisches Wörterbuch*. II: i-z, Verlag von Dietrich Reimer, 1987.

Kāšγarī - Maḥmud Kāšγarī, *Diwān luγat al-turk*, ed. and tr. R. Dankoff as *The Compendium of the Turkic Dialects*, CUP, 1982.

Kent 1953 - Roland G. Kent, *Old Persian. Grammar, Texts, Lexicon, American Oriental Series*, Vol. 33, American Oriental Society, 1953.

Kumamoto 1982 - Hiroshi Kumamoto, *Khotanese Official Documents in the Tenth Century A.D*, Ph.D. diss of University of Pennsylvania, 1982.

Livshits 2006 - Livshits (Vladimir Aronovič Livšic) [Владимир Аронович Лившиц], "The Sogdian Wall-Inscriptions on the Site of Afrasiab", in M. Compareti, É. de la Vaissiére, 2006, pp. 59-74.

Lurje 2017a - Pavel Lurje (Павел Б. Лурье), "SOGDIANA i. The Name SOGD", *Encyclopædia Iranica*, online edition: http://www.iranicaonline. org/ articles/sogdiana-name (accessed on 10 August 2017a).

Lurje 2017 - Pavel Lurje [Павел Б. Лурье], "SOGDIANA ii. Historical Geography", *Encyclopædia Iranica*, online edition: http://www.iranicaonline. org/articles/sogdiana-historical-geography (accessed on 10 August 2017b).

J. Marquart, "Die Sogdiana des Ptolemaios", *Orientalia*, Vol. 15, 1945-1946, pp. 123-149; 286-323.

Marquart 1898 - J. Marquart, *Die Chronologie der alttürchischen Inschriften*, Dieterich'sche Verlags-Buchhandlung, 1898.

Ognibene 2013 - Paolo Ognibene, "Political Use of History: The Case of the Sogdian Legacy in post-Soviet Tajikistan", in *Yaghnobi Studies I. Papers from the Italian Missions in Tajikistan*, Ed. by A. Panaino, A. Gariboldi, P. Ognibene, Mimesis. Indo-Iranica et Orientalia. Series Lazur, 12, 2013, pp. 167-170.

Ognibene 2017 - Paolo Ognibene, "Scythian, Persian and Greek Misunderstandings", *Estudios Iranios y Turanios: Homenaje a Helmut Humbach en su 95° aniversario*, Vol. 3, 2017, pp. 119-128.

Paus - Ed. H. Hitzig, H. Bluemner, Leipzig, 1896-1910.

Pliny, Nat - Ed. C. Mayhoff, Leipzig, 1892-1909 (T).

Plu., Ed. C. Sintenis, Leipzig, 1881-65 (T).

Shaked 2004 - Saul Shaked, *Le satrape de Bactriane et son gouverneur: documents araméens du IVe s. avant notre èr*, Conférences données au Collège de France, *14 et 21 mai 2003*, de Boccard, 2004.

Sims-Williams 2000 - Nicholas Sims-Williams, *Bactrian Documents from Northern Afghanistan I: Legal and Economic Documents, Studies in the Khalili Collection, III, Corpus inscriptionum Iranicarum*, Vol. VI, No. 2, Oxford University Press, 2000.

Smirnova 1960 - Ольга И. Смирнова (Smirnova), "Карта верковий Зеравшана по мугским вокументам", *XXV международный конгресс востоковедов, Доклады советской делегации*, Москва, 1960.

Steingass 1985 - Francis Joseph Steingass, *A Comprehensive Persian-English Dictionary, Including the Arabic Words and Phrases to Be Met with in Persian Literature*, Routledge & K. Paul, 1892.

Str. - Ed. G. Kramer, Berlin, 1844-52.

Szemerényi 1980 - Oswald Szemerényi, "Four Old Iranian Ethnic Names: Scythian – Skudra – Sogdian – Saka", in *Österreichische Akademie der Wissenschaften Philosophisch-historische Klasse, Sitzungsberichte, Bd. 371, Veröffentlichungen der iranischen Kommission, Bd. 9*, Verlag der ÖAW, 1980.

Tomaschek 1877 - Wilhelm Tomaschek, "Centralasiatische Studien I. Sogdiana", in *Sitzungsberichte der philosophisch-historischen Classe der kaiserlichen Akademie der Wissenschaften*, 87 (SKAW, Vol. 87), *Commission bei Karl Gerold's Sohn*, 1877, pp. 67-184.

Tremblay 2004 - Xavier Tremblay, "La toponymie de la Sogdiane et le traitement de *xθ et *fθ en iranien", *Studia iranica*, Vol. 33, No. 1, 2004, pp. 113-149.

de la Vaissière 2011 - Étienne de la Vaissière, "Sogdiana iii. History and Archeology", http://www.iranicaonline.org/articles/sogdiana-iii-history-and-archeology (accessed on 04 March 2011), 2011.

Zonar., Ed. J.A.H. Tittman, Leipzig, 1808.

Status of Women in Ancient Sogdian Society

Maria Marinova

(Sofia University, Bulgaria)

Sogdian studies have drawn increasing academic interest during the past few decades, the fruits of which have contributed to the reconstruction of many aspects of the political and cultural life of ancient Sogdiana. Nonetheless, the historical and archaeological record still appears rather fragmentary, thus causing a great number of issues and posing more questions than answers. Research on the social framework of local communities in Sogdian city-states and colonies along the Silk Road usually centers around the models of governance and interdependence between different formations[1], or examines the trade and interaction paradigm of Sogdian merchants[2]. The latter are relatively well documented in both Eastern and Western sources, which undoubtedly portray the male figure in Sogdian society as the main driving force behind its progress and prosperity. At the same time, historical records, which biasedly reflect important and great deeds, rarely shed light on the silent yet continuous contribution of female characters to the development of their nation. Therefore, the topic of women in ancient Central Asian societies in general remains little explored and ambiguous, despite the fact that a clarification of their roles is crucial for the understanding of the internal processes within their respective communities and the external cultural influence exerted through them.

After Cyrus the Great conquered Sogdiana in around 540 BC, it was incorporated into the Achaemenid Empire as a satrapy, and this eventually led to a certain degree of religious, cultural and political integration of the Sogdian city-states with the Persian Empire. The territory of Sogdiana was later annexed by Alexander the Great in 328 and in the following centuries it was successively ruled by the Seleucid Empire, the Greco-Bactrian Kingdom, the Kushan Empire, the Hephthalite Empire and the Sassanian Empire, before eventually falling into the hands of the Arab Muslims in the early eighth century. Little is known about life in Sogdiana during the first few centuries of the

---

[1]   For the latest study on the emergence and development of Sogdian civic communities see Shenkar 2020.

[2]   For recent research on the Sogdian trade diaspora and trading network see Skaff 2003.

Persian rule, due to vandalism, which severely mutilated the historical and archaeological record. This makes our understanding of the role of women in ancient Sogdian society largely dependent on their depiction in secondary sources, such as the historical narratives of Greek and Roman authors. The laconic mentions of Sogdiana in the writings of Hecateus, Herodotus, Arrian, Quintus Curtius and Ptolemy, however, cannot be totally regarded as reliable, since their information often tends to be distorted or mainly focused on particular details, or in other words – was formulated in accordance with the current historiographical traditions and ethno-political sentiments of the time. The vague records found in ancient Chinese chronicles, such as in *"The Records of the Grand Historian"*《史记》, *"The Book of Han"*《汉书》and *"The Book of Later Han"*《后汉书》[1] are also tediously silent when it comes to the customs of the Sogdians and the organization of their society. Nonetheless, since during most of their development Sogdian city-states were under cultural and political influence of the Persian Empire, it would be safe to assume that they had adopted many cultural practices of the Persians[2] and the general attitude toward women in Sogdian society was not essentially different from the prevailing attitude in the old Iranian world. Therefore, a glimpse at the status of women in ancient Persia could help to outline the background factors that may have shaped the female identities in Sogdian society.

Women in Pre–Islamic Persia

The activities of royal and non-royal women in pre-Islamic Persia are reflected in a number of religious and mythological sources, historical works and archaeological artifacts. The administrative records of the imperial government during the reigns of Darius the Great, Xerxes and Artaxerxes, discovered in Persepolis in 1933-38[3], are considered as one of the most reliable sources for the discussion of women in the Achaemenid period, shedding light on their titles, activities and economic status[4]. These records, as well as certain passages in the writings of ancient authors[5], attest that in pre-Islamic Iranian society high-ranking women enjoyed a high degree of independence and respect, they had access to education, participated in state affairs, held audiences and councils, owned land and estates within and

---

[1] For an examination of the references to Sogdiana in ancient Chinese chronicles, see Cheng 2018.

[2] "The Sogdians, with their capital at Samarkand, were to all intents and purposes a Sassanid successor state. They continued to dress, arm and fight exactly like the Sassanids down to 737, when they were in turn subjugated by the Arabs" (Heath 2015, p. 102).

[3] These records, also known as "The Persepolis Elamite Tablets", were discovered in the course of two archaeological expeditions of the Oriental Institute of the University of Chicago, and comprise an archive of more than 30000 clay tablets, the texts of which have been only partially translated.

[4] Brosius 2010.

[5] See Hdt., 2.98.1; Xen., *An.* 1.4.9; 2.4.27; Xen., *Cyr.* 1.3.4; Plato, *Alc.* I 121C-123CD; Athenaios, 4.145c; Plut., *Art.* 5.5; Plut., *Crass.* 21, Tac., *Ann.* 12.44 -47; Plut., *Art.* 19.10; Isidore of Charax, *Parth. Stat.* 1; Josephus, *Ant. Jud.* 7.7.4; *The Book of Esther* 1:9-12; cf. Dan. 5:2,10; *The Book of Nehemiah* 2.6.

outside the Persian heartland, employed their own workforce, were involved in political marriage alliances and accompanied the king and the nobles on military campaigns, frequently under threat of capture or even death[1]. By examining Old Avestan passages bearing on the position of women in Archaic Iran, Schwartz[2] also arrives at the conclusion that in early Iranian society, women were regarded as equally qualified with men for being patrons and even rulers, and were granted the right to participate in both secular and spiritual life of the empire. The achievements of these distinguished women found artistic expressions in their depiction in sculpture, relief, painting, silver vessels, miniatures and occasionally – coins[3]. Virtuous women were also ritually memorized for their achievements – medieval historiographical sources inform us that in ancient Persia there was a special celebration day, devoted to women and Mother Earth, called Isfandarmadh. According to renowned Iranian scholar Abu Rayhan al-Biruni (973-1050) this custom, in which women were presented with gifts and honored in many ways, was still flourishing in the eleventh century CE[4], although its origin and Zoroastrian roots can be traced back to the Achaemenid Empire[5].

Little information from reliable sources has come to light that would allow us to discuss the legal and economic situation of non-royal women in pre-Islamic Iran. The administrative records from Persepolis attest to female laborers, who worked alongside men and children[6]. One can speculate that in a pastoralist society rural and low-class women were included in agricultural duties, such as sowing seeds, harvesting and tending livestock as well as in weaving and production of carpets and clothing, which were major commodities across the Iranian Plateau. The advance of the Zoroastrian teaching during the Achaemenid period brought new emphasis on women's roles in society and became the foundation of moral values in the Iranian world. Zoroastrianism not only advocated religious equality of men and women, but, according to classical researchers of Zoroastrian cult Mary Boyce[7] and Albert de Jong[8], in its doctrine women were generally held in high esteem, and their negative portrayal within the same tradition was only isolated and occasional phenomenon. On the other hand, Zoroastrianism, like all ancient religions, maintained a dualistic view towards the feminine nature and women were often perceived as susceptible to

---

[1] Grayson 1975; Brosius 2010; Bosworth 1999, pp. 119-20.
[2] Schwartz 2003, pp. 1-4.
[3] Grabar 2005, pp. 213-214.
[4] Biruni 1879, p. 216.
[5] Boyce 1990, pp. 19-20.
[6] Brosius 1996, pp. 171-78.
[7] Boyce 1975, p. 308.
[8] De Jong 1995.

demonic influences, thus frequently associated with evil, chaos and disorder[1]. Therefore, they were encouraged to take on positive roles through marriage and procreation of "those of the Good Religion", as part of the ethical teaching of the Avesta and as a meritorious act and a duty of every believer[2]. This fact determined the role of women in ancient Iran and Sogdiana as the invisible fabric of society being responsible for the procreation and education of children[3] as well as for the cultivation of moral values in them.

Sogdian women in the light of primary written sources

Direct textual evidence shedding light on the identity of Sogdian women is rather limited, especially considering the fact that the majority of written sources illustrating life in Sogdiana from a sociohistorical perspective come from the lands beyond Sogdiana proper. Thus only through the records of ancient Greek historians do we learn of Roxana, who became the most famous Sogdian woman after marrying Alexander the Great. Her story is best documented in the writings of Arrian of Nicomedia (c. 86/89 – c. 146/160 CE), who relates that when the invading army of the Macedonian king captured the mountain fortress near Samarkand, called "The Sogdian Rock", "... *the wives and children of many important men were there captured, including those of Oxyartes. This chief had a daughter, a maiden of marriageable age, named Roxana, who was asserted by the men who served in Alexander's army to have been the most beautiful of all Asiatic women, with the single exception of the wife of Darius. They also say that no sooner did Alexander see her than he fell in love with her; but though he was in love with her, he refused to offer violence to her as a captive, and did not think it derogatory to his dignity to marry her... He acted with honesty and spared her honour, ... exercising a great amount of chastity, and at the same time exhibiting a very proper desire to obtain a good reputation*"[4]. The marriage of Alexander and Roxana contributed to the alliance between the ancient Western world and the Orient, which had a beneficial impact on the development of science, culture and art of Central Asia. But their romantic love was short-lived as Alexander died only four years later and Roxana and her young son, who was perceived as a threat to the

---

[1] Choksy 2002, pp. 2, 81, 118. Additionally, Jonhnston (2004, pp. 149-151) provides an interesting discourse on women's association with magic in the Mediterranean world, pointing out that in ancient written sources women were often portrayed as being prone to demon possessions and witchcraft.

[2] Yakubovich 2006, p. 336.

[3] Herodotus (I.136) informs us that the sons of the Persians "are carefully instructed from their fifth to their twentieth year, in three things alone – to ride, to draw the bow, and to speak the truth. Until their fifth year they are not allowed to come into the sight of their father, but pass their lives with the women. This is done that, if the child die young, the father may not be afflicted by its loss". See Davis 1912, p. 60.

[4] Arrian. *Anabasis* 4.19.4-4.19.5. See in Chinnock 2012, p. 242.

Macedonian throne, were eventually put to death[①]. Although the accounts of the beautiful Sogdian princess Roxana are rather fragmentary, she remains one of the most vivid images of antiquity, inspiring generations of artists, writers and playwrights from around the world.

Apart from the historical narratives, one of the most important documentary sources that allow us to catch a glimpse of the live in Sogdian communities in Xinjiang and Gansu are the six nearly complete letters, discovered by Sir Aurel Stein in 1907 in the remains of a watchtower on the Chinese frontier wall[②]. These records, which later circulated in scientific literature under the euphonious pseudonym of "Ancient Letters", were dated to 312-313 CE by W.B. Henning and are considered to be the earliest Sogdian handwritten texts as well as the oldest paper documents discovered so far[③]. While most of them discuss contemporary commercial affairs, hence, revealing the existence of well-developed Sogdian trade channels and a network of settled resident communities in Gansu and the interior of China[④], the author of two of these documents is surprisingly a Sogdian woman named Mewnai. In the letters, respectively addressed to Mewnai's mother and her husband, she describes her distress after having been abandoned by her husband in Dunhuang for three years. She confides to her mother: *"And I, unfortunate, live without clothes, without money. I ask [to grant me] a loan, but no one agreed to give me, so I had to beg alms of the priest"*[⑤]. The letter to her husband reveals the full extent of her personal tragedy: *"But here [I am] in trouble, I am doing badly, [very] badly, and I consider myself [almost] dead. I send you letters again and again, but [I] do not receive a single letter from you, and I lost [all] hope of seeing you. And in such a trouble I have lived already for three years in Tun-huang, because of you... And [then] a noble man Afraxtak, who enjoyed the confidence of the Chinese and had good [women?] clothes, helped [me]... And you,... write me, when you take me [from here] and what do you think [to do]?... And I think, that if you do not take me, then I have to become a servant with the Chinese, I have to learn to serve the Chinese... Thus, all these three years, I have obeyed your orders, I came to Tun-huang despite the objection of my mother and brothers, ... I followed your words in everything. But then [I will tell you] so: I should have better become the wife of a dog or a pig, than your [wife] – I think so now"*[⑥].

The full text of the letter implies that in the

---

① Plut. *Alex*. 77.3, 77.4; cf. Paus. *Description of Greece* 1.6.

② Livshits 2008, p. 289.

③ Each letter was folded several times and the names of the sender and the addressee were written on the outside (Livshits 2008, pp. 289-290).

④ De la Vaissière 2005.

⑤ I use the English translation of the Sogdian "Ancient Letters" by Livshits 2008, p. 291.

⑥ Livshits 2008, pp. 291-292.

absence of her husband, Mewnai and her daughter are under the guardianship of a clan council, which provides not only "directives how to act", but also resources for their living. According to De la Vaissière[1], the letters reflect the importance of family connections within the Sogdian merchant communities and the distribution of roles among members of the family, exposing the economic dependence of women. The text of Mewnai's letters was probably dictated to a scribe – a fact that could be interpreted as a sign of prevailing female illiteracy in the Sogdian diaspora, which undoubtedly further aggravated the dependency of women on the male members of society. Thus the overall character of the group of "Ancient Letters" indicates that in the merchant communities of the Sogdian diaspora, the actual power was concentrated in the hands of men, be they husbands, heads of the clan council or of the local society.

On the other hand, the tone of the letters suggests that the wives of Sogdian merchants most likely enjoyed certain rights within the family boundaries and possessed sufficient authority to hold their husbands accountable for the fulfilment of their family obligations. It is also highly possible that as immigrants in a foreign country, women in Sogdian colonies who were left to fend for themselves had very few options to find employment, and perhaps the only decent alternative for illiterate women, as was the case of Mewnai and her daughter, was being at the service of Chinese masters. It is understandable why in the two letters this option sounds like a last resort, since servitude implied the endurance of suffering, hard labour and humiliation, all far from the desirable fate of a merchant's wife. Yet, the fate of many young Sogdian girls from impoverished families was even more unfortunate, as they were destined to become either barmaids and entertainers (胡姬 , *huji*), or be sold as house slaves to wealthy Chinese citizens. The term *"huji"*, literally meaning "barbarian maids", was used in a number of literary and historical sources from the Tang period to denote the graceful young Persian and Sogdian women, who served wine and entertained guests at local inns and public houses in Luoyang and Chang'an[2]. These beauties were celebrated by many Tang poets such as Li Bai (李白), Zhang You (张祐) and Cen Shen (岑参), and their idealized images are thought to reflect the absorption of the culture of the Western Regions into contemporary Chinese art[3]. On the basis of textual evidence from the biography of Li Xun in *"The Book of the Later Han"* (《后汉书·李恂传》), the eminent Chinese scholar Lin Meicun (林梅村), supposes that the import of "barbarian maids" had probably started as early as the end of the first century CE reaching its peak during the Tang era[4]. Historical

---

[1] De la Vaissière, 2005, pp. 55-56.
[2] Lin 1992, p. 49.
[3] Long 2021, p. 121.
[4] Lin 1992, pp. 49-50.

records also reveal the establishment of female slave markets in many city-states in the Western Regions, such as Gaochang and Kucha, under the influence of the flourishing female slave trade along the Silk Road[1]. Many of these girls were traded to local inns, becoming barmaids, singers, dancers or courtesans, while others were sold to Chinese families, thus receiving the status of "permanent property" of the latter, as was explicitly stated in their bills of sale[2]. The contract of sale of a female slave of Sogdian descent that was unearthed from the Astana cemetery and dated to 639 AD[3], reveals grim details about the destiny of these unfortunate women: the owner, as well as *"his children, grandchildren, clansmen and his descendants"* were granted the right *"to beat, mistreat, bind, trade, pledge, bestow as a gift and do whatever they wish with the slave girl"*[4]. Apparently, in the eyes of the Chinese society at the time, the "barbarian maids" from Sogdian colonies were identified with the lowest stratum and seen only as resources suitable for either entertainment or exploitation, stripped away from their humanity and reduced to objects.

The marriage contract (婚书) from Mount Mugh

The important discovery in 1932-1934 of various documents in the citadel on Mount Mugh in Central Tajikistan proved to be a valuable documentary source for the political activities of the Sogdian rulers during the turbulent period of the early eighth century. Among the official documents retrieved from the fortress, there was a marriage contract with an accompanying guarantee letter[5] dated to around 709-710 CE[6]. This Sogdian marriage contract, reminiscent of the modern prenuptial agreement[7], provides a basis for drawing parallels with similar legal agreements from the Hellenistic world[8], Bactria[9] and the corpus of Babylonian marriage contracts[10], which were needed for the social and legal recognition of a couple's marriage.

The bride in this marriage contract, named

---

① Lin 1992, p. 50.
② The clause of becoming a "permanent property" is stipulated in the contract for sale of a slave girl from Turfan, written in Sogdian language, which was translated and published in Japanese by Yutaka Yoshida and Takao Moriyasu in their article "*A Sogdian Sale Contract of a Female slave from the Period of the Gaochang Kingdom under the Qu Clan*" in *Studies on the Inner Asian Languages*, Vol. 4, Kobe City University of Foreign Studies, 1988, pp.1-50. For this research work I use the Chinese translation of the same document in Lin 1992, p. 51.
③ Frye 1993, p. 73.
④ After Lin 1992, p. 51.
⑤ Both documents were translated into Russian by Vladimir Livshits in 1960-1962, for English translation see Livshits 2015; Grenet & De la Vaissière 2002 and Yakubovich 2006.
⑥ Yakubovich 2006, p. 307.
⑦ Hansen 2015, p. 133.
⑧ For a discussion of the structural resemblances and the prototypes of juridical documents from the Near East, see Yakubovich 2006, pp. 330-339; Yakubovich 2005.
⑨ See Sims-Williams 2001; Sims-Williams & De la Vaissière 2011.
⑩ See Greengus 1969 and Roth 1989.

Chat, is of royal descent, being the stepdaughter of the Prince of Nawekat[1]. The document does not provide information regarding the rank of the groom Ot-tegin, but since no titles are explicitly stated, it is assumed that he belonged to a lower social stratum. The contract stipulates that: *"Ot-tegin will treat Chat as his dear and respected wife, [providing her] with food, garments and ornaments, with honour and love, as a lady possessing authority in his own house, the way a noble man treats a noble woman, his wife... If, however, Ot-tegin, without sending Chat away, should take another wife or concubine, or keep another woman that does not please Chat, then Ot-tegin, as husband, will be owing and pay Chat, his wife, a fine of thirty good, poor dirhams... and will not keep that afore mentioned woman either as a wife or as a concubine, but will send her away. But if it should occur to Ot-tegin that he will not have Chat as a wife [any more], but send her away, he will release her with [her] inherited and acquired property, [as well as] with the gifts received, without compensation, and [he] will [also] not be owing or pay any compensation [to her], and after that he may marry such a woman as pleases him. And if it should occur to Chat that she will not remain with Ot-tegin, but will go away from him, she will leave him the undamaged garments and ornaments, all that, which is received by her from Ot-tegin, but she will take [back] her own share with an indemnity and will not be owing or pay any other compensation, and after that she may marry such a man as pleases her"*[2].

In the accompanying guarantee letter, Ot-tegin further specifies his obligations towards his future wife and her family: *"I shall not sell her, give her as a hostage, give her away as tribute, or place her under [another's] protection. And if someone, from my [side] or from the enemies' side takes her and detains her, I shall have her immediately released without damage or injury. And if [it] is not agreeable for Chat to remain with me, or if I send her away, I shall deliver her and give her...to your... family... in good health, without damage or injury. And if I do not give her, do not deliver her in good health, I shall be owing, and give, and pay you 100 approved, good, pure silver dirhams... And, until I pay, I shall hold them at the rate of 12 to 10"*[3].

Apparently, the main purpose of the two marriage documents was not just the provision of a mechanism for settlement of the financial obligations of the spouses under specific conditions, but rather the establishment of a principal basis for the future relationship between husband and wife, incorporating both moral and material elements. The several "moral clauses", formulating an idealistic vision for the commitment of the partners, and the regulations concerning the disposal of the property, probably

---

[1]　Nawekat has been hypothetically identified with a prosperous Silk Road town in the Semirechye (Yakubovich 2005).
[2]　For this research paper I use the translation of Yakubovich 2006, pp. 311-312.
[3]　Yakubovich 2006, p. 314.

represent general attitudes towards marriage that were prevalent in Sogdian society at that period, while at the same time reflecting the local development of Zoroastrian juridical tradition and certain aspects of Sogdian family law[1].

It is evident that the rights and interests of the female party are very well protected in these two documents, while respect for the principles of fairness and equal treatment of both parties is demonstrated. The penalty that the husband should pay in case he takes another wife or concubine that "doesn't please his wife" can be viewed as an innovation going beyond the boundaries of the normal obligations of the male party, but the most striking feature of the marriage agreement is undoubtedly the right to initiate a divorce, granted to the wife. The repudiation of a husband by his wife is in full contradiction with the Near Eastern family law, which not only strictly prohibits it, but also prescribes punishment by death for such a misdeed[2]. It is therefore rather tempting to interpret the divorce clause in this marriage contract as indicative of the high degree of freedom and privilege enjoyed by Sogdian women in general, but such a speculation has numerous weak points, which have to be carefully examined. It should be noticed that while the bride is of royal descent, the groom is not explicitly introduced as holding any princely rank. This difference in social status could be the reason behind the unusually high degree of independence granted to Chat by the marriage agreement[3]. If one analyses the Sogdian marriage contract from this angle, it would be plausible to assume that it reflects a private case with special obligations imposed on the groom by the bride's family, rather than an established practice that could be valid for all social groups. Therefore, as much as one can agree that the marriage contract from Mount Mugh and the accompanying guarantee letter do manifest a rather liberal approach to the bride's rights by granting her an ample scope of protection, it would be methodologically incorrect to extrapolate the conclusions drawn from this private case to all Sogdian women in the Sassanid Era in general, unless such extrapolation is backed up by other substantial evidence.

Depictions of Sogdian women in art

The art of the ancient world has become a rich source of information, conveying historical events and narratives through images on textiles, metal, stone and wood. Thus, the artistic representation of Sogdian women in the artwork of Central Asia and China can be seen as a reflection of their significance to the society

---

① Shenkar (2017, p. 204) draws attention to the fact that the marriage contract from Mount Mugh also sheds light on the temples' multifaceted functions in the Sogdian society, assuming that they were central public institutions that answered to various needs of the community.

② "In Old Babylonian marriage contracts, it is a usual clause that a wife who says to her husband 'Thou art not my husband' is to be thrown into the river. The Neo-Babylonian marriage agreements normally do not even mention such a possibility, prescribing instead that if the wife is discovered with another man, she will die by the iron dagger. The repudiation of a husband is not mentioned in the Torah and is explicitly prohibited by the Rabbinic Law" (Yakubovich 2006, p. 333).

③ Yakubovich 2005.

and to the religio-cultural exchange along the Silk Road. Sogdian art is thought to have syncretised a rich variety of Sassanian, Chinese, Byzantine, Indian and other foreign influences, although it also boasts a great degree of originality[1]. A number of narrative freezes from Panjikent and Samarkand depict women warriors while fighting alongside their male counterparts or being engaged in single duels with the enemy[2]. These artistic representations enrich our understanding of the roles of Sogdian women in the Heroic Age, suggesting that they combined complex functions both as mistresses of domestic life and as active participants in the important affairs of their world. Hunting and fighting scenes in Sogdian art also offer rare surviving examples of depictions of female hunters (Fig. 1), despite the fact that such scenes are generally not so common in the Sogdian context and probably also reflect an absorption process of external influences from Sassanian models[3]. Terracotta figurines from the Samarkand region dated to between the second/first century BC and the fourth century CE, which to some extent reflect the costumes, worn in real life by local inhabitants, are also valuable visual evidence to understand certain aspects of female identity from that period[4].

It is beyond any doubt that artistically talented

Fig. 1　Fragment of Sogdian silk with female hunters[5]

① Ciafaloni & Della Rocca de Candal 2011, p. 111.
② Azarpay 1998, p. 115.
③ Ciafaloni & Della Rocca de Candal 2011, p. 111.
④ For detailed examination of the costumes, portrayed on Sogdian terracotta figurines from Samarkand region, see Kidd 2003, pp. 35, 38.
⑤ Image and data retrieved from The Cleveland Museum of Art; http://www.clevelandart.org/.

women were one of the main vehicles of the growing cultural influence of Sogdiana along the Silk Road, especially towards the seventh century CE, when the socio-economic importance of Sogdian communities in China intensified and Sogdian culture reached its zenith. The following centuries witnessed the penetration of Sogdian artistic traditions into Chinese music, dance and visual arts, thus enriching them with new contents and creative forms. As an indispensable part of Sogdian folklore, musicians were often depicted on different media, and these depictions attest to the active role of female musicians in all types of performances. Images of female musicians from the lands of Sogdiana proper include a perfectly preserved figurine of a female flutist from the collection of the State Hermitage Museum, acquired in the region of Samarkand (Fig. 2), and a painting of a female figure playing a bowed harp from Panjikent (Fig. 3). Female entertainers also often feature in tomb paintings, stone reliefs and other forms of mortuary art in Sogdian burials from Tang China. Among the sixteen figurines, recovered from the Sui dynasty tomb of the Sogdian governor Yu Hong in Shanxi province, there are three marble figures of female musicians, respectively holding a pandean pipe, a pipa and a konghou[1]. A detail from the Sarcophagus of Shi Jun (Wirkak), named

Fig. 2　Figurine of a female flutist from Samarkand, date unknown[2]

Fig. 3　Female figure playing a bowed harp from Panjikent, 7th–8th century CE[3]

---

[1]　Wertmann 2015, pp. 88, 207.

[2]　Image and data retrieved from *The Sogdians: Influencers on the Silk Roads*, organized by the Freer Gallery of Art and Arthur M. Sackler Gallery, Smithsonian Institution. https://sogdians.si.edu.

[3]　Image and data retrieved from *The Sogdians: Influencers on the Silk Roads*, organized by the Freer Gallery of Art and Arthur M. Sackler Gallery, Smithsonian Institution. https://sogdians.si.edu.

"Drinking and Entertainment in a Grape Arbor" reveals two groups of musicians, divided by gender: a band of male entertainers playing a harp, lutes, a drum and a flute, encircle a group of seated men feasting in a grape arbour. Beneath them, there is a small group of noble ladies who are being entertained by a female ensemble, performing a *sheng*, a lute and a harp (Fig. 4).

It is beyond any doubt that Sogdian women have left their brightest traces in the dance artistic tradition of China. The famous Sogdian leaping or whirling dance (胡腾舞 or 胡旋舞), performed by both male and female dancers, gained enormous popularity in China and was represented in various artistic works. Western "barbarian" music, songs, dances and drama were greatly enjoyed not only by

Fig. 4　Detail from Sarcophagus of Shi Jun: Drinking and Entertainment in a Grape Arbour. Xi'an, 6th century CE[1]

the court members and government officials, but also by ordinary people, as knowledge and admiration for Sogdian art increased in Tang China[2]. Many famous Chinese poets, such as Li Bai (李白), Yuan Zhen (元稹) and Bai Juyi (白居易) were fascinated by the beauty of the Sogdian girls and dancers they met in various entertainment places in China. The poem "*Iranian whirling girls*"[3] (《胡旋女》) by renowned Tang poet Bai Juyi (白居易) describes how young courtesan Yang Guifei (杨贵妃) stole the ruler's heart with the Sogdian Whirl, revealing so the impact of this Sogdian import on the cultural and political life of early medieval China. The evolution of the Whirl Dance as an element of Buddhist devotional practice and its Sinicization, as part of the Tang dynasty dance repertory, are well documented by depictions of both male and female whirl dancers in the Buddhist murals of the Mogao caves (莫高窟)[4], as well as in the funerary art of the Sogdian family tombs across China[5].

It is evident from the above examples that as a consequence of the extensive cultural exchange between China and the Western regions in early medieval times, a considerable number of Sogdian women, probably originating from lower social strata, found their vocation as musicians and dancers in the hedonistic society of Central and Eastern Asia.

① Image and data retrieved from *The Sogdians: Influencers on the Silk Roads*, organized by the Freer Gallery of Art and Arthur M. Sackler Gallery, Smithsonian Institution. https://sogdians.si.edu.

② Liveri 2019, pp. 82-83.

③ For the English translation of 胡旋女 by Bai Juyi (白居易), see Mair 2000, pp. 277-278.

④ For an extensive analysis of the Buddhist art from Dunhuang, see Sha 2019.

⑤ Sun 2015; Huo 2007, cf. Wertmann 2015, pp. 46, 70, 104, 110; Houseal 2016.

Considering the nature of their professions that were meant for entertainment, one can speculate that most of these women did not enjoy high social status or privileges; nevertheless, the strong influence they exerted on cultural and social life soon became emblematic and was immortalised in various forms, shaping so the artistic image of the epoch.

Conclusion

As previously mentioned, the discussion of Sogdian women has been impeded by the lack of sufficient written and archaeological material that could illustrate the evolution of their social status in the long historical period before the Muslim conquest. The examination of the primary and secondary sources reveals that at the background of the political and economic dynamism, distinguishing Sogdian city-states and merchant colonies along the Silk Road, women had to engage in complex multi-layered roles, that were being shaped by two main centers of influence. During the period between the sixth century BC and the fifth century CE, their rights and freedoms were largely defined by the social customs of the Persian empire and the prevailing principles of Zoroastrianism, underlying the general egalitarian attitudes toward women in ancient Iranian world. These attitudes were also maintained in the doctrines of Manichaeism, Buddhism and Nestorianism, which subsequently took root in Sogdian society[1], but the advance of Islam, propagating female subjugation, inflicted a radical change to women's status quo, and they fell into oblivion in the following centuries.

With the evolution of the Silk Road network after the Han dynasty, Sogdian immigrant communities were formed throughout Asia, establishing a strong presence in China. As the exchange of goods, arts, ideas and technologies flourished, the influence between Sogdiana and the Chinese empire also increased. Sogdian women from this period may not have had the strong business acumen of their male counterparts, but they certainly played active roles in these bilateral relations, albeit in a more subtle manner. The wives of wealthy merchants in diaspora areas were addressed by complimentary titles such as "*mistress of the house*" or "*noble lady*"[2], and were held in high esteem, as evidenced from Sogdian family tombs across

---

[1] Considering the fact that the most important deity in Sogdiana and Bactria was Goddess Nana(i), which is confirmed by the popularity of her image on coins and in personal names, as well as her frequent representation in Sogdian art during the seventh and eight centuries (Compareti 2017, p. 2; Azarpay 1981, p. 134), it would be interesting to examine the female elements in Sogdian pantheon and their connection to the female identities in society.

[2] In two Sogdian letters (L27, L44) from the collection of the Renmin University of China, dated to the second half of the eight century, the use of laudatory phrases as a very polite form of address to women are attested, such as *βγh xwt' ynh*, "*noble lady*", which contains the word *βγh*, "*goddess*"; and *δ(β)' (mpnw)h*, "*mistress of the house*" (Bi, B. & Sims-Williams 2015, pp. 261, 273). In the marriage contract from Mount Mugh, the bride is referred to as "*a lady possessing authority in his (the groom's) own house*" – a title that might be functionally equivalent to Middle Persian "*mistress of the house*", i.e. a term defining a woman who has entered a regular type of arranged matrimony (Livshits 2005).

China. Young Sogdian women from more humble backgrounds were imported into Tang China to become either servants and house slaves, or to make their way into society as barmaids, musicians and dancers. Thus the hedonistic medieval Chinese society emerged as a second center of influence that added new semantic layers to the identity of Sogdian women outside their homeland and preserved their traces in its art and literary works.

List of References

Azarpay 1981 - Azarpay, G., *Sogdian Painting. The Pictorial Epic in Oriental Art*, University of California Press, 1981.

Bi, B. & Sims-Williams 2015 - Bi, B. & Sims-Williams, N., "Sogdian Documents from Khotan, II: Letters and Miscellaneous Fragments", *Journal of the American Oriental Society*, Vol. 135, No. 2 (April-June 2015), pp. 261-282.

Biruni 1879 - Biruni, M. i. A., *The Chronology of Ancient Nations: An English Version of the Arabic Text of the Athâr-ul-Bâkiya of Albîrûnî, or "Vestiges of the Past"* (tr. E. Sachau), London, 1879.

Bosworth 1999 - Bosworth, C. E. (tr.), *The History of al-Ṭabarī, Vol. 5: The Sāsānids, the Byzantines, the Lakmids, and Yemen*, Albany, N.Y., 1999.

Boyce 1975 - Boyce, M., *A History of Zoroastrianism*, Vol. I, Leiden, 1975.

Boyce 1990 - Boyce, M., *Textual Sources for the Study of Zoroastrianism*. University of Chicago Press, 1990.

Brosius 1996 - Brosius, M., *Women in Ancient Persia: 559-331 BC*, Oxford, 1996.

Brosius 2010 - Brosius, M., "Women: 1. In Pre-Islamic Persia", *Encyclopædia Iranica online edition*. Available at: https://iranicaonline.org/articles/women-i, 2010.

Cheng 2018 - Cheng, Weiqiang 程伟强, "Sute, Kangju, Kangguo kaobian"《粟特、康居、康国考辩》(An Examination and Debate on Sogd, Kangju and Kangguo), *Gansu guangbo dianshi daxue xuebao*《甘肃广播电视大学学报》(Journal of Gansu Radio and Television University), 2018(2).

Chinnock 2012 - Chinnock, E. J. (tr.), *The Anabasis of Alexander; Or, the History of the Wars and Conquests of Alexander the Great*, Ulan Press, 2012.

Choksy, J. K. 2002 - Choksy, J. K, *Evil, Good and Gender. Facets of the Feminine in Zoroastrian Religious History*, New York: Peter Lang, 2002.

Ciafaloni & Della Rocca de Candal 2011 - Ciafaloni, D. & Della Rocca de Candal, G., "Sasanian Traditions in Sogdian Paintings: Hunting and Fighting Scenes". *Parthica. Incontri di culture nel mondo antico*, Vol. 13 (2011), pp. 111-189.

Compareti 2017 - Compareti, M., "Nana and Tish in Sogdiana: The Adoption from Mesopotamia of a Divine Couple". *DABIR (Digital Archive of Brief Notes & Iran Review)*, Vol. 1, No. 4 (2017), pp. 1-8.

Davis 1912 - Davis, W. S., *Readings in Ancient*

History: Illustrative Extracts from the Sources, Vol. 2: Greece and the East, Boston: Allyn and Bacon, 1912.

De Jong 1995 - De Jong, A., "Jeh the Primal Whore? Observations on Zoroastrian Misogyny". *Female Stereotypes in Religious Traditions*, Leiden, New York, 1995, pp. 15-41.

De la Vaissière 2005 - De la Vaissière, E., *Sogdian Traders: A History* (tr. J. Ward), Leiden, Boston: Brill, 2005.

Frye 1993 - Frye, R.N., "Sassanian-Central Asian Trade Relations". *Bulletin of the Asia Institute*, 1993, New Series, Vol. 7, pp. 73-77.

Grabar 2005 - Grabar, O., *Early Islamic Art, 650-1100, Vol. I, Constructing the Study of Islamic Art*. Hampshire: Ashgate Publishing Limited, 2005.

Grayson 1975 - Grayson, A. K., *Assyrian and Babylonian Chronicles*, New York: Locus Valley, 1975.

Greengus 1969 - Greengus, S., "The Old Babylonian Marriage Contract". *Journal of the American Oriental Society*, Vol. 89, No. 3 (1969), pp. 505-532.

Grenet & De la Vaissière 2002 - Grenet, F. & De la Vaissière, E., "The Last Days of Panjikent". *Silk Road Art and Archaeology,* Vol. 8 (2002), pp. 159-163.

Hansen 2015 - Hansen, V., *The Silk Road: A New History*, Oxford: Oxford University Press, 2015.

Heath 2015 - Heath, I., *Armies of the Dark Ages 600-1066*, Lulu Press, 2015.

Houseal 2016 - Houseal, J., "Dance at Dunhuang: Part Three – The Sogdian Whirl". *Buddhistdoor Global*. Available at https://www.buddhistdoor.net/features/dance-at-dunhuang-part-three-the-sogdian-whirl.

Huo 2007 - Huo, Wei 霍巍, "Xi yu fengge yu Tang feng ranhua – Zhonggu shiqi Tubo yu Suteren de guanban zhuangshi chuantong shixi"《西域风格与唐风染化——中古时期吐蕃与粟特人的棺板装饰传统试析》(Syncretism between the Style of the Western Regions and the Tang Dynasty Style – An Experimental Analysis of the Coffin Decoration Tradition of Tubo and Sogdian People in the Middle Ages), *Dunhuang xue jikan*《敦煌学辑刊》(Dunhuang Studies Series), Vol. 1 (2007).

Johnston 2004 - Johnston, S. I., *Religions of the Ancient World: A Guide,* Harvard University Press, 2004.

Kidd 2003 - Kidd, F. J., "Costume of the Samarkand Region of Sogdiana between the 2nd/1st Century B.C.E. and the 4th Century C.E.", *Bulletin of the Asia Institute, New Series*, Vol. 17 (2003), pp. 35-69.

Lin 1992 - Lin, Meicun 林梅村, "Sute wen mai biqi yu sichou zhi lu shang de nünu maoyi"《粟特文买婢契与丝绸之路上的女奴贸易》(The Slave Contracts in Sogdiana and the Trade in Women on the Silk Routes), *Wenwu*《文物》, No. 4 (1992), pp. 49-54.

Liveri 2019 - Liveri, A., "Fu-lin Dances in Medieval Chinese Art - Byzantine or Imaginary?". *Zbornik radova Vizantoloskog instituta*, No. 56, pp. 69-94. Available at https://doi.org/10.2298/ZRVI1956069L.

Livshits 2008 - Livshits, V.A., "The Sogdian 'Ancient Letters' (I, Ⅲ)". *Iran & the Caucasus*, Vol. 12, No. 2 (2008), pp. 289-293.

Livshits 2015 - Livshits, V. A., *Sogdian Epigraphy of Central Asia and Semirech'e* (tr. T. Stableford), (Corpus Inscriptionum Iranicarum, Part Ⅱ. Inscriptions of the Seleucid and Parthian Periods and of Eastern Iran and Central Asia, Vol. Ⅲ). London: School of Oriental and African Studies (SOAS).

Long 2021 - Long, Zhenghua 龙正华 , "Xiyu wenhua yu sheng Tang shige bai nian yanjiu de huigu yu fansi"《西域文化与盛唐诗歌百年研究的回顾与反思》(A Review and Reflection on a Century of Research on the Culture of the Western Regions and High Tang Poetry), *Shihezi Daxue Xuebao (Zhexue shehui kexue ban)*《石河子大学学报（哲学社会科学版）》(Journal of Shihezi University〈Philosophy and Social Sciences〉), Vol. 35, No. 2 (2021), pp. 118-124.

Mair 2000 - Mair, V., *The Shorter Columbia Anthology of Traditional Chinese Literature* (V. H. Mair, ed., trans.), New York: Columbia University Press, 2000.

Roth 1989 - Roth, M. T., *Babylonian Marriage Agreements. Alter Orient und Altes Testament (Publications on the Culture and History of the Old Orient and the Old Testament)*, Vol. 222, Neukirchen-Vluyn: Neukirchener Verlag, 1989.

Sha 2019 - Sha, Wutian 沙武田 , "Sichou zhi lu tuxiang jiyi – Dunhuang shiku Chaoxian bandao renwu xingxiang chanshi"《丝绸之路图像记忆——敦煌石窟朝鲜半岛人物形象阐释》(Pictorial Memory of the Silk Road – Interpretation of Figures from the Korean Peninsula in the Dunhuang Grottoes) , *Sichou zhi lu yanjiu jikan*《丝绸之路研究集刊》(Journal of the Silk Road Studies), Vol. 3 (2019), pp. 36-71.

Schwartz 2003 - Schwartz, M., "Women in the Old Avesta: Social Position and Textual Composition". *Bulletin of the Asia Institute, New Series*, Vol. 17 (2003), pp. 1-8.

Shenkar 2017 - Shenkar, M., "The Religion and the Pantheon of the Sogdians (5th-8th Centuries CE) in Light of Their Sociopolitical Structures". *Journal Asiatique* 305. 2 (2017), pp. 191-209. DOI: 10.2143/JA.305.2.3262803.

Shenkar 2020 - Shenkar, M., "The Origin of the Sogdian Civic Communities (*nāf*)". *Journal of the Economic and Social History of the Orient*, Vol. 63, Issue 3 (2020). DOI: https://doi.org/10.1163/15685209-12341514.

Sims-Williams 2001 - Sims - Williams, N., *Bactrian Documents from Northern Afghanistan, Vol. 1: Legal and Economic Documents*, Oxford; New York: The Nour Foundation in association with Azimuth Editions and Oxford University Press,

2001.

Sims-Williams & De la Vaissière 2011 - Sims-Williams, N. & De la Vaissière, E., "A Bactrian Document from Southern Afghanistan?". *Bulletin of the Asia Institute*, New Series, Vol. 25 (2011), pp. 39-53.

Sims-Williams, N. 1996 - Sims-Williams, N., "The Sogdian Merchants in China and India". *Cina e Iran da Alessandro Magno alla dinastia Tang*, pp. 45-67.

Skaff 2003 - Skaff, J. K., "The Sogdian Trade Diaspora in East Turkestan During the Seventh and Eight Centuries". *Journal of the Economic and Social History of the Orient*, Vol. 46, Issue 4 (2003). DOI: https://doi.org/10.1163/1568520 03772914866.

Sun 2015 - Sun, Wujun 孙武军, "Tuxiang yu shige huzheng de Hutengwu shenmei yiyun"《图像与诗歌互证的胡腾舞审美意蕴》(The Aesthetic Connotations of Hu Teng Dance in the Intertextual Evidence of Image and Poetry), *Beijing wudao xueyuan xuebao*《北京舞蹈学院学报》(Journal of Beijing Dance Academy), No. 1 (2015), pp. 94-99.

Wertmann 2015 - Wertmann, P., *Sogdians in China: Archaeological and Art Historical Analyses of Tombs and Texts from the 3rd to the 10th Century AD*. German Archaeological Institute, Eurasia Department, Beijing Branch Office, 2015.

Yakubovich 2005 - Yakubovich, I., "Marriage: The Marriage Contract in the Pre-Islamic Period". *Encyclopaedia Iranica*, online edition. Available at http://www.iranicaonline.org/articles/marriage-contract-in-the-pre-islamic-period.

Yakubovich 2006 - Yakubovich, I., "Marriage Sogdian Style". *Iranistik in Europa – Gestern, Heute, Morgen* [Iranian Studies in Europe-Yesterday, Today, Tomorrow], pp. 307-344.

中国文化西传的实例[*]

——敦煌"三兔共耳"图案流布考

赵燕林

（敦煌研究院考古研究所）

敦煌石窟藻井图案是敦煌壁画中最为精美的部分，其中尤以散播于隋、唐、五代时期壁画中的"三兔共耳"图案最为引人注目。三兔共耳图案主体构成呈圆形，中心三只兔子以等边三角形的形式均匀分布在圆形中。三只兔子只有三只耳朵，两两共用一耳，呈顺时针或逆时针方向旋转奔跑、相互追逐，首尾相接，动感十足。从目前发布的各类资料来看，这一图案几乎分布于古丝绸之路沿线的亚欧大陆各地。

这一设计独特的装饰图案，其内涵、来源、流布范围等问题一直令学界困惑，因为它的含义在当代任何一种中世纪文化资料中都无法找到。[①]的确，这一图案所带给人们的无限遐想相较于图案本身似乎更具诱惑力。

一 "三兔共耳"图案的相关研究

三兔共耳图案的相关研究开始于20世纪80年代，但多限于对图案艺术样式、类型和变迁等研究方面。[②]21世纪初，越来越多的学者对这一图案所蕴含的意义、价值及来源等问题展开激烈讨论。如在敦煌召开的"2004年石窟研究国际学术会议"上，就有3篇关于"三兔共耳"图案的论文或论文提要，分别从不同角度对这一图案的产生、分布、内涵、美学特征等进行了讨论。其中，余俊雄先生的《敦煌藻井"三兔共耳"图案初探》一文认为，敦煌藻井中的三兔代表了佛三世，并指出这种形式的图案是吸收了中国古老民间造型艺术手法创新的结果；[③]英国学者大卫·辛马斯特先生的《三兔、四人、六马及其他装饰图案》一文，则利用12世纪至19世纪初出现在欧

* 本文系国家社科基金冷门绝学研究专项学术团队项目"敦煌壁画外来图像文明属性研究"（20VJXT014）子课题"敦煌艺术中域外文明属性图像出现之背景研究"阶段性成果。

① 〔英〕苏·安德鲁、〔英〕克里斯·查普曼、〔英〕汤姆·格利沃斯：《探索连耳三兔神圣的旅程》，敦煌研究院编：《2004年石窟研究国际学术会议论文提要集》，上海古籍出版社，2006年，第179—180页。

② 相关学术史参见赵燕林：《莫高窟三兔藻井图像来源考》，《艺术探索》2017年第3期，第57—63页。

③ 余俊雄：《敦煌藻井"三兔共耳"图案初探》，敦煌研究院编：《2004年石窟研究国际学术会议论文集》（下），上海古籍出版社，2006年，第727—731页。

洲等地的一些相似图像，认为三兔图形在几何学上实际是一个益智游戏；[①]英国学者苏·安德鲁等提交的《探索连耳三兔神圣的旅程》论文提要，对现知的一些同类图案的分布情况进行了简要梳理，并指出"连耳三兔图形也许是受粟特或萨珊的影响来到中国的"。[②]

2005 年，研究中国古代智力游戏探索项目的张卫、拉斯穆森先生在"第二届西藏考古与艺术国际学术讨论会"上发表了《佛教中的连耳三兔图像》一文，他们对世界范围内流行的三兔共耳图像进行了详细的比较，指出这一图案从发源地敦煌开始，遍布古代西藏的拉达克和阿里寺院，同时还出现在中亚和欧洲各地，并介绍了数量可观的三兔共耳图案和相关四兔图像。[③]2016 年，胡同庆先生在敦煌召开的"敦煌壁画艺术继承与创新国际学术研讨会"上发表了《论敦煌壁画三兔藻井的源流及其美学特征》一文，他在讨论三兔共耳图案源流的基础上，从美学角度对这一图案进行了较为全面的讨论，并指出敦煌文献中出现的回文诗与敦煌壁画藻井中三只兔子循环互相追逐奔跑的形式，颇有异曲同工之感，体现了当时敦煌的民众均喜爱具有趣味性的文学和艺术作品。[④]

此后，英国学者苏·安德鲁、克里斯·查普曼、汤姆·格利沃斯三人组成"三野兔"项目团队，对世界范围内的三兔共耳图案进行收集和研究，并于 2016 年将收集到的调查资料集结成册，出版了《三只野兔的神奇旅程》(The Three Hares : A Curiosity Worth Regarding)一书（图 1）。这一成果介绍了这些图像资料现存的基本情况，可惜没有进行深入的研究和讨论。[⑤]此书为我们讨论这一图案的流布情况提供了诸多方便，但就现存世界各地的此类图像资料来看，其论亦有商榷之处。

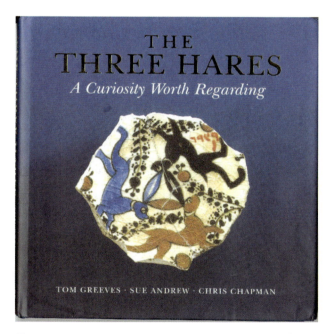

图 1　Tom Greeves, Sue Andrew, Chris Chapman《三只野兔的神奇旅程》

---

① 〔英〕大卫·辛马斯特：《三兔、四人、六马及其他装饰图案》，敦煌研究院编：《2004 年石窟研究国际学术会议论文集》（下），第 732—737 页。
② 〔英〕苏·安德鲁、〔英〕克里斯·查普曼、〔英〕汤姆·格利沃斯：《探索连耳三兔神圣的旅程》，敦煌研究院编：《2004 年石窟研究国际学术会议论文提要集》，第 179—180 页。
③ 张卫、〔美〕彼得·拉斯穆森：《佛教中的连耳三兔图像》，熊文彬：《第二届西藏考古与艺术国际学术讨论会综述》，《中国藏学》2005 年第 1 期，第 110 页。
④ 胡同庆：《论敦煌壁画三兔藻井的源流及其美学特征》，敦煌研究院编：《敦煌壁画艺术继承与创新国际学术研讨会论文集》，上海辞书出版社，2008 年，第 190—208 页。
⑤ Tom Greeves, Sue Andrew, Chris Chapman, *The Three Hares: A Curiosity Worth Regarding*, London: Skerryvore Productions Ltd., 2016.

总之，通过比较苏·安德鲁等学者收集到的相关资料，我们发现现存于世界各地的此类图像无论在时代信息方面还是在地理空间分布方面都存有某种规律性。按地理空间分布情况看，其基本分布于古丝绸之路沿线直至西欧各国；按时代信息看，中国最早，中亚次之，西亚更晚，欧洲最晚。这样一种有规律性的分布特点，应该不是偶然的，而是有着深厚的历史和时代原因。

图 2　莫高窟第 302 窟"三兔共耳"栏墙纹（隋开皇四年）

二　敦煌壁画中的三兔共耳图案

现存最早的三兔共耳图案出现于敦煌莫高窟佛教壁画中。从时代分布情况来看，敦煌壁画中的三兔共耳图案可能发端于北周末期，流行于隋和中晚唐时期，最终消亡于五代。莫高窟共计有 20 个洞窟绘制有这一图案，其中 17 个绘制在洞窟藻井图案中，4 个为天宫栏墙装饰图案。[1]最早者，当为有隋开皇四年（584）题记的第 302 窟天宫栏墙中的三兔共耳图案（图 2）；最晚者，当为五代第 99 窟三兔共耳藻井图案（图 3）。同时，隋第 416、420、427 窟栏墙纹中亦各绘有一方三兔共耳图案。其他则全部为绘制在藻井中的三兔共耳图案。[2]

具体来看，绘制三兔共耳藻井图案的洞窟分别为隋代第 305、383、397、406、407、420 窟，初唐第 205 窟，中唐第 144、200、237、358、468 窟，晚唐第 127、139、145、147 窟，五代第 99 窟。

检索以上绘制有三兔共耳图案的洞窟时代信

图 3　莫高窟第 99 窟三兔共耳藻井图案（五代）

息，有准确时代题记的洞窟共有 2 窟，且全部为隋开皇四年题记，分别为第 302、305 窟。

第 302 窟中心柱北向面下部可见重修痕迹，表层墨书有"隋开皇四年六月十一日"发愿文题记，底层露出部分壁画痕迹。需要指出的是，第 302 窟书写该题记的中心塔柱四周多处可见重层

---

① 胡同庆先生调查统计，莫高窟共有 16 个洞窟藻井绘有三兔共耳图案。胡同庆：《论敦煌壁画三兔藻井的源流及其美学特征》，敦煌研究院编：《敦煌壁画艺术继承与创新国际学术研讨会论文集》，第 191 页。
② 第 416 窟三兔极为模糊，不易辨认。陈振旺等对此进行了统计，认为共计有 18 个窟出现这一内容，见陈振旺、彭艳萍：《中西文化交流视野下莫高窟三兔共耳纹来源再议》，《艺术百家》2020 年第 1 期，第 169 页。

壁画，而该题记为表层壁画题记，故其开凿时代应早于开皇四年。[①]

第305窟为一覆斗顶形三面开龛窟，其窟内有三处纪年题记，分别为南壁龛下"开皇四年三月十五日"，北壁龛下东、西两侧各一"开皇五年正月"，西壁龛内北侧供养人间"大业元年八月十六日"。[②]

根据樊锦诗等先生的断代分期研究，北周洞窟的开凿时代"始于相当于西魏大统十一年（545）至隋开皇四、五年（584、585）之前"。[③]如此，则署有隋开皇四年、五年的第302、305窟当属北周时代风格。但从洞窟结构和壁画内容、风格等方面观察，第302窟应早于第305窟。

第302窟中心塔柱北向面下座身底层中央的重层发愿文题记，以及此窟四壁不可见的其他重层信息，似乎可以说明此窟除中心塔柱底层被覆盖重修外，其他壁画内容、风格与北周晚期壁画更为接近。尤其是绘制于天宫栏墙内的各式隐秘图案，几乎全部集中体现了北周中、晚期的特点，由此来看，第302窟天宫栏墙中的三兔共耳及其他类似的图案形式，属于北周晚期的可能性更大。关于这一点笔者在《敦煌莫高窟北朝晚期石窟中新发现的天宫栏墙隐秘图案》一文已做讨论，此不再赘述。[④]综上，此窟天宫栏墙中的三兔共耳当属敦煌首例三兔共耳图案。

与第302窟毗邻的完成于开皇五年的第305窟，其窟顶绘制有三兔共耳藻井，此是敦煌首例在藻井中绘制的三兔共耳图案（图4）。同时，需要指出的是，此两窟三兔共耳图案具有承续关系，即该图案首先作为一般装饰纹样出现在第302窟栏墙装饰纹中，随后发展为一种更为华丽的装饰图案出现在了第305窟藻井中。但总的来看，隋代初期的此类图案尚显生涩。而至隋代中晚期，三兔共耳藻井图案极尽繁华，如莫高窟第407窟三兔共耳藻井图案即为其杰出代表（图5）。此窟藻井为四方叠涩交接而成，藻井中心有八瓣莲花图案，莲花中心有三只追逐奔跑的兔子，三兔共用三只耳朵，整体画面产生出一兔双耳的艺术效果，造型极为优美。莲花四周分布八身满壁风动的飞天，姿态各异。藻井整体显得纹样丰富，生动活泼。

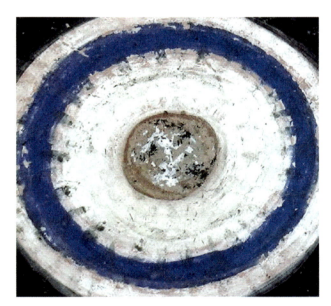

图4　莫高窟第305窟三兔共耳藻井图案（隋开皇五年）

---

① 第302窟中心塔柱北向面墨书有"隋开皇四年六月十一日"题记，该题记系中心塔柱北向面下座身底层中央墨书发愿文（此处发愿文有表里两层，按表层录文）。敦煌研究院编：《敦煌莫高窟供养人题记》，文物出版社，1986年，第125页。
② 敦煌研究院编：《敦煌莫高窟供养人题记》，第126—127页。
③ 樊锦诗、马世长、关友惠：《敦煌莫高窟北朝洞窟的分期》，敦煌文物研究所编：《敦煌研究文集》，甘肃人民出版社，1982年，第380页。
④ 赵燕林：《敦煌莫高窟北朝晚期石窟中新发现的天宫栏墙隐秘图案》，（中国台北）《夏荆山艺术论衡》2023年3月，待刊。

图 5　莫高窟第 407 窟三兔共耳藻井图案（隋代中晚期）

图 6　巴基斯坦斯瓦特塞杜沙里夫佛寺遗址 "三兔共耳" 浮雕（9—11 世纪）

（采自 Tom Greeves, Sue Andrew, Chris Chapman, *The Three Hares: A Curiosity Worth Regarding*）

三　三兔共耳图案的传播与流布

三兔共耳图案是否最早出现于敦煌，目前尚无确切证据，其究竟源于何处，历来为学界所关注。关友惠先生曾推测三兔纹是从西方（中亚）通过中原间接传到敦煌的。[①]也有学者认为在现有考古资料中，还无法找到三兔纹在中原地区的踪迹，在广大西域也未发现早于莫高窟的三兔共耳图案。[②]

但需要指出的是，1990 年于巴基斯坦北部河谷地带的斯瓦特塞杜沙里夫佛寺遗址出土的一方三兔共耳赤陶浮雕（图 6，现存巴基斯坦斯瓦特考古博物馆，编号：BKG1519），据意大利学者菲利真齐（Anna Filigenzi）研究，可能是 9—11 世纪的器物，他认为这一内容的传播应是从东方开始的，可能是通过伊斯兰教的调解进入中世纪的欧洲的。[③]菲利真齐的这一观点为英国学者汤姆·格利沃斯所认同。[④]而意大利学者康马太引文时却将此浮雕时间注为 6—7 世纪。[⑤]同时，李静杰等人根据巴基斯坦《斯瓦特塞杜沙里夫考古博物馆向导图册》刊印的这一器物，推测其可能制作于犍陀罗晚期，即 4、5 世纪前后。[⑥]显然，学界对于斯瓦特三兔共耳陶器的出现时间段尚未达成共识。从参与过斯瓦特考古工作这一角度考虑，我

---

① 关友惠：《敦煌石窟全集·图案卷》（上），商务印书馆（香港）有限公司，2003 年，第 154 页。

② 陈振旺、彭艳萍：《中西文化交流视野下莫高窟三兔共耳纹来源再议》，《艺术百家》2020 年第 1 期，第 169—173 页。

③ Anna Filigenzi, *The Three Hares from Bir-Kot-Ghwandai: Another Stage in the Journey of a Widespread Motif*, in *Studi in Onore di Umberto Scerrato per il suo settantacinquesimo compleanno*, ed. M.V.Fontana, B.Genito, Napoli, 2003, pp.327-346.

④ Tom Greeves, Sue Andrew, Chris Chapman, *The Three Hares: A Curiosity Worth Regarding*, pp.229-231.

⑤ Mattro Compareti, "The Wild Boar Head Motif among the Paintings in Cave 420 at Dunhuang,"《丝绸之路研究集刊》第 6 辑，商务印书馆，2021 年，第 282 页。

⑥ 李静杰、齐庆媛、李秋红：《三兔共耳图像的新发现新思考》，《美术大观》2022 年第 2 期，第 40—41 页。

们还是首推菲利真齐的观点，即斯瓦特三兔共耳陶器时代当在 9—11 世纪。

据胡同庆先生研究，从 10 世纪西藏古格连耳四兔，12 世纪末拉达克阿尔奇寺庙三兔、巴斯高寺四兔，以及伊朗铜盘上的连耳三兔来看，晚唐以后，莫高窟的三兔纹很可能是通过青海、新疆到达西藏，然后传播到印度等地。[①] 而苏·安德鲁、张卫等人认为，西方的三兔共耳图样主要出现于 12 世纪至 13 世纪，当时三兔共耳图样可能通过纺织品或其他工艺美术品沿着丝绸之路由东向西传播，也可能和东征军 1204 年占领君士坦丁堡后掠夺的大量东方艺术品流传到了西方有关。[②]

同时，我们利用英国学者《探索连耳三兔神圣的旅程》以及《三野兔——值得好奇的关注》等相关资料，现将世界各地所存三兔共耳图案按时间排序统计如下（表 1）。

表 1　亚欧各国现存"三兔共耳"图案基本分布一览

原分布地区		呈现载体	时代	现存地点
中亚和西亚地区	斯瓦特塞杜沙里夫遗址	赤陶浮雕	9—11 世纪	巴基斯坦斯瓦特考古博物馆
	伊斯兰风格	伊斯兰圆章模印玻璃	1100 年前后	德国柏林
	伊斯兰风格	天主教圣坛底座围板	1100 年前后	德国特里尔教堂
	土库曼斯坦麦色富（Merv）	模印陶瓷器具	12 世纪	土库曼斯坦马雷州
	阿富汗喀兹尼（Ghazni）	金属盘子	12 世纪末	阿富汗喀兹尼
	拉达克阿尔奇（Alchi）	布料	1200 年前后	印控克什米尔东南部
	伊朗	托盘	1200 年前后	伦敦
	科威特	瓷砖画	1200 年前后	科威特
	伊斯兰风格	伊斯兰瓶子	1200 年前后	圣彼得堡
	埃及和叙利亚	多色陶瓷器	1200 年前后	
	蒙古	铜币铸印	1281 年或 1282 年	伊朗
欧洲等地	德国海纳（Haina）教堂	教堂钟表	1224 年	德国海纳教堂
	法国威森堡（Wissembourg）	瓷砖画	13 世纪	法国威森堡
	英国伦敦坎特伯雷（Canterbury）	手抄本圣经	13 世纪末	英国伦敦坎特伯雷
	英国朗科兰敦（Lang Crendon）教堂	瓷砖画	14 世纪初	英国朗科兰敦教堂
	德国康士坦兹（Konstanz）	屋顶内外建筑构件	14 世纪	德国康士坦兹
	英国契斯特（Chester）	瓷砖画	1400 年前后	英国契斯特
	英国朗梅尔福德（Long Melfoud）教堂	镶嵌玻璃窗	15 世纪或更早	英国朗梅尔福德教堂

① 胡同庆：《论敦煌壁画三兔藻井的源流及其美学特征》，敦煌研究院编：《敦煌壁画艺术继承与创新国际学术研讨会论文集》，第 191 页。
② 〔英〕苏·安德鲁、〔英〕克里斯·查普曼、〔英〕汤姆·格利沃斯：《探索连耳三兔神圣的旅程》，敦煌研究院编：《2004 年石窟研究国际学术会议论文提要集》，第 179—180 页；张卫、〔美〕彼得·拉斯穆森：《佛教中的连耳三兔图像》，熊文彬：《第二届西藏考古与艺术国际学术讨论会综述》，《中国藏学》2005 年第 1 期，第 110 页。

由前文可知，敦煌最晚的三兔共耳图案为五代第99窟藻井图案。也就是说，敦煌石窟中现存最晚的三兔共耳图案，也基本可以确定要早于亚欧各国最早的这一图案。显然，以现存实物而论，无论如何，三兔共耳图案源于粟特或萨珊甚或其他地区的说法都是不能令人信服的，除非能够在以上地区发现比中国隋代更早的三兔共耳实物资料。

如果将苏·安德鲁等人所寻三兔共耳图案按时间先后排序，我们便会发现现存的这一图案在地理、时间分布上大致呈现出如下特点：世界各地现存三兔共耳图案以敦煌莫高窟为最早，蒙古、印度、中亚和西亚次之，西欧最晚。

这一实物遗存分布的时代、地域特点，应该不是偶然的。假设这一图案源于6世纪的敦煌，则可以得出这一图案以敦煌为起点，最早在9—11世纪沿丝绸之路逐渐向蒙古、印度、中亚等地传播，后又经由蒙古和印度再次向中亚、西亚各国传播，最后从中亚、西亚向非洲的埃及、欧洲各国传播的结论。从现存世界各地的这类图像资料来看，这样一条脉络似乎是清晰而合理的。毕竟，

现存的这类图案呈现出东早西晚规律的事实是无可辩驳的。

众所周知，三兔共耳图案采用了中国传统装饰图案"共生"的创作手法，关于这一点，余俊雄、胡同庆等先生已有详细讨论。所谓"共生"的创作手法，其实就是将两个或两个以上相同造型元素的相同部分叠加重合在一起，在构成一种完整图形的同时，又不破坏单体结构的完整性，从而形成一种新的装饰图案的艺术创作手法。现存的此类图案，最早出现在中国新石器时代的彩陶（图7）和玉器上，随后在春秋战国时期的铜敦盖、漆器上出现了三兽纹以及类似形式的图案（图8）。最为突出的是汉代瓦当上的三雁纹（图9）、画像石上的三鱼共首纹（图10、图11）等。

在西方，类似的装饰图案虽然也有分布，但其资料少之甚少。大卫·辛马斯特曾在其《三兔、四人、六马及其他装饰图案》一文中讲到，在公元前1500年埃及第十八王朝蓝色彩陶碗上就绘有三鱼共头图案。[①]可惜无图公布，亦查无具处。同时，从现有的各类资料来看，在印度艺

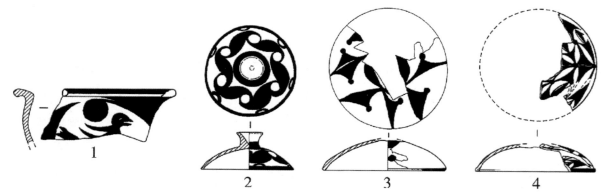

图7　表现飞鸟环护天极的图像（仰韶文化庙底沟类型）

（采自李新伟《仰韶文化庙底沟类型彩陶的鱼鸟组合图像》，《考古》2021年第8期，第78页）

---

① 〔英〕大卫·辛马斯特：《三兔、四人、六马及其他装饰图案》，敦煌研究院编：《2004年石窟研究国际学术会议论文集》（下），第734页。

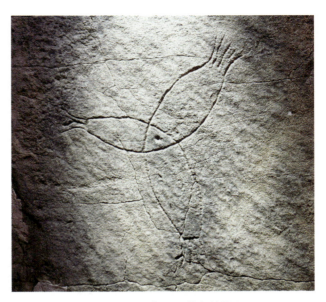

图 10　河南巩县石窟汉画像石（笔者拍摄）

图 8　战国漆器 三凤纹 湖南长沙出土
（采自吴山编著《中国纹样全集·战国、秦、汉卷》，山东美术出版社，2009 年，第 108 页）

图 11　山西离石县马茂庄汉画像石（太原重阳宫藏，笔者拍摄）

术、粟特和萨珊波斯艺术中并没有三兔共耳或与之风格类似的装饰纹样。一般认为，粟特和波斯艺术中的奇禽异兽、神异鬼怪纹样采用了"借用"或"嫁接"的表现手法，在设计思想方面与三兔共耳之"共生"方法明显不同。相反，中国历代纹样作品中有大量的共生图案，且多与三兔共耳图案相似。

图 9　汉代瓦当 三雁纹 陕西文管会藏
（采自吴山编著《中国纹样全集·战国、秦、汉卷》，第 348 页）

根据相关研究，与之类似的三鱼共首等共生图形，其意涵多与生命繁衍、祈福相关。有学者认为："汉画像石上的'三鱼同首'这个复合图像同样包含着一种复合的内涵，它既是人间生命繁荣的祥瑞象征，又内含着对生命无限延长的神性祈盼。"[1] 故此，我们认为三兔共耳图案与三鱼同首图案所传达的意涵应该相仿，至少应包含有相近之意。

四　三兔共耳图案的内涵

有意思的是，北京房山云居寺唐开元十四年（726）《大唐云居寺石经堂碑》残碑碑文中存有"三兔齐飞"之语，这是目前可以查询到的与"三兔"直接相关的文献资料（图12）。碑云："十鸟并行，□□金刚之坚；三兔齐飞，更得宝函之旨，岂同年而语哉！大苾刍玄英，释门之清

图12　唐开元十四年（726）《大唐云居寺石经堂碑》残碑碑文中的"三兔齐飞"等内容
（采自中国佛教协会编《房山云居寺石经》，文物出版社，1978，第84页）

---

[1]　吴晓玲、韩永林：《汉画像石中"三鱼同首"图像内涵考析》，《装饰》2009年第1期，第92—94页。

俊也。"① 对照碑文，"三兔"与"十乌"并列，而且十乌并行可得"金刚之坚"，三兔齐飞还可得"宝函之旨"。

与《大唐云居寺石经堂碑》书成时间相近的诗人韩琮《春愁》一诗中写道："金乌长飞玉兔走，青鬓长青古无有。"② 韦庄在其诗《秋日早行》中亦言："行人自是心如火，兔走乌飞不觉长。"③ 两诗中，诗人分别以乌和兔指代日与月，并以此感叹时光之不待。显然，在这一时期，乌和兔指代日与月已成一般共识。

月中有兔的说法在中国至少可以追溯到西汉前期，在湖南长沙马王堆一号墓出土的绘有日、月图像的帛画中，月亮中就已经出现了蟾蜍和玉兔的形象。这一点在西晋傅玄著《拟天问》中亦有明说，其道："月中何有，白兔捣药"，"月为阴水，白兔之形"。④ 为何月中有兔，西晋张华《博物志·物性》曰："兔舐毫望月而孕，口中吐子，旧有此说，余自所（未）见也。"⑤ 这一认知显然是回归到了理性认知的层面。但此后一段时间，相关论述依然为传说所左右。如唐李贤注《后汉书·天文志》"今绍汉书作天文志……言其时星辰之变，表象之应，以显天戒，明王事焉"时即说："日者，阳精之宗。积而成鸟，象乌而有三趾。阳之类，其数奇。月者，阴精之宗。积而成兽，象兔。阴之类，其数耦。"⑥ 又《隋书·七曜》曰："月为太阴之精，以之配日，女主之象也。"⑦ 据此可

知：古人认为世间的兔子都为雌性，只有月亮中的兔子为雄性，而且兔子生殖能力极强，可谓多子多福的象征。又女性和代表月亮的兔子都属阴性，所以兔子不仅是月神的化身，也是"阴水"的延展，此和藻井这一洞窟中心图案以水克火之功能一脉相承。⑧

综上，月中有兔的说法不仅与中国传统的阴阳思想有关，而且对照前揭《大唐云居寺石经堂碑》碑文"十乌并行""三兔齐飞"等说辞来看，其含义应在表明天道运行之规律，日出可得金刚之坚，月行可得宝函之旨。而金刚之坚、宝函之旨皆为佛教之大成就。

据此我们推测，当时的艺术家极有可能会根据类似《大唐云居寺石经堂碑》碑文的中国传统文献绘制出"十乌并行""三兔齐飞"的相关图像，而这一图像有可能借鉴或采用汉画像石"三鱼共首"的共生艺术创作手法，创造性地绘制出"三兔共耳"图案，以此表达"三兔齐飞"之意。需要指出的是，隋初的三兔共耳藻井图案在形式上依然没有摆脱早期"三圆三方宇宙模型"藻井图案的影响。如建成于隋开皇四年的第305窟藻井图案明显可见早期"三圆三方宇宙模型"的影子，只是在其中央小圆中绘制了显得更为华丽的三兔共耳图案而已（图13）。

所谓"三圆三方宇宙模型"藻井图案，是依据北京大学藏秦简《鲁久次问数于陈起》中所述的

① 中国佛教协会编：《房山云居寺石经》，文物出版社，1978年，第84页。
② 《全唐诗》卷565《韩琮》，中华书局，1960年，第6548页。
③ 《全唐诗》卷695《韦庄一》，1960年，第7997页。
④ （清）严可均辑：《全上古三代秦汉三国六朝文·全晋文》卷46，上海古籍出版社，2009年，第469页。
⑤ （晋）张华撰，范宁校证：《博物志校证》，中华书局，2014年，第45页。
⑥ 《后汉书》志第十《天文上》，中华书局，1965年，第3216页。
⑦ 《隋书》卷20《天文志》，中华书局，1973年，第555页。
⑧ 赵燕林：《莫高窟"三兔藻井"图像释义》，《西北民族大学学报》2017年第5期，第125—131页。

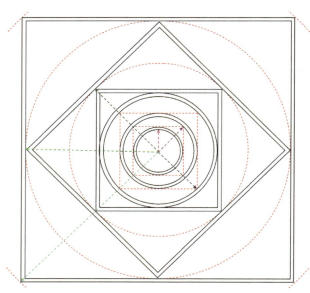

图 13　莫高窟第 305 窟三兔共耳藻井图案（隋开皇四年）及其"三圆三方宇宙模型"结构示意图

"地方三重，天员（圆）三重"、由方和圆相互套嵌的宇宙模型而形成的藻井图案。它由中心三个圆外切三个正方形的形式构架而成，三圆直径分别等于三方边长，三圆直径之比和三方边长之比都为√2及其倍数，即藻井图案中的小、中、大圆（方）的直径（边长）之比为"5：7：10"。√2这一特殊的勾股数，在中国传统宇宙理论中体现着天圆地方、天人合一的哲学观念，而且这种含有明确数理关系的"方、圆"图像，以"形"与"数"之间的比例关系揭示了"数之法出于圆方，圆出于方，方出于矩，矩出于九九八十一"①的"方圆"宇宙观念。这一传统宇宙观念从佛教艺术传入中国之初便进入佛教洞窟，表明佛教宇宙观念与中国传统宇宙理论不谋而合，体现了"天人合一"与"因果轮回"思想的相互观照，这也是佛教洞窟内容在这一时期被中国化的主要原因。②

从莫高窟现存洞窟的藻井图像内容来看，北朝 5 个藻井图案（莫高窟第 272、285、249、296、461 窟）全部为利用中国传统"三圆三方宇宙模型"的图案实例（图 14、图 15）。这一图案为隋初的藻井图案所继承，而后逐渐被装饰繁复、形式多样的三兔共耳、覆莲等图案所取代，但其内涵依然与中国传统文化中的北斗信仰、月神信仰、多子多福等观念一脉相承。③

总的来看，《大唐云居寺石经堂碑》碑文是佛教利用中国传统文化阐释教义的一个例证。其中的"三兔齐飞"等相关内容在中国传统"共生"艺术手法的观照下得以通过图案被表现出来；或者这一图像被形象的文本内容所记载，只是同时被注入了更多的佛教内涵。也由此可知，三兔共耳这一装饰图案极有可能是中国传统文化在佛教中国化过程中的创造，是中国传统文化对佛教艺

---

①　佚名：《周髀算经》卷上，文物出版社，1980 年，第 2 页。
②　赵燕林：《敦煌早期石窟中的"三圆三方"宇宙模型》，《自然辩证法研究》2019 年第 7 期，第 88—94 页。
③　赵燕林：《莫高窟"三兔藻井"图像释义》，《西北民族大学学报》2017 年第 5 期，第 125—131 页。

图 14　莫高窟第 285 窟窟顶三圆三方图案（西魏）

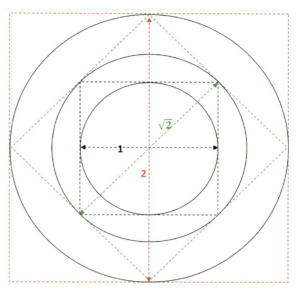

图 15　三圆直径与三方边长计算示意图

术的贡献。

结　语

　　概言之，世界各地现存的三兔共耳图案，从其分布特点来看，具有极强的连贯性，即这一图案是按照中国最早，蒙古、印度、中亚、西亚次之，埃及、欧洲各国最晚这样一条路径分布的。这样一种特点，使得我们更有理由相信，三兔共耳图案是从中国自东向西传播至世界各地的，而非从西亚和中亚自西而东传往中国的。根据出土的《大唐云居寺石经堂碑》碑文可知，佛教利用中国传统文化中的"十乌""三兔"代指太阳、月亮，尤其是碑文中的"三兔齐飞"很容易让人将其与"三兔共耳"图案联系在一起，毕竟它们之间存在诸多一致性。所以，我们认为，"三兔共耳"图案传达的意蕴与覆莲藻井、星象图案、三兔藻井图案一脉相承。它们是特定历史背景下中国传统文化和佛教文化与其他文化思想的有机结合，更是洞窟功德主朴素的多子多福与生生不息愿望美好寄寓的图式反映。

Swords and Daggers with P-, R- and D-shaped Scabbard Fittings: Opportunities for New Approaches to Understanding Some Aspects of the History of Eurasia[*]

Irina Arzhantseva

(Institute Ethnology and Anthropology
Russian Academy of Sciences, Higher
School of Economics)

Igor Gavritukhin

(Institute of Archeology Russian
Academy of Sciences)

In the 6th and 7th centuries, a series of finds in Western Europe (Langobard in Italy, as well as in the Merovingian realm) show innovations in armaments and military costume, which bear unmistakably oriental features. These new elements do not replace older features, but extend the range of existing features; they include, among others:

Swords worn at an angle, as well as daggers with angeld suspension which is recognizable from the types of scabbard brackets;

Iron stirrups;

Lamellar armor and helmets;

Belts with suspended straps, recognizable by their multiple-part sets, strap distributors and strap ends.

The appearance of these innovations in Europe is traditionally explained with the appearance of the Avars in Europe and the influence of their powerful khaganate on warfare and other aspects of material culture (although the composite belts, at least, appear in the west before the Avars and may have been transmitted through Byzantine influence). The Avar link which seems to be self-explanatory has been regularly used for dating and other inferences.

In this paper, we are testing this 'Avar hypothesis' by looking at the diagnostic forms of scabbard mounts (resembling the letters P, D and R) which are associated with diagonally suspended edged weapons, in particular single-edged swords (sometimes, and not entirely accurately, called 'pallashes') which are the first step in the evolution of the sabre. The presence of these mounts is a clear indication of the distribution in space and time of weaponry which is part of a new, lighter type of armament (sometimes called 'nomadic') appearing over a wide area of Eurasia in the 6th and 7th centuries. In this process, the heavy and broad, two-edged, vertically suspended sword (similar to the Roman 'spatha') is superseded by a diagonally suspended single-edged (occasionally double-edged) sword which hangs by two straps and special mounts. Diagonally hung daggers were associated with the appearance of this new sword, and they participated in the chronological and spatial transmission of the light 'cavalry sword'.

We are gathering here the available and accessible material (some of it unpublished or insufficiently published), ordering it typologically and geographically, and evaluating the relationship between varying forms. The focus is on bladed weapons the scabbards of which were fitted with brackets in the shape of the Latin letters P, R or D. These variations appear to reflect cultural contexts since such shapes are not really determined by function; brackets of other shapes could have performed the same function. The evidence is discussed and categorized here by regions in order to arrive at a geographically coherent picture. It is not possible, nor intended, to provide a complete catalogue of the evidence, and illustrations are limited to the most diagnostic or otherwise important specimens. While our survey therefore has gaps, we are confident that it is based on a representative series of cases from the key regions and that it offers a sufficient basis for an overall picture.

A few words, although necessarily brief and selective, need to say about the recent history of research on these objects and their relevance. The first modern review of the relevant swords and daggers in their Eurasian context was written by Anatoly Ambroz[1]. His compact text published after his illness and death (August 1985), remains relevant almost 40 years after publication. Csanád Bálint[2] drew up a distribution map of relevant artefacts, based on the work of Ambroz and Éva Garam, supplemented with new finds; Gergely Csiky[3] produced a new selective version with a helpful overview of the evidence. Further observations and analyses on new or neglected evidence was added by Igor Gavritukhin[4], Irina Arzhantseva[5] and Nikola Khrisimov[6]. Far Eastern and Iranian finds have been compiled and analysed in several important publications by Alexander Koch[7].

---

[1] Ambroz 1986.
[2] Bálint 1993, pp,269-270, Karte 8.
[3] Csiky 2015, pp.311-314, map 51.
[4] On Eastern Europe: Гавритухин, Иванов 1999, pp.119-126.
[5] Central Asia: Аржанцева 1987; Аржанцева, Иневаткина 2004; Arzhantseva, Inevatkina 2005; Arzhantseva, Inevatkina 2006.
[6] On the Balkans: Хрисимов 2008.
[7] Koch 1998; Koch 1999; Koch 2005; Koch 2006.

Central Asia

While there are only a few isolated finds of relevant artefacts in Central Asia, the Sogdian wall paintings contain striking evidence that more than makes up for the lack of finds of weapon parts. Much of this pictorial evidence is well dated and relates not just to local cultures, but also their neighbours. The most important wall paintings are from the palaces of the rulers of Sogdiana and Ustrushana, early medieval states in central Asia: Afrasiab (third quarter of the 7th century AD), Varakhsha (late 7th to early 8th century AD), Pendjikent (first quarter of 8th century AD) and Kalai-Kakhkakha I (late 8th to mid-9th century). Since their subjects are battle scenes, mythological scenes, court receptions and banquets depicted in the so-called 'ethnic realism' style, the paintings make available to us an entire 'arsenal' of weaponry of peoples from all over the region. All these wall paintings date to the period before the Arab conquest and thus reflect the layer of a distinct pre-Islamic material culture of Central Asia.

The Afrasiab paintings have a very distinct theme: the arrival of foreign embassies at the court of the ruler of Sogdiana, Varkhuman[1]. The scenes in the paintings show a veritable 'museum' of weaponry. The representatives of various states and princedoms, identifiable by their ethnic dress styles, are shown with the swords and daggers which are most appropriate for their formal attire. P-shaped scabbard fittings are best visible on the daggers of the ambassadors from Chagania (in modern Uzbekistan and Tajikistan) (Fig. 1: 6-8). The type of this weapon is very interesting. Similar forms of this interesting weapon are shown in a number of other paintings of Central Asia (Fig. 1: 3-5, 9-11[2]), reconstructed by A. Ambroz on the basis of the finds from Lake Borovoe in Kazakhstan (Fig. 1: 1). The date of the Lake Borovoe complex has long been controversial, but the discovery of a very similar, clearly imported dagger in a grave at Kyerim-Loo in southeastern Korea (Fig. 1: 2[3]) testifies to the wide distribution of such daggers as early as the 6th century. The date is confirmed by a depiction in grotto 69 in Kyzyl (Fig. 1: 3). This type of dagger as well as similar fittings on swords are found at Afrasiab (Fig. 1: 13) testifying to the stability of the tradition. A modification of this type of dagger is represented several times in the Pendjikent wall paintings (Fig. 2: 8), but their design is that of a local workshop. And the continuation of the tradition, again local particularities, may be seen in the series at Kalai-Kakhkakha (for example, Fig. 2: 5, 6, 10).

---

① There has been quite a lot of discussion about the motif on the western wall of the "Hall of Ambassadors" at Afrasiab. A widely accepted interpretation, originally suggested by I.L. Al'baum in his 1975 monograph, held that this is the reception of foreign ambassadors at the court of Varhuman, ruler of Samarkand (Albaum 1975, p.56); B.I. Marshak believed that this was a procession of worship for a goddess (Marshak 1994, pp.5-20); while Markus Mode thought that it shows a reception at the residence of the Turkish kagan (Mode 1993, pp.105-118).

② Koch 1999, Abb. 9 top and bottom.

③ Koch 1999, p.419.

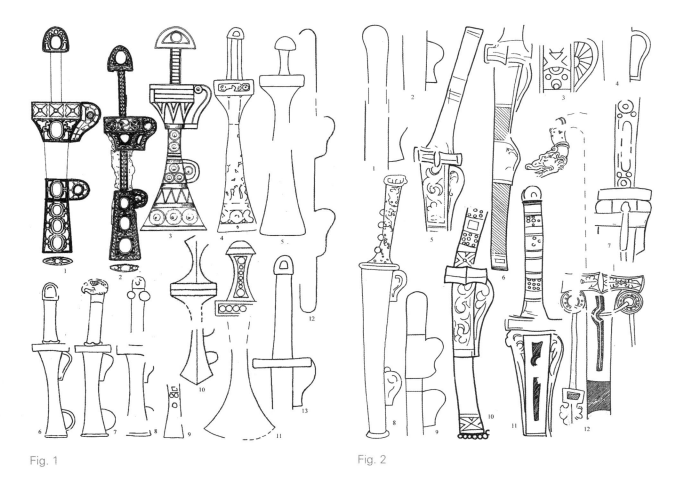

Fig. 1   Fig. 2

The Kalai-Kakhkakha paintings are the latest in date, providing us with pictures of weapon types resulting from a further development of local types. It is noteworthy that all daggers shown here have the hilt set at an angle to the blade (Fig. 2: *5, 6, 10*). Such types are not uncommon in the Pendjikent paintings (Fig. 2: *8*), but are extremely rare at Afrasiab (for one of the few cases, see Fig. 1: *7*) and in other pictorial representations[1]. We see a similar and near-contemporaneous case of the spread of such weapons in Europe: from isolated finds of daggers not earlier than the second half of the 7th century (as in Fig. 6: *2*) to a wide distribution of such daggers and sabres in the period of the Khazar Kaganate (from the 660s – 680s).

On the steppes, however, daggers with angled hilt are known from, at least, the turn of the 3rd to the 4th century. Bladed weapons with angled hilt are abundantly represented on the Turkic stone statues, but most of them date to the period of the Second Eastern Turkic Kaganate (680s – 845) or later. However, the 4th to 7th centuries on the steppes are

---

[1] Koch 1999, Abb. 9.

less well represented by archaeological finds and images than the subsequent period. Therefore, the hypothesis of a connection of angled-hilted weapons with the steppe zone of Asia seems to us the one which is most consistent with the currently available evidence.

The swords at Kalai-Kakhkakha (Fig. 2: *12*, among numerous examples of local type) show a number of archaic features (vertical suspension with corresponding mounts, massive crosspieces and equally massive bouterolles). Occasionally they have P-shaped fittings, reminiscent of the brackets on dagger sheaths (Fig. 2: *11*), but the suspension system of these swords is clearly vertical. At this time, such archaic swords were probably a local phenomenon. In the paintings at Afrasiab (with a few exceptions, as in Fig. 2: *7*) and in Penjikent, swords are diagonally suspended. As we can see from the case of the Sogdian cultures, borrowings in weapon types often assume familiar local forms, which include P-shaped fittings. And the borrowings themselves are selective, reflecting the different forms of their adaptation into the traditional systems of weapon types, methods of combat and military education.

The overwhelming majority of the fittings from Central Asia discussed here are P-shaped, with a smooth transition from the top to the bottom (Fig. 1: *1-3, 6-8, 12-13*; Fig. 2: *4-11*). Their prototypes can be seen in brackets resembling half of a 'heart', known on scabbards for Persian *akinakes* (short swords) of the Achaemenid and Scythian period which became widespread among their Iranian-speaking neighbours. While this form was used for weapons which were not diagonally suspended, it remained in use up to the period discussed here (Fig. 2: *3*). It should be noted that the P-shaped scabbard fittings of all daggers and some swords at Kalai-Kakhkakha have markedly elongated proportions (as Fig. 2: *5, 6, 10, 11*), while there is only a single case of such a shape on a sword in the Afrasiab paintings (Fig. 2: *7*); analogies are found in a number of Chinese cases. There are also isolated cases of R-shaped fittings at Afrasiab and some other Central Asian sites (e.g. Fig. 2: *1, 2, 9-top*), reminiscent of Iranian specimens.

Iran

Despite the obvious contacts of its civilization to many cultures, the relevant evidence from Iran is rather fragmentary, consisting mostly of isolated finds without exact provenance[1]. Pictorial evidence from rock reliefs and metalwork does not fully compensate for this lack. We may assume the existence of individual workshops in Iran whose special characteristics are reflected in types and variations that are typical of the region.

The first sword type occurring in Iran has a number of distinctive features: scabbard fittings in the shape of an R with a sharply protruding lower part (Fig. 3: *1-4, 6*), a 'scale' ornament characteristic of local traditions on scabbard and hilt, and a complex

[1] Koch 2005, pp.231-234.

outline and profile of the hilt. Parallels of these R-shaped fittings occur in Central Asia (Fig. 2: *1, 2, 9-top*), which is not surprising given the long-standing ties between these regions and the Sassanid control of parts of Central Asia, and in a number of places in Europe. The second type of Iranian sword appears to be a re-working of the first type, and is characterized by a smooth notch on the scabbard mount (Fig. 3: *9, 10*). A magnificent example in the Metropolitan Museum (Fig. 3: *5*) demonstrates the perfection of this type in Islamic times.

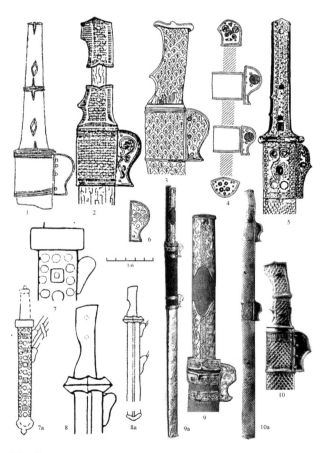

Fig. 3

P-shaped mounts are shown in images in an Iranian rock relief at Tak-i-Bustan, and on the dish with the so-called 'Sogdian Horseman' (Fig. 3: *7, 8*); however, these mounts have no analogies in actual finds of artefacts. Possibly they are not a real type, and the types of the respective sources may account for their shape. On the other hand, these images can be compared with the types of scabbard mounts represented further east (Fig. 1: *12*) where researchers are convinced of the accuracy of details in Central Asian wall paintings.

In the absence of datable archaeological contexts for relevant Iranian weapons, dates are provided only by these pictorial representations. The earliest diagonally suspended sword with P-shaped brackets is shown at Tak-i-Bustan (Fig. 3: *7*), identified as the shahanshah (king of kings) Khosrow II (590 – 626); the shape of the bouterolles and the large crosspiece testify to the archaism of this sword. The 'Sogdian Horseman' dish (Fig. 3: *8*), dated to the 7th – 8th centuries or even the 8th century, gives an even later date for a sword with P-shaped mounts. The crosspiece of this sword is not usual for Iran; it has a wide range of analogies, mainly in Byzantine contexts, but it is also known further east[1].

Thus, diagonally suspended weapons probably appeared rather late in Sassanid culture, and in cases where the acquisition of extant specimens can be localized, they are associated with Daylaman or other provinces in the north of modern Iran. It is therefore

---

[1]   Eger 2014.

possible that they reflect only local traditions within the wider Sassanid Empire.

Far East

China has a small number of P-shaped scabbard mounts of swords (not daggers) and their pictorial representations. These are found in a cluster in what was then the north of the country[①], that part of China which was subject to influences from steppe nomads and from Central Asia, in particular from Sogd along the Silk Road. The sample compiled by Koch[②] consists of four artefactual finds and six cases on statues and in wall paintings, most of them in Imperial tombs and the tombs of famous generals. These give very exact dates for P-shaped mounts, ranging from AD 569 to 710[③].

The adoption of an obviously foreign suspension type in China is significant against the background of its generally independent system of weaponry. The angled suspension of bladed weapons offered advantages for mounted combat, and from the 6th century onwards it was transferred, together with another new element, the quillons (guard or crosspiece), to specifically Chinese types of swords with single-edged straight blades. The existence of an earlier version of angled suspension, perhaps with scabbard mounts made of organic material, is possible[④], but remains pure speculation.

The earliest swords with angled suspension, associated with the burials of General Li Xian (569) and Emperor Wudi (578), have P-shaped scabbard mounts (Fig. 4: 7) as known from Central Asia, and R-shaped mounts (Fig. 4: 9) resembling those of the Iranian type 1 which are also represented in Central Asia. The scabbard fittings of the long sword (Fig. 4: 8) on the figurine from the grave of General Zhang Sheng (594) are most likely a reworking of these types. On a sword from a tomb at Beijeushan, dated around 600 (Fig. 4: 6), we already see a crosspiece, which is unusual for Chinese traditions, and a mount resembling earlier forms, but with an openwork frame which is found on a number of local products. These are the mounts that were to become popular in Japan. In the era of unification and resurgence of China during the T'ang dynasty (618-902), judging by the sword from the grave of General Li Ji (669) (Fig. 4: 5) and other evidence, Chinese weapons mainly developed on the basis of previously developed features.

All R- and P-shaped mounts in the Chinese cases discussed above have an elongated shape. This appears to be a local feature, like many other design elements of these weapons. Their later single analogies in Afrasiab and Kalai-Kakhkakha may be explained with Chinese influences associated not only with the Silk Road, but also with the military

---

① Distribution map in Koch 1998, p.572 Abb.1.
② Koch 1998; 2006; see also Yang 1992.
③ Chronology table in Koch 1998, 592, Abb. 8.
④ Koch 2006, p.189.

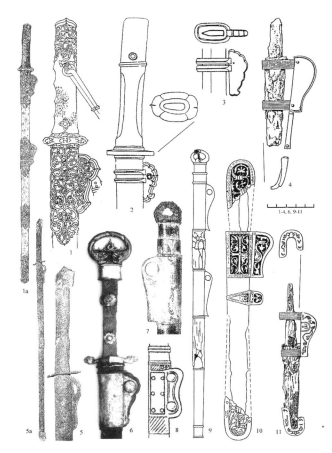

Fig. 4

themselves, it seems that the widespread distribution of this element could not have been possible without the Kaganate having been involved or affected.

The impression that in the Far East, P-shaped mounts are associated with high social levels and far contacts to the west is strengthened by the only known case from Korea, the highly ornate dagger from a grave at Kerim-Loo. Its Central Asian parallels have been discussed above. Koch [1] has dated the entire grave complex to the 6th century, with a preference for its first half on account of the grave-goods custom. However, if we assume that diagonal sword and dagger suspension was spread by or through the Turkic Kaganate, then Kerim-Loo should be attributed to the second half of the 6th century. But it cannot be ruled out either that the earlier empire of the Juan-juan (Rouran) could have been an intermediary between Central Asia and Korea before it was brought down by its rebellious Turkic subjects in the early 550s.

Japanese finds represent a very idiosyncratic local re-working of the relevant weapon types (see Fig. 4: 1-3). The scabbard mounts and certain other elements of these swords have nothing in common with the weapons of local Korean and Japanese traditions. The earliest cases of interest here (similar to Fig. 4: 1) date to the end of the 7th century, other cases are of 8th century date; the likely prototypes of this series may well go back to the second half of the 7th century. The shape of these fittings appears to have been influenced

expansion of the T'ang empire to the west which included the occupation of lands in Central Asia.

The earliest Chinese cases of angled suspension coincide with the peak of power of its northern neighbour, the First Turkic Kaganate (from the 550s) which stretched from northern Korea in the east to Central Asia in the southwest; after the defeat of the Hephthalite state in alliance with Iran, the border of the Kaganate with the Sassanid Empire was established in 567 along the middle Amu Darya. Although we do not have evidence of the use of P- and R-shaped scabbard mounts by the Turks

[1] Koch 1999, p.419.

by earlier Chinese designs (as in Fig. 4: *6*).

Middle Danube

Previous research by D. Csalány, N. Fettich, É. Garam, A. Kiss, L. Simon, E. Tóth and others has subdivided the swords of this region under the control of the Avars into several types.

(1) Swords without a pommel, with small crosspiece and R-shaped scabbard mount of characteristic proportions (a small semi-circle and long, nearly triangular plate (Fig. 5: *1-4*). This type of mount is found almost exclusively in the Carpathian basin, and in one case (Ivancsa) was used by the Avars on a new form of weapon: the sabre (Fig. 5: *5*). The complex from Ivancsa dates to around the final third of the 7th century; all others (the ones with swords) are earlier, some of them from the second or third quarter of the 7th century.

(2) Swords without pommel and crosspiece, and with D-shaped scabbard mount. One sub-type (Fig. 5: *7, 9-11, 13-16*) has a D-shaped mount with a sharply protruding lower part, often also two 'beads' in the middle; another sub-type has a mount with a weakly defined lower protuberance. Our own survey fully confirms A. Ambroz's observation that sword mounts of the first sub-type are typical of the Middle Danube; they clearly reflect the existence of a local workshops whose products are dated no later than the third quarter of the 7th century. Mounts of the second sub-type (Fig. 5: *17*) are represented by isolated finds, but are well known in Eastern Europe.

(3) Closely similar to type (2), but with R-shaped scabbard mounts. These mounts are rare in the Middle Danube region (Fig. 5: *8, 12*), but can be found in the Caucasus and with one of the Iranian types of swords and daggers (although with a different design, Fig. 3: *1, 6*).

There have been sporadic finds of swords with scabbard mounts of clearly P-shaped form (Fig. 5: *6*), sometimes with a protrusion in the lower part (Fig. 6: *13*). These fittings have their closest parallels among the numerous finds in Eastern Europe, but the construction of the swords themselves is in no way different from the ones discussed above.

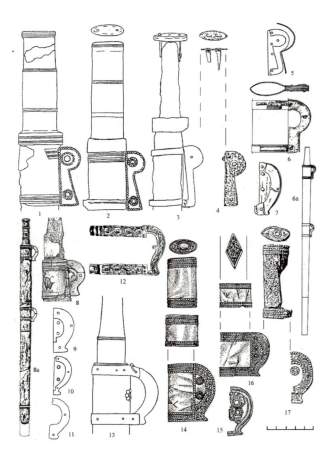

Fig. 5

Typologically and by associated finds, swords of types 2-2 and 3 are among the earliest. It is therefore likely that these forms were brought in by the first immigrants, although there is no definite evidence of this. In pre-Avar times, diagonally suspended weapons were not known in this region. The only question is posed by the fitting from the 'treasure of Mojgrad' (Fig. 6: *17*), but this is a purchase from an antiques dealer and the association is uncertain[1]; moreover, it was bought in the north of modern Romania where there are no Avar cemeteries. Types 1 and 2-1 which are very frequent in the Middle Danube region seem to be local reworkings of models that were brought in and/or borrowed here a bit later. Singlly occurring variations may also have been brought in during the migrations, may have survived as a 'relic', or be the result of contacts.

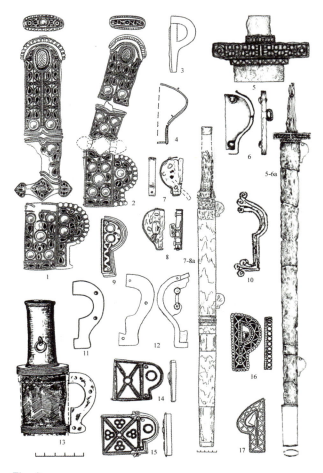

Fig. 6

Italy

From Central Italy, we have the finds from the well-known sites of Noĉera Umbra and Castel Trosino, with finds from the latter site often published as coming from Chiusi[2]. These cemeteries are associated with the Lombards (Langobards) who moved to Italy after 568. This *terminus post quem* is significant because the decoration of the daggers found here is thought to be associated with Byzantine (or more broadly, Mediterranean) traditions. In Italy, we may distinguish two sub-types of suspended weapons (exclusively daggers):

(a) a larger type, richly ornamented, with a combination of one R-shaped and one semicircular scabbard mount (the former with a small protuberance in its lower part). It has been found at Castel Trosino (Fig. 4: *10*), as has been an equally rich specimen published as being from Chiusi;

(b) a smaller type, with a single P-shaped mount which does not have a protuberance in its lower part. One specimen (Fig. 4: *11*) has a pommel, scabbard edging and ornament of the tradition usually

---

[1] Ambroz 1986, pp.56-57.

[2] Vallet 1995; Paroli, Ricci 2007, p.7.

represented by subtype «a». A second dagger (Fig. 4: *4*) differs only in that it is less richly decorated. Both have been found at Noĉera Umbra.

Both sub-types have a number of parallels in the Central Asian tradition (for example, Fig. 1: *6-8, 12*; Fig. 2: *1, 8, 9*), but decorated in a distinctly Mediterranean style. They appear to be of Byzantine origin, or they are prototypes reflecting the picking up of influences from the east of which there were many in Late Roman and Early Byzantine culture.

Eastern Europe and the Caucasus

Our discussion of these regions is based on a selection of the evidence because there are no catalogues and inventories of the relevant finds which are, morfeover, heterogeneous and difficult to classify. This is for the most part due to the fact that there are only isolated cases from each of the various cultures. This is compounded by a controversial debate about issues of dating for the period from the middle of the 6th to 7th centuries; dating here is based on our own research (I.G.).

P-shaped mounts with sharply accentuated outline have been found in a wide range of Eastern European contexts. The paucity of finds makes it difficult to arrange these cases typologically and spatially, although such attempts may be promising in future. The following observations therefore cannot be more than a sketch of the situation.

Two such finds (Fig. 6: *16, 17*) may be associated with Byzantium or its traditions, judging by their forms and the cloisonné decoration. Diagonally suspended bladed weapons (Fig. 7: *17*) have been known in Byzantium since at least the middle of the 6th century[①]. The purchased antique said to be from the Taman Peninsula (Fig. 6: *16*) can be linked to the Bosporan territory annexed by Byzantium at the end of the 520s or beginning of the 530s. The same context is likely for acquisitions from Kerch (Fig. 6: *14-15*) which have a similar shape of scabbard mounts and a complex decoration technique. The antique "from Mojgrad" (Fig. 6: *17*) originated, according to the sellers, in the area which by the 6th century was settled by Slavs. Their raids on Byzantium are recorded from the 520s onwards, and we know of small numbers of Slavs serving in the Byzantine army from the middle of the 6th century. A veteran returning home might well take such a sword with him, be it trophy or part of his own weapons.

A sword with cloisonné guard originating from the steppes on the lower Kuban River (Fig. 6: *5-6*) is quite common for swords associated with the Mediterranean in the second half of the 5th to the early 6th centuries, and only occasionally a little later. Its scabbard is in a different style and obviously later, and the 'Early Heraldic' belt set dates the associated finds to the middle to second half of the 6th century. The form of its mounts resembles most of all Central Asian specimens. They could have entered Eastern Europe during the expansion of the First Turkic

---

① Eger 2014; Хрисимов 2020.

Kaganate which, by the beginning of the 570s (after the end of the war in Central Asia in 567), advanced to the Don and the North Caucasus. However, a similar form of mounts was not alien to Byzantine traditions.

The sword from Varni (Fig. 6: *7-8*) belongs to a complex dated to around the beginning of the 7th century, from a burial ground of a local culture attributed to Finno-Permian peoples in the forests north of the River Kama. Another find from this region, manufactured in a similar style, comes from the old unpublished excavations of V. Oborin (pers. comm. Alexander Krasnoperov). There can be no doubt that these swords were obtained from steppe nomads of the Turkic Khaganates whose zone of influence in the northwest extended to the southern part of the Kama Basin and the middle Oka. The mounts on the Varni sword (Fig. 6: *7, 8*) are most reminiscent of the above-mentioned cases from Kerch (Fig. 6: *14, 15*) and Malai (Fig. 6: *6*). The shape of the mounts which are similar to one from from Varni appears on a somewhat later sword from Sivashovka (Fig. 7: *23*) on the Pontic steppes. This is one of the many examples of the interweaving of Byzantine and Turkic influences in Eastern Europe.

The latest weapons with some forms of P-shaped fittings are represented by finds from complexes associated with the elite of the Turkic zone of the middle to second half of the 7th century on the steppes and forest-steppes of the Dnieper

region (Fig. 6: *1-2, 9-10*). These complexes are among the richest in all of Eurasia at this time. Their ethnocultural attribution (Bulgarians, Khazars or others) as well as the possible workshops involved remain controversial.

Here, as well as among the more modest finds from Dyurso near Novorossijsk (similar in many respects to those from Glodosy; Dmitriev 2003, Table 86) and Manyak in the Southern Urals (Fig. 6: *3*), the scabbard mounts have a noticeably more elongated shape than earlier P-shaped fittings. There is a similar phenomenon in Central Asia where numerous cases at Kalai-Kakhkakha and a single one from Afrasiab (Fig. 2: *5-7, 10-11*) probably reflect Chinese influence. However, the same feature is apparent in mounts from the Avar Kaganate (Type 1; Fig. 5: *1-5*) the shape of which is clearly not Oriental, but closer to Eastern European specimens. Perhaps in Europe, this trend is a local phenomenon, and only coincidental with that Asia. There are, however, examples of stylistic influence of the T'ang Empire as far west as the Danube[1].

Some of the objects from nomadic contexts (Fig. 6: *4, 12*) occupy a typologically intermediate position between the early and late cases discussed above.

A number of finds from the steppes (Fig. 7: *6, 16, 20-21*) and from the adjacent cultures of the Volga Finns in the forest-steppe (Fig. 7: *10*) and in the south of the forest zone (Fig. 7: *5*) most closely resemble

---

① Daim 2002, pp.132-136.

the fittings on Italian daggers which concerned us in the context of the Byzantine influence on the Lombards (as in Fig. 4: *10, 11*). This group includes the only find from the Balkans, from Bulgaria (Fig. 7: *18*), although its context is not known. The earliest known association is from Liventsovka (Fig. 7:*16*) on the Lower Don, dating from about the middle of the 6th century or somewhat later. This impressive complex can be linked to the Utigurs who in the 550s became the main power on the Azov-Pontic steppes, inflicting defeat on the related Kutrigurs at the instigation of Byzantium, but themselves had to submit soon to the Turks.

Dagger scabbard fittings from Ilovatka on the Volga steppes (Fig. 7: *14*) are most of all reminiscent of the workmanship of specimens from Central Asia (as Fig. 2: *9-top*). This find is dated by the buckle from the middle of the 6th to the first decades of the 7th century, and it is most likely associated with the nomads of the period the First Turkic Kaganate, which would suggest a date in the final third of the 6th century. In Eastern Europe, similarly shaped mounts are also known on swords from somewhat later contexts (end of 6th to first half of 7th century; e.g. Fig. 7: *4*); this type is also found in the Avar Kaganate on the Danube (our type 2-2).

One of the lines of evolution of this form of mounts can be seen on the sword from Uch-Tepe in Azerbaijan (Fig. 7: *25*). The most probable date of this find seems to be the first half of the 7th century, after the campaign of the Turks with their Eastern

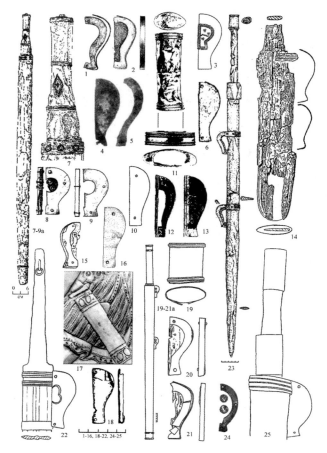

Fig. 7

European allies in Transcaucasia in the late 620s. We see a similar shape of mounts in Eastern European finds up to the second or third quarter of the 7th century (Fig. 7:*24*).

In the North Caucasus, an Alanic burial at Dagom (North Ossetia), showed a combination of different forms of scabbard fittings, with one of the mounts (Fig. 7: *2*) being closest to the form from Ilovatka, the other (Fig. 7: *1*) to Iranian mounts of Type 1 (as in Fig. 3: *1, 6*). A similar, although not so varied combination of mounts has been found on a sword scabbard in an Alanic burial at Klin-Yar in the Kislovodsk Basin (Fig. 7: *7-9*). The belt and a number of other items in this elite burial are of Byzantine origin, along with a glass bowl in Iranian style. The combination of fittings and the chronological analysis of the grave-goods assemblage suggest that the 'prince' of Klin-Yar may have been a participant in the Byzantine wars in Transcaucasia at the end of the 620s. He was buried with a glass bowl closely similar to one in the Dagom grave where the assemblage points to second to third quarters of the 7th century. A find from the Don steppes (Fig. 6: *11*) from a complex with a similar date can also be included in Iranian typological series.

The cemetery of Borisovo near Gelindzhik in the northeastern Pontic region also produced a scabbard mount of Iranian form (Fig. 7: *15*). On the other hand, the fittings of a sword from Abkhazia (Fig. 7: *22*) on the eastern Black Sea coast are designed in Byzantine tradition (as Fig. 4: *10*; Fig. 7: *20-21*). Finds from the Alanic cemeteries of Chmi (Fig. 7: *3*) in North Ossetia and from Yasli in the Kislovodsk Basin (an unpublished dagger from excavations by Sergej Savenko) can also be included in Byzantine series.

Mounts from the well-known Slav hoard of Martynovka (Middle Dnieper), deposited around the third quarter of the 7th century but reflecting an earlier period, include a form relating to the specimens from Ilovatka (Fig. 7: *13*) and to those East European features that have parallels in Italy (Type 2) and are associated with the Byzantine tradition (Fig. 7: *12*).

The P-shaped fittings from the hoard of Sudzha-Zamost'e (Kursk region, Russia[1]) belong to the same circle and are closest to the line of development associated with Ilovatka.

Dagger scabbard fittings of the same period from the Slav settlement of Nikodimovo (Upper Dnieper, Mogilev region, Belarus; unpublished excavation by Anatolij Sedin, reconstruction by I. Gavritukhin) are closest in form to Iranian traditions.

A unique concentration of scabbard fittings for diagonal suspension has been found in eight complexes near Shilovo in the east of the Ryazan region (Russia), in the zone of Volga Finnish cultures. The finds from this site (for published items, see Fig. 7: *4-5, 24*) offer parallels to almost in the section on Eastern Europe and Caucasus.

It is obvious from this survey that the finds from Eastern Europe and the Caucasus are very diverse. Often, scabbard fittings of different forms and types can be found within the same assemblage, even on the same weapon. The complex interweaving of traditions also gave rise to hybrid forms that can be classified with a significant degree of convention. Nonetheless, the influence of the traditions associated with the Byzantine, Turkic and Sassanid empires in the mid-6th to mid-7th centuries is obvious. As far as the evidence discussed here is concerned, it looks as if the Avar Kaganate was at the receiving end of east-west connections while the links to the Far East were mediated by the Turks.

---

[1] Rodinkova, Saprykina, Sycheva 2018.

Conclusions

Returning to the Avar evidence in Central Europe, we may note that some experts have attempted to interpret the various types of Avar swords as a chronological series. However, the distribution map shows that particular Avar types have different distributions: swords with D-shaped mounts (Type 2) are found in the northern, northwestern and southwestern zones with Avar burial sites; swords with R-shaped mounts of a specific type, with elongated plates (Type 1) are concentrated in the southeast of the Avar Kaganate, on the left bank of the Tisza and south of the lower Körös.

It may be assumed that the southwestern neighbours of the Avars, the Langobards (Lombards) were under the influence of the Avar Kaganate's military culture, but the objects that we have examined show quite a different picture. In the Langobard material, R-shaped mounts are known only with daggers made in the tradition of Byzantine or Mediterranean workmanship; Langobard swords of that period were of Merovingian type. On the other hand, there do not seem to be any Avar daggers with P- or R-shaped mounts.

Thus the evidence surveyed above shows that the 'oriental influences' affecting some European cultures are not necessarily originating from the Avars. We believe that an analysis of other categories of finds linked to the innovations of the 6th to 8th centuries will give a similarly complex picture of the relationship of the Avar Kaganate's culture with that of its European neighbours and Asian cultures. There are other factors working against simple patterns and supposedly straightforward interpretations. For example, in Central Asia we have seen a combination of obliquely suspended daggers and archaic swords (particularly at Kalai-Kakhkakha). This is the expression of a widespread pattern across Eurasia: the ceremonial dagger was easily included in the military culture of prestige, while the forms of sword fighting, requiring special training, could remain traditional.

In our search for the origins of scabbard mounts for the diagonal and horizontal suspension of bladed weapons, we can exclude the European and Far Eastern cultures – essentially this leaves only Iran and Central Asia[①]. The situation in Central Asia in the period discussed here was characterized by an interaction of Turkic and other nomads with sedentary populations of heterogeneous ethnic composition in western and eastern Turkestan. There is also a chronological argument in favour of the Central Asian origin of scabbard mounts for angled suspension: it is here that we see some of the earliest such cases (Fig. 1: *1-3*). Unfortunately, however, most evidence from this region which can be narrowly dated is no earlier than the 7th century; therefore, extant and datable cases record a later stage of the evolution and transmission of this Eurasian

---

① See also Koch 1998, p.594; Koch 2006, p.189.

innovation.

In the spread of the new types of weapons to the east and west, the main role seems to have been played by the First Turkic Kaganate and his successors, although these scabbard fittings cannot be considered strictly Turkic. Sogdiana flourished under Turkic rule and was one of the richest (and therefore important) regions of the First and Western Turkic Kaganates. The power of the 'Turkic Empires' explains the spread of the new weapons to the Far East, where they were adapted in strong local traditions.

In Sassanid Iran, the diagonal suspension of weapons began to spread only shortly before the collapse of the empire under the Arab onslaught in the middle of the 7th century. However, this may have been different in its regions (satrapies) with their cultural distinctiveness at all social levels. The initial types of fittings originating mainly from northern Iran support the argument that there were centres of distribution in this region, and that the appearance of diagonally suspended weapons was associated, solely or mainly, with Central Asia. From there, they spread to Byzantium, and further to the west and north.

The close similarity of Italian and some East European scabbard mounts discussed above is best explained with links through Byzantium, but in the almost complete absence of Byzantine evidence this suggestion cannot be proven. However, new studies have shown the enormous influence of Byzantine culture on many parts of Europe. For the west, this can be understood from written sources, for Eastern Europe it is becoming clearer from archaeological finds recently analyzed[1]. Our typological analysis here suggests that Byzantium played an important role in spreading the new mode of suspension and the associated weapons. Gifts of prestigious items, including weapons, to foreign dignitaries and elite members were an important part of her diplomatic arsenal; and from these elites, the fashion would then have spread to wider circles of society.

The increasing numbers of finds from Eastern Europe and the Caucasus make up the most diverse group in typological terms. This, however, does not imply the local production of such sword and dagger scabbards. The diversity may be explained with the geopolitical peculiarity of these regions: located at the junction of Europe and Asia, they were open to the influences of Byzantium, the Turkic Kaganates and Sassanid Iran.

Transl. and ed. Heinrich Härke

References

Albaum 1975 - Альбаум Л.И., *Живопись Афрасиаба*, Ташкент, 1975г, p.160.

Ambroz 1986 - Амброз А.К., "Кинжалы VI–VIIIвв. с двумя выступами на ножнах", *Советская археология*, № 1986-2, pp.53–73.

Аржанцева 1987 - Аржанцева И.А., "Раннесредневековые мечи Средней Азии и

проблема происхождения сабли", *Древний и Средневековый Восток*, М., 1987.

Аржанцева, Иневаткина 2004 - Аржанцева И.А., О.Н. Иневаткина, "Росписи Афрасиаба: новые открытия, которым четверть века", *Центральная Азия: источники, история, культура. Сборник в честь 80-летия Е.А.Давидович и Б.А.Литвинского*, Москва, 2004.

Гавритухин 2019 - Гавритухин И.О, "Пряжки типа Сиракузы и северо-восточная зона их распространения ", И.О. Гавритухин, А.М. Воронцов (ред.). *Лесная и лесостепная зоны Восточной Европы в эпохи римских влияний и Великого переселения народов.* Конференция 4, часть 2. Тула, 2019, pp.295-353.

Гавритухин, Иванов 1999 - Гавритухин И.О., Иванов А.Г. "Погребение 552 Варнинского могильника и некоторые вопросы изучения раннесредневековых культур Поволжья", А.Г. Иванов (отв. ред.). *Пермский мир в раннем средневековье*, Ижевск, 1999, pp. 99-159.

Rodinkova, Saprykina, Sycheva 2018 - Родинкова В.Е., Сапрыкина И.А., Сычева С.А., "Клад из Суджи–Замостья и проблема социокультурной интерпретации днепровских раннесредневековых кладов I группы", *Российская археология*, № 2018-2, pp.130-147.

Хрисимов 2008 - Хрисимов Н., "Едно ранносредновековно прободно-сечащо оръжие (VI–VII в.) от колекцията на НИМ", *Известия на Националния исторически музей (София)*, pp.52-61.

Хрисимов 2020 - Хрисимов Н. О, "«миграции» одного вида оружия эпохи раннего средневековья и его развитии в VII в. ", *Stratum plus* № 2020-5, pp.377-400.

Arzhantseva, Inevatkina 2005 - Arzhantseva I., "Inevatkina O. Iranian people depicted in Afrasiab wall painting (7th century AD)", *Societas Iranologica Europæa* – Proceedings edited by A. Panaino & A. Piras, Milano, 2005.

Arzhantseva, Inevatkina 2006 - Arzhantseva I., Inevatkina O., "Afrasiab wall-painting revisited: new discoveries twenty-five years old", M. Compareti, E. de la Vaissière (ed.) *Royal Nawruz in Samarkand. Proceedings of the conference held in Venice on the pre-Islamic painting at Afrasiab,* Supplemento n1 alla *Rivista degli Studi Orientali* Pisa/Roma, Instituto Editoriali e Poligrafici Internazionali, vol. LXXVIII.

Bálint 1993 - "Bálint Cs. Probleme der archäologischen Forschung zur awarischen Landnahme". In: M. Müller-Wille, R. Schneider (Hrsg.). *Ausgewählte Probleme Europäischer Landnahmen des Früh- und Hochmittelalters.* Sigmaringen, 1993, pp.195-273.

Csiky 2015 - Csiky G., *Avar-Age Polearms and*

Edged Weapons. Classification, Typology, Chronology and Technology, Leiden; Boston, 2015.

Daim 2002 - Daim F., 'Byzantinische' Gürtelgarnituren des 8. Jahrhunderts, F. Daim (Hrsg.)*, Die Awaren am Rand der byzantinischen Welt*, Innsbruck, 2002, pp.77-204.

Eger 2014 - Eger Ch. Zur Frage byzantinischer Blankwaffen im ausgehenden 6. Und 7. Jahrhundert*:* Schwerter mit bronzenem Parierstück vom Typ Aradac-Kölked-Korinth // *Jahrbuch des Römisch-Germanischen Zentralmuseums* 61, pp.199-234.

Koch 1998 - Koch, A., "Überlegungen zum Transfer von Schwerttrag- und Kampfesweise im frühen Mittelalter am Beispiel chinesischer Schwerter mit P-förmigen Tragriemenhaltern aus dem 6.-8. Jahrhundert n. Chr". *Jahrbuch des Römisch-Germanischen Zentralmuseums* 45 No.2, pp.571-598.

Koch 1999 - Koch, A., "Zum Prunkdolch von Kyerim-no, Kjongju (Südkorea)". *Archäologisches Korrespondenzblatt* 29 No. 3, pp.407-423.

Koch 2005 - Koch, A., "Gedanken zu einem iranischen Prunkschwert im Deutschen Klingenmuseum", C. Dobiat (Hrsg.) *Reliquiae gentium: Festschrift für Horst Wolfgang Böhme zum 65. Geburtstag 1.* Rahden/Westf, pp.223-254.

Koch, A. 2006 - Koch, A., Frühmittelalterliche Blankwaffen im Spiegel chinesischer Bilddenkmäler des 5. – 10. Jahrhunderts n.Chr. In: M. Mode and J. Tuback (eds.), *Arms and Armour as Indicators of Cultural Transfer.* Wiesbaden: Reichert, pp.129-229.

Marshak 1994 - Marshak B., Le programme iconographique des peintures de la 'Salle des ambassadeurs' Afrasiab (Samarkand) // *Arts Asiatiques*, 49, pp.5-20.

Mode 1993 - Mode M. Sogdien und die Herrsher der Welt, Turken, Sasaniden und Chinesen in Historiengemaden des 7 Jahrhunderts n. Chr. Aus alt *Samarkand (europaische Hochshulschriften. Reihe XXVIII*, Bd. 162). Frankfurt am Main.

Paroli, Ricci 2007 - Paroli L., Ricci M., *La necropoli altomedievale di Castel Trosino.* Firenze, 2007.

Vallet 1995 - Vallet F., "Une tombe de riche cavalier Lombard découverte à Castel Trosino", F. Vallet, M. Kazanski (éd.), *La noblesse romaine et les chefs barbares du IIIe au VIIe siècle.* Saint-Germain-en-Laye pp.335-349.

Yang, H. 杨泓 **1992** - Yang, H. 杨泓 , *Weapons in Ancient China*, Science Press, Beijing, 1992.

Figure Captions

Fig. 1. **Central Asia and Korea** (2). 1 – Lake Borovoe; 2 – Kerim-Loo; 3 – Kyzyl / Qyzil painting; 4, 5 – Kumutra paintings; 6-9, 13 – Afrasiab paintings; 10-12 – Kucha paintings

Fig. 2. **Central Asian paintings**. 1, 2, 4, 7 – Afrasiab; 3 – Fundukistan; 5, 6, 10-12 – Kalai-Kakhkakha I; 8 – Pendjikent; 9 – Kucha

Fig 3. **Sassanid Empire**. 1 – Römisch-Germanisches Zentralmuseum Mainz; 2, 4 – collection of Tenri Sankokan; 3, 5, 6 – Metropolitan Museum; 7 – Tak-i-Bustan rock carving; 8 – silver dish with 'Sogdian Horseman' or Pur-i-Vahman, State Hermitag Museum; 9 – Sackler Gallery; 10 – Abberg-Stiftung

Fig. 4. **Japan (1-3), China (5-9), Italy (4, 10, 11)**. 1, 2 – Syosoin; 3 – Usiniva; 4, 11 – Noĉera Umbra; 5– Beijeushan; 6 – Liquan district; 7 – Guyuan district; 8 – Anyan; 9 – Xianyang; 10 – Castel Trosino

Fig. 5. **Avar Kaganate**. 1 – Kiszombor; 2 – Deszk; 3 – Kecskemt; 4 – Novi Kneevac; 5 – Ivncsa; 6, 16 – Zsmbok; 7 – Kőrnye; 8 – Szegvr–Spoldal; 9 – Trkblint; 10 – Mali Ido; 11 –Zillingtal; 12 – Madaras; 13 – Mr-Akasztdomb; 14 – Csepel; 15 – Kunbbony; 17 – Pahipuszta

Fig. 6. **Eastern Europe and Avar Kaganate (13)**. 1,2 – Glodosy; 3 – Manyak; 4 – Rovnoe; 5, 6 – Malai; 7, 8 – Varni; 9, 10 – Malaya Pereshchepina; 11 – Matyukhin Bugor; 12 – Artsibashevo; 13 – Trkblint; 14, 15 – "Kerch; 16 – "Taman'; 17 – "Mojgrad

Fig. 7. **Eastern Europe, Caucasus (1-3, 7-9, 15, 17, 22, 25), Balkans (18), Byzantium (17)**. 1, 2 – Dagom; 3 – Chmi; 4, 5, 24 – Borok; 6 – Chapaevskij; 7-9 – Klin-Yar; 10 – Armiyovo; 11-13 – Martynovka; 14 – Ilovatka; 15 – Borisovo; 16 – Liventsovka; 17 – Lambrousa, silver dish; 18 – Bulgaria, "Vrachansko"; 19-21 – Vinogradnoe; 22 – Pyshta; 23 – Sivashovka; 25 – Uch-Tepe

"Beauty and the Beast" on Murals in the Minor Throne Hall of the Palace of Afshins of Ustrushana

Nikita V. Semionov

(The State Hermitage Museum, Saint Petersburg, Russia)

In the Minor Throne Hall of Kala-i-Kahkaha palace the wall paintings were arranged in three tiers and depicted battles between humans, gods and demons. The remaining fragments of this mural show various details of weaponry, armors, ornamented garments, including several kinds of jewelry and headdresses, executed in a very elegant manner.[1]

At one time B. Marshak suggested that the more refined linear drawing of the paintings of the Small Hall testifies not just about the Chinese influence, but the direct acquaintance of the local artist with the works of the East Turkestan School.[2] Perhaps, this influence concerns not only the manner of execution, but also individual details of iconography. In the Buddhist iconography of Eastern Turkestan painting, represented by the well-preserved paintings of Shikshin, Dunhuang, Bezeklik, there are images of bodhisattvas and other characters in magnificent garments adorned with diadems, ribbons and foliage ornaments.

In this connection, let's look at the image of the harpist women to the right of the central figure on the Western wall (Fig.1). She stays inside a mandorla that supports the right end of the arc structure above the central figure. Caryatid of this type is found in the Penjikent mural, object VI, sale 1.[3] Her high hairstyle and diadem, with a decoration adorned above the hoop, are comparable to those presented in the image of Bodhisattvas and heavenly musicians, including those playing on Konghou, on some walls in Mogao caves. Similar diadem and jewelry are also preserved on the east wall of Minor Hall in the representation

① В. М. Соькооксилй, *Монументальная живопись д вор цового комплекса Бунджиката*, Санкт-Петербург, 2009; The Wall paintings from the Kala-1 site, 2010.

② А. И. Косолапов, Б. И. Маршак, *Стенная живопись Средней и Центральной Азии*, Санкт-Петербург, 1999, с.22.

③ Беленицкий А. М., *Монументальное искусство Древнего Пенджикента Живопись Скульптура*, Москва, 1973.

of Goddess Nana, like those represented on the image of Nana of Penjikent mural of 8th c., (Site VI-26). These treasures also have analogies among archaeological finds that are mostly random in a wide range from the Danube to Kirghizia. In the midst of nomads in the 5-8 centuries, similar typical jewelry (diadems, breastplates, bracelets etc.) that according to a number of features, researchers attribute with the Turkic influence.[1]

Another image on murals in the Minor Throne Hall[2], those analogies also can be found in the Buddhist Indian and Chinese art. His shape seems terrible and ugly like deities collectively called krodha-vighnāntaka, dharmapāla, chos skyong, yidam's etc. Many parallels can be gleaned from images of Four Guardians of the world - lokapalas, each able to protect the Dharma with help of a legion of supernatural creatures. They are presented on the North Wall in two scenes, also similar images are represented on this wall on the third tier and on the East wall shown twice close to goddess Nana and on the second tier of the same wall preserved two fragments with representations of three characters in question. All of them that are arranged on the second tier have an interesting feature that they accompanied a person sitting in a chariot drawn by winged horses found in five scenes on paintings discussed here[3].

Fig. 1

① Залесская В. Н., Львова З. А., Маршак Б. И., Соколова В. И., Фонякова Н. А., *Сокровища хана Кубрата. Перещепинский клад*, Санкт-Петербург, 1997, сс.172-174; Львова З. А., Львова З. А., Сокровища хана Кубрата, *Кочевники Евразии на пути к империи*, СПб, № 548, 2012, c.199.

② В. М. Соькооксилй, *Монументальная живопись д вор цового комплекса Бунджиката*, Санкт-Петербург, 2009, cc.148, 149, 164, 165.

③ On opinion of M. Shenkar here represented sujet where deity or hero use supernatural helpers.

All viewed formidable images painted in color varies between blue, black or red, they are usually naked, on some fragments preserved three eyes on the face, and headdress with beads of skulls. These characteristics is shared in ikonography of the large group of Shivaite deities that was borrowed into esoteric Buddhism.[1](Donaldson,2001, pp.230-232) Mahākāla holds a significant position among them(Fig.2). He appeared in Indian, Chinese, Japanese (Daikoku-ten), South-East Asian traditions but is most prominent in Tibetan Buddhism (mGon po, Nag po chen po). Mahākāla (literally "big black one" or "big time") is a deity of Shivaite circle and his appearance in sogdian texts with the shape of name, Maxākār, indicates that this deity was well absorbed in sogdian culture. This iconography resembles images of a god attested several times in Panjakent and Shahristan (Bunjikath) paintings (Lurje, Mahākāla in Sogdiana, in print). The most famous one comes from object VII (Fig.3), excavated in 1962, now on display in the State Hermitage Museum.[2] Another deity who was widely

Fig. 2

Fig. 3

①　Donaldson Thomas E., *Iconography of the Buddhist Sculpture of Orissa*, New Delhi, 2001, pp.230-232.

②　Беленицкий А. М., "Из истории культурных связей Средней Азии и Индии в раннем средневековье", *Краткие сообщения института археологии*, 98, 1964, сс.33-42.

worshiped like Mahacala in India, Sogdiana and China is Yama, the god of Hell of the Hindu Vedas, in Buddhist mythology he appears as a Dharmapala. In Chinese mythology, King Yan is the god of death and the ruler of Diyu, overseeing the "Ten Kings of Hell". He is also known as Yanluo (阎罗王；閻羅王；*Yánluówáng*), a transcription of the Sanskrit for King Yama (यम राज, *Yama Rājā*) (Fig.4). In Tibetan Buddhism, Shinje (Tibetan: གཤིན་རྗེ, *Gshin. rje*) is both regarded with horror and being in a mixed state. Shinje is sometimes shown with a consort, Yami.

In the *Zend-Avesta* of Zoroastrianism, a parallel character is called "Yima"(Avesta in russian translations, 1997) In the Avesta, the emphasis is on Yima's character as one of the first mortals and as a great king of men. Over time, Yamaxšaita was transformed into Jamšēd or Jamshid, celebrated as the greatest of the early shahs of the world, who celebrated in the "Shahnameh".

At the moment it is not known about the whole story that is represented on these narrative murals, but no doubt, that the third tier is occupied by characters that sojourn in the heavenly world and their images have no narrative movements. According to this idea, characters can't be depicted twice here. Probably, on murals shown not one, but two similar characters. Their representations have some distinctions, however it is not viewed as quite correct over their different condition.

One character represented on the East wall - on the third tier to the right hand of Nana - a preserved

Fig. 4

fragment with a readable drawing of a terrible face with a big open mouth with fangs, three eyes on the face, big left earlobe and headdress with beads of skulls. Same character also shown on the second tier of the Nord wall, he stays on knees behind to the chariot, this fragment preserved a part of dark blue body with two bended arms and legs, partly face with open mouth and skull on his shaggy head. To the right of him depicts another scene of this story, in which a chariot moves in the opposite direction and under the wheel represents the formidable head of another character but without beads of skulls and with two eyes only. To the right end of this wall on the upper tier is a fragment of the same figure that hasn't a third eye and beads of skulls too. But this image has a special feature - the horn-shaped upper part of the ear. Similar treatment of ear depicted on the fragment of painting from the second tier of the east wall. Coexisting in narrative of Minor Thronn hall divine character riding chariot and pair of wrathful creatures seems important characteristic for interpretation of this mural and have some parallel in Buddhist mythology, for example each Dharmapala have a supernatural helper, so Yama accompanied by Ox-head and Horse-faced. The name of the site where paintings were found is Kala-I Kahkaha (fortress of Kahkaha) and word "Kahkaha" is the name of an epic giant. In one tale that is told in Darvaz (South Tajikistan) there are two giants Kahkaha who walk along Piange River and throwed stones and thus appear structures.

Buddhist deities mentioned above often appear in art with their female emanation - Mahakala and *Kālī*, Yama and Yami they are interpreted as "the twins" perhaps reflecting an Indo-Iranian belief in a primordial pair. This idea has a trace in Komi (finno-ugric) mythology - parents of all people are deity Voipel (means "night ear") and his sister Joma, who through ages turned into a witch and has a terrible image, like russian fairy-tail Baba Yaga.[①]

LITERATURE

[1] Беленицкий А. М., *Монументальное искусство Древнего Пенджикента Живопись Скульптура*, 1973.

[2] Беленицкий А. М., Из. истории культурных связей Средней Азии и Индии в раннем средневековье, *Краткие сообщения института археологии*, № 98, 1964, сс.33-42.

[3] Беленицкий А. М., Б.Б.Пиотровский, *Скульптура и живопись древнего Пянджикента*, Москва, 1959.

[4] Беленицкий А. М., *Монументальная живопись д вор цового комплекса Бунджиката*, Санкт-Петербург, 2009.

[5] Маршак Б. И., *Raspopova*, Valentina, 2003.

[6] Залесская В. Н., Львова З. А., Маршак Б. И., Соколова В. И., Фонякова Н. А., *Сокровища хана Кубрата. Перещепинский клад*, Санкт-Петербург, 1997, сс.172-174.

[7] Н. В. Дьяконова, *Материалы по культовой иконографии Центральной Азии домусульманского периода*, Труды Государственного Эрмитажа V, Ленинград, 1961, сс.257-272.

[8] Косолапов А. И., Маршак Б. И., *Стенная живопись Средней и Центральной Азии*, Санкт-Петербург, 1999, с.22.

[9] Львова З. А., *Сокровища хана Кубрата*, Кочевники Евразии на пути к империи, СПб, №548, 2012, с.199.

[10] Маршак Б. И., *Искусство Согда*, Санкт-Петербур, 2009.

[11] Самосюк К. Ф., *Буддийская живопись из*

① А. Л. Сиикала, В. В. Напольских, М. Хоппал, *Энциклопедия уральских мифологий* Том *I*. Мифология коми, Сыктывкар, 1999.

Хара-Хото XII – XIV вв. Между Китаем и Тибетом, Санкт-Петербург, 2006.

[12] Шкода В. Г., *Древний Восток и античная цивилизация, Краткие тезисы докладов научной конференции*, Л.: Эрмитаж, 1989, сс.82-91.

[13] Шкода В. Г., *К вопросу о культовых сценах в согдийской живописи./ СГЭ*, 1980, вып. 45, сс.60-63; Шкода, В. Г., *Пенджикентские храмы и проблемы религии Согда (V–VIII века)*. Санкт-Петербург, 2009.

[14] Распопова, *Отчет о раскопках городища Древнего Пенджикента в 2002 г*, Санкт-Петербург, 2003.

[15] Azarnouche Samra, Grenet Frantz, Thaumaturgie sogdienne: nouvelle édition et commentaire du texte P.3, *Studia Iranica*, 39, 2010, pp. 27-77.

[16] Beneniste Émile, Vessantara Jātak, *Texte sogdien. Édité, traduit et commenté par. Mission Pelliot en Asie Centrale, série In-Quatro*, IV. Paris, 1946.

[17] Banerjee P., A Śiva icon from Piandjikent, *Artibus Asiae*, vol.31, №.1, 1969, pp.73-80.

[18] Bhattacharyya Benoytosh, *The Indian Buddhist Iconography*, Calcutta, 1958.

[19] Bobomulloev Saidmurod, Yamaguchi Kazuya, *Wall paintings from the Kala-i Kakhkakha I site*. Photograph 1, Tokyo, 2010.

[20] Donaldson Thomas, Doorframes on the Earliest Orissan Temples, *Artibus Asiae*, Vol. 38, No 2/3, 1976, pp.189-218.

[21] Donaldson Thomas E., *Iconography of the Buddhist Sculpture of Orissa*, New Delhi, 2001, pp.230-232.

[22] Grenet Frantz, Zoroastrianism in Central Asia, *The Wiley Blackwell Companion to Zoroastrianism*, Oxford, pp.129-146.

[23] Grenet Frantz, Zhang Guang-da, The last refuge of the Sogdian religion: Dunhuang in the ninth and tenth centuries, *Bulletin of the Asia Institute,* vol.10, 1998, pp.175-186.

[24] Humbach Helmut, *Vayu, Śiva und der Spiritus Vivens im ostiranischen Synkretismus*, *Monumentum H.S. Nyberg*. I , *Acta Iranica IV*. Tèhèran-Liége, 1975, pp.397-408.

[25] Kramaisch Stella, *Manifestations of Shiva*, Philadelphia, 1981.

[26] Marsak Boris, *Les Fouilles de Pendjikent*, *CRAIBL*, 134e année, №1, 1990, pp.286-313.

[27] Matsushita, 2001, esp. fig. 10, 20, 21, 25, 35, 47, 54, 63, et passim; Lurje Pavel B., *Mahākāla in Sogdiana*, in print.

[28] Shenkar M., *Intangible Spirits and Graven Images: The Iconography of Deities in the Pre-Islamic Iranian World*, Brill, 2014.

[29] Marsak B. I., Raspopova V. I., *Cultes communautaires et cultes privé s en Sogdiane, Histoire et cultes de l'Asie Centrale préislamique*, Paris, 1991, pp.187-195, pl.LXXIII-LXXVIII.

[30] Mode, Markus, *Zum sogdischen Mahādeva*, AMI, Bd. 25, 1993, pp.329-331.

[31] Nebesky Wojkowitz, Réne de, *Oracles and*

Demons of Tibet, The cult and iconography of Tibetan protective deities, Delhi, 1988.

[32] Cambon Pierre, *Pakistan: Terre de rencontre Ier – VIe siècle. Les Arts du Gandhara*. Paris, Éditions de la Réunion des musées nationaux, Musée Guimet, c2010.

[33] Reck Christiane, Mitteliranische Handschriften. Teil 1. Berliner Turfanfragmente manichäischen Inhalts in soghdischer Schrift. *Verzeichnis der orientalischen Handschriften in Deutschland*, vol.XVIII, 1, 2006, Stuttgart.

[34] Shenkar Michael, The Epic of Farāmarz in the Panjakent Paintings, *Bulletion of the Asia Institute*, New Series, vol.24, 2014, pp.67-84.

[35] Shenkar Michael, Intangible spirits and graven images: the iconography of deities in pre-Islamic Iranian world, *Magical and religious literature of late antiquity*, vol.4, 2014, p.225.

Fig.1 Fragment with female harpist, Penjikent VI room 1, State Hermitage Museum

Fig.2 Tibetan Blue Mahākāla with six arms, Chinese style, late 18th century. State Hermitage Museum

Fig.3 Painting from Penjikent, Object VII, Tracing. From BANERJEE, 1969

Fig.4 The Outer Yama Dharmaraja, Central region, Tibet. Mid-17th century. Private Collection

Hu (胡) Dancers in China:
a View from the West

Ciro LO MUZIO

（ Italian Institute of Oriental Studies, Sapienza University of Rome, Italy ）

1. Introduction

In a recent research[①] I have tried to piece together the iconographic record, scattered from ancient Gandhāra (today in North Pakistan) to the Mediterranean Sea, of a specific and consistent repertoire of male dancers, who, due to their costume and general appearance, can be broadly labelled as "Iranian". The aim of the following notes is to expand the inquiry by bridging my overview of Gandharan, Western Asian and Greek evidence with the iconographic record of *Hu* (胡) dancers, i.e. dancers of Central Asian provenance, witnessed in China from the 6th to the 9th centuries, that is from the Northern Wei (北魏) to Tang (唐) dynasties. First and foremost, I will consider the evidence provided by the Hu (or "Sino-Sogdian") funerary monuments, mostly dating from the second half of the 6th century[②]; to this I will add a few examples attesting to the enduring popularity of the iconographic subject throughout the Tang period.

Finally, I will make some remarks on the relationship between the iconographic evidence and literary references.

2. The Gandharan record, and its Greek and Western Asian precedents.

In music and dance scenes depicted in stone sculptures from the Buddhist sites of ancient Gandhāra (1st to 3rd centuries CE), i.e. the Peshawar Valley and the neighboring areas, today

---

① Lo Muzio 2019.

② Being an elaboration of a paper I presented at the conference "Sogdians and Their Funerary Monuments in Sixth to Seventh-Century China: New Thoughts and Reflections" (Ca' Foscari University of Venice, 13th - 14th December 2018), this article is by no means an occasion to re-discuss the funerary monuments of Hu (or "Sino-Sogdian") patronage, broadly speaking, its main aim is to highlight a specific link between China and the Western Regions, based on archaeological and art-historical evidence. Out of the vast literature on funerary stone-house and stone-beds belonging to members of the Central Asian communities in China, I refer to a recent monograph providing an accurate bibliographic record on the topic (Wertmann 2015). I also suggest the critical overview of the research on this subject provided by Li Yusheng (Li 2016), as well as Shing Müller's extensive and very welcome treatment of the topic based on archaeological finds (Müller 2019).

in North-Pakistan, the South Asian component is by far predominant, especially in reliefs illustrating episodes of Śākyamuni's life. Nonetheless, we have a substantial iconographic record of groups of musicians in Hellenistic, Iranian or Central Asian attire, playing on instruments of Western origin (angular harp, lute, syrinx, *aulos*, lyre), often including one or more dancers (most often males). Although marginalized from the properly Buddhist narrative, this intriguing repertoire bears evidence of a specific dance, or dance item, mostly performed by male figures clad in Iranian or, though less often, Hellenistic attire, as well as by naked male youths. It seems to be peculiar to Swat and Buner, north of the Peshawar Valley.

Along with the typical postures in which the dancers are portrayed, flexed forward, with bent legs, one lifted as in a jump, the distinctive mark of this dance is the way the hands are joined together to perform what is known as "Persian snap" (in Fārsī, *beškan*), a loud and sharp sound obtained by clasping the hands and letting the forefinger of the right hand energetically hit the middle finger of the left hand.

Two outstanding reliefs depicting dancers in the afore mentioned attitude are housed in the Cleveland Museum of Art (Fig. 1) and in the Royal Ontario Museum (Toronto), and reputed to have been found in Buner (Fig. 2), are worth describing since they are emblematic examples. In the first case, two bearded and one beardless male figures, wearing tunics with rolled-up sleeves, trousers, boots and pointed caps with hanging flaps, dance with the accompaniment of three musicians (angular harp, drum and a sort of xylophone); in the second, an older and a younger dancer, both bearded and wearing respectively a long tunic and an *exomis*, appear along with three musicians, playing tabor, cymbals, and the same idiophone shown in the Cleveland relief), and a woman clad in *chiton* and *himation*, holding a fluted vessel, possibly containing wine. All dancers join their hands, with crossed fingers and wrists slightly bent downwards, as is typical in the "Persian snap" gesture.

Fig. 1

Fig. 2

Out of the many more reliefs depicting similar dancers from Swat, I will only mention a few more examples: from Butkara I, a beardless youth from Butkara I (Fig. 3) as well as a couple of dancers on a fragment of a door-jamb (Fig. 4); from Nimogram, a fragment of relief part of a sequence of couples separated by vine plants, preserving a male dancer and an oboe player, on the right, and a drinking couple, on the left (Fig. 5). As I anticipated, in some cases the dancers are naked youths A relief in the Swat Museum at Saidu Sharif (Fig. 6) shows two naked dancers portrayed on the sides of a large pot (containing wine?) placed on the ground, and a third dancer followed by musicians[1].

We may wonder about whether the dance scenes were related to some ritual event or to sheer entertainment. At any rate, an association with wine is often apparent, whereas any direct relationship

Fig. 3

---

[1] For bibliographical references on all the cited reliefs, see Lo Muzio 2019.

Fig. 4

Fig. 5

Fig. 6

with Buddhist narratives or with the Buddhist cult altogether seems unlikely.

The *ethnos* which our dancers might have belonged to is also an intriguing issue. To pin down the ethnic or the social group to which Iranian or other non-Indian characters in Gandharan art belonged is never an easy task, yet the identification of our dancers as Parthians, as proposed by Bernard Goldman (Goldman 1978: 190-194), is unconvincing. I would rather point out, both in the attire and in the physiognomic rendering of the dancers (at least in the Cleveland and Royal Ontario specimens, among the few examples Goldman was acquainted with), an iconographic relationship with the Scythians of the Black Sea (Fig. 7). At any rate, we should keep in mind that male dancers in Iranian costume and portrayed in the "Persian snap" attitude appear in the iconography of ancient Greece well before the Parthians came to the fore in Western Asian history

Fig. 7

and imagery.

Representations of Iranian dancers occur in Greek vase painting (late 6th to late 4th centuries BCE) as well as in terracotta figurine applied to vases (4th century BCE)[1]. The performers are most often males presented in the typical attire of Scythians or, broadly speaking, Iranian "barbarians", i.e. tunic, trousers, boots and "Phrygian cap", just like most of the Gandharan dancers we have already referred to. Female performers are more commonly dressed in Greek attire. According to most scholars this dance corresponds to the *oklasma* of late Greek sources (2nd century CE), which point out that jumps are its peculiar feature. In Greek imagery it appears in ritual scenes, in a Dionysiac or pseudo-Dionysiac context (such as the well-known "Iranian" Dionysiac procession on a *lekythos* in the British Museum, Fig. 8), and banquets.

Iranian dancers in the "Persian snap" gesture and in the usual postures also occur in jewelry and dress ornaments from Scythian graves in the region north of the Black Sea (4th century BCE), as well as among Hellenistic or early Parthian (3rd-2nd centuries BCE) baked clay figurines from Seleucia on the Tigris, in Mesopotamia[2].

Keeping in mind that the "Persian snap" should not be considered an Iranian invention, since there are much earlier depictions of dancers in the same hand gesture in an Assyrian palace (Nimrud, 9th century BCE) and in ancient Egypt (Thebes, Nebamun's tomb, 15th century BCE)[3], it is nonetheless undeniable that, from the 6th century BCE to the 3rd century CE, from Greece to Gandhāra, this dance is largely associated with personages clad in Iranian or Scythian attire, suggesting the hypothesis that it had become a major item in the repertoire of Iranian (or

Fig. 8

① For a catalogue of the depictions of this dance in Greek vase painting, see Todisco 2005.
② For bibliographic references, see Lo Muzio 2019, pp. 81-83.
③ Lo Muzio 2019, pp.83-84, fig. 4.11 (Thebes).

Central Asian or even Eurasian) itinerant groups of musicians and dancers. who in Greece, in Gandhāra, and, as we will see in a while, in China appear to be foreigners.

As a concluding remark, I think it appropriate to point out that, in spite of the extent of its spread from West to East, during a long time span, we do not to find evidence of the "Persian snap" in Western Central Asia; apart from a small element of architectural decoration from the Kushan dynastic temple at Surkh Kotal (2nd century CE)[1], dancers matching the choreographic and iconographic models I have so far described are unattested in painting and sculpture, including the rich terracotta repertoire, in Bactria, Margiana, Chorasmia and Sogdiana. The same goes for Xinjiang (新疆), where, as far as I know, this dance is only witnessed in a couple of tiny, fragmentary terracotta figurines from the Khotan (Hetian 和田) area, currently kept in the Hermitage Museum, Saint Petersburg[2]; to my knowledge, there are no further depictions elsewhere in the region, either in sculpture or in murals.

3. The "Persian snap" in China

The criterion ruling the following selection of cases is merely choreographic, in that I will list the depictions of dancers captured in the postures and gestures that mark the repertoire analysed in my previous research; a close affinity that can be extended to the dancers' attire as well.

As I anticipated, this overview will first take into account the evidence provided by funerary monuments of Hu patronage. The first case I will consider is provided by the stone bed from Zhangdefu (彰德府) (Anyang 安阳)[3], dating from the second half of the 6th century, whose separate slabs are long since housed in different museums. In one of them, in the Boston Museum of Fine Arts, a dancer appears in the foreground of a banquet scene, taking place beneath an arbor covered with vine plants laden with grapes (Fig. 9)[4]. He is portrayed as slightly leaning forward, with clasped hands pointing upward, flanked by a group of seated female musicians (on the left) and standing maidens holding vessels (on the right); like all other male personages, the dancer wears a tunic embellished with pearl bands, but no cap. The major character of the scene, a male figure lifting a *rhyton*, is flanked by groups of seated female and male figures, on the left and on the right respectively.

Two of the screen slabs of An Jia's(安 伽) (d. 579) funerary stone bed, discovered at Xi'an (西 安)[5]show a dancer in the foreground of a drinking scene accompanied by musicians, in a pavilion (Fig. 10). Both dancers, appearing in the first and the last

---

① Schlumberger, Le Berre and Fussman 1983, pp.114, pl. 56 [167 and 168].

② D´jakonova – Sorokin 1960, figs. 30, 297.

③ Scaglia 1958.

④ Scaglia 1958, pp. 16-17, fig. 4.

⑤ Wertmann 2015, pp.54-65.

Fig. 9   Fig. 10a、10b

slab of the rear wall, wear a tunic with belt, trousers, and boots, and are portrayed in the same posture: flexed body, clasped hands lifted above the head, left foot lifted behind the right leg. Just like most of the scenes in An Jia's slabs, the action takes place in a mountainous setting.

Two dancers enliven a banquet beneath an arbor covered with vine branches and grapes, on the bank of a pond, represented in one of the slabs (the first on the right on the north wall) of the stone house of Shi Jun(史君), named *Wirkak*, in the Sogdian epitaph (d. 580)

(Fig. 11)[①]. They are shown as kneeling, in profile, and facing away from each other, lifting their clasped hands, between two groups of banqueting males (above) and females (below), each group including male and female musicians respectively. In the large panel at the right end of the rear wall, also depicting a banquet scene in a pavilion, accompanied by musicians, a male dancer is shown in the lower left corner, on the bank of a pond, flanked by two male figures, one a whom is a drum player.

A mustached dancer, captured in an energetic

---

① For bibliographical references on the Shi Jun's tomb, Li 2016, p.93, fn. 7. See also Wertmann 2015, pp. 65-77.

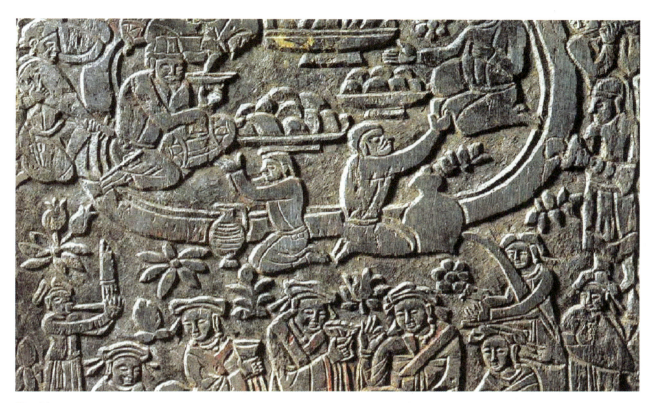

Fig. 11

leap with clasped hands above his head, flanked by two groups of musicians, appears in one of the slabs of the stone bed, of unknown provenance, housed in the Miho Museum (Shigaraki, Japan) (Fig. 12)[①]. He dances in front of a pavilion, in which an elderly, pot-bellied man and a lady are banqueting. In this case, the vine motif can be seen in the ornamental band framing the scene. In the foreground, just in front of the dancer, we see two young men playing on a drum, a large pitcher and, at both ends, rocky shapes evoking a mountainous setting.

Two couples of dancers appear in the elaborate narrative depicted on the walls of a funerary stone-house, of unknown provenance, in the National

Fig. 12

---

① Wertmann 2015, pp.107-114.

Fig. 13   Fig. 14

Museum of Beijing, China (Figs. 13, 14)[①]. The first couple is shown on the front wall, left of the tomb door, accompanied by musicians in front of a group of seated male personages; among these, an elderly bearded man holding a drinking cup is the main character. The second couple is found on the rear wall, beyond a group of seated male figures turned towards the fulcrum of the composition, a banqueting couple. In both cases the dancers are represented in symmetrical postures: they face each other, with the bust leaning forward, one leg bent and lifted up, as if in the act of jumping, and clasped hands above their

head. The dancers have curly hair (like the musicians accompanying them and several other male figures in the composition), wear a tunic with belt, trousers, and boots; a knife in a sheath hangs from their belt.

Once again a banquet scene is the context in which a dancer appears in a panel of the funerary bed kept in the Musée Guimet (Paris), formerly in the Vahid Kooros collection (Fig. 15).[②] As in most other cases described so far, he appears in front of a pavilion in which a seated man holds in his lifted left hand a drinking vessel, here a bull-shaped *rhyton*; two figures, one of them a lute player, are turned

① Ge 2016; Sun 2017; Compareti 2018.
② Delacour – Riboud 2004; Delacour 2005.

towards him. The dancer is captured in the posture we are by now familiar with, a kneeling man lifts a bowl in his direction, while a third, elderly standing man brings his thumb and forefinger to his lips, apparently to whistle in sign of appreciation[1].

The overview of iconographic evidence of these dancers in funerary monuments of Hu patronage ends with the tomb M6 of the He (何) family cemetery of Yanchi (盐池) (Ningxia 宁夏), dating to 700 CE

(Fig. 16)[2]. Each of the two doors of the chamber showed a male figure in Central Asian dress, with curly hair, a headband, and a long scarf winding around the body, dancing on a small carpet against a plain background sprinkled with stylised clouds. The one on the left door is shown with clasped hands lifted above his head, and the left leg lifted apart; the one on the right door lifts his right foot across the left leg, but his hands are not joined: the right arm is

Fig. 15

Fig. 16

---

① Delacour 2005, pp. 81-82. prefers to interpret this gesture as a sign of surprise.
② Lerner 2001; Wertmann 2015, pp.46-47.

bent and lifted above the head, whereas the left one is stretched aside.

Beside the iconographic record in funerary contexts, there are further depictions of Central Asian dancers portrayed in the same posture and gesture on monuments or artefacts having no direct (or detectable) relationship with Hu patronage, to begin with an inkstone from Pingcheng (平城)[1], dating from the Northern Wei (北魏) period, which might be one of the earliest pieces of evidence altogether. Another remarkable example is provided by the moulded brick decoration of the Xiudingsi (修定寺) temple, at Anyang, consisting of a network of lozenges containing single figures[2]. Among these, we find the repeated representation of two bearded male dancers, within separate but probably associated lozenges, wearing tunic, trousers, boots, and a long fluttering scarf. One of them (Fig. 17), with curly hair and headband, is shown in the "Persian snap" attitude, with clasped hands above his head, waist twisted aside, right leg bent; the other one (Fig. 18), possibly wearing a cap, is captured in a different posture: right hand behind his back, left hand, hidden by the long sleeve. The brick decoration dates to the late rebuilding of the temple – which had been founded in 494, and destroyed in 576 – carried out during the

Fig. 17

Fig. 18

---

[1]   Zhang 2005, p.97, fig. 1
[2]   On this temple and its decoration, see also Zhang 2013.

Tang epoch[①].

To the early 9th century possibly belongs an octagonal gold cup from the remarkable collection of Tang artefacts yielded by the so-called Belitung shipwreck, an Arabian ship which sank around 830, one mile off the coast of the Belitung Island, south-east of the Singapore Strait. Figures worked in relief were attached to each side of the cup, which probably dates from the early 9th century[②](Fig. 19) : five musicians, two servants carrying a large bottle and a tray with food (fruit?), and a dancer raising his clasped hands above the head, and with his right leg bent and raised.

I will end this far from complete overview by mentioning the only case I am aware of in which a female dancer is captured in the same stance. In a later copy (*ante* 1032) of a painting attributed to the 7th century Yuchi Yiseng (尉迟乙僧), the dancer is seen from the back, her bust leaning forward, one of her legs bent and raised, clasped hands with fingers interlaced as is typical of the "Persian snap" (Fig. 20).

Summing up, apart from the cases in which they are presented as figures isolated from a specific narrative context (e.g. the dancers of the Yanchi M6 tomb or those on the Xiudingsi temple's wall), the Central Asian dancers I have been describing so far reveal a constant association with banquets and, in particular, with wine drinking, a prerogative they share with the cognate Gandharan and Greek repertoire (see section 1).

The lack of an iconographic record in the lands these dancers are supposed to come from, that is Central Asia, is an unfortunate circumstance

Fig. 19

---

① The hypotheses range from the reign of Taizong(太宗)(627-650) (Shatzman 2011, pp.37) to the 8th-early 9th centuries (Louis 2004, pp. 156 and fn. 5); in both quoted works the reader will find further bibliographical references.
② Louis 2004, pp. 154-157.

Fig. 20

for a satisfying reconstruction, although future finds may shed light on this lacuna. At any rate, this is not the only aspect of "Sino-Sogdian" culture for which we have no precedents in Sogdian or, broadly speaking, Central Asian archaeological and artistic record.

4. On Hu dancers in the written sources

Just like most of the scholars who have dealt with this topic, I think there are good reasons to believe that the *Hu* dancers portrayed in the funerary monuments and other artifacts I have selected are performers of the *hutengwu* (胡腾舞), which is reckoned, in Chinese written sources, one of the major Central Asian dance styles that gained long-lasting popularity in China, along with the *huxuanwu* (胡旋舞) (even more popular than the first one, at least as a literary *topos*)[1].

Based on literary references[2], a clear distinction can be drawn between *hutengwu* and *huxuanwu*, which are not to be understood as two alternative names of one and the same exotic dance, but as

[1] Ishida 1932; Chen 2003; Zhang 2005; Wu 2017; Liu 2020. On the Hu dances as taking place in nighttime settings, in association with lantern spectacles, see Sha 2016.

[2] For a commented overview, see Zhang 2005.

denominations of two major dance styles introduced into China from Central Asia, and typically performed by *Hu* male or female dancers. Judging from the written record, the *hutengwu* came first, whereas the *huxuanwu* appeared later[1]. Further differences concern the provenance and the gender of the performers. In spite of the relatively wide range of literary references, especially as far as the *huxuanwu* is concerned, a satisfying reconstruction of how these dances were performed is lacking, the descriptions provided by the sources being interspersed with traits betraying a poetical or even "pictorial" bias. Nonetheless we can at least draw some hints on their respective most typical traits, both from the cursory references in written sources and from what appear to be our most solid landmarks, that is the literary meanings of their very names: *hutengwu* means "*Hu* leaping dance", whereas *huxuanwu* can be translated as "*Hu* spinning dance".

The most often quoted literary descriptions of *hutengwu* dancers are those offered by two roughly contemporaneous Tang poets, Li Duan (李端) (743-782) and Liu Yanshi (刘言史) (d. 812)[2]. Li Duan describes a *hutengwu* dancer from Liangzhou (凉州), with his jade-white skin, cone-shaped nose, wearing a pearl-studded cap, a thin rolled shirt, a long waist-belt decorated with grape motifs; he dances on a round carpet, raising his eyebrows and rolling his eyes. From Liu Yanshi we learn that the dancers come from the state of Shi (石国), that is ancient *Čāč*, corresponding to the area of modern Tashkent (Uzbekistan), that they wear a pointed hat, a brocade belt, a tightly-sleeved jacket and a pair of felt boots, and that they dance like a fluttering bird to the accompaniment of a flute and a lute.

If the *hutengwu* was typically performed by males, the *huxuanwu* was a female dance style, mainly originating from Kang (康) (Samarkand), Jumi (拘弥) (Keriya, east of Khotan/Hetian), and other countries in the Western Regions.

Depictions of female dancers are mostly found in tombs of the Tang period as well as in Dunhuang Buddhist cave paintings. On the other hand, as Zhang rightly remarks[3], only male *Hu*-dancers are portrayed on artifacts dating from the Northern dynasties, first and foremost the funerary monuments of affluent members of the local Hu communities of Western Central Asian origin. Therefore it should be reasonable to think that we deal with *hutengwu* dancers, so much so that, I would add, their postures, as witnessed in iconography, leads one to think that

---

[1] The chronology of the first literary mentions of the *huxuanwu* may not correspond to the date of its first spread in China, which might have been much earlier. For a critical re-assessment of the historical interpretation of these exotic dances (and of the flaws affecting it), with a special focus on the *huxuanwu*, see Wang – Feng 2015.

[2] Chen 2003, pp. 58-59; Zhang 2005, pp.93-94.

[3] Zhang 2005, p.103.

jumps were distinctive features of their dance style[①].

Based on this premise, I think it appropriate to emphasize once more an additional trait, which, although unremarked in the written sources, is peculiar to these dancers, that is the way they join their hands either above their heads or pointing them forward. To my knowledge, that these are not just "clasped hands" has been remarked only in Judith Lerner's description of the dancers portrayed on the door of the M6 tomb of Yanchi[②] (Fig. 16). As she rightly observes, with regard to the dancer on the right door, he "clasps both hands above his head and snaps his fingers in time to the music, much the way many Iranians and Central Asians dance today". Indeed, the fingers are not extended, but interlaced in various ways; in other words, these dancers are shown while clasping their hands to produce the so-called "Persian snap".

What seems to have gone unnoticed is the direct relationship among these Hu male dancers and the ancient repertoire of Iranian dancers portrayed in the "Persian snap" posture in Gandhāra, in the Hellenistic and Parthian Near East, and in Classical Greece, on which I hope this contribution has shed light.

References

Chen 2003 - Chen Haitao（陈海涛）, "Hu xuan wu, hu teng wu yu zhe zhi wu——Dui An Jia mu yu Yu Hong mu zhong wudao guishu de qianxi"（胡旋舞、胡腾舞与柘枝舞 —— 对安伽墓与虞弘墓中舞蹈归属的浅析）, *Kaogu yu wenwu*（考古与文物）2003/3, pp.56-61.

Compareti – Li 2018 - M. Compareti, Li Sifei, "The Stone House in the National Museum of China: A New Sino-Sogdian Funerary Monument?" *International Journal of Eurasian Studies*, 2018/8, pp. 50-60.

Delacour – Riboud 2004 - C. Delacour, P. Riboud, "Un monument funéraire en pierre (Chine, VIe s.) au musée Guimet", *Arts asiatiques*, 2004, 59, pp.161-165.

Delacour 2005 - C. Delacour, "Une version tardive du triomphe indien de Dionysos? Essai d'interprétation de quelques-uns des panneaux historiés d'un monument funéraire chinois en pierre du VIe siècle de notre ère", *Monuments et mémoires de la Fondation Eugène Piot* 2005, 84, pp. 65-98.

D'jakonova – Sorokin 1960 - N.V. D'jakonova, S.S. Sorokin, *Chotanskie drevnosti*, Gosudarstvennyj Ermitaž Leningrad 1960.

Faccenna 1962 - D. Faccenna, *Sculptures from the Sacred Area of Butkara I (Swat, W. Pakistan) (with a Descriptive Catalogue by Maurizio*

---

① The presence of long scarves, such as those worn by the dancers of the Yanchi tomb, the Xiudingsi temple and the Belitung cup (dating from the early 8th to the 9th centuries), seems to be a later addition, possibly dictated by fashion, which should not affect the identification of the dance style. In other words, long, fluttering scarves are not in themselves a proof of the *huxuanwu* style; posture and gestures should have, in my opinion, a far greater bearing.

② Lerner 2001: 250; for the reasons I have explained, however, her identification of the dance as *huxuanwu* is not convincing.

Taddei), 2 vols., Istituto Poligrafico dello Stato, Rome, 1962, p. 64.

Ge 2016 - Ge Chengyong（葛承雍）, "Beichao Sute ren dahui Zhong xian jiao secai de xin tuxiang"（北朝粟特人大会中祆教色彩的新图像）, *Wenwu*（文物）, 2016/1, pp.71-84.

Ishida 1932 - M. Ishida, "Etudes sino-iraniennes, I: A propos du *Hou-siuan-wou*", *Memoirs of the Research Department of the Toyo Bunko* 1932, 6, pp.61-76.

Lerner 2001 - J.A. Lerner, "81a,b. Two Tomb-Doors", *Monks and Merchants: Silk Road Treasures from Northwest China, Gansu and Ningxia, 4th–7th Century,* ed. A.L. Juliano and J.A. Lerner, Harry N. Abrams, New York, 2001, pp.250-253.

Li 2016 - Li Yusheng（李雨生）, "Study of Tombs of Hu People in Late 6th Century Northern China", *Newsletter di Archeologia CISA* 7, 2016, pp.91-133.

Liu 2020 - Liu Hongting（刘洪听）, "Wenshi huzheng xia de hu teng wu xingtai chutan"（文史互证下的胡腾舞形态初探）, *Wudao*（舞蹈）, 2020/2, pp.66-73.

Lo Muzio 2019 – Lo Muzio, "Persian 'Snap': Iranian Dancers in Gandhāra", *The Music Road. Coherence and Diversity in Music from the Mediterranean to India* (Proceedings of the British Academy), ed. Reinhard Strohm, Oxford, 2019, pp.71-86.

Louis 2004 - F. Louis, "Gold and Silver", *The Belitung Wreck: Sunken Treasures from Tang China*, ed. Z. Kotitsa, Nelson 2004, pp.154-191 (available online at https://www.iseas.edu.sg/centres/nalanda-sriwijaya-centre/research-tools/compilations/the-belitung-wreck-sunken-treasures-from-tang-china).

Monks and Merchants 2001 - A.L. Juliano and J.A. Lerner ed., *Monks and Merchants: Silk Road Treasures from Northwest China, Gansu and Ningxia, 4th–7th Century*, New York, 2001.

Müller 2019 - Sh. Müller, "Funerary Beds and Houses of the Northern Dynasties", *Early Medieval North China: Archaeological and Textual Evidence*, edited by Sh. Müller, Th.O. Höllmann, and S. Filip, Harrasowitz Verlag, Wiesbaden, 2019, pp.383-474.

Scaglia 1958 - G. Scaglia, "Central Asians on a Northern Ch'i Gate Shrine", *Artibus Asiae* 21/1, 1958, pp.9-28.

Schiltz 1994 - V. Schiltz, *Les Scythes et les nomades des steppes*, Gallimard, Paris, 1994.

Schlumberger, Le Berre and Fussman 1983 - D. Schlumberger, M. Le Berre and G. Fussman, *Surkh Kotal en Bactriane: Les temples* (Mémoires de la Délégation Archéologique Française en Afghanistan XXXV), de Boccard, Paris, 1983.

Sha 2016 - Sha Wutian（沙武田）, "An Image of Nighttime Music and Dance in Tang Chang'an: Notes on the Lighting Devices in the Medicine Buddha Transformation Tableau in Mogao Cave 220, Dunhuang", *The Silk Road* 14, 2016, pp.19-41.

Shatzman 2011 - N. Shatzman Steinhardt, "The Sixth Century in East Asian Architecture", *Ars Orientalis* 41, 2011, pp.27-71.

Sun 2017 - Sun Bo（孙博）, "Guobo shitang de niandai, jiangzuo chuantong he guishu"（国博石堂的年代、匠作传统和归属）, *Gudai muzang meishu yanjiu*（古代墓葬美术研究）4, 2017 Changsha.

Todisco 2005 - L. Todisco, "Danze orientali tra Attica e Magna Grecia", *Il greco, il barbaro e la ceramica attica. Atti del Convegno Internazionale di Studi, 14–19 maggio 2001*, edited by F. Giudice and R. Panvini, L'Erma di Bretschneider, Rome, 2005, pp. 131-50.

Wang – Feng 2015 - Wang Yuhong（王毓红）, Feng Shaobo（冯少波）, "Hu xuan zhi yi shi mo zhi: Hu xuan wu zai Zhongguo 1500 nian bei wujie de lishi mingyun jiexi"（胡旋之义世莫知：胡旋舞在中国 1500 年被误解的历史命运解析）, *Xixia Studies*（西夏研究）2015/2, pp.88-98.

Wertmann 2015 - P. Wertmann, *Sogdians in China: Archaeological and Art Historical Analyses of Tombs and Texts from the 3rd to the 10th Century AD*, Verlag Philipp von Zabern, Darmstadt.

Wu 2017 - Wu Jie（吴洁）, "Cong shiliao, bihua lai kan sichou zhi lu shang hu xuan wu, hu teng wu, zhe zhi wu de fazhan yu liubian"（从史料、壁画来看丝绸之路上胡旋舞、胡腾舞、柘枝舞的发展与流变）, *JiaoXiang–Journal of Xi'an Conservatory of Music*（交响 —— 西安音乐学院学报）2017/2, pp. 46-53.

Zhang 2013 - Zhang Jing（张晶）, "Anyang Xiudingsi ta mo yin zhuan tuxiang ji niandai kao"（安阳修定寺塔模印砖图像及年代考）, *Zhongyuan wenwu*（中原文物）, 2013/6, pp.54-64.

Zhang 2005 - Zhang Qingjie（张庆捷）, "*Hutengwu* and *Huxuanwu*: Sogdian Dances in the Northern, Sui and Tang Dynasties", *Les Sogdiens en Chine*, ed. E. de la Vaissière and E. Trombert, Paris 2005, pp.93-106.

Captions

Fig. 1 Stone relief from Buner (Pakistan). Cleveland, Cleveland Museum of Art (Cleveland Museum of Art. Public domain)

Fig. 2 Stone relief from Buner (Pakistan). Toronto, Royal Ontario Museum (After Goldman 1978: fig.2)

Fig. 3 Fragment of relief from Butkara I (Swat). Saidu Sharif, Swat Museum (Courtesy Italian Archaeological Mission in Pakistan)

Fig. 4 Fragment of door-jamb from Butkara I (Swat). Saidu Sharif, Swat Museum (After Faccenna 1962: 64, II, pl. CCCL)

Fig. 5 Fragment of relief from Nimogram (Swat). Saidu Sharif, Swat Museum (Courtesy Italian Archaeological Mission in Pakistan)

Fig. 6 Fragment of relief from Swat. Saidu Sharif, Swat Museum (Courtesy Italian Archaeological Mission in Pakistan)

Fig. 7 Electrum vase from Kul'-Oba (Crimea, Ukraine) (After Schiltz 1994: fig. 127)

Fig. 8 Pseudo-Dionysiac *thiasos* on a Greek *lekythos*. London, British Museum (After Lo Muzio 2019: fig. 4.8)

Fig. 9 Slab from the funerary stone bed from Zhangdefu 彰德府 (After Wertmann 2015: fig. 93)

Fig. 10a Panel from the funerary bed of An Jia 安伽, Xi'an (After https://sogdians.si.edu/an-qies-funerary-bed/)

Fig. 10b Panel from the funerary bed of An Jia, Xi'an (After https://sogdians.si.edu/an-qies-funerary-bed/)

Fig. 11 Slab of the funerary stone house of Shi Jun 史君 (After Wertmann 2015: fig. 51.1)

Fig. 12 Panel from the Miho Museum funerary stone bed (After *Monks and Merchants* 2001)

Fig. 13 Funerary stone house in the National Museum of China, Beijing (After Ge 2016: fig. 7)

Fig. 14 Funerary stone house in the National Museum of China, Beijing (After Ge 2016: fig. 12)

Fig. 15 Panel of a funerary stone bed in the Musée Guimet (After Delacour – Riboud 2004: fig. 3)

Fig. 16 Doors of the M6 tomb of the Yanchi cemetery (After Lerner 2001)

Fig. 17 Moulded brick from the Xiudingsi temple (Cleveland Museum of Art Public domain)

Fig. 18 Moulded brick from the Xiudingsi temple (After https://sogdians.si.edu/ceramic-dancing-figure-from-xiudingsi/)

Fig. 19 Drawing of a golden cup from the Belitung shipwreck (After Louis 2004: fig. 156)

Fig. 20 Chinese painted scroll. Florence, Villa I Tatti, Berenson Collection (reproduced by permission of the President and Fellows of Harvard College". Photo: Paolo De Rocco, Centrica srl, Firenze)

为粟特人而建：莫高窟第 323 窟与中土佛教传播历史的图像展示[*]

沙武田　　　　　郑炳林

（陕西师范大学）　（兰州大学）

　　莫高窟第 323 窟是学术界关注较多的洞窟之一，对于该窟，笔者之前曾就《张骞出使西域图》，从"角色转换"与"历史记忆"的角度做过尝试性探讨，并附带对洞窟功德窟相关问题有过推测。洞窟南北壁所绘有关佛教在中土传播灵异故事中的几位核心人物有浓厚的胡人背景，佛图澄本西域龟兹胡僧，又是胡人集团后赵政权的"大和尚"，[①]康僧会"其先康居人，世居天竺，其父因商贾移于交趾"。[②]东晋杨都出金像和西晋石佛浮江故事均来自高僧慧达，慧达本离石"稽胡"，被当地人称为"苏何圣"，其所授记的番禾御谷瑞像被称为"刘师佛""胡师佛"，可读胡语经典，又有诸多胡僧的神异功能，其胡僧的色彩非常突出。[③]再结合《张骞出使西域图》中的西域式城，加上邻窟第 322 窟又是唐初河西最大的胡人集团安氏家族功德窟，[④]综合诸多因素，我们推测第 323 窟"有可能也属移居敦煌的中亚粟特胡人功德窟"。[⑤]当时仅是一大胆之推测，近来又对该窟做了更深入的考察，觉得这一问题仍然有可进一步探讨的空间，草成此文，以求教于方家。

一　佛教艺术重功德轻形式主流现象之外的莫高窟第 323 窟

　　对于佛教艺术而言，无论是造像碑、单体造像，还是石窟寺中各类形式的艺术作品，其中相似或相近的某些元素被不断复制，是此类艺术作品的基本存在形式和表现手法，这也是我们今天在各类佛教遗迹和博物馆考察参观时的一个总体

---

*　本文为长安与丝路文化传播学科创新引智基地（B1803）、国家社科基金冷门绝学研究专项学术团队项目"敦煌壁画外来图像文明属性研究"（20VJXT014）阶段性成果。

① （梁）慧皎撰，汤用彤校注：《高僧传》卷 9，中华书局，1992 年，第 345 页。

② 《高僧传》卷 1，第 14—15 页。

③ 参见《高僧传》卷 13《晋并州竺慧达传》、《续高僧传》卷 26《魏文成沙门释慧达传》、《释迦方志》卷下《通局篇第六》、《集神州三宝感通录》卷下、《广弘明集》卷 15、《法苑珠林》卷 31、《道宣律师感通录》卷中等。

④ 沙武田：《莫高窟第 322 窟图像的胡风因素——兼谈洞窟功德主的粟特九姓胡人属性》，《故宫博物院院刊》2011 年第 3 期，第 71—96 页。

⑤ 沙武田：《角色转换与历史记忆——莫高窟第 323 窟张骞出使西域图的艺术史意义》，《敦煌研究》2014 年第 1 期，第 21—29 页。

的视觉认知（图 1）。当然，艺术史上的这一现象主要是针对同一时期的作品而言。但若单从佛教艺术题材和内容上来说，这种现象的流行也可以横跨不同的时代以及不同的地区。艺术史上这种现象客观而真实的存在，其实是受到五方面原因的规范和制约：一是造像所依据的对应经典文字的规范，二是信众在制作和膜拜造像时"重功德、轻形式"观念的制约，三是佛教核心信仰的普世性和普遍性使然，四是代表性造像形成的规范化粉本的影响，五是模式化造像使制作成本大大降低。

对于这一问题的解释，最不能忽视的一个基本问题是，在佛教传播过程中，从信仰和思想层面而言，以释迦、阿弥陀、弥勒、药师、卢舍那以及观音、文殊、普贤、地藏等为核心的众神总

是占据主体的地位，以佛典所宣传和描述的各类形式的佛国世界一直是佛教艺术品所着力表现的图像内容，而信众对佛国世界及其中众神的精神需求，是佛教得以广泛传播的重要源泉。一方面，虽然各类形式的艺术品可以成为膜拜的对象，但信众的需求核心是心理层面，是透过造像存在的内涵，因此形式的雷同和模式化并不重要；另一方面，和现实理想世界一样，信众所追求的佛和佛国世界也理应有个形象的标准，不能有太大的区别。① 因此，总体上而言，佛教艺术品在题材内容、造像性格、图像特征上高度的相似性，是由此类艺术品的内涵和本质所决定的。

正因为佛教艺术的模式化是艺术史上合理的艺术现象，所以当我们走进以莫高窟为代表的石窟寺遗址时，会频繁地在不同的洞窟看到相同、

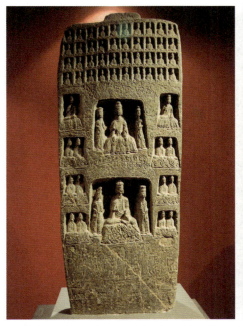

图 1　西安碑林博物馆藏徐安洛北魏景明二年（501）造像碑、朱法曜普泰元年（531）造像碑正、背面

---

① 这方面只针对不同类型的佛教系统，比如汉传佛教、藏传佛教、南传佛教艺术品往往有非常大的变化和区别，视觉差异很大，因此不能一概而论。

相似的各类尊像画、故事画、经变画。尤其是那些在同一时期频繁出现的千佛画、菩萨像、说法图（图2），几乎是同一类粉本影响下的作品。此类佛教艺术史上的客观事实和普遍现象，也是我们今天所看到的历史时期佛教艺术传播的基本规律和表现的基本方式。需要说明的是，此现象的存在与我们今天从学术层面上探讨佛教艺术的复杂性和多变性并不矛盾。

若简单地理解历史时期佛教艺术的这一现象，可以将其归为功德思想、信仰观念、图像功用共同作用的结果。所以巫鸿先生把此类宗教艺术归为"奉献式艺术"，并且指出"奉献式艺术本质上是一种'图像的制作'（image-making）而非'图像的观看'（image-viewing）"，"图像制作的过程与写作和说唱不同，应有其自身的逻辑"。①

另外，对于这一问题的理解，也可以借助历史时期佛教艺术品所留下的大量文字文献，包括供养人题记（图3）、造像功德记（图4）、造寺功德记、洞窟功德记（图5）、功德愿文、回向文、写经和抄经题记等，其在历代造像碑、各类金石

图2　莫高窟盛唐第79窟千佛图像局部

① 〔美〕巫鸿:《何为变相？——兼论敦煌艺术与敦煌文学的关系》，氏著:《礼仪中的美术——巫鸿中国古代美术史文编》下卷，生活·读书·新知三联书店，2005年，第366页。

图 3　莫高窟盛唐第 205 窟观音经变下方供养人画像

图 4　北齐邺城普弁天统四年（568）、卢僧伽河清二年（563）造像功德愿文

图 5　莫高窟宋代天王堂功德愿文文字框

文字尤其是敦煌藏经洞有丰富的留存。检索这类文字，一个最深刻的印象就是对造像、建寺、建窟、抄经、写经功德的强烈诉求，往往雕刻一通小小的造像碑的功德就可以包括"七世父母""现在眷属""当今府主""当今皇帝"，甚至上升到

为国家祈福的高度，几乎囊括功德主所有想要表达的善业福因和功德回向的对象。而且我们还注意到，与大量的佛教艺术品相关联的功德文字，虽然其功德主的身份差别很大，有高级官吏（图6），也有普通的老百姓（图7），但地位尊贵者和地位卑微者的造像功德愿望往往没有区别。

因此，总结此类文字，可以认为历史时期佛教艺术品的制作"重功德、轻形式"是其核心的发展轨迹和艺术动因，也是佛教艺术发展史上一个普遍的观念，也正因此，相关艺术作品的重复率、相似度极高。

这里我们讲佛教艺术重功德、轻形式的现象和观念，主要是从佛教艺术高重复率和相似性的角度，而不是全面否定佛教艺术的形式。事实上，佛教艺术对形式的重视也是其另一个面相，如北魏洛阳永宁寺大塔的出现、武周时期大像制作等，均是佛教艺术在形式上高度发展的例证。

佛教艺术重功德、轻形式的观念，在《佛说作佛形象经》《佛说造立形象福报经》《佛说大乘造像功德经》等中有清楚的反映。如《佛说造塔功德经》：

> 若此现在诸天众等，及未来世一切众生，随所在方未有塔处，能于其中建立之者——其状高妙出过三界，乃至至小如庵罗果；所有表刹上至梵天，乃至至小犹如针等；所有轮盖覆彼大千，乃至至小犹如枣叶——于彼塔内藏掩如来所有舍利、发、牙、髭、爪，下至一分；或置如来所有法藏十二部经，下至于一四句偈。其人功德如彼梵天，命终之后生于梵世。于彼寿尽，生五净居，与彼诸

图 6 陕西汉唐石刻艺术博物馆藏唐皇帝皇后供养像座

图 7 邺城北齐武平五年（574）张照造像功德文

天等无有异。善男子！如我所说如是之事，是彼塔量功德因缘，汝诸天等应当修学！①

佛教经典对重修佛像、佛塔的功德记载较多，这是众生供养、布施的重要内容，也是信众获取无量功德的重要手段。历史时期，此类事例不胜枚举。

另外，藏经洞绢、麻布和纸本绘画中保存有一些艺术水平极差的作品（图8），毫无审美可言，这种情况在造像碑中也可以见到（图9）。如果单从艺术审美角度看，我们在各地作品中确实会看到一些品相颇不理想的佛教作品，甚至有个别作品毫无审美可言（图10）。

因此，总体而言，佛教艺术重功德、轻形式的观念及其影响下的丰富作品，是佛教艺术史中一个常见的现象。

当然，我们也必须注意到，在漫长的佛教历史上，不同时期的艺术家总是能够根据赞助人、功德主、供养人全新的意愿而制作出超越传统的作品，或者说他们总能够推陈出新，为自己所处的时代留下一笔笔精彩而厚重的文化遗产。我们可以在各大石窟寺找到丰富的例证。以敦煌石窟为例，在不同时期都可见主流之外的变化，作为"新样"的艺术品总会让人眼前一亮，进而使人对这个时代的艺术有全新的认识。从学术研究的角度来看，包含这类代表时代新样的作品的洞窟，往往有丰富的历史信息和学术价值，正符合巫鸿先生所强调的"原创性"（originality）洞窟。② 敦煌石窟中可归为"原创性"洞窟者数量颇多，其中巫先生有针对性专论之莫高窟第323窟无疑是其代表。

第323窟可看作"重功德、轻形式"佛教艺术主流之外的一个特殊案例，原因有三。

第一，第323窟主室南北壁故事画主体并不是来自佛所说经典，而是主要依据中土高僧的著述，属于史传类内容，二者有根本性区别。

第二，第323窟重点描述佛教在中土传播和发展的历史，与以表现佛、菩萨以及各类佛国世界美好景观为核心的造像艺术的内容和目的完全不同。

第三，第323窟和那些重点描述佛国世界景象的艺术作品在功德观念上有很大的区别，其似乎更关心佛教在中土发展传播的历史，而没有特别强调佛教艺术最基本的功德观念。

① 〔天竺〕地婆诃罗译：《佛说造塔功德经》，《大正藏》第16册，第801页。
② 〔美〕巫鸿：《敦煌323窟与道宣》，氏著：《礼仪中的美术——巫鸿中国古代美术史文编》下卷，第418—430页。

图 10　甘肃庄浪红崖寺北朝造像龛

图 8　敦煌绢画 Stein Painting157（ch.00387）观音像

图 9　西安博物院藏十六国北朝造像

二 第 323 窟样式未延续现象

莫高窟第 323 窟毫无疑问是敦煌石窟群中最具"原创性"的洞窟之一，也是最具"历史性"（historicity）的洞窟之一。巫鸿先生对该洞窟的两个特性有过精彩的解读，[①]让我们看到在初唐时期处在丝路交会地的敦煌与当时的政治、经济、文化、宗教中心长安之间的密切联动，特别是长安南山律宗祖师道宣的著述给遥远的西部小城敦煌带来的影响，最终以洞窟和壁画的形式体现出来，形成敦煌普通社会民众了解佛教在中土传播与发展情况的形象材料，也为我们观察这一时期敦煌与长安之间的互动关系提供了一个重要的实物例证。

第 323 窟主室南北壁绘画佛教历史故事、感应故事、高僧灵异事迹故事。北壁西起分别画张骞出使西域、释迦浣衣池与晒衣石、佛图澄灵异事迹、阿育王拜尼乾子塔、康僧会江南弘教感应故事（图 11），南壁西起分别画西晋吴淞江石佛浮江、东晋杨都出金像、隋文帝迎昙延法师入朝（图 12）。主室东壁门两侧画戒律画，各壁下部一圈画立菩萨多身，正壁西龛情况不明，现存假山及主尊彩塑与胁侍有清修的痕迹（图 13）。各壁上部和窟顶四坡画初唐同时期常见千佛壁画。

第 323 窟这种以佛教历史故事、感应故事、高僧灵异事迹为主题的壁画题材，包括主室整体的壁画组合，在莫高窟仅此一例，其他如榆林窟、西千佛洞及河西甚至国内其他石窟群均未见第二例，在画史资料中也未见记载。由此我们也可以

强烈感受到第 323 窟的独特性和重要性。马世长先生对第 323 窟的研究最早，也最有代表性，针对洞窟壁画题材，他鲜明地指出："这是个引人注目的变化。"[②]马先生此处所言"引人注目的变化"，是将其和同时期甚至之前各时期敦煌洞窟比较的结果。考虑到此类壁画题材及其组合形式之后再未出现，我们可以认为第 323 窟的壁画组合形式

图 11 莫高窟第 323 窟康僧会江南弘教感应故事画

图 12 莫高窟第 323 窟昙延法师故事画

[①] 〔美〕巫鸿：《敦煌 323 窟与道宣》，氏著：《礼仪中的美术——巫鸿中国古代美术史文编》下卷，第 418—430 页。

[②] 马世长：《莫高窟第 323 窟佛教感应故事画》，敦煌文物研究所编：《敦煌研究》试刊第 1 期，甘肃人民出版社，1982 年，第 93 页；另载氏著：《中国佛教石窟考古文集》，商务印书馆，2014 年，第 285 页。

图 13　莫高窟第 323 窟龛内造像

属昙花一现，并没有形成一种较为流行的样式并有所延续。

　　按照樊锦诗、刘玉权二位先生对营建时代的考古分期，第 323 窟属于唐前期第三期第二类。莫高窟唐前期第三期洞窟大致完成于中宗、睿宗至玄宗前期（705—749），即莫高窟的盛唐前期。[1]张小刚先生也同意这一分期意见。[2]在樊锦诗、刘玉权二位先生的考古分期中，这一期的洞窟共有 34 个：第 217、108、123、208、213、214、215、219、319、374、328、458、39、41、42、43、48、49、50、51、52、66、109、116、119、120、122、124、125、323、444、445、446、130 窟。另外，这一期续修前期洞窟有 5 个：第 333、387、96、205 等窟。另有 10 个窟没有完工：第 320、45、212、216、218、384、225、46、117、121 窟。这一时期洞窟主要的壁画题材和形式有：佛说法图多铺，阿弥陀经变共 15 铺可分 5 型，观

无量寿经变共 8 铺可分 3 型，弥勒经变共 11 铺可分 6 型，法华经变共 10 铺可分 3 型，观音经变 2 铺（图 14）。另有地藏＋观音（图 15）、药师佛＋观音、地藏＋药师组合。各类形式的千佛壁画也有不少，窟顶全是各类形式的千佛画（图 16）。西壁正龛壁画以龛顶的华盖、说法图为常见，龛内主要是弟子和菩萨像，龛外两侧常见大菩萨像（图 17）。主室东壁往往是门上绘说法图、千佛、七佛等题材，两侧有绘菩萨像、天王像者，也有通壁绘维摩诘经变或观音经变者。[3]

　　整体观察，这一期洞窟壁画题材和组合形式是唐前期流行的内容，前后继承关系明显，没有大的变化和调整，个别壁画内容在结构上或局部有所创新。相对于这些佛教艺术中常见的佛、弟子、菩萨、说法图、千佛、经变画内容，第 323 窟显然与众不同。

　　总体而言，石窟中造像的基本题材和内容

①　樊锦诗、刘玉权：《敦煌莫高窟唐前期洞窟分期》，敦煌研究院编：《敦煌研究文集·敦煌石窟考古篇》，甘肃民族出版社，2000 年，第 143—181 页。
②　张小刚：《敦煌佛教感通画研究》，甘肃教育出版社，2015 年，第 286—289 页。
③　樊锦诗、刘玉权：《敦煌莫高窟唐前期洞窟分期》，敦煌研究院编：《敦煌研究文集·敦煌石窟考古篇》，第 143—181 页。

图 14　莫高窟第 217 窟观音经变

图 15　莫高窟第 45 窟东壁地藏 + 观音组合

图 16 莫高窟第 123 窟主室

图 17 莫高窟第 199 窟西龛

是尊像画、说法图、千佛画、故事画和经变画，体现的是信众所要膜拜的佛国世界及其中的众神，也有表现佛和菩萨累世修行的本生、因缘、佛传故事。无论什么内容，均来自浩如烟海的经典，目的是对往生佛国世界的表达。但第323窟故事画并非来自经典，而是来自后人编纂的佛教传播历史书籍，其绘画的目的似乎也与往生佛国世界关系不大，而是强调对佛教传播历史的展示和教导。

更有趣的是，第323窟出现的表现佛教历史故事、感应故事、高僧灵异事迹的8幅画，不仅在敦煌石窟中没有被延续下来，即使是放在整个佛教美术史长河中考察，也属少数。类似的作品，目前所知有《历代名画记》所记唐长安西明寺"褚遂良书"《传法者图赞》[①]、唐长安千福寺"北廊堂内"韩干画《南岳智颛思大禅师法华七祖及弟子影》和卢楞伽、韩干画"绕塔板上《传法二十四弟子》"[②]、唐长安安国寺"梁武帝及郗后"图（应为《梁皇宝忏图》）[③]。唐洛阳昭成寺杨廷光画《西域记图》[④]，唐长安崇仁坊资圣寺观音院两廊韩干画、元中书载赞"四十二贤圣"（其中包括"龙树、商那和修"）[⑤]，显然是佛教传法圣僧类绘画。另外，《历代名画记》中所载唐两京寺院常见的各类"行僧""圣僧"图是否属于佛教历史绘画，仍待考。

寺观画壁之外，以文字和图像形式记载佛教传播历史者，还应该包括玄奘《大唐西域记》、王玄策《中天竺行记》、唐高宗时期敕令百官修撰的《西国志》（包括文字60卷、图画40卷），以及以《西国志》中"佛法圣迹住持"别成一卷的略本。[⑥]

但我们也注意到，这些在唐代一度流行的与佛教传法有关的文字和图像，仍然是以发生在印度和西域的故事为主要内容，涉及中土佛法传播的历史故事并不多。

文献记载之外，图像实物的留存，主要有安阳大住圣窟隋代雕刻24身传法祖师像（图18）、沁阳悬谷山石窟隋代雕刻25身传法祖师像、洛阳龙门石窟擂鼓台中洞唐中宗时期雕刻25身传法祖师像、龙门看经寺开元年间雕刻29身传法祖师像（图19），以及莫高窟隋代第427、292窟中心柱南、西、北三面的27身、30身传法祖师像（图20、图21）。针对这些保存在石窟中的传法祖师像，王惠民先生有专题研究，可供参考。[⑦] 由此我们似乎感受到传法祖师像在历史时期作为一类较为常见的表现佛教发展历史的艺术作品，显然和常见的在各类造像、雕刻、壁画、绘画中广泛出现的尊像画、说法图、千佛画、故事画、经变画等表现佛国世界的佛教艺术作品还是有很大的区别。

对第323窟的独特性和重要性，马世长先生早年已提出："第323窟出现的几组感应故

---

① （唐）张彦远：《历代名画记》卷3，上海人民美术出版社，1964年，第68页。
② 《历代名画记》卷3，第66页。
③ 《历代名画记》卷3，第64页。另有同书卷3所记兴唐寺的"郗后像"，也应是同一类绘画。
④ 《历代名画记》卷3，第74页。此条所记是否与佛教传播历史有关，还不是十分明了。
⑤ （唐）段成式：《寺塔记》，人民美术出版社，1964年，第29页。
⑥ 孙修身：《官修〈西国志〉的编撰》，氏著：《王玄策事迹钩沉》，新疆人民出版社，1998年，第264—267页。
⑦ 王惠民：《祖师传承及其在中国的流行》，李振刚主编：《2004年龙门石窟国际学术研讨会文集》，河南人民出版社，2006年，第638—647页。此据王惠民：《敦煌佛教图像研究》，浙江大学出版社，2016年，第75—92页。

图 18 安阳大住圣窟传法祖师像

图 19-1 龙门看经寺传法祖师像

图 19-2 龙门石窟擂鼓台中洞传法高僧像

图 20　莫高窟第 427 窟中心柱层底传法高僧像

图 21　莫高窟第 292 窟中心柱底层传法高僧像

事，都是比较著名，比较有影响的。因而这几组壁画内容，显然是经过精心考虑和挑选的。"① 由此，我们的问题是，第 323 窟中这种全新的图像样式，作为佛教石窟营建史和佛教艺术史上为数不多的表现佛教传播历史的图像，其设计和绘画的目的是什么？其中最核心的问题是对洞窟功德主的探究，因此对洞窟营建背景的考察显得至为迫切。

三　由洞窟营建时代背景看其与粟特人可能的关系

按照敦煌研究院考古分期，第 323 窟属于唐前期第三期第二类，属于莫高窟盛唐前期的洞窟。② 另从洞窟壁画的艺术风格判断，应属于这一时期前半段，即大致应在 722 年之前。

如第 323 窟这类具有浓厚佛教历史宣传意味的洞窟的设计营建，显然是有针对性的，应该是功德主出于向特殊的信众宣传中土佛教传播历史的目的而建的一个公共性洞窟。也就是说，此类洞窟的营建是为特定的人群服务的。那么，在这个时期，敦煌社会最为特殊的人群无疑是新来的移民群体粟特九姓胡人，即被学界广泛讨论的 8 世纪中叶敦煌的"从化乡"的主体人群。据池田温先生的研究，敦煌的"从化乡"在 8 世纪中叶时，大约有不到 300 户人家，总人口数为 1400 多人（图 22、图 23）。③

① 马世长：《莫高窟第 323 窟佛教感应故事画》，敦煌文物研究所编：《敦煌研究》试刊第 1 期，第 93 页；马世长：《中国佛教石窟考古文集》，第 286 页。

② 樊锦诗、刘玉权：《敦煌莫高窟唐前期洞窟分期》，敦煌研究院编：《敦煌研究文集·敦煌石窟考古篇》，第 143—181 页。

③ 〔日〕池田温：《八世纪中叶敦煌的粟特人聚落》，氏著：《唐研究论文选集》，中国社会科学出版社，1999 年，第 3—67 页。

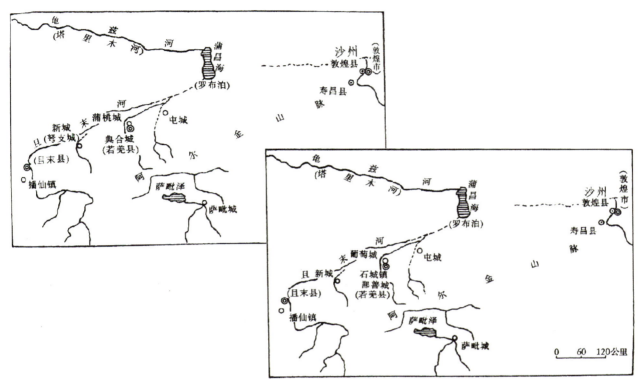

图 22-1　唐前期和归义军时期沙州地理图

图 22-2　唐沙州城遗址

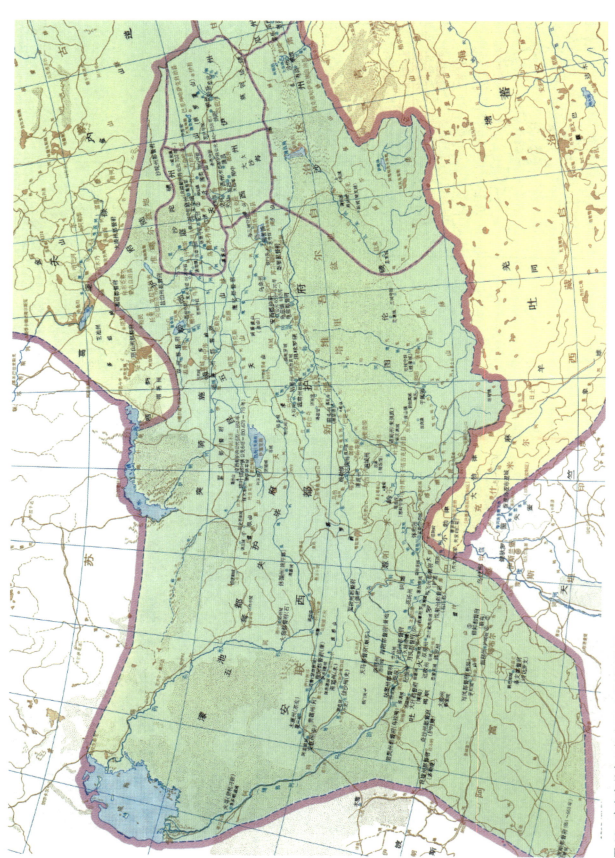

图 23　唐高宗总章二年（669）西域形势图

关于"从化乡"的形成时间和形成原因，陈国灿先生有精辟的研究，指出其与发生在唐景龙元年（707）塔里木盆地南沿的西突厥之间的一场内部冲突引发的粟特人迁移有关。[①] 神龙二年（706）十二月，西突厥首领乌质勒死，其子娑葛立，唐封为"金河郡王"，[②] 故将阿史那阙啜忠节不服，与娑葛屡相攻击，于是镇守西域的唐将郭元振便"奏请追阙啜入朝宿卫，移其部落入于瓜、沙等州安置，制从之"。[③] 但这批突厥人并没有到达瓜、沙地区，当他们到达初唐以来即为粟特九姓胡人生活的且末河流域的播仙城一带时，在唐将军经略使周以悌的煽动下贿赂唐宰相宗楚客、纪处讷不欲入朝，并发安西兵和吐蕃军回攻娑葛，攻陷于阗坎城，收获大量财宝和牲口。[④] 这次阙啜与娑葛之间的战争，给塔里木盆地南沿东段的原有居民即康国大首领康艳典率领下的粟特人造成很大的冲击。

据敦煌写本 S.367《沙州伊州地志残卷》[⑤]、P.2005《沙州都督府图经》[⑥] 等的记载，塔里木盆地东部地区，早在唐贞观年间即是粟特人康国大首领康艳典率领族人所居之地。这些粟特人在这一带建立了一系列的聚居地，有典合城（后改

为石城镇）、屯城（汉伊循城）、新城、蒲桃城、萨毗城，也包括播仙镇，[⑦] 均属沙州刺史管辖地（图 23）。

位处塔里木盆地南沿的这些粟特人的聚居地，因为景龙元年突厥人内部的战乱而发生了根本性变化，"自此以后，再也不见粟特聚落在此活动的记载，似乎粟特聚落突然在此消失了。这一现象，与阙啜在这一地区的劫掠骚扰，几乎同时发生，而且与敦煌从化乡的出现也遥相呼应。由此不难看出，原居于且末河流域的昭武九姓胡人，在受到阙啜的暴力威胁时，迅速逃往敦煌以求得沙州刺史保护。沙州官府对这大批避难而来的胡人，也当作慕义来归、从化内附者，在敦煌划出地域加以安置，并建乡设制、编入户籍。这恐怕就是从化乡的由来，其时约在景龙元年（707）"。[⑧]

景龙元年，正是莫高窟第 323 窟营建的时代上限。

塔里木盆地南沿的这些粟特人进入敦煌，除了受西突厥内乱的影响之外，其实也与这一时期吐蕃人为了和唐朝争夺西域而连续发生的一系列军事活动有关，对此王小甫先生有全面的研究。[⑨]

① 陈国灿、刘珠还：《唐五代敦煌县乡里制的演变》，原载《敦煌研究》1989 年第 3 期，第 39—50、110 页；此据陈国灿：《敦煌学史事新证》，甘肃教育出版社，2002 年，第 370—376 页。

② （宋）王若钦等编：《册府元龟》卷 967，中华书局，1960 年，第 11372 页；岑仲勉：《西突厥史料补阙及考证》，中华书局，2004 年，第 75 页。

③ 《旧唐书》卷 97《郭元振传》，中华书局，1975 年，第 3045 页。

④ 《资治通鉴》卷 209，中华书局，1956 年，第 6625—6627 页。但《通鉴》所记阙啜与娑葛相攻事件发生的景龙二年十一月，后据陈国灿先生推定，实为景龙元年事，见陈国灿、刘珠还：《唐五代敦煌县乡里制的演变》，《敦煌研究》1989 年第 3 期；另见陈国灿：《敦煌学史事新证》，第 382 页注 44。

⑤ 郑炳林：《敦煌地理文书汇辑校注》，甘肃教育出版社，1989 年，第 65、66 页。

⑥ 郑炳林：《敦煌地理文书汇辑校注》，第 19 页。

⑦ 荣新江：《西域粟特移民聚落考》，氏著：《中古中国与外来文明》，生活·读书·新知三联书店，2001 年，第 27 页。

⑧ 陈国灿、刘珠还：《唐五代敦煌县乡里制的演变》，《敦煌研究》1989 年第 3 期；此据陈国灿：《敦煌学史事新证》，第 373 页。

⑨ 王小甫：《唐·吐蕃·大食政治关系史》，中国人民大学出版社，2009 年。

早在垂拱二年（686），在吐蕃的进逼下，唐朝撤离了镇守安西四镇的兵力，"拔四镇"，[①] 吐蕃乘虚而入，"四镇尽沦"，[②] 形势对唐极为不利。吐蕃人"长驱东向，逾高昌壁，历车师庭，侵常乐县，界断莫贺延碛以临我敦煌"。[③] 吐蕃人在西域的军事力量对这些隶属于沙州管辖的粟特胡人必定会产生负面影响。长寿元年（692）王孝杰复四镇，[④] 长寿二年还发生了吐蕃组织数万兵力围攻沙州，刺史李无亏率军出战重伤而死的事件。[⑤] 万岁通天二年（697），又有吐蕃要求唐"罢四镇兵"并"求分十姓突厥之地"的"野狐河会议"。[⑥] 隶属沙州的丝路南道重镇石城镇、播仙镇一线，是吐蕃在这一时期意欲进入西域的重要路线，即"东道"。王小甫先生指出当时有六条道路供吐蕃人选择，其中多条道路都经过粟特人的聚居区，并指出"早在延载元年（694），吐蕃便试图开通这条东道而被驻守当地的粟特移民部落击退。此后直到开元初年，石城、播仙一线都在唐朝手中，吐蕃、吐谷浑的活动限在阿尔金山以南"。[⑦] 到了开元八年（720），吐蕃人最终还是打通了这条通往西域的"东道"。《敦煌本吐蕃大事记年》记载，猴年（720）：

> 东突厥（'Bug Cor）之使者前来致礼……攻陷唐之 Sog song 城。[⑧]

美国学者白桂思指出"Sog 是古藏文对名词 Sog dag（粟特人）的简写形式"。[⑨] 王小甫也认为此"Sog song 城"应该是石城镇，[⑩] 而且认为吐蕃人的这次军事活动是联合东突厥的共同行动，所以吐蕃人和突厥人对石城镇的攻陷，也必然再次迫使这一带的粟特人迁移。加上其后吐蕃人和唐在西域东部于阗等地的战争，石城镇一带原有居民粟特人最后全部进入瓜沙地区。

大批粟特九姓胡人突然涌入敦煌，于是当地官府在敦煌城东约 500 米处新筑一城安置这些慕义来归、从化内附的粟特人，此处即 P.2748《敦煌廿咏》之《安城祆咏》所记之"安城"，其中"周回一百步""总共廿龛"的"祆神"祠一所，[⑪] 是这些以祆教为主要宗教信仰的粟特人

---

① 参见《武周延载元年（694）氾德达轻车都尉告身》，国家文物局古文献研究室等编：《吐鲁番出土文书》第 7 册，文物出版社，1986 年，第 224 页；员半千：《蜀州青城县令达奚君神道碑》，《全唐文》卷 165，第 1666—1669 页；（唐）崔融：《拔四镇议》，（宋）李昉等：《文苑英华》卷 679，中华书局，1966 年，第 4048—4050 页。

② 《旧唐书》卷 97《郭元振传》，第 3046 页。

③ （唐）崔融：《拔四镇议》，《文苑英华》卷 679，第 4048 页。

④ 《资治通鉴》卷 205，第 6488 页。

⑤ 王团战：《大周沙州刺史李无亏墓及征集到的三方唐代墓志》，《考古与文物》2004 年第 1 期，第 20—26 页；王惠民：《沙州刺史李无亏墓志〉跋》，《敦煌研究》2004 年第 5 期，第 67—68 页。李无亏墓志参见吴钢主编：《全唐文补遗》第 8 辑，三秦出版社，2005 年，第 313—315 页。

⑥ 此事件吴玉贵先生有深入研究，参见吴玉贵：《吐蕃"求分十姓突厥之地"辨误》，《隋唐辽宋金元史论丛》第 2 辑，上海古籍出版社，2012 年，第 54—61 页；此据氏著：《西暨流沙：隋唐突厥、西域历史研究》，上海古籍出版社，2020 年，第 184—193 页。

⑦ 王小甫：《唐·吐蕃·大食政治关系史》，第 150、151 页。

⑧ 录文作"攻陷唐城堡索格堡"。黄布凡、马德：《敦煌藏文吐蕃史文献译注》，甘肃教育出版社，2000 年，第 49 页。

⑨ Christopher L. Beckwith, *The Tibetan Empire in Central Asia:A History of the Strug-gle for Great Power among Tibetans, Turks, Arabs, and Chinses during the Early Middle Ages*, Princeton University,1987, p.92, literature 42.

⑩ 王小甫：《唐·吐蕃·大食政治关系史》，第 150、151 页。

⑪ P.2005《沙州都督府图经》，郑炳林：《敦煌地理文书汇辑校注》，第 13 页。

的信仰中心。政府又在此专设"从化乡"，于是形成一个以祆神信仰为精神纽带的特殊的粟特人聚居地。[1]

但我们知道，佛教在敦煌占据重要的地位，在原有人口基础上突然新增 1600 余口，而且是祆教徒，他们必然成为佛教界需要争取的对象。唐代敦煌的人口总数，两《唐书》"地理志"均记"沙州敦煌郡"有"户四千二百六十五，口一万六千二百五十"。[2] 在短时间内突然增加千余人，对敦煌而言无疑是个大事件。

从敦煌历史来看，在这一地区信仰佛教的粟特人，早在北朝时期即已在洞窟营建方面有所作为。以莫高窟西魏第 285 窟为例，据张元林先生的考察，此窟即粟特人的功德窟，是粟特人及其艺术对敦煌艺术贡献的早期例证，其中代表性图像即西壁的诸多护法神、具有浓厚西方文化色彩的日天和月天图像（图 24），以及洞窟供养人画像中的粟特人史崇姬、滑黑奴、何□等因素。[3] 在莫高窟北周第 294 窟，出现了粟特商胡的供养像。[4] 隋代洞窟中频繁出现的各类波斯萨珊风格的联珠纹和在隋代洞窟壁画供养人画像中较常出现的三角翻领胡服、左右三角翻领女式敞衣、联

珠纹男式胡服，据姜伯勤先生研究，均是中亚粟特贵族服饰影响的结果。[5] 到了唐代，粟特人作为供养人出现在洞窟中的案例越来越多，[6] 在藏经洞写经题记中也多见粟特人的佛教功德行为。就洞窟营建而言，先后出现了像莫高窟初唐第 322 窟、中唐第 359 窟、中唐第 158 窟等明确属于粟特人的家窟（图 25）。[7] 整体来看，粟特人在敦煌地区与佛教的关系越来越密切，随着时间的推移，越来越多的粟特人皈依佛教，进入寺院，或为寺户。[8]

因此，景龙元年以石城镇居民为代表的一批粟特人集体进入沙州，被当地政府作为慕义归化的胡人安置在沙州城东约 500 米的地方，建立从化乡。他们还给这些信仰祆教的胡人板筑一城，取名"安城"。此安城很有可能在建筑风格上有西域、中亚之特点。安城中置有祆祠，祆教信仰颇为强烈。到 8 世纪初叶，敦煌作为佛教一大都会的性质已经形成，虽然敦煌百姓的信仰五花八门，中土和外来宗教都有各自的土壤和信众，但佛教一直在走上升路线，成为当地社会的主流宗教。因此，当敦煌社会面对着如此庞大的新的社会群体时，争取他们接受并信仰佛教，成为佛教信众，

---

① 荣新江：《北朝隋唐粟特人之迁徙及其聚落》，《国学研究》第 6 卷，北京大学出版社，1999 年；此据氏著：《中国中古与外来文明》，第 54—58 页。
② 《旧唐书》卷 40《地理志》，第 1644 页；《新唐书》卷 40《地理四》，中华书局，1975 年，第 1045 页。
③ 张元林：《粟特人与莫高窟第 285 窟的营建——粟特人及其艺术对敦煌艺术贡献》，云冈石窟研究院编：《2005 年云冈国际学术研讨会论文集·研究卷》，文物出版社，2006 年，第 394—406 页。
④ 敦煌研究院编：《敦煌莫高窟供养人题记》，文物出版社，1986 年，第 123 页。
⑤ 姜伯勤：《敦煌莫高窟隋供养人胡服服饰研究》，郝春文主编：《敦煌文献论集——纪念敦煌藏经洞发现一百周年国际学术研讨会论文集》，辽宁人民出版社，2001 年，第 354—368 页。
⑥ 沙武田：《敦煌石窟粟特九姓胡人供养像研究》，《敦煌学辑刊》2008 年第 4 期，第 132—144 页。
⑦ 沙武田：《莫高窟第 322 窟图像的胡风因素——兼谈洞窟功德主的粟特九姓胡人属性》，《故宫博物院院刊》2011 年第 3 期，第 71—96 页；沙武田：《敦煌莫高窟第 158 窟与粟特人关系试考》，《艺术设计研究》2010 年第 1、2 期，第 16—22、29—36 页；沙武田：《莫高窟吐蕃期洞窟第 359 窟供养人画像研究——兼谈粟特九姓胡人对吐蕃统治敦煌的态度》，《敦煌研究》2010 年第 5 期，第 12—24 页。
⑧ 郑炳林：《唐五代敦煌的粟特人与佛教》，郑炳林主编：《敦煌归义军史专题研究》，兰州大学出版社，1997 年，第 433—465 页。

图 24　莫高窟第 285 窟日天、月天图像

图 25　莫高窟第 158 窟粟特人功德窟

极有可能是 707 年之后敦煌佛教社会的一件紧迫的宗教任务。

　　于是，敦煌的佛教界便在原本是粟特胡人安氏家族的功德窟莫高窟第 322 窟的旁边，[①]新开一窟，一改佛教石窟画尊像画、佛教本生因缘佛传故事画、经变画的传统，一改佛教石窟重功德的做法，为了给这些新入籍敦煌的原本属于中亚的粟特移民普及中土佛教传播的历史知识，利用在当时颇为流行和有影响力的中土佛教高僧编撰的一些佛教史料，择出其中以中土历代帝王奉佛、高僧灵异故事为主的题材，以连环画的形式画在

洞窟南北壁适合观看的壁面上。同时，在选择故事方面，显然是充分考虑到了这批新入籍的粟特胡人的民族属性，故事画中的两位核心人物佛图澄、康僧会分别来自西域龟兹和中亚康居，两地是粟特人的故乡与他们的重要聚居地。而选择有浓厚稽胡色彩的"胡师佛"慧达所见神异故事，也应该是考虑到了慧达的诸多胡僧色彩。张骞出使西域的大夏城，是粟特人非常熟悉的地方，释迦晒衣石画面中题记里出现的"此大夏波罗奈国"，即玄奘《大唐西域记》所记"婆罗疿斯国"，是北印度大国迦尸国所在地，玄奘看到这里"天

---

① 对于莫高窟第 322 窟的功德主，王惠民强调了从化乡中的突厥人名和突厥化粟特人的可能性，参见王惠民：《敦煌莫高窟第 322 窟 "龙年" 题记试释》，《敦煌学》第 29 辑，2012 年，第 17—32 页；另载氏著：《敦煌历史与佛教文化》，甘肃文化出版社，2020 年，第 50—65 页。

祠百余所,外道万余人",① 此"天祠"可能即有粟特人祆教的神祠。

综上所述,我们有理由相信,第 323 窟作为"反传统"的洞窟,洞窟壁画题材选择的独特性,壁画新样式的出现,其实是与其深厚的历史背景相关联的,尤其与 707 年大批粟特人的入驻和从化乡的安置似有最直接的关系。而把洞窟崖面位置选择在粟特大族安氏功德窟第 322 窟的旁边,显然是经过精心设计和策划的结果。此举也是充分利用第 322 窟功德主的信仰和影响力,借助已有的粟特大族对佛教的崇敬和供养,加强对新来的粟特人群体的佛教宣传,扩大佛教信众基础。于是乎像第 323 窟这样独特样式的、带有强烈的"原创性"因素的洞窟被开凿完成,成为佛教艺术史上的一朵奇葩,也成为粟特人流寓汉地后在宗教信仰方面的一个独特的艺术案例。

四 画面及其榜题中的粟特影子

颜娟英先生在对第 323 窟的研究中,对其榜题文字与正统佛教文献关系不合的现象有特别提示,指出洞窟壁画中的部分榜题文字并非严谨地抄录佛教正统文献,而是自由地更改了内容,或简化,或夸张,甚至有错误的地方。② 如把汉武帝的庙号"世宗"误作宣宗的庙号"中宗",又如把拜倒外道塔的国王"月支国罽昵吒王"误作"阿育王"。在图像的描绘中也出现类似的情形,如在

表现释迦圣迹晒衣石时,图像的演绎中出现"天女洁净晒衣石""雷神打雷""殛毙外道"的戏剧性内容,是所据原文献《大唐西域记》卷 7 "婆罗痆国三龙池"条所没有的内容。另晒衣石榜题中的"至今见在大夏寺"文字,马世长先生指出其中的"寺"应为"时";昙延法师故事榜题文字中"隋"写作"随","法"后漏一"师"字,"八戒"写为"戒八"。③ 壁画榜题文字的随意性和图像的演绎性,正是颜娟英先生认为第 323 窟图像系统属于地方传统的重要原因,此发现颇为重要,也极富启发性。

但其事实确如颜先生所说为敦煌地方传统的图像系统,还是另有原因? 如果考虑到洞窟营建与粟特移民的背景关系,似乎就容易理解了。

《张骞出使西域图》,准确的名称应该是《张骞使大夏求佛名号图》,把汉宣帝的庙号张冠李戴给汉武帝,暗示功德主的汉文化修养不高,对历史掌握有限,与我们所论的粟特人功德主背景高度契合。另外,这幅图显然有强调大夏这一地名的意味在其中,唐人杜佑《通典》记大夏在"沩水南"即阿姆河以南地区,可以认为其地仍然是粟特人的故乡,④ 因此画面中西式建筑风格的城,必然是粟特文化艺术高度认同的画面。整体而言,第 323 窟设计选择这一故事,在强调张骞使西域之"凿空"壮举的同时,还可以由此使粟特故地和汉地佛教之间的关系得到加强。当然,张骞的故事想必也是敦煌历史时期处理与西域外

---

① (唐)玄奘、辩机原著,季羡林等校注:《大唐西域记校注》,中华书局,2000 年,第 557—561 页。

② 颜娟英:《从凉州瑞像思考敦煌莫高窟第 323 窟、332 窟》,《东亚考古学的再思——张光直先生逝世十周年纪念论文集》,中研院历史语言研究所,2013 年,第 443—471 页。

③ 马世长:《中国佛教石窟考古文集》,第 267 页。

④ 有关"大夏"的研究,参见余太山:《塞种史研究》,商务印书馆,2012 年,第 46—86 页;李锦绣、余太山:《〈通典〉西域文献要注》,上海人民出版社,2009 年,第 160、161 页。

来民族关系时重要的历史素材，是友好交往的历史象征，这些应该都是洞窟的营建者特意选择的结果。

其实，如果我们对这些画面榜题文字仔细再做推敲，还可发现更多的疑点。

（一）对国王拜倒外道塔画面中国王名号的疑问

洞窟壁画榜题为（图 26）：

> 此外道尼乾子等塔，育王见谓是佛塔便礼，塔遂崩坏，□育王感德。

此故事画面的文献出处，据张小刚先生考证是元魏吉迦夜、昙曜共译《付法藏因缘》卷 5、唐释法藏述《华严经探玄记》卷 8 等，[①] 颜娟英先生检出更早的相关佛典马鸣菩萨所著、后秦鸠摩罗什所译《大庄严论经》卷 6。[②] 据这些佛典所记，其中榜题中的"育王"即印度佛教历史上著名的国王阿育王，但佛典所记实际是"月支国王旃檀罽昵吒王"，又作"罽昵吒王""罽昵吒王""罽腻吒王"。张小刚认为，这种改动是"由于阿育王的名声较大，此处应该是将罽昵吒王的事迹误系在阿育王的名下"，[③] 可备一说。的确，阿育王在佛教历史上的影响之大、地位之高，很难有人与之相媲美，但是"月支国王旃檀罽昵吒王"是佛教历史上继阿育王之后另一位大力发展佛教的国王，即由月支

人建立的贵霜帝国的迦腻色伽王，他同样是佛教历史上的著名法王。

仔细考虑，绘画者和书写者要如此改动，其中恐怕另有原因。虽然把此故事转嫁给作为佛教法王的阿育王，从理论上是可以说得通的，也是信众能够接受的，但显然这种改动应该是有特殊动因的驱使。

我们能够想到的其中最直接的一个原因，应该是功德主不愿意按照经文原典所记，把此画面故事的主人公写作"月支国王旃檀罽昵吒王"，于是改作佛教历史上同样有名的阿育王。因为阿育王所造瑞像在同窟南壁东晋杨都出金像故事中也出现了，且同样是改动原文献的结果。显然在第 323 窟功德主的心目中，阿育王的地位更高，对其印象更加深刻。

还有一种推测，如果第 323 窟是为了向新移民"从化乡"的粟特人宣传中土佛教传播的历史，应考虑到粟特人的背景。迦腻色伽王是 2 世纪时由大月氏建立的贵霜帝国的一代君主，曾大力推行佛教，迦腻色伽时期粟特人的故乡中亚的两河流域也归其统治，因此迦腻色伽王也可以被认为是粟特人曾经的君主，二者属于统治者和被统治者的关系。如果画面中仍然表现的是迦腻色伽王拜外道塔，显然容易勾起这些新移民对中亚故土的眷恋。另外，作为向粟特人宣传中土佛教的画面，出现接受者故土的外族统治者的形象，显然也是功德主和观看的粟特人在情感上不大能够接受的，毕竟月支在西迁过程中强势的军事行动，

① 张小刚：《敦煌佛教感通画研究》，第 123—124 页。
② 颜娟英：《从凉州瑞像思考敦煌莫高窟第 323 窟、332 窟》，《东亚考古学的再思——张光直先生逝世十周年纪念论文集》，第 443—471 页。
③ 张小刚：《敦煌佛教感通画研究》，第 124 页。

图 26　第 323 窟阿育王拜尼乾子塔画面

使其一度成为粟特九姓胡人共同的仇敌。因此，在充分考虑粟特人历史和感情的情况下，以偷梁换柱的方式巧妙地把本属"月支国王旃檀罽昵吒王"的神异事迹转移到阿育王的名下，不失为一个好方法。

除此之外，客观来讲，罽昵吒王在佛教历史上的口碑和声誉其实并不好，和阿育王在佛教历史上的地位确实不能同日而语。唐西明寺沙门释道世集《诸经要集》卷 20《九要部第三十·鸣钟缘第九》载：

> 如付法藏经云：时有国王名曰罽昵咤，贪虐无道，数出征伐劳役人民，不知厌足。欲王四海戍备边境，亲戚分离，若斯之苦何时宁息。宜可同心共屏除之，然后我等乃当快乐。因王病虐，以被镇之人坐其上，须臾气绝。由听马鸣比丘说法缘故，生大海中作千头鱼，剑轮回注斩截其首，续复寻生，次第更斩。如是展转乃至无量，须臾之间头满大海。时有罗汉为僧维那，王即白言：今此剑轮，闻揵稚音即便停止，于其中间苦痛小息，唯愿大德垂哀矜愍，若鸣揵稚延令长久。罗汉愍念为长打之，过七日已受苦便毕。而此寺上因彼王故，次第相传长打揵稚，至于今日犹故如本。[1]

从这个意义上讲，第 323 窟的营建者正是刻意回避了罽昵吒王的负面影响，而做了有意义的改动。

（二）对西晋石佛浮江感应事迹画面榜题中"佛裙"二字的疑问

洞窟壁画原榜题为（图 27）：

> 此西晋时有二石佛浮游吴江松（应为"吴淞江"），波涛弥盛，飘飘逆水而降，舟人接得，其佛裙上有名号，第一维卫佛，第二迦叶佛，其像见在吴郡供养。

此画面故事的文献来源是梁慧皎《高僧传》卷 13《慧达传》，但我们注意到壁画榜题"佛裙上有名号"，在《慧达传》中原文为"背有铭志"，二者有出入。事实上，在这里壁画榜题文字以"佛裙"代称袈裟，在佛教经典和文献中更加规范的用语是"佛衣""法衣""三衣"，"裙"字的使用显出书写者不仅没有遵循原文献"背有铭志"的记载，而且把世俗人服饰名词生硬地套在佛衣上，这在佛教经典和佛教历史中并不多见，[2]也不规范，似乎说明书写者对佛教常识的陌生，或者其态度过于随意。

但如果考虑到洞窟营建方面浓厚的粟特背景，出现这些称谓倒是完全可以理解。

（三）对东晋杨都出金像感应画中佛像出土地点、发现者、所在寺名的疑问

据洞窟壁画榜题记载，杨都的"金铜古阿育

---

[1] 《诸经要集》卷 20《九要部》，《大正藏》第 54 册，第 191 页。
[2] "裙"出现在佛教造像的服饰上，主要是描述菩萨、弟子、天王、力士、天人、比丘、比丘尼等人物，极少用于佛陀法衣的描述，另在密教尊像的描述中也较常出现。

图 27 第 323 窟西晋石佛浮江的故事

王像"出自"东晋杨都水中"，是由"渔夫"发现，并且"其佛见在杨都西灵寺供养"（图 28）。但据此故事文献来源《高僧传》卷 13《慧达传》的记载，杨都金像实为"阿育王第四女所造"，是由"丹阳尹高悝于张侯桥浦里掘得一金像"，其像后在"长干寺"供养。榜题改动较多，与文献记载区别较大。

整体而言，洞窟壁画榜题文字的改动有抬高故事可信度的意味在其中。把水中所获改作挖掘

所得，地点非常具体，似乎更加神秘，也更符合处在西北地区的敦煌人的想象。既然是挖掘所得，那么原文献所记发现者为渔夫就不合情理，于是便改作地方长官，可信度和权威性得到提升和加强。把本来是阿育王第四女所造像直接附会到阿育王身上，更加有说服力，也有呼应杨都出阿育王金像的意味，还可以呼应篡改月支王拜外道为阿育王拜塔。

如果按照颜娟英先生的说法，洞窟榜题文

图 28　第 323 窟杨都金像的故事

字的这些错误和改动，可能不是一个普遍的佛教美术的案例，而是强调敦煌本地传统的影响，第323 窟 "图文表现的依据有可能是来自当地流行的传统"。① 先生的观点对理解第 323 窟的图像传统有重要的意义，事实上也是我们理解该窟营建背景的重要线索。结合洞窟浓厚的粟特背景，

则本窟的图样确实是敦煌本地的作品，而且有粟特人影响的因素。但是敦煌本地是否能够创作出此类图样，则是另一个需要讨论的问题，总体上我们还是强调此类图样传自内地的可能性。把此类表现佛教在中土传播历史的故事画集中在一个洞窟空间，再搭配以戒律画和特殊的主尊身份，

———————————

① 颜娟英：《从凉州瑞像思考敦煌莫高窟第 323 窟、332 窟》，《东亚考古学的再思——张光直先生逝世十周年纪念论文集》，第 466 页。

应该是敦煌人的一个创举，更准确的说是在敦煌粟特人中土佛教知识需求下的产物。那么，敦煌人为什么会设计开凿这样一个反传统的洞窟？若同样从粟特人中土佛教知识需求的角度加以阐释，则显得富有历史趣味性。

五 以粟特人为宣教对象的中土佛教传播历史的图像讲堂

我们知道，出现在洞窟中的各类尊像画和说法图，往往传承有自，而各类故事画、经变画则和具体的经典相关联。但第 323 窟南北壁表现的包括高僧显圣、明主皈佛、佛国弘法、瑞像东来等佛教传播历史的故事画面，并非出自经典，而是来自高僧的著述和佛教历史文献。因此，有必要对这些故事画所据佛教史料先做一梳理。此问题，马世长[①]、孙修身[②]、张小刚[③]等先生已有研究，列表如下（表 1）。

表 1 莫高窟第 323 窟南北壁故事画统计表

洞窟故事画	时代	地点	核心人物	所据史料
汉武帝获匈奴金人并张骞使大夏求佛名号图	西汉	长安—大夏	汉武帝、张骞	北齐魏收《魏书》卷 114《释老志》、隋费长房《历代三宝记》卷 2、唐道宣《广弘明集》卷 2、唐道世《法苑珠林》卷 12、《佛祖统纪》
释迦洗衣池和晒衣石故事画	释迦时代	天竺	释迦	晋法显《佛国记》、北魏杨衒之《洛阳伽蓝记》、唐玄奘《大唐西域记》卷 7 和卷 8
佛图澄神异故事画	西晋	邺城幽州	佛图澄	梁慧皎《高僧传》卷 9《佛图澄传》、唐房玄龄等《晋书》卷 95
国王拜倒外道塔故事画	阿育王时代	天竺	阿育王	元魏吉迦夜、昙曜共译《付法藏因缘》卷 5，后秦鸠摩罗什译《大庄严论经》卷 6
康僧会神异故事画	三国	建康	康僧会	梁慧皎《高僧传》卷 1、《集古今佛道论衡》、唐道世《法苑珠林》卷 40、《集神州三宝感通录》卷中
石佛浮江故事画	西晋	吴淞江	僧俗信众	梁慧皎《高僧传》卷 13《慧达传》、《集神州三宝感通录》卷中、唐道世《法苑珠林》卷 13
杨都出金像故事画	东晋	交州合浦水	僧俗信众	梁慧皎《高僧传》卷 13《慧达传》、《集神州三宝感通录》卷中、唐道世《法苑珠林》卷 13
昙延神异故事画	隋	长安	昙延	《续高僧传》卷 8《昙延传》

由表 1 可以看到，第 323 窟南北壁的佛教感通故事画主要来自中唐以前汉地僧人的各类著述，但应是多部著述的杂糅。因此马世长先生认为"这些感应故事有着浓郁的乡土色彩，带着汉地标记的烙痕……与佛说的经典同等加以宣扬"，[④]有突出的个性色彩。

---

① 马世长：《莫高窟第 323 窟佛教感应故事画》，《敦煌研究》试刊第 1 期，第 80—96 页；马世长：《中国佛教石窟考古文集》，第 262—290 页。

② 孙修身：《敦煌石窟全集·佛教东传故事画卷》，上海人民出版社，2000 年，第 17、30—33、121—129、134—153、165—168 页。

③ 张小刚：《敦煌佛教感通画研究》，第 286—294 页。

④ 马世长：《莫高窟第 323 窟佛教感应故事画》，《敦煌研究》试刊第 1 期，第 92、93 页。

这些汉地佛教传播的故事主要是表现汉地僧人的神异和佛像、佛舍利、佛经在汉地的神通，还包括中原汉地皇帝奉佛的故事，时间从西汉一直到隋，可以认为是第 323 窟建窟之前在汉地流传的佛教传播故事在敦煌的图像表现。张小刚指出："莫高窟第 323 窟所绘的佛教感通故事中，有一部分故事在道宣的著述中可以找到相关的记载，还有一些故事则出自其他人的著述；但是第 323 窟佛教感通画无疑受到了一种传统的影响，这种传统就是以道宣为代表的汉地僧人采用编撰佛教感通故事的方式来反映中国佛教传播历史的传统。"① 而第 323 窟则是把这个传统进行图像化的代表案例，目前没有第二例。由此，我们看到一个现象，确如巫鸿先生所言，第 323 窟的内容受到道宣著述的影响，但并不是全部来自道宣的著述，实际上应该是经过认真筛选后的结果。图像所据文本并非某一部特定的作品，而是一个大杂烩，更多的是受到了粟特人功德主的影响，同时也是出于对粟特人进行佛教历史知识宣讲的需要。

因此，从表 1 所列洞窟壁画故事所据史料来看，熟悉这类佛教历史故事者，必定是佛教界的人士，属于具有一定佛教历史知识的人。考虑到洞窟主室未设计和绘画唐代的供养人像，与莫高窟同时期洞窟中丰富的供养人画像传统不合，也不属于佛教艺术表现的传统，且洞窟主体壁画内容属于全新的样式，和那些表现佛国世界的"奉献式"绘画有很大的区别，可以看出，此洞窟的营建者和功德主虽然无法确定，但显然非世俗社会的官员、大家族、社人组织，也不是代表家族的高僧大德或僧团组织，而完全为无世俗功利性

的僧人组织。这些僧人们营建第 323 窟的核心目的是向粟特移民宣传佛教传播的历史，尤其是佛教在中土传播过程中发生的那些被编造出来的令人印象深刻的高僧神异故事、感应故事，或有代表意义和说服力的帝王奉佛的故事，也有与佛像、佛舍利、佛经相关的神异故事。可以认为第 323 窟是一处讲述佛教传播历史的讲堂，有佛教历史图像教科书之意义。

东壁根据《大般涅槃经》"圣行品第七"绘制的戒律画（图 29），具体表现僧人为严格守持戒律而发的种种誓愿，也是敦煌石窟乃至佛教艺术品中极为罕见之戒律画，弥足珍贵。因为在佛教内部，就戒律而言，核心是经典律条的规范，而不是图像的说教；加之戒律条文细微之至，内容也极其复杂，很难用图像表现出来。戒律画并不适合佛教徒以外的世俗人观看，因此在这种佛教历史展示性的洞窟空间，绘制此类严酷守戒画面，显然强调的是洞窟所具有的展示、教育功能。单从这一点而言，第 323 窟针对粟特移民对佛教相关知识的教育和宣传可谓煞费苦心。

正因为第 323 窟图像有强烈的宣传、展示、教育的意义和功能，所以我们看到南北壁的佛教历史故事画被布局在墙壁的中间位置，上面是窟顶千佛的向下延续（图 30），下面是 14 身菩萨像，可以说设计者充分考虑到观看者在窟内阅览时最佳的视觉效果。同时，画面中布满大大小小的榜题框，其文字书写规范，直到今天我们仍然可以有效阅读，也佐证了该洞窟作为宣传、展示中土佛教历史场所的可能性。与之形成鲜明对比的是，在同时期莫高窟洞窟中的经变画，有相当

————————
① 张小刚：《敦煌佛教感通画研究》，第 293 页。

图 29 第 323 窟东壁戒律画

图 30　第 323 窟北壁壁画布局

一部分都没有出现榜题，或者说这一时期洞窟壁画并不十分流行榜题。

　　窟顶和四壁的小千佛是这一时期流行的题材，南北壁下部的 14 身菩萨像也是这一时期常见的内容（图 31），有可能受到《大通方广经》的影响，[①] 均有程式化装饰之意味。事实上，南北两壁行列式菩萨像，不仅有忏仪之功能，从形式上也有为进窟者引导和进行佛法加持之意味。

　　戒律画其实也有可能来自唐代僧人的著述，因为这些画面在《经律异相》卷 8 "持戒发愿防之十七"、《法苑珠林》卷 104 "受戒篇劝持部中"

有类似的文字条目，仍然属于佛教历史史料的图像展示。

　　整体而言，第 323 窟作为展示唐之前中土佛教传播历史的场所的可能性很大，是一处敦煌佛教界专门向以从化乡粟特群体为代表的普通信众展示中土佛教发展历史的特殊的场所，也算是盛唐前期敦煌僧人在洞窟营建方面走出传统的一个新鲜的尝试，显然不属于主流的佛教艺术作品和形式。洞窟主体图像和思想不讲求功德观念，和其他的功德式洞窟及其中的奉献式造像有本质的区别，故没有被传承下来。在这一点上我们同

① 赵晓星：《莫高窟第 401 窟初唐菩萨立像与〈大通方广经〉》，《敦煌研究》2010 年第 5 期，第 47—52 页。

图 31　第 323 窟南北壁下层菩萨像

意颜娟英先生的判断，即认为第 323 窟图像并非来自正统的佛教文献，有可能是来自当地的传统。[1] 但考虑到在敦煌本地也不流行此类图样的现象，因此，称传统还不太恰当。经过我们的讨论，敦煌本地佛教界这一新的佛教艺术的创举，实际上针对性很强，是面对从化乡粟特移民群体而特意加强的佛教知识的教育、宣传与展示。

因此，综上所述，可以认为第 323 窟是一处针对粟特人的传播中土佛教知识的图像讲堂。

六　洞窟龛内主尊瑞像身份等相关问题质疑

如果认同第 323 窟确为敦煌本地佛教界在盛唐初期为顺应从化乡粟特移民的信仰需求，集中展示唐之前佛教在中土传播的历史而营建的一处特殊的佛教知识图像讲堂式洞窟，洞窟本身有强烈的宣传、展示、教育意义和功能，则需要继续讨论几个问题。

（一）两则天竺佛教历史故事出现的困惑

总体来看，第 323 窟主室南北壁展示出来的是唐以前中土佛教传播的历史故事，但我们不能忽略释迦浣衣池和晒衣石（图 32）、阿育王拜尼乾子塔两幅表现天竺佛教历史故事的画面的存在。同时我们也注意到，这两幅画面均绘于主室北壁，占据面积较同壁的张骞使大夏求佛名号图、佛图澄灵异故事画、康僧会神异故事画明显偏小，且

---

[1]　颜娟英：《从凉州瑞像思考敦煌莫高窟第 323 窟、332 窟》，《东亚考古学的再思——张光直先生逝世十周年纪念论文集》，第 443—471 页。

图 32　第 323 窟北壁释迦晒衣石的故事

位于三幅大画面之间的下部，似有补白之意味。另，若从故事发生的时间而言，显然这两幅画面都应该出现在张骞使大夏求佛名号图之前，但设计者显然在布局这两幅故事画时，并没有按洞窟南北壁整体的时间顺序来安排，则其补白之意味更加明显。

我们的困惑是，既然洞窟南北壁画面主体内容是反映中土佛教传播的历史，为什么要加上这两幅中土以外发生在佛陀的故乡天竺的佛教历史故事画呢？更加有趣的是，这两则天竺佛教历史故事，在之后颇为流行有关印度的佛教史迹故事画的中晚唐五代宋时期的洞窟中却又不见了，目前仅此一窟，同属昙花一现。

整体而言，我们确实可以感受到对第 323 窟的设计者而言，其最明确的目的是讲述佛教在中土传播的历史，但仍然以补白的形式绘制了两则发生在印度的属于佛教初传期的灵异故事，实际上是借佛陀的故事来强调此类故事的正统性。而这两则故事均发生在大夏故地，仍然有呼应粟特人故乡的意义。

（二）正壁龛内造像属性

对于第 323 窟西壁龛内造像的属性，最早史苇湘先生结合龛内假山的空间特征，提出龛内主尊有可能是凉州瑞像。[1] 此说得到巫鸿先生的肯定并得以被进一步阐释，[2] 颜娟英先生也肯定此

---

① 史苇湘：《刘萨诃与敦煌莫高窟》，《文物》1983 年第 6 期，第 5—13 页。
② 〔美〕巫鸿：《敦煌 323 窟与道宣》，氏著：《礼仪中的美术——巫鸿中国古代美术史文编》下卷，第 418—430 页。

说。①但滨田瑞美女士则有完全不同的看法，她更尊重洞窟现有造像的特征和事实，而以倚坐的弥勒佛认定其属性。②若按本文所论第 323 窟是为了顺应 8 世纪初叶粟特移民的需要而营建的一处反映中土佛教传播历史的图像讲堂式洞窟，再结合洞窟整体的佛教史迹故事画主题思想，则西壁龛内主尊作为瑞像的可能性仍然是我们的首要考虑因素。

前述从化乡的粟特人主要受到景龙元年发生在塔里木盆地南沿东段的石城镇、播仙镇一带西突厥内乱的冲击和影响，即阙啜和娑葛之间的战争迫使这一带的粟特居民集体投奔沙州，移民敦煌定居。我们注意到，据两《唐书》和《资治通鉴》卷 209 的记载，在阙啜的军事行动中就曾攻陷"于阗坎城，获金宝及牲口"，③《新唐书》中记载"于阗东三百里有坎城镇"，还有"坎城守捉"。④更为有趣的是，我们在敦煌中唐第 231、237 窟主室龛内顶坡的瑞像群中也看到有榜题为"于阗坎城瑞像"者，为一立佛像，着通肩式袈裟，右手于胸前作说法印，左臂下垂，手把袈裟，跣足立于莲花之上（图 33）。据壁画榜题可知，一直到五代宋曹氏归义军洞窟流行的瑞像史迹画中，仍然有"于阗坎城瑞像"，但造像的特征发生了较大的变化。如莫高窟第 126 窟甬道北坡西起第 6 格内立像，着白色袈裟，衣身一色，但在舟形背光中全是小千佛，榜题"…… □□国腾空而来在于阗坎城住"（图 34），另在第 108

图 33　莫高窟第 231 窟于阗坎城瑞像

---

①　颜娟英：《从凉州瑞像思考敦煌莫高窟第 323 窟、332 窟》，《东亚考古学的再思——张光直先生逝世十周年纪念论文集》，第 443—471 页。
②　〔日〕滨田瑞美：《敦煌莫高窟第三二三窟考—図様构成と宗教の机能をめぐって》，《国华》第 1446 号，第 121 编，第 9 册，2016 年，第 7—27 页。
③　《旧唐书》卷 97《郭元振传》，第 3045 页；《新唐书》卷 122，第 4363 页；《资治通鉴》卷 209，第 6625—6627 页。
④　《新唐书》卷 43，第 1150 页。

窟甬道北坡西起第 7 格亦绘一身坎城瑞像，立佛、白色袈裟，衣身一色，题记"……佛真容白□香为身从……坎城住"，S21113V-a 壁画榜题抄本有"释迦牟尼佛真容，白檀香为身，从汉国腾空而来，在于阗坎城住。下，其像手把袈裟"。对于阗坎城瑞像的特征，张小刚先生有全面之考察，他把两种不同特征的坎城瑞像分别称为 A 型和 B 型。[1]

神龙元年移居敦煌的粟特人中必定有来自坎城者，那么坎城之前颇为有名的这身从汉国腾空而来的用白檀香做的释迦牟尼真容瑞像，对于这些粟特人而言可能并不陌生，于是在为他们营建的宣教窟中便以这身坎城瑞像作为主尊。借坎城故地的佛教故事和瑞像来完成对这些粟特移民的宗教教育和启发，倒是非常合适的。但遗憾的是，我们在莫高窟壁画和榜题中知道的坎城瑞像，仍然是立像（A 型或 B 型），而且背景没有山峦，和第 323 窟龛内现存彩塑倚坐主尊及其身后假山无法对应。

如果不是坎城瑞像，考虑到第 323 窟故事是来自中国佛教僧人编著的佛教史料，而且选择的故事几乎全是中土佛教传播历史题材，因此还得考虑西龛主尊作为中土瑞像的属性。从这一点出发，前述几位先生推测其为凉州瑞像，倒是符合洞窟的主题思想和总体设计理念。但遗憾的是，目前龛内主尊为一身经后期重修过的倚坐佛，而不是立像。

对于龛内作品的时代问题，学术界对龛内山峦的时代判断为初唐，基本上没有异议，笔者也在洞窟现场多次观察，从龛沿壁画与假山的衔接

图 34　莫高窟第 126 窟于阗坎城瑞像

处层位关系（图 35）及整体山形的古朴感等考虑，可以确认与洞窟壁画时代一致。对于龛内的几身彩塑像，除主尊以外的几身弟子菩萨像，明显属于清代作品。主尊倚坐佛虽有较明显的后期重修重妆痕迹，但从龛内整体空间结构和彩塑的整体形态上，似有盛唐原作的面貌特征，不大可能是由一立像改造的结果。因此，我们相信洞窟营建之初龛内主尊仍然是倚坐像，这也符合后期重修重妆的基本规律，一般情况下重妆者不会轻易改动主尊的尊格身份。

非常巧合的是，在本土的瑞像中确有倚坐姿

---

[1]　张小刚：《敦煌佛教感通画研究》，第 132—134 页。

图 35　莫高窟第 323 窟龛顶壁画

者，即位于河西走廊的"张掖郡西影像"，据莫高窟第 231、237 窟两窟的榜题和画像可知，为一倚坐佛，身着白色袈裟（图 36）。[①] 若此推测成立，第 323 窟的瑞像即张掖郡佛影瑞像，给瑞像搭配以假山作为背景，倒是符合佛影曾经出现地的地理环境和特征。义熙八年（412）慧远在庐山模拟印度那揭城佛影山样式时有以下特征：

> 背山临流，营筑龛室；妙算画工，淡彩图写；色凝积空，望似烟雾；晖相炳焕，若隐而显。[②]

若仔细观察第 323 窟龛内的山形特征，倒有几份神似在其中。

敦煌北朝洞窟中出现的白衣佛，即佛影之像，[③] 是佛在山岩石室留下的影子，背景为山峦（图 37）。张掖郡佛影瑞像，在洞窟壁画榜题和藏经洞写本中还有说明文字，如"古月支王时现"（第 231 窟、第 237 窟、P.3033V）、"古月之王时见在瑞像"（第 72 窟、P.3352V-a，图 38），其出现的时间显然是要早于汉武帝张骞使大夏求佛名号之时。出现在主尊的位置，和南北壁佛教灵异故事相衔接，同时又是张掖郡的瑞像，可以认为是把河西本地最早的瑞像作为主尊，符合第 323 窟洞窟营建的主旨思想和题材选择上的倾向性。

① 张小刚：《敦煌佛教感通画研究》，第 219—223 页。
② 《高僧传》卷 6《晋庐山慧远传》，第 213 页。
③ 王惠民：《白衣佛小考》，《敦煌研究》2001 年第 4 期，第 66—69 页；〔日〕滨田瑞美：《关于敦煌莫高窟的白衣佛》，《敦煌研究》2004 年第 4 期，第 7—14 页，原载《佛教艺术》267 号，2003 年；贺世哲：《敦煌图像研究·十六国北朝卷》，甘肃教育出版社，2006 年，第 88—95 页；赖鹏举：《敦煌石窟造像思想研究》，文物出版社，2009 年，第 114—120 页。

图 36　莫高窟第 231 窟张掖郡佛影瑞像　　　　图 37　莫高窟第 254、435 窟白衣佛

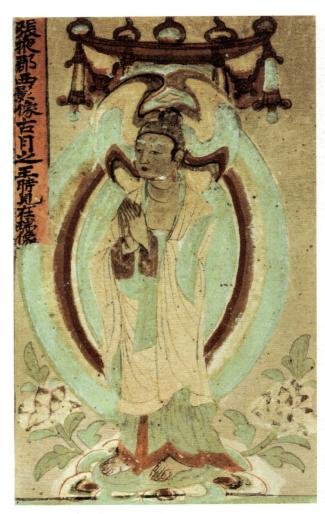

图 38　莫高窟第 72 窟张掖郡佛影瑞像

所以，如果推测不致大谬，第 323 窟龛内主尊原本应是张掖郡佛影瑞像，本身即为一身倚座像，最初应身着白色袈裟，经后期重修重妆为现今的模样。对于"张掖郡西影像"，另有文献记"其像两足返"（S.2113V-a），不明其意，在壁画图像中也得不到解释。

（三）是否反映佛道之争和借帝王奉佛抬高佛教的地位

第 323 窟的佛教感应和神异历史故事，马世长先生在最初的全面解读中就已经指出其中包含着明显的佛道之争的意味，于是借帝王奉佛抬高佛教的地位，同时还有颂扬高僧弘扬佛教伟业之意。结合唐代佛道关系，这一点多为其后研究者所认同。但如果该窟果如本文所推论，实为敦煌佛教界为了发展和推动佛教事业，有针对性地为 707 年之后受西突厥内乱冲击而从石城镇、播仙镇、于阗坎城等塔里木盆地南沿东段诸城镇迁移到沙州的 1000 多粟特人而建的洞窟，对于这些原本以祆教为主要信仰的群体，要借此体现新时代背景下的佛道之争，显然没有任何意义和必要。至于壁画中几则中原帝王奉佛的事迹，则旨在为流寓汉地的粟特人皈依佛教提供正面的引导，倒是确有很强的说服力，符合建窟的宗旨。

余论　同时期吐谷浑人的活动

景龙元年从石城镇、播仙镇、于阗坎城一带迁入沙州的约 1000 人的庞大的粟特人群体，显然是当时的敦煌佛教界面对的一个诱人的信众群体。但事实上，在大致相同的时期，在这批粟特人进入瓜、沙地区之前，先后有几批吐谷浑人也被唐政府安置在河西，其中瓜、沙地区一直是唐政府安置从青藏高原下来归附大唐王朝的吐谷浑人的重要地方。

龙朔三年（663）吐谷浑灭国后，其青海故地一直由吐蕃论氏家族统治。后来吐蕃王室与论氏家族发生冲突，论氏噶尔家族在吐谷浑故地的统治地位受到威胁，吐蕃王室与论氏家族斗争日趋激烈，甚至率军讨伐论氏家族。武则天圣历二年（699）论钦陵自杀后，其弟赞婆和论钦陵子论弓仁二人率所部吐谷浑归朝，史载：

夏四月，赞婆帅所部千余人来降，太后命左武卫铠曹参军郭元振与河源军大使夫蒙令卿将骑迎之，以赞婆为特进、归德王。钦陵子弓仁，以所统吐谷浑七千帐来降，拜左玉钤卫将军、酒泉郡公……秋，七月……丙辰，吐谷浑部落一千四百帐内附。[①]

论弓仁投唐事件还记载于《拔川郡王神道碑》中。[②]

可知，唐王朝把这两次归投的吐谷浑部落共约 4 万人安置在河西一带，其中大部分在凉州，其他各州也应有少部分安置。这吐谷浑两次归唐事件，即《新唐书·吐谷浑传》所记"诺曷钵死，子忠立，忠死，子宣超立。圣历三年，拜左豹韬员外大将军，袭故可汗号，余部诣凉、甘、肃、瓜、沙等州降"。

这一事件，也记载于郭元振给武则天的上书《安置降吐谷浑状》当中：

今吐谷浑之降者，非驱略而来，皆是渴慕圣化，冲锋突刃弃吐蕃而至者也。臣谓宜当循其情以为制，勿惊扰之，使其情地稍安，则其系恋心亦日厚。当凉州（原注：今武威郡）降者，则宜于凉州左侧安置之；当甘州（原注：今张掖郡）、肃州（原注：今酒泉郡）降者，则宜于甘、肃左侧安置之；当瓜州（原注：今晋昌郡）、沙州（原注：

今燉煌郡）降者，则宜于瓜、沙左侧安置之。但吐浑所降之处皆是其旧居之地，斯辈既投此地，实有恋本之情。若因其所投之地而便居之，其情易安；因数州而磔裂之，则其势自分。顺其情、分其势，而不扰于人，可谓善夺戎狄之权矣。[③]

同一事件，还记载于吐鲁番阿斯塔那 225 号墓出土的一批来自敦煌"豆卢军"的军务文书中。这批文书记载"证圣二年"，来自吐谷浑的"落蕃人贺弘德"，受吐浑可汗委托，来向瓜州陈都督报告吐谷浑部落有十万众欲来归唐，但贺弘德在未到达瓜州之前被沙州的豆卢军军戍守捉截获，随后豆卢军牒郭知运差兵马速即前往应接，并差子总管张令端相配合，等等。对此组记载吐谷浑归朝的原始珍贵文书，陈国灿先生有专门研究。[④]也有研究者不同意此说，认为吐鲁番文书所记吐谷浑可汗十万众归唐计划，因为唐蕃关系的变化和吐蕃的阻拦而最终没有实现。[⑤]

无论如何，可以认为在武周后期，先后应有不少吐谷浑人通过各种方式来到瓜、沙地区定居，归附大唐。吐谷浑虽然受吐蕃的影响较早，也信仰佛教，但毕竟属于高原上的游牧群体，其佛教信仰和佛教知识显然不能被高估。因此他们的到来，也同样应是敦煌佛教界需要面对的新的情况。

从这个层面来讲，第 323 窟的营建不仅仅是针对从化乡的新居民粟特人群体，同时也有可能

① 《资治通鉴》卷 206，第 6539—6540 页。
② （唐）张说：《张燕公集》卷 19，上海古籍出版社，1992 年，第 164—165 页。
③ （唐）杜佑：《通典》卷 190，中华书局，1988 年，第 5166—5167 页。
④ 陈国灿：《武周瓜沙地区吐谷浑归朝案卷研究》，氏著：《敦煌学史事新证》，第 167—197 页。
⑤ 陆离：《吐鲁番所出武周时期吐谷浑归朝文书史实辨析》，《西北民族论丛》第 16 辑，社会科学文献出版社，2018 年，第 93—111 页。

考虑到数量不少的归附大唐的吐谷浑人对汉地佛教传播历史知识的需求。

结　语

敦煌石窟群数量众多，规模庞大，每一个石窟都有可能隐含着深厚而有趣味的历史。佛教艺术"重功德、轻形式"是其基本的理念，因此我们在众多石窟寺中看到的往往是同一时期洞窟艺术的一致性、相似性，甚至程式化现象。但莫高窟盛唐第 323 窟显然是一个特例。洞窟壁画主体选择了以中土佛教传播历史故事为主的内容，完全超出传统的佛教艺术"重功德、轻形式"的基本理念，这在整个中古佛教艺术史上没有第二个例子，是中古佛教艺术史上的奇葩。因此，第 323 窟显然是为一个特定的群体而建。

简单考察历史可知，在属于第 323 窟的分期内，恰有景龙元年之后因西突厥内乱而导致塔里木盆地南沿东段石城镇、播仙镇、于阗坎城等诸多粟特人聚居地的居民大规模迁移进入沙州的情况，在这之前的武周后期还有几批吐谷浑人也因各种原因归附大唐被安置在瓜、沙一带。因此，面对以信仰祆教为主的规模庞大的外来移民群体，敦煌的佛教界充分利用原有的已改信佛教的粟特人作为辅助，以之前已经建成的粟特人安氏功德窟莫高窟第 322 窟为邻窟，利用莫高窟公共文化中心的有利条件，打破常规，选择新建一特殊功能的洞窟，集中展示唐以前中土佛教传播的重要历史故事，形成一处可以说对佛教是一张白纸的粟特人能够接受佛教知识宣教的场所，有佛教讲堂的性质。因此可以说，莫高窟第 323 窟是专为粟特人的佛教需求而建，这在佛教艺术史上独一无二，更是敦煌石窟群中的特例，意义重大。

神秘与技术：唐代女巫群体与巫风活动研究[*]

焦 杰

（陕西师范大学历史文化学院）

女巫群体自古有之，但不同的时代，女巫的社会地位与影响力并不一样。原始部落中的女巫往往享有很高的威望。商周时期，出于神道设教的需求，女巫在社会政治生活中非常活跃，但是随着春秋战国以来礼崩乐坏，她们渐渐被逐出了权力机关而下移到民间，在民间信仰活动中发挥着重要作用。唐代社会鬼神信仰弥漫，女巫仍然是一个活跃的群体，她们的活动是唐代妇女史研究中非常重要的问题，对妇女史研究的细化具有积极意义。然而由于女巫是边缘中的边缘，相关记载极为稀少，故而关于她们的研究一直相当薄弱。除了相关的论著，如文镛盛《中国古代社会的巫觋》（华文出版社，1999 年）、王永平《论唐代的民间淫祠与移风易俗》（《史学月刊》2000 年第 5 期）和《论唐代的"鬼道"》（《首都师范大学学报》2001 年第 6 期）、刘礼堂《唐代长江流域"信巫鬼、重淫祀"习俗考》（《武汉大学学报》2001 年第 5 期）等有所涉及之外，迄今为止，真正研究唐代女巫的只有王晓玲《试论女巫与唐代社会生活》（硕士学位论文，首都师范大学，2004

年）。该文主要考察了唐代女巫的交往对象、通神手段、社会职能、生存挑战及其对社会生活的影响等，但对唐代女巫群体的来源、女巫的种类、通神手段的获取与谋生方式及行巫活动等内容未有涉及，故撰本文做进一步的探究。

一 唐代女巫的来源与女巫的种类

（一）唐代女巫的来源

巫术从原始社会起便世代相传，母系时代多为舅传外甥，父系时代为父传子，男者为觋，女者为巫。商周时代的巫祝也是家族世代相传，春秋战国以后，礼崩乐坏，原本服务于贵族的巫祝下移至民间，事奉鬼神便成为他们谋生的职业。他们大多来自社会下层群体，或是家族相传，或是师徒相承，历代相沿，至唐代而不改。高世瑜曾指出："女巫在唐朝也为数不少，她们多半是下层贫家女子，也主要活动于下层民间，往往自蓄弟子，历代传袭，以巫术为生。"^① 由于成为女巫的妇女有很多是不婚的（这也是她们被视为女巫的原因之一），她们主要依靠自蓄弟子的方式传承巫

* 本文为国家社科基金后期资助项目"中古妇女文化研究"（19FZSB047）阶段性成果。

① 高世瑜：《唐代妇女》，三秦出版社，1988 年，第 94 页。

术。不过，因为传统文献中与妇女有关的记载本来就少，加上女巫属于妇女中的边缘群体，而师徒相传又是其主要的传承方式之一，所以相关记载极少见到，单从文献记载来看，这种方式也并不突出。

除了师徒相承以外，在唐代文献中，以家庭或家族为单位而世代相传巫风的记载较多。元稹《赛神》诗就曾讲道："村落事妖神，林木大如村。事来三十载，巫觋传子孙。村中四时祭，杀尽鸡与豚。主人不堪命，积燎曾欲燔。"①宰相李固言年轻时到蜀游玩，遇见一老姬对他说："郎君明年芙蓉镜下及第，后二纪拜相，当镇蜀土，某此时不复见郎君出将之荣也。"后来李固言状元及第，又入川做了节度使，访得一董姓的年轻女巫，"事金天神，即姥之女"。②老姬有预言之术，毫无疑问是女巫，董姓女巫的巫术得自母传，其以巫为业源于幼年的学习。这种家族相承的女巫在巫风盛行的古代社会是常见的，也是唐代女巫的主要来源之一。

在唐代，比较特殊的女巫来源是家庭的造神活动。魏晋南北朝以来，鬼神迷信十分盛行，民间有很多家庭都事奉鬼神，此风至唐代也很流行。因此一些女孩成为女巫并不是靠世代相传或师徒相承，而是有赖家庭有目的的造神活动。"由于女性的感应优越于男性的原因"，③年幼的女孩子更容易被家长利用，成为人与神沟通的媒介，最后成长为一名职业女巫。《广异记》载：

开元中，张嘉祐为相州刺史。使宅旧凶，嘉祐初至，便有鬼祟回祐家（明抄本"祟回祐家"作"回易家具"），备极扰乱。祐不之惧。其西院小厅铺设，及他食物，又被翻倒。嘉祐往观之，见一女子。嘉祐问女郎何神。女云："己是周故大将军相州刺史尉迟府君女。家有至屈，欲见使君陈论。"嘉佑曰："敬当以领。"有顷而至，容服魁岸，视瞻高远。……嘉祐许诺。他日，出其积骸，以礼葬于厅后。便以厅为庙，岁时祷祠焉。祐有女年八九岁，家人欲有所问，则令启白，神必有应。神欲白嘉祐，亦令小女出见。以为常也。其后嘉祐家人有所适，神必使阴兵送出境。兵还，具白送至某处。其西不过河阳桥。④

据史书记载，张嘉祐于开元二十五年担任相州刺史，"相州自开元已来，刺史死贬者十数人，嘉祐访知尉迟迥周末为相州总管，身死国难，乃立其神祠以邀福"。⑤可知，奉事尉迟迥为神乃是张嘉祐的主张，目的是禳灾，避免重蹈前任刺史"死贬"的覆辙，所谓尉迟迥之女显灵应该是张嘉祐的刻意策划。至于他让女儿代他与神交通，则与民间传统所持儿童阴气重、可以通神，以及女性感应优于男性的观念有关，在这里他的小女儿实际上承担了女巫的职责。虽然文献并没有记载其小女儿后来的成长过程，无法得知其长大以后

---

① （唐）元稹：《元稹集》卷 1，冀勤点校，中华书局，2010 年，第 9 页。
② （唐）段成式撰，许逸民校笺：《酉阳杂俎校笺》续集卷 2《支诺皋中》，中华书局，2015 年，第 1557 页。
③ 〔韩〕文镛盛：《中国古代社会的巫觋》，华文出版社，1999 年，第 37 页。
④ （宋）李昉：《太平广记》卷 300 "张嘉祐" 条，中华书局，1986 年，第 2386 页。
⑤ 《旧唐书》卷 99《张嘉贞附嘉祐传》，中华书局，1975 年，第 3093 页。

是否成为一名女巫，但类似的事情如果发生在民间，女孩成为女巫的可能性便极高了。

据《广异记》记载，唐代的桐庐有个非常有名的女巫王法智，在周边数县都有影响，上至县令，下至士人之家，经常请她到家里施法驱邪，历任地方长官都与之有来往：

> 桐庐女子王法智者，幼事郎子神。大历中，忽闻神作大人语声，法智之父问："此言非圣贤乎？"曰："然。我姓滕，名传胤。本京兆万年人，宅在崇贤坊。本与法智有因缘。"与酬对，深得物理，前后州县甚重之。桐庐县令郑锋，好奇之士，常呼法智至舍。[①]

王法智自幼年起便事奉郎子神，所以她以巫为业应该是被动地接受大人的安排。根据其父与郎子神的对话及二人相互酬对的描述，家族传承的可能性更大，因为郎子神自称滕传胤，自叙来源清清楚楚，应该是王法智的父亲为了增加女儿的神秘而进行的一次有目的的策划。结果也如其父所愿，法智声名鹊起，在桐庐有较大的影响，"前后州县甚重之"，县令郑锋还"常呼法智至舍"，与郎子神唱酬。

从文献记载来看，唐代民间有些家庭有蓄养鬼神的习惯，其家中的女儿往往与鬼神十分亲密。《乾饌子》记载唐代一个叫孙思儿的鬼神突然离开了役使他的女巫包九娘，来到了窦氏家里：

> 神巫不从包九娘而自至，曰："某姓孙，名思儿，寄住巴陵。欠包九娘钱，今已偿足。与之别归，故来辞耳。"吁嗟久之，不见其形。窦氏感其所谋，谓曰："汝何不且住，不然，吾养汝为儿，可乎？"思儿曰："娘子既许，某更何愁？可为作一小纸屋，安于堂檐。每食时，与少食，即足矣。"窦氏依之。[②]

这个孙思儿从此寄生在窦氏家中，与窦氏的两个女儿姐妹相称，言笑嬉戏。后来因为出言不慎引起窦氏不快，孙思儿便离开了。可是她离开不久，窦氏的两个女儿"皆若神不足者"，两年后相继死去。按照女巫通神视鬼者的特点，窦氏本人就是个女巫，而她的两个女儿也被她按照女巫的身份培养着。假若孙思儿不离开窦家的话，这两个女儿将来很可能就会成为以事鬼神为业的女巫。显然，唐代的一些家庭存在着有意识的造神活动，很多女巫便在这种造神活动中产生了。

（二）唐代女巫的种类

因为女巫来源不一，所以其种类也不尽相同。大体说来，唐代女巫有两种：一种是居于里巷的女巫，她们大多来自家族相传或家庭造神活动；另一种是住持庙宇的女巫，她们是专职的宗教人员，大多师徒相承。

1. 住行里巷的女巫

住行里巷的女巫指的是那些居住于城市乡村、生活于普通百姓之间的女巫。她们大多为民众所熟知，或者被人请去作法驱邪，或者百

---

① 《太平广记》卷305"王法智"条，第2414页。
② 《太平广记》卷363"王愬"条，第2884页。

姓主动上门求教、请求指点。德宗建中三年，杨府功曹王瑨自冬天参加调选，直至四月未归，杳无音信。他的妻子扶风窦氏非常担忧。一日"忽闻门有卖卜女巫包九娘者，过其巷，人皆推占事中，遂召卜焉"。[①] 因为包九娘预测王瑨迟归的原因与归来的时期非常准确，所以深得窦氏信任，此后两人过从甚密。包九娘帮助窦氏经营产业，获利极丰。这位包九娘就是居于里巷的女巫，以卖卜为生，因为颇为灵验，故而在当地小有名气。

在唐代，有些住行里巷的女巫名气很大，因言事灵验也深得百姓的追捧。比如《通幽记》记载唐代楚州的白田有名女巫叫薛二娘，"自言事金天大王，能驱除邪厉，邑人崇之"。[②] 唐代的长安也有不少有名的女巫，其中褚细儿有"言事如神"的大名，达官贵人遇事也会找她问卜。比如武则天时期的太学博士吴思玄平时信奉佛教，"持金刚经日两遍，多有灵应。后稍息，日夜一遍。□□□思玄在京病，有巫褚细儿言事如神，星下祈祷。思玄往就见"。[③]

唐代巫祝卖卜的方法有不少，据《北户录》记载："卜之流杂书传虎卜、紫姑卜、牛蹄卜……"[④] 有一种叫作琵琶卜的占卜术在女巫中很流行，行卜的女巫一边弹琵琶一边唱歌，通过歌词把预言告诉问卜者。这种问卜的方法既灵验，又具有娱乐性质，颇受市井之民喜爱，故问卜者众多。《朝野佥载》载：

江淮南好鬼，多邪俗，病即祀之，无医人。浮休子曾于江南洪州停数日，遂闻土人何婆，善琵琶卜。与同行人郭司法质焉。其何婆，士女填门，饷遗满道，颜色充悦，心气殊高。郭再拜下钱，问其品秩。何婆乃调弦柱，和声气曰："个丈夫富贵，今年得一品，明年得二品，后年得三品，更后年得四品。"郭曰："阿婆错，品少者官高，品多者官小。"何婆曰："今年减一品，明年减二品，后年减三品，更后年减四品，更得五六年，总没品。"郭大骂而起。[⑤]

这位叫何婆的老妪是洪州的女巫，从事巫术年头很长，在当地很有影响，被人认为法术高明，加之预言又很灵验，故而门庭若市，前来问卜者男女皆有，收入也颇为丰厚。因为赚钱多，未免心浮气躁，被郭司法质疑后，干脆咒其无品。

2. 住持庙宇的女巫

住持庙宇的女巫是指那些居住在庙宇里的女巫。唐代民间淫祀盛行，山神、水神、鬼神林林总总，大小庙宇遍布各地。有庙宇就有住持，住持负责看护庙宇、打扫卫生、管理庙宇的香火，以香客提供的香火钱作为主要的收入来源。很多庙宇就是由女巫住持的。盛唐时期，华山金天王信仰非常流行，庙宇中有很多女巫传承香火。《广异记》载：

---

① 《太平广记》卷363"王瑨"条，第2883页。
② 《太平广记》卷470"薛二娘"条，第3872页。
③ 《太平广记》卷104"吴思玄"条，第701页。
④ （唐）段公路：《北户录》卷2"鸡卵卜"条，上海商务印书馆《丛书集成初编》本，第22页。
⑤ （唐）张鷟：《朝野佥载》卷3，中华书局，1979年，第63页。

华州进士王勋，尝与其徒赵望舒等入华岳庙。入第三女座，悦其倩巧而盅之，即时便死。望舒惶惧，呼神巫，持酒馔，于神前鼓舞，久之方生。怒望舒曰："我自在彼无苦，何令神巫弹琵琶呼我为？"众人笑而问之，云："女初藏己于车中，适缱绻，被望舒弹琵琶告王，令一黄门搜诸婢车中。次诸女，既不得已，被推落地，因尔遂活矣。"[1]

进士王勋在华岳庙里见第三女塑像很是好看，便动了色心，结果被金天王的女儿把魂勾走了。他的学生急忙将神巫请来，摆下酒席，并弹琵琶跳舞，向金天王申诉。金天王遂命人搜查婢女和女儿们的车子，才将王勋放了回来。这里的神巫就是华岳庙中的女巫，以事奉金天王为业，所以才能在紧急关头与金天王交通，救回了王勋。

又，《仙传拾遗》载：

唐开元末，有中使自岭外回，谒金天庙，奠祝既毕，戏问巫曰："大王在否？"对曰："不在。"中使讶其所答，乃诘之曰："大王何往而云不在？"巫曰："关外三十里迎成真人耳。"中使遽令人于关候之。有一道士，弊衣负布囊，自关外来。问之姓成，延于传舍，问以所习，皆不对。[2]

中使在金天王庙中上完香后与女巫开玩笑，

问她金天王是否在家，女巫回答不在，说是到关外迎接成真人去了，后经中使调查，果然有个成真人过来。这个女巫也是庙里的职业祭司。

其他各地庙宇也有女巫住持香火。《鉴诫录》载：

蜀有曹孝廉第十九名晦，因游彭州道江县灌口，谒李冰相公庙，睹土塑三女俨然而艳，遂指第三者祝曰："愿与小娘子为冥婚，某终身不媾凡庶矣。"遂呵卦子掷之，相交而立。良久，巫者度语曰："相公请曹郎留着体衣一事以为言定。"曹遂解汗衫留于女座。巫者复取女红披衫与之，曰："望曹郎保惜此衣，后二纪当就姻好。"曹亦深信，竟不婚姻，纵遇国色，视之如粪土也。[3]

这一记载里，曹晦谒李冰庙，见其第三女塑像端庄俊美，便与其订了冥婚，庙中的女巫还让他留下一件衣服做信物，约定二十四年后结为阴世夫妇。曹晦谨遵婚约，竟然为之不婚。

庙宇的作用是为民间的信仰者提供崇拜的偶像，使他们烧香、磕头、请愿祈祷时有一个具体的对象。这些信仰者提供的香火钱就是住持庙宇的女巫生活的主要来源。因为玄宗的关系，[4] 华山金天王庙的香火非常兴盛，来来往往的旅客都会前往庙里进香随喜求福，前文提到的王勋和中使都是如此。庙中的女巫也会想办法招揽生意，扩大经济收入。一个常见的方法就是等候在大路边，

---

[1] 《太平广记》卷 384 "王勋" 条，第 3065 页。
[2] 《太平广记》卷 35 "成真人" 条，第 221 页。
[3] （五代）何光远撰，邓星亮等校注：《鉴诫录校注》卷 10 "求冥婚" 条，巴蜀书社，2011 年，第 242 页。
[4] 参见贾二强：《论唐代的华山信仰》，《中国史研究》2000 年第 2 期，第 98 页。

看到有过往旅客，便以向神求福为名，诱使他们掏钱。张籍《华山庙》诗描写的就是这样一种景象："金天庙下西京道，巫女纷纷走似烟。手把纸钱迎过客，遣求恩福到神前。"[1]白行简《三梦记》也记载了这样的事例：

> 贞元中，扶风窦质与京兆韦旬，同自亳入秦，宿潼关逆旅。窦梦至华岳祠下，见一女巫，黑而长，青裙素襦，迎路拜揖，请为之祝神。窦不获已，遂听之。问其姓，自称赵氏。及觉，具言于韦。明日至祠下，有巫迎客，容质妆服，皆所梦也。顾韦谓曰："梦有征也。"乃命从者视囊中，得钱三环与之。[2]

这个故事虽然以梦的形式出现，但它肯定是现实生活的反映。类似的情景想来在其他庙宇中也有不少。

二　唐代女巫的法术及其法术的获得

巫之所以称巫，是因为他们拥有普通人不具备的某些法术。这些法术不但很神秘，而且似乎也很灵验，能满足人们的很多需求，甚至能起到意想不到的作用。那么这些法术包括哪些内容，唐代的女巫们又是如何获得这些法术的呢？

（一）女巫的法术

一般来说，巫的基本特点就是"通神视鬼"，即可以与神灵交通，或讨好鬼神，或役使鬼神，使神为其服务。但实际上，女巫依恃谋生的手段除了"通神视鬼"，还有其他更神秘的方式。

1.通神

通神是唐代女巫的基本法术之一。她们不仅可以了解神的旨意，代为言说，而且能得到神的帮助，为人消灾解难。中唐名相裴度年轻时奉北斗廉贞星神为本命神，后来做了宰相，公务繁忙，便淡忘此事，结果北斗廉贞星神生气了：

> 后为太原节度使，家人病，迎女巫视之。弹胡琴，颠倒良久，蹶然而起曰："请裴相公。廉贞将军遣传语'大无情，都不相知耶？'将军甚怒，相公何不谢之。"度甚惊。巫曰："当择良日洁斋，于净院焚香，具酒果，廉贞将军亦欲见形于相公。"其日，度沐浴，具公服，立于阶下，东向奠酒再拜。见一人金甲持戈，长三丈余，北向而立。[3]

在这个故事里，北斗廉贞星神见裴度长期忽略自己，很是生气，故意让其家人生病，然后通过女巫之口转达了对裴度的不满。女巫在这里充当了神的使者，代神言说。

女巫既可以代神言说，也能获得神的帮助，使其施法得以成功。宣宗太和初年，郎中白行简醉酒而眠，梦见自己被两个人带出春明门外，来到城外的荒郊野地转了转，于拂晓时分又返回城里：

---

① （唐）张籍撰，徐礼节、余恕诚校注：《张籍集系年校注》卷6，中华书局，2011年，第775页。
② （唐）白行简：《三梦记》，《丛书集成新编》第82册，台北：新文丰出版公司，1985年，第105页。
③ 《太平广记》卷307"裴度"条，第2434页。

至城门，店有鬻饼钉饭者。行简馁甚，方告二使者次。忽见店妇抱婴儿，使者便持一小土块与行简，令击小儿。行简如其言掷之，小儿便惊啼闷绝。店妇曰："孩儿中恶。"令人召得一女巫至。焚香，弹琵琶召请曰："无他故，小魑魅为患耳。都三人，一是生魂，求酒食耳，不为祟。可速作钉饭，取酒。"逡巡陈设。巫者拜谒，二人与行简就坐，食饱而起。小儿复如故。[①]

梦中的白行简实则是灵魂出窍。他用一个土块打了小儿，小儿立即"惊啼闷绝"，中了"恶"，于是一个女巫被招来驱邪。她先点燃了香，然后又弹起琵琶"召请"，最后说小鬼作祟，吃饱饭就没有事了。从"召请"的行为来看，这个女巫有通神的能力，她所知的一切都是神告诉她的。

女巫不仅可以通过召请的方式请神帮忙，而且可以了解神的动向，连神娶妻纳妾之事也能知晓。《玄怪录》记载武德初年，有一个叫曹惠的人做了江州参军：

> 官舍有佛堂，堂中有二木偶人，长尺余，雕饰甚巧妙，丹青剥落，惠因持归与稚儿。方食饼，木偶即引手请之。儿惊报惠，惠笑曰："取木偶来。"即言曰："轻红轻素自有名，何呼木偶！……庐山山神，欲取轻素为舞姬久矣。今此奉辞，便当受彼荣富。"……后有人祷庐山神，女巫云："神君新纳一夫人，要

翠花钗簪，汝宜求之，当降大福。"祷者求荐之，遂如愿焉。[②]

"物久必成精"乃民间观念，世界各地均有。两晋时的木偶至唐时成精，其中一个叫轻素的木偶被庐山神看上了，娶其为妾。不久有人因事向庐山神祷告，女巫告诉他说庐山神新纳了一个美妾，需要翠钗花簪等物品，你多准备这些东西献给神，肯定会有好的回报。那人依言而行，果然所请如愿。

2. 视鬼

可以视鬼并奔走于阴阳之间为人鬼传递消息，也是女巫的基本法术。《朝野金载》道："周左司郎中郑从简所居厅事常不佳，令巫者观之，果有伏尸姓宗，妻姓寇，在厅基之下。使问之，曰：'君坐我门上，我出入常值君，君自不好，非我之为也。'掘之三丈，果得旧骸，有铭如其言。移出改葬，于是遂绝。"[③] 这里的女巫就有视鬼的本事。郑从简将鬼夫妇移葬到其他地方，家里也就安宁了。

有的女巫不仅可以看到鬼，也知道鬼在生前是什么样的人，并且可以与鬼沟通，了解鬼的愿望，代鬼言说，指导生人的行为，从而消除鬼带来的灾异。吴山县衙一直闹鬼，前任县令多在任上横死，但闹鬼的原因无人知晓，直到发现了一座古坟和少许尸骸。这时新任县令韩彻来到此处：

> 命佐史收骨发，以新棺敛，葬诸野。佐

① 《太平广记》卷 283 "白行简" 条，第 2258 页。
② （唐）牛僧孺：《玄怪录》卷 4 "曹惠" 条，程毅中点校，中华书局，2006 年，第 40—41 页。
③ 《朝野金载》卷 2，第 38 页。

史偷钱，用小书函，折骨埋之。既至舍，仓卒欲死，家人白彻，彻令巫视之。巫于彻前灵语，云："己是晋将军契苾锷，身以战死，受葬于此县。立冢近马坊，恒苦粪秽，欲求迁改。前后累有所白，多遇合死人，遂令冥苦无可上达。今明府恩及幽壤，俸钱市椟，甚惠厚。胥吏酷恶，乃以书函见贮骨发，骨长函短，断我胯胫，不胜楚痛，故复仇之耳。"……初女巫见锷，衣冠甚伟，鬓发洞赤，状若今之库莫奚云。①

吴山县衙里的鬼虽然已经死了几百年，女巫依然能看到他生前的模样，言行举止如其在世。幸亏韩彻再三向鬼告谢，答应给他好好迁葬，鬼才放了那个贪财的佐吏。从这以后，吴山县衙也安宁了。

所谓视鬼实际上就是能看到死者的灵魂，所以能视鬼的女巫一般都有招魂的能力。如果招的是生魂，则称作考召。《广异记》载：

> 天宝末，长安有马二娘者，善于考召。兖州刺史苏诜，与马氏相善。初诜欲为子菜求婚卢氏，谓马氏曰："我唯有一子，为其婚娶，实要婉淑。卢氏三女，未知谁佳，幸为致之，一令其母自阅视也。"马氏乃于佛堂中，结坛考召。须臾，三女魂悉至，菜母亲自看。马云："大者非不佳，不如次者，必当为刺史妇。"苏乃娶次女。②

马二娘是长安的女巫，其特长是考召，即通过作法将生者的魂灵招来。兖州刺史苏诜有意与山东望族卢氏通婚，但不知娶卢家哪个女儿更合适，就将马二娘请来作法，依次将卢氏三女生魂招来考察，最后选择了二小姐。

3. 预言

除了通神视鬼以外，指点祸福、预言吉凶也是唐代女巫的基本法术。据《定命录》记载，唐玄宗的宠臣姜皎年轻未贵时喜好打猎，在长安一带很有名气。一天有个僧人向他预言，说他将来一定会大富大贵，但前提是遇见贵人，而且就是在当天，于是姜皎决定到外面去碰碰运气：

> 姜手臂一鹞子，直二十千。与僧相随骑马出城，偶逢上皇亦猎，时为临淄王。见鹞子识之曰："此是某之鹞子否？"姜云是。因相随猎。俄而失僧所在。后有女巫至，姜问云："汝且看今日有何人来。"女巫曰："今日天子来。"姜笑曰："天子在宫里坐，岂来看我耶。"俄有叩门者云："三郎来。"姜出见，乃上皇。……后姜果富贵。③

因为姜皎养鹞子在长安一带很有名气，所以临淄王一看到他的鹞子就知道他是姜皎，而姜皎却不知对方是临淄王。姜皎回到家中以后，一个女巫前来拜访，姜皎将今天的事情告诉女巫，女巫说天子要来，姜皎不信，结果临淄王一会儿就来了。这个临淄王就是后来的唐玄宗。

---

① 《太平广记》卷 336 "宇文觌" 条，第 2669—2670 页。
② 《太平广记》卷 358 "苏莱" 条，第 2833 页。
③ 《太平广记》卷 224 "姜皎" 条，第 1721 页。

中唐名臣韦皋是四川节度使张延赏的女婿，年轻时没有功名，加上"性度高廓，不拘小节"，所以很不得岳父欢心。后来韦皋出川东游，仕途一帆风顺，加官晋爵，节节高升，最后又接替岳父做了四川节度使，这件事情被一个叫昝姬的女巫在事前就预言出了，只是韦皋并不相信。《云溪友议》载：

> 会德宗行幸奉天，西面之功，独居其上。圣驾旋复之日，自金吾持节西川，以代延赏。乃改易姓名，以韦作韩，以皋作翱，莫敢言之也。至天回驿，去府城三十里（上皇发驾，因以为名），有人特报延赏曰："替相公者，金吾韦皋将军，非韩翱也。"苗夫人曰："若是韦皋，必韦郎也。"延赏笑曰："天下同姓名者何限，彼韦生应已委弃沟壑，岂能乘吾位乎？"妇女之言，不足云尔（初，有昝姬巫者，每述祸祟，其言多中。乃云：相公当直之神渐减，韦郎拥从之神日增。皆以妖妄之言，不复再召）。[1]

（二）女巫法术的获得

唐代女巫不仅能够通神、视鬼，代鬼神言说，预言吉凶，而且还具有降妖除魔、治病驱邪的强大法术。但是这些法术并不是她们本身天然拥有的，而是通过某些手段后天获得的。

1. 娱神

从文献记载来看，唐代女巫降妖除魔的法术都来自其所交通的神灵。据王晓玲分析，唐代女巫主要有三种通神的手段：一是借助于歌舞通鬼神，二是借助于祭祀通鬼神，三是借助于乐器通鬼神。其实这三种手段虽然表现形式不同，但都属于娱神的性质，即通过讨好神而使神开心，然后神就会答应她们的请求。如前文所述楚州白田民众信奉女巫薛二娘，遇事皆请其作法：

> 村民有沈某者，其女患魅发狂，或毁坏形体，蹈火赴水，而腹渐大，若人之妊者。父母患之，迎薛巫以辨之。既至，设坛于室，卧患者于坛内，旁置大火坑，烧铁釜赫然。巫遂盛服奏乐，鼓舞请神。须臾神下，观者再拜。巫奠酒祝曰："速召魅来。"……须臾，患者昏睡，翌日乃释然。[2]

在这个故事里，薛女巫盛服奏乐，通过击鼓舞蹈的方式将所事奉的金天大王请来，请他将作祟的鬼魅招来，进行拷问，逼鬼魅写下了供状，村女的病也就好了。所以，女巫之所以能捉鬼驱邪，不是她自己拥有这样的神功，而是她与神的关系密切，神肯帮她的忙。

女巫通过神的帮助而获得法力的例子最多。唐代传奇故事《河东记》记载了一个女巫请神而降治"中恶"之疾的事情：

> 韦浦者，自寿州士曹赴选，至阌乡递旅，方就食，忽有一人前拜曰："客归元昶，常力鞭辔之任，愿备门下厮养卒。"……浦

---

① （唐）范摅：《云溪友议》"苗夫人"条，张艳云点校，辽宁教育出版社，2001年，第19页。
② 《太平广记》卷470"薛二娘"条，第3872—3873页。

视之。……次于潼关，主人有稚儿戏于门下，乃见归以手挃其背，稚儿即惊闷绝，食顷不寤。主人曰："是状为中恶。"疾呼二娘，久方至。二娘巫者也，至则以琵琶迎神，欠嚏良久，曰："三郎至矣。传语主人，此客鬼为祟，吾且录之矣。"言其状与服色，真归也。又曰："若以兰汤浴之，此患除矣。"如言而稚儿立愈。①

在这个故事中，女巫二娘道行不高，并没有掌握视鬼的能力，所以她不清楚小儿"中恶"的原因，不过她弹琵琶将她所事奉的三郎召请而来。三郎神通广大，一眼就看出病因，然后对症下药，小儿的病就治好了。

2. 役鬼

因为女巫有视鬼的能力，所以控制鬼神并加以役使也是其获得法术的主要手段。有些情况下，唐代女巫言事应验是因为她控制了死者的灵魂。晚唐时期宰相崔铉镇淮南时，一日与卢耽、张择两人下棋，正玩得高兴，忽然"吏报女巫与故魏博节度使田布偕至"，而其时田布已死，崔铉甚感惊异，遂"趣召巫者至"。田布一见崔铉则拜谢不已。原来，田布之子田镈"犯赃罪，私造铠甲，以易市边马布帛"，有赖崔铉向皇帝求情而免死。叙旧已毕，崔铉谓之曰："君以义烈而死，奈何区区为愚妇人所使乎？"神曰："布尝负此妪八十万钱，今方忍耻偿之。"铉与二客及监军使幕下，共偿其钱。神乃辞去，因言事不验。② 按：田布生前贵为地方大员，手持重兵，杀人无数，但是不知他生前因何欠了女巫八十万钱，结果就被女巫控制，成为女巫施行巫术的工具。而当崔铉替他还了债务，女巫就不能再控制他了，其法术也就消失了。

又，《续玄怪录》载：

> 宝历元年，蒙州刺史李湘去郡归阙。自以海隅郡守，无台阁之亲，一旦造上国，若扁舟泛沧海者。闻端溪县女巫者，知未来之事，维舟召焉。巫到，曰："某能知未来之事，乃见鬼者也，呼之皆可召。然鬼有二等，有福德之鬼，有贫贱之鬼。福德者精神俊爽，往往自与人言；贫贱者气劣神悴，假某以言事。尽在所遇。非某能知也？"③

这个故事记载了一个颇知未来之事的女巫，但根据她的解释，她之所以具有这种法术并不是因为自己能掐会算，而是因为她能视鬼、与鬼关系密切，她对未来的知晓都是鬼告诉她的。

赵宏勃认为："就召请的神灵而言，巫觋往往是随意召请神灵，地域性很强。而道教是人为宗教，有自己的主神，魏晋以降，逐渐形成以三清为主神的谱系，与巫的差别非常大。"④ 其实，唐代女巫召请的对象虽然与道教完全不一样，召请的神灵也有很强的地域性，没有统一的谱系，但巫觋召请神灵时并不是随意的，天下的神灵也不是她们可随意召请的。通常情况下，每个女巫都有

---

① 《太平广记》卷 341 "韦浦" 条，第 2704—2705 页。
② 《太平广记》卷 311 "田布" 条，第 2462—2463 页。
③ （唐）李复言：《续玄怪录》卷 2 "卢仆射从史" 条，程毅中点校，中华书局，2006 年，第 155 页。
④ 赵宏勃：《〈太平广记〉中的语言巫术及唐代民间信仰》，《社会科学战线》2008 年第 11 期，第 4 页。

自己事奉的神灵，她们也只能召请平素为她们所供养的神灵来帮助自己完成作法的工作。而当她们所事奉的神灵不再听从她们的指挥时，她们便会失去巫术。所以，控制鬼神是女巫拥有法术的前提之一。

3. 符咒

符术和咒语本是道教的法术，但早期道教与巫祝有密切的关系，道教的符术和咒语本身也来自巫祝，所以女巫通常掌握有符术和咒语，这也是她们法力的来源之一。掌握了符咒之法亦能拥有通神视鬼的法力，可以替人消灾解难，但是这种法力好像不如通神灵验。《广异记》载：

> 长安杨氏宅恒有青衣妇人，不知其所由来。每上堂，直诣诸女，曰："天使吾与若女有。"悉惊畏而避之，不可，则言词不逊。所为甚鄙，或裸体而行，左右掩目。因出外间，与男子调戏，猛而交秽，擒捕终不可得。一日，悉取诸女囊中襟衣，暴置庭前。女不胜其忿，极口骂之。遂大肆丑言，发其内事，纤毫必尽。如此十余日。呼神巫，以符禁逐之，巫去辄来，悉莫能止。乃徙家避之。①

这个故事虽然没有交代被请来驱怪的神巫是男是女，但被青衣妇人所祟者是家中年轻的女孩，所以这个神巫应该是女巫。她采用的方法是符禁。可能由于学艺不精，她的符禁不太灵光，只治得一时，治不得根本。

又，《通幽录》载：

> 永泰中，牛爽授庐州别驾。将之任，有乳母乘驴，为镫研破股，岁余，疮不差。一旦苦疮痒，抑搔之，若虫行状。忽有数蝉，从疮中飞出，集庭树，悲鸣竟夕。家人命巫卜之，有女巫颇通神鬼。巫至，向树呵之，咄咄语（"语"原作"人"，据明钞本改）诘之，答：见一鬼黑衣冠，据枝间，以手指蝉以导，其词曰："东堂下，余所处。享我致福，欺我致祸及三女。"巫又言，黑衣者灶神耳。爽不信之，网蝉杀之，逐巫者。②

故事中的女巫有通神鬼的能力，为人治病时"向树呵之，咄咄语"。这些"咄咄语"应该是女巫所持的一套治鬼驱鬼的咒语。

虽然符咒不如通神视鬼在降妖除怪、消灾免难方面有功效，但精于符术、会行厌胜之术的女巫比通神视鬼的女巫更受人们的欢迎。在唐代，进入上层社会的女巫大多是掌握了符咒之术者，她们时不时会出现在皇帝的后宫中，而且非常有影响。比如中宗时，上官昭容"引女巫赵氏出入禁中，封为陇西夫人，势与上官氏为比"。③另据《剧谈录》记载，唐会昌中，晋阳有一位很有名气的郭姓女巫，"少攻符术，多行厌胜"。④她因与监军使关系密切，还曾随监军使进入宫中，被皇帝封为天师。

---

① （唐）戴孚：《广异记》卷2"杨氏"条，方涛铭校，中华书局，1992年，第182—183页。
② 《太平广记》卷337"牛爽"条，第2676页。
③ 《旧唐书》卷51《中宗韦庶人传》，第2173页。
④ 《太平广记》卷396"狄惟谦"条，第3166页。

三 唐代女巫的谋生方式与行巫活动

在传统社会里，女人主要活动于私人领域，不能独立谋生。下层社会的女性虽然从事生产活动，但并不掌握生产资料，在主流话语的建构中，她们依附于男性，也不能独立生存。然而女巫是拥有专门技术的群体，以行巫为职业就可以独立安生。

（一）卖卜

唐代女巫多有以卖卜为生者，她们收取一定的报酬，替人预测未来、指点吉凶。安禄山的母亲阿史德氏便是"突厥巫师，以卜为业"。[1]前文言及的扶风包九娘、楚州薛二娘都是以卖卜为生的女巫。

名气大的女巫卖卜收入通常不低。除前文提到的洪州老女巫何婆外，唐中宗时期长安城里有一个叫阿来婆的老女巫也因卖卜而收入颇丰。阿来婆擅长琵琶卜，因为巴结上了韦皇后，常混迹于后宫之中，名声大噪，很多朝廷大员都找她问卜。然而她的收费也相当昂贵，一匹䌷绫才得请一局卜。据《朝野佥载》记：

> 崇仁坊阿来婆，弹琵琶卜，朱紫填门。浮休子张鷟，曾往观之，见一将军，紫袍玉带，甚伟。下一匹䌷绫，请一局卜。来婆鸣弦柱，烧香，合眼而唱："东告东方朔，西告西方朔，南告南方朔，北告北方朔，上告上方朔，下告下方朔。"将军顶礼既，告请甚多，必望细看，以决疑惑。遂即随意支配。[2]

（二）行医治病

行医治病也是唐代女巫常见的谋生手段，很多女巫本来就是民间女医生。她们治病的方法多种多样，但其行医治病时总是与鬼神或符咒联系在一起。隋末唐初，曹州有一个叫李五戒的女巫医术很高明，尤其擅长治病疮。"自言通于鬼物，有病癞者，就疗多愈，流闻四方，病人自远而至，门多车骑。"[3]李氏实际上是位民间的医生，不仅擅长治疮病，而且手段非常高明，以至声名远扬，病人不远千里前来求医。但李氏又自言通于鬼神，以此增加其医术的神秘性。《酉阳杂俎》记载了一个鬼怪的故事：一位身长三尺、满头白发的女鬼用茶汤治好了刘积中妻子的骨痛病，当时后者已经昏迷不醒，危在旦夕，这位老女鬼"索茶一瓯，向口如咒状，顾命灌夫人。茶才入口，痛愈"。[4]"老女鬼"实际上就是女巫，不仅会巫术，而且懂得医道，她治病的方法是以茶汤入药和念咒语双管齐下。

唐代佛教非常兴盛，对本土巫术也产生了影响，佛教中的杨柳净水也为女巫所使用。贞元年间，汝南人许汉阳乘舟行于洪饶之间，行至"梽口江岸人家，见十数人，似有非常。因泊舟而讯。人曰：'江口溺杀四人，至二更后，却捞出。'三人已卒，其一人，虽似死而未甚。

---

① 《旧唐书》卷200《安禄山传》，第5367页。
② 《朝野佥载》卷3，第64页。
③ 《旧唐书》卷56《罗艺传》，第2279页。
④ 《酉阳杂俎校笺》卷15《诺皋记下》，第1059页。

有巫女以杨柳水洒拂禁咒，久之能言"。①在这个记载里，女巫救治溺水之人使用的是杨柳水加禁咒，结果还挺有效，一个晕死过去的人被救活了。

当然，大多数女巫行医还是采取请神或驱鬼的方式，将祸害于人的鬼怪赶走，从而起到治病的效果。《宣室志》载：

> 唐故相李回，少时常久疾，兄辄召巫觋，于庭中设酒食，以乐神。方面壁而卧，忽闻庭中喧然，回视，见堂下有数十人，或衣黄衣绿，竞接酒食而啖之。良久将散，巫欲撤其席，忽有一人自空而下，左右两翅，诸鬼皆辟易而退，且曰："陆大夫神至矣！"巫者亦惊曰："陆大夫神来！"即命致酒食于庭。其首俯于筵上，食之且尽，乃就饮其酒，俄顷，其貌颓然，若有醉色，遂飞去。群鬼亦随而失。后数日，回疾愈。②

李回幼时体弱，有一次得了病久治不愈，他的哥哥只好求助于巫术。女巫采取酒宴娱神的方式，作祟的小鬼都跑出来连吃带喝，酒足饭饱之际，一个带双翅的神"陆大夫"来到，女巫又吩咐准备了很多饮食。陆大夫吃完之后飞走了，小鬼们也跟着飞走了，李回的病也就好了。

请神降鬼这种治病方法多用于所谓的"中恶""中邪"等症状。大中四年春的一天深夜，国子监博士王坤为女鬼轻云所迷夜游，途中饥饿，便前往国子监小吏家求食，而小吏正与数人在家中会食，"俄见一婢捧汤饼登阶，轻云即殴婢背，遽仆于阶，汤饼尽覆。小吏与妻奴俱起，惊曰：'中恶。'即急召巫者，巫曰：'有一人，朱绂银印，立于庭前。'因祭之，坤与轻云俱就坐，食已而偕去。女巫送到门，焚纸钱于门侧"。③这个女巫的法术显然不甚高明，她只看到了王坤的灵魂，却没有看出这是生魂。不过，经过她这一番作法，昏倒的侍婢也醒来了。

在唐代，人们常将医巫并称。初唐大将李勣"自属疾，帝及皇太子赐药即服，家欲呼医巫，不许。诸子固以药进，辄曰：'我山东田夫耳，位三公，年逾八十，非命乎！生死系天，宁就医求活耶？'"④作为皇亲国戚的吴凑"及属病，门不内医巫，不尝药，家人泣请，对曰：'吾以庸谨起田亩，位三品，显仕四十年，年七十，尚何求？自古外戚令终者可数，吾得以天年归侍先人地下，足矣！'帝知之，诏侍医敦进汤剂，不获已，一饮之"。⑤可见，在唐人的观念中，巫的治病能力并不下于医生。事实上，一些专职医生也采用巫术的方法为人治病。开元时御医彭君庆就以巫术见长，位至三品，以致柳泽上书劝谏："伏见尚医奉御彭君庆，以邪巫小道，超授三品，奈何轻用名器，加非其才。"⑥他认为仅凭彭君庆巫术高明就授其三品大员，实在是不合礼法。

① 《太平广记》卷422 "许汉阳"条，第3434页。
② 《太平广记》卷308 "李回"条，第2437页。
③ 《太平广记》卷351 "王坤"条，第2779页。
④ 《新唐书》卷93《李勣传》，中华书局，1975年，第3821页。
⑤ 《新唐书》卷159《吴凑传》，第4956页。
⑥ 《旧唐书》卷77《柳亨传附柳泽传》，第2684页。

（三）驱鬼除怪

因为女巫有通神视鬼的本领，所以女巫一般都掌握驱邪除怪的法术，为人驱邪而收取费用便也成为女巫的收入来源之一。前文所述楚州白田民众特别信奉事奉金天大王的女巫薛二娘，"村民有沈某者，其女患魅发狂，或毁坏形体，蹈火赴水，而腹渐大，若人之妊者。父母患之，迎薛巫以辨之"。①经过薛二娘一番作法，沈女恢复了正常。

又，据《乾𨪡子》所载，唐文宗时松江华亭令曹朗自买了一个名叫花红的婢女后，家中就不太清静，于是召里中女巫朱二娘来驱邪：

> 巫悉召家人出，唯花红头痛未起。巫强呼之出，责曰："何故如此？娘子不知，汝何不言。"遂拽其臂，近肘有青脉寸余隆起。曰："贤圣宅于此。夫人何故惊之？"花红拜，唯称不由己。朗惧，减价卖之。……后有包山道士申屠千龄过，说花红本是洞庭山人户，共买人家一女，令守洞庭山庙。后为洞庭观拓北境二百余步，其庙遂除。人户卖与曹时用，庙中山魅无所依，遂与其类巢于其臂。②

曹朗家的不宁静是山魅所为，而山魅又寄生在婢女花红的臂上，女巫虽然查出了闹鬼的原因，却不能把鬼彻底消灭。最后的解决方法是花红被主人抛弃，靠替僧人缝补衣服为生。

不但社会下层的百姓喜欢请女巫驱怪，连上层社会的官僚家庭也召请女巫。初唐时期，元从功臣刘文静"自以材能过裴寂远甚，又屡有军功，而寂独用故旧恩居其上，意不平。每论政多戾驳，遂有隙。尝与弟散骑常侍文起饮酣，有怨言，拔刀击柱曰：'当斩寂！'会家数有怪，文起忧，召巫夜被发衔刀为禳厌"。③

（四）醮神、赛神

醮神、赛神是古代民间非常流行的宗教活动，有以乡村为单位进行的，也有以家庭为单位进行的。因为巫觋有通神视鬼的能力，所以这种活动都要请巫觋来主持。女巫活动于民间，受雇于人进行醮神、赛神活动的很多。《宣室志》记载，吴郡人任生与前昆山尉杨氏子等人泛舟而游虎丘寺，"及晚还，去郭数里，岸傍一家，陈筵席，有女巫，鼓舞于其左，乃醮神也。杨生与任生俱问之，巫曰：'今日里中人有婴儿暴卒，今则寤矣，故设筵以谢。'"④这场醮神活动是事主为感谢神灵的庇护使小儿得以生还而举行的，女巫是被请来与神灵沟通的。

同样是请神、享神，醮与赛是不一样的。醮是酬谢之意，是为报神恩而举行的祭祀活动。《河东记》记载唐代元和年间有一个叫觉国清的人，因为手艺很高而于梦中被台骀神招来修补庙舍，看到磨笄山神来拜访，并得知两位神第二天要到李氏宅会食的事情。等他一觉醒来：

> 闻道西村堡中有箫鼓声，因往诣焉。见设筵，有巫者呼舞，乃醮神也。国清讯之，

---

① 《太平广记》卷470"薛二娘"条，第3872页。
② 《太平广记》卷366"曹朗"条，第2907页。
③ 《新唐书》卷88《刘文静传》，第3736页。
④ 《太平广记》卷347"吴任生"条，第2746页。

曰："此李氏之居也。李存古尝为衙将，往年范司徒罪其慢法，以有军功，故宥其死，摈于雁门郡。雁门有磨笄山神，存古常祷其庙，愿得生还。近者以赦获归，存古谓磨笄山神所祐，于是醮之。"[1]

李存古因故被发配往雁门郡，此为兵家争战之地，去者九死一生，李存古经常向当地的磨笄山神祈祷，请神保佑他生还。因此在他返乡后，就请女巫举行了这场醮神活动以报神恩。上述这两场醮神活动都是以家庭为单位进行的。

赛是迎请之意，将神请来加以享祀，博其欢心以保佑赛神者。唐代诗人王建《赛神曲》一诗就是描写一户人家请巫觋举行赛神活动的过程：

> 男抱琵琶女作舞，主人再拜听神语。
> 新妇上酒勿辞勤，使尔舅姑无所苦。
> 椒浆湛湛桂座新，一双长箭系红巾。
> 但愿牛羊满家宅，十月报赛南山神。
> 青天无风水复碧，龙马上鞍牛服辄。
> 纷纷醉舞踏衣裳，把酒路傍劝行客。[2]

在这场以家庭为单位的赛神活动中，主持仪式的有两个巫师，弹琵琶的是男性，跳舞的是女性。神先向主人传话，要求媳妇经常给公婆上香祭祀，不要使二老在阴间受苦，主人则希望家中牛羊满圈，十月时要醮神还愿。恰巧这一天天气晴朗，水天一色，来往旅客很多，巫觋陶醉于乐

舞之中，主人拿着酒杯在路旁劝行客饮酒。

更多的赛神活动是以乡村为单位进行的。唐代著名诗人王维的《凉州郊外游望》一诗描写的就是凉州城外一个小山村举行的赛田神的活动："野老才三户，边村少四邻。婆娑依里社，箫鼓赛田神。洒酒浇刍狗，焚香拜木人。女巫纷屡舞，罗袜自生尘。"[3]这个小村庄只有三户人家，地处荒郊野外，平时少有人来往，不过他们也非常重视赛神活动，在举行祭祀社神即田神的仪式时，也请女巫来主持。

在这些赛神活动中，住持庙宇的女巫也必不可少。唐代江南一带，各地神庙经常举行定期的赛神活动，女巫则是赛神活动中非常重要的组织者和实施者，为酬神而舞傩是她们的重要活动。《纂异记》载：

> 吴泰伯庙，在东阊门之西。每春秋季，市肆皆率其党，合牢醴，祈福于三让王，多图善马、彩舆、女子以献之。非其月，亦无虚日。乙丑春，有金银行首乣合其徒，以绡画美人，捧胡琴以从，其貌出于旧绘者，名美人为胜儿。盖户牖墙壁会前后所献者，无以匹也。女巫方舞。[4]

传统社会为配合农业生产有春祈秋报的祭神活动。春祈是向神灵祈祷，请求风调雨顺，保佑五谷丰登，牛羊满圈；秋报是收获结束后，向神灵报告收成，并表示感谢。这种祭祀活动官方有，民间也有，只是祈祷的对象不同。官方是社稷之神，民间

---

① 《太平广记》卷 307 "党国清" 条，第 2430 页。
② （唐）王建撰，尹占华校注：《王建诗集校注》卷 1，巴蜀书社，2006 年，第 19 页。
③ （唐）王维撰，陈铁民校注：《王维集校注》卷 2，中华书局，1997 年，第 139 页。
④ 《太平广记》卷 280 "刘景复" 条，第 2235 页。

是各种鬼神。泰伯是吴国的创建者，于后世有功，百姓建庙祭祀，属于淫祀性质。但是泰伯的形象是正面的，因此狄仁杰毁淫祀时专门将他保留下来。文中所叙即是民间祭神活动，女巫正在向神献舞。

中国是传统的农业国家，风调雨顺是农业生产发展的基本条件。在唐代，不论是民间还是官方，求雨的活动都很普遍。官方求雨向国家的正祀祈请，而民间求雨则向民间崇拜的鬼神祈求。在大旱季节，通鬼神的女巫最受欢迎。唐代诗人裴谞有首《储潭庙》描写的便是大旱季节百姓在储潭庙设祭求雨，庙中女巫受邀作法的场景，祈雨的人群中还有下层的小吏：

> 江水上源急如箭，潭北转急令目眩。
> 中间十里澄漫漫，龙蛇若见若不见。
> 老农老圃望天语，储潭之神可致雨。
> 质明斋服躬往奠，牢醴丰洁精诚举。
> 女巫纷纷堂下儺，色似授兮意似与。
> 云在山兮风在林，风云忽起潭更深。
> 气霾祠宇连江阴，朝日不复照翠岑。
> 回溪口兮棹清流，好风带雨送到州。
> 吏人雨立喜再拜，神兮灵兮如献酬。
> ……①

王维有《鱼山神女祠歌二首》，描写的是女巫在渔山神女庙作法祈雨的仪式，整个仪式分迎神和送神两个部分。一为迎神："坎坎击鼓，鱼山之下。吹洞箫，望极浦。女巫进，纷屡舞。陈瑶席，湛清酤。风凄凄兮夜雨，不知神之来兮不来，

使我心兮苦复苦。"二为送神："纷进拜兮堂前，目眷眷兮琼筵。来不语兮意不传，作暮雨兮愁空山。悲急管兮思繁弦，灵之驾兮俨欲旋。倏云收兮雨歇，山青青兮水潺潺。"②

在唐代文献的记载中，女巫参预的赛神活动都是很灵验的。她们的乐舞起到了娱神的作用。由于人们的虔诚，再加上女巫的努力，神满足了人们赛神的愿望，不但及时送来了风雨，而且适时地云散雨歇。

综上，尽管师徒相承是唐代女巫的主要来源，但由于文献的缺失及文本的男性主体化，相关记载并不多见。同时，因为唐代鬼神观念的弥漫，家族传承和家庭造神活动比较流行，所以因家族传承和造神而产生的女巫反倒较为多见。唐代女巫主要分住行里巷和住持庙宇两种，前者主要来自家族相传和家庭造神活动，后者主要来自师徒相承。她们有通神、视鬼、预言的法术，可以降妖除魔、治病驱邪，为人指点迷津，但其法术的获得并不是天生具有，而是通过娱神、役鬼和符咒等技术方式实现的。符咒是传统巫术，懂得符咒便可通神视鬼，但女巫的法力是否灵验，往往取决于其所事奉的鬼神是否强大，符咒本身的法力并非决定因素。由于女巫拥有技术，所以她们能独立生存，卖卜预言吉凶、行医治病、驱鬼除邪、醮神赛神是她们主要的谋生手段，成为名巫往往收入颇丰。虽然她们的行巫活动在今天看来充满了迷信色彩，但不可否认的是，很多女巫本身就是民间医生，她们有自己的一套救人治病的方法，披上巫的外衣会使她们显得更神秘，法术更高明。

---

① （清）彭定求编：《全唐诗》卷 887，中华书局，1960 年，第 10022 页。
② 《王维集校注》卷 1，第 52—53 页。

尖顶帽胡俑的文化因素辨析

——以关中唐墓出土的胡俑为中心

张全民

（西安市文物保护考古研究院）

胡俑是古俑中外形特殊而又引人注目的一类，其相貌与汉人迥异，穿着服饰特征鲜明，姿态生动夸张。胡人在隋唐时期主要指中亚、西亚一带的粟特人、波斯人，但广义上有时也将天竺人以及大食人和罗马人称作胡人。实际上，胡俑的族属界定较中古时期狭义的胡人概念要宽泛得多，甚至超过广义的胡人。除了"卷发黑身"、外表特异的昆仑奴被甄别叙述，非传统汉人形象的俑大抵皆可以笼统称之。所谓胡俑不仅包括"深目高鼻多须"的西域人，还包括相貌、装束与汉人卓然有别的北方游牧民族。有人因此提出蕃人俑的概念，以涵盖更广泛的族群，用来代替胡俑的名称。但因为胡俑的称谓早已约定俗成，故蕃人俑之名尚未为大众所接受。

尖顶帽由来已久，流行地域广袤，族属关系复杂。据研究，"这种帽子与欧亚大陆北方草原民族——从斯基泰人到匈奴人都喜欢戴的尖顶帽很接近"。[①] 实际上，汉地胡人造型艺术至汉代始盛，出现不少头戴"尖顶帽"的胡人形象。"尖顶帽"

成为当时汉人描绘胡人样貌的一种标志性首服式样，是判定胡人的重要特征。西安附近出土的汉代胡俑，就可见到以深目高鼻、头戴尖顶虚帽、身着窄袖袍为特点的胡人造型。

关中地区位于唐代政治中枢都城长安及其周边，胡俑的出土可从一个侧面反映出当时万方辐辏、中西交通、民族交融的盛况。本文以关中唐墓出土的尖顶帽胡俑为中心，系统梳理其型式的发展演变。结合历史文献，试图揭示其产生、发展、演变背后的历史原因。通过文物图像资料的比对，从相貌、服饰等几个方面综合分析胡俑包含的不同文化因素。同时，通过胡俑造型艺术，反映唐代社会兼容并包的社会风尚、各种文化相互交融和入华胡人对唐文化的吸收等情况，探究随葬胡俑的内涵和意义。

一 关中唐墓尖顶帽胡俑的类型

唐代胡俑除了不戴巾帽的双垂髻、剪发、髡发形象之外，常见头戴与汉人无异的幞头，此外还

---

① 孙机：《唐代妇女的服装与化妆》，《文物》1984 年第 4 期，第 60 页。

多见头戴各式胡帽，亦可称蕃帽。尖顶帽以高尖奇特的造型而广受关注，成为胡帽的典型代表。根据研究需要，本文所谓的尖顶帽含义较宽泛，除了帽形低矮的小圆帽外，其余略高的胡帽皆可纳入，不仅有高尖者，也有顶尖圆或略平等形状。下面，首先在对关中地区唐墓出土的尖顶帽胡俑进行系统检索的基础上，按照质地、工艺的不同，分为彩绘陶质胡俑，釉陶、三彩和瓷质（包括高岭土胎而未施釉）胡俑两大类，分别进行型式划分。

（一）彩绘陶质尖顶帽胡俑

根据帽子外形的差异，大致可分为以下几型。

A 型：帽四角略有起棱，向上急收，从正面观之，帽形高挺而略尖，侧面观之，前陡后缓，顶漫圆。帽下缘上翻，额上大翻沿呈三角形，两侧宽边上翻，帽后缘略上翘。质地一般认为是毡帽。

目前已发现的几例，皆为同一墓中出土2件造型基本相同的胡俑。胡人高鼻深目，络腮胡，头戴尖顶帽，似着翻领窄袖胡服，袒胸露腹，腹部前凸，前襟下摆撩起，扎于腰间，腰束带，足蹬靴，站立于薄底板之上。例如西安市长安区神禾原西麓长宁雅居乐工地发掘的贞观八年（634）民部尚书戴胄墓出土2件，胡人头戴白色尖顶帽，红色帽沿上翻，白衣，红色襟缘，黑色革带隐现，黑靴，右臂握拳前伸，左臂握拳半弯于体侧。通高27.5厘米（图1）。① 在西安市西郊陕西第十棉纺厂家属区发掘的唐永徽三年（652）处士董僧利夫妇合葬墓也出土了2件戴同样款式尖顶帽的胡俑，只是动作稍异，彩绘保存很差。胡俑左臂握拳，仍半弯于体侧，右臂握拳向上高举。通高27.9厘米（图2）。②

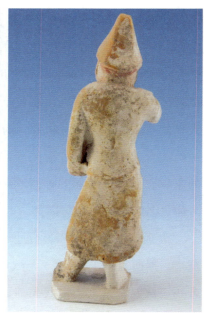

图1-1　戴胄墓胡俑正面　　　图1-2　戴胄墓胡俑侧面　　　图1-3　戴胄墓胡俑背面

---

① 西北大学文化遗产学院、西安市文物保护考古研究院：《西安市长安区唐戴胄夫妇墓发掘简报》，《考古》2021年第10期，第38—59页。张小丽、朱连华：《唐太宗民部尚书戴胄夫妇墓的新发现》，《文物天地》2015年第12期，第110—115页。
② 西安市文物管理处：《唐董僧利墓清理简报》，《考古与文物》1991年第4期，第96—105页。

图 2　董僧利墓胡俑

B 型：帽形稍宽矮，顶略尖圆，前后帽沿呈三角形上翻。质地为毡帽或锦帽。

在陕西礼泉昭陵陪葬墓中出土多件。例如永徽二年（651）段蕑璧墓中发现 4 件，皆为深目高鼻、大络腮胡的形象。其中有一件胡帽的帽沿涂红色，帽上彩绘花纹已漫漶不清，身穿红翻领绿色窄袖袍、红裤，腰系黑色革带，足蹬黑色高靿靴，脚踩马镫，双手作勒缰状，骑于马上。马鞍上施豹皮鞯。通高 37 厘米（图 3）。还有一件头戴绿翻沿花帽，身穿黄翻领红色窄袖袍、绿裤，足蹬黑色高靿靴。左手作勒缰状，右手前举，上身微左倾，骑于红马上。人物姿态与马势十分协调，造型颇生动。通高 35.5 厘米（图 4）。[①] 显庆二年（657）张士贵墓也出土有 4 件骑马胡俑，所戴胡帽的形制同属此型，只是帽上彩绘、着装方式、姿态与段蕑璧墓所出有异。其中一件胡人头戴黑色胡帽、身穿翻领窄袖红外衣，将右侧衣袖甩在背后，露右肩，内穿红

图 3-1　段蕑璧墓骑马胡俑正面

图 3-2　段蕑璧墓骑马胡俑侧面

图 3-3　段蕑璧墓骑马胡俑背面

① 参见昭陵博物馆：《唐昭陵段蕑璧墓清理简报》，《文博》1989 年第 6 期，第 3—18 页。

图 4-1 段蕑璧墓骑马胡俑正面

图 4-2 段蕑璧墓骑马胡俑背面

色交领上衣，衣袖半挽，足穿黑色高靿靴。侧首仰脖，双手控缰，骑于马上。通高 38 厘米（图 5）。[1] 麟德二年（665）李震墓出土的骑马胡俑与张士贵墓出土者从服饰、姿态来看几无二致，只是服色稍异。胡人身穿红色翻领窄袖袍，未穿右侧衣袖，右肩外露，内衬蓝色交领衣，衣袖半挽。通高 41 厘米（图 6）。[2]

C 型：帽四角起棱，向上稍内收，略呈盝顶形。正面观之高挺而顶略平，侧视为漫圆顶。宽帽沿向上翻卷一周，帽屋前方正中饰凸起的穗叶状装饰。质地一般认为是毡帽。

例如陕西华阴发现的咸亨元年（670）宋素

与夫人王氏合葬墓出土有 2 件此型胡俑。其中一件作站立状，深目高鼻，棱角分明。身穿小翻领对襟窄袖服，腰系带，下着裤，脚穿尖首靴，两腿并拢直立于方形薄底板上。双手握拳，似作牵拽驼缰状。通高 42 厘米（图 7、图 8）。另一件作骑马状，骑者小眯眼，塌鼻阔翼，大嘴厚唇，面相方圆。上穿翻领窄袖服，下着裤，足穿高靿靴，脚踩马镫，双手握拳，作牵拽马缰状。抬头挺胸，端坐于马鞍上。马立于长方形薄底板上。通高 41 厘米（图 9）。[3]

D 型：帽形高耸，呈下圆上尖的尖锥形，下缘上翻一圈。质地为毡帽。

---

① 陕西省文管会、昭陵文管所：《陕西礼泉唐张士贵墓》，《考古》1978 年第 3 期，第 168—178 页。
② 昭陵博物馆编：《昭陵博物馆陶俑珍品集》（4），北京联合出版公司，2016 年，第 158—159 页。
③ 陕西省考古研究院、华阴市文物旅游局：《陕西华阴市唐宋素墓发掘简报》，《考古与文物》2018 年第 3 期，第 16—41 页。

图 5　张士贵墓骑马胡俑　　　　图 6-1　李震墓骑马胡俑正面　图 6-2　李震墓骑马胡俑侧面

图 7　宋素墓胡俑线图

图 8　宋素墓胡俑

图 9　宋素墓骑马胡俑

例如陪葬乾陵的神龙二年（706）至景云二年（711）章怀太子墓出土的一件胡俑，高鼻深目，头戴尖顶帽，身着圆领窄袖袍，下着细脚裤，腰束带，足着尖头靴，头略右拧，微上仰，双手握举胸前，作牵缰状。通高69厘米（图10）。[①]

E 型：帽形高耸，下部呈圆筒形，顶部呈尖锥形，帽周宽边上卷。质地似为毡帽。

例如西安市长安区韦曲206研究所工地出土的一件，为高鼻、深目、长髯的胡人形象。头戴黑色尖顶帽，身穿红色圆领窄袖缺胯袍，前襟下摆撩起至腰间，系黑色革带，足蹬高靿靴，双足开立于底板上。右臂衣袖半挽，露出发达的肌肉，双手紧握作牵缰状。通高32.8厘米（图11）。[②]

F 型：帽形下部浑圆，上部细高，帽尖高竖或倾倒，下缘或有卷边。质地为毡帽或布帽。根据姿势的差异，又可分站立、舞蹈、骑驼等几种。

站立姿势者在陪葬桥陵的天宝元年（742）李宪墓中出土1件。胡人侧首微仰，戴红色尖顶帽，帽尖后奄，宽脸、阔鼻、深目、厚唇，无须髯。内着白色短衫，上套镶白领黑色半臂，外罩红色短袍。通高53.5厘米（图12）。[③]在陕西凤翔孟家堡的一座唐墓中也出土有1件帽形相近的立姿胡俑，墓葬年代推测为唐玄宗中后期。标本M1:11，头戴高帽，帽顶高尖，面相方圆，双目圆睁，神情威武，身着圆领窄袖长袍，腰间束带，双手隐于袖内，合拱胸前，露双足。高19厘米（图13）。[④]

舞蹈姿势者仅见于西安市长安郭杜发现的开

 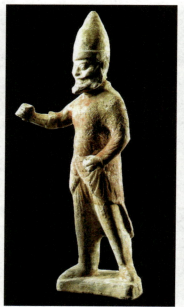  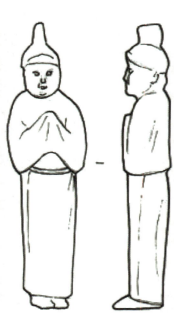

图10 章怀太子墓胡俑　　图11 长安区韦曲206研究所出土胡俑　　图12 李宪墓胡俑　　图13 凤翔孟家堡M1胡俑

① 陕西省博物馆、乾县文教局唐墓发掘组：《唐章怀太子墓发掘简报》，《文物》1972年7期，第13—25页；乾陵博物馆编：《丝路胡人外来风——唐代胡俑展》，文物出版社，2008年，第90页。
② 西安市文物保护考古研究院：《西安文物精华·陶俑》，世界图书出版西安有限公司，2014年，第124页。
③ 陕西省考古研究所：《唐李宪墓发掘报告》，科学出版社，2005年，第45—47页。
④ 陕西省考古研究院：《陕西凤翔孟家堡唐、宋、明墓发掘简报》，《文博》2012年第6期，第3—12页。

元二十四年（736）孙承嗣墓中。胡人高鼻，凸眼，龇牙，络腮胡。头戴尖顶胡帽，身着圆领窄袖袍，下露裤，腰束带。左臂长伸体侧，右臂弯于体侧，前后分腿屈膝，作侧首表演状。帽尖、右臂、双足残。俑身下有竖孔，可能原插支撑物。残高12.6厘米（图14）。①

关中地区发现的此型骑驼胡俑多骑于卧驼之上，仅有个别骑于立驼之上。骑卧驼的尖顶帽胡俑举例如下。西安东郊发现的开元十二年（724）金乡县主夫妻合葬墓出土的一件骑卧驼胡俑，胡人圆目怒睁，鼻梁略高，瘪嘴紧闭，高颧骨，尖

下颏，无胡须，面容丑陋。头戴白色尖顶帽，帽尖稍后倾，下缘无卷边。身着白色圆领窄袖袍，腰束黑色革带，足蹬黑色高勒靴。右手握拳高举，左手握拳于体侧，作赶驼状，骑于卧驼上。俑与驼分体烧制。通高41厘米（图15）。②天宝元年（742）李宪墓出土的一件骑卧驼胡俑（K6∶4），胡人御者头戴红色尖顶帽，帽尖向后耷下，深目圆睛，高鼻阔口，嘴角下撇，方面无须，面相凶悍。上着圆领窄袖袍，足蹬黑色高勒靴，侧首微仰，跨骑于双峰间，两臂分张，双手作持缰势。通高55厘米（图16）。③西安东郊韩森寨红旗电

图 14　孙承嗣墓舞蹈胡俑

图 15　金乡县主墓骑驼胡俑

图 16　李宪墓骑驼胡俑

① 陕西省考古研究所、西安市文物保护考古所：《唐孙承嗣夫妇墓发掘简报》，《考古与文物》2005年第2期，第18—30页。
② 西安市文物管理委员会：《西安唐金乡县主墓清理简报》，《文物》1997年第1期，第4—19页。
③ 陕西省考古研究所：《唐李宪墓发掘报告》，第52—55页。

机厂唐墓出土有一件这种形制的骑卧驼胡俑。驼背上跪骑一男子，为胡人相，深目高鼻，戴尖顶帽，着圆领直襟缺胯窄袖袍，领缘、襟缘、胯缘皆带边饰，下着裤，足蹬高勒靴。右手握拳高举，左手紧握，下垂后甩，作御驼状。通高54厘米（图17）。[①]

骑立驼戴尖顶帽的胡俑，见于陕西省考古研究院的发掘藏品中。该胡俑头戴尖顶帽，尖顶略后倾，窄缘不上翻，鬓发微露。大眼圆睁，鼻梁直挺，面相圆润。身着圆领窄袖袍，足着尖首靴，小腿后抬，骑于立驼之上。通高55厘米（图18）。[②]

戴同样形状的尖顶帽、作跪坐姿势的骑驼胡俑在西安市长安郭杜紫薇田园都市 M60 出土有1件。胡人身穿圆领窄袖长袍，腰束带。双手握拳，曲置胸腹前，作跪坐跨骑状。因与坐骑分模合制，身下陶驼不见。高13.8厘米（图19）。该墓出土有唐肃宗乾元元年（758）始铸的乾元重宝，时代

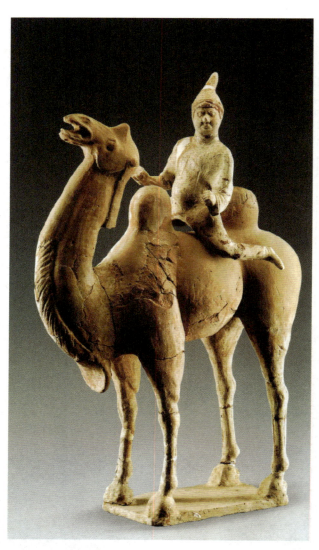

图 18　骑立驼胡俑

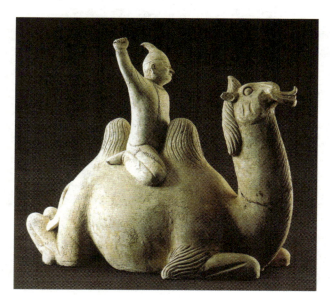

图 17　西安红旗电机厂唐墓骑驼胡俑

图 19　紫薇田园都市 M60 骑驼胡俑

① 西安市文物园林管理局：《西安东郊红旗电机厂唐墓》，《文物》1992 年第 9 期，第 66—70 页。
② 乾陵博物馆编：《丝路胡人外来风——唐代胡俑展》，第 67 页。

推测为中唐时期。[1]陕西省考古研究院发掘出土的一件胡俑，形制与前者相似，有人称为胡人跪坐俑。从造型来看，亦应是骑驼胡俑。高14厘米（图20）。[2]

西安东郊王家坟发现的兴元元年（784）唐安公主墓，出土了2件此种帽型的骑驼胡俑，出土时坐骑已分离或不见。其中一件完整。头戴尖顶胡帽，虚尖折于左侧，双目外突，高鼻。双手作控缰状，双腿呈骑坐状。高37厘米（图21-1）。另一件右臂及双腿均残。头戴尖顶胡帽，身穿毛皮服装，露右肩，左手置于胯部。残高22厘米（图21-2、3）。[3]

G型：帽四角起棱，向上略内收，正视为平顶，侧视为尖顶，前沿上卷，后檐外折。质地一般认为是毡帽。

显庆二年（657）张士贵墓出土2件。其一头向左偏，高颧骨，面无须髯，头戴黑色胡帽，上穿翻领窄袖红袍，下穿绿裤，足蹬黑靴，双臂

图20-1　陕西省考古研究院藏胡人跪坐俑正面

图20-2　陕西省考古研究院藏胡人跪坐俑背面

① 陕西省考古研究所：《西安紫薇田园都市工地唐墓清理简报》，《考古与文物》2006年第1期，第17—24页。
② 乾陵博物馆编：《丝路胡人外来风——唐代胡俑展》，第56—57页。
③ 陈安利、马咏钟：《西安王家坟唐代唐安公主墓》，《文物》1991年第9期，第16—27页。

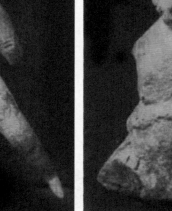

图 21-1　唐安公主墓骑驼胡俑　　　图 21-2　唐安公主墓骑驼胡俑　　图 21-3　唐安公主墓骑驼胡俑

屈肘，作控马状。通高 38 厘米（图 22）。[①] 陕西富平献陵上元二年（675）李凤墓出土的一件骑马胡俑，帽形正视与上略同，相貌、着装、身份亦相近，惜未见帽后檐图像，暂归入此型。骑者圆脸、朱唇、眉目清秀，留小胡须，身穿绿色紧袖翻领袍，领沿施红色，下着红底黑纹裤，足穿乌靴。腰后束二层包裹，鞍后置物一卷。双手驭马，骑于马上（图 23）。[②]

H 型：帽四角起棱，向上略内收，正视顶略平，侧视顶略尖圆，帽沿一周外折。质地似为毡帽或藤席之属。

昭陵麟德二年（665）韦贵妃墓出土一件。[③] 胡人突眉紧凑，凹眼斜吊，塌鼻梁，宽鼻翼，高颧骨，无须髯，面相略怪异。头戴黑色折沿高帽，身着蓝色大翻领红色右衽窄袖袍，内着赭色圆领衫，下着白裤，脚蹬黑色低腰靴，腰间缠黑色长包裹，头微左拧，双手握拳，似作握缰驭马状。通高 52 厘米（图 24）。

I 型：帽形高耸，顶略尖圆或细尖，四边翘角上翻，形似八角帽。质地似为毡帽。

永泰公主墓出土的一件骑马胡俑，所戴的八角帽顶略尖圆。胡人高鼻深目，络腮胡，身着翻领红袍，双手握举胸前，脚踩马镫，作牵缰骑马状。马后驮物一卷。高 32 厘米（图 25）。[④] 开元二十九年（741）李宪墓出土的一件骑卧驼胡俑也戴此款胡帽，只是帽顶细尖，四边帽沿上翘，呈小八角形。这件胡俑深目高鼻，阔嘴厚唇，方面无须，容貌凶悍。上着白色圆领窄袖袍，下穿白裤，足蹬黑色高勒靴。双手作持缰状。通高 58.5 厘米（图 26）。[⑤]

① 陕西省文管会、昭陵文管所：《陕西礼泉唐张士贵墓》，《考古》1978 年第 3 期，第 168—178 页。
② 富平县文化馆、陕西省博物馆、陕西省文物管理委员会：《唐李凤墓发掘简报》，《考古》1977 年第 5 期，第 313—326 页。
③ 陕西省考古研究院、昭陵博物馆编著：《唐昭陵韦贵妃墓发掘报告》，科学出版社，2017 年，第 51—53 页。
④ 陕西省文物管理委员会：《唐永泰公主墓发掘简报》，《文物》1964 年第 1 期，第 7—33 页。
⑤ 陕西省考古研究所：《唐李宪墓发掘报告》，第 52—54 页。

图 22 张士贵墓骑马胡俑

图 23 李凤墓骑马胡俑

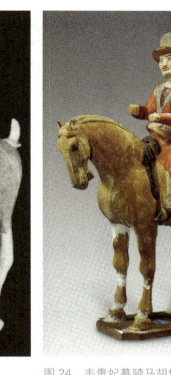

图 24 韦贵妃墓骑马胡俑

图 25 永泰公主墓骑马载物胡俑

图 26 李宪墓骑驼胡俑

J型：帽形正视呈尖锥形，侧视顶略漫圆而前倾，下缘上翻，正侧三面翻沿皆呈三角形，后缘为宽边，状似鸟形。质地一般认为是毡帽。

陇县城关镇祁家庄出土的此种帽型的胡俑，高鼻深目，络腮胡，身着圆领袍，衣袖稍宽，拱手而立，手隐袖内。高 21.5 厘米（图 27）。[①]西安博物院收藏的一件骑驼胡俑也戴有此种形制的帽子（图 28）。[②]

（二）釉陶、三彩和瓷质尖顶帽胡俑

根据帽形的差异，可分为以下几型。

A型：帽的款式略同陶质 C 型，四方形帽，外形高挺，顶略内收，正视平顶，侧视前陡后缓，下缘上翻。材质一般作毡帽。

显庆二年（657）张士贵墓出土的 4 件彩绘黄釉胡俑皆属此型。胡人高鼻深目，头戴黑色胡帽，红色下缘，下着大口裤，腰束黑色革带，上饰圆形带銙，足穿尖头靴。外形、着装方式和姿态略异。其中两件墨绘八字胡和络腮胡，身着绿色翻领黄色窄袖右衽衣，袒胸腹，右手握拳下垂，左手曲举胸前。高 26 厘米（图 29 左）。另外两件墨绘八字胡，身着绿色翻领黄色短袖外衣，内穿圆领窄袖红衫，左手握拳下垂，右手握举胸腹间。高 23.5 厘米（图 29 右）。[③]

B型：帽的款式与陶质 B 型胡俑相近，但又有所不同。帽形宽扁略高，正视顶略漫圆，侧视顶略尖，前后缘上翻，或仅前缘上翻。材质似为毡帽。

陕西咸阳渭城区药王洞村发现的万岁通天元年（696）契苾明墓出土的一件三彩牵驼胡俑属于此型，胡帽前后缘上翻。胡人高鼻深目，络腮胡，宽脸盘。身着深绿色翻领褐色窄袖胡服，下着虎

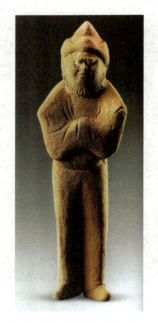  

图 27-1　陇县祁家庄唐墓胡俑　　图 27-2　陇县祁家庄唐墓胡俑侧视　　图 27-3　陇县祁家庄唐墓胡俑背视

---

① 乾陵博物馆编：《丝路胡人外来风——唐代胡俑展》，第 123 页。
② 西安市文物保护考古研究院：《西安文物精华·陶俑》，第 131 页。
③ 陕西省文管会、昭陵文管所：《陕西礼泉唐张士贵墓》，《考古》1978 年第 3 期，第 168—178 页。

图28 西安博物院藏骑驼胡俑

图29 张士贵墓釉陶胡俑

皮斑纹裤，前襟下摆撩起，扎于腰间，腰束带，足穿黑色尖头靴。通高45.5厘米（图30）。[1]陕西省咸阳市文物保护中心收藏的一件白瓷胡俑，釉色白中泛绿。胡人高鼻深目，尖顶帽仅前缘上翻，身着圆领窄袖袍，下着大口裤，腰束带，足蹬靴，拱手而立。高19厘米（图31）。[2]

C型：帽型与陶质D型略相近，呈下圆上尖的尖锥形，下缘上翻，或带宽边。举例如下。

陕西长武郭村发现的总章元年（668）张臣合墓出土有1件高岭土胎的彩绘胡俑，头戴淡红色尖顶帽，下缘一周上翻，深目高鼻，络腮大胡须，侧首仰面。身穿红色翻领窄袖袍，腰束带，

下着白裤，足穿黑靴。身背行囊，右手握于肩头背带，左臂下垂，手提一细颈单耳瓶，造型生动。高25厘米（图32）。[3]

万岁通天元年（696）契苾明墓出土的一件三彩牵马俑，头戴白色尖顶帽，下缘带宽边，细长眼，鼻梁较直挺，墨绘胡须，相貌与汉人无甚差异。身穿绿色翻领黄褐色窄袖胡服，下着裤，腰束带，足蹬黑色尖头靴，前襟下摆撩起，扎于腰间，双手握拳，作牵缰状。高48.5厘米（图33）。[4]在西安西郊胶合板厂唐墓出土的一件三彩胡俑，头戴尖顶帽，前檐上翻，双目圆睁，鼻梁较直挺，面无须髯，身着绿色翻领褐色窄袖袍，

---

① 解峰、马先登：《唐契苾明墓发掘记》，《文博》1998年第5期，第11—15页；王英、刘晓东：《契苾明墓出土的罕见唐三彩》，《收藏》2011年第8期，第31—34页。
② 乾陵博物馆编：《丝路胡人外来风——唐代胡俑展》，第173页。
③ 长武县博物馆：《陕西长武郭村唐墓》，《文物》2004年第2期，第40—53页。
④ 解峰、马先登：《唐契苾明墓发掘记》，《文博》1998年第5期，第11—15页。

图 30　契苾明墓三彩牵驼胡俑

图 31　唐白瓷胡俑（咸阳市文物保护中心藏）

图 32　张臣合墓胡商形象俑

图 33　契苾明墓三彩牵马胡俑

右侧不穿衣袖，露右臂，可见内着的白色半臂，脚穿高靿靴。双手作握缰状，立于长方形踏板上。高 47.5 厘米（图 34）。① 从形制、施釉等方面观察，此俑与契苾明墓出土的胡俑时代大致相当。

神龙二年（706）至景云二年（711）章怀太子墓出土的一件绿釉胡俑，头戴褐绿色尖顶帽，前沿上翻，高鼻深目，面无须髯。身着绿色翻领窄袖袍，右衣袖不穿，露右肩，可见绿色半臂和浅红色圆领衫，下着绿裤，黑色尖首靴。双手握举胸腹前，作牵缰而立状。通高 67 厘米（图 35）。②

D 型：帽稍高，顶部略圆，稍前倾，下缘上翻，形成一周宽边。似为布帽。

昭陵 32 号陪葬墓出土的一件三彩骑驼胡俑就戴这种帽子。胡人深目高鼻，身着袒右的翻领窄袖袍，露出内着的半臂，腰间系带，足穿高靿靴，双手握举胸前，作持缰状，骑于立驼之上。帽施褐色，胡人袍服以褐釉为底，间以黄、绿釉斑，半臂施褐釉。通高 72.5 厘米（图 36）。③

E 型：帽型同 F 型陶质胡俑，细尖顶，或高耸，或有倾倒，下缘或有卷边。材质为毡帽或布帽。

昭陵 30 号陪葬墓中出土的一件高岭土胎的彩绘胡俑，深目高鼻，双目圆睁，十分传神。头戴黑色尖顶帽，帽尖左倾，身穿翻领窄袖绿袍，右侧未穿衣袖，露右臂，可见内着的橘黄色半臂和红色圆领衫。腰束浅红色带，足蹬黑色高靿靴，双臂屈肘，作牵缰状，立于踏板上。高 44 厘米

① 李炳武主编，陈安利分册主编：《中华国宝：陕西珍贵文物集成：唐三彩卷》，陕西人民教育出版社，1998 年，第 172—173 页。

② 乾陵博物馆编：《丝路胡人外来风——唐代胡俑展》，第 42 页。

③ 李炳武主编，陈安利分册主编：《中华国宝：陕西珍贵文物集成·唐三彩卷》，第 202—203 页。

图34 西安西郊胶合板厂唐墓三彩胡俑　图35-1 章怀太子墓胡俑正面　图35-2 章怀太子墓胡俑侧面
　　　　　　　　　　　　　　（乾陵博物馆刘向阳先生提供）　　　（乾陵博物馆刘向阳先生提供）

（图37）。① 此俑与昭陵陪葬的开元六年（718）李贞墓出土的一件唐三彩胡俑形制相像，时代大致相当（图38）。②

章怀太子墓出土的另一件绿釉胡俑，头戴黑色尖顶帽，帽尖略前倾，高鼻圆眼，络腮胡，身穿绿色圆领窄袖袍，前襟下摆扎缚腰间，腰束带，下着绿裤，足蹬尖首靴。双手曲举胸腹前，作牵缰站立状。高53厘米（图39）。③

在西安西郊南何村发现的开元十一年（723）鲜于庭诲墓出土的唐三彩骑卧驼胡俑，所戴的尖顶帽下部浑圆，上部细高，帽尖向右侧倾倒，其下一圈窄缘上翻，翻沿原涂红彩。胡人深目高鼻，不见须髯。身着圆领窄袖袍，其上有不大规则的

浅绿色短条纹，足穿黄色靴，双手作牵缰赶驼之势。通高39.4厘米（图40）。④

综上可见，尽管唐代胡帽形制变化多样，但根据唐人诗文的描述，可以粗略概括出两个主要特征。

其一是以帽形高尖、虚顶为主要特征的"尖顶虚帽"。唐诗在描述胡腾舞的装束时写道，"织成蕃帽虚顶尖，细氎胡衫双袖小"。⑤ 结合胡俑的制作来看，这种帽子在实际穿戴中呈现不同的形态，有的顶尖高耸，有的顶尖向左右或前后倾倒，帽下缘或有上翻，或不上翻。以上陶质尖顶帽胡俑的D型、E型、F型和I型，釉陶、三彩和瓷质胡俑的C型、E型大抵具有"尖顶虚

① 昭陵博物馆编：《昭陵博物馆陶俑珍品集》（5），北京联合出版公司，2016年，第132页。
② 参见昭陵文物管理所：《唐越王李贞墓发掘简报》，《文物》1977年第10期，第41—49页；昭陵博物馆编：《昭陵博物馆陶俑珍品集》（5），第88页。
③ 乾陵博物馆：《丝路胡人外来风——唐代胡俑展》，第97页。
④ 中国社会科学院考古研究所编著：《唐长安城郊隋唐墓》，文物出版社，1980年，第61页。
⑤ （唐）刘言史：《王中丞宅夜观舞胡腾》，《全唐诗》卷468，中华书局，1960年，第5323页。

图 36　昭陵 32 号陪葬墓唐三彩胡人骑驼俑

图 37　昭陵 30 号陪葬墓三彩牵缰胡俑

图 38　李贞墓唐三彩胡俑

图 39　章怀太子墓绿釉胡俑

（乾陵博物馆刘向阳先生提供）

图 40　鲜于庭诲墓唐三彩骑驼胡俑

帽"的特征。

其二是卷沿虚顶为特征的"卷檐虚帽"。根据唐人"促叠蛮鼙引柘枝，卷檐虚帽带交垂"[①]的诗句，可知西域石国传入的柘枝舞者所戴的胡帽式样有"卷檐虚帽"。结合尖顶帽的型式来看，这种帽子以帽沿上翻为特征，帽形稍高。以上陶质胡俑的 A 型、B 型、C 型、D 型、E 型、G 型、H型、I 型和 J 型，釉陶、三彩和瓷质胡俑的 A 型、B 型、C 型、D 型大致如此。

实际上，从出土实物来看，唐代尖顶帽型式多样，远超当时诗文描述所及。"尖顶虚帽"和"卷檐虚帽"只是唐人描述胡帽的两个显著特征，而并非不同的两种帽型。特别值得关注的是陶质

F 型，釉陶和三彩的 E 型，虽仅部分标本带卷沿，却与唐墓壁画中跳胡腾舞的胡人所戴胡帽款式雷同，或许正是唐人诗文所述的那种帽型。

二　唐代尖顶帽胡俑的分期

综合关中地区唐墓尖顶帽胡俑的发展演变，大致可分四期。

第一期，大致在唐太宗时期。本期仅见陶质 A 型胡俑，类型单一，数量较少。目前关中唐墓最早的尖顶帽胡俑是贞观八年（634）民部尚书戴胄墓出土的 2 件，同时这也是本地区唐墓最早的胡俑形制。该墓发现的胡俑，似作引驾、赶驼、牵马状，但未见相应的车驾驼马出土。

---

① （唐）张祜：《观杨瑗柘枝》，《全唐诗》卷 511，第 5827 页。

尽管胡俑是古俑中早已存在的一个特色鲜明的种类，但是在关中地区隋墓中踪迹难觅，尚未发现尖顶帽胡人的形象。若把这一时间与唐代发生的一些历史事件联系起来，不难看出胡俑的再次出现与当时中西交通的状况息息相关，打上了深深的历史烙印。

贞观四年（630），"突厥既亡，其部落或北附薛延陀，或西奔西域，其降唐者尚十万口"。[1]东突厥汗国灭亡后，其内部的胡人大批进入长安，包括大首领安菩等人。[2]贞观五年，有祆教传法穆护何禄到，入阙奏闻，敕令于长安崇化坊立祆寺。[3]贞观初，吐火罗（一说于阗）国王以尉迟乙僧丹青奇妙，推荐到唐朝阙下。乙僧善画佛像、外国之人与物。[4]

第二期，大致在唐高宗至武则天时期。本期尖顶帽胡俑类型多样，除了初期延续陶质 A 型胡俑，还新出现了陶质 B 型、C 型、G 型、H 型。质地除了陶质之外，新出现黄釉、白瓷和唐三彩，还发现高岭土胎的彩绘胡俑，类型有 A 型、B 型、C 型。姿势除了牵驼、牵马之外，还出现背负躬行的胡商俑。在骑马出行的行列中，赫然发现一些面貌、装束异样的胡人，有的腰束包裹、马后驮物，推测身份为墓主侍从。胡俑面貌、姿态丰富多样，身形比例适中，造型日趋生动。

本期唐朝国力日盛，万方辐辏，四夷因朝贡、兴贩、留学、传教、演艺、流亡等原因纷纷内附寓居。显庆二年（657），唐军灭西突厥汗国。于是原臣服于西突厥的昭武九姓等中亚诸国纷纷归附唐朝，唐朝将西突厥"其所役属诸国皆置诸州府，西尽波斯，并隶安西都护府"。[5]波斯为大食所灭后，王子卑路斯于咸亨年间（670—674）前来长安避难。随卑路斯父子而来的波斯王室后裔及随从人数不少，多寄寓中土。本期突厥人继续通过各种途径内迁中原。如天授元年（690）阿史那斛瑟罗率西突厥部众六七万人投靠内地。[6]

相应地，胡俑的帽型变化多样，显示出族属来源复杂多元。作引驾、赶驼、牵马的胡俑，手拎胡瓶、负重前行的胡俑，剽悍张扬、策马携物的胡俑，生动塑造出胡人童仆、侍从的形象，是胡人广泛融入唐代社会生活的真实写照。

第三期，大致在中宗、睿宗和玄宗时期。本期尖顶帽类型依然丰富多样，延续第二期釉陶和唐三彩等质地的 C 型胡俑，新出现陶质 D 型、F 型胡俑，唐三彩 D 型胡俑。站立姿态除了牵驼、牵马之外，还出现拱手而立的姿态，似为墓主臣属、侍从的尖顶帽胡俑。尖顶帽骑驼胡俑出现并流行，舞蹈姿态的胡俑为本期所仅见。本期前段彩绘胡俑和唐三彩胡俑艺术皆达鼎盛，彩绘华丽，唐三彩氤氲流淌，体量高大，造型夸张，形象鲜明，姿态生动。开元末期，随着唐廷对厚葬的限制，唐三彩盛极而衰，陶俑艺术也出现因循衰微之势。

本期唐朝国力臻于极盛，在西域战事中不断高奏凯歌。直到天宝十载（751）怛罗斯之战的

① 《资治通鉴》卷 193，"贞观四年四月"条，中华书局，1956 年，第 6075 页。
② 张广达：《唐代六胡州等地的昭武九姓》，《北京大学学报》1986 年第 2 期，第 72—73 页。
③ （宋）姚宽：《西溪丛语》卷上，中华书局，1993 年，第 42 页。
④ （唐）朱景玄：《唐朝名画录》卷 2，四川美术出版社，1985 年，第 9 页。
⑤ 《新唐书》卷 215 下《突厥传下》，中华书局，1975 年，第 6063 页。
⑥ 《资治通鉴》卷 204，"则天后天授元年十月"条，第 6469 页。

失利，唐朝才放弃开拓进取的西域经营方略。与此同时，胡风的盛行对唐人的社会生活、习俗风尚产生深刻影响。据文献记载："开元初，宫人马上始着胡帽，靓妆露面，士庶咸效之。天宝中，士流之妻或衣丈夫服，靴衫鞭帽，内外一贯矣。"[①] "天宝初，贵族及士民好为胡服胡帽。"[②]

从尖顶帽的类型来看，外形高尖虚顶或带卷沿成为常见而典型的胡帽样式。牵驼、牵马俑造型更加生动传神，胡人骑驼俑不断涌现，且面貌、姿态多变。胡俑与骆驼相配，常成组出现，令人联想到丝绸之路上"胡儿制骆驼"的场景。尖顶帽乐舞百戏俑的发现，是胡人渗透到唐人娱乐生活的生动反映。据考古发现，胡帽在高宗、武则天时期已为唐朝士庶佩戴，早于文献记载，至本期则更为多见。

第四期，大致在肃宗到德宗时期。本期伴随陶俑明器的衰落，尖顶帽胡俑的类型也随之减少，体量缩小，形制仅见陶质的 F 型胡俑。姿态仅有骑驼者，且造型比较呆板，制作较粗糙。

本期发生在安史之乱以后，唐代社会对胡化浪潮进行反思，对胡人产生厌恶情绪，这是胡俑衰落的原因之一。《新唐书·车服志》称，开元中"士女衣胡服，其后安禄山反，当时以为服妖之应"[③]。在此背景下，唐安公主墓依然随葬胡俑，似反映出胡俑不仅是墓主显赫身份的象征，还担负着扈从墓主、负载财宝的重要职责，是承载死后世界信仰不可或缺的人物。

三　尖顶帽胡俑的文化因素

尖顶帽胡俑是唐人塑造的众多胡人群像中的一种典型。它是在丝路繁盛、大量胡人内附的背景下产生的，融合了多种文化因素，为传统胡人题材增添了更加生动鲜活的艺术形象。

唐代尖顶帽胡俑最重要的文化因素是粟特文化。关于粟特人的相貌、服饰，据《北史·康国传》载："丈夫剪发，锦袍……人皆深目、高鼻、多髯。"[④]《旧唐书·康国传》亦有记载："其人皆深目高鼻，多须髯。丈夫剪发或辫发。"[⑤] 新罗僧人慧超在《往五天竺国传》中记载："此等胡国，并剪鬓发。爱着白氎帽子。"此处白氎帽子意思为白布帽子，虽未言明其形制，但可知戴帽的习俗。从上述唐代胡俑所戴尖顶帽的形态观察判断，材质大多为毡帽，亦有一些为布帽、锦帽。

从汉地出土的一批北朝至隋入华粟特人墓葬图像来看，尖顶帽是粟特人多种帽型中代表性的一种款式。据北周史君墓石刻图像统计，世俗男子所戴巾帽有：日月形冠 2 例、花形冠 5 例、平顶帽 8 例、尖顶帽 7 例、高毡帽 4 例、圆形尖顶帽 1 例、束巾 1 例，另有形制特异的船形帽 1 例、兔耳帽 1 例（图 41）。[⑥] 其中，这里的高毡帽和圆形尖顶帽形制与本文所谓尖顶虚帽形制略同。尽管唐代入华胡人明显来自不同地域和族群，但是胡俑对于其他形制的胡帽少有采用，而大多选择了特征鲜明的尖顶帽。

① （唐）刘肃：《大唐新语》卷 10，中华书局，1984 年，第 151 页。
② 《新唐书》卷 34《五行志》，第 879 页。
③ 《新唐书》卷 24《车服志》，第 531 页。
④ 《北史》卷 97《康国传》，中华书局，1974 年，第 3234 页。
⑤ 《旧唐书》卷 198《康国传》，中华书局，1975 年，第 5310 页。
⑥ 杨军凯：《北周史君墓》，文物出版社，2014 年，第 181—182 页。

图 41　北周史君石堂西壁第三幅下部粟特商队浮雕

图 42　苏思勖墓出土《乐舞图》壁画中跳胡腾舞的胡人

尖顶帽是胡人服饰的标志，在与粟特人有关的图像上多有发现。例如在天宝四载（745）苏思勖墓中出土的《乐舞图》壁画中跳胡腾舞的胡人（图 42），塔吉克斯坦片治肯特遗址发现的 7—8 世纪的壁画上，也绘有头戴尖顶帽的粟特人形象。在龟兹石窟壁画中，商人头上往往戴着一个白色尖顶虚帽，这和安伽石屏风、史君石堂上萨保所戴的帽子相同。有学者提出，在特定的图像情境下把戴有这种帽子的商人看成是粟特商人，应当是可以成立的。[①]

关于敦煌莫高窟第 45 窟的《商人遇盗图》（图 43），有学者认为，"人物五官清晰，均高鼻深目，或络腮胡须，有的头戴尖顶帽，胡貌特征

明显，应是张庆捷先生、荣新江先生、魏义天先生所论汉晋以来，北朝隋唐时期活跃于中国境内的以粟特九姓胡人为主的'胡商''商胡'"[②]。

从出土胡俑来看，头戴尖顶虚帽者，无论是牵驼、牵马的胡俑，还是骑驼的胡俑，多为高鼻深目、络腮胡的形象，神情张扬，姿态生动，显示出与丝路跋涉、迁居内地的粟特人有很大关系。

尖顶虚帽和卷檐虚帽无疑具有浓厚的粟特文化因素，但是我们也注意到，即使同属一型的胡俑，相貌、服饰也明显有异，似乎显示，这些胡人并非完全来自同一种族。例如契苾明墓出土的一件三彩牵马俑，细长眼，鼻梁较直挺，墨绘胡须，相貌与汉人差异不大。只是头戴白色尖顶帽，

① 荣新江：《萨保与萨薄：佛教石窟壁画中的粟特商队首领》，氏著：《中古中国与粟特文明》，生活·读书·新知三联书店，2014 年，第 204—205 页。

② 沙武田：《丝绸之路交通贸易图像——以敦煌画商人遇盗图为中心》，《丝绸之路研究集刊》第 1 辑，商务印书馆，2017 年，第 130—132 页。

图 43　莫高窟第 45 窟商人遇盗图

身着翻领窄袖服，着装与汉人差异显著。无论是
相貌还是服装，都透露出北方游牧民族的一些特
征。另外，一些形制较为特殊的胡帽，例如陶质
G 型、H 型胡俑，根据人物面相、服饰观察，也
同样散发出相似的民族属性。

　　除了上述文化因素外，还包含有丝路沿线其
他地区的一些文化因素。例如陶质 I 型的八角帽
与斯坦因在新疆和田丹丹乌里克发现的木板画上
所绘骑"五花马"人物头戴者很相似（图 44）。
无独有偶，北宋李公麟所绘《五马图》中于阗国
进献凤头骢，阗人所戴者亦与此相似（图 45）。
此种帽型是否为于阗独有，值得探究。

　　即使是大致同属一种型式的胡帽，有可能是
本身造型设计的雷同，抑或是文化传播的影响，
而致蕴含多种文化因素。以陶质 H 型胡帽为例，
其形制与席帽略同，只比妇人帷帽多出四缘的垂
网和装饰的珠翠。据唐王叡《炙毂子录》，"席帽
本为羌服，以羊毛为之"。韦贵妃墓出土的这件陶
质 H 型胡俑，无论面相还是服饰都有北方游牧民
族的一些特征。但在敦煌壁画和纸绢画中的《行
脚僧图》中，皆描绘出一位深目高鼻、风尘仆仆
的西来高僧，头上所戴帽型亦与席帽略同，论者
有以为来自粟特或天竺（图 46）。

　　唐人留下了许多关于胡服的描述和记载。例
如描述胡腾舞穿着的装束，有"细氎胡衫双袖小"
的句子。玄奘西行，关于窣利地区（大致与粟特

图 44　新疆和田丹丹乌里克 10 号遗址出土的木板画

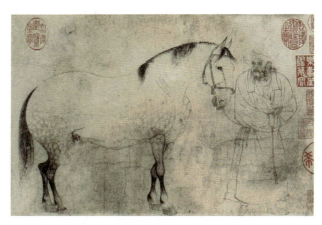

图 45　宋李公麟《五马图》中于阗国进献凤头骢

图 46　敦煌藏经洞绢画《行脚僧图》（大英博物馆 Ch. 00380）

故地相当）风俗，留下"裘服褊急"的记载。综合文献可知，粟特服饰以紧身窄袖为特点。根据我国境内发现的几座北朝粟特人墓葬图像，结合石窟壁画的发现可知，圆领窄袖对襟长袍和翻领窄袖袍是粟特男子的主要服饰。其中圆领袍一种是圆领正中对襟，另一种是圆领颈侧对襟；翻领袍一种是三角形大翻领，另一种是长方形小翻领。在衣领、袖口、对襟等边缘有不同色彩或花纹装

饰，或称锦缘袍。

　　从中亚粟特本土的状况来考察，在阿夫拉西阿卜、片治肯特等城址出土的壁画等图像资料中，圆领袍和翻领袍也都是经常出现的服饰，可见粟特人服饰的传承和延续。

　　通过梳理关中地区唐代头戴高尖帽俑的服饰可以发现，身着上述两种粟特样式服装的情况兼而有之，只是装饰领缘、襟缘、袖缘和下缘的锦

缘袍少见。此外，身着中原地区常见的圆领窄袖袍，腰系带，足蹬高靿靴的情况也很常见。可能与这些胡俑的身份较低，大多以长途跋涉的行旅场景为蓝本进行塑造有关。同时，也反映出入华胡人在保持传统首服的基础上，开始入乡随俗，融入唐代社会。

胡俑穿着不很讲究，着装方式比较随意。许多左侧衣领外翻，袒右肩，露出内着半臂，将袍服下摆和一侧衣袖扎缚腰间。有的袒右服露出袍服内的皮毛，或穿着普通的窄袖袍，袒胸露怀。露右肩在北朝时期的陶俑中已大量出现，主要位于出行仪仗的俑群中，是北方游牧民族，特别是入主中原的鲜卑人代表性的着装方式。胡俑采用这种着装，是为了适应旅途昼夜温差大和气候多变的情况，能够更好地表现行旅的场景。

尖顶帽胡俑无疑包含有复杂的文化因素，因此关于其族属问题至今仍争论不休。例如唐代胡俑中还可见一类神态相似的胡商形象俑，有背行囊弯腰者，有一手提着胡瓶恭敬端立者，也有腋下夹包袱者。以往海内外学术界许多研究者都将他们定名为"步行胡商"或"波斯胡商""大食商人"，甚至有称为闪米特人（Semites）。[1] 有学者广泛搜罗几十具这类胡商俑，在系统分类的基础上进行综合研究，认为"中土内地出现的胡商俑，更多的还应是入华后活跃在北方地区的中亚粟特人"。[2]

此种胡商俑明确为关中地区出土的仅有前述张臣合墓的一件，属于釉陶、三彩和瓷质类的 C 型。头戴淡红色尖顶虚帽，背负行囊，左手提一单柄细颈胡瓶，躬身仰面前行。另有传西安出土的一件胡俑，帽顶略尖圆，帽下缘上翻一周宽边，帽前正中竖起一道凸起的宽带，帽上存红彩。帽型同陶质 C 型，可称为"卷檐虚帽"。胡人高鼻深目，络腮胡，身着红色翻领窄袖袍，背负包囊，右手上握系包带，左手拎胡瓶，作躬身行走状。通高 27 厘米（图 47）。

隋唐时期，胡瓶作为酒器已常见于上层社会的生活中。胡商形象俑所拎胡瓶因塑造简率，多难以判断是属于萨珊波斯还是粟特系统。但从其发式和巾帽来看，除了个别佩戴唐人的幞头之外，还偶见粟特人常见的剪发式样，其余全都戴帽，有尖顶的，也有顶略尖圆的，但都是典型的粟特人尖顶高帽。服饰上除了常见唐

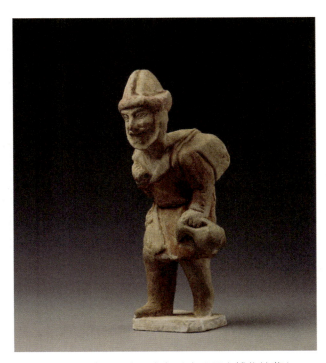

图 47　传西安出土胡商形象俑（中国国家博物馆藏）

① 〔美〕J.G. 马勒：《唐代塑像中的西域人》，王欣译，兰州大学出版社，2012 年，第 10 页。
② 葛承雍：《唐代胡商形象俑研究》，《唐研究》第 20 卷，北京大学出版社，2014 年，第 169—192 页。

人流行的圆领窄袖袍、翻领窄袖服，至于颇具粟特民族特色的服装倒是十分稀见。唐人用此种形象的俑随葬，希冀死后常享美酒佳醴，奇珍异宝源源不绝。

同样的争论也发生在章怀太子墓西壁《客使图》中那位头戴卷檐尖顶帽的使者身上（图48）。此幅图像可能是根据宫中记录外蕃来朝场景的画本绘制而成，史料价值很高。以往论者多从时代背景和历史文献出发，推测为大食使者。[1]其后有人提出质疑，从当时的国际关系出发，分析其外形、服饰，推断为粟特人。[2]

多种文化因素相互融合的现象在西安何家村窖藏出土的唐代鎏金八棱银杯上亦有体现。这件器物上装饰的八个胡人皆深目高鼻，戴卷檐尖顶帽、瓦楞帽或小圆帽，作奏乐、舞蹈及奉物状

图48　章怀太子墓西壁《客使图》壁画

（图49）。根据器型、纹饰和工艺等特点，推测为粟特工匠在唐朝的作品。[3]值得注意的是，其中五人所戴的卷檐虚帽具有浓厚的粟特文化特征。但是从服饰来看，大部分胡人身穿北朝内地流行的袴褶，即上着交领大袖褶衣，下着缚袴。其余两位舞者，上着短褶衣，下着长裙，亦属于北朝时期中原地区的穿搭。笔者推测，这种胡汉文化因素融合于一体的胡人形象，可能参考了北朝时期胡人伎乐、胡人献宝的粉本，凝聚着粟特文化、鲜卑文化和中原文化等多种文化因素。

余　论

关中地区出土的唐代尖顶帽胡俑是当时工匠撷取跋涉于丝路的胡人商旅和内迁于京师长安一带的胡人形象为原型，进行创作加工，塑造刻画出的胡人群像，堪称古代雕塑艺术的杰作。当时粟特人在迁居关中的胡人中人数颇多，这从出土的墓志数量不难看出。尖顶帽作为胡人醒目奇异的首服，自然成为刻画胡人的重要标志性符号。由于尖顶帽胡俑是融合了以粟特为主的诸多胡文化因素，并非对现实生活的原样照搬，因此很难将它们与某个特定的族群一一对应。

总体来看，唐代这种具有粟特人特征的胡俑除了头戴的尖顶帽之外，其他服饰的粟特因素并不明显。这反映了当时不同族群之间服饰的相互交融与影

① 王仁波、何修龄、单暐:《陕西唐墓壁画之研究（上）》,《文博》1984年创刊号，第39—52页；王维坤:《唐章怀太子墓壁画"客使图"辨析》,《考古》1996年第1期，第65—74页。
② 刘江英:《〈客使图〉大食使者质疑——兼论唐与粟特之关系》,《文博》2011年第3期，第27—30页。
③ 齐东方:《唐代金银器研究》，中国社会科学出版社，1999年，第345—362页。

图49　西安何家村窖藏出土鎏金伎乐纹八棱银杯
（采自《花舞大唐春：何家村遗宝精粹》，文物出版社，2003年，第85页）

响，同时也是入华胡人融入唐代社会的真实写照。从尖顶帽的各种型式、胡俑服饰的多种特征、豪迈昂扬的个性风貌，不难看出唐代社会多种文化交融的状况，也从一个侧面体现出唐代社会兼容并包的社会氛围。

唐代工匠将具有浓郁粟特气息的尖顶高帽作为胡族象征，与具有鲜明游牧气息的袒右着装方式相结合，塑造出了生动典型的胡人形象。正像骆驼是丝绸之路的象征和符号一样，尖顶帽和袒右服也成为表现胡人题材的代表性服饰和着装。

胡俑是唐代达官贵人随葬俑群的重要组成部分，尖顶帽胡俑某种程度上反映了入唐下层胡人的生活样态。从其身份来看，大致属于权贵之家的童仆、侍从之列。从其动作姿态和从事活动来看，多作牵拉状，主要担负牵引车驾驼马的职责。此外，还有骑马胡俑、胡商形象俑、骑驼胡俑、拱手侍立胡俑、乐舞百戏胡俑等类别。

唐墓中出土大量的陶骆驼以及造型生动多样的牵驼、骑驼胡俑，组成庞大的出行队伍，令人惊叹，引人思考。诚然，出行仪卫是达官贵人随葬俑群表现的重要内容，具有宣示威仪、护卫墓主、标明身份和等级的功能。这些胡俑造型有些明显摹自胡商沿丝绸之路长途跋涉、往来兴贩的场景。但是，俑塑胡人原有的身份已经被大大淡化，不再是苦役或商贾，而是墓主的童仆和侍从。这些极具异域色彩的俑群的加入，不仅反映了唐人的丧葬信仰，也突显了其价值观念。他们幻想在死后的另一个世界里，有成群胡儿相伴，可供驱使，继续享受服侍。这不仅是对主人显赫身世的炫耀，也能极大满足其对美酒佳馔、奇珍异宝和歌舞声色的需求，为他们带来滚滚财富，让他们继续享受梦幻般的生活。

胡人来自遥远的西方世界，穿梭于茫茫丝绸之路，带来了异域的葡萄美酒、奇珍异宝、歌舞伎乐，造就了富商巨贾、胡人识宝的传奇，极大丰富了唐人的物质和精神生活。胡俑因暗中契合唐人对死后世界的信仰和需求，因而大量出现在墓葬之中，继续完成主人在另一个世界的"人生之旅"。

使者与商人[*]

—— 6—8 世纪粟特和中国的交往与职贡图绘

李 昀

（陕西师范大学历史文化学院）

在王朝的贡献活动中，贡品具备多重性质，基于政治或商业目的，贡品可能是礼物或是商品。贡献活动还产出职贡图绘，作为中国中原王朝刻画世界共主盛世意象的典型书写，体现单方面的政治目的，但其背后还隐含着丰富的历史信息，是研究中西交通史的关键史料之一。

6—7 世纪的职贡图绘中，梁元帝《职贡图》与中亚康国都城大使厅壁画，反映了通行于欧亚大陆的一些外交制度与中西物质文化交流的线索。本文在前人丰富的研究成果基础上，再探职贡图绘中的使者身份、外交礼仪，并根据粟特人与中国的交往关系，论证贡物性质变化的时间节点与贡献活动中的输出品。

一 来自中亚的粟特人使团

（一）梁元帝《职贡图》中的粟特人

滑国，北魏称为嚈哒。《梁书·诸夷传》记

载："自魏、晋以来，不通中国，至天监十五年（516），其王厌带夷栗陁始遣使献方物。普通元年（520），又遣使献黄师子、白貂裘、波斯锦等物。七年，又奉表贡献。"^①现藏中国国家博物馆的宋摹本梁元帝《职贡图》记载更详，云：

> 魏晋以来，不通中国。天监十五年，国王姓厌带，名夷栗陁，始使蒲多达献□莛、宾□毦、名缬杯。普通元年，又遣富何了了献黄师子、白貂裘、波斯师子锦，王妻□发亦遣使康符真同贡物。其使人辫头剪发，着波斯锦褶，黄锦袴，朱麂皮长靿靴。其语言则河南人重译而通焉。^②

这部分画卷经过撕裂并重新拼合装裱，文字难免有所错漏。榎一雄先生认为，滑国使者的美颜更像蒙古人种，而非伊朗人，但不否定当时嚈哒启

* 本文为国家社科基金冷门绝学研究专项学术团队项目"敦煌壁画外来图像文明属性研究"（20VJXT014）阶段性成果。

① 《梁书》卷 54《诸夷传》，中华书局，1973 年，第 812 页。

② 〔日〕榎一雄：《滑国に关する梁职贡图の记事について》，《东方学》第 27 辑，1964 年，第 12—32 页，后收入《榎一雄著作集》第 7 卷，汲古书院，1994 年，第 132—161 页，见后者第 153—155 页；钱伯泉：《〈职贡图〉与南北朝时期的西域》，《新疆社会科学》1988 年第 3 期，第 80 页录文，参校高清图版重新录文，下引文俱同。

用粟特商人作为国使的可能性。① 王素先生则认为，滑国使者"椭圆脸，皮肤白皙，鼻子平整端直"，具白种大月氏与黄种匈奴混血之特点。② 钱伯泉先生也认为，图上的滑国使者"黑发无须，鼻不高，目不深，椭圆脸，颇类中原的华夏民族"，与其被统治的世居民族粟特人不同。③ 马尔沙克（Boris Marshak）则指出，根据榎一雄先生的研究，当时嚈哒使团几乎都是由粟特商人所组成，使者"何了了"（不知何故，马尔沙克省略"富"字）为粟特人。④ 实际上，宋摹本《职贡图》上的滑国使者尽管是黑发白皮肤，但细检画卷，该人物具有明显深邃的重睑，鼻子也是小鹰勾形（图1）；在传"五代南唐顾德谦"《职贡图》摹本（编号"故－画－001389"，简称"传南唐《入朝

图》"）中，该人物更是被绘成典型胡人样貌（图2）。⑤ 据榎一雄统计，梁朝时滑国曾五次入贡，但见有使者名字的仅有普通元年一次。⑥ 从梁《职贡图》职方志的著录规范可以知晓，其多数收录的史料来自每个国家首次入贡之时，但也有例外。如《职贡图》记载于阗："魏文帝时献名马。天监九年（510）献织成、氍毹。十三年又献婆罗等障。十八年又献流璃罂。"⑦ 传"唐阎立本"《职贡图》摹本（编号"故－画－001379"，简称"传唐《王会图》"）便绘天监十八年入贡琉璃罂的无名于阗使者（图3），⑧ 恐怕与《职贡图》的制作时间轴有关。则滑国使者图像亦非天监十五年首次入贡的某无名使者，而应当就是普通元年入贡的"富何了了"或"康符真"，尽管他黑发白皮，但眼眶

图1-1　宋摹《职贡图》　图1-2　宋摹《职贡图》滑国使重睑　图2　传南唐《入朝图》　图3　传唐《王会图》于
滑国使　　　　　　　　勾鼻　　　　　　　　　　　　　　滑国使　　　　　　　阗使

① 〔日〕榎一雄：《滑国に关する梁职贡图の记事について》，第156页。
② 王素：《梁元帝〈职贡图〉新探——兼说滑及高昌国史的几个问题》，《文物》1992年第2期，第78页。
③ 钱伯泉：《〈职贡图〉与南北朝时期的西域》，《新疆社会科学》1988年第3期，第80页。
④ B. I. Marshak, "Turks and Sogdians," in *The Turks. Early Ages*, Vol.1, Ed. H.C. Güzel, C.C. Oğuz, O. Karatay, Ankara, 2002, pp. 382-389, see p. 382. 参见中译本〔俄〕马尔夏克：《突厥人、粟特人与娜娜女神》，毛铭译，漓江出版社，2016年，第84—85页。
⑤ 台北"故宫博物院"编辑委员会编：《故宫书画图录》第15册，台北"故宫博物院"，1995年，第135—140页。
⑥ 〔日〕榎一雄：《滑国に关する梁职贡图の记事について》，第153—154页。
⑦ （清）葛嗣浵：《爱日吟庐书画续录》卷5《清张庚诸番职贡图卷》，慈波点校，浙江人民美术出版社，2019年，第490页。
⑧ 台北"故宫博物院"编辑委员会编：《故宫书画图录》第15册，第115—118页。

深邃，重睑明显，没有蒙古褶，说是伊朗人长相也并不奇怪。

嚈哒起源于塞北，宋摹《职贡图》滑国职方志第二行云"齐时始走"，梁时已西迁至中亚阿姆河流域。又大肆扩张，"征其旁国，破波斯、盘盘、罽宾、乌缠、龟兹、疏勒、于阗、勾般等国"。[1]《魏书·西域传》记载嚈哒："西域康居、于阗、沙勒、安息及诸小国三十许皆役属之，号为大国。"[2]普通元年随滑入贡的还有为其所控的周边小国周古柯（今新疆叶城县）、呵跋檀（今乌兹别克斯坦撒马尔罕西北）与胡蜜丹（今阿富汗东北的瓦汉地区）。此外，《职贡图》记载当时同为嚈哒附庸国家的白题（今新疆拜城）所遣使

者"安远怜伽"，龟兹（今新疆库车）所遣使者"康石忆"，也都是粟特人。此六国使者形象今日尚存，均为拳发，身着翻领胡服，容貌、肤色各异（图4）。清人张庚《职贡图》摹本的文字记载还见有宋摹本已残缺、同为嚈哒附属国的渴槃陁（今新疆塔什库尔干塔吉克自治县）大同元年（535）遣使史蕃匿奉表贡献。渴槃陁使者"史蕃匿"，同样也是粟特人。

《职贡图》职方志描述滑国使者"茎头剪发，着波斯锦褶，黄锦袴，朱麖皮长鞾靴"，衣料相当高档。姜伯勤先生指出，这种单、双侧三角翻领的胡服"卡佛坦"（КАФТАН），为6世纪嚈哒或粟特贵族的常见服装，[3]姜先生曾以史籍和唐代墓

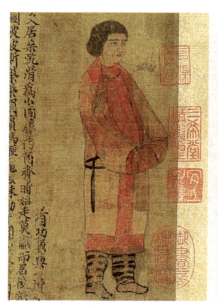 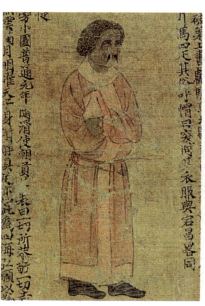 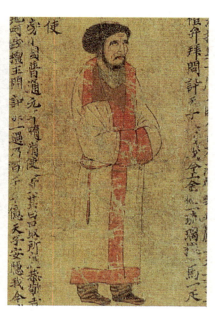

图4-1 滑国使　　　　　　图4-2 周古柯国使　　　　　图4-3 呵跋檀国使

---

① 《梁书》卷54《诸夷传》作"征其旁国波斯、盘盘、罽宾、焉耆、龟兹、疏勒、姑墨、于阗、句盘等国"（第812页）。

② 《魏书》卷102《西域传》，中华书局，1974年，第2279页。又见《北史》卷97《嚈哒传》，中华书局，1974年，第3231页。所本来自宋云《行纪》，参见〔法〕沙畹：《宋云行纪笺注》，冯承钧译，《西域南海史地考证译丛六编》，中华书局，1956年，第1—68页；〔法〕沙畹：《西突厥史料》，冯承钧译，上海社会科学院出版社，2016年，第158—159页。

③ 姜伯勤：《敦煌莫高窟隋供养人胡服服饰研究》，郝春文主编：《敦煌文献论集：纪念敦煌藏经洞发现一百周年国际学术研讨会论文集》，辽宁人民出版社，2001年，第359页。

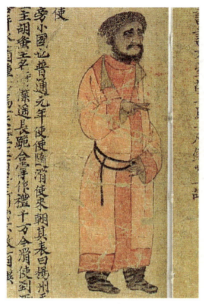

图 4-4　胡蜜丹国使

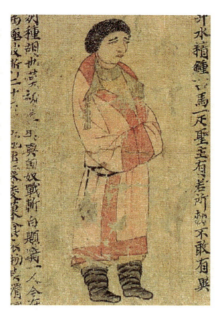

图 4-5　白题国使

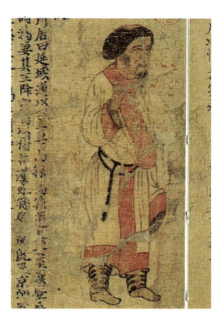

图 4-6　龟兹国使

图 4　宋摹《职贡图》中的六位粟特人

志所记北朝"萨保",讨论唐代萨宝府的职官组成,并指出粟特商队中不乏出身王裔的萨保[①],即商业贵族。[②]受滑国国王、王妻之命赴梁朝贡献的粟特人使者富何了了、康符真,以及白题、龟兹使者安氏、康氏,还有渴槃陁使者史蕃匿,很可能是粟特贵人、商业贵族、粟特商队首领,他们穿着当时流行的贵族胡服卡佛坦。这种服装也见于北周安伽墓石屏风上的粟特人,[③]表现形式包括翻领与圆领,即是否将领上系带解开以敞开领口的区别。明人倪谦《跋〈王会图〉后》著录了一件二十八国梁《职贡图》摹本,在他对《职贡图》摹本的人物分类中,滑、周古柯、呵跋檀、胡蜜丹、白题与龟兹使者,均为拳发深目一类(图5),外形相似。[④]

(二)中亚和西域地区的政权交替与制度继承

嚈哒的扩张在 6 世纪初达到顶峰,并控制中亚草原丝绸之路。然而到了 6 世纪中叶,曾为柔然役属的"锻奴"——突厥兴起,而后取代嚈哒的统治。先是突厥土门部落稍盛,于塞上买缯絮,表示欲通中国。西魏大统十一年(545),周文帝遣酒泉胡安诺盘陁出使招抚,始通中国。当时铁勒将伐柔然,为土门率部击破,土门吸收铁勒余

① "萨保"的定义参见荣新江:《萨保与萨薄:北朝隋唐胡人聚落首领问题的争论与辨析》,叶奕良编:《伊朗学在中国论文集》第 3 集,北京大学出版社,2003 年,第 128—143 页;《萨保与萨薄:佛教石窟壁画中的粟特商队首领》,《粟特人在中国:历史、考古、语言的新探索》,中华书局,2005 年,第 49—71 页。

② 姜伯勤:《萨宝府制度源流论略——汉文粟特人墓志考释之一》,《华学》第 3 辑,紫禁城出版社,1998 年,第 290—308 页。

③ 陕西省考古研究所编著:《西安北周安伽墓》,文物出版社,2003 年,第 68—70 页。

④ (明)倪谦:《倪文僖集》卷 24,王国平主编:《杭州文献集成》第 22 册《武林往哲遗著》(9),杭州出版社,2014 年,第 272—273 页,俗字径改。

图 5-1　滑国拳发（重睑）

图 5-2　周古柯拳发深目

图 5-3　呵跋檀拳发深目

图 5-4　胡蜜丹拳发深目

图 5-5　白题拳发深目

图 5-6　龟兹拳发深目

图 5　宋摹《职贡图》中六位粟特人的面貌特征

部，乃强盛，便向柔然请婚，然而遭遇羞辱、拒绝。土门大怒而杀使者，并转向西魏请婚受许。到了 552 年，土门发兵击败柔然，柔然可汗阿那瓌自杀，土门自号伊利可汗，突厥从此崛起。[1] 破柔然后，突厥西境与嚈哒接壤，产生直接利益冲突。当时的萨珊波斯王库萨和一世（Khosrow I）久苦嚈哒侵扰，素有积怨，便向突厥请婚，结成军事联盟，夹攻嚈哒。由伊利可汗弟室点密（Ishtemi，552—575/576 年在位）西征，[2] 与波斯连兵，563—567 年间攻破嚈哒。[3] 战后双方瓜分嚈哒属地，阿姆河以北的嚈哒遗产为突厥所继承。后又因贸易纷争，突厥与波斯联盟破裂。室点密遣使拜占庭，请求结盟，该使团由突厥人与粟特人组成。[4] 不久后，突厥南下，最终将嚈哒旧地完

---

① 《北史》卷 99《突厥传》，第 3286—3287 页。
② 《旧唐书》卷 194《突厥传》，中华书局，1975 年，第 5188 页。相关研究参见余太山：《嚈哒史研究》，商务印书馆，2012 年，第 130—131 页。
③ 〔法〕沙畹：《西突厥史料》，第 160 页。
④ 〔法〕沙畹：《西突厥史料》，第 209—216 页；又参见〔美〕斯加夫（Jonathan Skaff）：《作为欧亚礼仪的隋唐外交礼节》，罗帅译，荣新江主编：《唐研究》第 16 卷，北京大学出版社，2010 年，第 78—79 页。

全占领。[①] 7 世纪初，西突厥统叶护可汗称霸西域，控制粟特诸国。658 年，唐朝灭西突厥，接管粟特地区，设羁縻州府。

尽管统治者变换，许多制度仍为接任者所继承。[②] 如《通典·边防》记载西突厥："统叶护可汗，勇而有谋，善攻战。遂北并铁勒，西拒波斯，南接罽宾，悉归之，控弦数十万，霸有西域，据旧乌孙之地。又移庭于石国北之千泉。其西域诸国王悉授颉利发，并遣吐屯一人监统之，督其征赋，西戎之盛未有也。"[③] 而"唐灭东、西突厥，即于其故地及属国置羁縻州，并命其王为都督、刺史，盖即用突厥旧制也"。[④] 横贯整个欧亚大陆的外交礼仪也是如此，室点密治下的外交礼仪与中原王朝贡献体系存在共性。斯加夫（Jonathan Skaff）《作为欧亚礼仪的隋唐外交礼节》一文，认为突厥—欧亚大陆的外交礼仪对唐朝的《宾礼》有重要影响，并指出交付外交信函与礼物的交换是拜占庭和萨珊外交关系中的惯例。[⑤] 实际上，中亚国家在出使梁朝的时候，也使用同样的外交礼仪。从《职贡图》与《梁书·诸夷传》的内容来看，滑国贡梁除了国王、王后附进物外，应是有

外交信函以佐证附进物内容，《职贡图》职方志云："其语言则河南人重译而通焉。"而《梁书》则作"其言语待河南人译然后通"，[⑥] 显示此句连接前段内容，贡使富何了了与康符真由吐谷浑译语人协助翻译。正如室点密遣使拜占庭时，使用斯基泰语（Scythian）撰写外交信函，并由译语人朗读。[⑦] 同时，周古柯、呵跋檀、胡蜜丹三国一样是奉表入贡，带着外交信函与礼物，表中除了其国国王的问候外，还详载贡品细目。

不同政权之间的交聘、多角关系，共享相似的外交礼仪，同时产生贡物流转。《大慈恩寺三藏法师传》记载玄奘经行高昌时，麹文泰慷慨接待，送行时还"以绫绡五百匹、果味两车献叶护可汗"，并附表一封，作为玄奘出入境的介绍信。"又作二十四封书，通屈支等二十四国，每一封书附大绫一匹为信。"[⑧] 即作为信物，为将要途经的二十四国准备了书信和礼物。敦煌文书 P. T. 1287《吐蕃赞普传记》记载 9 世纪吐蕃统治于阗时期，赤松德赞"收抚于阗归于治下，抚为编氓并征其贡赋"，[⑨] 主要贡品就是于阗特有的纺织品缔绸（纻绸）。现藏瑞典与英国的老达玛沟出土多纸缀

① 〔法〕沙畹：《西突厥史料》，第 162—163 页。
② 〔日〕荒川正晴：《遊牧国家とオアシス国家の共生关系—西突厥と麹氏高昌国のケースから》，《东洋史研究》67（2），2008 年，第 194—228 页。
③ （唐）杜佑：《通典》卷 199《边防》，中华书局，1988 年，第 5455 页。
④ 王国维：《高昌宁朔将军麹斌造寺碑跋》，谢维扬、房鑫亮主编：《王国维全集》第 8 卷，浙江教育出版社，2010 年，第 498—499 页。
⑤ 〔美〕斯加夫：《作为欧亚礼仪的隋唐外交礼节》，第 77—90 页；并援引拜占庭史家弥兰德（Menander）的记述为证。相关研究参见 R. C. Blockley, *The History of Menander the Guardsman. Introductory Essay, Text, Translation and Historiographical Notes*, Francis Cairns, 1985, p.16; A. Cameron, *The Construction of Court Ritual: The Byzantine Book of Ceremonies*, Cambridge University Press, 1987, p.120; J. Wiesehöfer, "King, Court and Royal Representation in the Sasanian Empire," *The Court and Court Society in Ancient Monarchies,* Cambridge University Press, 2007, p. 74。
⑥ 《梁书》卷 54《诸夷传》，第 812 页。
⑦ R. C. Blockley, *The History of Menander the Guardsman. Introductory Essay, Text, Translation and Historiographical Notes*, pp. 115, 119, 121.
⑧ （唐）慧立、彦悰：《大慈恩寺三藏法师传》卷 1，孙毓棠、谢方点校，中华书局，2000 年，第 21 页。
⑨ 《吐蕃赞普传记》，见王尧、陈践译注：《敦煌本吐蕃历史文书》，民族出版社，1992 年，第 167 页。

合汉语 – 于阗语双语文书《巳年（801）至午年（802）于阗六城百姓纳进奉绯绸抄》中，详细记述这段时间内六城地区织工、官员等分别缴纳的绯绸份额。[1] 此外，方国入贡中原的贡品，尽管缺乏文献记载，但根据历史背景、原料产地以及工艺技术传播等线索，部分也能溯其根源。北燕辽西公冯素弗墓出土的中亚玻璃器皿，被研究者认为是由嚈哒传入柔然，再经柔然使者带到北燕的礼品。[2] 9 世纪，吐蕃屡次向唐朝入贡玉腰带、玉器，也被认为是来自于阗对吐蕃赞普的进奉物。

撒马尔罕 7 世纪阿甫拉西阿卜（Afrasiyab）粟特遗址中，被称为大使厅（Hall of Ambassadors）的 23 号房间壁画西壁，绘有突厥、唐朝、高丽等的人物，是唐朝与康国两政权交聘的图像体现。这种与突厥关系密切的礼物交换制度，和中原王朝的贡献关系、朝贡贸易，具有迹可循的脉络。

二 粟特本土的职贡图绘

（一）撒马尔罕大使厅的贡献场景

1965 年，苏联考古队于康国首都撒马尔罕古城（位于今乌兹别克斯坦）的阿甫拉西阿卜遗址中，发现粟特贵族建筑，并在 1965—1971 年由阿尔鲍姆（L. I. Al' baum）和锡斯金（V. A. Shishkin）主持发掘，其中大使厅壁画绘有使臣入贡情景与宫廷生活。[3] 大使厅西壁绘异方人物携带贡品的形象，但其正中间上方坐于狮子宝座上的人物已经损毁。[4]

《新唐书》记载康国："高宗永徽时（650—656），以其地为康居都督府，即授其王拂呼缦（Vargoman）为都督。"[5] 壁画上的题记与史料记载显示册封是在 656—663 年。[6] 阿尔鲍姆最早提出，这幅壁画绘制的是 7 世纪中叶康国国王拂呼缦就任的场景，座上的人物是拂呼缦。[7] Л.И. 列穆佩

① H. W. Bailey, *Khotanese Texts,* Vol. Ⅱ , Cambridge, 1954, p. 63; H. W. Bailey, *Khotanese Texts,* Vol. Ⅳ , Cambridge, 1961, pp. 29-30, 106-109, 173-181；H. W. Bailey, *Sake Documents, Text Volume,* London, 1968, p. 123；荣新江、张广达：《关于和田出土于阗文献的年代及其相关问题》，《东洋学报》69：1.2，1988，第 62 页；P. O. Skjærvø, *Khotanese Manuscripts from Chinese Turkestan in the British Library : A Complete Catalogue with Texts and Translations,* with contribution by U. Sims-Williams, British Library, 2002, p. 582; Zhang zhan, *Between China and Tibet: A Documentary History of Khotan in the Late Eighth and Early Ninth Century,* Harvard University, 2016, pp. 251-275。

② 林梅村、马丽亚·艾海提：《嚈哒的兴起与铁马镫初传中亚》，《历史研究》2018 年第 2 期，第 183—185 页。

③ A. M. Belenitskii, B. I. Marshak, "The Paintings of Sogdiana," in Guitty Azarpay, *Sogdian Painting: The Pictorial Epic in Oriental Art,* University of California Press, 1981, pp. 61-63.

④ 由于壁画局部损毁，许多研究者提出不同的复原方案。如 Markus Mode, *Sogdien und die Herrscher der Welt: Türken, Sasaniden und Chinesen in Historiengemälden des 7. Jahrhunderts n. Chr. aus Alt-Samarqand,* Peter Lang Publishing, 1993, pp.48-52. Pierre Chuvin, *Les arts de l'Asie centrale,* Paris: Citadelles & Mazenod, 1999, pp.114-180. B. I. Marshak, " Remarks on the Murals of the Ambassadors Hall," p.76, fig.1. Markus Mode, *Court Art of Sogdian Samarqand in the 7th Century AD-Some Remarks to An Old Problem,* in Online publication at http://www.orientarch.uni-halle.de/ca/afras/index.htm. Frantz Grenet, "The Self-Image of the Sogdians," in *Les Sogdiens en Chine,* eds. É. de la Vaissière, É. Trombert, EFEO, 2005, pp.123-140. 中译文见〔法〕葛乐耐：《粟特人的自画像》，毛铭译，《法国汉学》第 10 辑，中华书局，2005 年，第 307—308 页。

⑤ 《新唐书》卷 221《西域传》，中华书局，1975 年，第 6244 页。

⑥ B. I. Marshak, "Remarks on the Murals of the Ambassadors Hall," *Rivista degli studi orientali, Nuova Serie,* Vol.78, Suppl. No.1: *Royal Naurūz in Samarkand: Proceedings of the Conference Held in Venice on the Pre-Islamic Paintings at Afrasiab,* Accademia editoriale, 2006, Rome, pp. 75-85. 他指出，题记内容存疑，语句不完整，可能来自后人信笔所题，而非壁画原有题记。

⑦ L. I. Al'baum, "Novye Rospisi Afrasiaba (New paintings at Afrāsiāb)," *Strany I narody Vostoka 13,* Moskow, 1971, pp.83-89. 日译本见〔俄〕L.I. アリバウム著，〔日〕加藤九祚译：《古代サマルカンドの壁画》，东京：文化出版局，1980 年，第 94—98 页。

认为所绘为粟特统治者接见赤鄂衍那、石国与唐朝等使者的场景。[1] 意大利女史希尔维·安东尼尼（Chiara Silvi Antonini）进一步指出，壁画表现的是波斯新年诺鲁兹节（Nawrūz）时，庆祝粟特国王拂呼缦被唐高宗册封为康居都督府都督的场景，她将壁画南壁与西壁结合起来进行了讨论。[2]

尽管宝座上的人物复原仍存争议，但阿尔鲍姆提出关于国王拂呼缦就任的观点已受到普遍认可。影山悦子曾提出大使厅壁画并非真实描绘，而是受到中国职贡图绘粉本的影响。[3] 然而在职贡图绘的研究中，局部区块的粉本借用是相当常见的现象。如现藏日本神户市立博物馆桃山时代狩野内膳（1570—1616）所作的六曲《南蛮屏风》，[4] 其上描绘的黑坊——也就是日本依唐中古音转译的"昆仑"人物组合，与台北"故宫博物院"所藏的传阎立本作贞观五年（631）林邑、婆利（印度尼西亚古国名，今地存争议）及罗刹（婆利之东古国名）三国《职贡图》（中－画－000001），[5] 部分母题存在高度的相似性（图6）。研究者指出：

阎立本《职贡图》、蔡汝贤《东夷图说》《黑鬼》与狩野内膳《南蛮屏风》之间的图像

关系，说明了中日在描绘黑人之际，存在着相互借镜的可能。要特别提出的是，即便内膳很可能参考了中国以"职贡"为主题的画作，画面大部分深具独创性，例如黑人随从所具有的深灰色皮肤与所穿着的格子纹服饰等，都相当程度地反应出画家实际观察。[6]

职贡图绘的局部图像借鉴，并不表示全部的画面都不写实。大使厅西壁与南壁绘制的一系列职贡图绘的人物形象、所携贡物品项，都是讨论欧亚大陆诸政权间贡献关系的重要材料。

（二）中古中国的职贡图绘与粟特

粟特艺术表现了粟特人与突厥人的密切联系，粟特文化中包含许多突厥因素，与其政治生活有关。粟特地区不仅曾为西突厥所控，粟特人往来草原丝绸之路时，也经常需要与突厥人交往、结盟。[7] 但除此之外，粟特人也与中原王朝交聘往来，使得粟特艺术中同样融合了许多中原因素。

1. 大使厅东西南北壁画主题

关于北壁的唐高宗与武则天宫廷生活图像，

① 〔俄〕Г.А.普加琴科娃、〔俄〕Л.И.列穆佩：《中亚古代艺术》，陈继周、李琪译，新疆美术摄影出版社，1994年，第59—60页。
② Chiara Silvi Antonini, "The Paintings in the Palace of Afrasiab (Samarkand)," *Rivista delgi Studi Orientali*, Roma, Vol.43, 1989, pp.109-144.
③ 〔日〕影山悦子：《サマルカソド壁画に見られる中国絵画の要素において—朝鮮人使节はワルフマソ王のもとを访れたか》，《西南アジア研究》49号，1998年，第17—33页；中译文见王东译：《撒马尔罕壁画所见中国绘画因素——高丽使节是否在拂呼缦王治时到访》，罗丰主编：《丝绸之路考古》第3辑，科学出版社，2019年，第167—178页。
④ 参见 https://www.kobecitymuseum.jp/collection/detail?heritage=365028。
⑤ 李霖灿：《阎立本职贡图》，《大陆杂志》第12卷第2期，1956年，第12—18页。按，此卷高61厘米，远超唐纸规制，恐为宋以后摹本。
⑥ 朱龙兴：《昆仑与黑坊：东亚图文中的黑人形象》，《故宫学术季刊》2021年第3期，第116页；该文还举例各类版画、屏风等艺术作品，以及明代与日本江户时代类书插图中的重复应用，参见附表一、二、三（第126—128页）。
⑦ 荣新江：《粟特与突厥——粟特石棺图像的新印证》，原载于周伟洲主编《西北民族论丛》第4辑，中国社会科学出版社，2006年，第1—23页；后修订收入氏著《中古中国与粟特文明》，生活·读书·新知三联书店，2014年，第357—378页。

图 6　唐代职贡图绘（上）与日本桃山时代《南蛮屏风》局部对比图

康马泰（Matteo Compareti）与葛乐耐（Frantz Grenet）认为绘的是唐朝的端午节，即当时的夏至日，时序与波斯新年诺鲁兹节接近。[1] 王静与沈睿文透过画中龙舟的细节、人物的服饰形象等，指出这幅壁画的粉本来自唐朝，是一件采用《穆天子传》中穆王西征的典故来制作的唐朝宫廷图样，而非端午节，且绘制过程由唐朝工匠直接参与。《唐会要》"康国"条记载显庆三年（658），"高宗遣果毅董寄生列其所居城为康居都督府。仍以其王拂呼缦为都督"。[2] 因此他们认为这幅壁画的制作时间应为 658 年唐朝使臣董寄生前来加封撒马尔罕城主拂呼缦为粟特九姓之王前后。[3]

关于西壁的使臣图像，马尔沙克认为这是一个来自安西四镇由唐朝人（包括吐蕃）、东突厥人（未持贡品，是唐朝指派的领队，题记为"来自焉耆的人"[4]）以及高丽战俘（未持贡品）等所

---

① 〔意〕康马泰（Matteo Compareti）：《唐风吹拂撒马尔罕：粟特艺术与中国、波斯、印度、拜占庭》，毛铭译，漓江出版社，2016 年，第 3—17、85—95 页；〔法〕葛乐耐（Frantz Grenet）：《驶向撒马尔罕的金色旅程》，毛铭译，漓江出版社，2016 年，第 31—37 页。

② （宋）王溥：《唐会要》卷 99，上海古籍出版社，1991 年，第 2105 页。

③ 王静、沈睿文：《〈穆天子传〉与大使厅北壁壁画》，《美术研究》2017 年第 5 期，第 53—62 页。

④ 〔法〕葛乐耐：《驶向撒马尔罕的金色旅程》，第 14 页。

组成的唐朝大型使团。① 壁面上还有来自赤鄂衍那（Chaganian）、柘枝（石国）的使者。马尔沙克指出赤鄂衍那、唐朝使者中，气定神闲的突厥武士之间有一位粟特样貌的人物，为译语人。② 相似的人物一组出现于赤鄂衍那使者身前，一组则夹在唐朝使团之中。根据中古时期欧亚外交礼仪，职贡场合应有翻译者在场协助沟通，③ 这样的工作人员配置相当写实（图 7）。④

关于东壁，最早由阿尔鲍姆指出绘制的是印度人。⑤ 莫德则认为这幅壁画描绘的是突厥起源传说。⑥ 在这之后印度说仍占上风，学者开始在印度史诗中寻找线索。而南壁绘制的则是粟特王在诺鲁兹节出行的场景，队伍携带着祭祖的贡品，前往都城东郊的祖先神庙。⑦

2. 大使厅壁画构图的传统依据

大使厅中的职贡图绘作品可能曾经存在丰富摹本、不同应用，尽管遗址未存，但在汉文文献中见有相关记载。《新唐书》记载何国，或称屈霜你迦、贵霜匿，即康居小王附墨城故地（今撒马尔罕与布哈拉之间），"城左有重楼，北绘中华古帝，东突厥、婆罗门，西波斯、拂菻等诸王，其君旦诣拜则退"。⑧《通典·边防》记载更详，云何国："国城楼北壁画华夏天子，西壁则画波斯、拂菻诸国王，东壁则画突厥、婆罗门诸国王。胜兵千人。其王坐金羊座。风俗与康国同。"⑨ 构图与大使厅相类，细节未明，可能是基于某种传统的原因。研究者很快

图 7　大使厅西壁的译语人

① 〔俄〕马尔夏克：《突厥人、粟特人与娜娜女神》，第 55—56 页。王静、沈睿文《坐冬议事：大使厅西壁壁画研究》（《美术研究》2021 年第 1 期，第 23—24 页）根据人物题铭、服仪佩刀、历史背景等，指出壁画正中是一组来自唐朝驻守中亚的军队。

② 〔俄〕马尔夏克：《突厥人、粟特人与娜娜女神》，第 56 页。

③ 〔美〕斯加夫：《作为欧亚礼仪的隋唐外交礼节》，第 79 页。

④ 〔俄〕L. I. アリバウム著，〔日〕加藤九祚译：《古代サマルカンドの壁画》，第 67 页。

⑤ 〔俄〕L. I. アリバウム著，〔日〕加藤九祚译：《古代サマルカンドの壁画》，第 98—100 页。

⑥ Markus Mode, *Sogdien und die Herrscher der Welt: Türken, Sasaniden und Chinesen in Historiengemälden des 7. Jahrhunderts n. Chr. aus Alt-Samarqand,* Peter Lang Publishing, 1993, pp.98-104.

⑦ 〔俄〕Г.А. 普加琴科娃、〔俄〕Л.И. 列穆佩《中亚古代艺术》（第 58—59 页）认为南壁绘的是婚礼场景，马尔沙克则参考片治肯特壁画，根据供品与粟特祭祖风俗，判定南壁所绘为拜火教的丧葬礼仪出行祭祖图。参见 B. I. Marshak, "Le programme iconographique des peintures de la ' Salle desambassadeurs' à Afrasiab (Samarkand)," *Arts Asiatiques*, Vol. 49, 1994, pp.5-20；〔俄〕马尔夏克：《突厥人、粟特人与娜娜女神》，第 65—55 页。

⑧ 《新唐书》卷 221《西域传》，第 6247 页。

⑨ 《通典》卷 193《边防》，第 5257 页。

地把壁画程序与四天子说联系在一起，[①] 四天子说即《唐京师大慈恩寺释玄奘传》所说：

> 四王所治：东谓脂那主，人王也，西谓波斯主，宝王也，南谓印度主，象王也，北谓猃狁主，马王也。皆谓四国借斯以治，即因为言。[②]

由东西南北四大势力组成四面壁画，表现的是当时人的世界观，而这种观念会随着政治势力的消长而变化。[③] 葛乐耐认为这类图像组合具备萨珊波斯传统。他整理出的 12 世纪波斯史书《法斯纳玛》（*Fars-Nama*）中关于 6 世纪的记载、8 世纪波斯散文故事《卡纳玛吉阿达希尔》（*Kar-Namag i Ardashir i Pabagan*）、一件 6—7 世纪的粟特文摩尼教残片，加上何国楼城的记载，分别记录了四个方位及不同国家（表 1）。[④] 尽管涉及的国家不同，所属方位也不固定，但似乎确有传统可循。

表 1　葛乐耐搜集的萨珊波斯四国传统

	波斯史书《法斯纳玛》	波斯散文《卡纳玛吉阿达希尔》	粟特文摩尼教残片	何国楼城
年代	6 世纪	8 世纪	6—7 世纪	6—7 世纪
北壁	嚈哒	突厥	蠕蠕可汗	中国
西壁	拜占庭	拜占庭	波斯	波斯、拜占庭
东壁	中国	印度（喀布尔）	印度	突厥、印度
南壁	波斯	波斯	撒马尔罕王	何国王

说明：〔法〕葛乐耐（Frantz Grenet）《驶向撒马尔罕的金色旅程》，第 25 页。根据四国传统推定何国楼城南面应绘何国王。但许序雅认为，壁画绘于楼城外墙，楼城位于都城之南，一面位于城墙外，故只有三面壁画，参见许序雅：《唐代丝绸之路与中亚史地丛考：以唐代文献为研究中心》，商务印书馆，2015 年，第 109 页。

在萨珊波斯的传统中，主位位于南方，四国组合方位感较强。在昭武九姓的应用中，主位仍是南方，但其他方位象征似乎产生变化，且康国大使厅的现状与何国楼城的记载也有许多差异。何国于大业中及唐武德、贞观中，皆遣使来贡。[⑤] 则何国、何国楼城壁画的信息应来自唐朝报聘、遣使回访何国的使者，并非凭空想象。何国对中国来使甚是礼遇，《太平寰宇记》引《大唐西域记》云何国："若中国使至，散花迎之，王东面拜，又以麝香涂使人额，以此为重。"[⑥] 但何国入贡唐朝的记载，相较于其他昭武九姓并不多，《新唐书》记载其"永徽时上言：'闻唐出师西讨，愿输粮于军。'俄以其地为贵霜州，授其君昭武婆达地刺史。遣使者钵底失入谢"。[⑦] 显庆（656—661）

---

① Frantz Grenet, "What was the Afrasiab painting about？" in *Royal Naurûz in Samarkand: Proceedings of the Conference Held in Venice on the Pre-Islamic Painting of Afrasiab*, ed. M. Compareti and E. de la Vaissière (supplément à Rivista degli Studi Orientali, 78, 2005), Rome, 2006, pp. 43-58. 参见中译文〔法〕葛乐耐：《驶向撒马尔罕的金色旅程》，第 22—25 页。

② （唐）道宣：《续高僧传》卷 4《唐京师大慈恩寺释玄奘传》，郭绍林点校，中华书局，2014 年，第 120 页。

③ 〔法〕伯希和：《四天子说》，冯承钧译：《西域南海史地考证译丛三编》，商务印书馆，1936 年，第 93—114 页。

④ 〔法〕葛乐耐：《驶向撒马尔罕的金色旅程》，第 11—14 页。

⑤ 《通典》卷 193《边防》，第 5257 页。

⑥ （宋）乐史：《太平寰宇记》卷 183《四夷》，王文楚等点校，中华书局，2007 年，第 3496—3497 页。

⑦ 《新唐书》卷 221《西域传》，第 6247 页。

以后便不见何国入贡。因此《通典》《新唐书》所描述的何国楼城壁画图绘，应来自显庆以前的使者经验。在这类四方的描绘传统中，康国大使厅与何国楼城壁画内容相对接近。前面我们已经提到大使厅壁画应制作于 658 年以后，契机在于唐朝对拂呼缦的册封。然而，何国楼城的图像组合制作年代恐怕更早。我们可以将何国楼城与康国大使厅作一个简单对比（表 2）。

表 2　何国楼城与康国大使厅职贡图绘内容对比

	《通典》何国楼城	《新唐书》何国楼城	考古发现康国大使厅
年代	显庆（656—661）以前	显庆（656—661）以前	658—663 年
北壁	华夏天子	中华古帝	唐代帝后图
西壁	波斯、拂菻诸国王	波斯、拂菻诸王	突厥武士和异方客使
东壁	突厥、婆罗门诸国王	突厥、婆罗门	印度史诗
南壁	（何国王）	（何国王）	粟特国王新年出行图

在何国楼城的描述中，四壁绘的是四方代表诸王，《新唐书》云北壁绘"中华古帝"。古帝王图像是中古中国流行的绘画题材，《历代帝王图》《王会图》都有体现，乃延续南朝绘画粉本（图 8）。[①]

尽管何国楼城北壁所绘中华古帝像已湮灭于历史，但其内容应与康国大使厅北壁的唐高宗、武则天宫廷生活画不同。唐朝使者所见的"中华古帝"，恐非当代皇帝，而此"中华古帝"样，当具备中国血统，或许来自唐以前造访过中土的胡人，很可能是早期访华使者携回的中华帝王图样。古丝路考古显示，4—6 世纪时，来自粟特地区的石、米、西曹、康与何国人等，足迹遍布巴基斯坦印度河上游贸易路线，甚至向葱岭以东的渴槃陁进发，沿塔克拉玛干沙漠南缘东行，他们留下

图 8-1　莫高窟第 220 窟《维摩诘经变》的中原帝王

图 8-2　辽宁本《洛神赋图》中的曹植

图 8-3　传唐《王会图》中的虏国使

图 8-4　《历代帝王图》后周武帝（7 世纪绘）

① 李昀：《敦煌壁画中的职贡图绘研究之一——维摩诘经变与贞观〈王会图〉》，《艺术工作》2021 年第 6 期，第 79—96 页。

许多粟特文题铭。[①] 滑国遣梁的使者富何了了，很可能也是一位来自何国的粟特人。中国古帝王像绘画传统，正可以追溯至这个时间段，东西往来促成了何国楼城上的中华古帝画样的输出，而后又再次因使者往来，将这样的信息带回唐朝，载于史书。

重大外交事件的发生往往促成职贡图绘的创新，王静与沈睿文推测大使厅北壁粉本可能来自显庆三年出使康国的使者董寄生。[②] 无论是何人带来大使厅新样，此画样都是因应拂呼缦的册封而创作的。因此，康国大使厅壁画可视为粟特本土中这类用四国以表现世界观的绘画传统之新样，而它的粟特典型应参考了何国楼城——一座何国国王每日早晨前往拜谒的建筑。

3. 大使厅西壁职贡图绘中的中国因素

参考何国楼城的四壁典型，壁画西墙绘制的是波斯与拂菻等国王。而康国大使厅西壁的唐朝、赤鄂衍那等使者，显示一种新型粉本的出现，这种粉本恐怕与北壁的唐高宗与武则天宫廷画样相同，来自唐朝。影山悦子《撒马尔罕壁画所见中国绘画因素——朝鲜使节是否在拂呼缦王治时到访》一文，通过唐代墓葬壁画以及敦煌莫高窟《维摩诘经变》中的《王子图》等图像材料，试图厘清大使厅中异方人物的粉本来源。[③] 在西壁中，影山指出双手倚杖的突厥人物形象，与章怀太子李贤墓墓道壁画《仪仗图》中的形象一致。而赤鄂衍那使者左上方、衣袍上有题记的人物，手持一棍状物，阿尔鲍姆认为是马球棍，影山认为类似永泰公主墓前室东壁等壁画中的如意。[④] 并且大使厅北壁的狩猎图与游船图以及西壁的客使图三种题材，均为唐墓壁画的流行主题，当模仿唐代宫廷画而作。[⑤] 早先，影山研究过敦煌壁画中的使节形象，[⑥] 因此她以敦煌莫高窟《维摩诘经变》与章怀太子墓《客使图》中的羽冠形象，论证大使厅中的羽冠人物参考自唐朝粉本。但这部分的观点值得商榷。首先，正如谢尔盖·A. 亚岑科所言，影山所举的佐证案例，在人物组合、服饰、配物上，均与大使厅有较大差异。[⑦] 其次，在大使厅壁画创作的相近年代，唐朝描绘高丽的羽冠的形式与大使厅羽冠人物完全不同（图9）。大使厅的人物羽冠如一发髻，上插两根羽毛（图9-1），而唐朝职贡图绘中的朝鲜半岛客使则头戴折风冠，由左右两条挂耳系带于下巴处固定，帽上插两根鸟羽（图9-2、3、4、5）。且在贯穿了整个

---

① N. Sims-Williams, "The Sogdian Inscriptions of the Upper Indus. A Preliminary Report," in K. Jettmar, ed., *Antiquities of Northern Pakistan. Reports and Studies*, Mainz, 1989, pp. 131-137. 题记刊布于 N. Sims-Williams, *The Sogdian and Other Iranian Inscriptions of the Upper Indus* Ⅰ, London, 1989, Ⅱ, 1992. 相关研究参见荣新江：《欧亚大陆视野下的汉唐丝绸之路》，李肖主编：《丝绸之路研究》第1辑，生活·读书·新知三联书店，2017年，第64—65页。

② 王静、沈睿文：《〈穆天子传〉与大使厅北壁壁画》，《美术研究》2017年第5期，第53—62页。

③ 中译文参见王东译：《撒马尔罕壁画所见中国绘画因素——高丽使节是否在拂呼缦王治时到访》，第167—178页。

④ 参见〔俄〕谢尔盖·A. 亚岑科（Sergey A. Yatsenko）：《阿弗拉西阿卜"大使厅"7世纪壁画所见外国使者及撒马尔罕居民服饰的历史渊源》，周杨译，罗丰主编：《丝绸之路考古》第3辑，第128—166页。他认为持物为马球棍，并根据波斯的新年传统与外习惯，指出打马球比赛是欢迎外国使节到来的重要活动之一，有理有据（见第133—134页）。

⑤ 中译文参见王东译：《撒马尔罕壁画所见中国绘画因素——高丽使节是否在拂呼缦王治时到访》，第172—173页。

⑥ 〔日〕影山悦子：《敦煌莫高窟维摩诘经变相图中的外国使节について》，《神户市外国语大学研究科论集》（1），神户市外国语大学，1998年，第65—81页。

⑦ 〔俄〕谢尔盖·A. 亚岑科：《阿弗拉西阿卜"大使厅"7世纪壁画所见外国使者及撒马尔罕居民服饰的历史渊源》，第159—160页。

图 9-1　大使厅羽冠（7 世纪）　图 9-2　敦煌莫高窟第 220 窟羽冠（642—662）　图 9-3　敦煌莫高窟第 332 窟羽冠（698）　图 9-4　敦煌莫高窟第 335 窟羽冠（685—700）　图 9-5　章怀太子墓羽冠（706—711）

图 9　大使厅与初唐至盛唐职贡图绘中的羽冠人物

图 10-1　第 159 窟　图 10-2　第 237 窟　图 10-3　第 9 窟　图 10-4　第 85 窟　图 10-5　第 138 窟　图 10-6　第 156 窟　图 10-7　第 61 窟　图 10-8　第 98 窟

图 10　中晚唐敦煌莫高窟《维摩诘经变》《各国王子图》中的羽冠人物

唐朝的各种敦煌《各国王子图》摹本中，没有一例与大使厅羽冠人物可以勘合（图 10）。可以说，在唐前期，职贡图绘中的羽冠形象基于写实；而后期摹本则基于唐代画师对羽冠人物的想象。唐朝职贡图绘中的羽冠人物，表现的是正式朝贡场合中，使者身着正式冠服。大使厅和章怀太子墓《客使图》羽冠人物的冠饰差异，充分说明大使厅的羽冠人物并非朝贡使节，而是如马尔沙克所说，是臣属于唐朝的高丽人，作为唐朝使团的一员，前来康国。这种非高级官员的羽冠人物，常见于中原出土高句丽墓葬壁画，如吉林省集安长川一号墓。[①]

三　从粟特入贡看贡物性质的转变与外交礼仪

《新唐书·西域传》记载：

> 西方之戎，古未尝通中国，至汉始载乌孙诸国，后以名字见者浸多。唐兴，以次修贡，盖百余，皆冒万里而至，亦已勤矣！然中国有报赠、册吊、程粮、传驿之费，东至高丽，南至真腊，西至波斯、吐蕃、坚昆，北至突厥、契丹、靺鞨，谓之"八蕃"，其外谓之"绝域"，视地远近而给费。[②]

---

① 郑春颖：《长川一号壁画中所见高句丽服饰研究》，《边疆考古研究》第 8 辑，科学出版社，2009 年，第 163—175 页。

② 《新唐书》卷 221《西域传》，第 6264—6265 页。

西域诸蕃来朝，报赠以对，回赠贡物的同时，也依据路程远近、艰辛程度给予适当赏赐。授受贡赐之间，无法比价。报赠也不仅限于西戎，新疆阿斯塔那二三〇号墓出土编号72TAM230：46（1）《唐仪凤三年（678）中书门下支配诸州庸调及折造杂练色数处分事条启》中，便涉及交州都督府"报诸蕃等物"，安北都护府、灵州都督府"诸驿赐物"等内容。[①]经营海上丝路的交州都督府同样行报赠制度。这是一种"厚往薄来"的传统朝贡形式。

然而朝贡并非只有一种形式、一个目的。沙畹（Édouard Émmannuel Chavannes）先生认为，7世纪前后，"当时朝贡中国之使臣，其未着王名者，似皆有为商队冒充国使之可能"。其间确实具国使身份者，仅696年的康国、750年的罽宾以及吐火罗遣使。[②]蔡鸿生先生在研究7世纪中期至8世纪中期的粟特人贡品时也指出：

> 整体来看，古代西域的朝贡活动，带有明显的商业倾向。唐玄宗于开元七年（719），针对康、安、突骑施等国"贡献多是珍异"的情况，制定"计价酬答，务从优厚"的原则（《册府元龟》卷168），可知亦贡亦贾，是中世纪国际交往的一大特色。[③]

西域朝贡与商业行为似乎无法分割。到了宋代，使团入朝沿途贸易因无法禁绝，而就地合法。[④]一些使团在入贡宋朝的同时也兼作商贾，又或者他们本来就是由商人组成。[⑤]

（一）贡物的多重性

文欣的《贡赐——分裂时期的丝绸之路与内陆欧亚（850—1000）》，在研究9—10世纪丝路政体、经济体交流的时候提出另一种看法，作者认为文献记载显示，在一特定时间段（850—1000）、特定区域（破碎的丝绸之路网络）里，这些"贡品"，是"礼物"而非"商品"；运送物品的人是僧侣或使者，而非商人，他们遵循着互惠互利而非竞争的大原则。文欣还认为陆上丝路经济中所见银币与海上丝路中所见银锭等线索，显示陆路更重视少量的奢侈品交换，海路则更倾向大宗的商业贸易，而这些少量奢侈品不应被视为商品。[⑥]对贡物的性质理解有较大分歧。这种由僧侣或使者带来礼物进行交换的现象，正与梁元帝《职贡图》所透露的信息吻合。梁《职贡图》中，滑国及其附属国遣梁使者，以粟特人充任正使，又见有道释人物充使，使团仅携少量贡品与外交信函一封，显示彼时使者不应作商人看待，而少量的象征性礼物显示此行不以贸易目的为主。

---

① 唐长孺主编：《吐鲁番出土文书》图录本第4册，文物出版社，1996年，第65—66页。〔日〕大津透：《唐律令国家の予算について—仪凤三年度支奏抄·四年金部旨符试释》，《史学杂志》95-12，第1—50页；中译见氏著：《唐律令国家的预算——仪凤三年度支奏抄·四年全金部旨符试释》，苏哲译，《敦煌研究》1997年第2期，第89—114、191页。

② 〔法〕沙畹：《西突厥史料》，第208页。

③ 蔡鸿生：《唐代九姓胡贡品分析》，中华书局编辑部编：《文史》第31辑，中华书局，1988年，第111页；后拟名《唐代九姓胡的贡表和贡品》，收入氏著：《中外交流史事考述》，大象出版社，2007年，第24页。

④ （宋）李焘：《续资治通鉴长编》卷10，上海师范大学古籍整理研究所、华东师范大学古籍整理研究所点校，中华书局，2004年，第235页。

⑤ 《旧五代史》卷138《回鹘传》，中华书局，1976年，第1843页。

⑥ Wen Xin, *The Kingly Exchange: Silk Road and the East Eurasian World in the Age of Fragmentation (850-1000)*, Ph.D. dissertation, University of Harvard, 2016.

文欣透过交易媒介（银币、银锭）定位贡献的性质十分有见地。但实际上，所谓"贡品"的性质是商品还是礼物，并非依照贡品种类区分，与贡物是否为奢侈品未必有关，而是根据贡者的贡献目的区别对待，而目的并非一成不变。

拙文《公元7—11世纪胡药硇砂输入中原考》，曾借"硇砂"这一矿物，探讨贡物的多面性。[1] 硇砂一词来自音译，隋代称"铙沙"，汉文又写作"卤沙""匈沙""碙砂"等。最早由粟特人引进中国，《隋书》卷83《西域传》记载康国（今中亚乌兹别克斯坦境内）、龟兹有产。[2]

硇砂在医药、手工业如焊接工艺与鞣制皮革以及军器制造、宗教仪式等方面均有用处，因此在被引进中国后，迅速占有一席之地，各药典有载。[3] 在麴氏高昌时期的出土文书中，[4] 硇砂的中转贸易量多达数百斤。[5] 贞观二十二年（648），唐攻龟兹。[6] 显庆三年于龟兹国置安西都护府。[7] 硇砂产地之一龟兹纳入唐朝版图，硇砂由域外商品变为当州土贡。《通典》卷6记载，安西都护府的土贡即为硇砂。[8] 吐鲁番出土文书《唐天宝二年（743）交河郡市估案》中可见硇

砂在西州市场上成为一般商品。但晚唐以降，二庭四镇失守，硇砂再度成为"殊方异物"，产地易主、贡道垄断，硇砂为重要的西域贡品之一，先后由甘州回鹘、西州回鹘把控。硇砂在初引进中国时为贡品，普及后为商品，控制产地时为日常用品，失去产地时复为贡品。性质一再转变，价值也各不相同。

（二）礼物与商品

唐代前半期，中亚阿姆河与锡尔河之间粟特地区（Sogdiana，主要范围相当于今日乌兹别克斯坦境内）有数个国家，他们是伊朗系统的中亚民族，其语言属印欧语系中的东伊朗语分支，文字则是阿拉美文的一种变体。他们以国为姓，诸如康、史、安、石、米、何、曹等，在中国史籍中被称为"昭武九姓"或"九姓胡"，[9] 但实际不止九个国家，是独特的商业民族。蔡鸿生先生在研究九姓粟特人与中原王朝的朝贡关系时认为："他们在东方的商业活动，继承了古代西域贾胡'以献为名'的传统。……在借'贡'行'贾'的条件下，贡品具有二重性，是以礼品为形式的特殊商品。……九姓胡的贡品，既有本土产，也有转贩之物，后者比重

① 李昀：《公元7—11世纪胡药硇砂输入中原考》，郝春文主编：《敦煌吐鲁番研究》第18卷，上海古籍出版社，2019年，第583—601页。
② 《隋书》卷83《西域传》，中华书局，1973年，第1849、1852页。
③ （宋）唐慎微撰，艾晟、曹孝忠等重订：《重修政和经史证类备用本草》卷5，人民卫生出版社，1957年，第125页。（唐）苏敬等撰，尚志钧辑校：《唐·新修本草》，安徽科学技术出版社，1981年，第142页。
④ 朱雷：《麴氏高昌王国的"称价钱"——麴朝税制零拾》，原载于武汉大学历史系魏晋南北朝隋唐史研究室编：《魏晋南北朝隋唐史资料》第4期，内部交流，1980年；后收录于氏著：《敦煌吐鲁番文书论丛》，甘肃人民出版社，2000年，第69—81页。以人名"车不吕多"推测该件文书或为义和六年（619年，相当唐武德二年）前后，不敢妄断（第71页）。吴震：《阿斯塔那—哈拉和卓古墓群考古资料中所见的胡人》，《敦煌吐鲁番研究》第4卷，北京大学出版社，1999年，第245—264页。订为约7世纪初。
⑤ 唐长孺主编：《吐鲁番出土文书》图录本第1册，文物出版社，1992年，第450—452页。
⑥ 《旧唐书》卷3《太宗本纪》，第61—62页。
⑦ 《旧唐书》卷4《高宗本纪》，第78页。
⑧ 《通典》卷6《食货》，第118页。
⑨ 《新唐书》卷221《西域传》，第6243页。

更大。"① 据蔡先生统计,唐高祖武德七年(624)至代宗大历七年(772)粟特九姓胡的 94 次入贡记载中,② 贡物品项丰富,"是一批来自远方的'殊玩'、'名宝'、'异品'和'奇技'"。③

从蔡先生所整理的九姓胡贡品来看,他们进贡的确实是殊玩异品。但除了开元七年(719)二月安国(今布哈拉)贡郁金香三十斤、生石蜜一百斤等,天宝九载(750)贡马一百匹之外,④ 其他贡物数量很少,很难构成如中唐以后的朝贡贸易型态。这些贡物大部分数量稀少而珍贵,有些甚至是运输困难的猛兽,难以进一步发展成批量贸易。贞观十一年,康国所献金桃、银桃,"诏令植之于苑囿"。⑤ 又开元十四年,安国遣使献豹,雄雌各一。⑥ 植于苑囿、雌雄各一,便于繁育,都是相同道理。与其说是商品,其实更像是求赏用的外交礼物。"厚往薄来"虽是利益交换,但并不具备商业性,当时的九姓胡最多只能算物种引进者。

在史料没有记载目的的情况下,区分贡品是否具有商业性的关键在于数量。根据系年于唐昭宗乾宁初年至天佑元年的敦煌文书 S.8444《唐朝文思院回赐甘州回鹘进贡物品会计簿》,天睦可汗进硇砂五十斤,易得绢五十匹。⑦ 到了五代,P.4638v-1《权知归义军节度兵马留后守沙州长史曹仁贵状》记载贞明二年(916)曹氏归义军首次入贡中原时,贡献:

> 玉壹团重壹斤壹两,羚羊角伍对,硇砂伍斤。

> 伏以碛西遐塞,戎境枯荒;地不产珍,献无奇玩。前物等并是殊方所出,透狼山远届燉煌;异域通仪,涉瀚海来还沙府。辄将陈献,用表轻怀。干黩鸿私,伏乞检纳。谨状。⑧

这次进贡乃因曹议金与甘州回鹘结亲,获天睦可汗允许入贡中原,但至凉州遇嗢末劫掠,以失败告终。⑨ 其中可见贡品玉团、羚羊角、硇砂的总体价值不高。又有 S.4398《天福十四年(949)五月新授归义军节度观察留后曹元忠献硇砂状》提到"硇砂壹拾斤。右件砂,诚非异玩,实愧珍纤"。⑩ 这次贡献更只有"诚非异玩"的硇砂十斤。要知道,在 S.8444 中五十斤硇砂易五十匹绢,则每两

---

① 蔡鸿生:《唐代九姓胡的贡表和贡品》,氏著:《中外交流史事考述》,第 3 页。
② 〔日〕伊濑仙太郎:《中国西域经营史研究》,东京:严南堂书店,1955 年,第 498—505 页,统计标准不同,诸国累计入贡 101 次,拔汗那王朝入贡 22 次。许序雅统计 624—772 年九姓胡入贡凡 134 次,其中康国 40 次,入贡最频繁,参见许序雅:《唐代丝绸之路与中亚地丛考:以唐代文献为研究中心》,商务印书馆,2015 年,第 151 页。
③ 蔡鸿生:《唐代九姓胡的贡表和贡品》,氏著:《中外交流史事考述》,第 14 页。
④ 蔡鸿生:《唐代九姓胡的贡表和贡品》,氏著:《中外交流史事考述》,第 6—9 页。
⑤ 《旧唐书》卷 198《西戎传》,第 5311 页。
⑥ (宋)王钦若等编纂,周勋初等校订:《册府元龟》卷 971《外臣部》,凤凰出版社,2006 年,第 11239 页。
⑦ 〔日〕土肥义和:《敦煌发现唐·回鹘间交易关系汉文文书断简考》,《中国古代の法と社会·栗原益男先生古稀记念论集》,汲古书院,1988 年,第 399—436 页;中译文见刘方译:《敦煌发现唐、回鹘交易关系汉文文书残片考》,《西北民族研究》1989 年第 2 期,此处参见中译文第 196—203、207—209 页。
⑧ 唐耕耦、陆宏基编:《敦煌社会经济文献真迹释录》第 4 辑,全国图书馆文献缩微复制中心,1990 年,第 387 页。标点径改。
⑨ 荣新江:《归义军史研究——唐宋时代敦煌历史考索》,上海古籍出版社,2015 年,第 309—311 页。
⑩ 唐耕耦、陆宏基编:《敦煌社会经济文献真迹释录》第 4 辑,第 398 页。

硇砂价格大约为 62.5 文，[1]就算晚唐至五代物价上涨，五斤、十斤的价值仍称不上珍贵。显然地，S.8444 的五十斤硇砂具备商品性，而曹氏归义军的五斤、十斤硇砂则是象征性礼物。这种区分可追溯至唐玄宗时代。

（三）粟特人与计价酬答的贡品经济

1. 唐代朝贡贸易的兴起

汉魏以来，王朝边境皆行互市。隋开皇八年（588），突厥部落大人相率遣使贡马万匹，羊二万口，驼、牛各五百头。寻遣使请缘边置市，与中国贸易，诏许之。[2]突厥入贡大量牛马羊驼，目的在于获得边境互市许可。吴玉贵先生指出，突厥的贸易也是在"朝贡"与"赏赐"的名义下进行，贸易物品主要是马、牛、羊、驼等畜产品，珠宝等奢侈品以及奴婢，得到的赏赐则是各种纺织品和"珍物"，有时候贸易规模很庞大，最多能达数万匹马。[3]到了中晚唐，突厥汗国破灭，回纥强盛，又因助平安史之乱有功，肃宗至德二载（757）诏："回纥叶护，特禀英姿，挺生奇略，言必忠信，行表温良，才为万人之敌，位列诸蕃之长。"[4]从不绝于史书的争长纠纷可知，"位列诸蕃之长"的荣誉之高。回纥获此殊荣，同时打开绢马互市的贸易渠道。"回纥恃功，自乾元（758—760）之后，屡遣使以马和市缯帛，仍岁来市，以马一匹易绢四十匹，动至数万马。"[5]这样的贸易所得有"马价绢"之称。[6]

然而，突厥、回纥等北方民族所行绢马互市与常规的商业性朝贡实际为两种体系。互市与土贡、进奉、朝贡之物的监管、收支国库机构均不相同。《唐六典·少府军器监》"诸互市监"条记载互市所得马、驼、驴、牛等相关安排；[7]土贡、进奉、朝贡之物则见《唐六典·太府寺》"右藏署"条记载，杂物州土如安西于阗之玉，杨、广等州之苏木、象牙，永州之零陵香等，皆纳入右藏。且"凡四方所献金玉、珠贝、玩好之物皆藏之"。[8]贡献、进奉入藏国库后，还用以支持由宦官管理的皇室财库中藏。[9]右藏库于中晚唐以后可能与中藏合并，或纳入负责全国税收的左藏，显示出收纳器物满盈、便于皇帝取用的特点。[10]

唐朝真正的商业性朝贡可追溯至玄宗年间。《册府元龟》记载"却贡献"：

> 玄宗开元五年，以康、安国、突骑施等贡献多是珍异，谓之曰："朕所重惟谷，所宝惟贤，不作无益之费，不贵远方之物，故锦绣珠玉，焚于殿庭；车渠玛瑙，总赐蕃国。

---

[1] 李昀：《公元 7—11 世纪胡药硇砂输入中原考》，第 591 页。
[2] 《隋书》卷 84《北狄传》，第 1871 页。
[3] 吴玉贵：《突厥汗国与隋唐关系史研究》，商务印书馆，2017 年，第 67—68 页。
[4] 《旧唐书》卷 195《回纥传》，第 5199—5200 页。（宋）宋敏求编：《唐大诏令集》卷 128《回纥叶护司空封忠义王制》，中华书局，2008 年，第 690 页。
[5] 《旧唐书》卷 195《回纥传》，第 5207 页。
[6] 马俊民：《唐与回纥的绢马贸易：唐代马价绢新探》，《中国史研究》1984 年第 1 期，第 67—77 页。
[7] （唐）李林甫等：《唐六典》卷 22《少府军器监》，陈仲夫点校，中华书局，1992 年，第 580 页。
[8] 《唐六典》卷 20《太府寺》，第 545—546 页。
[9] 葛承雍：《唐代国库制度》，三秦出版社，1990 年，第 144—150 页。
[10] 葛承雍：《唐代国库制度》，第 91 页。

今之进献，未识朕怀。宜收其情，百中留一，计价酬答，务从优厚，余并却还。"是年，突骑施遣使献橐驼及马。降书谓曰："卿远贡忠信，请献驼马，朕玄默为神，淡泊为德，税彼部落，则有劳费，已敕有司，不令辄受。深领厚意，宜体至怀。"①

玄宗以自身节俭爱民为由，对康国、安国、突骑施等使者带来的过多珍宝，毁之、赠之、却之。节俭只是表面上的理由。依照蔡鸿生先生的统计，九姓胡的入贡没有定期，但在开元五年以后达到高峰。从开元五年至天宝十四载，共贡 56 次，约占总数的 60%。蔡先生指出，这是因为阿拉伯人向中亚两河流域进逼所导致。②许序雅的统计同样认为，九姓胡入贡在开元三年至天宝十四载达到高峰，而唐朝对九姓胡的册封也集中于开元十九年至天宝十二载。③从九姓胡的贡表便可看出，这段时间的频繁入贡与大食对中亚的征服密切相关。

7 世纪中叶，阿拉伯人摧毁萨珊波斯的统治。倭马亚王朝（Umayyad Caliphate，661—750）占领呼罗珊地区，670 年，以木鹿（Marv，今土库曼斯坦境内）为基地，开始征服中亚河中地区，

最初的征服目的在于经济掠夺而非政治统治，④《唐会要》记载康国永徽中频遣使告为大食所攻，兼征赋税。⑤这段时间里大食对呼罗珊的控制力有限。⑥然而在瓦利德一世（al-Walid I，668—715，705—715 年在位）执政下，呼罗珊总督屈底波（Qutaybah ibn Muslim，669—715，704 年上任）开始加剧对中亚的侵略。⑦开元七年二月，俱密王那罗延、康王乌勒伽、安王笃萨波提皆上表言为大食侵掠，乞兵救援。⑧上表目的相近，附进物各不相同。安国国王"献波斯骢二、佛（拂）菻绣氍毹一、郁金香三十斤、生石蜜一百斤"等，求赐官；⑨康国进好马一、波斯骆驼一、骢二，为换得唐军兵援。⑩可以看出此番朝贡目的在于政治，而非商业性朝贡。

九姓胡因自身原因大量、频繁进贡，势必对唐朝带来财政压力，"厚往薄来"不堪负荷，而用"计价酬答，务从优厚"以对，对唐王朝而言明显是更划算的生意，因此才形成商业性朝贡体系的雏形。体系建立中，贸易的主导仍是中原王朝，九姓胡的"贡献多是珍异"，无非只是玄宗开放朝贡贸易的诱因之一。

玄宗开放朝贡贸易的主要原因，基于开天之

---

① 《册府元龟》卷 168《帝王部》，第 1868 页。
② 蔡鸿生：《唐代九姓胡的贡表和贡品》，氏著：《中外交流史事考述》，第 9—10 页。
③ 许序雅：《唐代丝绸之路与中亚史地丛考：以唐代文献为研究中心》，第 151 页。
④ Robert Haug, *The Eastern Frontier: Limits of Empire in Late Antique and Early Medieval Central Asia (Early and Medieval Islamic World)*, I.B. Tauris, 2019, p. 113.
⑤ 《唐会要》卷 99，第 2105 页。
⑥ Rober G. Hoyland, *In God's Path: The Arab Conquests and the Creation of an Islamic Empire*, Oxford University Press, 2014, p.120.
⑦ Christopher I. Beckwith, *The Tibetan Empire in Central Asia: A History of the Struggle for Great Power among Tibetans, Turks, Arabs, and Chinese during the Early Middle Ages*, Princeton University Press, 1987, pp. 70-83; Robert Haug, *The Eastern Frontier: Limits of Empire in Late Antique and Early Medieval Central Asia (Early and Medieval Islamic World)*, pp. 111-137.
⑧ 《资治通鉴》卷 212，中华书局，1956 年，第 6735 页。
⑨ 《册府元龟》卷 999《外臣部》，第 11558 页。
⑩ 《册府元龟》卷 999《外臣部》，第 11558 页。

际物质欲望与需求增加的时代背景，这种物质需求与军事用途的牛马羊驼之互市贸易不同。开元二年时，"时右威卫中郎将周庆立为安南市舶使，与波斯僧广造奇巧，将以进内。监选使、殿中侍御史柳泽上书谏，上嘉纳之"。[1] 边境的管事官员充当胡商的引荐者，而玄宗愉快接纳。开元四年时，更有胡商上言海南多珠翠奇宝，意图拉拢唐朝开发商路、可往营致。[2] 这完全与"不作无益之费，不贵远方之物"相悖。

排除归类于互市贸易的牛马羊驼，以及开元七年安国为政治需求而进贡的"郁金香三十斤、生石蜜一百斤"，唐代的朝贡记载中，最早出现批量朝贡者为新罗王金兴光：

> （开元十一年四月）新罗王金兴光遣使献果下马一匹，及牛黄、人参、头发、朝霞绸、鱼牙绸、镂鹰铃、海豹皮、金银等。[3]

《册府元龟》同卷又记：

> 先时，兴光遣其侄志廉谢恩，献小马两匹、狗三头，金百两、银二千两、布六十匹、牛黄二十两、人参二百斤、头发一百两、海豹皮一十六张。及是，授志廉鸿胪少

卿员外置。[4]

"金百两、银二千两"，数目之大，只可能是为"交换"绢帛，足具商业性。后又有开元二十二年"四月，日本国遣使来朝，献美浓绝二百匹，水织绝二百匹"。[5] 很可能就是用日产织物交易中国织物。开元二十四年正月，"吐蕃遣使贡方物金银器玩数百事，皆形制奇异。上令列于提象门外，以示百僚"。[6] 吐蕃的金银器玩十分著名，10世纪的波斯地理书《世界境域志》（Hudud al'Alam）记载吐蕃境内富含金矿。[7] 可以参见霍巍先生等现代学者对吐蕃金银器的研究。[8] 数百事金银器，贸易量之大，并非"厚往薄来"可以应付。诸如此类，不胜枚举。

这些批量朝贡贡物的记载，均出现于玄宗开元五年宣布对贡物"计价酬答"之后，[9] 存在两种可能：一是此前因未实施"计价酬答"，故贡品细目不载于史；二是"计价酬答"相当于开放以朝贡为名义的买卖。就这些贡物的数量而言，以朝贡为名义的"计价酬答"买卖，远比"厚往薄来"传统朝贡形式要划算得多。殊方异物、域外珍品在唐朝相当受欢迎，比价可以接受的情况下，这样的贡赐关系在互惠互利、各取所需的同时，也能维护国家尊严，促进双方物质文化交

---

① 《旧唐书》卷8《玄宗本纪》，第174页。
② 《资治通鉴》卷211，第6718页。
③ 《册府元龟》卷971《外臣部》，第11238—11239页。
④ 《册府元龟》卷971《外臣部》，第11241页。
⑤ 《册府元龟》卷971《外臣部》，第11241页。
⑥ 《旧唐书》卷196《吐蕃传》，第5233页。
⑦ *Hudud al'Alam: The Regions of the World: A Persian Geography*, trans. by V. Minorsky, London, 1970, p.93.
⑧ 霍巍：《吐蕃系统金银器研究》，《考古学报》2009年第1期，第89—128、159—164页；扬之水：《吐蕃金银器知见录》，《紫禁城》2020年第5期，第78—95页。
⑨ 《册府元龟》卷168《帝王部》，第1868页。

流。批量输入的商品同时促进了边境双方与沿海的税收经济。

总体来说，唐朝真正的商业性朝贡体系与贯穿整个唐代的军需贸易——绢马贸易分属两个体系。商业性朝贡贸易商品以金银器、玉器、纺织品、香药等日常用度奢侈品为主。其形成背景除开天时代的物质需求遽增之外，乃基于西域诸国面对大食入侵、政治角力等状况而进行的频繁政治入贡，这些入贡活动的目的并非"借贡行贾"。[①]粟特诸国政治入贡的频率、数量与价值远超"礼物"的范畴，进一步导致传统"厚往薄来"、报赠以对的朝贡体系无法维持，进而出现"宜收其情，百中留一，计价酬答，务从优厚，余并却还"的商业性朝贡。这种商业性朝贡与传统礼仪性朝贡、利益交换的绢马贸易等兼行，在没有明确记载为政治需求，如册封、请婚、求兵援等的情况下，或可透过贡品的种类与数量作出区分。

2. 贡赐之间的外交礼仪与输出品

唐代，带着一封信件、少许礼物而拜访他国的外交传统依然持续。《大唐开元礼》卷79《宾礼》中的"皇帝受蕃使表及币"，正是收受外交信函（国书）与贡品的场合仪式。[②]《续日本纪》卷35记载唐代宗大历十三年（778），"（正月）十五日，于宣政殿礼见，天子不衙。是日，进国信及别贡等物"。[③]东方岛国日本派出的遣唐使，携带国信物与贡物来朝，当有国信表达问候，并记录国信物与贡品内容。[④]根据蔡鸿生先生对九姓胡贡品的研究，粟特人也一样带着稀少而珍贵的殊方异物，奉贡表来朝。[⑤]在这种朝贡关系中，贡物的数量与类型对国家财政意义不大。[⑥]直到玄宗时代才出现系统化的商业性朝贡，《白氏六帖事类集》卷22《蕃夷进献式》引唐《主客式》"诸蕃夷进献，若诸色无估价物，鸿胪寺量之酬答也"[⑦]，具有明确的商业性，部分礼物也就变成了商品。此外，文欣注意到了在内陆欧亚分裂时代，丝路政权的贡赐交换不具商业性。[⑧]这其实正好反映了欧亚国家外交礼仪的本质——一封信件、少许礼物。

入贡唐朝的诸蕃约莫七十国。《唐六典》（开元二十六年成书）卷4云："凡四蕃之国经朝贡已后自相诛绝及有罪见灭者，盖三百余国。今所在

① 许序雅：《唐代丝绸之路与中亚史地丛考：以唐代文献为研究中心》，第170—182页。
② （唐）萧嵩等修撰：《大唐开元礼》卷79《宾礼》"皇帝受蕃使表及币"条，民族出版社，2000年（影印东京大学东洋文化研究所大木库本光绪十二年公善堂校刊本），第388页。
③ 《续日本纪》卷35"宝龟九年十月乙未"条，东京：吉川弘文馆，1988年。
④ 关于日本遣唐使是否携带国书，研究者根据礼仪中蕴含的中日地位意识形态产生争论，不过本文依照中古时期欧亚大陆外交礼仪惯例，持肯定意见。相关研究还可参看〔日〕石见清裕：《唐の北方问题と国际秩序》，东京：汲古书院，1998年；中译本见胡鸿译：《唐代北方问题与国际秩序》，复旦大学出版社，2019年；见后者第348—351页。
⑤ 蔡鸿生：《唐代九姓胡的贡表和贡品》，氏著：《中外交流史事考述》，第3—26页。
⑥ 李锦绣：《唐代财政史稿》，北京大学出版社，1995年，第637页。
⑦ （唐）白居易：《白氏六帖事类集》帖册五，文物出版社，1987年，第73页。
⑧ Wen Xin, *The Kingly Exchange: Silk Road and the East Eurasian World in the Age of Fragmentation (850-1000)*, Ph.D. dissertation, University of Harvard, 2016.

者，有七十余蕃。"①诸蕃入贡唐朝的"方物"，似乎并不执着于产地，来自附属国的贡赋或转运贸易商品都很常见。如黠戛斯"内貂鼠、青鼠为赋"，②又以皮草入贡唐朝。诸蕃入贡来自转运贸易的商品，或偕同入贡国家当地的物产者，更是多不胜数，如东晋《义熙起居注》记载："倭国献貂皮、人参等，诏赐细笙、麝香。"③貂皮与人参明显是朝鲜半岛的产物，来自一同入贡的高句丽。④

外国入贡的稀有礼物，成了宫廷内的奢侈消费品，近似皇室的私人财产。除了诸蕃朝贡品外，国内诸州土贡也是宫廷消费品的主要来源之一。⑤诸蕃朝贡、诸州土贡物品入右藏内外库后，⑥供皇家日常使用，⑦并成为皇帝赐物主要物源的一部分。我们可由"贡"切入，探索"赐"的进行。来自中国的输出品，部分来自贡赐之间。根据唐令复原：

> 诸锦、绫、罗、縠、绣、织成、绸、丝绢、丝布、牦牛尾、真珠、金、银、铁，并

不得与诸蕃互市及将入蕃，绫（？）不在此限。所禁之物，亦不得将度西边、北边诸关及至缘边诸州兴易。其锦、绣、织成，亦不得将过岭外。金银不得将过越巂道。如有缘身衣物，不在禁例。其西边、北边诸关外户口须作衣服者，申牒官司，计其口数斟量，听于内地市取，仍牒关勘过。⑧

唐朝对于关市交易与奢侈品管控严格。《太平广记》收录一则出自《广异记》的胡人识宝故事，言武则天时，有西国献宝，武后不知其价值，赠予寺僧，而后被十万贯贱卖，胡人得珠后"纳腿肉中，还西国"。⑨类似"剖腹藏珠"的故事很多，同书还有波斯胡人买得宝珠，"以刀破臂腋，藏其内，便还本国"。⑩这样的胡商故事真有其事，⑪就是怕宝物遇劫，也怕宝物"不得将度西边、北边诸关"。然而，根据唐令复原，并非所有贵重杂物都不能出关：

---

① 《唐六典》卷4"主客郎中、员外郎"条，第129—130页。谓三姓葛逻禄，处蜜，处月，三姓咽蔑，坚昆，拔悉蜜，窟内有姓，杀下突厥，奚，契丹，远番靺鞨，渤海靺鞨，室韦，和解，乌罗护，乌素固，达末娄，达垢，日本，新罗，大食，吐蕃，波斯，拔汗那，康国，安国，石国，俱战，提勃律国，罽宾国，东天竺，西天竺，南天竺，北天竺，中天竺，吐火罗，米国，火寻国，骨咄国，诃毗施国，曹国，拂菻国，谢䫻，勃时山屋驮国，狮子国，真腊国，尸利佛誓国，婆利国，葱岭国，俱位国，林邑国，护密国，怛没国，恺怛国，乌苌国，迦叶弥罗国，无灵心国，苏都瑟那国，史国，俱密国，于建国，可萨国，遏曜国，习阿萨般国，龟兹国，疏勒国，于阗国，焉耆国，突骑施等七十国，各有土境，分为四蕃焉。

② 《新唐书》卷217《回鹘传》，第6148页。

③ （宋）李昉：《太平御览》卷981《香部》，中华书局，1960年。

④ 义熙九年（413），"高句丽、倭国及西南夷铜头大师并献方物"，参见《晋书》卷10《安帝纪》，中华书局，1974年，第264页。相关研究见〔日〕池田温：《义熙九年倭国献方物をめぐって》，《江上波夫教授古稀记念论集·历史篇》，山川出版社，1977年，第27—47页。

⑤ 《唐六典》卷20"太府寺丞"条："丞掌判寺事。……凡元正、冬至所贡方物应陈于殿庭者，受而进之。"（第542页）王永兴：《唐代土贡资料系年——唐代土贡研究之一》，《北京大学学报》1982年第4期，第61页。

⑥ 葛承雍《唐代国库制度》（第40页）提到常贡与进奉入藏内库后，供皇帝私利用。李锦绣：《唐代财政史稿》，第644页。

⑦ 黄正建：《试论唐代前期皇帝消费的某些侧面——以〈通典〉卷六所记常贡为中心》，荣新江主编：《唐研究》第6卷，北京大学出版社，2000年，第173—211页。

⑧ 孟彦弘：《唐关市令复原研究》，收录于天一阁博物馆、中国社会科学院历史研究所天圣令整理课题组校证：《天一阁藏明钞本天圣令校证（附唐令复原研究）》，中华书局，2006年，第539页。《唐会要》卷86《市》，第1874页。

⑨ （宋）李昉：《太平广记》卷420，中华书局，1986年，第3237页。

⑩ 《太平广记》卷420，第3237—3238页。

⑪ 《资治通鉴》卷192，第6041—6042页。

> 诸禁物不得将出关。若蕃客入朝别敕赐者，连写正敕，牒关勘过。[①]

则入朝使者所受回赐物品可以携出。

帝赐是一种皇帝可以自由运用的消费，据清木场东研究，帝赐的契机有诸如君臣的赐衣、赙赠、节忌日等，应用亦十分弹性。[②] 但根据赏赐的对象，场合有所区别。外国蕃主拜见唐朝皇帝有见面礼，见《通典》记载的"蕃主来朝以束帛迎劳"条，[③] 蕃主收受"采五匹为一束。其蕃主答劳使，各以土物，其多少相准，不得过劳币"。见面礼的授受不包含客使，只有蕃主，二者交换少量、等价的象征性礼物。[④] 外国使节拜见唐朝皇帝并上呈国书、贡物后，唐朝则准备宴会作为正式回礼，即《大唐开元礼》卷80《宾礼》收录的"皇帝宴蕃国主""皇帝宴蕃国使"两种赐宴仪式，赐物由内府中藏支领，包括锦袍、衣带、鱼袋与布帛等。此外还有节日赐宴，如德宗时期的上巳、中和、重阳三节。黄正建《唐代前后期皇帝赐宴的比较研究》指出，唐代前期的皇帝赐宴多于后期，而后期的节日赐宴对象以外国客使为主，且所赐除了乐舞、诗赋外，实际物品多为纺织品。[⑤]

《通典》记载广陵郡土贡"蕃客锦袍五十领"，[⑥] 便是帝赐客使物的一部分。敦煌文书 P.3547《乾符五年（878）归义军上都进奏院状》的记载中，使者赐物也不外乎衣、绢彩布帛与金银器。[⑦] 可见不论是对蕃主入朝的见面礼、蕃客入朝的正式回礼，还是宫廷节日赐宴，对客使的赐物主要由唐朝生产的高级工艺品、金银器、纺织品等构成，[⑧] 然而这些"唐物"的原料组成、工艺技术，并非全然都是中国产物。唐朝的织锦工艺可上溯至隋代何稠。[⑨] 何国人何稠，幼时随叔父入长安，北周时参军，并掌管细作署。开皇初年在隋文帝的命令下仿制波斯锦而成中国锦。[⑩] 如此制成的织锦自然深受胡风题材影响，以兽纹和联珠纹为主要特征。[⑪]

兼容并包的唐朝工艺随着赐物远播日韩。如玄宗赐予安禄山的平脱漆食器，在今天日本正仓院藏品中也可以看到，是用金银等贵金属所制纹样薄片胶粘于漆器之上，并髹漆数重，然后再仔细打磨、显露纹样而成的唐代高级工艺品。[⑫]《续日本纪》卷 6 记载和铜六年（713），"河内国志纪郡（今大阪府）人刀母离余叡色奈，并染作晕缬色而献之"。[⑬] 晕缬来自中国西边的毛织物工艺，唐人将其应用于丝织品上，以其形"如日月

① 孟彦弘：《唐关市令复原研究》，第 534 页。
② 〔日〕清木场东：《帝赐的构造—唐代财政史研究（支出篇）》，东京：中国书店，1997 年，第 340—360 页。
③ 《通典》卷 131《礼》，第 3367—3368 页。
④ 李锦绣：《唐代财政史稿》，第 959—960 页。
⑤ 黄正建主编：《中晚唐社会与政治研究》第四章第一节"唐代前后期皇帝赐宴的比较研究"，中国社会科学出版社，2006 年，第 336—369 页。
⑥ 《通典》卷 6《食货》，第 119—120 页。
⑦ 参校 IDP 图片及〔日〕池田温：《中国古代籍帐研究》，东京大学东洋文化研究所，1979 年，第 582—583 页。
⑧ 〔日〕清木场东：《帝赐的构造—唐代财政史研究（支出篇）》。
⑨ 林梅村：《何稠家族与粟特工艺的东传》，荣新江、罗丰主编：《粟特人在中国：考古发现与出土文献的新印证》，科学出版社，2016 年，第 229—236 页。
⑩ 《隋书》卷 68《何稠传》，第 1596 页。
⑪ 赵丰：《唐系翼马纬锦与何稠仿制波斯锦》，《文物》2010 年第 3 期，第 71—83 页。
⑫ 〔美〕薛爱华：《撒马尔罕的金桃：唐代舶来品研究》，吴玉贵译，社会科学文献出版社，2016 年，第 612 页。
⑬ 《续日本纪》卷 6"和铜六年六月辛亥"条。

晕气染色相间之状"，而命名为晕绸。[1] 这种工艺在丝织品上的应用可追溯至武则天时，武后曾赏赐遣唐使粟田真人（？—719）唐朝织锦，研究者认为晕绸工艺的东传日本，便来自武周对日的回赐。[2] 日本法隆寺藏品"四天王狩狮锦"（四骑狮子狩文锦），[3] 也是一件吸收了波斯锦工艺的唐朝织锦，[4] 随着贡使往来流传至日本。[5] 阎立本《步辇图》绘的是贞观十五年唐太宗接见吐蕃求亲使者的场景，太宗坐步辇上，宫女数人随侍左右，禄东赞身着小袖锦袍，拱手礼拜（图11）。其锦袍由骆驼联珠纹面料制成，以某种鸟类联珠纹面料滚边，[6] 正是一种唐式胡风锦（图12）。相类的

图 11　北京故宫博物院藏阎立本《步辇图》局部

图 12　《步辇图》禄东赞锦袍局部

① 赵丰主编，中国纺织品鉴定保护中心编著：《纺织品鉴定保护概论》，文物出版社，2002年，第60页。
② 〔日〕太田英藏：《锦绫西往来》，《中国纺织科学技术史》编委会编：《中国纺织科技史资料》第19集，北京纺织科学研究所，1984年，第77页。
③ 东京国立博物馆、奈良国立博物馆、NHK编集：《国宝法隆寺展——法隆寺昭和资材帐调查完成记念》，东京：日本放送协会，1994年，第157页。太田英藏认为，此件织锦可能是天智八年至十年（669—671）第七次遣唐使河内鲸在从唐朝获得的回赐物，参见氏著：《大瑞锦狮子狩纹锦について》，《太田英藏染织史著作集》下卷，东京：川岛织物文化出版局，1986年，第107—131页。
④ 赵丰：《锦程——中国丝绸与丝绸之路》，黄山书社，2016年，第187页。
⑤ 关于遣唐使与回赐品的研究可参见〔日〕石见清裕：《唐の绢贸易と贡献制》，九州岛大学文学部东洋史研究会编：《九州岛大学东洋史论集》第33号，2005年，第61—92页。〔日〕大西磨希子著译：《奈良时代传入日本的文物与〈唐关市令〉——以〈天圣令·关市令〉为中心》，赵晶校，中国政法大学法律古籍整理研究所编：《中国古代法律文献研究》第12辑，社会科学文献出版社，2018年，第244—282页；原载氏著：《唐代佛教美术史论考：佛教文化の传播と日唐交流》第二部第四章，法藏馆，2017年。
⑥ Heather Karmay, "Tibetan Costume, Seventh to Eleventh Centuries," *Essais sur l'art du Tibet,* Paris, 1977, pp. 65-81.

形象也见于敦煌壁画。在武周圣历元年（698）建成的莫高窟第332窟中，[1]《维摩诘经变·各国王子图》里，位列前排、头戴抹额、身着锦袍的朝贡使者，与《步辇图》中的禄东赞十分相似（图13）。在景福元年（892）前后建成的莫高窟第9窟的《王子图》中，头戴三叉冠的甘州回鹘使者也穿着相似滚边锦袍（图14），都是来自唐廷的恩赏。根据李丹婕对唐代帝赐锦衣的研究，"唐朝的锦袍并非民间日常穿着，而是皇室特有之物，象征来自宫廷的恩赐，也是体现着君臣伦理秩序的特殊物品"。[2]

在有限的记载中，唐朝将收到的贡品赐予内臣、后妃，回赐外邦则使用土贡收入或唐朝工艺产品——尽管部分吸收了外来工艺，但并非舶来品。换句话说，尽管唐朝在物质文化的输出与接纳方面扮演着重要角色，促成物质流转的推手仍以外邦为主，陆路先是粟特人，后由回鹘人接管；海路则有波斯商人与阿拉伯人。

结　语

梁元帝《职贡图》以图谱形式呈现了中古时期的外交礼仪，使者携带国书及礼物往返交聘，礼

图13　莫高窟第332窟《维摩诘经变》吐蕃使者

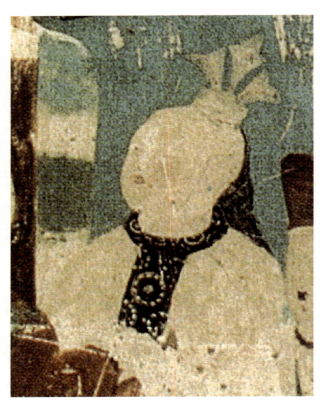

图14　莫高窟第9窟《维摩诘经变》甘州回鹘使者

---

① 贺世哲：《从供养人题记看莫高窟部分洞窟的营建年代》，敦煌研究院编：《敦煌莫高窟供养人题记》，文物出版社，1986，第194—236页。其中，第332窟图版并未公布，本文参见贺世哲：《敦煌壁画中的维摩诘经变》，敦煌研究院编：《敦煌研究文集·敦煌石窟经变篇》，甘肃民族出版社，2000年，第32页所引吕文旭绘线图。又，韩国学者정호섭《鸟羽冠을 쓴 人物图의类型과 性格—외국 자료에 나타난 古代 한국인의 모습을 중심으로—》（《岭南学》第24辑，庆北大学岭南文化研究所，2013年，第87—123页）文章插图五见有第332窟《王子图》照片，图片不够清晰，来源未知。
② 李丹婕：《帝赐锦衣：唐朝服饰中的秩序与风尚》，《文史知识》2013年第1期，第25—33页。

仪场合还有译语人协助沟通。在现残存 13 国使者的宋摹梁《职贡图》中，滑、周古柯、呵跋檀、胡蜜丹、白题以及龟兹 6 国客使均为粟特人，清张庚摹本的记载也显示渴槃陁使者史蕃匿同为粟特人。他们脸孔各不相同，发型、衣着相似，见有姓名著录者，均为昭武九姓。其中，白题使安远怜伽乃由道释人物毡独活派出，并非正式国使。这或许暗示了当时存在某种由粟特人带领使团前往中原的制度，这种制度在嚈哒的统治范围内行用。

6 世纪中叶，突厥继承嚈哒的统治以后，诸种制度同样被传承下来。在突厥汗国遣使拜占庭的记载中，突厥人与粟特人组成的使团携带国书和礼物，并由译语人诉国书内容。在 7 世纪粟特本土的大使厅职贡图绘中，我们也可以看到粟特外形的译语人游走于唐朝、赤鄂衍那使团之间。

大使厅四壁的构图母题可以追溯至萨珊波斯传统，何国楼城的记载则揭示这类绘画组成的粟特典型。在这类典型中见有中华古帝，应来自 7 世纪以前中亚与中国的交往，是一种来自中国的画样，这种画样流行于南朝。重大的外交事件是激发职贡图绘创作的根本动力，大使厅的新型粉本正是因应唐高宗对康国国王拂呼缦的册封而重新创作，研究者认为，这类新型粉本来自唐朝遣使册封的使团。

大使厅的唐朝使团携带中原方物进献康国，是外交礼仪中礼物交换的图像体现，代表了贡物的流转。在贡物流转的过程中，诸蕃入贡唐朝的方物产地多元，种类各异。这些贡品具有多重性，是礼物也是商品。这些稀罕的礼物受到中原的欢迎，但随着入贡国家增多，贡物的品项、数量增加，"厚往薄来"加上报赠的朝贡模式难以维持。尤其在 8 世纪前后，受到大食侵逼的粟特人频繁向中原入贡、求援，唐玄宗因而在开元五年宣布对贡物"计价酬答"，商业性的朝贡贸易模式正式确立，作为商品的贡物在数量上就可以明确区分。这与初唐已成系统的绢马互市贸易分属两个体系。商业性朝贡贸易以皇家日常用度奢侈品为主；绢马贸易则以牛马羊驼等军需用品为主。二者监管与收支单位均不相同。

这些外国贡物成为皇室财产，与诸州土贡、节度使进奉物品相同，构成皇帝赐物的主要来源。回赐品为合法出口物，在唐朝的礼仪中，用衣饰以及各类纺织品、金银器等，作为对诸蕃朝贡的回礼。有时也响应对方慕华的索求，赏赐典籍或文化象征物。这些来自唐朝的回赐品，在工艺、原料等方面，未必是唐朝原产物。在贡物流转的传播链里，唐朝扮演的是文化吸收、加工、再输出的角色。唐朝作为文化中继站，将文化重组后的产物输出至日本、朝鲜半岛等地。丝路上的使者与商人在向中原输入物质文化的同时，也将属于唐朝的盛世印象、职贡图绘传播出去。

吐谷浑木棺装饰图像多元文化考论

孙 杰

（西宁市博物馆）

所谓"青海道"，又称为"吐谷浑道""河南道""羌中道"，是指传统"丝绸之路"从青海至西域的一条线路，汉晋六朝至隋唐时期一直是由四川经过青海通向西域的一条重要道路。[①] 位于这条道上的青海海西蒙古族藏族自治州，其地理分界与柴达木盆地基本一致，南北窄、东西宽，南缘和北缘的山丘多为东西走向，低平的山麓形成自然走廊，越过它的西缘较低的山岭即可到达塔里木盆地南缘，自古以来这里就是民族迁徙、文化交流、商贸往来的重要通道和节点。自5世纪起，以辽东鲜卑慕容部为核心的吐谷浑政权在这里经营了两个多世纪，直到663年为吐蕃所灭。其间由于南北对峙，南朝与西域之间联系往来唯有选择穿越柴达木盆地的"青海道"，加之吐谷浑人的积极经营，使得"青海道"成为这一时期沟通中西的主要通道。此时经柴达木盆地（海西）都兰、巴隆一带东南经松潘草原南下可入蜀，向北经过当金山口可至敦煌，与丝绸之路河西走廊大道汇合，西北经茫崖镇可通新疆若羌，与丝绸之路西域南道相连。因而这一时期的海西是"青海道"这一横贯青海境内、沟通中西的古代交通线路上最为重要的节点，商人、使者以及佛教僧侣或在此停留或经此东来西往，使得这一地区历史文化受到来自不同区域、不同民族文化的多重影响，文化因素多样性成为这一地区古代文化遗存最为显著的特征，彩绘木棺板画正是这一文化多样性最为集中的载体之一。以青海湟源古道博物馆为例，自20世纪90年代起陆续收藏一批自青海海西流散民间的彩绘木棺板画，其文化的多元性主要体现在木棺装饰图像主题的选择和构图特征、绘画技巧等方面。2018年7月，青海省博物馆组织人员对这批彩绘木棺板画进行了整理研究并集结出版，笔者作为主要成员之一参与到此次整理工作中，现就这批彩绘木棺板画的绘制时代、构图特征及多元文化简要进行考论。

一 装饰图像主题

（一）农耕图（侧板1）

梯形，左宽右窄，四块木板拼合而成，长230、左端宽107、右端宽80厘米。画面生动描绘众人耕种劳作的场景，主要由撒种、犁地、耙

---

① 霍巍：《粟特人与青海道》，《四川大学学报》2005年第2期，第94页。

地几个场景组成，其间在地上点缀花草，作为整个画面装饰背景（图1）。

撒种者身穿窄袖左衽袍服，剪发垂项，额前束髻。犁地使用二牛抬杠的牵引方式，长长的直辕连接在二牛肩部的横杠（肩轭）上，二牛通过穿过牛鼻环的绳索拴连在一起。耕者右手扶犁，左手挥鞭，上身赤裸，下着犊鼻裈，短发拢于头顶束髻。左上角有一女子，着裙襦，齐肩短发在脑后束扎。左下角一男子身穿裤褶，剪发垂项，短发于额前、脑后束髻，肩背长条状口袋，躬身前行。牵引牲畜的男子穿窄袖左衽袍服，剪发垂项，脑后束髻。类似农耕图还见于青海藏文化博物院展出彩绘木棺侧板，画面正中站立三人，皆上身穿小袖翻领对襟长袍，下身穿小口裤，裤脚放在黑色靴筒内，腰间系黑色腰带。正对观者左侧一人右手牵马正在耙地，三人右侧是犁地的场景，犁者身穿小袖翻领对襟袍服，右手扶犁，左手持鞭正在耕作，同样使用二牛抬杠的牵引方式和单辕直辕犁（图2）。

（二）宴饮图

1. 侧板2

梯形，左窄右宽，四块木板拼合而成，长310、左端宽55、右端宽80厘米（图3）。画面以起伏的山丘和山中林木作为背景展开，画面正中绘制穹庐毡帐。从毡帐门口看去内有一主一仆二人，跪坐着的主人身形明显被放大，意在突出其尊贵地位，身前放置一圆形漆盒，漆盒内隐约可见放置的饮食器具。正对观者，毡帐门框左侧地面蓬毡被揭起，毡帐框架暴露在外，毡帐框架是由活动的木构架交叉连接而成。据此推测这种毡

帐框架是和蓬毡相互独立的，没有蓬毡的情况下框架结构也足够稳定不致倒塌，将框架竖立就构成了基本的内部圆形空间，后覆以蓬毡。我们今天看到的彩绘木棺板画上众多的圆形毡帐采用的应该都是这种制作工艺。围绕穹庐毡帐隐约可见众人劳作的场景，棺板右侧一人身穿红袍，头戴红帽，驱赶驮着货物的牛群朝着毡帐方向走来。

2. 侧板3

梯形，左窄右宽，三块木板拼合而成，长230、左端宽43、右端宽62厘米（图4）。棺板左

图1　侧板1

图2　农耕图（笔者拍摄）

图3　侧板2

图4　侧板3

侧描绘一炊煮的场景，一口巨大的釜被架在火堆之上，一身穿小袖紧身袍服的男子正趴在一旁生火。棺板中间画面围绕两顶穹庐毡帐展开，正对观者左侧毡帐较为低矮，门外侍者撩起门上帘子，一人正躬身从帐内走出，二人皆身穿小袖紧身袍服，袍服两侧开衩，腰间系黑色腰带。右侧帐篷门口左右各有一侍者，右侧侍者拱手站立，左侧侍者身穿小袖翻领对襟长袍，左手撩起门帘，右手正召唤一名双手捧物疾步走来的侍者将食物送进毡帐内，毡帐内隐约可见一身穿白色袍服侧向跪坐的女子，正手捧琵琶弹奏。棺板右侧，可见形态各异的人物，或驱赶牛羊，牛背上隐约可见驮着各种物品，或俯身背物。画面中人物除毡帐内弹奏琵琶的女子外，发型相同，皆剪发垂项，或在脑后脖颈处或在头顶束髻。

（三）出行图（侧板4）

梯形，左宽右窄，四块木板拼合而成，长310、左端宽80、右端宽55厘米（图5）。从尺寸大小、构图方式、树木绘制方法等方面观察，该侧板极有可能与侧板2属于一具木棺的左、右侧板。画面中一支由十一骑组成的马队横向排列在山林间前行，棺板上半部分有七骑，一大一小两犬走在前列，前导一骑甲骑具装，骑者头戴兜鍪，顶竖长缨，身穿无袖的甲衣，甲衣膝裙分置左右护住大腿至膝盖的部位，双手持稍，稍的刃部饰红色彩饰（或称"幡"）。第二骑，骑者身穿黑色小袖袍，红色小口裤，左手持在风中飘卷的"旗"[1]，骑在高大的枣红色马上催马前行。第三、

四骑，马面、颈部、前胸处及马背皆披覆彩色织物，下颌处挂铃，骑者身披对襟披风，用黑色织物缘边，隐约可见贴饰的长方形金片，领口处系结。此外，第三骑冠帽也较为特殊，明显可见有彩色条带从脑后垂下至背部。第四骑帽檐较宽，前檐上翘，后檐略微上卷，冠帽后同样可见彩色条带垂下。第五骑，无论是骑者还是骑者胯下的马都明显被放大，意在突出其特殊地位，这位地位特殊的骑者头戴"黑色裙帽"，身穿交领开衩长袍，胯下的马头戴贴金马面，显得十分雄健（图6）。其余骑士服饰形象皆与前述众人类似。马队不远处和下方则是起伏的山丘和山间林木。

二 木棺绘制时代判定

2002年清理发掘的郭里木彩绘木棺板画，人物多赭色涂面，头戴绳圈冠，身穿小袖翻领左衽

图5 侧板4

图6 侧板4局部（第五骑）

---

[1] "旗，战也，战战恭己而已。通以赤色为之，毕沅曰：'色'疑当作'帛'。"见（东汉）刘熙撰，（清）毕沅疏证，（清）王先谦补注：《释名疏证补》卷7《释兵》，中华书局，2008年，第351页。

或对襟长袍，与莫高窟中唐时期壁画中典型的吐蕃供养人形象一致，因此被看作学术史上吐蕃时期美术考古遗存一次最为集中、最为丰富的发现，许新国[①]、罗世平[②]、霍巍[③]、仝涛[④]皆持此观点，认为这批木棺板画绘制时代属吐蕃时期，就其所反映的文化特征而言显然应将其归入吐蕃文化。龙朔三年（663）吐蕃灭吐谷浑后，实行所谓吐蕃化政策，使得"吐谷浑本源文化"开始"吐蕃化"，[⑤]这一地区从语言文字到服饰装束都逐渐吐蕃化，[⑥]也正因此，时代为8世纪中期的郭里木彩绘木棺板画吐蕃文化特征十分明显。但上述彩绘木棺板画中人物形象与典型吐蕃人物有显著区别。由此，可以证明这批不见典型吐蕃文化特征的彩绘木棺板画，其绘制时代不太可能是吐蕃时期。通过对这批彩绘木棺板画图像主题、人物形象、构图特征和绘画技巧的分析，我们判断其绘制时代应在吐谷浑时期。包括这批彩绘木棺在内，关于丝绸之路青海道沿线彩绘木棺板画的时代和分期问题，笔者在《尘封千年的岁月记忆——丝绸之路"青海道"沿线古代彩绘木棺板画》一书中已有详细论述，[⑦]此不赘述。下面仅就彩绘木棺板画的构图特征和绘画技巧两个方面作一补充论述。

这批吐谷浑彩绘木棺板画画面构图的最大特征体现在对山林的充分利用上（图7），但我们也必须看到，在这些画面中人与山林的比例极不协调，人物往往画得都要比山大，山画得也十分生硬，毫无灵气。唐代张彦远曾在《历代名画记》中对魏晋南北朝的山林绘画有一段精彩的点评，"其画山水，则群峰至势，若钿饰犀栉，或水不容泛，或人大于山，率皆附以树石，映带其地，列植之状，若伸臂布指"。[⑧] 这段点评也可用来评价这批彩绘木棺板画中山林的画法。这是北朝山林画法的一个普遍特征，如山西大同云波里路北魏壁画墓（图8）和忻州九原岗北朝壁画墓（图9）中都可以见到这种并列的呈波浪式起伏的山峦，且人物往往画得都比山大。同样的山林画法和构图技巧在敦煌莫高窟北朝洞窟中也十分常见，通常在洞窟四壁下部画出一排起伏的山峦，如同是一道边饰，这样的山峦形象一直延续到隋代。[⑨]山间树木则是用土红色或石青色绘制树干，然后用短斜线

图7　棺板画中的山石树木

① 许新国：《郭里木吐蕃墓葬棺板画研究》，《中国藏学》2005年第1期，第69页。
② 罗世平：《天堂喜宴——青海海西州郭里木吐蕃棺板画笺证》，《文物》2006年第7期，第68页。
③ 霍巍：《青海出土吐蕃木棺板画的初步观察与研究》，《西藏研究》2007年第2期，第60页；霍巍：《吐蕃时代考古新发现及其研究》，科学出版社，2012年，第107—161页。
④ 仝涛：《木棺装饰传统——中世纪早期鲜卑文化的一个要素》，《藏学学刊》第3辑，四川大学出版社，2007年，第165—170页。
⑤ 周伟洲：《青海都兰暨柴达木盆地东南沿墓葬主民族系属研究》，《史学集刊》2013年第6期，第23页。
⑥ 杨铭：《试论唐代西北诸族的"吐蕃化"及其历史影响》，《民族研究》2010年第4期，第78页。
⑦ 丝绸之路青海道沿线彩绘木棺板画大致可分为两个时期，第一个时期以5世纪为上限，下限为龙朔三年（663），即吐蕃灭吐谷浑，这一时期的彩绘木棺板画中不见吐蕃文化的痕迹；第二个时期为吐蕃统治时期，这一时期的彩绘木棺板画中吐蕃文化特征十分显著。
⑧ （唐）张彦远撰，承载译注：《历代名画记全译》，贵州人民出版社，2009年，第60页。
⑨ 敦煌研究院主编：《敦煌石窟全集·山水画卷》，商务印书馆（香港）有限公司，2002年，第13页。

图8　山西大同云波里路北魏壁画墓墓室南壁壁画局部
（采自《山西大同云波里路北魏壁画墓发掘简报》,《文物》2011年第12期，第22页）

图9　山西九原岗北朝壁画墓西壁第三栏放鹰逐兔图
（采自山西博物院编著《山西九原岗北朝墓葬壁画搬迁保护》,科学出版社，2018年，第125页）

图10　莫高窟北周第296窟壁画中的树木
（采自《敦煌石窟全集·山水画卷》,第35页）

画出密密麻麻的枝叶，最后用淡色在枝叶间进行涂染，显得树冠枝叶比较茂密。这种树木的画法在北朝时期的墓葬壁画和敦煌石窟中也都十分常见，如莫高窟北周第296窟壁画中的树木（图10），就是采用这种绘制方式。因此，从这些彩绘木棺的构图方式和绘画技法看，它们绘制的时代应该要早于吐蕃时期，即早于663年，很有可能是在吐谷浑统治海西的时间段内，这时山林的描绘采用了中原绘画传统，山树处理以及"人大于山"都明显体现出中原画风。

三　多元文化集中显现

彩绘木棺装饰图像与墓葬壁画装饰图像一样，既可能是对墓主生前现实生活场景的反映，也可能是生者对于死者的馈赠和祝福，希冀能为死者营造一个理想的死后生活环境。无论哪种情形，实际都是以图画的形式表现了一个时代的丧葬礼仪观念，是一个民族或一个区域在某一时间段丧葬礼仪文化的集中体现，因而这些主题图像也就不可避免地带有明显的民族特征和时代特征。且不同区域之间的族群互动而带来的民族融合，会使不同民族之间的丧葬礼仪文化在某一时刻或某一地点，以某种特殊的方式集中显现出来。正如上文所言，青海海西地区出土彩绘木棺板画正是这样一个多元文化集中显现的载体。

（一）中原汉文化影响深远而广泛

吐谷浑深受汉文化影响，早在西迁之前，即已"渐变胡风，遵循华俗"了，立国羌区后又利用汉族士人，使用汉文典籍及礼仪官制，①所谓"其器械、衣服略与中国同"即是。因此，中原汉文化对这一地区的影响深远而广泛，这一点得到学者的一致认可，也在近年来的考古发掘中广泛得以证实，以彩绘木棺板画为例，中原汉文化的影响着重体现在以下几个方面。

首先，从彩绘木棺葬具源流看，使用彩绘图像装饰木棺作为葬具最早出现在中原汉文化区域，以德令哈、都兰为中心的"青海道"沿线使用彩绘图像装饰木棺葬具，是对中原汉地这一丧葬习俗的吸收和继承，②且其中的装饰图像有一部分很有可能受到来自临近河西走廊魏晋壁画墓的影响。隋唐时期，当中原汉地已经开始将大量反映墓主世俗生活场景和尊贵身份，或表达生者对死者的馈赠与祝福的装饰图像，以墓葬壁画的形式来体现的时候，以彩绘木棺作为葬具的丧葬习俗依然在海西地区盛行不衰，壁画墓仅仅只在海西州乌兰县泉沟发现了一例（图11），明显是受到唐朝丧葬传统的影响，"壁画在内容和表现形式上，都与内地唐墓壁画有非常密切的关联性"。③

图11　海西州乌兰县泉沟壁画墓局部

① 胡小鹏：《西北民族文献与历史研究》，甘肃人民出版社，2004年，第36、39页。
② 仝涛：《木棺装饰传统——中世纪早期鲜卑文化的一个要素》，《藏学学刊》第3辑，第165—170页。
③ 中国社会科学院考古研究所等：《青海乌兰县泉沟一号墓发掘简报》，《考古》2020年第8期，第36页。

其次，在主题图像的选择和画风上同样可以看到中原汉地文化的影响，关于其画风上文已论述，下面仅就主题图像的选择作一介绍。

1. 农耕图

表现农事活动的农耕图是中原地区汉代画像石装饰的主要题材之一。山东藤县城北黄家岭东汉墓出土的冶锻、农耕画像石刻画了众多农夫在田间耕作的场景，画面中一农夫在驱牛扶犁而耕，其右，一农夫驱牛拉一物碎土磨田；左边，三农夫执锄中耕，有一人手捧斗形器，似在撒播下种。画面左端，有人担食而来，为田间农夫送饭，[①]这一表现田间农耕活动的生动场景，与侧板1农耕图表现的场景如出一辙。魏晋南北朝时期农耕图主要出现在甘肃河西走廊魏晋画像砖墓和敦煌莫高窟壁画中，耕者几乎都是一手扶犁、一手扬鞭的形象，[②]如莫高窟北周第290窟的农耕图表现佛传故事中"太子树下观耕"的场面，画面中一位赤裸上身、穿犊鼻裈的耕者一手扶犁、一手扬鞭（图12），耕者形象与侧板1中的耕者形象一模一样，这一耕者形象，早在汉代画像石牛耕图中即已出现，[③]可见彩绘木棺板画中出现的这种表现农耕场景的图像，应是受到中原汉地墓葬装饰图像的影响。此外，画面中耙地使用的耙的形状为一横木，下面有齿，这种耙实际是耙糖的复合农具，前耙后糖，一举两得，同样的耙多见于河西魏晋壁画墓中。

图12 莫高窟北周第290窟树下观耕图

［采自《敦煌壁画全集·科学技术卷》，商务印书馆（香港）有限公司，2001年，第53页］

① 蒋英炬：《略论山东汉画像石的农耕图像》，《农业考古》1981年第2期，第42页。
② 王进玉：《敦煌壁画中农作图实地调查》，《农业考古》1985年第2期，第138—150页。
③ 张振新：《汉代的牛耕》，《文物》1977年第8期，第57—62页。

2. 马队出行图

侧板 4 用整幅画面表现马队出行的场景，我们以为这一马队出行图并非过去认为的送鬼祈福的场景，是专为送鬼祭神而派出的，属于葬礼的一部分，[1] 而是具有礼仪和护卫性质的出行仪仗图像，与丧葬仪式本身并无关系，旨在表现墓主身份和威仪，是对汉代以来即已在墓葬装饰中出现的车马出行图像的继承，既是对墓主世俗生活场景的反映和尊贵身份的象征，也是生者对死者的馈赠与祝福，表达了与中原汉地墓葬壁画中车马出行图同样的丧葬观念。这一点笔者已另文讨论，[2] 此不再赘述。

3. 三足乌

在这批彩绘木棺板画中还有一件彩绘木棺的头挡或脚挡，高 68、宽 66 厘米，两块木板拼合而成（图 13）。棺板正中圆圈内画三足乌代表太阳，太阳旁似有墨书汉文题字，因一直未见到实物，不敢断然定论，两旁则对称分布四株树木，地面点缀杂草。"乌"在文献记载和文物资料中都直观再现了中国古人的太阳崇拜意识，是中国古代太阳崇拜和鸟崇拜的重要结合点，在汉代画像石和魏晋南北朝道教石刻中，三足乌的形象都大量被刻画。[3] 关于吐谷浑的语言文字，史籍仅记载"颇识文字"或"乃用书契"，[4] 因而很难判定"颇识文字"中的"文字"是指哪种文字，周伟洲

图 13　三足乌

先生根据北魏杨衒之《洛阳伽蓝记》卷 5"其国（吐谷浑）有文字，况同魏"的记载指出，当时北魏已基本通用汉文字，故同于魏的文字，系指汉文字。[5] 因此，这块木棺头挡或脚挡上的墨书文字如果真是汉字，也是可以理解的，是吐谷浑深受汉文化影响的又一力证。

（二）西域粟特文化影响初见端倪

根据文献记载推测，善于经商的粟特人早在汉唐时期即已活跃在青藏高原，而且"青海道"与西南地区很早便有了商贸往来。[6] 近年来海西都兰吐蕃墓葬中出土的具有粟特风格的金银器和中亚、西亚织造的各类丝绸的残片，尤其数量较多的粟特锦，[7] 都证明这一推测不误。南北朝时期，"青海道"是南朝政权与西域往来的唯一通

① 罗世平：《天堂喜宴——青海海西州郭里木吐蕃木棺板画笺证》，《文物》2006 年第 7 期，第 80 页。
② 青海省博物馆编著：《尘封千年的岁月记忆——丝绸之路"青海道"沿线古代彩绘木棺板画》，文物出版社，2019 年，第 95 页。
③ 张程：《浅析中国古代太阳崇拜与鸟崇拜的实物图像——以乌与三足乌的形象内涵变迁为例》，《形象史学》2018 年上半年，社会科学文献出版社，2018 年，第 41—59 页。
④ 《晋书》卷 97《吐谷浑传》，中华书局，1974 年，第 2538 页；《梁书》卷 54《河南传》，中华书局，1973 年，第 810 页。
⑤ 周伟洲：《吐谷浑史》，广西师范大学出版社，2006 年，第 128 页。
⑥ 霍巍：《粟特人与青海道》，《四川大学学报》2005 年第 2 期，第 94 页。
⑦ 许新国、赵丰：《都兰出土丝织品初探》，《中国历史博物馆馆刊》1991 年，第 68—69 页。

道，因此这条通道也就成为往返于西域和蜀地乃至更东向地区粟特商人的首选。不仅如此，荣新江先生早已敏锐地指出，粟特人很有可能在这一时期还参与到了吐谷浑商队中，并扮演重要角色。《周书》卷50《吐谷浑传》记魏废帝二年（553），"是岁，夸吕又通使于齐氏，凉州刺史史宁觇知其还，率轻骑袭之于州西赤泉，获其仆射乞伏触扳、将军翟潘密、商胡二百四十人，驼骡六百头，杂彩丝绢以万计"。[①] 这是一个以青海为中心的吐谷浑派到北齐而返回的使团，从翟潘密的名字来看，他可能就是商队首领（萨宝？）同时又是使团的将军，与粟特难解难分，很有可能这个商队是以粟特胡为主而同时有其他民族参加的国际商队。[②] 此外，过去在青海西宁和海东发掘的两座模印砖墓近来也引起了笔者的注意，在这里略加论述。

1982年、2002年青海海东和西宁先后发现两座南北朝时期模印砖墓，墓室四壁的模印砖图像几乎一样，在墓室四壁的中部都镶嵌有胡人牵驼图像模印砖（图14），画面中一位头戴尖顶帽，身穿窄袖紧身袍服的西域胡人，身后牵着驮满货物的骆驼，远处则是高大起伏的山脉。过去很多学者都将对这两座墓葬的关注放在了其中浓郁的佛教氛围上，而忽略了胡人牵驼这一非常重要的图像主题。首先，作为丝绸之路象征符号的"胡人牵驼"组合图像，其出现、流行与丝路商贸的繁荣兴盛是密不可分的，以龟兹石窟壁画中商人题材出现的时间为

图 14 "胡人牵驼" 模印砖
（湟中区博物馆提供）

例，龟兹石窟初创期（3世纪末至4世纪中）并不见商人题材壁画出现，而到了发展期（4世纪中至5世纪末），商人题材开始在壁画中出现，[③] 其中就包括"胡人牵驼"图像组合，[④] 从敦煌出土的写于4世纪初叶的粟特文古信札来看，4世纪中至5世纪末龟兹石窟中之所以会出现粟特商人题材壁画，是因为他们几乎垄断了陆上丝绸之路的贸易，因此我们看到在4—8世纪的丝绸之路上，不论是龟兹还是敦煌石窟壁画中的商人形象都是西域粟特胡商的形象，[⑤] 这应是对丝绸之路上常见商贸景象的真实再现。"胡人牵驼"模印砖图像粉本的形成虽不一定是墓主生活的真实背景的原样复制和体现，但墓葬随葬品种类的巨大变化和装饰粉本的形成，从来

① 《周书》卷50《吐谷浑传》，中华书局，1971年，第913页。
② 荣新江：《北周史君墓石椁所见之粟特商队》，《文物》2005年第3期，第49—50页。
③ 霍旭初：《龟兹艺术研究》，新疆人民出版社，1994年，第44—45页。
④ 据李瑞哲考证，牵驼胡人、骆驼、货物三者组合而成的牵驼俑或载货陶骆驼，大规模兴起是在北魏定都平城前后（398年）。参见李瑞哲：《魏晋南北朝隋唐时期陆路丝绸之路上的胡商》，博士学位论文，四川大学，2007年，第22—23页。
⑤ 荣新江：《萨保与萨薄：佛教石窟壁画中的粟特商队首领》，《龟兹学研究》第1辑，新疆大学出版社，2006年，第33—40页。

都与社会背景有密切关系，^①因此"胡人牵驼"图像的出现无疑表明南北朝时期西域商人沿"青海道"往来已十分频繁，胡人、骆驼、货物三者的组合已是湟水谷地的常见景象，而这里的"胡人"很有可能就是粟特胡。如果这一推测不误，那么该墓葬中其他装饰图像的浓郁佛教色彩，很有可能同样来自佛、祆二教并重的粟特人，尤其其中位于墓室四壁最上层的"仙人"模印砖（图15），仙人右肩是中原汉地的传统表达方式，用三足乌代表太阳，而仙人左手托举的月亮却表现为常见于西域粟特地区的新月形。关于湟水谷地西宁盆地南北朝时期粟特胡的活动踪迹，荣新江、冯培红两位先生已从文献方面着手，作了十分翔实的考证，皆肯定地指出，作为"青海道"上的重要据点，西平（今西宁）向来是入华粟特人及其后裔的聚居地与经行之所。^②

综上，南北朝时期"青海道"沿线有大量粟特商胡存在的可能性是成立的，尤其是青海海西地区，不仅是"青海道"上最重要的交通枢纽，且因本身地近西域，在吐谷浑人积极参与到东西方贸易的背景下，这里必定会是善于经商的粟特商胡停留和行经之地。粟特商胡的存在是吐谷浑时期彩绘木棺装饰题材中出现西域粟特因素的重要原因之一，这一时期西域粟特文化的影响虽不似吐蕃时期郭里木彩绘木棺板画那般明显，^③胡瓶、

图15 "仙人"模印砖
（湟中区博物馆提供）

高足杯和联珠纹装饰随处可见，但从人物服饰、发型仍可看到中亚粟特文化影响的些许痕迹，主要表现在以下三个方面。

1. 人物多不戴冠帽，剪发垂项

发型不仅是时代的特征与时尚的符号，也是各个族群的辨识标志。^④彩绘木棺农耕图与炊煮进食图中人物形象有诸多共同点，多不戴冠帽，剪发垂项。《北史·西域传》记载："康国者，康居之后也，迁徙无常，不恒故地……其王素冠七宝花，衣绫、罗、锦、绣、白叠。其妻有发，蒙以帛巾。丈夫翦发，锦袍。名为强国，西域诸国多归之。"^⑤《晋书·四夷·焉耆传》言焉耆之俗为

① 齐东方：《丝绸之路的象征符号——骆驼》，《故宫博物院院刊》2004年第6期，第6—24页。
② 参见荣新江：《中古中国与粟特文明》，生活·读书·新知三联书店，2014年，第28—29页；冯培红：《丝绸之路陇右段粟特人踪迹钩沉》，《浙江大学学报》2016年第5期，第65页。
③ 关于青海海西地区吐蕃时期彩绘木棺板画与入华粟特人石质葬具两种"棺板装饰传统"之间存在的紧密联系，霍巍先生已有所论述，指出两者之间存在共同的中亚西域风格和胡汉杂糅的丧葬习俗。参见霍巍：《西域风格与唐风染化——中古时期吐蕃与粟特人的棺板装饰传统试析》，《敦煌学辑刊》2007年第1期，第82—94页。
④ 葛承雍：《胡人发型：中古"剪头胡雏"艺术形象试解》，《故宫博物院院刊》2021年第2期，第83页。
⑤ 《北史》卷97《西域传》，中华书局，1974年，第3233—3234页。

"丈夫翦发，妇人衣襦，着大裤"。① 又同书《龟兹传》载：龟兹"以田种畜牧为业，男女皆翦发垂项"。②《新唐书》则称其"俗断发齐顶"。③ 从粟特地区考古发现（图16）和龟兹石窟龟兹供养人图像我们得知，这种"剪发垂项"或"断发齐项"的发型其实就是将短发梳于额前和脑后，并在眼眉以上和脑后颈部剪齐，没有任何装饰。粟特人的这种发型，随着其东渐入华也被带到中原汉地，在入华粟特人墓葬人物形象中得以保留。据葛承雍先生统计，西安北周史君墓中，男性短发齐耳或至颈的人物共有55例，西安北郊发现的北周安伽墓中共出现88例，④ 发掘者认为"出现的齐耳、剪短发应是粟特民族男性的基本发型"。⑤ 此外虞弘墓石椁上浮雕的众多粟特人形象，也保留了这

种发型，与侧板1、2中"剪发垂项"的发型极为相像，人物皆为黑色短发（图17）。可见，彩绘木棺装饰图像中人物"剪发垂项"的发型或与西域粟特民族有紧密联系。

2. 服饰

圆领或翻领窄袖对襟长袍，并在领、袖、襟及下摆上镶边饰的服装源于中亚波斯地区，由粟特人传入西域和中原。⑥ 侧板2炊煮宴饮图中，毡帐前一人身穿三角形翻领对襟袍服（图18），同样的服饰还见于侧板3毡帐左侧站立的侍者（图19）和青海藏文化博物院收藏的同样属吐谷浑时期的农耕图中（图2），明显受到中亚粟特风格服饰的影响。随着粟特人东渐入华，这种服饰风格也被带到中原内地，入华粟特人墓葬中的石棺和围屏石床

图16 木鹿出土双耳细颈彩陶瓶

（采自毕波《虞弘墓所谓"夫妇宴饮图"辨析》，《故宫博物院院刊》2006年第1期，第71页）

图17 虞弘墓石椁椁座前壁浮雕粟特人物

（采自《太原隋虞弘墓》）

① 《晋书》卷97《焉耆传》，第2542页。
② 《晋书》卷97《龟兹传》，第2543页。
③ 《新唐书》卷221上《龟兹传》，中华书局，1975年，第6230页。
④ 葛承雍：《胡人发型：中古"剪头胡雏"艺术形象试解》，《故宫博物院院刊》2021年第2期，第86页。
⑤ 杨军凯：《北周史君墓》，文物出版社，2014年，第190页。
⑥ 谢静：《吐蕃大翻领长袍探源》，《装饰》2008年第3期，第108页。

图 18　侧板 2 中身穿三角形翻领袍服男子

图 19　侧板 3 中身穿三角形翻领袍服男子

上，都有雕刻精美的浮雕图像，图像中的墓主人、亲眷、侍从等人物都穿着圆领直襟或三角形翻领对襟长袍，前开襟的紧身小袖袍服下摆长仅过膝。如2000 年西安北郊龙首原发现的北周粟特贵族安伽墓，墓中围屏石榻浮雕图像人物有两种，多数是粟特人，少数是突厥人；人物服饰，男装有两种，一种是圆领窄袖对襟长袍，另一种是翻领窄袖对襟长袍。以此观之，吐谷浑时期彩绘木棺板画中这种具有浓厚西域民族特色服饰的出现应是受到包括粟特在内的西域服饰风格的影响，这与吐谷浑人拓境西域，征服鄯善、且末西域诸国，[1]与西域各民族广泛接触，积极参与到东西方贸易中不无关系，活跃于"青海道"沿线的粟特商人则很有可能在这一过程中起到了助推作用。

3. 绘画风格

纵观这一时期海西地区彩绘木棺板画，我们会发现，无论画面中描绘的是何种场景，画面中必定都会有一个中心人物，中心人物不仅处于画面正中视觉焦点的位置，且画者往往会通过放大中心人物使其形体明显大于其他人的方式来突出中心人物，这种惯用的表现风格在中原南北朝隋唐壁画中并不显著，[2]但在入华粟特人墓葬中却十分常见。

霍巍先生在其《西域风格与唐风染化——中古时期吐蕃与粟特人的棺板装饰传统试析》一文中指出：

入华粟特人与青海吐蕃人反映在棺板装饰传统上的诸多共性，不排除其间有过相互影响、彼此借鉴的可能性，但这种共性的产生主要还是从广阔的西域与中亚历史文化背景中获取而来，不一定意味着两者之间存在着一种直线或单线的传承关系。

① 薛宗正：《吐谷浑与西域》，《西域研究》1998 年第 3 期，第 6—17 页。
② 齐东方：《现实与理想之间——安伽、史君墓石刻图像的思考》，《古代墓葬美术研究》第 1 辑，文物出版社，2011 年，第209 页。

吐谷浑彩绘木棺板画中出现的这些粟特因素同样也应被置于广阔的西域与中亚历史文化背景中去看待，吐谷浑与粟特之间并不一定存在一种直线或单线的传承关系，[①] 但粟特商人往来于"青海道"，并与吐谷浑人广泛接触则是不争的事实，正如我们上文所分析的，由于这两个族群之间的密切往来，就不可避免地会在彼此的文化传承上或多或少地留下一些痕迹。

（三）吐谷浑本源文化的传承

源于鲜卑系统的吐谷浑是在兼并融合了"秦凉亡业之人及羌戎杂夷部落"的基础上，形成的一个新的民族共同体，在兼并融合的过程中形成了以力量较强大的鲜卑慕容氏部落为核心的吐谷浑部落联盟或政权，在这个部落联盟或政权中至少存在漠北、西域、氐羌、汉族四大系统，二十多种姓氏，[②] 民族成分十分复杂。所以周伟洲先生认为"吐谷浑本源文化"是以鲜卑文化与羌族文化为主，相互融合后形成的，同时又不断受到中原汉文化和西域文化的影响，且这种本源文化在不同时段发生了一些不同的变化。第一阶段，即663 年吐蕃征服吐谷浑之前，"吐谷浑本源文化"更多是受中原汉文化影响。第二阶段，即663 年吐蕃征服吐谷浑后，则更多受到吐蕃文化的影响，开始了"吐蕃化"进程。[③] 本文所谓"吐谷浑本源文化"仅指吐谷浑源于鲜卑系统的文化，是一个狭义的概念。

通过对近年来海西地区出土和馆藏彩绘木棺板画的整体梳理与研究，我们发现一个有趣的现象，彩绘木棺板画中马队出行图像有一个共同的特点，所有马队出行图像中皆有一名头戴黑色长裙帽的骑者作为出行队伍核心人物出现，郭里木出土的典型吐蕃时期彩绘木棺板画中亦是如此，但不同的是马队中其余人物的衣着装饰都明显"吐蕃化"（图20）。也就是说，在"吐谷浑本源文化"更多受到汉文化影响的第一阶段和"吐蕃化"的第二阶段，马队出行图像都作为彩绘木棺装饰题材被选用，无论马队中其余人物衣着装饰如何变化，马队中核心人物衣着装饰都保持不变。以往的研究中学者们根据帽式判断，多认为这位头戴黑色长裙帽的男子应是一个与鲜卑系统民族有关的人物形象。[④] 史料中关于鲜卑系统吐谷浑男子首服的记载不尽相同，有"罗幂"[⑤]、"大头长裙帽"[⑥] 等，今人虽对这些首服的具体形制仍有争论，但可以肯定的是所谓幂䍦、罗幂或大头长裙帽者皆是一种帽屋周沿或脑后有垂下的裙，用以遮蔽脖颈或面部的首服。彩绘木棺板画中出现的这种黑色长裙帽从其形制特征看或许正是史料中记载的所谓幂䍦、罗幂或大头长裙帽，是典型的鲜卑系统的吐谷浑男子首服。从这一点看，尽管这批彩绘木棺板画显现出的文化因素多样，深受中原汉文化影响，但"吐谷浑本源文化"仍有迹可循。

---

① 霍巍：《西域风格与唐风染化——中古时期吐蕃与粟特人的棺板装饰传统试析》，《敦煌学辑刊》2007 年第 1 期，第 82—94 页。

② 胡小鹏：《论吐谷浑民族的形成及其特点》，《西北师大学报》1992 年第 4 期，第 57—59 页。

③ 周伟洲：《青海都兰暨柴达木盆地东南沿墓葬主民系属研究》，《史学集刊》2013 年第 6 期，第 23 页。

④ 霍巍：《青海出土吐蕃木棺板画的初步观察与研究》，《西藏研究》2007 年第 2 期，第 60 页。

⑤ 《北史》卷 96《吐谷浑传》，第 3186 页。

⑥ 《梁书》卷 54《河南传》，第 810 页。

图 20　郭里木 1 号墓 B 侧板局部
（采自《尘封千年的岁月记忆——丝绸之路"青海道"沿线古代彩绘木棺板画》）

结　语

通过对这批彩绘木棺板画的分析考证，我们清晰地看到，早在吐谷浑时期活动于青海海西地区的吐谷浑人就已经开始使用彩绘木棺作为丧葬用具，但这一时期彩绘木棺装饰主题图像相对简单，可见的有农耕、宴饮和马队出行三种，且一个木棺侧板仅表现一类主题，人物数量很少，不见显著的吐蕃文化特征或符号。龙朔三年吐蕃灭吐谷浑，其后处于吐蕃控制下的海西地区，彩绘木棺装饰图像开始变得复杂，这种复杂并不是体现在图像主题的选择上，而是更多地表现在人物数量大大增加，几个不同的主题图像会同时出现在一个木棺侧板上，且人物服饰装束皆为典型的吐蕃人物形象，吐蕃文化特征显著，这是由主导民族的更替造成的。但无论是在吐谷浑时期还是吐蕃时期，作为丧葬用具的彩绘木棺，在其装饰主题图像的选择上，都能看出受到外来文化影响的痕迹，这与海西地区特殊的地理位置不无关系。青海海西地区作为"青海道"上的重要节点，在连接东西的同时自身也无时无刻不受到来自东西文化的影响，加之汉、羌、吐谷浑、吐蕃等民族在这里聚居融合，使得这一远离中原王朝统治的边陲之地在充分吸收汉文化的基础上形成独具特色的多元民族文化。

2020 年考古工作者在发掘清理都兰热水血渭一号墓时，在墓室内发现一枚吐蕃文印章，释读为"外甥阿柴王之印"。这里的"外甥"和"阿柴（A-Za）"都是吐蕃对吐谷浑的称呼，历史上吐谷浑与吐蕃很早就结成了这种特殊的"甥舅关系"。若非这枚印章的出土，我们很难判定墓主族属为吐谷浑，因为从墓室形制和出土文物看，其明显受到了中原汉地、吐蕃和西域文化的影响，多种文化因素在同一个墓葬中非常集中地同时显现。因此，彩绘木棺作为这一地区被广泛使用的葬具，并不是哪一个民族或哪一种文化特有的专利，而是一个多元文化的集合体，今后在对海西地区出土彩绘木棺板画的研究中我们应更多关注多元一体的文化，而非族属和血统问题。

附记：文中图片除个别注明来源外，其余均由青海省博物馆提供。感谢青海省博物馆在论文写作过程中给予的支持和帮助。

试论萨珊银器的相关概念及主要特征

付承章

（中山大学历史学系珠海校区）

作为古代伊朗文化的集大成者，萨珊艺术毫无疑问在世界艺术史上具有不可忽视的重要地位：它一方面继承和发扬了具有悠久历史的古代东方传统，另一方面又汲取了希腊罗马以及其他一些外来文化因素，最终融会贯通于本土艺术之中。在东西方艺术的碰撞交融过程中，独树一帜的萨珊艺术表现出了强劲的时空影响力。这其中又以传世最多且最具特色的金属细工最富代表性，尤其是银器。本文旨在通过对萨珊银器基本概念、主要特征的分析，尝试就其反映出的一些相关问题进行讨论，以求教于学界方家。

一 基本概念

（一）萨珊银器

法国学者格鲁塞（R.Grousset）曾指出："（萨珊艺术）最为突出的便是工艺，即金属细工和丝毛织造。"[1]虽然在萨珊金属器中也有青铜器和少量金器传世，但它们无论从数量还是多样性上均远远比不上银器。这一点和萨珊宫廷对银的重视密切相关。[2]而根据后世阿拉伯文献的记载，在伊朗萨珊时期，银的地位同样在金之上。[3]这里就涉及银器之于萨珊宫廷艺术的体现。自萨珊王朝建立伊始，君主往往会将自身的血统上溯至阿契美尼德时期。具体到艺术领域，尽管差异明显，但萨珊艺术仍可称为是古代波斯艺术的复兴。随之延续并得以发扬光大的是一种所谓的"帝国风格"，[4]即通过艺术形象彰显国家尤其是萨珊宫廷的力量与权威，具有强烈的仪式化和政治化色彩。这就要求工匠在制作器物时必须遵循严格且相对固定的模式。而通过萨珊银器铭文中所反映的重量信息可知，银盘的重量是根据同时期钱币的标准重量加以计算的。[5]相比之下，其他质地的萨珊金属器都不具备这样的代表性。

关于"萨珊"一词的定义应分别从时间和空

---

① 转引自孙培良：《萨珊时期的伊朗艺术》，《西南师范大学学报》1988年第3期，第112页。

② 美国学者阿扎佩（G.Azarpay）指出，萨珊宫廷用银象征着权力与威望。具体见 Guitty Azarpay, "Silver Vessels of the Sasanian Period, Vol. I: Royal Imagery by Prudence O.Harper," *Journal of the American Oriental Society*, Vol.104, 1984, pp.376-378。

③ Prudence O.Harper and Pieter Meyers, *Silver Vessels of the Sasanian Period, Vol.1, Royal Imagery*, The Metropolitan Museum of Art,1981, p.23.

④ Vladimir G.Lukonin and Anatoly Ivanov, *The Lost Treasure Persian Art*, Parkstone Press International, 2012, pp.113-114.

⑤ Prudence O.Harper and Pieter Meyers, *Silver Vessels of the Sasanian Period,Vol.1, Royal Imagery*, p.23.

间上予以把握，从时间上考虑，萨珊王朝建立于
224 年（或作 226 年），末代萨珊国王伊斯提泽德
三世（Yazdgard Ⅲ）死于 651 年。从空间出发，
萨珊王朝的控制范围涵盖了今伊朗、伊拉克（至
幼发拉底河），以及亚美尼亚和格鲁吉亚的部分地
区。在其兴盛时期，萨珊版图曾西扩至地中海，
东到今阿富汗的巴尔赫（Balkh）及木鹿（Merv），
北至今乌兹别克斯坦一带。这一情况在伊朗纳克
什-伊-鲁斯塔姆（Naqsh-i-Rustam）岩刻上的沙
普尔一世（Shapur I）题记中也有类似的记载：

> 我是信奉拜火教阿胡拉·马兹达的国
> 王沙普尔，波斯帝国本土和边疆的王中之
> 王；我的王统世系来自天神一般的、同样信
> 奉阿胡拉·马兹达的、波斯王中之王阿尔达
> 希尔。作为波斯大地的君主，我掌握着广袤
> 的疆域：除了波斯本土和亚述，西面远及爱
> 琴海边的迈锡尼、米底亚；西面拥有阿曼、
> 红海、阿拉伯半岛；西北拥有高加索山脉下
> 的阿塞拜疆、亚美尼亚、格鲁吉亚诸国；东
> 面拥有中亚的帕提亚、木鹿古城、大夏的赫
> 拉特、锡斯坦、库兹斯坦，据有兴都库什雪
> 山；北面拥有草原的骨利干、吐兰，科尔
> 曼，马库兰；在南面印度大地上我是贵霜
> 王，拥有白沙瓦、粟特、塔什干的山脉，西
> 域喀什噶尔……[1]

结合萨珊银器的考古发现可知，除伊朗本土
以外，银器的出土地点同样包括了阿塞拜疆、格
鲁吉亚及乌兹别克斯坦等地。以存世数量最多的
狩猎纹银盘为例，伊朗周邻地区出土或制造的银
盘在纹样和布局等方面展现出了一些和伊朗本土
有所不同的特征，如大同北魏封和突墓出土的鎏
金银盘，可能产自中亚一带。[2] 这是因为，萨珊
帝国在对外扩张的过程中，无力对其所攻占的所
有地区进行直接统治，因而一些周边国家虽臣服
于萨珊，但仍多少保持了半独立地位。如中亚的
贵霜-萨珊王国，它在前期一直是萨珊王朝统治
下的属国，后来又成了由萨珊王子或总督治理的
省份。这自然也会反映在银器的制作上。根据俄
罗斯学者卢科宁（В.Г. Луконин）的研究，贵霜-
萨珊王国制造的银器虽在构图方面有所不同，但
仍以萨珊艺术为导向，可以从其宫廷性质得到解
释。[3] 因此，对萨珊银器的空间界定不应局限于萨
珊王朝的政治、文化中心，中亚的贵霜-萨珊银
器亦可归入这一范畴。另外，粟特、嚈哒等民族
同样在一定程度上推动了萨珊银器在边区的传播。

（二）"次萨珊"与"巴克特里亚金属制品"

有学者曾用"次萨珊"的称谓来指代中
亚地区发现的带有多元文化因素的萨珊式金属
器，[4] 强调了萨珊艺术对于当地艺术的冲击和
影响。这一点是正确的。俄罗斯学者马尔沙克
（Б.И.Маршак）亦曾指出，在整个 4—7 世纪，吐

---

① 〔美〕乐仲迪:《从波斯波利斯到长安西市：粟特与北朝艺术》，毛铭译，漓江出版社，2017 年，第 62 页。
② 付承章:《大同北魏封和突墓银盘考》，陈晓露主编:《芳林新叶：历史考古青年论集》第 2 辑，上海古籍出版社，2019 年，第 244—253 页。
③ 〔俄〕B.A. 李特文斯基主编:《中亚文明史》第 3 卷《文明的交会：公元 250 年至 750 年》，马小鹤译，中国对外翻译出版公司，2003 年，第 103 页。
④ Basil Gray, "Post-Sasanian Metalwork," *Bulletin of the Asia Institute*, New Series, Vol.5,1991, p.59.

火罗斯坦（Tokharistan）[①]的奢侈品都与萨珊有密切关系。[②]但与中亚出土或制造的萨珊银器有所不同，"次萨珊"更应该突出的是以多元文化的融汇创新为主要特色的中亚风格，属于"巴克特里亚金属制品"的范畴。这类金属制品的重要特征之一就在于希腊风格的冲击。早在大夏帝国建立之时，大量带有希腊风格的艺术品借机涌入，使巴克特里亚迅速进入希腊化时代。虽然当地居民对于希腊艺术的理解有限，但希腊艺术毫无疑问已完全进入了人们的日常生活，形成了不可磨灭的影响。[③]这一点在后来的嚈哒银器上得到了充分体现。

以固原北周李贤墓所出的一件鎏金银壶（图1）为例，从整体造型尤其是把手的上端位置低于肩部这一细部特征判断，这件银壶毫无疑问是受到了萨珊的影响，[④]称之为萨珊式金属器也并无不妥。但把手顶部的人头像却与萨珊金银壶柄部的小圆球全然不同，且把手两端与器身连接处各饰一骆驼头的做法在中亚艺术中较为常见。此外，人物所戴的圆帽，经孙机考证，可能为嚈哒式出檐圆帽。[⑤]这种形制的圆帽应源自希腊。[⑥]而腹部的三组纹样虽表现的也是希腊神话，却产生了诸多变化，如苹果的数量由一个变为两个、帕里斯（Paris）的船被省略等。[⑦]这些都表明工匠在制作纹样的过程中可能并不了解具体含义，其本意是

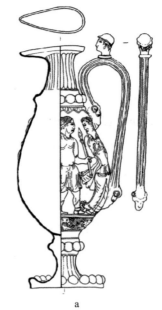

图1　李贤墓所出鎏金银壶（a李贤墓鎏金银壶器形，b李贤墓鎏金银壶腹部纹样）

（采自罗丰《胡汉之间——"丝绸之路"与西北历史考古》，文物出版社，2004年）

出于对希腊文化的欣赏及模仿。根据孙机的研究，头部扭转向后、双足一径前行的人物动作，又与乌兹别克斯坦撒马尔罕历史·建筑·艺术博物馆所藏5世纪后期的嚈哒银碗上之女像的姿势相一

---

① 即中亚巴克特里亚（Bactria），指今天的阿富汗北部、乌兹别克斯坦南部及塔吉克斯坦南部。
② Boris Marschak, *Silberschätze des Orients, Metallkunst des 3-13, Jahrhunderts und ihre Kuntinuität*, Seemann, 1986, p.288.
③ 罗丰：《北周李贤墓出土的中亚风格鎏金银瓶——以巴克特里亚金属制品为中心》，《考古学报》2000年第3期，第320页。
④ 〔俄〕马尔沙克：《粟特银器》，李梅田等译，上海古籍出版社，2019年，第10页。
⑤ 孙机：《固原北魏漆棺画》，氏著：《中国圣火——中国古文物与东西文化交流中的若干问题》，辽宁教育出版社，1996年，第132页。
⑥ 东京国立博物馆等：《シルクロードの遺宝－古代・中世の东西文化交流》，日本经济新闻社，1985年。
⑦ 罗丰：《北周李贤墓出土的中亚风格鎏金银瓶——以巴克特里亚金属制品为中心》，《考古学报》2000年第3期，第318页。

致（图2）。① 这件嚈哒银碗的重要性在于，我们还可以从装饰纹样上看出明显的中亚贵霜影响：如上窄下宽的头部。而拱形装饰带下的人物又被认为同印度笈多艺术密切相关。②

由此可见，融萨珊、希腊等不同风格于一体的嚈哒银器可以说是"巴克特里亚金属制品"的集大成者。但总体而言，5世纪的嚈哒艺术更接近萨珊艺术。③ 因此，使用"次萨珊"的称谓来强调嚈哒银器之于萨珊银器的从属地位并无问题。但也正是从5世纪起，"巴克特里亚金属制品"开始对伊朗银器产生一定的反向冲击，这种影响一直持续至8世纪，即所谓的"后萨珊"时期。

图2　撒马尔罕所出嚈哒银碗
（采自罗丰《胡汉之间——"丝绸之路"与西北历史考古》）

（三）"后萨珊"银器

关于"后萨珊"的问题，夏鼐曾转述诸多学者的类似观点，指出在萨珊王朝灭亡之后，伊朗本部的美术还是长时间承袭萨珊王朝风格，它的边区地区（不局限于萨珊帝国境内）延续时间更长。④ 而具体到金银器方面，1969年，阿扎佩对数件6—8世纪的中亚花剌子模银碗进行了解读，指出了其同萨珊银器的异同；⑤ 1971年，马尔沙克出版《粟特银器》一书，将"后萨珊"一词解释为萨珊与非萨珊特征的组合，并第一次将中亚粟特银器从中分离出来，认为流派A具有萨珊特征。⑥ 但总体而言，对于"后萨珊"银器的内涵仍没有一个明确的结论。有学者指出了其

有别于常见萨珊类型的特征；另有学者突出强调了8—9世纪这一阶段，即从萨珊向伊斯兰过渡的时期。⑦ 笔者赞同这两种观点。但一方面，所谓"后萨珊"银器在造型、纹样及制作工艺等方面或多或少地受到了萨珊的影响。这也同阿拉伯帝国在某种程度上保存了前伊斯兰时期的伊朗文明密切相关。即便是后来自成体系的中亚花剌子模银器，其中心处饰圆形浮雕的做法也被认为与萨珊银器如出一辙。⑧ 另一方面，"后萨珊"时期的工匠同样是基于自身所处的文化环境去解读萨珊遗产，最终完成了创新。而这种创新不能忽视萨珊亡国后"巴克特里亚金属制品"的影响。如伊朗马赞德兰（Mazanderan）出土的一件舞蹈纹银碗

---

① 孙机：《固原北魏漆棺画》，第133页。
② Boris Marschak, *Silberschätze des Orients, Metallkunst des 3-13, Jahrhunderts und ihre Kuntinuität*, p.268.
③ Boris Marschak, *Silberschätze des Orients, Metallkunst des 3-13, Jahrhunderts und ihre Kuntinuität*, p.39.
④ 夏鼐：《北魏封和突墓出土萨珊银盘考》，《文物》1983年第8期，第5页。
⑤ Guitty Azarpay, "Nine Inscribed Choresmian Bowls," *Artibus Asiae*, Vol.31,1969, pp.185-203.
⑥ Б.И. Маршак, *Согдийское серебро*, Москва,1971.
⑦ Basil Gray, "Post-Sasanian Metalwork," *Bulletin of the Asia Institute*, New Series, Vol.5,1991, p.59.
⑧ Guitty Azarpay, "Nine Inscribed Choresmian Bowls," *Artibus Asiae*, Vol.31,1969, pp.185-203.

（图3），研究者根据乐舞人演奏的乐器判断其年代为8世纪。[1] 经研究，相对固定的舞蹈姿势以及外侧装饰都可以看作"巴克特里亚金属制品"对伊朗银器的冲击。[2]

与此同时，"后萨珊"银器的创新还加入了伊斯兰时期（10世纪之前[3]）的时代特色，这是和萨珊银器有所不同的地方。[4] 如俄罗斯国立艾尔米塔什博物馆收藏的一件狩猎纹银盘（图4），其近乎正面的头部朝向是倭马亚和阿拔斯王朝早期狩猎图的典型特征，此后又在俄罗斯国立艾尔米塔什博物馆收藏的一件9世纪粟特银盘中有相同体现（图5）。[5]

另外，8—9世纪也是中亚"后萨珊"艺术的

图4 俄罗斯国立艾尔米塔什博物馆藏狩猎纹银盘
（采自〔俄〕马尔沙克《粟特银器》）

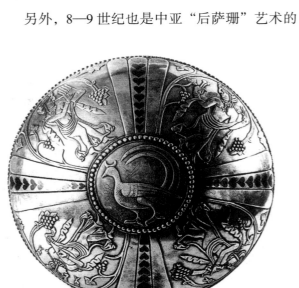

图3 伊朗巴斯坦博物馆藏舞蹈纹银碗
（采自罗世平、齐东方《波斯和伊斯兰美术》，中国人民大学出版社，2010年）

图5 俄罗斯国立艾尔米塔什博物馆藏粟特狩猎纹银盘
（采自〔俄〕马尔沙克《粟特银器》）

---

[1] Prudence O.Harper, *The Royal Hunter: Art of the Sasanian Empire*, Asia Society,1978,p.77.

[2] Boris Marschak, *Silberschätze des Orients, Metallkunst des 3-13, Jahrhunderts und ihre Kuntinuität*, p.39.

[3] 日本学者深井晋司指出，金银的使用在10世纪之后即受到限制，主要材质多为青铜、黄铜等。具体见《冈山市立オリエント美术馆》，大冢巧艺社，1979年。

[4] 萨珊银器上的铭文很多都与器皿自重有关，这一点也影响到了"后萨珊"银器。但从重量单位的角度分析，萨珊时期每德拉克马（Drachma）大体上约等于4克，但伊斯兰时期每德拉克马低于3克。具体见 Richard N. Frye, "Sasanian Numbers and Silver Weights," *The Journal of the Royal Asiatic Society of Great Britain and Ireland*, No.1,1973, pp.2-11。

[5] Prudence O. Harper and Pieter Meyers, *Silver Vessels of the Sasanian Period,Vol.1, Royal Imagery*, pp.139-140.

发展高峰期。例如，在哈里发马蒙（Ma'mun）统治木鹿[1]期间，当地兴起了复兴萨珊文化传统的浪潮，哈里发本人更是以宣扬自己是波斯国王的继任者为荣。本着讨好阿拉伯人的态度，波斯人和中亚当地居民也将他们的传统上溯到了萨珊时期。具体到银器上，在8世纪的粟特银器中出现了一些包括森莫夫（Senmurv）[2]形象在内的萨珊特征，表明其传统仍在强势延续。但强烈的动态化风格造成了粟特和萨珊器物的明显差异。[3]

二 主要特征

综上所述，无论是"巴克特里亚金属制品"还是"后萨珊"银器，它们都不同程度地反映了萨珊银器所具有的时空影响力。因此，从造型、纹样、制作工艺这三个主要方面对萨珊银器的自身特征作一简要概述，可能会多少有助于我们认识其所涉及的源流问题。

（一）造型

较具代表性的萨珊银器造型主要有盘、碗、壶和高足杯。这些器皿或作为珍贵礼物送给周邻国王，或赏赐给有功大臣。大概为贵族家庭日常用具。[4]其中传世数量最多同时也是最为常见的当属银盘，总体呈圆形，矮圈足，平均口径约25厘米。这种形制被认为是起源于希腊化及罗马时期的陶器及金属器，[5]长期以来一直为萨珊宫廷所喜爱。这可能与历史上大批罗马化或希腊化的叙利亚人进入萨珊领土有关。[6]

按照具体形制的差异，银碗可细分为圆形、椭圆形和多瓣长椭圆形三类。圆形银碗的底部有圜底和带圈足之分，圈足高度一般与碗体大致相同；[7]椭圆形银碗也被称为"船形碗"，[8]有平底、圜底和带圈足之分。与中国的耳杯不同，这种椭圆形银碗的口沿两侧并无把手。而多瓣长椭圆形银碗则带矮圈足，碗体多为八瓣或十二瓣的横向"分层"式。[9]深井晋司认为，这种器形是萨珊工匠在罗马的贝壳式银盘启发下的一种创新，[10]似无争议。但需要指出的是，我们在萨珊艺术中很难见到涉及其具体功用的信息，反倒可以在中亚艺术中找到一些对应。由今塔吉克斯坦片治肯特（Pendjikent）1号建筑遗址所出粟特壁画（图6）可知，椭圆形碗应作宴饮之用。[11]而多瓣亦为6世

---

[1] 木鹿既是阿拉伯人在中亚的统治中心，又是为哈里发王室制作金银器的地方。

[2] 这种犬首鸟身的神兽在萨珊艺术中象征着君主的权威和国运的兴隆。具体见孙机：《七鸵纹银盘与飞廉纹银盘》，氏著：《中国圣火——中国古文物与东西文化交流中的若干问题》，第170页。

[3] 萨珊器物更多带有一种静态化风格。具体见〔俄〕马尔沙克：《粟特银器》，第81—86页。

[4] 孙培良：《萨珊朝伊朗》，西南师范大学出版社，1995年，第218页。

[5] A. C. Gunter and P. Jett, *Ancient Iranian Metalwork*, Smithsonian Institution, 1992, p.27.

[6] Rika Gyselen, *Sasanian Seals and Sealings in the A, Saeedi Collection*, Belgium, 2007, p.2.

[7] James C.Y.Watt et al., *CHINA: Dawn of a Golden Age, 200-750AD*, The Metropolitan Museum of Art, 2004, p.186.

[8] Prudence O.Harper, "Boat-Shaped Bowls of the Sasanian Period," *Iranica Antiqua*, Vol. XXIII, 1988, p.337.

[9] 孙机：《唐李寿石椁线刻〈侍女图〉、〈乐舞图〉散记》，氏著：《中国圣火——中国古文物与东西文化交流中的若干问题》，第221页。

[10] 参见《冈山市立オリエント美术馆》。

[11] 椭圆形碗可能与中国史书上记载的"叵罗"有关。如《北史·祖珽传》载："神武（北齐高祖神武皇帝高欢）宴僚属，于坐失金叵罗。窦泰令饮酒者皆脱帽，于珽髻上得之，神武不能罪也。"可知叵罗应为一种酒器。这种异方宝货在唐代属于贡品之列。据粟特学家研究，此词源出伊朗语 padrōd，似指"碗"。也同粟特有联系。具体见蔡鸿生：《唐代九姓胡与突厥文化》，中华书局，1998年，第12页。

纪粟特银碗之重要特征。鉴于目前发现的多瓣长椭圆形银碗及椭圆形银碗的年代多在 5—7 世纪，属于"巴克特里亚金属制品"对萨珊银器产生影响的重要阶段，不排除这两种萨珊器形也可能在一定程度上吸收了中亚艺术的特点。

壶是萨珊银器的大宗，又可称为瓶，集中于 6—7 世纪。[1]其内部差别主要体现在是否附着把手。其中，不带把手的可称为梨形壶，基本形制为圆口、束颈、梨形或椭圆形器身、矮圈足；[2]带把手的可称为带把壶或所谓"胡瓶"，基本形制为喙状流、长颈、梨形器身、高圈足。把手的上端位置低于颈部。就这两种器形而言，前者被认为可能源自罗马。[3]相比之下，后者虽然在罗马和粟特器物中都能找到类似对应，但彼此之间仍存在显著差异。[4]值得一提的是，在黑海沿岸的佩列谢皮诺（Pereshchepino）窖藏中出土了一件罕见的萨珊金壶（图 7），而西安北周安伽墓门额左侧的祭祀供案上同样表现出了萨珊金壶（图 8）的形象。这应该会让我们对其传播范围及使用场合有所认知。如马尔沙克所言，中亚商人和突厥武士将很多萨珊制品带到了草原地区，使其广泛传播。[5]

关于高足杯的源头问题，日本学者桑山正进指出了其同罗马的关系。[6]齐东方则进一步推论，

图 6　片治肯特 1 号建筑遗址所出粟特壁画
（采自 Живопись древнего Пянджикента,1954,Таблица X）

图 7　俄罗斯国立艾尔米塔什博物馆藏 5—7 世纪金壶
（采自东京国立博物馆等《シルクロードの遺宝—古代・中世の東西文化交流》）

① A.C.Gunter and P.Jett, *Ancient Iranian Metalwork in the Arthur M. Sackler Gallery*, p.29.
② 克利夫兰艺术博物馆藏有一件 5—6 世纪的梨形萨珊银壶，带虎形把手，可作为一特殊例证。具体见 James C.Y.Watt et al., *CHINA: Dawn of a Golden Age,200-750AD*, p.188.
③ A.C.Gunter and P.Jett, *Ancient Iranian Metalwork in the Arthur M. Sackler Gallery*, p.28.
④ 具体见付承章：《魏晋北朝时期中国北方地区金银器研究》，博士学位论文，中国人民大学，2020 年，第 138 页。
⑤ Boris Marschak, *Silberschätze des Orients, Metallkunst des 3-13, Jahrhunderts und ihre Kuntinuität*, p.288.
⑥〔日〕桑山正进：《一九五六年来出土の唐代金银器とその编年》，《史林》第 60 卷第 6 号，1977 年。

唐代的高足杯类,可能源于拜占庭的影响。当然,由于萨珊控制着中国通往拜占庭的要道,不能排除这种影响是间接的。[1]诚然,在格鲁吉亚的萨格维西(Sargveshi)确曾发现了一件鎏金银高足杯(图9),表现的是萨珊国王瓦赫兰二世(Varahran Ⅱ)及其妻儿的形象,卢科宁认为该造型仿自同时期的罗马金属器。[2]萨珊宫廷雇用过罗马工匠来制作银器,这些工匠的身份多为战俘,应与早年沙普尔一世在对罗马的战争中掳得大批罗马人有关。[3]这些罗马工匠在保留了高足杯原有形制的同时,通过刻画宫廷人物纹样以显示萨珊银器的特色。

图8　安伽墓门额左侧供案
(笔者摄于陕西历史博物馆)

(二)纹样

萨珊银器的代表性纹样主要体现在主题纹样上。以表现萨珊宫廷人物为大宗,具体可大致分成半身人物像、狩猎和登基仪式三类,突显出严格的等级观念及王权至上的思想,多制作于萨珊王朝政治、文化中心。其中,半身人物像均呈徽章式布局,即在圆形或近圆形的框架之内装饰一个男性或女性人物的半身像,多集中于3—4世纪的萨珊银碗上。这种传统可以追溯到帕提亚时代,那时候常在器皿的中心铸一个有帕提亚皇帝肖像的著名的金属片。[4]需要指出的是,这种徽章式半身人物像在罗马玻璃器及"巴克特里亚金属制品"上同样有所体现。而典型的萨珊特征主要表现在宫廷人物的装束和人物下方的植物叶上。

图9　俄罗斯国立萨格维西所出鎏金银高足杯
(采自东京国立博物馆等《シルクロードの遗宝—古代・中世の东西文化交流》)

狩猎纹银盘是流传数量最多的萨珊银器。其制作年代与萨珊王朝的兴衰存亡相伴始终。这一纹样起源于亚述浮雕上的皇家狩猎图案。[5]但相比

---

① 齐东方:《唐代金银器研究》,中国社会科学出版社,1999年,第410页。
② 东京国立博物馆等:《シルクロードの遗宝—古代・中世の东西文化交流》。
③ 孙培良:《萨珊朝伊朗》,第15页。
④ 〔俄〕B.A.李特文斯基主编:《中亚文明史》第3卷《文明的交会:公元250年至750年》,第45页。
⑤ B.I.Marshak and V.I.Raspopova, "A Hunting Scene from Panjikent," *Bulletin of the Asia Institute*, New Series, Vol.4,1990, p.77.

于亚述艺术中猎狮场景的大量出现，萨珊银盘中的猎兽种类更为多样，有狮子、野猪、豹、羚羊、公牛、熊等近十种之多。不仅动物的数量不一，而且狩猎形式也更富于变化，以骑马射猎最为常见。另外，作为萨珊宫廷的标志之一，狩猎场景更多地与萨珊国王联系在了一起。在琐罗亚斯德教中，最好的国王同时也是英勇的猎人和超级勇士，因此在目前所有的萨珊银盘上出现的猎者多以国王的形象展现。在伊朗文献《阿维斯塔》中有记载，国王必须抓住神灵的可见化身以获得其所代表的神性，即力量、无敌与成功。[1]通过对狩猎纹银盘的观察可发现，一方面，国王所占据的比例较大或位置醒目；另一方面，动物多呈现出或死伤、或四散奔逃、或被制服的状态。这种强弱分明的结果正是萨珊狩猎纹着重表现的，反映出猎者对最终胜利的渴望。

图 10 俄罗斯国立艾尔米塔什博物馆藏鎏金银盘
（采自 Prudence O.Harper and Pieter Meyers, *Silver Vessels of the Sasanian Period,Vol.1,Royal Imagery*）

相比于前两类纹样，刻画登基仪式的萨珊银器数量极少，代表性例证主要有今俄罗斯彼尔姆（Perm）地区出土的一件鎏金银盘（图 10）。这种双手持剑端坐正面、两腿叉开且脚后跟并拢的国王形象在伊朗纳克什 – 伊 – 巴赫拉姆（Naqsh-i-Bahram）岩刻（图 11）中也有体现，由人物冠式可知，岩刻上表现的是瓦赫兰二世的形象。此外，在同一时期前后的伊朗岩刻、钱币、印章中还表现出相当数量的王权神授场面，其本意均在于强调萨珊国王登基的正统合法性。具体到银盘中的一些细部特征，国王的坐具更被认为是萨珊王座的标准样式。但国王所踩脚凳不见于伊朗地区，反倒常见于罗马及贵霜艺术之中，反映出萨珊同周边的文化交流。美国学者哈珀（P.O.Harper）从

图 11 纳克什 – 伊 – 巴赫拉姆岩刻
（采自 Prudence O.Harper and Pieter Meyers, *Silver Vessels of the Sasanian Period,Vol.1,Royal Imagery*）

[1] Vladimir G.Lukonin and Anatoly Ivanov, *The Lost Treasure Persian Art*, pp.131-135.

国王冠式及周围侍从等特征出发，认为其年代范围可能在 5—7 世纪。[①] 上下比例的差异突显出萨珊宫廷对登基仪式场面的重视，但这种情况并未持续很久。

除宫廷人物外，神灵是萨珊主题纹样的另一个重要表现。目的是宣扬王权神授或祈福，多集中于 6—7 世纪的萨珊银器上。这其中又以伊朗司水、丰产、植物女神阿娜希塔（Anahita）最具代表性，如克利夫兰艺术博物馆所藏的一件萨珊银盘（图 12）。其在图像上的特征是裸体、半裸体或穿衣站立。对阿娜希塔女神的崇拜最初源于亚述、巴比伦帝国神话中对女神的崇拜，阿契美尼德时期已经出现了她的图像。其在萨珊王朝格外受到崇拜的原因或许与开国之君阿尔达希尔一世（Ardashir I）是阿娜希塔女神庙祭司的后裔有关。在萨珊银器中，与阿娜希塔相伴随的植物多为葡萄藤，象征着多产与丰收。这些特征也应在一定程度上受到希腊丰收之神狄俄尼索斯（Dionysos）的影响。由于伊朗新年诺鲁兹节（Nowruz）同样强调丰收与重生，因此狄俄尼索斯的形象可能在希腊化时代被希腊人传播到了近东一带，后又一直延续至萨珊时期。而某些动物同样被赋予了一定的神性。[②] 神性在萨珊艺术中通常表现为头光、项链、绶带、羽翼等，均和萨珊宫廷及琐罗亚斯德教密不可分。卢科宁曾指出，一个真正的伊朗法定统治者需要被神灵们赋予不同的神性。[③] 以萨珊钱币为例，国王所戴王冠上的双翼多与琐罗亚

图 12　克利夫兰艺术博物馆藏鎏金银盘
（笔者摄于克利夫兰艺术博物馆）

斯德教战神韦雷斯拉格纳（Verethraghna）有关，该神有十种化身，分别是风、牡牛、白马、骆驼、野猪、青年、神鸟、牡羊、牡鹿、武士。其中，有的动物化身也出现在萨珊银器的主题纹样上。

（三）制作工艺

美国学者薛爱华（E.H.Schafer）在《撒马尔罕的金桃：唐代舶来品研究》一书中曾提到，在唐朝之前，金、银很少作为盘子、瓶子甚至珠宝类饰物的基础材料，但将黄金打制成薄片的波斯工艺却赢得了唐朝金属工匠的喜爱。[④] 这种以锤鍱[⑤] 为基础的制作工艺被认为是萨珊王朝所特有的，即在银器的背面锤打，使其在正面浮现所需要的纹样，其特别凸出的人像或动物则另外锤制，然后镶嵌在器物表面预先做好的凹槽上，再磨光

① Prudence O.Harper and Pieter Meyers, *Silver Vessels of the Sasanian Period, Vol.1, Royal Imagery*, pp.102–115.
② Vladimir G.Lukonin and Anatoly Ivanov, *The Lost Treasure Persian Art*, p.125.
③ Vladimir G.Lukonin and Anatoly Ivanov, *The Lost Treasure Persian Art*, p.125.
④ 〔美〕薛爱华：《撒马尔罕的金桃：唐代舶来品研究》，吴玉贵译，社会科学文献出版社，2016 年，第 611 页。
⑤ 即利用金或银质地柔软及延展性好的特点，通过锤击敲打或裁剪制成相应的造型或纹样，再作进一步加工使用。

錾刻，鎏金掩盖其接合处。[①] 经观察，萨珊银器上的浅浮雕、高浮雕式纹样，乃至器物形体的塑造都与锤鍱技术的运用有关。这种制作工艺传入中国之后，使中国唐代银器呈现出丰富多彩的局面。容器内底锤鍱浮雕式纹样的做法也出现在唐代银器上。

结　语

在对萨珊银器的研究过程中，对于相关概念的明确十分重要，这一方面关系到文化属性的确定，另一方面则涉及不同风格之间的作用程度。就萨珊艺术对东西方艺术的吸收和改造而言，过分夸大或简略其文化影响的做法都值得警惕。但银器作为萨珊艺术的集大成者，毫无疑问是我们了解萨珊文明的主要窗口之一。而能否正确认识萨珊银器的要点，就在于能否对其主要特征进行相对清晰的梳理。鉴于有限的考古材料，对萨珊银器的讨论在源流、年代序列及功用等方面仍存在较大空间。但毋庸赘言，萨珊银器确是东西方金属器交融、演变进程中的关键一环。

---

① 孙培良:《萨珊朝伊朗》，第 220 页。

粟特飞翔神兽刍议[*]

——灵光象征抑或特定神祇的化身

李思飞

（陕西师范大学历史文化学院）

有翼复合神兽是中古时期粟特艺术一个常见而独具特色的元素。这些神兽并非自然界实有的动物，而是幻想性的生物或各种幻想性生物的集合体。它们通常出现在粟特壁画或纳骨器图像显要人物的面前，居陪衬或补白地位；有时亦现身于金银细工器物上，或独立构成主题纹饰。由于鲜有文字记载，这些臆想生物的内涵往往呈现出歧义性和复杂性，[①]但相关考古实证为理解这一神秘元素提供了重要信息。

一 "灵光"的普遍象征?

伊朗裔美国学者 G. 阿扎佩（G. Azarpay）于 1975 年发表了一篇关于片治肯特（Penjikent）粟特壁画上飞翔在神祇、英雄等显要人物面前的复合神兽的颇具开创性的论文，[②]对这类图像的意涵做出了比较清晰的解读。文中她接受了俄罗斯学者 A. 别连尼茨基（A. Belenickij）对片治肯特 Ⅵ 区 1 号房址一幅特定壁画的比定：画面中一位头戴日月宝冠的国王身着华丽袍服坐于精致的 X 形坐具之上，左手握一小型斧头，右手心向上平摊于一只盛有物品的高足碗上方，一头带翼公牛口衔系飘带的圆环在国王面前飞舞（图 1）。别连尼茨基指出，有翼公牛可能是琐罗亚斯德教月神马赫（Mah）的象征，后者的代表动物和坐骑就是公牛。[③]虽然目前尚无法断定 1/Ⅵ 壁画中的动物确为公牛，但别连尼茨基和阿扎佩的观点为我们进一步探究粟特绘画的飞翔神兽提供了一个富有启示的起点。在上述学者研究的基础上，学界关于这类复合神兽的含义渐已形成较为一致的认识，即它们是其所面对的人物"灵光"的化

[*] 本文系国家社科基金冷门绝学项目 "敦煌壁画外来图像文明属性研究"（20VJXT014）阶段性成果。

[①] 由于相关文献记载缺略，学界对这类有翼复合神兽图像的解读存在混淆和矛盾，有学者将其识别为古代伊朗神话里的神鸟 "森莫夫"（Simurgh，中古波斯文写作 Senmurv），此说不确。详细论证见 M. Compareti, "The So-called Senmurv in Iranian Art: A Reconsideration of an Old Theory," *Loquentes Linguis. Studi Linguistici e Orientali in Onore di Fabrizio A. Pennacchietti* (*Linguistic and Oriental Studies in Honour of Fabrizio A. Pennacchietti*), eds. P.G. Borbone, A. Mengozzi, M. Tosco, Brill, 2006, pp. 185-200；〔意〕康马泰：《青海新见非科学出土奢华艺术品：吐蕃统治区域的伊朗图像》，李思飞译，《敦煌研究》2020 年第 1 期，第 20—21 页。

[②] G. Azarpay, "Some Iranian Iconographic Formulae in Sogdian Painting," *Iranica Antiqua* 11, 1975, pp. 170, 173.

[③] A. M. Belenickij, *Skul'ptura i zhivopis' drevnego Pyandzhikenta*, Moskva, 1959, pp. 30-31.

图 1 粟特片治肯特遗址 VI 区 1 号房址壁画
（采自 G. Azarpay, "Some Iranian Iconographic Formulae in Sogdian Painting," *Iranica Antiqua* 11, 1975, fig. 6）

身。所谓"灵光"，是普遍流行于古代伊朗文化圈的一个概念，含有多种神秘而神圣的意义，其核心语义为与一个人相伴终生的神佑和福运。灵光被视为琐罗亚斯德教善界神主阿胡拉·马兹达（Ahura Mazda）的一种神力和外在表象，可幻化出各种形体。它与谁同在，谁便强大有力，威风凛凛，战无不胜。琐罗亚斯德教经典《阿维斯塔》第 19 篇《扎姆亚德·亚什特》称颂灵光为"至善至美、令人向往、光辉灿烂和神通广大的造物"。在琐罗亚斯德教鼎盛时期，灵光又成为

"神赐王权"的隐喻性表达。① 灵光集"吉祥、荣耀、好运"等意义于一体，尤其应用于国王和勇士。② 在《阿维斯塔》文献中，灵光被称为"赫瓦雷纳"（xwarenah），是神赋予国王统治和英雄对抗恶魔时的必要庇护和佑助。它在后来的中古波斯语文本中被写作 xwarrah（现代波斯语作 farr 或 farreh），亦曾出现在许多其他业已绝迹的伊朗语言中。在粟特语中，灵光写作 farn。

复合神兽与灵光"farn"的铭文同时出现的实例可见于一些 7 世纪粟特钱币戳记（图 2）。③ 因此，研究者大多认同复合神兽可能是一种笼统意义上灵光——荣耀、神佑或神力的显现。然而，这种一般性的解读是否与粟特艺术中发现的所有具灵光意涵的图像或文字的情形相符，换言之，"灵光"的题铭和与其并呈的图像之间是否存在必然的关联，是我们需要充分考虑的问题。现藏俄罗斯国立艾尔米塔什博物馆的一枚非科学发掘金质印章就属一个异例。金印的印面刻绘了一位坐在大象背上带头光的神，伴有右侧的粟特文"prn βyy"（god farn，意为"灵光之神"）字样（图 3）。据粟特图像传统可知，坐于大象之上的神明是阿摩（Adbagh，意为"至高的神"）。阿摩系阿胡拉·马兹达的尊号。粟特众神植根于当地主流信仰，后者属琐罗亚斯德教的粟特变种，中国史书称为"祆教"。大多数祆教神祇的形象是直接受宗教文本启发的新创造，而几位最重要的神则明确是以

---

① 〔伊朗〕贾利尔·杜斯特哈赫选编：《阿维斯塔——琐罗亚斯德教圣书》，元文琪译，商务印书馆，2005 年，第 264、444 页。

② 段晴：《飘带来自吉祥——反映在古代于阗画中的祆教信仰符号》，《艺术史研究》第 17 辑，中山大学出版社，2015 年，第 157 页。

③ A. Nikitin, G. Roth, "A New Seventh-Century Countermark with a Sogdian Inscription," *The Numismatic Chronicle* 155, 1995, pp. 277-279.

图 2　有粟特文戳记的仿萨珊式粟特钱币（7 世纪）

（采自 M. Compareti, *The Elusive Persian Phoenix: Simurgh and Pseudo-Simurgh in Iranian Arts*, Bologna: Paolo Emilio Persiani, 2021, p. 77, fig.13a-b）

图 3　俄罗斯国立艾尔米塔什博物馆藏非科学发掘金印

（采自 A.Belenitsky, *Central Asia*, Geneva: Nagel,1975, pl.75）

印度教的对应神明为蓝本。①粟特人有意识地借用印度神图像志来形塑粟特当地神的做法，可从两件粟特文佛教文献流传的一份简短的神祇名单中得到证实。②祆教三大神祖尔万（Zurwan）、阿摩与维什帕卡（Weshparkar）无论其神格功能还是图像特征，均分别与印度教三大神梵天、因陀罗（帝释天）与湿婆神相当。③自6—7世纪起，粟特艺术家开始采纳"吠陀"诸神之王因陀罗的造型来代表祆教神主阿摩。马尔沙克（B. Marshak）先生已在一小组赤陶浮雕上确切比定出一种因陀罗–阿摩类型的图像。④由于因陀罗通常骑在坐骑大象身上，⑤粟特艺术家在对祆教至高神的描绘中便沿用了这一特征。这枚金印即体现了印度神因陀罗叠印在祆神阿摩之上的图像学融合。但其图文配置的不寻常之处在于，如果灵光之神被视为有别于阿摩的独立神明，那么 farn 的铭文就可能与图像无涉，也就意味着它并非喻指骑象神。由此便产生了一种图文不符或不协调的现象。此外，最近在撒马尔罕以南约15公里处的古代遗址卡菲尔卡拉（Kafir Kal'a）发现的至少两例新见印章印痕⑥亦值得注意。第一例印痕无图像（图4：1），仅显示粟特铭文"farn"（灵光）。第二例印痕则

---

① M. Compareti, "The Indian Iconography of the Sogdian Divinities and the Role of Buddhism and Hinduism in Its Transmission," *Annali dell'Istituto Orientale di Napoli*, 69/1-4, 2009, pp. 175-210; F. Grenet, "Iranian Gods in Hindu Garb: The Zoroastrian Pantheon of the Bactrians and Sogdians, Second-Eighth Centuries," *Bulletin of the Asia Institute*, 20, 2010, pp.89-94.

② *Vessantara Jataka*（《须大拏太子本生经》），VJ. 908-922 and Peillot 8. 41-42，相关分析见 H. Humbach, "Vayu, Siva und der Spiritus Vivens im Ostiranischen Synkretismus," In *Monumenta S. H. Nyberg*, Vol. 4, pp. 397-404. ActIr, 2nd series, Vol. 4. 1975, Teheran。

③ 见姜伯勤《敦煌吐鲁番文书与丝绸之路》第五章"敦煌吐鲁番与丝绸之路上的粟特人"（文物出版社，1994年）及文中援引〔俄〕别连尼茨基等《粟特绘画：东方艺术的绘画史诗》与〔英〕亨宁《粟特神祇》等书观点，转引自张元林：《观念与图像的交融——莫高窟285窟摩醯首罗天图像研究》，《敦煌学辑刊》2007年第4期，第255页。

④ B. I. Marshak and V. I. Raspopova, "Worshipers from the Northern Shrine of Temple Ⅱ, Panjikent," *BAI* 8, 1994, [1996], pp.187-207, fig. 16.

⑤ 〔德〕施勒伯格：《印度诸神的世界——印度教图像学手册》，范晶晶译，中西书局，2016年，第120—121页。

⑥ A. Begmatov, A. Berdimurodov, G. Bogomolov, T. Murakami, H. Teramura, T. Uno, T. Usami, "New Discoveries from Kafirkala: Coins, Sealings, and Wooden Carvings," *Acta Asiatica* 119, 1, 2020, p. 12.

表现了一棵树下一头向右行走的野猪，其脖颈下方刻有"farn"的铭文（图4：2）。这一例证引发笔者思考：首先，假如印面上的野猪确为"灵光"的象征，那么同样描绘野猪的其他中亚祆教遗存能否被视为表达相似的意涵？再者，如果这处印痕如同上述金印的情形一样，图像内容与铭文不甚相符，对此现象又当作何解释？

尽管以上考古发现使精确解读变得愈加困难，但可以肯定的是，粟特人采用了众多象征物来代表灵光，正如别连尼茨基和阿扎佩已经指出的那样，这类视觉表现在粟特绘画中并不鲜见。鉴于复合神兽在现有图像资料里的丰富样式，是否应当考虑在象征灵光的普遍意义之外存在其他可能性，譬如，每一位粟特神祇都会幻化出独有的神兽或灵物，这些灵光神兽的特定形态是否具有个性化喻义？以下就此假设展开推论。

可见一只飞翔在粟特风神维什帕卡面前的奇异生物，笔者最近在一篇文章中提出了对其身份的重构。[1] 正如在粟特艺术中通常呈现的那样，维什帕卡根据印度神湿婆的图像志被描绘成三头、多臂，前额的第三只眼睛炯炯有神，他身披甲胄，持法器三叉戟，靠后的一只上臂执一狭长号角靠近其右侧头的口部（图5）。维什帕卡的身份因其腿上的粟特文题记"wšpr(kr)"（Weshparkar）而得以明确。[2] 在风神面前可辨识出一只比较残碎的飞翔生物，其残存形体包括一只手臂和卷曲鱼尾或蛇尾，颇似希腊神话和艺术中的人鱼"特里同"（Triton）。它的左手握着可能是跨越头顶的披风一角，这一细部亦使人联想到古典时期希腊-罗马的风神形象以及贵霜风神 ANEMOS/OADO，其典型特征即持有在头顶或背后飘动的披肩或斗

二 "特里同"式人鱼与风神

片治肯特 XXII 区 1 号房址的 8 世纪壁画上，

图4 撒马尔罕附近卡菲尔卡拉遗址新出印章印痕
（采自 A.Belenitsky, *Central Asia*, Geneva: Nagel,1975, pl.75）

图5 片治肯特 XXII 区 1 号房址 8 世纪壁画
（采自 A. Belenitskij, B. Marshak, "The Paintings of Sogdiana," in G. Azarpay, *Sogdian Painting. The Pictorial Epic in Oriental Art*, Berkeley-Los Angeles-London: University of California Press, 1981, fig. 5）

---

① Li Sifei, "Tubo–Sogdian Relations along the Silk Road: On an Enigmatic Gold Plaque from Dulan (Qinghai, China)," *Iran and the Caucasus*, forthcoming.

② M. Shenkar, *Intangible Spirits and Graven Images: The Iconography of Deities in the Pre-Islamic Iranian World*, Leiden-Boston, 2014, p.154.

篷。^①众所周知，自亚历山大东征之后输入中亚的诸多希腊元素，皆被粟特艺术家吸收并融入当地的艺术生产中，此神秘生物很可能就是其中一例。考虑到粟特视觉艺术通常在神祇面前描绘一只"灵光"神兽的惯例，这位"特里同"或可理解为风神维什帕卡的化身。

在西安出土的 6 世纪史君墓葬图像上，有两处表现了一位可被识别为风神维什帕卡的神。史君是从中亚史国（Kish）移居中土的粟特移民，其石质葬具重现了众多植根于祆教的场景。在史君石堂东壁第一块浮雕（编号 E1）上部正中，有一正面盘坐于圆环中的神像，该神头戴宝冠，上举的右手握三叉戟，左手叉腰，盘腿而坐，其坐骑为三头公牛，居中的牛为正面，另两牛为侧面，分列左右。圆环上部覆有拱形风巾，两侧各有一带翼飞天执其两端（图 6）。学者已经比定出这尊神应是被描绘为印度神湿婆样貌的祆教风神维什帕卡，^②他具有湿婆的法器三叉戟及公牛坐骑。神像上方的风巾也与希腊风神（北风神 Boreas 和西风神 Zephyros）被风鼓动呈圆弧状的披风一脉相承。^③史君墓另一疑似风神的形象出现在通往墓室的石门门楣左侧（图 7）。该神祇有头光，戴宝冠，冠上有外饰联珠纹的环形饰，高鼻深目，蓄有八字胡，颈戴项圈，肩披帔帛，两臂弯曲上举，左手执一角形器，手腕均戴镯，下半身为厚叶缠枝忍冬纹。其右侧（门楣正中）为一位蹲坐四臂神，门楣右侧为神兽和鸟首人身神。值得注意的是，门楣左侧神祇手中的角形

图 6 西安出土史君石堂（6 世纪）东壁第一块浮雕（E1）摹绘图

（采自杨军凯《北周史君墓》，文物出版社，2014 年，第 141 页，图 148）

器造型简素，与大多数雕成兽首、上有饰带的来通（rhyton）颇不相同。另外，此神持器的姿势亦不

① K. Tanabe, "The Kushan Representation of ANEMOS/OADO and its Relevance to the Central Asian and Far Eastern Wind Gods," *Silk Road Art and Archaeology*, Vol. I, 1990, p. 59.

② 杨军凯：《北周史君墓》，文物出版社，2014 年，第 140—141 页，图 147、图 148；F. Grenet, P. Riboud, Yang Junkai, "Zoroastrian Scenes on a Newly Discovered Sogdian Tomb in Xi'an, Northern China," *Studia Iranica* 33/2, 2004, pp. 281-282.

③ K. Tanabe, ibid., p. 58.

图 7　史君墓室石门门楣摹绘图
（采自杨军凯《北周史君墓》，第 70—71 页，图 66）

似入华祆教徒石葬具上通常描绘的饮者高举角杯以仰承自上方下注之酒，[1] 而是握住兽角大头口沿，似乎无意作注饮之用。门楣的整体语境与出现来通的一般宴饮乐舞场景并不相符。因此，这件器物是否确系来通尚值得商榷。结合上文所举片治肯特的三头维什帕卡右侧的头正在鼓吹号角的例证，设想此神所持器物是号角，鼓吹之以呼引风气，当无大谬。故笔者推测史君墓室门楣左侧神祇亦可能是风神。[2] 尽管这只是一个假设，但对该神像身份的识别将为准确重构片治肯特风神面前的飞翔灵物提供有益启示。

另一件外观类似特里同的实物见于来自青海都兰热水墓群 2018 血渭一号墓的一件非科学发掘黄金饰片。[3] 该金饰片锤鍱成长条形有翼人鱼，其上部为一着翻领左衽袍服男性，额系飘带。男子左手持一角形器，右手触其羽尾。人鱼腰部生出一对向两侧平展的羽翼，下方伸出鸟或兽类前肢，身后为回旋四圈的鱼身和鱼尾。基于上举诸例提供的参照，我们有理由推测，此人鱼手持的角形器或许也是能鼓呼风气的号角，那么，持号角的人鱼就可能与风神有一定关联。

三　翼驼与战神

中亚金银细工器物上亦不乏飞翔神兽的身影。现藏俄罗斯国立艾尔米塔什博物馆的斯特罗加诺夫（Stroganov）家族收藏银碗（图 8-1）可以作为一个有趣例证。斯特罗加诺夫银碗的具体来源不详。马尔沙克先生基于其工艺、风格和图像特征提出，银碗来源地为巴克特里亚-吐火罗斯坦（Bactria-Tokharistan）的可能性很大。[4] 至于其制作年代，学界尚无定论，但多数研究者认为处于 5—8 世纪这一时段。[5] 根据 R. 舒尔茨（R. Schulz）最近发表的一篇论文，该银碗图像中包括一个希腊英雄赫拉克勒斯（Heracles）与祆教遵命之神、传令天使斯鲁沙（Srōš）叠印的形象，因为两者在各自所属的宗教系统中皆为具有冥界

---

[1]　孙机：《中国圣火——中国古文物与东西文化交流中的若干问题》，辽宁教育出版社，1996 年，第 178—194 页；前揭杨军凯：《北周史君墓》，第 235—236 页。

[2]　Li Sifei, "Tubo–Sogdian Relations along the Silk Road: On an Enigmatic Gold Plaque from Dulan (Qinghai, China)," *Iran and the Caucasus*, forthcoming.

[3]　李思飞：《希腊鱼尾兽在中国——中古祆教"护佑神兽"图像研究》，《故宫博物院院刊》待刊。

[4]　Boris I. Marshak, *History of Oriental Toreutics of the 3ʳᵈ-13ᵗʰ Centuries and Problems of Cultural Continuity*, St. Petersburg Academy of Culture's Research, 2017, p. 496, figs. 15-16.

[5]　详细引述见 R. Schulz, "The Stroganov Bowl in the State Hermitage: Zoroastrian Beliefs between Late Roman and Posthellenistic Iconography in Central Asia," *The Age of Empires. Eastern Iran from the Achaemenids to the Sasanians: Arcaeology, History, Culture*, eds. A. Balakhvantsev, N. Makkaveev, Moscow, 2019, p. 186.

使者属性的神：赫拉克勒斯之于古典信仰；斯鲁沙之于祆教。① 在笔者看来，这件半球形银碗的外饰面依次展现了三个叙事场景（顺时针方向）：首先是以盘腿坐在圆毯上的一对男女为主角的宴饮场景，左侧有两位侍酒仆人，右侧为两只击鼓吹笛的猴子；第二个场景为两位勇士猎杀一头野猪，一位身着古希腊短袖束腰外衣的男子，单膝跪地，正用短剑刺向伏在其膝头的巨大猎物，另一位则全身赤裸，仅有一袭巾帛披绕在肩头和腰际，他左手抓住野猪的一只耳朵，右手正高举大棒挥向目标；位于宴饮场景对侧的最后一个场景，则描绘了身量巨大的同一位裸身勇士左手持棒，右手支头，斜倚在折叠椅上与对面一位老者闲谈。据其形貌特征及手持物可知，此勇士正是赫赫有名的赫拉克勒斯。综观上述场景可以看出，银碗图像取材于古希腊神话阿德墨托斯（Admetus）与妻子阿尔刻提斯（Alcestis）的故事，② 而进入冥府救回替夫君赴死的阿尔刻提斯的关键角色赫拉克勒斯，理应在这一故事的视觉表现中占有一席之地。不过，尽管赫拉克勒斯闻名遐迩的十二伟业（Twelve Labors）之一是活捉厄律曼托斯山上的巨大野猪（Erymanthian wild boar），但银碗上猎杀野猪的图像却没有表现为这位英雄的独自壮举。因为其中刻画了两位勇士，笔者认为，这里很可能插入了另一场有赫拉克勒斯参与的捕猎——会猎卡吕冬野猪（Calydonian boar）③ 的情节。此一推论可以神话故事与图像的比对为证。在卡吕冬

围猎的故事里，阿德墨托斯和其他几位希腊英雄也参与其中，这与阿德墨托斯和阿尔刻提斯故事属同一角色的不同事迹，叙事逻辑上并无违和或唐突之感，与图像亦有密切关联。银碗表现了勇士、野猪和猎杀动作这几个核心元素，而受空间所限未表现其他英雄等次要元素，仅以两人（赫拉克勒斯为其中之一）代表之。这一主题应是更加符合斯特罗加诺夫银碗刻绘内容的推定。④

回到银碗的宴会场景（图8-2），在决定笔者第一印象的希腊神话语境下，在场人物的装束、姿态和家具却体现了伊朗文化圈的整体风尚。虽然巴克特里亚是一个受到希腊文化影响显著的中亚地区，但当地居民是操伊朗语东支——巴克特里亚语的伊朗民族。因此，巴克特里亚的视觉艺术往往呈现出古典希腊与中亚当地文化在题材、风格与具象准则上的碰撞和混融。尤需注意的是，在宴饮的两位主角之间，出现了一只口衔圆环的飞翔神兽。此兽唇厚，脖颈粗长，头顶和颈下有绒毛，具偶蹄动物的前肢，背部有一圆锥形凸起，尾部呈鸟羽状。其造型酷似骆驼的外形特征。检视古典文本与考古资料，我们可以对这只神兽的身份作出更为准确的推测。在古典神话的叙述中，祸害一方的卡吕冬野猪最初是由战神阿瑞斯（Ares）放出的。⑤ 希腊的阿瑞斯对应于罗马万神殿的马尔斯（Mars）和粟特的战争与胜利之神瓦沙格纳（Washaghn，阿维斯塔语作"韦雷斯拉格纳"/Verethraghna）。据《阿维斯塔》（Yast ⅩⅣ Bahram Yast），这位祆教战神的十种

---

① 前揭 R. Schulz, pp. 183-194。
② 〔德〕斯威布：《希腊的神话和传说》，楚图南译，人民文学出版社，1958年，第173—178页。
③ 〔德〕斯威布：《希腊的神话和传说》，第130—133页。
④ 详细论述见 Li Sifei, "Greek Myths on a Bactrian Silver Bowl in The State Hermitage Museum," *Iran and the Caucasus*, forthcoming.
⑤ Perry L. Westmoreland, *Ancient Greek Beliefs*, Lee and Vance Publishing Co., 2007, p. 123；前揭〔德〕斯威布：《希腊的神话和传说》，第130—133页。

图 8　俄罗斯国立艾尔米塔什博物馆藏斯特罗加诺夫银碗及摹绘图

（图 8-1 系自 A. Omelchenko, "Bowl with a Relief Hellenistic Scene," in M. Piotrovsky ed., *Expedition Silk Road. Journey to the West. Treasures from the Hermitage*, Amsterdam, 2014, p. 226, fig. 175; 图 8-2 笔者绘）

化身之一就是骆驼。[①] 马尔沙克先生指出，骆驼是瓦沙格纳的象征动物，[②] 而斯特罗加诺夫银碗上的神兽也应被比定为骆驼，[③] 换言之，骆驼的出现是对战神独有的"灵光"的隐喻。结合文献记录与图像学特征，飞翔在宴饮场景的男主人公（阿德墨托斯？）面前的神兽很可能是一只有翼骆驼。如果我们假定马尔沙克先生的推断正确，那么就可以把有翼骆驼与战神阿瑞斯（粟特的瓦沙格纳）的故事关联起来，银碗外饰的种种图像因而也就容易解释了。可以想见，战神放出的巨大野猪被一众英雄杀死，但阿瑞斯／瓦沙格纳并未对被笔者比定为阿德墨托斯场景中的人物发怒。而这只飞翔骆驼，则可视为串连三个场景以构成一套完整图像

叙事的一个隐秘线索，足见制作者融汇不同文化因素的巧思匠心。

骆驼头鸟身的复合神兽也出现在其他粟特艺术载体上，譬如片治肯特ⅩⅩⅢ区 1 号房址壁画（图 9）。以有翼骆驼为饰的金属器中，最为著名者当属现藏俄罗斯国立艾尔米塔什博物馆的 7—8 世纪粟特银壶（图 10）。[④] 与上举二例不同的是，此银壶上的神兽不是作为其他图像的搭配或补充，而是独立构成主题图案。在器腹的大圆环内，这只翼驼嘴部张开，头颈昂扬，翅膀和鸟尾末端呈现程式化的涡卷，整个造型极富神采与活力。经过一个多世纪的探索，这件银壶已被视为粟特金属器的代表作。与马尔沙克先生的推测不谋而合，

---

① The Zend-Avesta, Part Ⅱ, in *Sacred Books of the East*, Vol. 23, pp. 231-238; 另见前揭〔伊朗〕贾利尔·杜斯特哈赫选编：《阿维斯塔——琐罗亚斯德教圣书》，第 244—251 页。

② B. I. Marshak and V. I. Raspopova, "Wall Paintings from a House with a Granary. Panjikent, 1st Quarter of the Eighth Century A.D.," *Silk Road Art and Archaeology*, 1, 1990, pp. 137-144.

③ B. I. Marshak, "Verseuse Ornée d'Un Chameau Ailé," *L'Asie des steppes, D'Alexandre le Grand à Gengis Khan*, ed. J.-P. Desroches. Paris-Barcelone, 2000, p. 71.

④ 关于这件银壶在流派与年代上的归属，详见〔俄〕鲍里斯·艾里克·马尔沙克：《粟特银器》，李梅田、付承章、吴忧译，上海古籍出版社，2019 年，第 30—38 页。

图 9　片治肯特 XXIV 区 1 号房址壁画

（采自 M. Compareti, Dinastie di Persia e arte figurativa. Bibliografia ragionata per un millennio e mezzo di iconografie iraniche, Bologna: Paolo Emilio Persiani, 2019, p. 547, fig. 5.8）

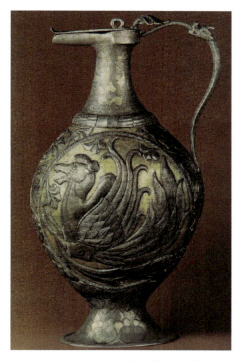

图 10　俄罗斯国立艾尔米塔什博物馆藏 7—8 世纪粟特银壶

（采自 B. Marshak, SILBERSCHÄTZE DES ORIENTS. Metallkunst des 3.-13. Jabrbunderts und ihre Kontinuität, Leipzig: VEB E. A. Seemann Verlag, 1986, fig. 55）

孙机先生也认为，翼驼代表粟特的胜利之神韦雷斯拉格纳 / 瓦沙格纳。[1] 意大利学者康马泰（M. Compareti）亦认同这一观点，并进一步提出将粟特壁画上一位经常与坐于骆驼之上的战神瓦沙格纳成对出现的坐骑为公羊的女子比定为司掌水、星辰和命运的女神阿娜希塔（Anahita）。[2] 在片治肯特的私人住宅中至少发现了三幅残损壁画，皆描绘有一对神圣伴侣：男神坐于骆驼之上，女神坐于公羊之上。[3] 二神均手持一盘，上有其象征动物的小型复制品（图 11）。这一描绘样式实则隐含着这对神祇的另一重身份。康马泰的这一假说可以增强将瓦沙格纳比定为一位与骆驼有关的神明的合理性。他的观点是从天文学－占星术的角度展开论证的，而天文－星象学在古代世界的每个文化体系中都占有重要地位。从星象学意义来说，粟特的战争与胜利之神瓦沙格纳，与阿维

---

①　孙机：《建国以来西方古器物在我国的发现与研究》，《文物》1999 年第 10 期，第 74 页。

②　M. Compareti, *From Sasanian Persia to the Tarim Basin: Pre-Islamic Iranian Art and Culture along the Silk Road*, Bologna, 2021b, p.140.

③　M. Shenkar, ibid., figs. 128-130.

图 11　片治肯特 XXV 区 28 号房址私人住宅南壁壁画
（采自 M. Shenkar, *Intangible Spirits and Graven Images: The Iconography of Deities in the Pre-Islamic Iranian World*, Leiden-Boston, 2014, fig. 130）

斯塔语的韦雷斯拉格纳、中古波斯语的巴赫拉姆（Bahram）等同，巴赫拉姆也是太阳系八大行星之一火星马尔斯（Mars）的伊朗语名。众所周知，火星在希腊－罗马神话与星象体系中对应于阿瑞斯，后者与其爱侣阿佛洛狄忒（Aphrodite）/维纳斯（Venus）所代表的行星——金星组成一对伴侣星座。在古典艺术中，阿佛洛狄忒有时被描绘成一位骑公羊的女子。[1] 粟特人很可能知晓这种关联，阿娜希塔在粟特语及其他中古伊朗语中被称为"纳希德"（Nahid），含有"金星"之意，于是祆教的司水女神阿娜希塔自然与金星相认同。显然，这对神祇伴侣的图像程式，表明粟特艺术家对于星神形象的含义了如指掌且甚为看重。

如果康马泰所论无误，那么就可得出瓦沙格纳－阿娜希塔与火星－金星之间在天文星象学上的精确对应。因此，骑在骆驼之上的神只可能是瓦沙格纳/阿瑞斯/马尔斯。

结　语

粟特艺术中的复合神兽呈现出丰富多样的形式，本文针对该主题所作的初步探讨，旨在引起学界对粟特艺术中这一有趣图像的注意。未来笔者拟对更多复合灵物如翼马、口衔飘带环的鸟、手举珠链的天使、拿着花环的飞翔的手等继续进行探究。别连尼茨基、阿扎佩、马尔沙克、孙机以及康马泰等学者的观点给予我们许多有益启示，但仍需进一步的考古发掘以及粟特文字的考释，为这方面研究提供更为翔实的论证。据汉文史料记载，自南北朝以来尤其是隋唐时期，不断有粟特移民流寓中土，为中国宫廷带来诸多外来文化因素。有学者认为，中古中国经由粟特人的中介而吸纳的"西方"知识中，天文学和星占术是一个不容忽视的元素。[2] 随着波斯、粟特、印度天文术士的入华，源自希腊、罗马并经改造的天文星命概念和技术陆续传入中国。[3] 因此，天文星象学的思维和视角，将有助于理解和辨析敦煌及其他佛教遗址发现的有争议图像。对复合神兽的研究能从细部补充我们对粟特艺术与图像传统的认知。

---

① E. Simon, *Die Götter der Griechen,* München, 1969, p. 252.

② A. Panaino, *Old Iranian Cosmography. Debates and Perspectives,* Milano-Udine, 2019; A. Panaino, "The Conceptual Image of the Planets in Ancient Iran and the Process of Their Demonization: Visual Materials and Models of Inclusion and Exclusion in Iranian History of Knowledge," *NTM Zeitschrift für Geschichte der Wissenschaften, Technik un Medizin* 28, 2020, pp. 359-389.

③ 余欣:《唐宋之际"五星占"的变迁：以敦煌文献所见辰星占辞为例》,《史林》2011 年第 5 期，第 78 页。

死者的象征[*]

——入华粟特人墓葬鞍马图像含义的历史考察

孙武军

（西安建筑科技大学文学院）

北齐、北周和隋代入华粟特人墓葬流行无人骑乘的鞍马图像。有些学者认为这些图像体现的是一个神祇，而另一些学者认为其代表了墓主前往死后世界的坐骑或牺牲（祭品）。本文系统梳理古代中国、伊朗、印度以及粟特关于鞍马的文献记载和图像表现，以辨别入华粟特人墓葬图像中鞍马图像的确切含义。结果表明，入华粟特人墓葬鞍马图像代表墓主，亦即死者的象征表现，与同时期中国墓葬同类图像具有相同的含义，而选择鞍马图像作为死者象征有多方面的原因。

马在北齐、北周、隋代入华粟特人墓葬图像中出现的频率较高，根据功能即马背是否有骑者可将其分为两种类型：出行坐骑与墓主亡灵。[①]作为墓主亡灵象征的鞍马一般包括鞍辔俱全、无人骑乘、顶鬃流苏、马背上方伞盖、马前侍者、马旁侍者等组成要素。除了学者在解读某一个葬具图像程序时论及鞍马图像外，黎北岚、葛乐耐、沈睿文等均较为集中讨论过入华粟特人墓葬中的鞍马图像题材。

黎北岚《入华粟特人丧葬艺术中的鞍马：多重主题溯源》是目前唯一论述鞍马图像的专文，作者梳理了古代中国、伊朗（粟特）与水密切相关的马的文献记载和图像表现，认为安阳、Miho 石榻双阙的鞍马并非马尔沙克所说是献祭的牺牲；Miho 屏风 B 鞍马下的鱼类表明鞍马与伊朗传统（粟特）的蒂什特里亚神（得悉神）和乌浒水神相关，不同意马尔沙克的密特拉神之说；虞弘墓石堂门右侧浮雕鞍马与蒂什特里亚神和密特拉神相关。[②]葛乐耐关于鞍马的最新论述为"葬礼出行图中无人骑乘的空鞍马，在中国这是象征亡灵的崇高社会地位；在中亚拜火教徒之间，这是对于波斯太阳神密特拉的动物献祭，而

* 本文为陕西省教育厅专项科学研究计划项目"入华粟特人墓葬亡灵图像及审美观念研究"（18JK0426）、国家社科基金青年项目"丝绸之路祆教神祇图像传播研究"（16CZS072）阶段性成果。

① 入华粟特人墓葬的墓主像包括标准墓主像、普通墓主像、象征性墓主像三类，墓主亡灵即象征性墓主像。孙武军：《入华粟特人墓葬图像的丧葬与宗教文化》，中国社会科学出版社，2014年，第155—156页。

② Pénélope Riboud, "Le cheval sans cavalier dans l'art funéraire sogdien en Chine: À la recherche des sources d'un thème composite," *Arts Asiatiques*, tome 58, 2003, pp. 148-161.

密特拉神也是亡灵的善恶审判者。在粟特本土，无人骑乘的空鞍马出现在希瓦兹的纳骨瓮上，也出现在撒马尔罕古城大使厅壁画南墙，作为粟特王波斯新年出行图中去往祖先陵庙准备祭献的动物之一。在安阳和 Miho 围屏石榻的门阙上都有长条出行图，空鞍马的意义与希瓦兹纳骨瓮和大使厅壁画是一样的；而在虞弘的汉白玉石椁上，密特拉神直接出现，过来迎接被献祭的空鞍马"。[①] 沈睿文认为粟特盛骨瓮、壁画及入华粟特人墓葬"无人乘骑的覆盖鞍鞯之马是为墓主人进入中界而备"。[②]

一 入华粟特人墓葬的鞍马图像

入华粟特人墓葬的鞍马图像出现在北齐的安阳、Miho、青州，北周的康业、史君，隋代的吉美、虞弘等葬具图像中，2012 年入藏中国国家博物馆的北朝入华粟特人石堂（以下简称国博石堂）亦有鞍马图像。入华粟特人墓葬的鞍马图像可大略分为四类，具体包括马前有敬奉姿态人物的鞍马、送达并等待骑马人物的鞍马、与牛车组合出现的鞍马、作为仪仗队伍组成部分的鞍马。

（一）马前有敬奉姿态人物的鞍马

Miho 双阙围屏石榻屏风 B 上部为朝右的两位骑马人物，中部有朝左鞍马、马前双膝跪地且双手上举杯具的人物及马旁站立的四位侍者，其中一位侍者手持伞盖，最下部为河流，河里有朝左游的三条鱼（图 1）。屏风 F 下部有三匹朝左驮着丧葬用品的马；屏风 K 为朝右的牛车出行图，牛车周围有多位侍者和两个骑马人物。屏风 B 鞍马的比定众说纷纭，马尔沙克最先比定为密特拉，后来接受葛乐耐比定为得悉神[③]的观点，最终与葛乐耐一起接受肖沃（Prods Oktor Skjærvø）比定为瓦克什神（Vakhš）的观点。[④]姜伯勤接受得悉神之说，荣新江结合汉文史料记载及屏风组合规则，进一步确定得悉神的观点，[⑤]张小贵也赞同此说。稻垣肇结合汉代山东嘉祥五老洼村祠堂后壁与四川彭山双河乡崖墓石棺的马饮水图像，认为屏风 B 的鞍马是献给亡灵裁判神密特拉的，重新回到马尔沙克最初的比定结果。[⑥]腊丝波波娃认为屏风 B 是"一大群人观看神马崇拜仪式"，其余则未深究。[⑦]以上诸说均不能成立，理由如下。第一，囿于当时考古资料的限制，学者没有全面考

---

① Frantz Grenet, "Zoroastrian Funerary Practices in Sogdiana and Chorasmia and among Expatriate Sogdian Communities in China," in Sarah Stewart (ed.), *The Everlasting Flame: Zoroastrianism in History and Imagination*, I. B. Tauris, 2013, p. 23. 中译本参见〔法〕葛乐耐：《驶向撒马尔罕的金色旅程》，毛铭译，漓江出版社，2016 年，第 173 页。

② 沈睿文：《内亚游牧社会丧葬中的马》，《北方民族考古》第 2 辑，科学出版社，2015 年，第 251—265 页。此据氏著：《中古中国祆教信仰与丧葬》，上海古籍出版社，2019 年，第 381、385 页。

③ Frantz Grenet, "Preliminary Remarks on the Ghulbiyan Painting: An Iconography of Tištrya," *South Asian Studies*, Vol. 14, 1998, pp.81-83.

④ 〔俄〕马尔夏克：《Miho 石棺屏风及北朝粟特艺术（550—579 年）》，〔俄〕马尔夏克：《突厥人、粟特人与娜娜女神》，毛铭译，漓江出版社，2016 年，第 163—164 页。

⑤ 荣新江：《Miho 美术馆粟特石棺屏风的图像及其组合》，《艺术史研究》第 4 辑，中山大学出版社，2002 年，第 199—221 页。此据氏著：《中古中国与粟特文明》，生活·读书·新知三联书店，2014 年，第 347—349 页。

⑥ 〔日〕稻垣肇：《中国北朝石制葬具葬具の発達と MIHO MUSEUM 石榻围屏风门阙の复原试论》，《Miho Museum 研究纪要》第 9 号，秀明文化财团，2009 年，第 116 页。

⑦ 〔俄〕瓦伦蒂娜·腊丝波波娃：《Miho 石雕上的粟特生活和艺术样式》，〔俄〕马尔夏克：《突厥人、粟特人与娜娜女神》，第 144—145 页。

图 1　Miho 围屏石榻屏风 B

（采自 Judith A. Lerner, "Aspects of Assimilation: the Funerary Practices and Furnishings of Central Asians in China," *Sino-Platonic Papers*, No. 168, 2005, pl. 5, fig. b）

察入华粟特人墓葬中的同类图像，在缺少参照系的情况下，单个图像解读的随意性太大。黎北岚、稻垣肇等从汉代画像石或先秦两汉典籍中寻找证据的舍近求远的方法不足取。第二，葛乐耐得悉神说的比定源——4—5 世纪初萨珊壁画（今阿富汗法利亚布省古尔比扬）的神祇与屏风 B 的相似处仅有两点，即水与鱼，前者为坐姿神祇座位下有一阔腹圆形鱼缸，里面有朝上游向缸口的四条鱼；后者是岸边有花草点缀的河流，三条鱼朝左游，笔者认为此乃诸如山川树林的自然背景，并无深意。得悉神说置前者为坐姿神祇、后者为鞍马的最大区别于不顾，抓小放大，显然缺乏说服力。第三，瓦克什神即乌浒水神、阿姆河神，是阿姆河流域崇拜的神祇，并非仅指阿姆河北向支流瓦克什河的神祇。瓦克什神为巴克特里亚、粟特、花剌子模的以阿姆河为地理基础的地方神祇，该神神祠均位于阿姆河两岸附近。更为重要的是申卡尔所指出的，到目前为止粟特艺术中未见确定的瓦克什神的图像。[1] 很难想象在缺乏地域背景即侨居古代中国的情况下，入华粟特人还能将瓦克什神刻绘在其墓葬图像中。

青州石椁的十一块石板[2]上，有六块出现了马。石椁左侧第 1 块和第 3 块石板为商旅载货马，分别与牛车和骆驼匹配出现，正面第 1 块祷告图有背驮祭祀用品的马，右侧第 2 块送葬图有驮着石椁的四匹马。剩余的两块石板构图相似，均由三个人物和朝右的马组成，区别在于正面第 3 块

[1]　Michael Shenkar, *Intangible Spirits and Graven Images: The Iconography of Deities in the Pre-Islamic Iranian World*, Brill, 2014, p. 129.

[2]　关于该石椁（或石室）的不同组合复原结果及其学术史梳理，参见孙武军：《入华粟特人墓葬图像的丧葬与宗教文化》，第 39—45 页；沈睿文：《青州傅家画像石的图像组合问题》，《欧亚学刊》新 3 辑，商务印书馆，2015 年，第 67—77 页，以《青州傅家画像石的图像组合》为题收入氏著：《中古中国祆教信仰与丧葬》，第 223—235 页。

石板马背上有墓主骑乘，马后侍者持团扇；右侧
第 1 块石板马背无骑者，马后侍者持伞盖，马旁
站立一人，马前侍者持马缰（图 2）。史君石堂西
壁第 2 幅上部为穹隆顶建筑下的夫妇怀抱婴儿居
家图，下部为马头朝左、鞍鞯俱全的立马，建筑
前方踏步下卧有一犬，张口吐舌（图 3）。马额顶
鬃毛系起，颈下有缨穗，有障泥、鞧带、马镫，
马前跪一男子，马旁站立一侍者，双手擎曲柄圆
形伞盖。值得注意的是，史君石堂伞盖共出现三
次，另外两次均出现在石堂北壁第 3 幅男女主人
骑马出行图中。男主人头顶的直柄伞盖为方形或

图 2　青州石椁右侧第 1 块石板
（采自青州市博物馆编《山东青州傅家庄北齐线刻画像石》，齐鲁
书社，2014 年，第 31 页）

图 3　史君石堂西壁第 2 幅
（采自杨军凯《北周史君墓》，文物出版社，2014 年，第 105 页，
图 108）

弧形，大气简约；女主人头顶的曲柄伞盖为圆形，不但造型别致，而且飘带飞扬，精致华美。伞盖造型及其装饰风格的不同表明西壁第2幅伞盖的使用者或拥有者应为女性。也就是说，夫妇怀抱的婴儿是史君，鞍马象征史君夫人。

虞弘石堂四壁共九块浮雕，其中3块有马出现，且核心人物均为虞弘。石堂门右侧浮雕为头朝左、鞍鞯俱全的红色立马，马鞍上搭两端束带的鞍袱，无马镫，马尾中部用丝带扎成蝴蝶花结。鞍马络头带、攀胸带、鞦带等为金色，马额佩当卢；络头带饰有红缨，鞦带饰桃形缨饰，鞯和障泥为花色金边。马前方站立一牵马侍者，右后方站立三男子，靠后二男子左臂下夹茵褥；马前蹄旁跟随两只狗（图4）。石堂门左侧浮雕和石堂内壁左侧面靠右浮雕中马背上的人物均为虞弘，[1]且均有两位侍者陪侍，与石堂门右侧浮雕不同的是马的四蹄均系有饰带，且马处于行进状态，方向分别为朝右和朝左。关于石堂门左、右两侧浮雕的比定，马尔沙克提出了两种可能性：虞弘与献给虞弘亡灵的祭品、密特拉神与献给密特拉的祭品，他倾向于后一种可能性，葛乐耐、姜伯勤、黎北岚等接受此观点。值得注意的是，黎北岚、张小贵[2]也提出了得悉神的可能性。得悉神说的证据之一是鞍马浮雕下的双翼马首鱼尾形象，黎北岚认为这正体现出得悉神的飞升与入水特征，[3]此

图 4　虞弘石堂门右侧浮雕
（采自山西省考古研究所等编《太原隋虞弘墓》，文物出版社，2005 年，第 96—101 页，图 136、图 138）

观点不攻自破的有力证据是该形象还出现于虞弘石堂"酿造葡萄酒"浮雕的下部，一头狮子正在扑向双翼马首鱼尾形象。笔者倾向于马尔沙克提出的前一种可能性，但认为此鞍马并非献给虞弘亡灵的祭品，而是虞弘亡灵的象征表达。朱丽安诺从佛教艺术角度解读虞弘石堂，认为石堂门左、右两侧浮雕并置，象征着现世死者的死亡及死后

---

[1]　关于九块浮雕核心人物的归纳分类，参见张庆捷：《虞弘墓石椁图像整理散记》，《艺术史研究》第5辑，中山大学出版社，2003年，第199—222页，以《虞弘墓石堂图像整理散记》为题收入氏著：《民族汇聚与文明互动——北朝社会的考古学观察》，商务印书馆，2010年，第488—491页；孙武军：《入华粟特人墓葬图像的丧葬与宗教文化》，第90—91页；山西省考古研究所等编：《太原隋虞弘墓》，文物出版社，2005年，第116—117页，图154、图156；第112—113页，图150、图152。

[2]　张小贵：《祆神密特拉源流及其形象考》，罗丰主编：《丝绸之路上的考古、宗教与历史》，文物出版社，2011年，第244—260页。此据氏著：《祆教史考论与述评》，兰州大学出版社，2013年，第31—33页。

[3]　Pénélope Riboud, "Le cheval sans cavalier dans l'art funéraire sogdien en Chine: À la recherche des sources d'un thème composite," Arts Asiatiques, tome 58, 2003, p. 159.

成功转化为王者，^①意即鞍马应为死者的象征。

（二）送达并等待骑马人物的鞍马

安阳双阙围屏石榻正面六幅屏风的第 3 幅和第 6 幅中，大门和围墙将上部三分之二的墓主宅邸内的宴饮图与下部三分之一的侍者鞍马图隔开。两处侍者鞍马图构图相似，包括两匹朝左的鞍马、马前的牵马侍者、马旁的执伞盖侍者及其他侍者（图 5）。国博石堂右壁可见十匹马及其骑者组成的行进队伍，其中一匹体型更大、头顶部有一撮立鬃的马应该为男墓主所骑乘；后壁右 3 间可见五匹鞍马，其中画面最下部一匹与石堂右壁男墓主所骑当为同一马（图 6）。

（三）与牛车组合出现的鞍马

康业围屏石榻正面有六幅屏风，右侧三幅屏风的中间一幅为墓主像，两侧分别为牛车图和鞍马图（图 7）。吉美围屏石榻十幅屏风中，左壁最外一幅和右壁最外一幅对称排列，分别为鞍马图和牛车图（图 8）。鞍马图下部由朝左鞍马及五个人物组成，马身右侧三位侍者中的一人撑伞，两人相对，似在交谈；马身左侧为牵马侍者；马前方有一持香炉导引鞍马队伍的仆童；鞍马左后侧有蹲坐的张望鞍马队伍的小狗。鞍马图的中部有伞盖、树枝、飞翔的双雀等；上部有口衔枝叶的仙鹤、双手持莲蓬的飞天等。德凯琳、黎北岚认为吉美围屏石榻屏风上的鞍马与牛车象征墓主夫妇，其他辅助证据包括狗、仙禽瑞兽、旋涡形火

---

① Annette L. Juliano, "Converging Traditions in the Imagery of Yu Hong's Sarcophagus: Possible Buddhist Sources," *Journal of Inner Asian Art and Archaeology*, Vol. 1, 2006, p. 34.

图 5 安阳围屏石榻正面屏风第 3 幅下部

（采自 Museum of Fine Arts, Boston, "Back panel from a mortuary couch," https://collections.mfa.org/download/12931）

图 6 国博石堂后壁右 3 间

（采自葛承雍《北朝粟特人大会中祆教色彩的新图像——中国国家博物馆藏北朝石堂解析》，《文物》2016 年第 1 期，第 78 页，图 11）

图 7 康业围屏石榻正面屏风右侧三幅
（采自西安市文物保护考古所《西安北周康业墓发掘简报》,《文物》2008 年第 6 期, 第 31 页, 图 29）

图 8a 吉美围屏石榻屏风左壁最外一幅　　　图 8b 吉美围屏石榻屏风右壁最外一幅

（采自 Musée Gumiet, *Lit de pierre, sommeil barbare: présentation, après restauration et remontage, d'une banquette funéraire ayant appartenu à un aristocrate d'Asie centrale venu s'établir en Chine au VIe siècle,* Musée Gumiet, 2004, p. 16, fig. 10; p. 27, fig. 29）

焰纹等吉祥符号。[①]

（四）作为仪仗队伍组成部分的鞍马

安阳左右双阙正面十余人的仪仗队伍后尾，均有两匹鞍马。Miho 左右双阙正面均为由四个人物和一匹鞍马组成的仪仗队伍（图9）。笔者赞同黎北岚的观点，即将双阙正面与侧面分开对待；而非马尔沙克、葛乐耐的结合在一起解读的方法，依照此观点，双阙正面的仪仗队伍是参与侧面的祭祀圣火和纪念墓主活动，鞍马是献祭的牺牲。正如北朝隋唐中国墓葬传统，这里的仪仗队伍（包括鞍马）也是墓主身份地位的象征表现。

综上所述，入华粟特人墓葬所见四类鞍马图像虽有区别，但均是墓主的象征性表达，即亡灵象征。第一类即马前有敬奉姿态人物的鞍马，此类鞍马最为独特，应该是墓主的象征。原因是除了有敬奉姿态人物外，还有马背上方的伞盖、画面上方的神异图像（含绶鸟等）、马旁的狗等。第二类即送达并等待骑马人物的鞍马，由于数量多，它们不可能都是墓主的象征表现，但其中有一匹肯定是墓主所骑乘，从而也可以将墓主所骑乘之马看作墓主的象征表现。第三类即与牛车组合出现的鞍马和第四类即作为仪仗队伍组成部分的鞍马在北朝至隋代的中国墓葬中广泛存在，鞍马或者象征男墓主，或者彰显墓主的身份地位。

二 汉至隋（鞍）马图像的演变与意义

从考古发现来看，古代中国的车马祭祀（马殉）可以上溯至殷商时期，东周时期车马被广泛用于郊祀、宗庙祭祖、社祀、山川望祭、盟誓、方神等各种祭祀，约从战国中期开始，木偶车马

图 9a　Miho 双阙围屏石榻左阙　　　　　　　　图 9b　Miho 双阙围屏石榻右阙

［采自 Annette L. Juliano, Judith A. Lerner, "Eleven Panels and Two Gate Towers with Relief Carvings from a Funerary Couch," in Miho Museum (ed.), *Catalogue of the Miho Museum (The South Wing)*, Miho Museum, 1997, pp. 248-249, gatepost 1, 2］

---

① 〔法〕德凯琳、黎北岚：《巴黎吉美博物馆展围屏石榻上刻绘的宴饮和宗教题材》，施纯琳译，张庆捷等主编：《4—6 世纪的北中国与欧亚大陆》，科学出版社，2006 年，第 109—110 页。

（马俑）被用于祭祀，成为秦汉以后车马祭祀的发展趋势。[①] 从马殉到马俑，再到马画，是殷商至隋唐时期马在古代中国祭祀文化中角色的演变轨迹。具体到墓葬语境，战国晚期是马殉占主导到马俑占主导的转变期；西汉壁画与东汉画像石是汉代马俑之外新创的马画形式；西汉至隋唐，马俑与马画两种形式共存于墓葬中。在以墓室壁画、画像石和画像砖为代表的汉代画像中，车马出行图是最常见的题材，其实质是墓主人的灵魂从地下世界赴墓地祠堂去接受祭祀。[②] 东汉中晚期开始，"马车虽仍在高级贵族中使用，但牛车开始盛行，并逐渐成为用车的主要形式"。[③] 洛阳春都路西晋墓墓室西南角同时出现鞍马和牛车的陪葬陶俑（图10），齐东方指出："牛车往往和鞍马同出，并常伴出男女侍俑，从摆放位置上看，男侍俑位于鞍马之侧，女侍俑位于牛车附近。从稍晚的南北朝壁画墓可知鞍马是为男墓主准备，而牛车实际是为女墓主准备。"[④] 十六国时期吐鲁番阿斯塔那M13出土墓主人生活图纸画"由六幅小画拼接而成，画面正中描绘垂流苏的覆斗帐，帐下男主人持扇跪坐在木榻之上，其身后立一侍女。主图左侧树下绘鞍马和马夫，右侧下部绘婢女和炊事，上部绘田地和家具"（图11）。值得注意的是，马背上方有一曲柄伞盖，表明此鞍马作为墓主象征的功能已经确定。

据现有考古资料，最早的鞍马与牛车对称排列在墓主像两侧的壁画出自高句丽德兴里壁画墓

图10　洛阳春都路西晋墓陶俑
（采自洛阳市第二文物工作队《洛阳春都路西晋墓发掘简报》，《文物》2000年第10期，第31页，图9）

图11　十六国时期吐鲁番阿斯塔那M13纸画
（采自国家文物局编《丝绸之路》，文物出版社，2014年，第205页）

（409年）的后室北壁（图12），墓主人可能复姓慕容，也可能是前秦或前燕的辽东太守。北魏最早的牛车与鞍马图像出自大同智家堡石椁内南壁，左侧绘鞍马与侍者，右侧绘牛车及侍者，还有均面朝中部的两名侍者；石椁北壁为墓主夫妇像。[⑤]

①　赵海洲：《东周秦汉时期车马埋葬研究》，科学出版社，2011年，第160页。
②　信立祥：《汉代画像中的车马出行图考》，《东南文化》1999年第1期，第47—63页。
③　赵海洲：《东周秦汉时期车马埋葬研究》，第160页。
④　齐东方：《中国古代丧葬中的晋制》，《考古学报》2015年第3期，第358页。
⑤　王银田、刘俊喜：《大同智家堡北魏墓石椁壁画》，《文物》2001年第7期，第42—47页。

图 12　高句丽德兴里壁画墓后室北壁
（采自倪润安《光宅中原：拓跋至北魏的墓葬文化与社会演进》，上海古籍出版社，2017 年，第 155—156 页，图 3—15：6）

属于北魏晚期的洛阳古代艺术馆藏石榻、沁阳石榻、纽约石榻及宁懋石室均有鞍马、牛车画像，[①]且都为完全遵循分列墓主像两侧原则的图像布局。

迄今为止，北齐至隋代共发现八座牛车与鞍马同时出现的壁画墓，其中七座属于北齐，一座属于隋代，即山东嘉祥的徐敏行墓。这些壁画墓具有较为固定的布局模式：主（北）壁为墓主夫妇宴饮图，往往左（东）侧为男墓主，而右（西）侧为女墓主；东壁和西壁分别为鞍马或牛车图。其中的四座墓葬——山西太原徐显秀墓（图13）、太原第一热电厂墓主不详墓[②]、河北磁县高润墓[③]、徐敏行墓[④]——东壁为牛车，西壁为鞍马。其他四

座墓葬——太原娄睿墓[⑤]、太原韩祖念墓[⑥]、朔州水泉梁墓主不详墓（图 14）、山东济南道贵墓[⑦]——西壁为牛车，东壁为鞍马。虽然这八座壁画墓的东壁和西壁的题材配置有别，但伴随鞍马的均为男仆，伴随牛车的均为女仆，说明鞍马供男墓主使用，牛车供女墓主使用，进而可以推定鞍马象征男墓主，而牛车象征女墓主。

然而，有两个方面似乎与这个结论相矛盾。首先，鞍马并不总是位于男墓主的一侧（东壁）。其次，除了徐敏行墓合葬徐敏行夫妇外，其余七座墓均仅发现一具尸骨。张涵烁试图通过鞍马和牛车的图像题材发展来解决这些矛盾，认为鞍马

① 邹清泉：《图像重组与主题再造——"宁懋"石室再研究》，《故宫博物院院刊》2014 年第 2 期。此据氏著：《行为世范：北魏孝子画像研究》，北京大学出版社，2015 年，第 75 页。
② 山西省考古研究所、太原市文物管理委员会：《太原南郊北齐壁画墓》，《文物》1990 年第 12 期，图 4、图 5。
③ 磁县文化馆：《河北磁县北齐高润墓》，《考古》1979 年第 3 期，第 235—236 页。
④ 山东省博物馆：《山东嘉祥英山一号隋墓清理简报——隋代墓室壁画的首次发现》，《文物》1981 年第 4 期，第 29—30 页，图 4、图 5；图版 2-1。
⑤ 山西省考古研究所、太原市文物考古研究所：《北齐东安王娄睿墓》，文物出版社，2006 年，彩版 66、彩版 67。
⑥ 太原市文物考古研究所：《太原北齐韩祖念墓》，科学出版社，2020 年，图版 4、图版 6。
⑦ 济南市博物馆：《济南市马家庄北齐墓》，《文物》1985 年第 10 期，第 45 页，图 8。

图 13　徐显秀墓室三壁壁画
（采自武光文《北齐徐显秀墓》，三晋出版社，2015年，彩版"修复前墓室壁画三维成像"）

图 14　水泉梁墓室三壁壁画
（采自山西博物院、山西省考古研究所《山西朔州水泉梁北齐壁画墓发掘报告》，科学出版社，2019年，第88—89页，图5—41）

和牛车最初是作为墓主从生存世界过渡转换到死后世界的手段，后来成为一种制度规范。[1] 笔者认为应该从死亡观念和艺术传统两个方面来解释这些主题的使用。从死亡观念来看，尽管大多数墓葬仅埋葬男墓主一人，但墓室北壁却绘制了墓主夫妇两个人，[2] 反映的是墓主及其后代对死者幸福圆满的死后世界的想象和祈愿。从艺术传统来看，鞍马与牛车象征着墓主的身份和地位，当其成为一种固定模式和艺术风格[3]后，人们不再关

注壁画内容是否真的与墓中埋葬死者的性别和人数相对应。

三　古伊朗、古印度、粟特的（鞍）马图像与含义

（一）古伊朗文献记载中的马

1. 作为神祇坐骑的马

《阿维斯塔》有多处神祇驾乘马（车）的记

---

① 张涵烁：《略论北朝墓室壁画中牛车鞍马题材》，《北方民族考古》第2辑，第244页。
② 太原第一热电厂墓室北壁绘有三名女性人物，位于中间的人物应为墓主，参见山西省考古研究所、太原市文物管理委员会：《太原南郊北齐壁画墓》，《文物》1990年第12期，第10页，图版1.1。
③ 郑岩：《魏晋南北朝壁画墓研究（增订版）》，文物出版社，2016年，第172—173、177页。

载，兹罗列如下。

江河女神阿雷德维·苏拉·阿娜希塔（Arədvī Sūrā Anāhitā）：

> ［她］驾驭四匹同种同色的雪白骏马，向所有的敌人——作恶者、众妖魔、法师和女巫，以及卡维和卡拉潘等——［发起］进攻，战胜那些专横的统治者。（《阿邦·亚什特》第3章第13节）①

光明与誓约之神密特拉（Mithra，梅赫尔Mehr）：

> 他骑［着］雪白的骏马，手执锋利的长矛和强弓翎箭，俨然是一位骁勇善战的英雄。
>
> 白色骏马拉着他的彩舆。那乘彩舆上备有投石器用的闪光石块。金制的车轮飞速前进，为他运去人们供奉的祖尔供品。（《梅赫尔·亚什特》第26章第102节，第32章第136节）②

财富与幸福女神阿什（Aši，阿尔特 Art）：

> 崇高而善良的阿尔特驾驭着［梅赫尔的］彩舆。马兹达教为［梅赫尔］开辟道路，以使那智慧、纯洁、灿烂的天国之光畅通［无阻］。（《梅赫尔·亚什特》第17章第68节）③

遵命天使与朝霞之神斯劳沙（Sraoša）：

> 我们崇拜带来奖赏、公平、胜利并推动世界的斯劳沙，他驾着由四匹白色、光芒四射、清晰可见、健壮名马拖曳的马车，行走无影，归属天国。（《亚斯纳》第57章第27节）④

牲畜神德尔瓦斯帕（Drvāspā，古什 Gōsh）：

> 我们向马兹达创造的强大的德尔瓦斯帕祭祀，她保持羊群的健康，牛群的健康，成年牛的健康，幼牛的健康；她能够监视到很远的地域，因其拥有广泛而持久的保证安全健康的善意。她控制马队的轭，使自己的战车转弯，战车双轮发出声响，她丰腴耀眼，强壮，身材高大，拥有健康，给予健康，（她）强有力地站立，强有力地掉转（马头）为信众提供帮助。（《古什·亚什特》第1章第1—2节）⑤

在古希腊罗马历史学家的著作中，驾乘涅赛昂马拉曳的战车既有神祇阿胡拉·马兹达、太阳

---

① 〔伊朗〕贾利尔·杜斯特哈赫选编：《阿维斯塔——琐罗亚斯德教圣书》，元文琪译，商务印书馆，2005年，第110页。
② 〔伊朗〕贾利尔·杜斯特哈赫选编：《阿维斯塔——琐罗亚斯德教圣书》，第195、206页。
③ 〔伊朗〕贾利尔·杜斯特哈赫选编：《阿维斯塔——琐罗亚斯德教圣书》，第185页。
④ G. Kreyenbroek, *Sraoša in the Zoroastrian Tradition*, E. J. Brill, 1985, p. 53.
⑤ 德尔瓦斯帕的词义为 "保持马的健康"。James Darmesteter (trans.), *The Zend-Avesta, part* II, *The Sîrôzahs, Yasts, and Nyâyis*, the Clarendon Press, 1883, pp. 110-111.

神，也有阿契美尼德帝王。①

2.作为神祇化身的马

《阿维斯塔》有关神祇的化身为马的记载包括以下两处。

雨神蒂什塔尔（Tištriya）：

> 威严的蒂什塔尔在［每月］后十个夜晚现形，化作一匹金耳朵的白骏马，戴着镶金辔头，在星光中飞驰。（《蒂尔·亚什特》第6章第18节）②

战争与胜利之神巴赫拉姆（Bahrām）：

> 阿胡拉创造的巴赫拉姆，第三次化作一匹戴着金辔头的金黄耳朵的白骏马，奔向琐罗亚斯德。在马的前额上，显现出英姿焕发的阿马。阿胡拉创造的巴赫拉姆就这样显灵。（《巴赫拉姆·亚什特》第3章第9节）③

3.作为牺牲的马

作为牺牲的马可分为两种情况：祭祀神祇的马与祭祀死者亡灵的马。《阿维斯塔》记载祭祀阿娜希塔的牺牲为"百匹马、千头牛和万只羊"（《阿邦·亚什特》第18章第72节）。④祭祀蒂什塔尔时，"铺好巴尔萨姆枝条，烤制一只纯白或纯黑的绵羊"（《蒂尔·亚什特》第16章第58节）。⑤与《阿维斯塔》不同，古希腊罗马历史学家记载阿契美尼德王朝祭祀牺牲为马的神祇为太阳神、阿胡拉·马兹达及河神。希罗多德《历史》第7卷第113—114节载："穆护在斯特里梦河畔祭献白马，以求吉兆。波斯人向斯特里梦河献祭并且施用了其他许多魔法仪式，以求河神保佑。"⑥古希腊历史学家色诺芬的《居鲁士的教育》第8卷第3章第11—12节载跟随在驮着牺牲的公牛队伍后面的是麻葛指定献给太阳神的马，接着依次有三辆马拉战车，第一辆和第二辆分别献给阿胡拉·马兹达（宙斯）和太阳神，第三辆战车的马鞍用紫色鞍袱覆盖着，紧随其后的是抬着巨大火坛的行人。⑦古罗马历史学家帕萨尼亚斯的《希腊道里志》第3篇第20章第4节载波斯人献给太阳神的牺牲是马。⑧

帕提亚王朝关于祭祀牺牲为马的神祇只有太阳神。菲洛斯特拉图斯《提阿那的阿波罗尼俄斯的生平》第1卷第31章载：帕提亚国王邀请阿波罗尼俄斯一起举行祭祀仪式，阿波罗尼俄斯偶然发现国王献祭给太阳神的牺牲是一匹纯种的涅赛昂马，此马装饰华丽，似乎是要参加一场胜利的游行。⑨古希腊历史学家也特别记载了祭祀死者亡灵的牺牲为马，值得注意的是死者为居鲁士

① 〔古希腊〕希罗多德：《历史（详注修订本）》下册，徐松岩译注，上海人民出版社，2018年，第656页。
② 〔伊朗〕贾利尔·杜斯特哈赫选编：《阿维斯塔——琐罗亚斯德教圣书》，第150页。
③ 〔伊朗〕贾利尔·杜斯特哈赫选编：《阿维斯塔——琐罗亚斯德教圣书》，第246—247页。
④ 〔伊朗〕贾利尔·杜斯特哈赫选编：《阿维斯塔——琐罗亚斯德教圣书》，第126页。
⑤ 〔伊朗〕贾利尔·杜斯特哈赫选编：《阿维斯塔——琐罗亚斯德教圣书》，第162页。
⑥ 〔古希腊〕希罗多德：《历史（详注修订本）》下册，第684页。
⑦ Walter Miller (trans.), *Xenophon, Cyropaedia, Vol. Ⅱ*, William Heinemann, 1914, p. 355.
⑧ W. H. S. Jones, H. A. Ormerod (trans.), *Pausanias, Description of Greece, Vol. Ⅱ, Books Ⅲ-Ⅳ*, William Heinemann, 1926, p. 127.
⑨ F. C. Conybeare (trans.), *Philostratus, The Life of Apollonius of Tyana, Vol. I*, William Heinemann, 1912, p. 89.

大帝。居鲁士大帝陵墓的守墓者马吉亚人"自从居鲁士的儿子坎比西斯以来，祖祖辈辈就在这里看守居鲁士的坟墓。波斯国王每天发给他们一只羊，还供给粮食和酒，每月还给一匹马，用以祭祀居鲁士"。[1]

值得注意的是，斯特拉博《地理学》第15卷第3章第13节特别记录下他亲眼见到的阿契美尼德王朝的祭祀方式："他们在一个干净的地方进行虔诚的祷告和献祭，献上带有花冠的牺牲；当麻葛完成献祭仪式之后，就把牺牲的肉分掉，人们拿上自己的一份就走了，不给诸神留下一点；他们认为诸神只需要牺牲的灵魂，而不是其他别的东西。"[2]

4. 参加主人葬礼的马与作为礼物的马

波斯全军上下对阵亡的马西斯提乌斯表示敬意的方式是"他们各自剃光了自己的头发，剪掉了他们的战马和驮畜的鬃毛；他们心情悲恸，大声哭叫哀嚎"（《历史》第9卷第24节）。[3]沙赫巴齐认为，英雄或权贵死后，他的坐骑马会作为他生命中的朋友参加主人的丧葬仪式，它被剪掉鬃毛，并被带到送葬者的队伍之中。[4]居鲁士送给叙涅西斯的代表荣誉的礼物中第一个便是"配有镶金笼套的骏马"，[5]说明骏马属于只有波斯帝王才能赏赐的礼物。

（二）古伊朗文物图像中的马

阿契美尼德王朝无人骑乘的马图像主要见于圆形封印或滚筒印章。圆形封印中马大多为无鞍鞯的马，另有一块封印为朝左行进的鞍马，旁边有呈奔跑状的马夫（图15），由于缺少铭文，我们无法对这些马的名称或功能做出界定。一枚滚筒印章上的鞍马显然是狩猎者的坐骑（图16），阿克曼指出狩猎是古代伊朗印章的重要主题，原因在于最重要的神祇——太阳神是狩猎者，而猎物公猪象征死亡萧瑟的冬季，太阳神通过"猎杀"公猪来控制季节的正常有序交替，冬去春来。[6]

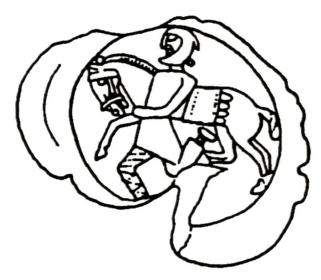

图15　阿契美尼德圆形封印

（采自 T. C. Mitchell, Ann Searight, *Catalogue of the Western Asiatic Seals in the British Museum. Stamp Seals III: Impressions of Stamp Seals on Cuneiform Tablets, Clay Bullae, and Jar Handles*, Brill, 2008, p. 180, No. 578）

---

[1] 〔古希腊〕阿里安著，〔英〕E. 伊利夫·罗布逊英译：《亚历山大远征记》，李活译，商务印书馆，1979年，第252页。

[2] 〔古希腊〕斯特拉博：《地理学》下册，李铁匠译，上海三联书店，2014年，第1067页。

[3] 〔古希腊〕希罗多德：《历史（详注修订本）》下册，第839页。

[4] A. Sh. Shahbazi, "ASB i. In Pre-Islamic Iran," *Encyclopædia Iranica*, Originally Published: December 15, 1987, Last Updated: August 16, 2011, http://www.iranicaonline.org/articles/asb-pre-islamic-iran.

[5] 〔古希腊〕色诺芬：《长征记》，崔金戎译，商务印书馆，1985年，第8页。

[6] Phyllis Ackerman, "Achaemenid Seals, Iconography," in Arthur Upham Pope, Phyllis Ackerman (eds.), *A Survey of Persian Art: From Prehistoric Times to the Present, Vol. I, Text: Pre-Achaemenid, Acheamenid and Parthian Periods*, Soroush Press, 1977, p. 389.

海牙卡内基亚博物馆（Museum Carnegielaan）收藏的一块公元前 400 年前后的孟菲斯石碑上，中心位置为仰卧在灵床上的死者，左上角平台上有一朝向死者的行进状态的马，旁边伴随一人物（图 17）。沙赫巴齐指出该石碑中的马是死者生前的坐骑，此处作为死者生命中的朋友参加主人的丧葬仪式，[①] 此观点可从。

发现于格鲁吉亚的两个银盘内部构图相似，均刻绘站在火（祭）坛前的立马。出自阿尔玛兹（Armazi）的银盘为 2 世纪制品，正值帕提亚王

图 16　阿契美尼德滚筒印章

［采自 Phyllis Ackerman, "Achaemenid Seals, Iconography," in Arthur Upham Pope, Phyllis Ackerman (eds.), *A Survey of Persian Art: From Prehistoric Times to the Present ,Vol. VII, Plates: Pre-Achaemenid, Acheamenid, Parthian and Sasanian Periods*, Soroush Press, 1977, pl. 123, fig. R］

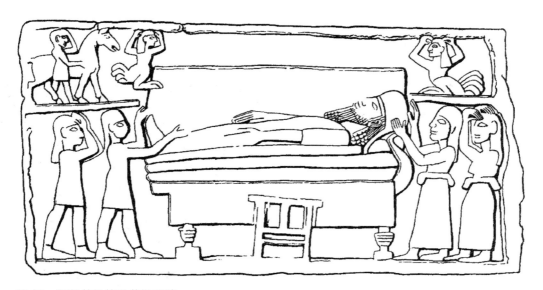

图 17　阿契美尼德孟菲斯石碑

（采自 John Boardman, *Persia and the West: An Archaeological Investigation of the Genesis of Achaemenid Art*, Thames & Hudson, 2000, p. 179, fig. 5.57）

---

① A. Sh. Shahbazi, "ASB i. In Pre-Islamic Iran," *Encyclopædia Iranica*, Originally Published: December 15, 1987, Last Updated: August 16, 2011, http://www.iranicaonline.org/articles/asb-pre-islamic-iran.

朝统治格鲁吉亚期间，学者认为此马是密特拉神圣火祭祀仪式上献给该神的牺牲（图18）。另一个银盘为斯米尔诺夫1902年调查所得，据说出自库塔伊西省沙罗潘斯科地区博里（Bori），该银盘外部刻有阿拉姆语铭文，笔者未找到释读结果。斯米尔诺夫指出此银盘的波斯宗教属性，同时认为也可能是由希腊人制作的（图19）。发现于叙利亚帕尔米拉的马凯石棺（Sarcophagus of the "Triclinium of Maqqai"）断代为公元229年，虽然晚于帕提亚王朝（公元前247年至公元224年），但具有鲜明的帕提亚文化特征。石棺浮雕上部为斜躺的墓主，下部站立人物所牵鞍马很有可能是墓主生前的坐骑（图20），与其他人物一道参加墓主的丧葬或祭祀仪式。

萨珊王朝有马出现的圆形封印根据是否有双翼可分为两类。在无翼的马出现的封印中，马除作为会盟、狩猎、屠龙及不明场景人物的坐骑外，还单独出现（极少数情况下为两匹马）。此类封印大多无铭文，有且可辨别的巴列维铭文：信

图 19　帕提亚博里银盘
（采自 Я. И. Смирнов, *Восточное серебро, Атлас древней серебряной и золотой посуды восточного происхождения, найденной преимущественно в пределах Российской империи*, Императорская Археологическая Комиссия, 1909, с. 7, Рис. CXXI, No. 305）

图 18　帕提亚阿尔玛兹银盘
［采自 David Marshall Lang, *The Georgians*, Thames and Hudson, 1966, p. 89, fig. 20. 转引自 Ehsan Yarshater (ed.), *The Cambridge History of Iran, Vol. 3 (1): The Seleucid, Parthian and Sasanian Periods*, Cambridge University Press, 1983, pp. 534-535, fig. 3］

图 20　帕尔米拉马凯石棺
（采自 Roman Ghirshman, translated by Stuart Gilbert, James Emmons, *Persian Art: The Parthian and Sassanian Dynasties, 249 B.C. - A.D. 651*, Golden Press, 1962, p. 78, fig. 90）

奉此神［'pst'n（'L）yzd'n］①、完美的正义（l'styḥy phlwmy）②、Nābān 之子 Vīr-bōz-Ādur（wylbwc 'twly ZY n'b'n'n）③ 等。一枚封印上刻单独一马，朝右站立，鞍辔俱全，头顶立鬃，尾系飘带，左前蹄抬起，马背上方即封印 12 点至 10 点位置刻巴列维铭文 "prnbg"（图 21），即 Farrbay，法尔神，赫瓦雷纳神，为琐罗亚斯德教灵光之神。翼马封印大多数为单独出现一匹翼马，极少数情况下为两匹翼马或一人一翼马前后出现。④ 与无翼马封印相比，翼马封印巴列维铭文更为多样，除信奉此神、完美的正义之外，还有梅都马赫（mytwm'ḥy）⑤、某某之子麻葛古什纳斯泊·奥尔马兹德（gwšnsp 'wḥrmzd ZY mgw ZY 'tpl't'n）⑥、保护（pn'ḥy）、阿杜兰－古什纳斯泊［'t(w)r'ngwšnspy］、阿杜尔－奥尔马兹德（'twr'wḥrmzd）、密赫尔－阿杜尔－法尔神（mtl'tlwplnb〈g〉）、密赫尔－瓦赫拉姆（mtr'wlḥl'n）、法尔神－古什纳斯泊（prnbggwšnspy）等。⑦

除了封印外，萨珊王朝的鞍马还见于沙普尔一世（240—270 年在位）的比沙普尔（Bishapur）遗址 6 号浮雕，该浮雕表现了沙普尔一世战胜罗马帝国帝王瓦勒里安的凯旋纪功场景（图 22a）。

图 21　萨珊圆形封印
（采自 Philippe Gignoux, Rika Gyselen, *Sceaux Sasanides de Diverses Collections Privées*, p. 93, pl. XIV, fig. 30.27）

浮雕下层左栏的鞍马佩有战马装备（图 22b），应是萨珊国王沙普尔一世的坐骑，该鞍马象征萨珊对罗马的军事胜利。

从鞍马图像载体的使用来看，阿契美尼德和萨珊的圆形封印与滚筒印章具有数量多、流通广的特点。前者既可用于官方文件，也可用于平民商业交易，故此铭文主要为所有者姓名或宗教祝福语；⑧ 后者可能仅限于官方使用，故借此宣扬宗教观念的意图最为明显。孟菲斯石碑图像同时具

---

① Philippe Gignoux, Rika Gyselen, *Sceaux Sasanides de Diverses Collections Privées*, Éditions Peeters, 1982, p. 46, No. 10.42.

② Philippe Gignoux, Rika Gyselen, *Sceaux Sasanides de Diverses Collections Privées*, p. 58, No. 14.1.

③ Philippe Gignoux, Rika Gyselen, *Sceaux Sasanides de Diverses Collections Privées*, p. 52, No. 11.9.

④ 一人一翼马前后出现的封印中，翼马仅刻有前半部分，布鲁纳尔推测此封印可能属于帕提亚王朝时期。Christopher J. Brunner, *Sasanian Stamp Seals in the Metropolitan Museum of Art*, Metropolitan Museum of Art, 1978, p. 77, No. 144.

⑤ Christopher J. Brunner, *Sasanian Stamp Seals in the Metropolitan Museum of Art*, Metropolitan Museum of Art, 1978, pp. 82, 144, No. 152. 梅都马赫，即梅迪尤马赫（Medyōmāh），琐罗亚斯德教先知琐罗亚斯德的表弟，是最早皈依该教的信徒之一。

⑥ "某某之子"中的"某某"有多种变体。Christopher J. Brunner, *Sasanian Stamp Seals in the Metropolitan Museum of Art*, Metropolitan Museum of Art, 1978, pp. 82, 146, No. 166.

⑦ Philippe Gignoux, Rika Gyselen, *Sceaux Sasanides de Diverses Collections Privées*, pp. 128-131.

⑧ 萨珊帝王阿努希尔宛（Anouchirvan）使用 4 枚玉玺，分别用于收土地税、庄园、收捐税及哨所，相应的铭文分别为"公正""农业""等待时机""忠诚"，未见图像；帝王帕尔维兹（Parviz）使用 9 枚玉玺，其中图像和铭文同时出现的有两枚，其一为金刚钻戒指，刻有国王肖像，铭文为国王尊号，盖在书信和文书上，其二为指环是金质的缟玛瑙戒指，刻有奔驰的骑士，铭文为"迅速"。〔古阿拉伯〕马苏第：《黄金草原》，耿昇译，青海人民出版社，1998 年，第 313、324 页。阿契美尼德和萨珊的圆形封印与滚筒印章很有可能与马苏第所记载的萨珊帝王玉玺相同，铭文未有与神祇图像的单一对应关系。

图 22a　萨珊比沙普尔遗址 6 号浮雕
（采自 Roman Ghirshman, *Bîchâpour, Vol. I*, Paul Geuthner, 1971, p. 80, fig. 10）

图 22b　萨珊比沙普尔遗址 6 号浮雕的鞍马
（采自 L. Vanden Berghe, *Archéologie de l'Iran Ancient*, E. J. Brill, 1959, pl. 80c）

有埃及与阿契美德文化特征，埃及文化主要体现在石棺形制、死者陈放姿势及人首鸟身形式的表达死者亡灵的"巴"，参加丧葬仪式的鞍马、人物等则与古希腊历史学家对阿契美德的记载吻合。帕提亚王朝的银盘与文献记载完全吻合，即火坛前的马是献祭给太阳神密特拉的牺牲。稍晚于帕提亚的帕尔米拉石棺上的鞍马在整体图像形式背景上具有帕提亚特征，不过内涵、功能接近于阿契美德王朝的参加丧葬仪式的鞍马。

（三）古印度、粟特的鞍马图像

1. 古印度

公元前 2 世纪至公元 2 世纪的巽伽王朝和早期安达罗王朝，古印度有用鞍马表达佛陀或菩萨的艺术传统。最突出的例子即桑奇大塔南门最上横梁背面，"悉达多的坐骑'犍陟'正徐徐通过迦毗罗卫国的城门，马头顶上竖起的鬃毛是王室马匹的象征，马背上空无一人，但天空中却飘着伞盖与拂尘，马夫车匿提着水壶在前方指引，带着悉达多太子出城"。[1] 福歇指出"在以石座、两个足印、一个车轮或其他标志来表现佛陀的传统习惯的目录上，我们现在必须增加一个更陌生的表现形式，即用华盖之下没有骑者的马来表现菩萨的形式"。[2] 在贾加雅佩塔窣堵波遗址出土的"转轮圣王"石浮雕嵌板上，鞍辔俱全无人骑乘的马作为转轮圣王的"七宝"之一"宝马"出现。[3]

2. 粟特

汉文史料有关粟特的马与神祇相关的记载有两处。一处为隋时曹国（唐时西曹国）祭祀得悉神[4]的牺牲中有十匹马。《隋书》卷 83《西域传》"曹国"条载：

　　国中有得悉神，自西海以东诸国并敬事之。其神有金人焉，金破罗阔丈有五尺，高下相称。每日以驼五头、马十匹、羊一百口

---

①　林许文二、陈师兰：《印度朝圣之旅·桑奇佛塔》，海南出版社，2012 年，第 83—84 页。
②　〔法〕阿·福歇：《佛教艺术的早期阶段——印度和中亚考古学论文集》，王平先、魏文捷译，甘肃人民出版社，2008 年，第 56 页。
③　王镛：《印度美术》，中国人民大学出版社，2010 年，第 141—142 页。
④　粟特得悉神即古波斯雨神蒂什塔尔（Tištriya），详参张小贵：《曹国"得悉神"考》，载氏著：《祆教史考论与述评》，第 36—49 页。

祭之，常有千人食之不尽。①

此条文献载得悉神为"金人"，很有可能是外施鎏金的人样神祇塑像，其形象未有与马相关的图像因素。

另一处为俱德建国乌浒河旁祆祠内的铜马与新年节（诺鲁兹节）从乌浒河中浮出的金马。《酉阳杂俎》前集卷10载：

> 铜马：俱德建国乌浒河中，滩派（流）中有火祆祠。相传祆神本自波斯国乘神通来此，常见灵异，因立祆祠。内无象，于大屋下置大小炉，舍檐向西，人向东礼。有一铜马，大如次马，国人言自天下，屈前脚在空中而对神立，后脚入土。自古数有穿视者，深数十丈，竟不及其蹄。西域以五月为岁，每岁日，乌浒河中有马出，其色金，与此铜马嘶相应，俄复入水。近有大食王不信，入祆祠将坏之，忽有火烧其兵，遂不敢毁。②

俱德建国，即阿姆河北向支流卡菲尔尼甘河与阿姆河交汇处东北方向的科巴迪安。早在希腊－巴克特里亚王国时期，科巴迪安附近塔赫特－伊·桑金的乌浒河神庙即有以希腊

吹奏双管长笛玛尔绪阿斯（Marsyas）表达乌浒河神的雕塑出现，铭文为"阿特洛索克斯（Atrosokes）向奥克索斯（Oxus）敬献忠心"。③此后，贵霜、嚈哒、突厥、唐朝先后统治其地，《酉阳杂俎》所载可能是6—8世纪时的情况，由于段成式是以"物异"记载"铜马"，故神祇属性不好判断，但结合科巴迪安的地方神祇崇拜传统，似可推断所谓"金马"很有可能是乌浒河神。

乌兹别克斯坦沙赫里夏勃兹（粟特"史国"）附近发现的两件盛骨瓮构图相同，均可分为上下两部分，上部为坐姿神祇、亡灵审判、音乐陪侍等，下部为祭祀仪式，中间有方形祭坛与祭司，左侧为背对的两只山羊，右侧为朝左对着祭司的鞍马。不同的是，1976年发现于锡瓦兹的盛骨瓮的鞍马前有一圆形火坛（图23），2012年发现于马拉卡－特佩的盛骨瓮的鞍马前无火坛，且左侧多出跪坐的女性形象（图24）。马尔沙克将锡瓦兹盛骨瓮右上部左手持权杖、右臂上举食指伸出做祝福状的盘腿坐神祇比定为密特拉，认为鞍马是献祭给密特拉神的，理由是"密特拉神是拜火教中判定亡灵善恶、是否能升入天国的神"。④由于此盛骨瓮的确有亡灵审判场景，所以此观点初看确实有说服力和吸引力，但其实经不起细究。理由如下：第一，密特拉神的比定不可靠，得到

① 《隋书》卷83《西域传》，中华书局，1973年，第1855页。
② （唐）段成式撰，许逸民校笺：《酉阳杂俎校笺》前集卷10，中华书局，2015年，第777页。
③ 〔匈牙利〕雅诺什·哈尔马塔主编：《中亚文明史》第2卷《定居文明与游牧文明的发展：公元前700年至公元250年（修订本）》，徐文堪、芮传明译，中国对外翻译出版公司，2016年，第98—99、390—391页。冯赫伯认为阿伊·哈努姆遗址外墙饰以锯齿状壁龛的神庙祀奉的也是乌浒河神（Oxus, Vaxšu）。Henri-Paul Francfort, "Ai Khanoum 'Temple with Indented Niches' and Takht-i Sangin 'Oxus Temple' in Historical Cultural Perspective: Outline of a Hypothesis about the Cults," *Parthica*, Vol. 14, 2012, pp. 109-136.
④ 〔俄〕马尔夏克：《突厥人、粟特人与娜娜女神》，第179页。

图 23　锡瓦兹盛骨瓮
［采自 N. I. Krashennikova, "Deux ossuaires à décor moulé trouvés aux environs du village de Sivaz, district de Kitab, Sogdiane méridionale," *Studia Iranica*, Tome 22 (1), 1993, pp. 53-54, pl. IV, fig. 6］

图 24　于马拉卡－特佩盛骨瓮
［采自 Amriddin E. Berdimuradov, Gennadii Bogomolov, Margot Daeppen, Nabi Khushvaktov, "A New Discovery of Stamped Ossuaries Near Shahr-i Sabz (Uzbekistan)," *Bulletin of the Asia Institute*, New Series, Vol. 22, 2012, p.138, pl. 1］

学界认可的粟特故地密特拉神[1]无此表现形式；第二，图像和文本联结点有误，即文献记载密特拉主持亡灵审判场景不等于图像表现亡灵审判场景

密特拉一定出现；第三，马作为牺牲并非只能献祭给密特拉，马与密特拉神不存在独有的对应关系。笔者认为，盛骨瓮的鞍马和两只山羊应该是献祭给亡灵审判仪式中死者亡灵的牺牲，这里的死者亡灵以裸体小人的形式呈现。

乌兹别克斯坦撒马尔罕的阿甫拉西阿卜"大使厅"南壁为新年节日期间粟特国王拂呼缦祭祖出行图，队伍中部有四只鹅（鸵鸟）和一匹鞍马，并分别伴随一名祭司（图 25）。1975 年，阿尔鲍姆指出鸵鸟和马是赤鄂衍那使节献给拂呼缦的礼物；1989 年，安东尼尼提出"王室的牺牲"说，[2]其后大多数学者认同安东尼尼的观点。[3]

与此类似的鞍马还出现在片治肯特 II 号遗址（即南部神庙）由四根立柱支撑的中央大厅，南壁左部是著名的"哭丧图"；右部壁画仅残留头顶鬃毛竖立的红色鞍马、抓着马缰的马夫及行进人物的局部；最右端下部可见一排低头披发的小人形象，他们上面有一些平放的长方形物体。[4]与此仪式场景不同，鞍马还以史诗英雄的战马（图 26）或马匹贸易中的马队出现在片治肯特壁画中。正如马尔沙克在 1994 年业已指出的，对片治肯特壁画鞍马图像的解读，应该与对死者的祭祀活动联系起来。[5]关于"哭丧图"中灵帐内死者的比定，有西雅乌施（Siyāwush）、西雅乌施之子弗卢

① Grenet Frantz, "Mithra dieu Iranien: nouvelles données," *Topoi*, Vol. 11/1, 2001, pp. 35-58. Michael Shenkar, *Intangible Spirits and Graven Images: The Iconography of Deities in the Pre-Islamic Iranian World*, Brill, 2014, pp. 102-114, fig. 64-90. 张小贵：《祆神密特拉源流及其形象考》，氏著：《祆教史考论与述评》，第15—35 页。

② Chiara Silvi Antonini, "The Paintings in the Palace of Afrasiab (Samarkand)," *Rivista degli studi orientali*, Vol. 63, Fasc. 1/3, 1989, pp. 113, 129.

③ M. Compareti, É. de la Vaissière (eds.), *Royal Naurūz in Samarkand: Proceedings of the Conference Held in Venice on the Pre-Islamic Paintings at Afrasiab*, Istituti editoriali e poligrafici internazionali, 2006.

④ 〔俄〕M.M. 梯亚阔诺夫：《边吉坎特的壁画和中亚的绘画》，佟景韩、张同霞译，《美术研究》1958 年第 2 期，第 88 页。作者还特别提到雅库保夫斯基将其解释为与钦瓦特桥审判相关。遗憾的是南壁右部壁画还没有公布于世。

⑤ Boris Marshak, translated by Malgorżata Sadowska-Daguin, Grenet Frantz, "Le programme iconographique des peintures de la « Salle des ambassadeurs » à Afrasiab (Samarkand)," *Arts Asiatiques*, tome 49, 1994. pp. 11-12.

图 25 阿甫拉西阿卜 "大使厅" 南壁
（采自 Л.И. Альбаум, *Живопись Афрасиаба*, Издательство «Фан» Узбекской ССР, 1975. C.46-48, Рис. 12）

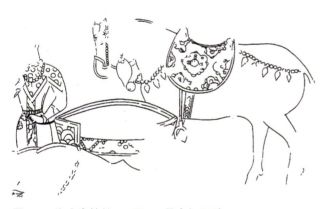

图 26 片治肯特第 23 区 50 号房间西壁
（采自 Boris I. Marshak, with an Appendix by Vladimir A. Livshits, *Legends, Tales, and Fables in the Art of Sogdiana*, Bibliotheca Persica Press, 2002, p.111. fig. 58; p. 17）

德（Furōd）、女性人物三种观点，得到学界认可的为西雅乌施说。[1] 季亚科诺夫、拉波波特、托尔斯托夫等学者指出，对作为中亚死而复生的植物

之神西雅乌施的崇拜伴随着牺牲献祭，有可能是通过西雅乌施来纪念所有死者，以祈求生前死后都兴旺发达。[2]

汉文文献中亦有关于粟特祭祀祖先的记载。《隋书》卷 83 "康国" 条载："国立祖庙，以六月祭之，诸国皆来助祭。"[3] "石国" 条载："国城之东南立屋，置座于中，正月六日、七月十五日以王父母烧余之骨，金瓮盛之，置于床上，巡绕而行，散以花香杂果，王率臣下设祭焉。"[4]《通典》卷 193 引韦节《西蕃记》云：康国 "云神儿七月死，失骸骨，事神之人每至其月，俱着黑叠衣，徒跣抚胸号哭，涕泪交流。丈夫妇女三五百人散在草野，求天儿骸骨，七日便止"。[5] 此处 "神儿"，即西雅乌施，《隋书》《西蕃记》所载康国纪念西雅乌施与祭祖活动很有可能是同时进行的，遗憾的是未见将马作为牺牲的记载。

四　作为亡灵象征的入华粟特人墓葬鞍马图像

入华粟特人墓葬中的鞍马图像主要来自中国墓葬文化传统，其与域外同类图像之间的关系可做如下阐释。

首先，古印度公元前后用鞍马象征佛陀或菩萨的做法属于佛教范畴，且仅限于人形佛像产生以前，其宗教背景与入华粟特人的祆教完全不同。不过，有两个方面值得我们注意，一是鞍马的具

---

[1]　Guitty Azarpay, With contributions by A.M.Belenitskii, B.I.Marshak and Mark J.Dresden, *Sogdian Painting: The Pictorial Epic in Oriental Art*, University of Califonia Press, 1981, pp. 128-130.

[2]　〔俄〕B. A. 李特文斯基主编：《中亚文明史》第 3 卷《文明的交会：公元 250 年至 750 年（修订本）》，马小鹤译，中国对外翻译出版公司，2016 年，第 219 页。

[3]　《隋书》卷 83《西域传》，第 1849 页。

[4]　《隋书》卷 83《西域传》，第 1850 页。

[5]　（唐）杜佑：《通典》，王文锦等点校，中华书局，1988 年，第 5256 页。

体图像表现具有一致性，如完备华丽的装饰、头顶的立鬃、马背上方的伞盖等；二是鞍马均具有从骑乘人物的"坐骑"引申为骑乘人物的"明确象征"的艺术表达传统。

其次，古伊朗文化中，宗教范围内马既可是多位神祇的坐骑或化身，也可是祭祀神祇的牺牲；世俗范围内马的功能更多，如被征服国家的贡物、帝王特权的礼物、帝王亡灵的祭祀牺牲等。大多数情况下，古伊朗图像表现中的（鞍）马要么无铭文，要么铭文存在多样性，因此将（鞍）马确定为某位神祇表现的做法是不可靠的。如前文所阐述的，古伊朗鞍马只有在亡灵祭祀的死亡语境这一方面与入华粟特人的鞍马图像相似。

再次，粟特故地盛骨瓮和壁画中的鞍马图像多与死亡主题相关，两处来自盛骨瓮，另两处分别为祭祀先祖与丧葬仪式，鞍马显然是祭祀亡灵的牺牲。

最后，从马首朝向所体现的尊卑观念来说，入华粟特人墓葬（青州除外）图像中的鞍马图像与帕提亚、古代中国同类图像是一致的，即马首朝左，体现的是左尊右卑的观念。《旧唐书》卷198"波斯国"条载"俗右尊而左卑"，[①]与此相对应的是萨珊王朝的鞍马图像马首均朝右，文献记载与图像表现具有一致性。萨珊王朝与粟特故地之间鞍马图像的传播关系可予以排除。从时代先后来看，本文所列帕提亚、粟特故地与古代中国

的鞍马图像，帕提亚最早（2世纪），其次是中国北朝（5—6世纪），最晚是粟特故地（6—8世纪），前两者对后者产生影响的可能性不能排除。

总体来说，域外与入华粟特人墓葬鞍马图像最为接近的是粟特故地盛骨瓮，主要体现在四个方面：一是图像表现；二是图像载体，均为葬具；三是主题背景，均与祭祀仪式相关；四是主人族属，均与粟特人有关。

入华粟特人墓葬图像中的动物种类很多，为什么选择马作为墓主亡灵的象征？从更为广阔的世界范围来看，原因可归结为以下四点：第一，最根本的是马在经济[②]、军事、政治等方面的实用功能，其功能的实现来自马具有快速奔跑的天然秉性；[③]第二，名马与帝王、英雄等纽带联系下的身份表征功能，古伊朗青睐的"涅赛昂"马与汉武帝钟爱的"西极""天马"均以"汗血马"著称，[④]作为墓主的达官贵人（萨保）自然不会放过这个体现身份的重要题材；第三，马作为牺牲出现在死者刚死后丧葬仪式中的祭祀行为与此后每个"诺鲁兹"新年祭祖仪式，既是对死者或先祖在天国享受灵魂自由的祭奠与寄托，也是子嗣后代对自己在世生活的慰藉与祝福；第四，马作为阳阴两界的通达工具，能够实现墓主从生前身份表征（出行坐骑）到死后彼岸寄托（自由享乐）的灵活转换。

---

① 《旧唐书》，中华书局，1975年，第5312页。

② A. Panaino, "Some Considerations Apropos of A Proto-Iranian Myth about Horses and Its Significance for Ancient Iranian Socio-Cultural History," in Bert G. Fragner et al. (eds.), *Pferde in Asien: Geschichte, Handel und Kultur [Horses in Asia: History, Trade and Culture]*, Österreichischen Akademie der Wissenschaften, 2009, p. 31.

③ 入华粟特人墓葬牛车图像较少，可能与粟特故地牛车较少有关。《新唐书》卷221下"火寻"条载，"诸胡惟其国有车牛，商贾乘以行诸国"。《新唐书》，中华书局，1975年，第6247页。

④ 〔美〕薛爱华：《撒马尔罕的金桃：唐代舶来品研究》，吴玉贵译，社会科学文献出版社，2016年，第169—198页。

入华粟特人墓葬中的狩猎图像及其审美观念

杨雨寒

（西安建筑科技大学文学院）

近年来，中国北部和西部地区发现了许多移居中国的粟特人墓葬，在这些入华粟特人墓葬中出土了墓主人骨、墓志铭及部分随葬品，其中墓葬中的围屏石榻或石椁造型独特，整体风格与波斯、中亚的艺术风格较为相似。入华粟特人石质葬具上绘有多幅内容丰富、意涵复杂、装饰奢华的图像，题材丰富多样，涉及宗教祭祀、宴饮待客、商旅狩猎等日常生活的各个方面。石质葬具上各类人物所穿戴的冠帽服饰、建筑家具、饮食器具等物质文化的展示也具有明显的粟特美术特征和浓重的祆教色彩。从这些出土于中国境内有关粟特民族的石质葬具中，我们看到了不同地区文化和粟特文化相融合的景象，狩猎题材的图像作为葬具上表现最多的一个题材，充分展示出属于粟特人的艺术文化。本文试图通过对现已出土的入华粟特人墓葬图像中的狩猎图像内容进行研究，揭示出其背后的文化渊源与审美特征，为我们进一步了解在华粟特人在中国的生活状态、宗教文化以及北朝隋唐时期的中西文化交流提供一些线索。

一　研究现状

近年来发现的入华粟特人墓葬出土了丰富的图像资料，其相关的考古报告是研究入华粟特人的原始文献，如甘肃天水石棺床墓[1]、山西太原虞弘墓[2]以及陕西西安北周安伽墓[3]、史君墓[4]、康业墓[5]等，这些材料对入华粟特人墓葬石质葬具上的图像进行了详细的描述，为我们进一步研究入华粟特人墓葬图像提供了很大帮助。还有一些未经科学发掘的入华粟特人墓葬遗物，如收藏于美

[1]　张卉英：《天水市发现隋唐屏风石棺床墓》，《考古》1992 年第 1 期，第 46—54、103—104 页。

[2]　张庆捷、畅红霞、张兴民、李爱国：《太原隋代虞弘墓清理简报》，《文物》2001 年第 1 期，第 27—52 页；山西省考古研究所、太原市文物考古研究所、太原市晋源区文物旅游局编：《太原隋虞弘墓》，文物出版社，2005 年。

[3]　尹申平、邢福来、李明等：《西安北郊北周安伽墓发掘简报》，《考古与文物》2000 年第 6 期，第 28—35 页；尹申平、邢福来、李明：《西安发现的北周安伽墓》，《文物》2001 年第 1 期，第 4—26 页；陕西省考古研究所编著：《西安北周安伽墓》，文物出版社，2003 年。

[4]　西安市文物保护考古所：《西安市北周史君石椁墓》，《考古》2004 年第 7 期，第 38—49 页；杨军凯、孙武、刘天运等：《西安北周凉州萨保史君墓发掘简报》，《文物》2005 年第 3 期，第 4—33 页。

[5]　寇小石、胡安林、王保平等：《西安北周康业墓发掘简报》，《文物》2008 年第 6 期，第 14—35 页。

秀①、吉美②等博物馆的入华粟特人遗物等。以上研究成果更偏向于对图像程序的解读。

国内学者关于入华粟特人墓葬的研究成果较多，涉及面较广。荣新江在《中古中国与外来文明》中将论证的基点和重点放在粟特聚落上，综合使用粟特文信札、墓志铭、雕刻图像等材料，复原了粟特聚落中的婚姻、日常生活、丧葬仪式、祆教信仰等，再现了粟特聚落的历史面貌。③姜伯勤在《中国祆教艺术史研究》中细论祆教关于善恶二元论的观念，并使用了"图像证史"的方法，研究中国最新考古发现中与祆教有关的画像石、壁画、丝织品等艺术遗存，再现了祆教艺术与华夏礼乐文明的交融互动。荣新江和张志清主编的《从撒马尔干到长安——粟特人在中国的文化遗迹》，对史君墓、安伽墓、虞弘墓等粟特人墓葬中出土的雕刻精美的彩绘浮雕石棺、色彩艳丽的围屏坐榻等文物珍品进行展示说明，并使用图片、石刻拓片、敦煌文书等最直观的方式，对粟特人在中国的活动以及产生的影响进行了探讨。④荣新江、华澜和张志清主编的《粟特人在中国：历史、考古、语言的新探索》中所收录的论文内容涉及粟特历史、考古、美术、宗教、语言等诸多方面，对粟特石葬具、萨宝、粟特商队及其贸易情况进行系统的介绍和说明。陈海涛和刘惠琴在《来自文明十字路口的民族——唐代入华粟特人研究》中对唐代粟特民族的汉化过程进

行了剖析，从古籍中考据历史，在古书里寻找蛛丝马迹，从多个角度分析唐代入华粟特人的汉化历程。⑤孙武军在《入华粟特人墓葬图像的丧葬与宗教文化》中运用图像细读法等多种研究方法，从墓葬艺术与图像程序、丧葬文化与死亡观念、宗教文化与神祇护佑三个方面入手，对入华粟特人墓葬图像的丧葬与宗教文化做了较为深入的专题研究。⑥荣新江和罗丰主编的《粟特人在中国：考古发现与出土文献的新印证》中收录了来自中国、日本、美国、英国、法国等国学者所提交的48篇论文的所有中文文本和3篇英文原本，内容涉及较广，着重粟特相关的墓志、葬具、画像等出土材料的研究，全方位展示了丝绸之路上粟特人的历史面貌。⑦

对入华粟特人墓葬中的狩猎图像进行专门研究的学者并不多。齐东方在《虞弘墓人兽搏斗图像及其文化属性》一文中将虞弘墓石椁里15幅被称为"狩猎"或与之相关的图像放置在中西文化不同的背景下进行考察，最终确定这些图像应分为"搏斗"和"捕杀"两类，其中"搏斗"图像在石椁上占据醒目的位置，"捕杀"图像则是石椁上的附属图像。⑧孙武军在《北朝隋唐入华粟特人墓葬图像的文化与审美研究》中对已出土的入华粟特人墓葬图像中的狩猎图像和文献所反映的狩猎目的及思想观念进行展示与细节分析，并结合该时期狩猎活动的功能性演变，分

① 姜伯勤：《中国祆教艺术史研究》，生活·读书·新知三联书店，2004年，第77—94页。
② 荣新江、华澜、张志清主编：《粟特人在中国：历史、考古、语言的新探索》，中华书局，2005年，第416—429页。
③ 荣新江：《中古中国与外来文明》，生活·读书·新知三联书店，2001年。
④ 荣新江、张志清主编：《从撒马尔干到长安——粟特人在中国的文化遗迹》，北京图书馆出版社，2004年。
⑤ 陈海涛、刘惠琴：《来自文明十字路口的民族——唐代入华粟特人研究》，商务印书馆，2006年。
⑥ 孙武军：《入华粟特人墓葬图像的丧葬与宗教文化》，中国社会科学出版社，2014年。
⑦ 荣新江、罗丰主编：《粟特人在中国：考古发现与出土文献的新印证》，科学出版社，2016年。
⑧ 齐东方：《虞弘墓人兽搏斗图像及其文化属性》，《文物》2006年第8期，第78—84页。

析出狩猎活动和"好运"是息息相关的，但并未就狩猎活动展示出的实用功能性审美观念区别背后的原因和意义进行深度探究，这一点值得进一步挖掘。[①] 魏骏骁在《入华粟特人葬具上的狩猎图》一文中对已出土的入华粟特人葬具中的狩猎图像进行了完整的归纳整理，其中还介绍了金银器具、鎏金铜牌、石枕等载体上的不同风格的狩猎图像，并对狩猎活动的历史演变进行了简单介绍。[②] 齐东方在 2019 年受邀参加了"晋界"讲坛，在"民族熔炉"系列讲座的第一讲中针对山西省的墓葬中所出现的狩猎图像进行了较为系统且完善的评述，并从中国最早的诗歌总集《诗经》开始，回溯中国的狩猎史，结合狩猎题材在青铜器、射猎骑俑等载体上的表现形式，向听众介绍了中国历史上不同时期狩猎题材的表现方式，并以虞弘墓为例，结合西方古代的狩猎图，对比分析石椁狩猎图像整体风格。[③] 以往学者对入华粟特人墓葬狩猎图像的研究大多从图像学或考古学等不同学科领域入手，笔者拟从现代审美角度出发，对入华粟特人墓葬中的狩猎图像进行综合性分析研究，探析其文化背景与审美特征，深入了解入华粟特人墓葬图像中的狩猎图像所蕴含的审美观念和审美文化。

二　入华粟特人墓葬所见狩猎图像

近二十年来在中国北方发现的入华粟特人葬具中，出现狩猎图像的有山西太原虞弘墓[④]、陕西西安北周安伽墓[⑤]、陕西西安北周史君墓[⑥]、美秀[⑦]、甘肃天水石棺床墓[⑧] 和吉美[⑨] 六套墓葬，其中虞弘墓出现狩猎图像的幅数最多，为四幅；安伽墓和史君墓次之，均为三幅；美秀两幅；吉美和天水墓均为一幅，总计十四幅。笔者将从狩猎活动参与人物的族属、参与方式、狩猎工具和助猎动物以及猎物的相关情况进行分析整理，归纳总结入华粟特人葬具中狩猎图像所蕴藏的更为深层次的思想观念和审美意识。

（一）狩猎活动参与人物的族属

虞弘墓石椁中的狩猎图像，分别位于石椁底座的左右两壁（图 1）和椁座后壁壶门内（图 2）。左右两侧的狩猎图中，除了石椁底座左侧狩猎图（图 1 上）最中间的长发突厥弓箭射手以外，其他射手均为头顶带光晕的短发中亚人。椁座后壁壶门彩绘的两幅狩猎图中的第一幅是一位头顶带光圈的短发中亚骑马猎手（图 2 下），第二幅是一位骑马的长发突厥弓箭手（图 2 上）。

① 孙武军：《北朝隋唐入华粟特人墓葬图像的文化与审美研究》，博士学位论文，西北大学，2012 年。
② 〔德〕魏骏骁：《入华粟特人葬具上的狩猎图》，《丝绸之路研究》第 1 辑，生活·读书·新知三联书店，2017 年，第 207—224 页。
③ 齐东方：《"以礼畋狩"与艺术表现——山西墓葬图像解读》，"晋界"讲坛——"民族熔炉"系列讲座第一讲，2019 年。
④ 张庆捷、畅红霞、张兴民、李爱国：《太原隋代虞弘墓清理简报》，《文物》2001 年第 1 期，第 27—52 页；山西省考古研究所、太原市文物考古研究所、太原市晋源区文物旅游局编：《太原隋虞弘墓》，文物出版社，2005 年。
⑤ 尹申平、邢福来、李明等：《西安北郊北周安伽墓发掘简报》，《考古与文物》2000 年第 6 期，第 28—35 页；尹申平、邢福来、李明：《西安发现的北周安伽墓》，《文物》2001 年第 1 期，第 4—26 页；陕西省考古研究所编著：《西安北周安伽墓》。
⑥ 西安市文物保护考古所：《西安市北周史君石椁墓》，《考古》2004 年第 7 期，第 38—49 页；杨军凯、孙武、刘天运等：《西安北周凉州萨保史君墓发掘简报》，《文物》2005 年第 3 期，第 4—33 页。
⑦ 姜伯勤：《中国祆教艺术史研究》，第 77—94 页。
⑧ 张卉英：《天水市发现隋唐屏风石棺床墓》，《考古》1992 年第 1 期，第 46—54 页。
⑨ 荣新江、华澜、张志清主编：《粟特人在中国：历史、考古、语言的新探索》，第 416—429 页。

图1　虞弘墓石椁底座左右两壁的狩猎图
（采自山西省考古研究所、太原市文物考古研究所、太原市晋源区文物旅游局编《太原隋虞弘墓》，第136页）

图2　虞弘墓椁座后壁壶门内彩绘的两幅狩猎图
（采自《太原隋虞弘墓》，第149页）

安伽墓石屏围榻上总共绘有三幅狩猎图，分别为左侧屏风第二幅（图3）、正面屏风第二幅的下半部分（图4）和右侧屏风第一幅（图5）。根据狩猎者所梳的发型以及所穿着的衣物等装饰风格，可以推测出图中人物大多来自索格底亚那地区。以右侧第一幅狩猎图为例，这幅图所绘的是墓主人安伽陪同粟特客人和突厥贵族狩猎的场面。其中，图中右上部的两位骑马猎人具有极为鲜明的突厥民族风格，应为突厥贵族；画面右下部另外一位猎手头系上扬的飘带，左手拿着盘卷的绳

图 3、图 4、图 5　从左到右分别为安伽墓左侧屏风第二幅图、正面屏风第二幅图、右侧屏风第一幅图
（采自陕西省考古研究所编著《西安北周安伽墓》，第 23、28、35 页）

索，应该和图中左上部的猎手一样，均为粟特贵族；图中间拉弓追捕野兔的人应是墓主人安伽。

　　史君墓中的狩猎图出现在石堂的东西底座（图 6）和石堂西壁第三幅图（图 7）上。石堂东外壁底座上（图 6 上）雕刻有三位猎手，其中最左侧的短发弓箭射手是一位粟特人，中间手持长矛的长发猎人应为突厥人，而第三位粟特猎手头戴双角头饰，这更像是为了接近动物的一种伪装。在石堂西外壁底座上（图 6 下）也有三位粟特骑马猎手，他们三人均头戴装饰，骑行的马匹上也装饰着流苏。史君墓石堂西壁第三幅图（图 7）中的右上侧有两位猎手，其中一位身缀胸襻

作为装饰，头顶戴着双翼的花冠，应为粟特人。其右后侧有一侍者留有长辫，左手高举一只隼，推测可能是突厥人。纵观整幅画面，可以看到有一匹马正在从图像右侧进入现场，这表明有更多的猎手在跟进。

　　美秀围屏石榻的狩猎图像出现在石棺床 A 图（图 8）和石棺床 C 图（图 9）中。石棺床 A 图中有四位弓箭手自左至右并排骑马前行，猎手们都戴着胸襻，头顶花冠，最上边的猎手身上还束有一条飘带。四人手都脱离缰绳，将弓箭瞄向猎物。石棺床 C 图的下半部自右至左有两位手持弓箭的披发骑马猎者，很有可能是突厥弓箭手。

图 6　史君墓石堂东西底座上的狩猎图

（采自杨军凯、孙武、刘天运等《西安北周凉州萨保史君墓发掘简报》，《文物》2005 年第 3 期，第 20 页）

图 7　史君墓石堂西壁第三幅图

（采自《西安北周凉州萨保史君墓发掘简报》，第 24 页）

图 8　美秀围屏石榻石棺床 A 图

（采自姜伯勤《中国祆教艺术史研究》，第 87 页）

图 9　美秀围屏石榻石棺床 C 图
（采自《中国祆教艺术史研究》，第 87 页）

图 10　甘肃天水围屏石榻左侧屏风第一幅图
（采自张卉英《天水市发现隋唐屏风石棺床墓》，《考古》1992 年
第 1 期，第 48 页）

甘肃天水围屏石榻左侧屏风的第一幅图（图
10）中共有三位粟特猎者，其中右上方的骑马猎
手身披甲胄，头戴战盔，手提戟，左中和右下的
两位猎者均着紧袖束装，手持弓箭，呈站姿捕杀
猎物。

吉美围屏石榻上的狩猎图（图 11）出现在第
七幅画面上，图中自上而下共绘有四位猎者。画
面左上部的骑马猎者头戴双翼花冠，其余三人也
使用弓箭，呈不同姿势狩猎，推测这四人应均为
粟特猎手。

（二）参与狩猎的方式

纵观入华粟特人葬具中的狩猎图像，可以看
出所有狩猎图像中均出现了骑马狩猎的方式。虞

图 11　吉美围屏石榻第七块石条

（采自张庆捷、李书吉、李钢主编《4—6世纪的北中国与欧亚大陆》，科学出版社，2006 年，第 116 页，图一二）

图 12　虞弘墓石椁右侧狩猎图中的驯马男子

（采自《太原隋虞弘墓》，第 136 页）

图 13　史君墓石堂东侧底座狩猎图中的弓箭手

（采自《西安北周凉州萨保史君墓发掘简报》，第 20 页）

弘墓石椁右侧的狩猎图的最左边绘有一位手持缰绳的男人以及一匹双翼飞马，男人似在驯服飞马，也似下马徒步狩猎（图 12）。史君墓石堂东外壁底座右侧刻画有一位呈半跪姿势、右手持弓、左手拉弦的弓箭手（图 13）。同样，在天水石马坪石棺床左侧屏风上的狩猎图像中出现了两位徒步狩猎的弓箭手，分别位于图中的中间靠左侧和右下侧，二人均穿着紧袖束装，手持弓箭，呈站姿捕杀猎物（图 14 标白处）。在吉美围屏石榻的第七幅画面中共出现两位徒步狩猎者，一位猎者位于画面中部靠右，他手持弓箭，呈半蹲姿势，正在瞄准前方的猎物；另一位猎者位于画面左下角，他右手握刀，左手持盾，正在追逐前面的一只山羊（图 15 标白处）。

（三）狩猎工具及猎物

根据入华粟特人墓葬中狩猎图像里出现的各类狩猎工具来看，弓箭使用的频率是最高的，出现的次数也是最多的，几乎在每幅狩猎图像中均有表现。一些狩猎图像中出现了长枪和刀具：史君墓石堂东西底座上的狩猎图中分别出现了两位手持长枪的骑马猎手（图 16 标白处）；虞弘墓椁座后壁壶门内彩绘的狩猎图中有一位双手持长枪追逐羚羊的骑马猎者（图 2 下）；安伽墓石屏围榻正面屏风第二幅的下半部分也有一位猎人手持长枪，猎杀迎面奔来的野猪（图 17 标白处）。

图 14　甘肃天水围屏石榻左侧屏风中的两位弓箭手
（采自《天水市发现隋唐屏风石棺床墓》，第 48 页）

图 15　吉美围屏石榻狩猎图中的猎手
（采自《4—6 世纪的北中国与欧亚大陆》，第 116 页，图一二）

图 16　史君墓石堂东西底座上两位手持长枪的骑马猎手
（采自《西安北周凉州萨保史君墓发掘简报》，第 20 页）

图 17　安伽墓石屏围榻正面屏风第二幅图中手持长枪的猎人

（采自《西安北周安伽墓》，第28页）

在安伽墓石屏围榻左侧屏风第二幅图的最上部有一位右手持棍的骑马猎人（图18）；在右侧屏风第一幅图中不仅有一位猎人（左上部）手持棍状工具，骑着马匹进行狩猎，同一画面的右下侧还有一位左手握有盘卷绳索作为捕猎工具的猎人（图19标白处）。除此之外，甘肃天水围屏石榻左侧屏风的第一幅图中出现了中国传统战争器具戟（图10）；在吉美围屏石榻的第七幅图中还出现了与刀具合用的盾（图11）。

除了上文中提到的各类狩猎工具外，入华粟特人墓葬狩猎图像中还经常出现一些助猎动物，这些动物也可以被视作一种特殊的狩猎工具。画面中最常见的辅助狩猎动物是猎犬，据统计，十四幅入华粟特人墓葬狩猎图像中，有六处出现了猎犬，总计十四只，猎隼仅在史君墓石堂西壁第三幅图中出现过一次。狩猎图像中出现的被猎物大多为肉可食用、皮毛可以做成衣物的野生哺乳动物，其中大角鹿最多，在十四幅狩猎图像中出现了九处，共计十只。狐狸出现的次数最少，仅在吉美围屏石榻上发现了一只奔跑着的狐狸。

综上，笔者发现入华粟特人墓葬狩猎图像中狩猎活动参与人物的族属、狩猎工具及助猎动物、被猎物和狩猎方式等均存在一定程度的不同，具体情况详见表1。

表 1　入华粟特人墓葬狩猎图像概览

名称	位置	猎者族属		狩猎工具及助猎物						被猎物								狩猎方式	
		粟特	突厥	弓箭	长枪	刀具	棍	其他	猎犬	大角鹿	羚羊	狮子	山羊	野猪	野兔	老虎	狐狸	骑马	步行
虞弘墓	左壁壁龛	2	1	2					4				1					3	
	右壁壁龛	3		2					3	1								2	1
	后壁壶门	1	1	1	1				1	1		1						2	

图 18　安伽墓石屏围榻左侧屏风第二幅图中的猎人
（采自《西安北周安伽墓》，第 23 页）

图 19　安伽墓石屏围榻右侧屏风第一幅图中的猎人
（采自《西安北周安伽墓》，第 35 页）

续表

名称	位置	猎者族属		狩猎工具及助猎物						被猎物								狩猎方式	
		粟特	突厥	弓箭	长枪	刀具	棍	其他	猎犬	大角鹿	羚羊	狮子	山羊	野猪	野兔	老虎	狐狸	骑马	步行
安伽墓	左侧屏风第二幅	4		1			1	1					2	1				4	
	正面屏风第二幅	2		1	1							1		2				2	
	右侧屏风第一幅	3	2	1				1 绳索		1		1			2	1		5	
史君墓	东底座	2	1	2	1					1			2					2	1
	西底座	3		2	1							2		1				3	
	西壁	1	1	1					3	1	1			1	1			2	
美秀	屏风A	4		4					2									4	
	屏风C		2	1						2				1				2	
天水墓	左侧屏风	3		2				戟		1						1		1	2
吉美	画面七	4		3		1		盾		1	1	1			2		1	2	2

表1统计的十四幅狩猎图中，出现狩猎者40人，其中粟特人32人，突厥人8人。从狩猎工具来看，弓箭出现的次数最多，几乎在每幅狩猎图像中均有表现，长枪也出现较多，而与刀具合用的盾、套取猎物的绳索及中国传统战争器具戟等均只出现一次。被猎物种类较多，有大角鹿、羚羊、狮子、山羊、野猪、野兔、老虎和狐狸等，其中大角鹿、羚羊、狮子、山羊、野猪和野兔出现的次数较多，而老虎和狐狸出现的次数比较少，分别为两处两只和一处一只。所有狩猎图像中均出现了骑马狩猎的形式，徒步狩猎出现了六次。帮助狩猎者狩猎的动物，最常见的是猎犬，猎隼仅出现了一次。

三　审美观念解读

"美"是令人感到愉悦的一切事物；"审"则是人们评判事物美与丑的一个过程。审美是一种带有主观意识的心理活动过程，是通过全部感性能力对对象进行感知、直观，并以生命体验为基础，通过反思获得愉悦的过程。[①] 审美建立在人对世界的肯定性感知之上，审美在评判事物美丑上既要有经验作为基础，也受时代背景的限制，不同的文化背景，造就了不同的审美特征，因此具有很大的不确定性，这也就是审美的历史性。

（一）狩猎图像的"顷刻之美"

包孕性顷刻，即为"最富有包孕性的顷刻"，

---

① 刘旭光:《什么是"审美"——当今时代的回答》,《首都师范大学学报》2018年第3期, 第81页。

也可理解为瞬间的艺术，是戈特霍尔德·埃夫莱姆·莱辛（Gotthold Ephraim Lessing）在《拉奥孔》中提出的艺术和时空辩证关系的重要美学论断。莱辛提出：

> 物体持续着，在持续期中的每一顷刻可以显现不同的样子，处在不同的组合里。每一个这样顷刻的显现和组合，是前一顷刻的显现和组合的后果，而且也能成为后一顷刻的显现和组合原因，从这一顷刻可以更好地理解到后一顷刻和前一顷刻……那么，我们就可以有把握地说，选择上述某一顷刻以及观察它的某一个角度，就要看它能否产生最大效果了。最能产生效果的只能是可以让想象自由活动的那一顷刻了。我们愈看下去，就一定在它里面愈能想出更多的东西来。我们在它里面愈能想出更多的东西来，也就一定愈相信自己看到了这些东西。在一种激情的整个过程里，最不能显出这种好处的莫过于它的顶点。①

简单来说，"包孕性顷刻"是艺术家在寻求艺术创作表现效果时，所找到的能够引发矛盾集中爆发的一个支点，也就是关键时刻、最精彩的时刻、最富意味的时刻。百年后，黑格尔在其著作《美学》中提出"绘画只能抓住一个片刻，因此，应该把握集前因后果于一点的顷刻"的美学观点，这对莱辛的"顷刻"理论进行了丰富和延伸。

入华粟特人墓葬图像的题材大多是展示墓主人日常生活，其中也包括一些商旅和狩猎的场景，这也是最能体现出入华粟特人审美观念的一个方面，也是入华粟特人日常生活审美化的形象体现。在已出土的入华粟特人墓葬图像中，大多数表现的是一个有明确方向性的静态场面，正是这种方向性，将平面化的活动图案立体化，使之更具生动感，雕刻者从某一特定角度选取最能产生效果的顷刻，让人产生意味深长的韵味，更能准确看出雕刻者对"顷刻之美"细节的把握。狩猎图像所表现的不仅仅是一个独立的狩猎动作，而是以骑射或步行狩猎的造型、狩猎动作的动态造型为媒介，用石质壁画为载体，来反映北朝隋唐时期入华粟特人的审美风尚和文化意蕴。

山西太原的虞弘墓石椁中的狩猎图像呈现了狩猎场景的精彩瞬间。石椁底座左右两侧的狩猎图（图1）均以持弓骑射的射手为中心进行左右对称构图，图中雕刻着的六位猎手，六位猎手的身体动作和使用的工具都不尽相同。猎手和猎物之间的互动形成了狩猎这一幕场景中最精彩的一刻。猎物速度奇快，前脚伸直且高举，身体呈一定角度后倾，可以想象是竭尽全力的奔跑状态；猎手则在骑马追赶时找到一个适合射击的点，手拉弓箭至满弓状态，收颌紧盯猎物，降低身体重心，使体态平稳，侧身弯弓，好似已经进入瞄准、射击状态；未骑马逐猎的猎手则在调教自己的坐骑，加之猎犬的配合，似为接下来的猎杀行动作准备。这几位猎手此刻表现出的是极度的静，猎物表现出的则是迅速的动，一动一静，使这一猎杀时刻分外关键，猎物好似也深感危险的降临。石椁左侧狩猎图（图1上）中间的猎物还不时回头查看，雕刻者准确地把这一刻定格在了图像之

---

① 〔德〕戈特霍尔德·埃夫莱姆·莱辛：《拉奥孔》，朱光潜译，人民文学出版社，1979年，第19页。

中，下一刻究竟会发生什么，猎物是否能从猎手和猎犬手中逃脱，猎手那充满力量的弓箭能否将猎物一矢毙命，这些，都是在这一"顷刻"中留给欣赏者的思考。

安伽墓石屏围榻上的三幅狩猎图所表现出来的"顷刻之美"则更富有意味。以右侧屏风第一幅狩猎图为例（图5），这幅图所绘的是墓主人安伽陪同粟特客人和突厥贵族狩猎的场面。其中，图中右上部有两位骑马猎人，一人在骑马追逐猎物，另一人则手持短棍，似在驱逐猎物，猎手身下的骏马前蹄弯曲且离地，正载着猎手奋力向面前各种各样的猎物跑去；画面右下部另外一位猎手头系上扬的飘带，左手拿着盘卷的绳索，虽没有呈现手持弓弩蓄势待发的状态，但猎物是顺利逃脱，还是下一刻被短棍及绳索捕获，这些都是留给观看者的思考。这种"包孕性顷刻"的意味好像比虞弘墓中狩猎图表现得更为深刻，作图者在构图技艺和关键时刻的表现上也把握得更为炉火纯青。

入华粟特人墓葬图像的载体多为石质壁画，不同于砖画像，石质画像的载体硬度更大，雕刻者不易对人物表情细节进行充分刻画，故只能采取"点状线"的方式，更为精准地表现人物的身体形态，从大处着眼，注重宏观场景的塑造，通过直接雕刻艺术将狩猎图的"顷刻之美"呈现出来。

（二）狩猎图像的"形式之美"

所谓形式美，主要是指多种形式因素如色彩、线条、声音等合规律性的结合，如整齐一律、对称均衡、照应对比、多样统一等。也就是说，形式美是构成事物的自然物质材料，如色彩、形状及其组合规律所呈现出来的审美特性。形式美的形成和发展经历了漫长的社会实践和历史发展过程，经过历史积淀的形式美，比其他形态的美更富于表现性、装饰性、抽象性、单纯性和象征性。形式美也有一定的内容，是形式本身所包含的某种意义，如红色表热烈，绿色表安静，白色表纯洁；直线表坚硬，曲线表流动；方形表刚劲，圆形表柔和；整齐表秩序，均衡表稳定，变化表活泼。原始先民们把动物的牙齿串起来挂在脖子上，开始只是作为一种勇敢有力或乞求神灵赐予力量的标志，久而久之，这种形式渐渐脱离人们心中的实用观念，成为心理上的沉淀，当人再看到它时就产生了一种非实用的愉快情感，即形式美感，这个从实用向审美的转化就是形式美的产生过程。人对形式美的感受能力有继承性、共同性，也有时代性以及民族的差异性，它总是随着社会生活不断的演变而产生新的发展和变化。

形式美是艺术创造追求的目标之一。它在作品中往往具有独立的作用。有些抽象性艺术结构如建筑、工艺设计等，总是以特定的形式美为主要原则。但形式只有和相应的精神内容相结合才会产生强烈的感染力。因此，形式美只有不仅作为目的，也作为手段时，它的本质才会得到充分体现。歌德说过："题材人人看得见，内容意义经过努力可以把握，而形式对大多数人是秘密。"这充分说明了"形式"对于一件艺术品来说是多么的重要，而艺术品都应该具备形式美的特征，墓葬中的石质画像更不例外，人们的生产实践活动和社会实践活动为石质画像的创作提供了丰富的素材，同时也使人们产生对作品形式美的审美需求。这种审美需求表现了某种情感指向，具有某种实在的含义。

史君墓石堂西壁第三幅图（图7）中所展现的狩猎场景深刻体现了一种比例协调的形式美。画面的右上侧有两位自右至左前进的猎手，首先的一位手持弯弓，身骑马匹，其右后侧有一留有长辫的侍者，左手高举一只隼。画面下方有一支正在行进的旅队，中间靠左部分绘有各种奋力奔跑的动物。纵观整幅画面，无论是骑马行进的猎手、努力逃脱追捕的猎物，还是排列有序的旅队，他们的整体方向遵循了从右至左的行进规律。狩猎骑士身缀胸襻，头顶花冠，身骑骏马，挺身射箭，极具动感；猎物依次排列，井然有序；商旅队伍有序前进，呈现极具秩序的形式美。

美秀围屏石榻石棺床C图（图9）则通过处理不同部分的比例，体现出错位重叠的权衡形式美。比例与权衡是指形象的整体与局部或者各个部分之间的关系，主要体现在面积、大小、数量上，将这种关系处理得协调得当就会形成权衡之美。美秀围屏石榻石棺床C图中的狩猎图像通过由远及近的错位构图技法将主人宴饮会客、饮马驯马和骑马狩猎交错穿插，各个部分的空间关系通过该部分占比大小实现前后错位布局，对比产生间隙的空间形式美。

（三）狩猎图像的"崇高之美"

"崇高"是西方美学体系中的重要审美范畴，在西方美学史上，普遍认为"崇高"概念的提出发端于古罗马时期朗吉努斯（Longinus）的《论崇高》一文，他从修辞学的角度提到"崇高"主要根源于人的天赋，是一种"充满了快乐和自豪"的"激昂慷慨的喜悦"。① 后埃德蒙·伯克（Edmund Burke）将"崇高"和"美（优美）"进行对立考察，认为"崇高"产生于痛苦和危险之中，那种能表现恐惧或以恐怖的形式发挥作用的事物都是崇高的由来。② 与伯克纯经验主义的路径不同，伊曼努尔·康德（Immanuel Kant）则通过经验主义与理性主义的折中，认为"崇高"这种情感本身有时候带有某种恐惧，或者忧郁，或者宁静的惊奇，具有无形式和无限性的特点。③

在中国古典美学中，并未出现"崇高"这一明确的审美范畴。最初"大"这个范畴概括了体积和数量巨大所衍生的崇高美，后在《易传》的"阴和阳"以及"柔和刚"的思想影响下，美被划分为优美与壮美。其实，所谓的崇高美也称作壮美，也称阳刚美。"壮美"与西方美学的"崇高"在表现形式和审美效果上颇为相似，但又有一些不同。"壮美"的生发并不是建立在痛苦和恐惧的基调上，反而是在中和之美中体现出一种自然的合目的性，其特点就是对立与冲突，带给人极为震慑的心理作用。

可见，崇高美作为一个美学命题，在中西美学语境中具有明显的差异。在审美活动中，崇高主要表现在主体与客观世界的斗争之中，主体在斗争和牺牲中体现出了一种强烈的生命尊严感和使命感，形成一种极富生命意义和张力的艺术精

① 〔古罗马〕朗吉努斯：《论崇高》，钱学熙译，《文艺理论译丛》，人民文学出版社，1958年，第114、119页。
② 〔英〕埃德蒙·伯克：《关于我们崇高与美观念之根源的哲学探讨》，郭飞译，大象出版社，2010年，第35—36、144页。
③ 〔德〕伊曼努尔·康德：《论优美感和崇高感》，何兆武译，商务印书馆，2001年，第3页。

神。在入华粟特人狩猎图像中，对于崇高美表现最为突出的是位于虞弘墓石椁左右两侧的狩猎图像（图1），这六位猎手神情肃穆、情绪激昂，他们手持各不相同的狩猎工具，或骑在奔腾的骏马之上，手持弓箭，紧追不舍俯身瞄准猎物；或站在地上调教自己的坐骑，只为更好地和猎犬配合，以应对下一次的追猎行动。不论是狩猎者还是猎物，甚至是助猎的猎犬，他们的神情都灵动逼真，一幕幕令人热血沸腾的狩猎场面映入眼帘。

史君墓石堂东西底座上的狩猎图更是将崇高之美展现得淋漓尽致（图6）。这幅图中参与狩猎的猎手更多，狩猎工具更齐全，狩猎场面也更加壮观宏大。既有手持弓箭和长矛的骑马猎手，也有半跪在地上、用双角头饰来伪装自己的弓箭手，还有头戴双翼花冠、身披长飘带、手持长枪刺杀野猪的骑马猎手和头戴头饰、腰挂短剑、骑着骏马的弓箭手。猎物的种类也不光只有羚羊或野兔，表情凶狠的野猪甚至是张牙舞爪的狮子，都成为猎手们的目标。狩猎者面对这些极具野性又凶狠无比的野兽，表现出了勇敢不退缩的气魄与精神，这场驰魂夺魄的狩猎活动令观者印象深刻，敬畏之情油然而生，继而产生一种作为胜利者从自然中观照自我的审美愉悦，甚至还伴随着摄人心魂的恐惧刺激之感，更是将崇高之美展露无遗。

（四）狩猎图像的"休闲之美"

在入华粟特人墓葬狩猎图像中，和狩猎题材出现的频率不相上下的题材是粟特人宴饮休闲的场景，可以说宴饮休闲场景在每个入华粟特人石质葬具上都不曾缺席。该题材一方面展示出墓主人生前所参与的娱乐活动，另一方面又表现出了怡然自得的休闲之美。人们的生活之所以离不开休闲，是因为休闲本身离不开美，还处处充盈着美。例如《庄子·秋水》中的"濠上之乐"、《南齐书·孔稚珪传》中的"蛙鸣鼓吹"、陶渊明的"北窗高卧"、郑板桥的"置榻竹林"等，一句句绝美诗句勾勒出悠然自得的休闲之美。正如舒展所说："中国传统文化中的许多精华，举世无双的品类，皆是休闲的产物，比如，赶集、庙会、放鹰、养鸟、观鱼、垂钓、猜谜、楹联、诗社、书院、风筝、踢毽、打拳、舞剑、啜茗、嚼蟹、书市、园林、流觞、国画、曲艺、管弦、戏曲、书法、金石……"[1]

对于休闲之美表现最为深刻的是安伽墓石屏围榻正面屏风的第二幅图（图4）。安伽墓石屏围榻正面屏风第二幅图中间部分雕刻有花草植物作为画面上下两部分的分割线，将上半部分的宴饮休闲和下半部分的骑马狩猎合理分配在了同一个画面中。笔者认为可以用事情发生的时间线将该画面所刻画的事件串联起来。画面上半部分刻画了墓主人在挂满果实的葡萄园和客人进行饮宴活动，他们一同欣赏观看了乐舞和圣火祭祀表演。画面下半部分左侧的骑马人物和葡萄园中会客的主人均头戴小帽，应为同一人，该画面所画应是墓主人在葡萄园会客结束后，陪同客人一起进行骑马捕杀野猪的狩猎娱乐活动。

结　语

墓葬图像的题材大多是展示墓主人的日常生活，其中也包括一些商旅和狩猎的场景，这也是

---

[1]　舒展：《休闲——一门科学》，《民主》1999年第6期，第25页。

最能体现出入华粟特人审美观念的一个方面，也是入华粟特人日常生活审美化的形象体现。现有且已知的入华粟特人墓葬图像大多源于粟特、中原和突厥文化，在北朝隋唐时期，粟特文化在和中原文化的融汇交流中经历了冲突、磨合的过程。受西亚风格影响，入华粟特人葬具上狩猎图所描绘的猎手也许是社会地位较高的粟特或其他民族的首领。在现有已出土的墓葬图像中，考古人员经过考证以后发现：大多数的墓葬壁画的画面并没有显示出方向性，而是表现一个场面，在空间上并没有移动，我们可以将此理解为静态的或没有方向性的画面。但在表现出行、狩猎和商旅等题材的画面中，却有明显的方向性。正是这种方向性，将平面化的活动图案立体化，使之更具生动感，比起图像上展现的墓葬主人穿着的服饰或者日常生活所食用的食物，更具有分辨性。

总之，狩猎图像是入华粟特人墓葬中出现频率较高的图像，狩猎者在布满花草的山区野外，手持弓箭、长枪、绳索等狩猎工具，以骑马或者徒步的方式，在猎犬、猎隼的帮助下，寻觅羚羊、野猪、狮子、野兔、鹿等各种猎物。狩猎者既有粟特人，也有突厥人，说明粟特文化与突厥文化的交流和融合。有的狩猎者头戴王冠，长长的彩带飘扬在王冠的后面，既表现了狩猎人物之间的尊卑关系，也似乎证明他们的狩猎活动从一开始的获取猎物用来充饥，变成了贵族进行娱乐的活动方式之一。

由此可见，物质文化的发展满足了人类的最基本需求，即生存需求和自身的安全需求，同时也推动了人类的高层次需求，例如审美需要和创造需求的发展。随着社会进步和经济发展，人们已经不需要仅通过狩猎才能维持自身生存了，狩猎便从生存方式变成了上层贵族的休闲娱乐方式。就如"饥不择食"这个词精确概括了人类生理行为的一种共同特性。在人类需要由低向高发展的历史过程中，物质文化的发展始终起着决定性作用，它的发展推动了人类较高层次的审美需要和创造需求的发展，进而推动人类去进行审美文化的创造性活动，狩猎活动渐渐向帝王、贵族等上层社会转移。狩猎的方法和手段也不像之前那么粗俗，而是具有了一定的美感，狩猎所具有的提供物质资料的原始功能也随之发生了变化，这也促使审美文化不断进行发展。

Zoroastrian Plots on the Ossuaries of Sogd: Chinvat and the Posthumous Trial

Bogomolov Gennadiy Igorevich

(National Center of Archeology of the Academy of Sciences of the Republic of Uzbekistan)

The rich historical heritage of Central Asia is an inexhaustible basis for researching various historical processes, social and cultural phenomena from antiquity to the modern time. The early medieval period is an important period in the history of the peoples of Central Asia. The peculiarity of the early medieval era, ethnic and cultural processes taking place in the material and spiritual culture had a huge impact on the subsequent development and structure of various phenomena and ideas of the traditional culture of the peoples in Central Asia. One of the topical areas of research is the issues of religious beliefs and cultural contacts in the early Middle Ages. At this time, Christianity, Buddhism and Zoroastrianism spread throughout Central Asia, including Sogd. Among them, Zoroastrian ideas are considered autochthonous. Their most specific features were the cult of fire and funeral rituals where animistic beliefs, belief in the afterlife and future reincarnation, concern in the afterlife fate of the soul of a deceased person are clearly manifested.

For pre-Muslim Sogd, as archaeological studies show, ossuaries served as one of the elements of the funeral rituals. They all were used as containers for the cleaned bones. It is the finds of the ossuaries that are perceived as evidence of the existence of Zoroastrian ideas and rituals here. The rituals consisted of several stages, but only the last two of them are recorded archaeologically. The first is a preliminary exposition of the bodies of the deceased in a special place. The cleansing of bones from soft tissues was carried out either naturally or with the help of animals and birds. At the next stage, the cleaned bones were collected for reburial in vessels or ossuaries[1]. As a rule, for these purposes large household vessels with a wide neck could be used,

---

[1] The exact time period is not known, but it is possible that this action took place 7 years later. According to the ethnographic observations among the Iranian Zoroastrians, people living in the district, whose relatives died during this period, on the appointed day at night gathered near the dakhma, lit a fire and performed the ritual Yašt-e daur-e daxma ("the act of worship on the dakhma"). Dastur recited a prayer, and then the nassalars climbed the dakhma, with iron shovels they threw the cleaned bones into a well in the center of the dakhma, where the bones gradually turned into dust. Freed places were sprinkled with bovine urine. Most likely, similar actions were practiced among the Sogdians, but cleaned bones were collected in an ossuary.

specially made burial vessels which form imitated household ones, or ossuaries in the form of boxes made of alabaster, ceramics, or just clay. Moreover, the ossuaries themselves were placed in crypts-naouses[1] specially erected for this purpose, or abandoned buildings were used as the latter. Finally, they could be placed into old burial mounds. In Sogd, such cemeteries have been found in many places, for example, the necropolis in the southwestern part of the site of Afrasiab, the necropolis of Penjikent, Kafirkala, Durmentepa, Sivaz, Yumalaktepa, etc.. But in parallel, one more method was widely practiced, when ossuaries were simply buried in the ground outside the settlements to a shallow depth. In these cases, the ossuaries were installed in rows almost adjoining each other, or forming chains where they were at some distance, for example, burials in Koshrabad[2] or on the "Nikiforov lands" in Tashkent.

The vast majority of Sogdian ossuaries are ceramic, with the exception of one ossuary made of alabaster[3] and one stone cover from Penjikent, which points at the likelihood of extremely rare use of stone ossuaries in Sogd. The outer surface of Sogdian ossuaries was often decorated with patterns of different application techniques and artistic merit.

Stamped ossuaries dated to the VI-VIII centuries form a special group. Their walls, were printed with large stamps. The prints could make up a complex decorative composition or show a plot scene. The latter were intended not only to illustrate some aspects of local religious and mythological concepts associated with the post-death fate of the soul of the deceased, but were endowed with a certain symbolic meaning.

In Zoroastrianism, with all its discrepancies, judgments about the subsequent fate of a person's soul after his/her death were consistent and seemed to be a single chain of events. According to Zoroastrian beliefs, death is an evil that defiled the human body, and from that moment it is considered unclean and even dangerous. Moreover, judging by the information from Avesta and the late Zoroastrian writings, the soul of a deceased person after his/her death remains three nights by the head of the deceased. The soul separated from the body is completely helpless, and in order not to be captured by demons at that moment, the guardian angel Srosh guards the soul[4].

In the Pahlavi writing "Menok-i-Khrat" the events happening to the soul of a deceased person

---

① Naouses are small ground-based single-chamber, less often two-chamber buildings, made of pakhsa and adobe bricks, as a rule, rectangular or square, sometimes with sufas around the perimeter of the chamber and a narrow and low entrance-manhole, which was laid with adobe bricks. It is likely that the naus had a domed (as in Chach) or flat roof (Beruni seems to hint at the latter when he says that in the days of Fravardin the Sogdians put food for the souls of the dead on the roofs of the naus). The front side in some cases could be distinguished by a portal with a toothed parapet above it, as it was in Chach and as hinted at by the ossuaries of Merv, imitating these burial structures (Rapoport 1971, p.63, Fig. 2).

② Berdimurodov, Bogomolov 2015, pp.3-16.

③ Stavisky, Bol'shakov, Monchadskaya 1953, p.87, fig. 17.

④ Chunakova 2004, pp.211–212.

are described as following - "for three days and three nights the soul sits at the head of the body. And on the fourth day at dawn it reaches the sublime and terrible Rewarding Bridge (that is, the bridge Chinvat), which every person whose soul is saved, and every person whose soul is cursed should approach ... and it (soul) (will benefit) the mediation of Mihr, Srosh and Rashn, and its actions will (be) weighed by fair Rashn ... And when the soul of the rescued passes over this bridge, the width of the bridge turns out to be equal to one farsang ... And its own good deeds of the rescued meet it in the form of a young girl, more beautiful than any girl on the earth ... Then with the first step it enters into the heaven of good thoughts, with the second - (into the heaven) of good words and with the third - (into the heaven) of good deeds, and with the fourth step it reaches the Infinite Light, which is all bliss ... and forever it dwells with holy deities in complete bliss forever and ever"[1]. The soul of the accursed (unrighteous) person after three days and three nights is carried away by the demon Vazarsha (who threw a lasso on the soul even at the birth of a person). He drags it to the Chinvat Bridge, and from there to the underworld. On the bridge, the damned soul also meets "a young girl who does not at all look like a young girl." The soul of the damned passes through three hells of evil thoughts, words and deeds and with the fourth step finds itself in the face of Ahriman and other demons[2].

The wide distribution of these Zoroastrian ideas is evidenced by archaeological materials, in particular, some unique, because of their correspondence to Zoroastrian texts, image compositions on the walls of the Sogdian ossuaries. For example, the scene on the Chinwat Bridge and the court on it are currently known in four variations.

First variant. Presented on a fragment of an ossuary from the collection of the State Museum of the History of Uzbekistan of the Academy of Sciences of the Republic of Uzbekistan in Tashkent[3]. It is the corner of a box-shaped ossuary (the face surface of the fragment is 26×22 cm and the end surface is 22×9 cm) (Fig. 1,1)[4]. Technically, the ossuary was formed from rolled out individual plates, mounted in a rectangular box. The shard is pinkish-brick in color, dense. The outer surface of the product is not engobed. The side and long walls are imprinted with large stamps. There are traces of sand on the matrix prints. Moreover, the long and side walls of the ossuary are ornamented with different matrix prints. The relief is shallow. On the long wall, there is a composition with a mythological plot, only its

---

① Drezden 1977, pp.360-361.
② Drezden 1977, p.361.
③ Potapov 1938, pp.130-131, fig. 3.
④ The place where this ossuary was found is unknown, it is assumed that it could have been Samarkand or its environs. Indeed, according to the style of images, he finds analogies among a number of ossuaries of the 6th-7th centuries. from Samarkand Sogd. For example, a fragment of an ossuary from Afrasiab, which depicts two male figures sitting side by side with their legs folded in the east (Fig. 1, 2). By the way, it is possible that these are also images of the afterlife judges.

left part has survived. It features two male characters. Their figures are rendered rather symbolically in low relief. The leftmost person is depicted sitting on a low rectangular dais (ottoman throne) with crossed legs. His figure is shown in front view; his head is in profile and slightly bowed downward. His high status is indicated by the crown on his head. The tops of the crown teeth are noticeably bent outward. On one of the teeth a multi-lobed rosette is faintly visible. The person has massive facial features, a rounded chin, no beard, but short mustaches are shown above the upper lip. The clothes are shown symbolically. The character's right hand rests on his thigh, in his left hand, that is extended forward; he holds the scales by the loop. The latter are presented in the form of

a simple beam with hemispherical bowls suspended from its edges. It is quite obvious that this is an image of one of the afterlife judges - the deity Rashn, who weighs the good and evil deeds of the deceased.

The other (right) figure is also shown in front view, and the head is turned in profile facing the seated Rashn. The person is shown in motion. His head is depicted very schematically, his facial features are poorly imprinted, but it is clear that he is younger than Rashn. He is dressed in a long caftan (or shirt) tied up at the waist with a narrow belt. A three-toothed crown also tops his head. The right arm is slightly bent at the elbow and extended forward. In his open palm, he holds (carries) a small altar (atashdan) with a blazing fire. The latter is shown

Fig. 1   Sogdian ossuaries

very schematically and presents a hemispherical bowl on a relatively high leg with a rectangular base. His left hand is down behind his back and holds either the hand of another person or a leash. Undoubtedly, the person with atashdan is Srosh (one of the afterlife judges, the deity of obedience and order), who transfers the soul of the deceased over the Chinvat bridge and delivers it to the seated Rashnu with scales (Fig. 1,1) [1].

This Chinvat bridge is shown below under the figures in the form of a horizontal strip, with short vertical columns placed between its upper and lower lines (all this resembles a lying ladder in a lateral projection). A thin horizontal line crosses the columns in the middle. Under the strip, thin lines depict some kind of swirl, possibly water or air. Perhaps these swirls hint at the abyss under the bridge. It is no coincidence that one of the epithets of the Chinvat Bridge is "terrible, high". In addition, the Avestan texts mention that under the bridge " the hell is deep below in the middle of a desert place." According to Bundahishn, one end of the bridge rests on the Chikat-Daiti mountain located in the center of the world, while the other -is on the Alburz mountain[2].

On the end (short) side, the composition is not clear. A strip with the image of palmettos placed vertically one above the other is partially preserved.

The second version of the scene. It is presented on a fragment of the wall of an ossuary from the Kashkadarya valley and is currently kept in the historical museum in the city of Karshi. The ossuary, apparently, is also box-shaped, a shard fracture is of brick-pink color. The walls of the ossuary were imprinted with a large stamp and additionally covered with a light engobe.

Unfortunately, only a part of the composition has survived, it depicts two characters (Fig. 1,3). They are conveyed in a flat and schematic-symbolic manner. The first character, on the left side of the scene, is deployed frontally. He has a round, wide face. The eyes, nose and mouth are highlighted with protrusions. Hair in a narrow stripe frames the face on the right side. Due to this technique, the face turned back a little (the character looks back). The hair strands are conveyed in short brace lines. The person is dressed in a caftan or a shirt with a wide hem, a narrow waist is tied with a belt, legs in long-toed boots were probably turned in different directions. His right hand is lowered down to the belt; the left is extended to the side and holds the hand of the second figure (Fig. 1, 3). Most likely, the first figure depicts the soul of the deceased.

The second person to the right of the first is Srosh. He is depicted in motion (as if rising up), and

---

[1] He weighs the good and bad deeds of the dead on heavenly scales, not tilting them "in any direction, neither for the righteous, nor for sinners, neither for lords, nor for rulers, so that he will not change the declination of the scales by a hair and will not plan harm." Equally rightly referring to the "lord, ruler, soldier 'and to the' insignificant person." It was him with gold scales that the righteous Viraz saw at the Chinvat Bridge.

[2] Chunakova 2004, pp.256-257.

the head is shown in a half-turn, frontally. He has a wide, sub-triangular face. Protrusions highlight the nose, eyes and mouth. On the right, a narrow strip of hair frames the face, which again creates the effect that the character is looking back. Hair strands are shown as braced lines. The person (Srosh) is dressed in a caftan or a long shirt tied at the waist with a belt. One hand holds the hand of another character, the other is stretched forward and slightly raised upward, but what was in this hand is unclear, it is where the disruption happened (Fig. 1, 3). It is possible that he held a small portable altarpiece in this hand.

Some kind of hemispherical object (a bowl?) is shown above, between the characters. Its upper part has been cut off with a stamp roller, but, perhaps, according to the master's plan, the object was round and symbolized the disk of the Moon or the Sun. Below, between them and to the right of the second character, identical figures are depicted in the form of a column tilted to the right with a round top, which is turned back to the opposite direction from the slope (Fig. 1, 3). Perhaps this is an image of waves between which the characters pass. Almost along the edge of the right side of the fracture, the contour of another figure has partially preserved. It seems to be sitting.

In general, the composition depicts a scene full of drama. The soul of the deceased looks back somewhere, where his/her body remained, hoping to return to it[1], but Srosh pulls the soul of the deceased by the hand to the Chinvat Bridge while climbing it. The bridge itself is not visible; it is hidden between the waves.

The third and fourth versions of the scene of the afterlife are presented on three ossuaries from the Yumalaktepa settlement (southeast of Shakhrisabz) and two from the Sivaz settlement (north of Kitab). Typologically, all these ossuaries belong to box, rectangular ossuaries with a low, vaulted hemispherical top, part of which is cut off for the lid. The walls of the reservoirs of all three ossuaries are decorated with imprints of a large stamp depicting figures of people and animals, made in low relief. Thematically, the compositions on the ossuaries from Sivaz and Yumalaktepa are of the same type, but differ in the iconography of the characters, their number and composition.

The third variant. The composition on the ossuaries from Yumalaktepa seems to be the most complete. (Fig. 2, 1-2). It comprises 13 figures, 10 of which are humans (from 9 to 14 cm high) and 3 animals. All of them are placed in two tiers and split into several stages[2].

The composition unfolds from right to left. On the right the upper tier shows the scene of the afterlife judgment, and the lower tier - the scene of a sacrifice. A bearded priest with a padam bandage on his face

---

[1]   In this regard, there is a curious mention in Bundahishn that for three days the soul sits at the head of the deceased with the hope that "it can be so happy that the blood can be warmed up and the breath will be able to enter the body, so that I will manage to enter the body once again." (Pavry 1929, p.12)

[2]   Berdimuradov, Bogomolov, Khushvakov 2012, pp.20-21.

in front of a rectangular elevation (a table, which surface is divided crosswise with intersecting lines into 4 sectors) is performing a religious ceremony. He is blessing the sacrificial bread (drone) [①] on the table. The priest is dressed in a long shirt with long sleeves, which hemlines diverge in a triangle. At the waist the shirt is surrounded with a belt (kusti), its ends crowned with tassels and hang unevenly in front. A

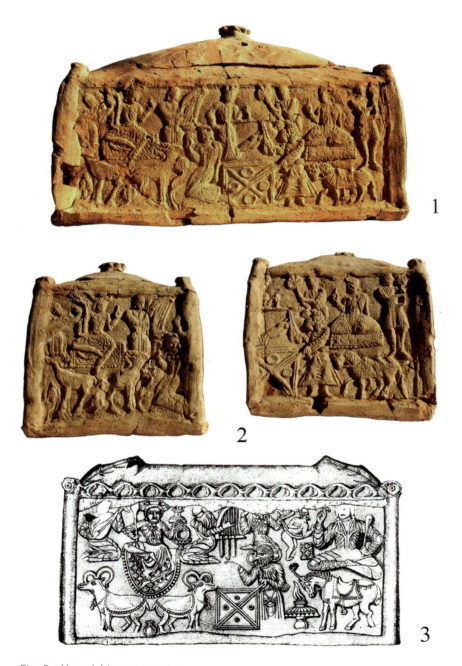

Fig. 2　Yumalaktepa ossuary

[①]　Drone is a sacred bread made from wheat flour; the ceremony of dedication of the bread was accompanied by a prayer to the gods or commemoration of the dead (Chunakova 2004, pp.98-99).

spoon or a mace is tucked under his belt. With his left hand, the priest holds two thin long sticks (barsom). A saddled, probably sacrificial horse is shown behind the priest. It is bridled; the reins of the bridle are thrown around its neck. Its head is lowered. A rectangular saddle cloth with a fringe along the edge is thrown over horse's back and a saddle with a low bow and stirrups is placed on it. (Fig. 2,1-2).

There are 5 characters involved in the upper scene. A massive figure of the divine character sits cross-legged on a low rectangular dais (ottoman) covered with a carpet. He is wearing a long-sleeved threw-open robe. There is a hint of a thin belt around the clothes under the robe. One hand of the character is lowered, the other is bent at the elbow and raised to the chest level, the palm is clenched, the index finger is raised in a gesture of attention or instruction. Two standing figures of young men-servants or guardians of honor are on the sides of the ottoman. Each of them is dressed in a short-brimmed caftan or shirt with a round neckline. The arms are bent in front of the chest and hold some kind of the object by the shaft. Perhaps it was a fan (though with a very short shaft) or a mace of an extraordinary shape. Servants with fans have always been called upon to emphasize the high social status of the main character[1].

A male figure in a long threw-open dressing gown with triangular cuffs and short sleeves, under which the long sleeved shirt is seen is standing to the left of the seated character facing him.(Fig. 2,1-2). He has a headdress on his head, but only the lower part of it has survived. One hand is lowered down, slightly bent at the elbow and rests on the thigh, the other holds the handle of the balance beam, at the ends of which, not cups, but two narrow scarves, go down. In one of them, a nude figurine depicting a child lies obliquely. A hairstyle in the form of two bundles tied at the top indicates his young age.

There is no image of the Chinvat bridge here, we have a slightly different interpretation of the post-death judgment, which is administered by the deities Mihr and Rashnu, where "every soul sees what the body did." Accordingly, the character with the scales is the deity of justice Rashnu. The figure on the scales is the soul of the deceased in the form of a child. The central deity sitting on the throne is Mihr, one more deity who are the senior of the judges of the other world. By and large this scene reflects an important point - the interrogation of the soul of the deceased and setting its further fate, recompense for its actions[2].

Partly, an additional indication on the identification of the deity is the image of a horse at the bottom of the scene. The white horse was considered an incarnation of Mihra - Mitra. At the same time, the horse is known as a carrier (conductor) of the soul of the deceased to the other world. Let us recall the instruction of Arrian that Cambyses,

---

① Berdimuradov, Bogomolov, Hushvakov 2012, pp.137-142.

② Berdimuradov, Bogomolov, Hushvakov 2012, pp.137-142.

the son of Cyrus and his successor, established. He suggested along with the daily sacrifices of sheep, a monthly sacrifice of a horse at his father's tomb as an animal dedicated to the Sun. to honor his father's soul. Apparently, in the era of the early Middle Ages, this religious anachronism got a second life under the influence of Turkic religious ideas. In Khorezm and Sogd ossuaries in the form of the horse are well known. K.A. Inostrantsev later noted the preservation of this tradition when gave illustrations of the Parsi funeral rite in the Guzerat versions of the book about Art Viraz. There, in one of the drawings of the funeral procession, a man (a clergyman) walks in front of a horse, but does not lead it. Another drawing shows two people carrying banners and a saddled horse follows them.

So, the saddled horse in the lower stage is an offering to the god Mihra in honor of the soul of the deceased. Whereas the priest, who performs the ritual is probably Srosh. He is a deity who often acts as an intermediary between humans and gods. Moreover, he was often portrayed as a priest and is revered as a protector of souls. It is Srosh, as a Zaotar priest, who consecrates food on a stone relief from the burials of the Sogdians An Jia, Yu Hong[1] and Shi Yun in North China[2]. The characters who stand as guards near Mihr can be impersonal Fravashi or minor deities from his retinue. Unfortunately, their images provide little opportunity for their identification.

The third scene occupies the left half of the long side of the ossuary. The central place in it is occupied by a royal or divine character. It sits on a dais covered with a slanting mesh carpet with rounded meshes. The character is dressed in a long shirt or caftan with long sleeves and a rounded hem and in pants. The features of his face are poorly imprinted; it is only visible that he has long curly hair, a beardless high-cheeked face with round eyes. The lower part of the headdress has preserved, perhaps it had a crown. One leg is bent at the knee and pulled up to the body, the other is lowered down. The right hand rests on the thigh and supports the end of a rod (staff) or stem lying on his hand. The end of the staff is turned and seems to branch. The other hand, like Mithra's one on the right half, is raised in a gesture of attention or instruction. On either side of the dais there are standing figures of young musicians, one of them holds in the hands an angular harp - chang, and the other holds a lute-ud, with a curved neck. Below, two mountain rams are depicted under the seated figure of the divine character. Their figures are deployed in opposite directions. Between rams there is a vessel at the ground level. In front of the figure of a ram on the right, a large flower stretches upwards on a long S-shaped wriggling stem. Another flower but of a different type is placed in front of the second ram. Unfortunately, the preservation of the relief in this part of the composition is extremely poor. It is this

---

① Marshak 2004, pp.110, 115.
② Lerner 2004, p.153, Figs. 1-2; Berdimuradov, Bogomolov 2008, pp.171-188.

scene that is associated with the image of a kneeling female figure. She is facing the seated deity, one hand is lowered along the body, and the other is raised up and holds with two fingers a rounded object, fruit or mirror in front of her face.

The plot of this scene is the culmination of the journey (the fate) of the soul of a deceased righteous man - a scene in paradise, where it blissfully awaits the day of resurrection. On a high dais, a male deity with a rod instructs the soul of the deceased. Most likely, one can admit the character with the wand to be Wahman (pehl. Wahman, Avest. Vohu-manah), He is one of the Amahraspands who is the personification of "good thoughts" in the Zoroastrian triad. In The Younger Avesta, Wachman is an independent deity, with the function of a patron of cattle. Wachman's abode is the celestial paradise. It is he who rises from the golden throne and leads the righteous Viraz to Ohrmazd[1].

The role of the kneeling female figure is not clear enough. Perhaps she is the wife or daughter of the deceased, who addresses with a prayer to Wachman searching a favor for the soul of the deceased.

Fourth variant. As noted, a typologically similar composition on the ossuaries from Sivaz belongs to the fourth variant[2], but the plot is more concise. The number of characters involved is fewer. Likewise the Yumalaktepe ossuaries the composition is divided into two parts, and each part bears a plot divided into two scenes. On the right side, in the lower tier, there is again a scene of a sacrifice; which in many ways similar to an analogous scene on the ossuaries from Yumalaktepe. It depicts as well a bearded zaotar priest with a padam bandage on his face (Fig. 2, 3). He stands in front of a rectangular dais, the surface of which is divided into 4 sectors, and consecrates the sacrificial bread one piece of which is placed in each of the sectors. A portable altar is shown behind the priest. The altar has a massive base, the trunk in the middle part is crossed with a wide horizontal groove. A wide umbrella, placed higher, covers the trunk and its sloping corrugated surface descends to the edge. The edge of the umbrella is surrounded by a rim, bells or sub-triangular plates suspend to its lower edge. Altars of this type are well known from the paintings from Penjikent and Varakhsha. Behind the altar, a horse is depicted, its head is lowered, as if it is looking at the fire. A tall sultan crowns horse's head; the reins of its bridle are around its neck. On the horse's back there is a rectangular saddle-cloth (cover-valtrap), its edges are framed by a strip with pearls, and a low saddle is fixed over the saddle-cloth. Its lower belly band and a harness (belt) with a stirrup can be seen The latter is subtriangular in shape. A back strap extends from the saddle cover; its belt is decorated with bells or small tassels. The horse's tail is cut short (Fig. 2,3).

---

[1] Arda Viraz namag 2001, p.104.
[2] Krašeninnikova 1993, pp.53-54.

The upper scene is close in meaning to the analogous scene on the ossuaries from Yumalaktepe, but noticeably different in solution and details. Here, again, a massive figure of a deity sits in the right corner, legs folded in the eastern manner. The character is dressed in a swinging robe with two triangular cuffs. The face is poorly imprinted; only the contour of the beardless face, one eye and mouth are visible. The hair is long, running down along the back in two braids. At the top, they are tied with a ring or tape. His left hand is down, rests on his thigh and holds the handle of the mace, the elongated oval head of which rests on his shoulder. The second arm is bent at the elbow and raised up to face level. Her fingers are folded together, only the index and middle fingers are raised up in a gesture of adoration. Most likely, he is Mithra, the eldest of the judges. But it is unusual that Turkic elements are presented in his image (a double-breasted robe with triangular cuffs and braids).

The second significant figure is the male character on the left side of the scene. He is on his knees. The person's head hardly survived, because happen to be under the drawn wide stripe at the edge of the form. He is dressed in a caftan and trousers, with many folds. One hand of the person is raised up, the other (left) one holds the end of a narrow scarf,

on which a naked figurine hangs depicting the soul of the deceased. The arms of the naked figure are raised in front of his chest. His head is slightly raised up, the character seems to be looking at the deity and heeding his instructions[1]. The other end of the scarf is visible behind the fingers of the divine character's raised hand.

The left half of the composition is thematically close to the ossuaries of Yumalaktepe, but its right side, differs significantly in details, poses and iconography of the characters. This part focuses mainly on the figure of a divine character sitting on the throne covered with a carpet, the oval end of which is lowered downward (Fig. 2, 3). The character has a round, beardless face with a rounded chin, a large nose, and round eyes. He is dressed in a shirt with a round neckline and pants. He wears shoes or boots with long and narrow toes. His neck is hardly highlighted; it is decorated with a torc with three round pendants. A belt with a pattern in the form of round pearls (plaques?). is tied round character's waist. He seems either to wear a crown of the Sassanian type in the form of open wings on his head, or it is a detail of a hairstyle. Drop-shaped earrings are inserted into the ears. In his right hand, the character holds the handle of a shovel which looks like paddle. The left hand is raised to shoulder level

---

[1] A rectangular object is placed between the nude figurine and the elbow of the deity. Its surface is covered with mesh ornamentation in the form of vertical rows of rhombuses separated from each other by small dots. Krasheninikova suggested that this is an image of a book, a set of Avesta, it is no less tempting to see in it a book where the good deeds and righteous deeds of a deceased person are recorded. A more pragmatic version was suggested by B.I. Marshak, in his opinion, is the pillow on which Mithra rests.

and the palm is open. The lower part of the portable altar is shown behind his hand, but it is not very clear whether the character supports the altar at the base or the master depicted it at some distance from the figure of the deity in perspective[①]. The altar has a massive stepped base, a cylindrical-conical trunk, surrounded in the upper part with a belt in the form of two ledges widening towards the top. The upper image (bowl with fire) is lost. On the side of the character there is a vase on a low leg with a corrugated body. The vase contains an object or a large fruit with a round hole in the middle and small balls on the top.

On the sides of the divine character, as in the Yumalaktepe ossuaries, there are musicians, a harpist and a lute player. But unlike the former they are depicted sitting on their knees in a triple turn (the head and lower body in profile, turned towards the deity, and the body up to the waist is shown frontally). The musicians wear a long shirt with a round collar. The musician on the right, although the features of his face are rubbed out, wears a short beard. With his right hand, he holds by the top a large corner harp, to the bottom of which three long tassels are attached. He touches the strings with his left hand. The musician on the left is the lute player. Only the outline of his head has survived, he is dressed the same way as a harpist. He holds a lute with a strongly bent neck.

The lower scene depicts two mountain rams with large horns, they are shown in profile and deployed in different directions. Moreover, the ram on the right almost touches the rectangular elevation, a table with bread. A sub-triangular pendant or bell is shown on the necks of the rams, and oval blankets cover their backs, the edges of which are framed by a strip with small triangles. A vessel (a pot with a pronounced neck) is placed between them, possibly with sacrificial food.

According to B.I. Marshak, a funeral ceremony is depicted on the wall of the ossuary from Sivaz. The horse depicted at the altar is dedicated to Mithra (as a judge of the underworld) who is present and watches the funeral ceremony[②]. But in this case, there is no explanation of the left side of the composition with Wachman, or at least it turns out to have nothing in common with the general context. In our opinion, the composition of the Sivaz ossuary reflects the animistic ideas of the local Zoroastrians and shows

---

① On the Biyanaiman ossuaries, a character with a scapula and a portable altar (piraeus) in his hands is identified with Ardvakhishta (Grenet 1987, p.51) or with Atar / Faro (Yakubov 1987, p.166), where the scapula was an attribute of the collection and storage of sacred ash, mandatory from the point of view of the ritual ... It would seem that in our case this is a direct indication of the attribution of the seated deity. However, not all so simple. In Arta Viraz Namage and other Zoroastrian texts, Atar acts as a messenger of the gods, as a medium connecting the world of gods and people. Together with Srosh, he meets and accompanies Arta Viraz in the other world, but they are not described as sitting on the throne, this is an attribute of the powerful Wahman (Arta Viraz namag 2001). Therefore, the character on the throne is Wachman. He sits on a throne with a crown on his head, his main function is the "giver of peace" , he is the lord of the heavenly heaven. It is no coincidence that mountain rams are depicted below it, it is associated with animals, including "sacrificial animals" . In Zoroastrian rituals, along with incense, the gods were offered animal ingredients - fat - to fire and milk - to water(Grenet 1987, p.51).

② Marshak 2004, p.28.

the post-mortem fate of the deceased righteous man.

Thus, archaeological materials are an important source on the history of the cults and rituals of Sogd. They confirm the information of written sources and even supplement them. In general, they show that the Zoroastrian funerary ritual is a complex system of ideas associated with the development of faith in the final resurrection. The main task of the funeral rite is to cleanse the bones of soft tissues and protect the soul of the deceased. The compositions on the walls of the ossuaries were meant to symbolically help her in securing a better fate and, most importantly, a worthy revival. Therefore, a number of compositions on the Sogdian ossuaries consisted of branches, shoots, rosette flowers - as symbols of rebirth. Others - more complex were designed to illustrate the pictures of the post-death fate of the soul of the deceased, including crossing the Chinvat Bridge, the posthumous trial and staying in paradise in anticipation of the future final resurrection.

References

Arda Viraz namag 2001 – *Pekhleviyskaya Bozhestvennaya komediya. Kniga o pravednom Viraze (Arda Viraz namag) i drugiye teksty. Vved., transliteratsiya pekhleviyskikh tekstov, per. i kommentarii O.M. Chunakovoy. (Pahlavi Divine Comedy. The book about the righteous Viraz <Arda Viraz namag> and other texts, Introduction, transliteration of Pahlavi texts, trans., and comments by O.M. Chunakova),* Moskva: izd-vo Vostochnaya literatura RAN, 2001. (Pamyatniki pis'mennosti Vostoka, CXXVI) (in Russian)

Berdimurodov, Bogomolov 2008 – Berdimurodov A.E., Bogomolov G.I., " Obraz ptitsecheloveka na rel'yefakh pogrebal'nykh sooruzheniy sogdiytsev v Severnom Kitaye (The image of the bird-man on the reliefs of the burial structures of the Sogdians in North China)", O'zbekiston moddiy madaniyat tarixi (IMKU), Vyp. 36, Samarkand, 2008, pp.171-188. (in Russian)

Berdimurodov, Bogomolov 2015 – Berdimurodov A.E., Bogomolov G.I., *"Ossuarii iz Koshrabada (Ossuaries from Koshrabad)", Sogdiyskiy sbornik. Vypusk 2, Noveyshiye issledovaniya po istorii i istorii kul'tury Sogda v Uzbekistane,* Saarbrücken: LAP LAMBERT Academic Publishing, 2015, pp.47-58. (in Russian)

Berdimuradov, Bogomolov, Khushvakov 2012 – Berdimuradov A.E., Bogomolov G.I., Khushvakov N.O., "Novaya nakhodka shtampovannykh ossuariyev v okrestnostyakh Shakhrisabza (New find of stamped ossuaries in the vicinity of Shakhrisabz)", O'zbekiston arxeologiyasi, 2 (5), 2012, pp.20-26. (in Russian)

Grenet 1987 – Grenet F., "Interpretatsiya dekora ossuariyev iz Biyanaymana i Miankalya (Interpretation of the decor of the ossuaries from Biyanaiman and Miankal)", Gorodskaya kul'tura Baktrii-Tokharistana i Sogda. Tashkent, 1987, pp.42-53. (in Russian)

Drezden 1977 – Drezden M., "Mifologiya Irana (Mythology of Iran)", *Mifologii drevnego mira*, Per. s angl. I.M. D'yakonova, Moscow: Nauka, *GRVL*, 1977, pp.337-365. (in Russian)

Potapov 1938 – Potapov A.A., "Rel'yefy drevney Sogdiany kak istoricheskiy istochnik (Reliefs of ancient Sogdiana as a historical source)", *VDI* (*Vestnik Drevney Istorii*), 2 (3),1938, pp. 127-137. (in Russian)

Rapoport 1977 – Rapoport YU.A. *Iz istorii religii Drevnego Khorezma (ossuarii)* (*From the history of religion of Ancient Khorezm (ossuaries)*). Moskva, 1977. (in Russian)

Staviskiy, Bol'shakov, Monchadskaya 1953 – Staviskiy B.YA., Bol'shakov O.G., Monchadskaya Ye.A., "Pendzhikentskiy nekropol' (Penjikent necropolis)", *MIA* (*Materialy i Issledovaniya po Arkheologii*), 37, Moskva, 1953, pp.64-98. (in Russian)

Chunakova 2004 – Chunakova O.M., *Pekhliviyskiy slovar' zoroastriyskikh terminov, mificheskikh personazhey i mifologicheskikh simvolov* (*The Pehlivian Dictionary of Zoroastrian Terms, Mythical Characters, and Mythological Symbols*), Sankt-Peterburg- Moskva: izd-vo Vostochnaya literatura, 2004, p.286. (in Russian)

Yakubov 1987 – Yakubov YU.YA., "Izobrazheniya bogov na biyanaymanskikh ossuariyakh (Images

of gods on Biyanaiman ossuaries)", *Proshloye Sredney Azii* (*arkheologiya, numizmatika i epigrafika, etnografiya*), Dushanbe, 1987, pp.165-173. (in Russian)

Berdimuradov, Bogomolov, Hushvakov – Berdimuradov A.E., Bogomolov G.I., Hushvakov N., "A New Discovery of Stamped Ossuaries Near Shahr-i-Sabz (Uzbekistan)", *Bulletin of Asia Institute, Zoroastrianism and Mary Boyce with other studies*. New Series, Volume 22, Published with the assistance of the Neil Kreitman Foundation, December 2012, pp.137-142.

Krašeninnikova 1993 – Krašeninnikova N.I., "*Deux ossuaires a décor moulé trouvés aux environs du village de Sivaz, district de Kitab, Sogdiane Méridionale*", *Studia Iranica*, Tom 22, 1993, fascicule 1, pp. 53-54.

Lerner 2004 – Lerner Judith, "A 'Les Sogdiens en Chine-Nouvelles decouvertes historiques, archeologiques est linguistiques' and Two Recently Discovered Sogdians Tombs in Xi'an", *Bulletin of the Asia Institute*, New Series, Volume 15, Michigan, 2004, pp.151-162.

Marshak 2004 – Marshak Boris I, "*The Miho Couch and the other Sino-Sogdian Works of art of the Second Half of the 6-th Century*", *Bulletin of Miho Museum, Volume IV*, Shumei Culture Foundation, March 2004, pp.16-42.

Pavry 1929 – Pavry J.C., *The Zoroastrian Doctrine of Future Life: from Death to Individual*

Judgment, New York: Columbia University Press, 1929.

Fig. 1. Scenes of the post-death trial on the Sogdian ossuaries: 1 - a fragment of an ossuary from the State Museum of History of Uzbekistan of the Academy of Sciences of the Republic of Uzbekistan in Tashkent (photo) and its drawing by L.V. Pavchinskaya; 2 - a fragment of an ossuary from Samarkand (collection of B.N.Kastalsky). State funds Hermitage St. Petersburg; 3 - a fragment of the wall of an ossuary from Kashkadarya. Funds of the historical museum of the city of Karshi.

Fig. 2. Scenes of the post-death judgment on the ossuaries from Kashkadarya: 1 - ossuary from the Yumalaktepa settlement, composition on a long wall. Funds of the State Museum of the Shakhrisabz Reserve; 2 - ossuary from Yumalaktepa (or Yumalaktrpe), images on the end walls; 3 - A sketch of the composition on the ossuary from the village of Sivaz, made by Aliya Artemyeva under the direction of N.I. Krasheninnikova.

Sogdian Armor–Clad Warrior: God or King?

Asan Torgoev

(The Oriental Department of the State Hermitage Museum, S. Petersburg, Russia)

The image of a heavily armed character dressed in armor is well known, most of all this image was reproduced in terracotta. The issues related to the genesis of this image are considered in relation to new finds of two items depicting a heavily armed character dressed in armor. The first find is an ossuary found accidentally in 2004 in Shatri kishlak under the Takhta-Karacha Pass near Shakhrisabz; the second find, also accidental, was found quite far from the first one: in the foothills of the Chuy Valley in Kyrgyzstan.

The ossuary is rectangular, box-type, 50.0 cm long, 32.8 cm high, 31.5 cm wide (Fig.1). Before firing, triangular prongs were carved on the top of the ossuary. The image is only on the front wall. The dents are separated from the lower part of the composition by a horizontally superimposed roller decorated with circles made by punches. Under this roller is an arcade composition of three full arches supported by four columns and two semi-arches on the sides. In the tympanic arches cross-shaped windows are cut. In the full arches, three impressions were made with a matrix for stamping terracotta

Fig. 1

plaques depicting a heavily armed character (Fig.2).

The character is wearing a helmet with a plume on his head, and large earrings in his ears. He holds a shaft of a short spear in his left hand, and his right hand rests on the handle of the mace. The long sword is equipped with a zoomorphic handle, and the harness belt is clearly shown. The very image of the sword leaves no doubt that the harness is threaded through the bracket fixed on the back of the scabbard. The character is dressed in complex armor, which consists of a chest and hip parts. On the neck there is a necklace of large beads (or is the neck of the carapace shown?), under which one can clearly see a

Fig. 2

of pendants extend. Under the triangle, at the narrow waist, we can distinguish the main belt, under which, as if the end of the upper armor is shown (?). Below is the "skirt" of a scaly legguard composed of large rectangular plates. Bracelets or cuffs are shown with rollers at his hands. The blurring of the image does not allow to distinguish exactly some details of the costume.

This ossuary certainly belongs to the number of ossuaries with an arcade composition, but unlike the wonderful samples of the "miankala" group (Biya-Naiman, Ishtykhan, Durmen), here the image was made precisely by a matrix for making terracotta plaques, rather than by a special stamp used to make stamped ossuaries.

Ossuaries decorated with the same matrix for stamping terracotta in combination with cut ornaments are also not uncommon. The latter are best known in the central regions of Sogdiana, where they usually date back to the second half of the 7th century[1].

Note that this type of ossuary is not typical for the upper Kashkadarya. The early medieval ossuaries of the Kesh region are characterized by a series of stamped ossuaries with a multi-figured composition, which is an illustration of the Sogdians' idea of the posthumous fate of the soul of the dead. This series is distributed only within the upper reaches of the river. Kashkadarya. Until recently, it was represented by

triangular cape with blades extending from it to the sides covering the shoulders. The ends of the lateral lobes end in triangular scallops. The triangle of the cape bib is shaded with a grid of rhombuses and its apex is directed downward. Along the edge, it is trimmed with two relief belts, from which some kind

---

① Pavchinskaia L. V, "Sogdian Ossuaries, The archeology and Art of Central Asia Studies From the Former Soviet Union", *Bulletin of the Asia Institute*, Vol.8, 1994, pp.269-290, Fig.6-a, Ⅶ Type, var. 8.

ossuaries from the village of Sivaz[1], and in 2012 it was replenished with finds from Yumalak-Tepa near Shakhrisabz[2].

The closest analogy to the ossuary from the village of Shatri is an ossuary found during excavations of the 2nd early medieval necropolis of the Dalverzintepa settlement in Tokharistan[3]. The latter, also of a box type, has a top decorated with triangular teeth, and on its front wall there is an image made by the same matrix for the manufacture of terracotta plaques[4].

At the moment, this ossuary is a unique find for Tokharistan. Due to the fact that it was found during excavations, its significance for the dating of the ossuary from Shatri increases. According to the publication, in crypt 1, in which the ossuary was located, nothing else was found, while in the neighboring crypt 2, where the burials were performed according to the rite of corpse, coins were found, which made it possible to date the burial in the ossuary in the second half of Ⅶ - first third of Ⅷ centuries[5].

On the walls of the ossuary from Dalverzintep, the same character is depicted as on plaques found in the layers of the 7th-first third of the 8th centuries on the citadel of the same settlement[6]. In total now, according to J.Ya. Ilyasov, two whole and three fragments of such plaques are known[7]. They depict a man with a sword and spear (Fig.4a). The complex carapace also consists of a bib and a hip skirt covered with plates of large "scales" of a triangular shape with a vertical rib. The upper carapace consists of two tiers. It has a chest cut, interrupted by a horizontal line, dividing the chest armor into the upper and lower parts. A triangle shaded with a grid of oblique rhombuses and pendants extending from the edge of this triangle departs from the horizontal line located slightly below the armpits.

The form of the ossuary from Shatri, along with similar close images from Dalverzintep, determine its dating within the framework of the 7th - early 8th centuries.

Despite the general closeness, the character from Dalverzintep differs from the character depicted

---

[1] Pavchinskaia L. V, "Rannesrednevekovye ossuarii Sogda kak istoricheskiy istochnik", *Archeologia Sredney Azii: arhivnye materialy*, V.4. Smarkand, IICAS, 2019, C.30-31. Рис. 1, 28-31, 33, 34. Таб. 2, 6/5. Кат. 271, 272.

[2] Berdimuradov A. E., Bogomolov G.I., Khushvaktov N.O., "Novaya nahodka shtampovannyh ossuariev v okrestnostyah Shahrisyabza", *Arheologiya Uzbekistana*, 2 (5), 2012, pp.20-26.

[3] Turgunov B. A., "Nahodka pervogo ossuariya v Severnoy Baktrii (predvaritel' noe soobshchenie)", *Transoksiana – Maverannhar*, Tashkent, 2007, pp.194-195.

[4] Taking this opportunity, I am grateful to A.N. Gorin who sent me detailed photographs of the ossuary from Dalverzintepe.

[5] Gorin A. N., *Monety iz vtorogo rannesrednevekovogo mogil'nika Dal'verzintepa. Transoksiana – Maverannhar*, Tashkent, 2007, p.91.

[6] Ilyasov J.Ya, "Terrakota rannesrednevekovogo Chaganiana", *Srednyaya Aziya: Arheologiya, Istoriya, Kul'tura. Materialy mezhdunarodnoy konferencii, posvyashchennoy 50-letiyu nauchnoj deyatel'nosti G. V. Shishkinoy*, Moscow, 2000, pp.156-157; Mkrtychev T.K., "Ilyasov J.Ya. Terrakotovye plaketki iz Toharistana", *Central'naya Aziya: istochniki, istoriya, kul'tura: materialy mezhdunarodnoy nauchnoj konferencii, posvyashchennoj 80-letiyu E. A. Davidovich i B. A. Litvinskogo (Moskva, 3–5 aprelya 2003 g.)*, Moscow, 2005, pp.506-515. Tab. V, 1.

[7] This information was provided to me by J.Ya. Ilyasov in a message dated 28.08.17, for which I am sincerely grateful to him.

in the ossuary from Shatri. Obviously, on plaques and on the ossuary, if not identical, then a very close in meaning character is depicted, well known both in Sogdiana and Tokharistan, in the 7th-beginning of the 8th century experienced a tangible Sogdian influence.

All the above-described images of the Sogdian armored man were stamp impressions on clay. Imagine the surprise when, in the collection of the writer V.V. Kadyrov in Bishkek managed to inspect and photograph a narrow bronze plate with one oval edge (Fig. 3), found in the foothills of the Chui Valley with a picture of a close one on the ossuary from Shatri. The plate found was most likely used as a belt tip. The plate is not completely preserved; the upper end with the character's head is lost. Obviously, on the lost edge there were also holes with which the tip was attached to the belt. Belt lugs of a similar shape with an oval lower edge and a straight upper edge with images of people are known in the cultures of early medieval Central Asia. One gets the feeling that the character is standing with his right leg slightly bent. With his left hand he holds the shaft of a spear, the attribute in the right arm bent at the elbow is not clear. On his neck he wears a triangular necklace with large pendants, like the figure depicted in the Shatri ossuary. The "skirt" with triangular armor plates is clearly visible. On the legs are wide trousers with cuffs in the Sassanian fashion, overlapping the ankle-length boots. There is no doubt that this tip is in sync with the image on the ossuary. We see that the geography of the image of a man at arms covers

Fig. 3

Fig. 4

almost all the lands of the settlement of the Sogdians. that this tip is synchronized with the image on the ossuary. We see that the geography of the image of a man at arms covers almost all the lands inhabited by the Sogdians. that this tip is synchronized with the image on the ossuary. We see that the geography of the image of a man at arms covers almost all the lands of the settlement of the Sogdians.

The first question is related to the fact that a number of realities depicted in the character seem to be earlier than the date of the ossuary itself. Hence, the question arises, could the realities of the previous era be retained in the Sogdian culture?

As a consequence of the first question, the second arises, to what extent has the iconographic scheme coming from an earlier time embodied in the image imprinted on the ossuary?

Finally, the third question, directly related to the first two, concerns who is depicted in both published objects?

The depiction of standing heavily armed characters is not uncommon for the Sogdian terracotta. They, in essence, belong to the multi-temporal group of terracotta known mainly in the southern and central regions of Sogdiana. All of them have differences in clothing and weapons that are not striking at first glance. Apparently, the whole group can go back to any one image. Let us consider them in relation to the armor and weapons depicted on the ossuary and the belt tip.

One of the archaic details seems to be the armor of the character. M.V. Gorelik, disassembling the armor of the Kushan period, pointed out that variations of the "Boeotian" helmets with creases were already an iconographic stamp for this period[1]. J. Ya. Ilyasov and T.K. Mkrtychev, who analyzed the early medieval plaques from Dalverzintep, which also show a variant of the "Boeotian" type helmet[2], came to a similar conclusion.

The division of armor into two parts - upper, chest and lower - hip, is characteristic of the Gandhara sculpture of the Kushan time[3]. This feature is also found in Bactria, also in the Kushan time[4].

One of the earliest examples of the image of such armor in Sughd is presented on one of the terracotta of Afrasiab (Fig.4b) stored in the Samarkand Museum[5]. Above shows a curly breast cut of a corset-cuirass[6](?) interrupted by a horizontal

---

[1] Gorelik M. V., "Kushanskij dospekh" , *Drevnyaya Indiya. Istoriko-kul'turnye svyazi*, Moscow, 1982, p.90.

[2] Mkrtychev T. K., Ilyasov J.Ya, Op.Cit. P.

[3] Gorelik M. V., Op.Cit. p. 90. Tab. 5, a-d; Pakistan, *Terre de recontre I - VI siècle. Les arts du Gandhara*, Paris, 2010, Cat. 36.

[4] Faccena D., "Un peryicolare tipo di cotta a scalie semircolari rivolte in alto (a scalie inverse), Nei relieve Candharici" , *Central Asia: sources, history, culture: mat. Int. Sci. Conf., Dedicated to the 80th anniversary of E.A. Davidovich and B.A. Litvinsky*, Moscow, 2005, Fig.12.

[5] Shedevry Samarkandskogo Muzeya, Gosudarstvennyj Muzej istorii kul' tury Uzbekistana, *otv. red. Z. Hakimov*, Tashkent, 2004, Cat.103. In this catalog, this terracotta is dated by E.V. Lushnikova to the IV century.

[6] This term was introduced by the late M.V. Gorelik, it is rather arbitrary, and is used in this case for lack of a more precise definition. In reality, i.e. in the archaeological material, we still do not know of cuirasses in Central Asia, both for the ancient and later periods.

stripe at a level slightly below the armpits, under which there is an unordered stripe up to the waist. A long "skirt" of plate armor begins from the belt. On the legs of the character are wide trousers with a Sassanid-type crotch. It is important that such an element as wide, hanging in folds of the Sassanid-type trousers is also a regal character from Yerkurgan (Fig.4c), which I will refer to below in more detail. It is curious that such trousers are on the character depicted on the belt tip, while on the imprint of the plaque from Shatri and on the Dalverzin plaques, such trousers are no longer there. It is quite possible that the belt tip belongs to a somewhat earlier time, that is, within the end of the 6th-first half of the 7th centuries. Apparently, with the distance from the original prototype, some details that seemed to the masters of a later time not clear or not clear, gradually fell away, acquiring new, more modern ones.

A notable piece of armor is the cape breastplate. Such capes, shaped like a four-leaf rosette with a head cutout in the center, are more characteristic of Gandhara. M.V. Gorelik notes that this detail lost its protective function early, retaining, however, the character of the ritual ceremonial dress[1]. M.

Kompareti calls such a cape chamail, indicating its presence in the images of both women and men[2]. Here it is important to emphasize that such a cape, even after the loss of its original protective function, is an attribute of predominantly divine characters. Such a cape can be seen on the image of the Buddha from Lahore, already without a pronounced protective function, decorated with cabochons and precious stones.

The closest analogy to the bib is the plate-covered triangle directed downward on the famous terracotta depicting a royal character (Fig.4b)[3] from the coroplast workshop of the 5th-6th centuries from Yerkurgan. In this case, the edges of the bib are also decorated with pendants. Its difference lies in the absence of blades covering the shoulders[4].

It is curious that a shaded triangle with hanging pendants is also shown on Dalverzin plaques. Plates of armor were most often transmitted by hatching. But in this case, it does not move away from the neck, but from the middle strip dividing the chest armor into two parts. This triangle is smaller, but pendants seem to hang from its edging. It is difficult to say for certain what this triangle is.

---

① Gorelik M. V., Op. Cit. p.96. Tab. 10a.

② Compareti M., "Some Examples of Central Asian Decorative Elements in Ajanta and Bagh Indian Paintings", *The Silk Road*, Vol.12, 2014, pp.40-41.

③ Suleimanov R. Kh, *Drevniy Nakhshab*, Tashkent, 2000; The proposed drawing was made from a good photo published in the photo album: Karshi, Executive editor E.V, *Rtveladze*, Tashkent, 2006, p.52.

④ However, the triangle on the chest of the Yerkurgan king can be interpreted in another way. The fact is that this image shows the long developing floors of some kind of shoulder garment, such as a robe, and it is from under it that shell scales protrude. The carapace of this character seems to be solid, in any case, its separation is not visible. If we assume that the king from Yerkurgan is dressed in a solid scaly shell, then it may be that a robe with short sleeves is worn over it, as if pulled together at the waist with one button, and then the triangle is formed by the convergence of the floor. The hem of this robe is developed at the back. The proposed version is less likely than the version about the presence of a bib.

If we consider all chest armor as a single one, i.e. to see in it a cuirass made obviously of leather, then this triangle may most likely have a decorative value. The same and also located triangle is fixed on the terracotta of Afrasiab[①] V-VI centuries.

The version that this is a single chest armor is supported by the later images of a similar military suit from Penjikent. The middle tier on the clothes of the three-headed demon in scenes of his struggle with the hero in the painting of room 50 of object XXIII, occupied by a four-petal rosette[②]. In general, in my opinion, the costume of the demon and the characters on the terracotta plaques is very similar. It is also important to note that the set of weapons of the three-headed demon, including the trident, sword and mace, is close to the set of weapons depicted on the terracotta plaques, their impressions and belt tip, with the only difference that the trident is replaced by a spear.

With the most probable date of the ossuary within the second half of the 7th century, the sword with a vertical suspension, as well as the armor, seems to be a relic already. Although in Central Asia, such swords continued to be used in the 7th century, as evidenced by the images of the Chaganian ambassadors in the painting of the "Hall of Ambassadors" on Afrasiab[③]. The latest dated bracket for the vertical suspension of the sword comes from the complex of the second half-end of the 7th century, burial ground Okhna in Shakhimardan-say in Fergana[④]. Moreover, a sword with a vertical suspension and a zoomorphic handle is also depicted in the central character of the paintings of the small ceremonial hall of Kalai-Kakhkah I in Shahristan already in the second half of the 8th century, and is also distinguishable among some soldiers[⑤]. Most of the cases of their use after the VI century. associated either with scenes of a ritual nature, or they are weapons of characters of surreal nature.

Thus, just like the armor, the sword depicted in the character is characteristic of mythological characters with a stable iconography, and not for real people, users of plaques.

The iconographic scheme in the depiction of this explicit mythological character remained quite solid, being used for at least two centuries.

Who is this character can not be answered unequivocally. In the case of the belt tip, it can be

---

① Trever C., *Terracotas from Afrasiab*, M. - L., 1934, No. 200b. A sketch of this fragment of terracotta given in the vault by V.A. Meshkeris is somewhat inaccurate. See: *V.A. Meshkeris Sogdiyskajay terracotta*, Dushanbe, 1989, Tab. The original and the photo given in the work of K.V. Trever shaded triangle bib is clearly visible.

② Marshak B. I., *Bogi, "demony I geroi pendzhikentskoe zhivopisi"*, *Itogi arheologicheskih ekspedicij Gosudarstvennogo Ermitazha*, Leningrad, 1989, Fig. 2.

③ Arzhantseva I. A., "Rannesrednevekovye mechi Srednej Azii i problema proiskhozhdeniya sable", *Drevnij i srednevekovyj Vostok*, Moscow, 1987, Fig. 1, 7, 8.

④ Ivanov G. P., "'Mogil' nik Ohna v doline Shahimardan-saya", *Fergana v drevnosti i srednevekov'e*, Samarkand, 1994, Fig. 2, 11.

⑤ Sokolovskiy V. M, *Monumental'naya zhivopis' dvorsovogo kompleksa Bundzhikata*, Saint Petersburg, 2009, Ill, 20, 21, 37, 44.

assumed that the heavily armed character was the guardian of the belt wearer. Terracotta with the image of this character also had some protective functions. In the case of the ossuary, it can be assumed that in the absence of other stamps, the master who made the ossuary had to imprint the only available matrix on its walls.

It should be noted that, unlike wall painting, terracotta is devoid of any plot, compositional basis. If we accept the version that terracottas are cheap icons that reproduce gods and divine characters, then they can only be identified by attributes. Attribute identification is not reliable enough. Here, again, we have to appeal mainly to wall painting, where, thanks to the presence of a detailed plot, it is often possible to understand where which deities are and in what action they participate. It is quite possible that at one time the terracotta made up some kind of home "iconostases", but if this was, then none of them reached the whole.

The presence of armor and abundant weapons made it possible for J.Ya. Ilyasov to identify this character with "Shakhrevar", one of the Amesha-Spenta[1]. The latter acted as the patron saint of military affairs, metals. The identification of the Sogdian soldier with "Shahrevar" is qualified to exist, as one of the hypotheses. However, it should be noted that despite the fact that the Sogdian armored man has a clearly surreal nature and most likely belongs to divine characters, it has not yet been reliably connected with any of the famous characters of the Sogdian pantheon.

---

[1]　Ilyasov J. Ya, Op. Cit., pp.156-157.

唐朝归顺突厥部落首领康察芝墓志探索[*]

赵振华　　　　　　　　　王凌虹

（洛阳师范学院河洛文化国际研究中心）　　（龙门博物馆）

　　唐都长安以其天朝大国文明的宏强光彩吸引天下民族各色人等会聚定居，繁衍生息，终老丧葬于此。近年当地出土《唐左骁卫大将军康察芝墓志》一合，志主以归顺唐朝的突厥十二姓部落贵族身份能够在安史之乱初起时和兄长康阿义屈达干誓为唐臣摆脱安禄山的控制并与之对抗的义行而引起学界的重视。墓志藏洛阳龙门博物馆，盝顶盖，长 58.5、宽 56.5、厚 14.5 厘米；文 4 行，篆书，满行 3 字（图 1）。志长 58.5、宽 57、厚 16.8 厘米；行楷 28 行，满行 28 字（图 2），四侧饰卷草纹。表面平整，字迹清晰，以无界格控遏，书法楷兼行意，劲健潇洒，颇含盛唐余韵。为便于研讨，兹先按《新中国出土墓志》的格式和体例，将释文移录如下，然后摘要考释，以就教于方家。

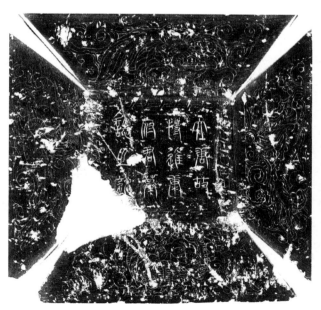

图 1　唐康察芝墓志盖

图 2　唐康察芝墓志

* 本文为国家社科基金项目"2000 年以来流散唐代墓志的整理与研究"（19BZS004）阶段性成果。

一　墓志原文

［盖文］

大唐故」特进康」府君墓」志之铭

［志文］

唐故特进兼左骁卫大将军康公墓志铭并序」

恒山逸人邢昌薯撰

承务郎前太子通事舍人刘伯卿书」

名有可景，事堪推厚，郭隍信义，干橹贞克。夷落之酋行矣哉，华夏之风兴」矣哉。既同重驿而远，自得随时之变，其康公也。公讳察芝，字察芝。缅探史」氏，穷窥载记，常中域为耦，有北方之强，自虞夏商周，嬴刘曹马，迄乎」今政。纵玉帛通质，必封疆警守，雄因地气，郁作天骄。则公之先，其世之蔓，」可得而著。曾祖大部落都督；祖默啜，能袭旧职；父染，驸马都尉，亦」受世官。则十二姓墨啜，康其一氏矣。朝拜日而夕拜月，长弓矢而短刀铤。」是为习俗，敬　天地而贵金宝，坐穹庐而行橐驼。所为仪表祇如，向」化翘足，承　风靡暴。愿受职而游　圣，思稽颡而称臣。虽累代」积心，竟群豪未应；岂持久之恳，乃遂于公肇。天宝元载，聚族兼类，五千余」帐，率来内附，永罢外虞。一到　君门，具形臣义，授仪王府典军。心革」夷风，职勤蕃邸，不移霜露之令，足见孤贞之节。除翊卫中郎将，寻破奚、契」丹，除中郎，又授左清道率。历卫承官，随资纳　宠，日慎以守，时毳所」归。超拜左骁卫大将军，未几，加特进，将军如故。位参崇序，迹近」殊休，多惭在筍之衣，冀展偏戈之效。其动静夷险，时宜向背，」天假精识，物赖深诚。则又公之可述。夫持密厚之姿，回刚黠之气，怀忠义」之切，违叛换之谋。人万不能，公一之能。咸以

骎骎逸迹，赳赳时武，足扫余」襫，堪张　太平。嗟乎！非志也不立，其寿也不永。以永泰初元日，薨于」京兆府布政里之私第，春秋六十有三。初，公元昆特进、兼金吾大将军可」达干，药不蠲痼，终于至日。公恸而呼曰："万里归唐，一朝先世，岂能」孤迹，更住中年。得同朽以偕殁，庶连门于厚地。"闻公此谢，谁不泫然？且花」□相依，鹣鸽斯急，未有如公之心也。即以其年二月十日，于万年县长乐」□□乐原，护以坟穸，奄从泉壤，随诸礼焉。公有二嗣，长大将军怀珍，次中」□怀剑，衔大连之感，血高柴之激。呜呼！伯兮得墨龟之兆，父兮遂青乌之」□。同茔异窆，万代连行。见松槚之成林，识弟兄之无别。铭曰：」

康公康公，长乐原长安东，昆兮季兮同此终。寒草露兮孤松风，千秋万祀」兮居其中，纵陵谷兮相易，庶哀荣兮不穷。

二　康氏家族世系

《康察芝墓志》（以下简称墓志）开篇的几句话，是说志主的名声品行忠信礼义使人仰慕。外族部落首领的归顺，使华夏之风兴盛。其中的"既同重驿而远，自得随时之变，其康公也"，是说康察芝经重重驿路悠远山川自遐荒之地而来，译导而通，心有体会切合时宜地顺应时势而自我改变。墓志说：史书记载，中原地区的老对手，是北方那个强大的突厥。从虞夏商周，（嬴）秦（刘）汉（曹）魏（司马）晋，至于本朝，即使相互和好互派人质作为守信的保证，也必须标记疆界戒备防守。（康察芝家族）因土地山川所赋的灵气而称雄草原，卓然为北方强蕃，天之骄子。这和《唐左卫将军弓高侯史善应墓志》（643）所述

"历殷、周、秦、汉，雄据幽朔。晋末，托跋氏南迁芮芮部乖散，掩有其地，与中国抗衡"的东突厥强势态度一致。[1]

康氏家族十分显赫，世为部落都督，于是缕述曾祖以降名讳职官。这里自然牵涉《颜鲁公文集》卷6的《特进行左金吾卫大将军上柱国清河郡开国公赠开府仪同三司兼夏州都督康公神道碑》[2]，又称《康阿义屈达干碑》或《康金吾神道碑》（以下简称碑文），碑主康阿义屈达干与志主康察芝为同一种族、同一部落的亲兄弟。将碑与志横向连读，其为北蕃十二姓、信仰突厥宗教尊崇突厥习俗等况得以坐实，且志的若干简括话语的含义可据碑而洞悉。然而，碑、志所叙家族世系却不尽相同，现列表（表1）以观其异同。

表 1　碑、志所叙康察芝家族世系

康阿义屈达干碑	曾祖颉利，部落都督	祖染，可汗驸马，都知兵马使	父颉利发，默墨啜可汗卫衙官，知部落都督	特进行左金吾卫大将军讳阿义屈达干，姓康氏，柳城人	殁野波 英俊 屈须弥施 英正
康察芝墓志	曾祖大部落都督	祖默啜，能袭旧职	父染，驸马都尉	元昆特进、兼金吾大将军可达干。特进兼左骁卫大将军察芝	怀珍 怀剑

对读表1五世中祖、父两代互相矛盾的谱系，必有一谬。墓志的"祖默啜"错误明显。在碑文中默啜是东突厥可汗，姓阿史那氏。默啜的甥人将驸马都尉染的辈分降格，挤掉了父颉利发、默啜可汗卫衙官的序位。虽然碑文是孤证，但是相较墓志的记载，颜真卿撰碑的篇幅较大，内容丰富，叙事详赡，条理周密，毋庸置疑。

三　北蕃十二姓

向达教授《唐代长安与西域文明》云：

> 据颜鲁公《康金吾神道碑》，北蕃大族有十二姓，其中即有康氏一部，属于此族之阿义屈达干，其后即卒于长安。《康金吾神道碑》云："公讳阿义屈达干，姓康氏，柳城人。其先世为北蕃十二姓之贵种：曾祖颉利

部落都督，祖染可汗驸马都知兵马使，父颉利发默啜可汗卫衙官，知部落都督；皆有功烈，称于北陲。公即衙官之子也……以（至德）二年（公元七五七年）青龙甲辰冬十有一月二十日甲寅感肺疾薨于上都胜业坊之私第，春秋七十有五（公元六八三——七五七年）。亲事左右，莫不劗面截耳以哭……铭曰：北方之强欤？十有二姓强哉矫。部落之雄者康，执兵柄，缅乎眇。"所谓"部落之雄者康"是阿义屈达干之得姓，盖以"蕃人多以部落称姓，因以为氏"耳。柳城康姓胡人出于康国，因鲁公此碑而又加强其证。是以阿义屈达干归唐后，即隶禄山麾下，为部落都督，可见二人族姓之关系，而禄山部下有不少康部落人，于阿义屈达干为部落都督亦可以见出若干消息也。劗面截耳，俱突厥法，

① 朱振宏：《新见两方突厥族史氏家族墓志研究》，朱玉麒主编：《西域文史》第 8 辑，科学出版社，2013 年，第 180 页。
② （唐）颜真卿：《颜鲁公文集》卷 6，《景印文渊阁四库全书》第 1071 册，台湾商务印书馆，1986 年，第 621 页。

柳城康氏虽出西陲，盖为突厥所化久矣。①

又谓：

> 《唐三十姓可汗贤力毗伽公主阿那氏墓志》有"君临右地，九姓畏其神明；霸居左衽，十二部忻承美化"之语。此九姓当指铁勒九姓，而十二部则必是《康金吾碑》中所云之北蕃十二姓也。②

关于康阿义屈达干的民族和部落的性质，荣新江教授说："由康姓来看，康阿义屈达干是进入漠北的康国粟特人，虽然是北蕃十二姓之贵种，从曾祖开始就有了'颉利'这样的纯突厥语的名字，一直到他本人名字中的'屈达干'（kül Tarkan），都表明深受突厥影响。但因为其祖孙数代一直任'部落都督'，所以仍以部落形态保存其粟特人的本来面貌，'阿义'是其本名，当译自某个粟特词。这个粟特部落，在康阿义之前一直在北蕃，即漠北之突厥汗国中，他们之称为'柳城人'，表明康阿义归朝，先是到了柳城，因此才与安禄山等合流，被安禄山所用。值得注意的是，康阿义入唐以后，仍为'部落都督'，表明在柳城地区，有相当一部分粟特人是生活在自己的部落中的，这也就是我们说安禄山与史思明同乡实为同部落的原因。"③朝廷采用初唐设立的"全其部落，顺其土俗"④的安置突厥降户政策。

康察芝于天宝元年随兄长康阿义屈达干率部落内附，由长安徙于柳城落籍，逼近奚、契丹，便于控遏其地。《安禄山事迹》记载，天宝十三载正月，尚书左仆射，闲厩、苑内、营田、五方、陇右群牧都使，度支、营田等使，兼知总监事安禄山"奏前后破奚、契丹部落，及讨招九姓、十二姓等应立功将士，其跳荡、第一、第二功，并请不拘，付中书门下批拟。其跳荡功请超三资，第一功请超二资，第二功请依资进功。其告身仍望付本官，为好书写送付臣军前。制曰：'可。'以是超授将军者五百余人，中郎将者三千余人"。⑤玄宗的恣意宠信，越发扩大了其势力。其中的"十二姓"，必然包括来自北方游牧民族社会的以阿义屈达干和察芝为代表的康氏部落及同行的其他部落。两兄弟的不断升迁，靠自身的强劲实力并蒙安禄山所赐。

有人认为："后世的胡人大姓'康'很可能具有不同的来源，有粟特康，也有丁零康，而康阿义屈达干应该正是丁零康的后裔，所以才会被称为'北蕃十二姓之贵种'。"⑥可备一说。而《康察芝墓志》的"则十二姓墨啜，康其一氏矣"说得

---

① 向达：《唐代长安与西域文明》，河北教育出版社，2001 年，第 21—22 页。引文中碑主亡故之年所谓"（至德）二年"，是广德二年。铭词断句应该是："部落之雄者，康执兵柄缅乎眇。"

② 向达：《唐代长安与西域文明》，第 21 页注②。

③ 荣新江：《安禄山的种族与宗教信仰》，氏著：《中古中国与外来文明》，生活·读书·新知三联书店，2001 年，第 230 页。

④ 《资治通鉴》卷 193 "唐太宗贞观四年"条，中华书局，1956 年，第 6076 页。

⑤ （唐）姚汝能：《安禄山事迹》卷中，中华书局，2006 年，第 90—91 页。

⑥ Cinason 的 Blog，夷夏东西《丁零·康居·入塞祆胡——古祆教入华史迹钩沉之二》，http://www.newsmth.net/pc/index.php?id=cinason。

比碑文等更为具体清晰。墨通默，墨啜即默啜[①]，突厥语汉译异写。

2005 年，钟焓博士《安禄山等杂胡的内亚文化背景——兼论粟特人的"内亚化"问题》一文，依据伯希和取自敦煌藏经洞的一份后来被整理者编号为 P.T.1283 Ⅱ 的藏语文书《北方若干国君之王统叙记》，明确提到突厥默啜可汗十二部的名字，[②]文书反映的史实多发生在 8 世纪中后期或更早时候。据中外学者研究，"突厥十二部"的称呼乃是默啜可汗及以后一个时期里东突厥人对"突厥"这个集团包含对象的一种新的定义。从突厥人的认同背景来看，"突厥十二部"不会包含一个由粟特人组成的部落。《康阿义屈达干碑》所宣扬的康氏"先世为北蕃十二姓之贵种"不过是康氏及其家人为抬高康姓一门的血统和地位而作的粉饰之辞。康阿义本人生前定是乐于将自己认同为突厥的，其在漠北时并非什么"胡部"的首领，而是长期生活在突厥人的圈子里。[③]2011 年，首都师范大学尹勇博士的博士学位论文第三章，以专节考察康阿义的族姓。他认为：康阿义家族是采用了胡姓的突厥人后裔，"之所以他们改从粟特姓氏，盖因粟特胡人掌控河朔地区政治大权，基

于历史上与粟特地区的联系以及现实政治利益考量的缘故。由此得出隋唐五代时期如果内徙蕃族被列置于'胡势'强盛之地，那么其姓氏改易的趋向就是粟特姓氏"。[④]提出了一个全新的假设。2017 年，陈恳工程师《突厥铁勒史探微》一书，刊出了四篇《突厥十二姓考》，详加解说。"突厥十二姓"的划分至少在默啜时代已经存在，惜汉文文献无载，现存的突厥文史料也几乎未提供任何与十二姓直接相关的记载和线索。中外学者对于 P.T.1283 Ⅱ 的藏语文书对应的汉文突厥十二姓，未能有统一的认识，但是其中并无粟特部落。康阿义生活的时代，"胡"部或其中的一部分，可能已经充分突厥化从而被包含进十二姓了。宰相康阿义一族在当时为突厥高门是不争的事实，其本人也以突厥贵族自居。[⑤]这一观点与钟焓类同。

柳城（营州）水草丰茂，适宜农牧，是北朝隋唐时期粟特人的一个聚居地，[⑥]乃一个方面。碑文和墓志一致认为内入柳城的康姓是东突厥默啜可汗麾下具有强大政治军事势力的十二个突厥部落之一。除了姓之外，康察芝所具有的草原民族的信仰习俗和武人生业可以肯定是突厥人的。

① （宋）赵明诚撰，金文明校证：《金石录校证》卷 28，中华书局，2005 年，第 537—538 页。《唐右神武将军史继先墓志》："右《唐史继先墓志》，徐浩撰，云：'公讳继先，字继先，夏后氏之苗裔。殷时迁于北土。曾祖牟雨可汗，祖啜可汗讳瑰，父墨特勒讳逾轮。肇归皇化，封右贤王。'……"按，《唐书·突厥传》载默啜子孙事甚略，粗可见者云：命默啜子左贤王墨特勒讳毗伽可汗；其归朝及继先赐姓等事，史皆无之。又史云"默啜"，而《墓志》作"墨啜"。
② 王尧、陈践译注：《敦煌吐蕃文献选》，四川民族出版社，1983 年，第 161 页。P.T.1283《北方若干国君之王统叙记》："往昔，回鹘王颁诏：北方究竟有多少国君？命五名回鹘人前往侦察。此即其回报文书，系取自玉府也。某地，汉语称为室韦（Ji-vur），突厥语称之为莫贺婆力（Ba-ker-pa-lig）。以此为主体，在其上，有突厥默啜（Vbug-chor）十二部落：王者阿史那部（Rgyal-po-zha-ma-mo-ngan），颉利部（贺鲁 Ha-li），阿史德部（A-sha-sde），舍利突利部（Shar-du-livi），奴剌部（驳马 Lo-lad），卑失部（Par-sil），移吉部（Rngi-kevi），苏农部（So-ni），足罗多部（Jol-to），阿跌部（Yan-ti），悒怛部（嚼哒，颉跌，He-bdal），葛罗歌布逻部（Gar-rga-pur）。"
③ 钟焓：《安禄山等杂胡的内亚文化背景——兼论粟特人的"内亚化"问题》，《中国史研究》2005 年第 1 期，第 67—84 页。
④ 尹勇：《隋唐五代内迁蕃胡族源考异——以个案人物姓氏研究为中心》，博士学位论文，首都师范大学，2011 年，第 8 页。
⑤ 陈恳：《突厥铁勒史探微》九篇《突厥十二姓考》（一），花木兰文化出版社，2017 年，第 99—110 页。
⑥ 王晓晖：《北朝隋唐入华粟特人与农牧业》，《黑龙江民族丛刊》2007 年第 5 期，第 99—105 页。

四 突厥部落风俗

墓志自叙其部落"朝拜日而夕拜月，长弓矢而短刀铤。是为习俗"。崇拜日神是突厥久远的风俗。《史记·匈奴列传》曰："而单于朝出营，拜日之始生，夕拜月。……举事而候星月，月盛壮则攻战，月亏则退兵。"[①]《汉书》所记同。[②]敬天拜日是突厥民族传统的萨满教信仰，[③]而弓矢刀铤是尚武斗狠的突厥游牧民族在战斗中不可或缺的武器装备，也是举行某些宗教仪式时必备的工具。[④]

《周书》指出突厥乃匈奴别种，辨明突厥非属匈奴族系。突厥文《毗伽可汗碑》说："九姓回纥，吾之同族也。"回纥为铁勒族的主要构成部分，突厥既与回纥同族，可见突厥属于铁勒的族系，是其一支。铁勒先世即战国秦汉时期的丁零、魏晋南北朝时期的高车（敕勒）。其实，丁零、狄历、敕勒、铁勒均为 Tolos 一词的同音异译。[⑤]高车人信仰萨满教，认为宇宙间存在精灵，尤其崇拜雷霹。《魏书》记高车人："喜致震霆，每震则叫呼射天而弃之移去。至来岁秋，马肥，复相率候于震所，埋杀羊，燃火，拔刀，女

巫祝说，似如中国被除，而群队驰马旋绕，百匝乃止。人持一束柳棵，回竖之，以乳酪灌焉。"[⑥]拜雷射天，尚火敬木，[⑦]除灾祈福的仪式延续至后代，世世不绝。

接着墓志云"敬天地而贵金宝，坐穹庐而行橐驼"，是突厥民族的信仰和习性。[⑧]《周书·突厥传》说："可汗恒处于都斤山，牙帐东开，盖敬日之所出也。每岁率诸贵人，祭其先窟。又以五月中旬，集他人水，拜祭天神。于都斤四五百里，有高山迥出，上无草树，谓其为勃登凝黎，夏言地神也。"[⑨]薛宗正教授说："十七世纪欧洲旅行家伊兹布朗特在布里亚特蒙古部落看到当地居民'每年一次用牲畜祭天，并相信天地的造物主，因此他们把这些牲畜献给造物主，他们跪着向太阳祈祷'。古突厥似乎也是这样。"[⑩]固有习俗为康察芝所在之部落所信奉。

突厥人爱好黄金珍宝，权贵喜用金银器，亦民族习性。"突厥阿史那氏……可汗建廷都斤山，牙门树金狼头纛，坐常东向。"[⑪]贵族腰佩金蹀躞带，其纹饰等多充满游牧民族气息。[⑫]"其送死，有棺椁金银衣裘，而无封树丧服"[⑬]，是上层贵族

---

① 《史记》卷 110《匈奴列传》，中华书局，1982 年，第 2892 页。
② 《汉书》卷 94 上《匈奴传》，中华书局，1962 年，第 3752 页。
③ 林幹：《突厥的习俗和宗教》，《民族研究》1981 年第 6 期，第 46 页。薛宗正：《突厥史》，中国社会科学出版社，1992 年，第 724—726 页。
④ 《汉书·匈奴传》记匈奴宝刀"径路刀"，用于订立盟誓。匈奴人相信它有一种神秘的力量，对此刀怀有一种神秘感，故立祠祭之，名曰"径路神祠"。见马长寿：《北狄与匈奴》，生活·读书·新知三联书店，1962 年，第 66 页。
⑤ 林幹：《突厥的族源》，氏著：《突厥与回纥史》，内蒙古人民出版社，2007 年，第 3—4 页。
⑥ 《魏书》卷 103《高车传》，中华书局，1974 年，第 2308 页。
⑦ 吴疆：《突厥尚东拜日习俗考述》，《兰州大学学报》1989 年第 4 期，第 108—116 页。
⑧ 蔡鸿生：《唐代九姓胡与突厥文化》中编《突厥文化（三）·突厥事火和拜天》，中华书局，1998 年，第 130—143 页。
⑨ 《周书》卷 50《突厥传》，中华书局，1971 年，第 910 页。
⑩ 薛宗正：《突厥史》，第 724 页。
⑪ 《新唐书》卷 215 上《突厥上》，中华书局，1975 年，第 6028 页。
⑫ 丁学芸：《布图木吉金带饰及其研究》，内蒙古文物考古研究所编：《内蒙古文物考古文集》第 2 辑，中国大百科全书出版社，1997 年，第 463—473 页。
⑬ 《史记》卷 110《匈奴列传》，第 2892 页。

的葬仪。1997 年，新疆昭苏县一座被破坏的土墩墓出土了一批精美的金银器、玛瑙器、玻璃器和丝织品等，当时的调查报告和其后的研究多认为该墓葬为西突厥遗存。① 或认为该墓葬应属于 1—5 世纪的乌孙民族遗存。② 金银是唐王朝的官员给予突厥可汗的主要礼物。突厥文《阙特勤碑》（开元二十年，732）译文云："（南 5）他们给予我们大量的金子、银子和丝绸。汉人的话语始终甜蜜，汉人的物品始终精美。""（北 12）乌达尔将军来了。从汉人可汗那里则来了拾遗吕向，他带来了大量珍宝金银。"③ 突厥文《毗伽可汗碑》（开元二十三年）译文云："（南 11）在……之父李佺大将军的率领下，有五百人到来。他们带来了产生香气（？）的……以及大量金银。他们还带来

了葬礼所用的香烛（？），为我们摆设好。""（北 11）……为了我的突厥人和民众的利益，我获取了他们的黄金和白银。"④ 文献记载，唐廷常以"锦袍、钿带、银盘、胡瓶"等宝物赐予突厥贵族，⑤ 以投其所好。突厥贵族生前喜好黄金珍宝，殁后多用于随葬。⑥ 其搜储大量黄金，或用于贿赂唐朝大臣，出手阔绰。⑦ 在归顺唐朝的突厥裔将军墓志中，也多叙其受赐金银器物等事。⑧

《周书》记突厥："其俗被发左衽，穹庐毡帐，随水草迁徙，以畜牧射猎为务。"⑨《隋书》亦云："其俗畜牧为事，随逐水草，不恒厥处。穹庐毡帐，被发左衽，食肉饮酪，身衣裘褐，贱老贵壮。……有角弓、鸣镝、甲、稍、刀、剑。善骑射，性残忍。"⑩ "被发左衽"为其显著特点，在

---

①　安英新：《新疆伊犁昭苏县古墓葬出土金银器等珍贵文物》，《文物》1999 年第 9 期，第 4 页；于志勇：《新疆昭苏西突厥黄金宝藏》，《文物天地》2000 年第 2 期，第 27 页。

②　邓丽、毕德广：《新疆波马墓葬年代族属再探讨》，《文物春秋》2011 年第 1 期，第 18 页。

③　芮传明：《古突厥碑铭研究》，上海古籍出版社，1998 年，第 218—227 页。

④　芮传明：《古突厥碑铭研究》，第 267—268 页。

⑤　（宋）王钦若等编纂，周勋初等校订：《册府元龟》卷 975（凤凰出版社，2006 年，第 11287 页）《外臣部·褒异第二》："（开元二十二年）三月乙酉，突厥遣其大臣斯壁纡思鲜阙来朝，授左金吾卫大将军员外，赐紫衣、锦袍、绣半臂、金钿带、鱼袋七事，绢二百匹，金银器六事，放还蕃。"

⑥　王大方：《蒙古国突厥考古获重大新发现——毗伽可汗墓地出土大批文物》，《内蒙古社会科学》2006 年第 1 期，第 121—122 页。"2001 年 8 月，由蒙古国与土耳其共和国联合组成的考古队，在蒙古旧都——哈喇和林之北大约 45 公里的突厥毗伽可汗陵园，发掘出土了总计 2800 余件珍贵文物，并称其为'毗伽可汗的宝藏'。……共有金器、银器、铁器、铜器、宝石、纺织品等六大类。其中，金器包括金腰带、黄金动物塑像、金冠、金牌饰、金耳环。其中最为重要的是一顶刻有鸟纹浮雕的金冠，上面嵌有一颗宝石。""其中，黄金腰带、神鸟金冠、鎏金银鹿、单把金壶、鼓腹银罐、金盘等，属于突厥本地区的草原艺术。"

⑦　《旧唐书》卷 194 下《突厥下》，中华书局，1975 年，第 5190 页。"景龙二年，诏封为西河郡王，令摄御史大夫解琬就加册立。未至，乌质勒卒。其长子娑葛代统其众，诏便立娑葛为金河郡王，仍赐以宫女四人。初，娑葛代父统兵，乌质勒下部将阙啜忠节甚忌之，以兵部尚书宗楚客当朝任势，密遣使赍金七百两以赂楚客，请停娑葛统兵。"

⑧　若《唐左卫将军彌侯史善应墓志》（贞观十七年）："前后蒙赏奴婢五十余口，杂彩二千余段，玉环金装宝刀一口，金带及金银器物等不可胜数。"见朱振宏：《新见两方突厥族史氏家族墓志研究》，朱玉麒主编：《西域文史》第 8 辑，第 180 页。《唐右骁卫大将军阿史那忠墓志》（上元二年）："迁右武卫大将军，赐金银器物十事、缯彩五百匹、钱廿万。"见周绍良主编：《唐代墓志汇编》，上海古籍出版社，1992 年，第 602 页。《唐行左领军卫将军铎地直侍墓志》（开元十一年）："诏赐紫袍钿带，杂彩千匹，金银器皿五十事，细马六匹。"见赵力光主编：《西安碑林博物馆新藏墓志续编》，陕西师范大学出版总社有限公司，2014 年，第 263—264 页。

⑨　《周书》卷 50《突厥传》，第 909 页。

⑩　《隋书》卷 84《突厥传》，中华书局，1973 年，第 1864 页。

出土文物中，我们还能观其形象，[①] 其形貌若乾陵朱雀门外西侧，面对石像，南一排第五号蕃酋像，[②] 着交领左衽长袍，头梳十三条长辫下垂于胸肩（左右各四条）和背部（五条）的突厥像。以游牧为生，迁徙时以骆驼载帐篷和木杆支架等物。[③] 墓志所叙康氏部落完全遵循突厥民族的草原宗教信仰和善骑射、逐水草移徙的生活习性。

五　部落内附背景

墓志叙康察芝归顺唐朝云："所为仪表祇如，向化翘足，承风靡暴。愿受职而游圣，思稽颡而称臣。虽累代积心，竟群豪未应；岂持久之恩，乃遂于公肇。天宝元载，聚族兼类，五千余帐，率来内附，永罢外虞。"在累代积心翘足向化的推誉之词外，康察芝归唐有其突厥上层内讧、政局动乱的残酷背景。《资治通鉴》卷215记载，玄宗天宝元年（742）八月，突厥属部拔悉蜜、回纥、葛逻禄三部结成联盟，攻打突厥，乌苏米施可汗逃窜，朔方节度使王忠嗣出兵取突厥右厢以归。"丁亥，突厥西叶护阿布思及西杀葛腊哆、默啜之孙勃德支、伊然小妻、毗伽登利之女帅部众千余帐，相次来降，突厥遂微。九月，辛亥，上御花萼楼宴突厥降者，赏赐甚厚。"[④] 由此，东突厥势力彻底衰落。文中的"千余帐"，当不包括康氏和阿思德的部落。

《康阿义屈达干碑》记载，此公勇谋兼具，二十三岁即为后突厥汗国宰相，功勋可比玄宗朝丞相宋璟。可是，汗国上层的王族和后族为把持政权持续倾轧争斗，执兵互害，局势大乱："初，默啜弟拔悉密特勤尝擎药弒可汗，公窃而藏之，密持示默啜。默啜大怒，将诛之，公以为请，但令归于部落。默啜知公至忠，繇是益加亲信，同列四人，莫与公比。其后公以孤直，屡见疑谮，遂请退归。可汗察公非罪，寻复追为宰相。先是毗伽可汗小杀，为其大臣梅录啜所毒，小杀觉之，尽灭其党。既卒，国人立其子伊然可汗。无何病卒，又立其弟登利可汗；华言登利，犹可报也。其母暾欲谷之女，与其小臣饫斯达干预国政。登利从叔父因左杀右杀，东西分掌其兵马。登利与其母诱斩西杀，尽并其众。左杀惧及，乃攻杀登利，自立为乌苏米施可汗。拔悉密击败之，脱身遁走，国中大乱。天宝元年，公与四男，及西杀妻子、默啜之孙勃德支特勤、毗伽可汗女大洛公主、伊然可汗小妻余塞匐、登利可汗女余烛公主，及阿布思、阿史德等部落五千余帐，并驼马羊牛二十余万，款塞归朝。"贵族各派之间争权夺利的斗争最终导致后突厥汗国全面崩溃，于天宝四载（745）被唐朝和回纥灭亡。

墓志所谓"聚族兼类，五千余帐"即碑文所叙后突厥王族、后族的重要人物和数个部落同时归顺。《康阿义屈达干碑》接着说道：部落归款后，"朔方节度使王忠嗣具以上闻，秋八月至京

---

① 张庆捷《胡商、胡腾舞与入华中亚人——解读虞弘墓》："太原北齐贺拔昌墓出土的一件骑马陶质突厥（或柔然）人物俑最有特色，其通高25厘米、长22.5厘米，在一匹健壮的骏马背上，坐着一位游牧民族骑士，身体肥胖，头梳长发，十几条辫子留在背后，圆头圆脑，面向上仰，穿一件圆领窄袖宽肥红袍，脚踩马蹬。一手牵着缰绳，一手举向嘴边，两指弯曲伸进嘴里，作打嗯呼哨状。"（北岳文艺出版社，2010年，第37页）

② 张建林：《腰刀与发辫——唐陵陵园石刻蕃酋像中的突厥人形象》，樊英峰主编：《乾陵文化研究》第4辑，三秦出版社，2008年，第81页。

③ 葛承雍：《丝路商队驼载"穹庐"、"毡帐"辨析》，《中国历史文物》2009年第3期，第60页。

④ 《资治通鉴》卷215，第6854—6855页。

师。玄宗俾先谒太庙，仍于殿庭引见，御花萼楼以宴之，仍赋诗用纪其事，拜公左威卫中郎将。属范阳节度使安禄山潜怀异图，庶为己用，密奏公充部落都督，仍为其先锋使。公既不得已，僶俛从之"。显然是率所属部落驻扎于柳城，占籍于此而成为柳城人，由玄宗宠臣安禄山安置管理。而墓志说康察芝"一到君门，具形臣义，授仪王府典军。心革夷风，职勤蕃邸"。所谓朝廷授予亲王府典军（正五品上）之职，并非在玄宗第十二子、仪王李璲①府上任武官，有名无实。在藩镇节度使属下供驱使的衙将、僚佐所加领的东宫官，除了有所谓"报功"的含义外，不可能起到辅佐东宫皇太子的作用。②这和其兄阿义屈达干被任命为左威卫中郎将（正四品下）一样，并没有实际的南衙禁卫军的执掌，用如阶官，体现秩级而已。唐朝鸿胪寺的职责是"凡四方夷狄君长朝见者，辨其等位，以宾待之"。"典客令掌二王后介公、酅公之版籍，及东夷、西戎、南蛮、北狄归化在蕃者之名数；丞为之贰。凡朝贡、宴享、送迎预焉，皆辨其等位而供其职事。凡酋渠首领朝见者，则馆而以礼供之（三品已上准第三等，四品、五品准第四等，六品已下准第五等。其无官品者，大酋渠首领准第四等，小酋渠首领准第五等）。"③显然，朝廷相关衙署根据制度依照康察芝在部落中的威望和职位给予相应的官品等级。唐制，"五品以上之官，是为'通贵'"，④投诚过来就

荣享高官待遇。九月辛卯，玄宗大宴来降突厥党属于花萼楼时，"赏赐不可胜纪"，⑤以笼络归顺者。分辖五千余帐各部落的酋帅们必然同时获得唐朝官封赏赐，完成身份转变，成为唐臣而皆大欢喜。

康察芝随兄率部众从草原骑驰至唐廷，由京城徙柳城驻扎，作为稳定东北边防的军事建制归节帅安禄山辖下。所谓在藩邸（仪王府）忠于职守，做事勤恳，乃撰者据官称信笔而书的墓志谀词。

六 破奚、契丹，抗击安史之乱

墓志云："除翊卫中郎将，寻破奚、契丹，除中郎，又授左清道率。"即官亲王府典军期满后，康察芝被擢拔为太子亲勋翊卫中郎将（从四品上）。官员一届任期一般四年，则赋新官在天宝四载。柳城为对敌前哨，《康阿义屈达干碑》记载，其曾于"四载以破契丹功，迁右威卫将军，俄拜范阳经略副使。五载又破契丹功居多，拜左武卫大将军，仍充节度副使。玄宗嘉之，玺书慰勉，盈溢箧笥"。是兄弟同时东征建功积勋，得朝廷擢授军职，据以领取官俸。

唐王朝与奚、契丹的边事频仍，理乱无序。《旧唐书·玄宗纪》记载："（天宝）四载春三月甲申，宴群臣于勤政楼。壬申，封外孙独孤氏女为静乐公主，出降契丹松漠都督李怀节；封外孙杨氏女为宜芳公主，出降奚饶乐都督李延宠。……九月，契丹及奚酋长各杀公主，举部落叛。"⑥何以

<hr>

① 《旧唐书》卷107《玄宗诸子传》："仪王璲，玄宗第十二子也，初名潍。开元十三年五月，封为仪王。"（第3263页）
② 任士英：《唐代玄宗肃宗之际的中枢政局》，社会科学文献出版社，2003年，第186页。"在一定意义上来说，藩镇衙将所加领的东宫官对于他们具有'阶官'作用，就像唐朝职官体系中授予那些职事官的散品官阶；亦即所加领的东宫官只用于表明这些藩镇衙将作为官人的身份地位，而与他们的实际职事之间并不存在直接关系。"
③ （唐）李林甫等：《唐六典》卷18《大理寺鸿胪寺》，陈仲夫点校，中华书局，1992年，第505—506页。
④ （唐）长孙无忌等撰，刘俊文笺解：《唐律疏议笺解》卷2，中华书局，1996年，第156页。
⑤ 《旧唐书》卷9《玄宗纪下》，第215页。
⑥ 《旧唐书》卷9《玄宗纪下》，第219页。

和亲仅半年即处死大唐公主而叛?《安禄山事迹》一针见血地指出:"(天宝)四载,奚、契丹各杀公主,举部落以叛。禄山方邀功两蕃,肆其侵掠,奚等始贰于我。"[1]亦如《资治通鉴》所言,安禄山为了自立边功而屡侵掠奚、契丹,和亲安定形势无存,激怒对方以处死公主的残忍手段反叛。[2]罪在贪狼安禄山包藏祸心蓄意挑衅以邀功于昏聩的玄宗。

在此情势下,康察芝率军以破林胡建功,朝廷授予武将中郎。[3]若干年后,又授太子左清道率府率(正四品上)。之后,墓志不再具体讲述其生平事迹,而是说他经历诸卫担任武官,随资品之浅深和受皇帝宠信而迁秩,为官谨慎,忠于职守,众望所归。"超拜左骁卫大将军,未几,加特进,将军如故。"大将军为正三品职事官;特进为正二品文散官。随资超用,职位崇高,地位显赫。志文"夫持密厚之姿,回刚黠之气,怀忠义之切,违叛换之谋。人万不能,公一之能。咸以骎骎逸迹,起起时武,足扫余祲,堪张太平"是说在安史之乱起时,颇受大唐恩遇的康氏部落都督忠义刚直,执着抵抗安禄山拉拢自己参与叛乱的阴谋。而在与叛军作战时,将军骁勇强悍率军果敢歼敌平灭妖氛以报效国家。

据碑文,康阿义屈达干因坚决抵制叛乱而被安贼围剿。七八年间,破安庆绪环堵、史思明逼攻,阖门二百余口,所剩无几。康公率四子及孙侄等十余人,由柳城辗转南下,几经生死,追随肃宗、代宗,奋勇血战,屡立功勋,获授大将军、将军,乱平后定居西京。康察芝及其两子怀珍、怀剑必跟随兄长的军事谋划而动,坚苦卓绝,亦分别获授大将军、中郎等武职,落籍京城长安。

七　亲兄弟同日而葬

墓志记载,康察芝在永泰元年(765)正月初一,"薨于京兆府布政里之私第,春秋六十有三"。布政坊位于朱雀门街西第三街,自北而南第四坊,居民多是汉人官员。有数座佛寺,有一座胡祆祠。有突厥左神武大将军河间郡王舍利澄宅、左金吾卫大将军阿史那从政及夫人薛突利施匐阿施宅和节度副使太常卿公曳鹘桃贤夫人金河郡夫人阿史那氏宅。[4]这个皇城西墙外南部的里坊,胡汉杂居,和睦相处。

墓志又云:"公元昆特进、兼金吾大将军可达干,药不蠲痼,终于至日。"谓彼长兄老病,医药无效,亡故于冬至或夏至。《康阿义屈达干碑》叙碑主:广德二年(764)十一月二十日,"感肺疾薨于上都胜业坊之私第,春秋七十有五"。忌日正是冬至。[5]其夫人交河石氏,粟特裔,"康阿义妻姓石,父名石三奴。恒宁教授考订'三奴'一名,是中古波斯语 Sēbuχt 的意译,意为'为三神(众神)拯救'。这一解释,为石三奴来自粟特的石国,提供了确证"。[6]石氏"以天宝十五载春三月

---

① 《安禄山事迹》卷上,第 75 页。
② 《资治通鉴》卷 215,第 6868 页。"安禄山欲以边功市宠,数侵掠奚、契丹;奚、契丹各杀公主以叛,禄山讨破之。"
③ 《旧唐书》卷 44《职官三·左右卫》:"亲府、勋一府、勋二府、翊一府、翊二府等五府:每府中郎一人、中郎将一人,(皆四)品下。"《职官三·左右骁卫》:"翊府中郎、中郎将、左右中郎将、左右郎将(职掌如左右卫)。"(第 1899 页)
④ 〔清〕徐松撰,李健超增订:《增订唐两京城坊考(修订版)》,三秦出版社,2006 年,第 185、194、199 页。
⑤ 〔日〕平冈武夫编:《唐代的历》,上海古籍出版社,1990 年,第 182 页。"广德二年十一月大,甲午朔,十一月二十日癸丑冬至。"
⑥ 荣新江:《安禄山的种族与宗教信仰》,氏著:《中古中国与外来文明》,第 230 页。

八日，先公而薨。永泰元年春二月十日壬申，与公合祔于万年县之长乐原，礼也"。且碑首题记其最高结衔为："特进、行左金吾卫大将军。"是知屈达干即可达干，本自突厥"阙达干"之音译。据罗新教授观点，"阙"（kül），为突厥官号（修饰性的美称）[①]，"达干"（tarqan）为突厥官称（职务）[②]，阙和达干结合构成一个完整的政治名号。

墓志记载兄长病逝，"公（康察芝）恸而呼曰：'万里归唐，一朝先世，岂能孤迹，更住中年。得同朽以偕殁，庶连门于厚地。'……即以其年二月十日，于万年县长乐□□乐原，护以坟岑，奄从泉壤，随诸礼焉"。兄长弟十三岁而先逝，彼时弟亦病入膏肓，沉痛喊出亡故后同日同域而葬的遗愿。由于老兄弟俩的丧期相近，于是诸子嗣遵嘱而办。即墓志所谓："伯兮得墨龟之兆，父兮遂青乌之□。同茔异窆，万代连行。见松槚之成林，识弟兄之无别。铭曰：康公康公，长乐原长安东，昆兮季兮同此终。"可以肯定，如同其兄，康察芝丧葬仪式中必然有子辈"以刀划面，血泪交下"，[③]以突厥习俗表达哀伤。但是由于汉文化的影响，突厥的丧葬风俗逐渐汉化。[④]就立于墓地的《康阿义屈达干碑》和瘗于墓穴的《康察芝墓志》来看，天宝元年移民柳城，安史之乱期间辗转落籍长安的康氏家族迅速汉化，在二十三年后同日葬于西京万年县长乐原，效仿汉人聚族而葬的风俗，显然脱离了突厥葬俗。即使是由唐廷回葬于漠北的唐故右骁卫大将军金微州都督仆固乙突，其墓葬亦具有鲜明唐代风格。[⑤]家族墓地发现其他汉化成员的墓志，可以期待。

结　语

在相当于开元后期，后突厥汗国上层因连年内斗不辍而衰落，躲避战争消耗的部落相携叩款，内入唐朝。天宝元年，不惑之岁的康察芝随兄长康阿义屈达干率东突厥诸部落五千帐归顺唐朝，驻扎柳城，受制于范阳节度使安禄山，任凭调遣，积极参与侵掠奚、契丹之役，官职频升。其清一色突厥民族构成的社会组织形式——草原军事部落传统，在新的生存环境下逐渐淡化。天宝十四载冬，安禄山暴乱反唐，在胡人纷纷响应举枪而起的严峻局势下，康氏兄弟突显效忠李唐绝无二心的坚定意志，旗帜鲜明地力杀叛胡。虽然身处叛乱中心的东北，难以联络朝廷，却坚持曲折向南。面对叛军围剿打击毫不畏惧，以武力相对抗，摧陷坚阵于黄河南北。于是亲属被杀，部落遭消耗打散，势力锐削。两兄弟率其子弟和人数陡减的部众，以卓绝武功苦斗强敌，不畏牺牲且战且走，辗转迂回投靠肃宗，成为保卫唐朝消灭安禄山势力的一股军事力量。乱平，首领率余众定居长安，终老于斯。

关于康氏的族属，学术界倾向于粟特说，就婚姻状况看，为杂种胡。关于粟特的突厥化问题，

① 罗新：《论阙特勤之阙》，氏著：《中古北族名号研究》，北京大学出版社，2009年，第196页。
② 罗新：《虞弘墓志所见的柔然官制》，氏著：《中古北族名号研究》，第116页。
③ 《隋书》卷84《突厥传》，第1864页。
④ 刘永连：《突厥丧葬风俗的汉化历程》，氏著：《突厥丧葬风俗研究》，广西师范大学出版社，2012年，第181—191页。刘爱亮：《突厥丧葬习俗刍议》，《牡丹江师范学院学报》2013年第6期，第70页。
⑤ 罗新：《蒙古国出土的唐代仆固乙突墓志》，台湾政治大学编：《中原与域外》，2011年，http://www.npopss-cn.gov.cn/n/2013/0422/c362350-21230281.html。

彭建英教授以史蜀胡悉、康苏密、安菩、安胐汗、康阿义屈达干等部落首领为例，指出进入突厥汗国境内的粟特胡人与北方游牧社会的其他人群一样，部落成为其存在的外部形态。在生计方式、组织形式等方面的确已具有游牧化特征：与突厥之间存在血缘上的交融；袭用突厥官号，任要职于突厥汗廷；采用突厥语之名号；丧葬仪式也带有显著的突厥化痕迹。即6—8世纪进入并留居于北方游牧社会的粟特人及其后裔，已经趋于突厥化，是突厥中的胡部。[①] 向达教授虽然早主此说，可是又认为：“若康阿义屈达干及其四子没野波、英俊、屈须弥施、英正，以俱生于外域，不唯名犹旧贯，劗面截耳亦循本习，以较裴沙、安胐汗诸人似有别也。”[②] 即除姓外，突厥本质的表现强烈。尹勇博士说：“既然碑文云墓主‘先世为北蕃十二姓之贵种’，或许表明这一家确实出于突厥；然‘康’向非突厥部氏，这就意味着‘康’很可能是墓主生前攀附的粟特姓氏。考虑到‘康’为入华昭武九姓之首，而且柳城也向为东迁粟特人聚居之地，那么内徙柳城的康阿义一家因趋附此地的‘胡势’而冒认粟特贵姓‘康’，亦不无可能。”“碑文载康阿义生前官至范阳副使，固然缘其在柳城屡立军功，但他的仕途升迁显然也离不开安禄山的提携与柳城胡人的拥戴。而这些与他选择当地的‘胡部’大姓——‘康’，被粟特人引为同类不无关系。”[③] 康察芝入唐时年届不惑，其两子必生于漠北。遗憾的是，墓志没有记录其夫人的姓氏族系，一般说来是突厥人，也许是粟特人。就碑文记载看，康阿义屈达干之妻是粟特石氏，其祖染为可汗驸马，其长子殁野波妻也为突厥王族阿史那氏，次子英俊妻为契丹贵族李光弼从父兄子之女，形成非汉族间血统上的交融。

学术界一般认为康姓是地道的粟特康国人入华后取的汉姓，[④] 囊括中古文献和碑志中的康姓人物及其后裔。然而康察芝家族世为漠北草原部落首领，十二姓默啜之一。就其家族来源、先人履历以及本人宗教信仰、生活习性、生平经历和行武生业看，康察芝似乎不是突厥化粟特裔，而是迫于以安禄山为核心的九姓胡握兵掌权的政治形势，改为入华人多势众的粟特康姓的东突厥人。来华后环境陡变，颇受汉风熏染，这位效忠于唐皇室的原突厥控弦骑将从内心深处涤荡自身固有的外夷风习，后半生积极奋行于融入汉族的文明之路上。

① 彭建英：《东突厥汗国属部的突厥化——以粟特人为中心的考察》，《历史研究》2011年第2期，第4—15页。
② 向达：《唐代长安与西域文明》，第94页。
③ 尹勇：《隋唐五代内迁蕃胡族源考异——以个案人物姓氏研究为中心》，第61—68页。
④ 荣新江：《北朝隋唐粟特人之迁徙及其聚落》，氏著：《中古中国与外来文明》，第61页。

The Pantheon of Sogdians from the Onomastic Viewpoint

Pavel B. Lurje

(The State Hermitage Museum, St.Petersburg, Russia)

In this paper, I try to analyze how much the richly preserved corpus of personal names of Sogdians can contribute to the investigation of the religion of Sogdiana. After general information on the sources, shapes of theophoric names and research methods, several groups of names are put under scrutiny: those formed on Ahura Mazdā and Aməša Spəntas; on "Younger Avestan" gods; on deities with Iranian names that aren't recorded in the Avesta; on foreign gods, on heroes and some religious concepts, calendar terms and even demons.

With this material at hand, I conclude with remarks on weak representation of chief Avestan deities; on the incorporation of several foreign deities in Sogdian onomastics; on distinction between the functions of gods and heroes as seen from onomastic viewpoint; on similarities and differences of local pantheons of Sogdiana, Bactria and Chorasmia; on variation between the onomastic pantheon and the theonyms used to translate foreign gods in texts; on great variance between the heavenly sphere as represented in different media of Sogdian culture, from monumental art to personal names.

Trivia, Sources, Methods

Sogdiana was an Eastern Iranian land situated on the territories of modern Uzbekistan, Tajikistan and Turkmenistan along Zeravshan and Kashka-darya rivers. It never formed a significant political or military force, but, in the early Middle Ages, Sogdians became very important actors in the international trade networks commonly called today the "Silk Road". While most of archaeological and artistic materials about Sogdians come from excavations in ex-Soviet Central Asia and date to the 5th – 8th century CE, the major part of texts in Sogdian language were discovered in arid Turfan and Dunhuang regions in the north-west of China, where Sogdian settlers were present between 4th and early 11th century.

One of the differences between the life of Sogdians in Sogdiana and that of settlers in the

North-Western China was the matter of religion. While the archaeological materials, such as wall-paintings from Panjakent, show a native faith with Zoroastrian background, the major part of the texts from Sogdian colonies adhere to one of three world religions of that age: Buddhism, Christianity and Manichaeism and they are, moreover, usually translated compositions. Only one or two relatively short texts can be considered Zoroastrian[①] while a number of others are secular. That means that only in some cases we can find indications to the native religion of Sogdians in the texts. On one hand, there are *termini* for local gods or religious concepts used to translate foreign names and terms, an important addition is Sogdian theophoric calendar (a variation of the "Young Avestan" calendar) which is preserved in a number of texts; on the other hand a number of secular, but also some Buddhist and Manichaean texts as well preserve the personal names of Sogdians—the main focus of the present article. These names are very often theophoric, i.e., are formed upon names of gods, usually the gods of Sogdian pantheon, which will be summarized below. Since virtually all the names analyzed here can be found in the related fascicle of Iranisches Personennamenbuch, *Personal names in Sogdian texts*[②], we can spare ink not listing the exact occurrences of names.

The main sources where such personal names are attested are following:

The so-called Sogdian Ancient letters (henceforth, *AL*), a group of letters composed in Sogdian colonies in China before 312 CE and found in a bag in guarding tower near Dunhuang;

Inscriptions incised by travelers on rocks from the Upper Indus valley (c. 4th – 6th century, henceforth, *UI*);

Documents from the archive of Panjakent ruler Dhewashtich found in the castle on Mount Mugh in Tajikistan (before 722 CE, henceforth *Mugh*);

Manichaean colophons and lists of names from 8th to early 11th centuries (henceforth *Man*);

Buddhist colophons (henceforth *Buddh*);

Various minor epigraphic materials, documents and coin legends (from first centuries CE to 11th century, *Ep* and *Num*, respectively).

Much material can be gleaned from the so-called *Nebenüberlieferung*, or names and other words of Sogdian language attested in neighboring tradition. The most important for us here are the Manichaean Middle Persian colophon to the "Book of Hymns" (Mahrnāmag, henceforth *Mn*), Chinese recordings of the names of Sogdian settlers (*Chin*), characters appearing in Arabic and Persian texts describing pre-Muslim and early Muslim Sogdiana, as well as in the place-names of Sogdiana as recorded mostly by Muslim geographers (*Ar*).

The morphological structure of the names

---

① Sims-Williams 2000.
② Lurje 2010.

was analyzed in detail by N. Sims-Williams[1], here we give some most common ways of forming theophoric personal names in Sogdian, basing ourselves chiefly on the names containing *nny*, Nanaia, the most popular goddess of Sogdiana. As it is standard in Sogdian studies, the words are quoted in transliteration; transcription (more or less tentative usually) is accompanied in slashes.

There are the names with the theonyme in the first part (rarely in the second) while the second element comes from the common lexicon. The most common are the formations like *nnyβntk* /Nanēvande/ "slave of Nanaia"; *nnyδ'yh* /Nanēδāy/ "Maidservant of Nanaia" (fem.); *nnyprn* /Nanēfarn/ "glory of Nanaia"; *m'xy'n* /Māxyān/ "boon of Moon-(god)"; *nnyr't* /Nanērāt/ "gift of Nanaia"; *nnyδβ'r* /Nanēθvār/ "Given by Nanaia"; *nny'βy'rt* /Nanēǝvyart/ "received from Nanaia"; *nnyδ't* /Nanēδat/ "Given by Nanaia"; *nnyprm'n* /Nanēframān/ "Command of Nanaia"; *nnym'nch* /Nanēmānǰ/ "Resembling Nanaia"; *nnyšyrh* /Nanēšir/ "Good (through, for) Nanaia"(fem).

Apart from it, there are short names from one of the elements of the name: *nny* /Nanē/ "Nanaia" (*UI*; masc!), *βntk* /Vande/ "Slave", more often these short names are enriched with hypocoristic suffixes -*ak*, -*ič*, etc: *nny'k* /Nanēyak/, *nnyc* /Nanēč/, etc. There were other, less common types of theophoric names as

well, and they are translated when occur below.

In the following list we encounter only names of Sogdians, even some borrowed ones, signifying persons of likely Sogdian origin, and leave out of scope, e.g., the names of Iranian gods and heroes in Manichaean myths[2] as well as borrowed, Turkic, Western Iranian and some other names. Some stray comments on the iconography of these gods are sometimes appended.

The Theonyms of The Older Avesta

We start with the personal names in Sogdian containing Ahura Mazda and the names of the "holy immortals" of Gathas, the Aməša Spənta:

'xwrmzt't, *'xwrmztδ't* /Ǝxurmazdat/ "Given by Ahura-Mazdā" (*UI*), *'xwrmztkk* /Ǝxurmazdak/ (*AL*), a hypocoristic; only in older texts; cf. *wrmzt* for MP *Ōhrmazt* in Manichaen usages.

'sp'nδ't /Ǝspandat/ "Given by holy (spirit?)" (*AL*, *UI*).

'trxwmn /Ātarxuman/ "fire (and) good thought" (*Ep*), (*')βrx(w)mn* /Ǝvarxumān/ "he bringing good thought" (*Ep*, *Num*); *xwmn'* (*UI*), all from *vohu. manah*-. Cf. *'βy'mnβntk* /Ǝvyāmanvande/ "slave of the Better Spirit" (*UI*, *Ep*), *'βy'mnyw('k)* /Ǝvāmanēw(ak)/ (*UI*), *by'mnwrz* /*Vyāmanwarz/ "miracle of the Better Spirit" (*Mn*) borrowed from Western Middle Iranian derivative of **vahiiå*

---

[1] Sims-Williams 1992, p. 34.

[2] Sundermann 1979.

mainiiuš;[1]

'rtyxwβntk /Artixuvande/ "Slave of Good Justice" (*AL*), deriving from **Aša- vahu-* rather than **Aša- vahištā-* (or from the prayer-name?) Cf. also names containing *'rt* below.

y'nxs'rδ /Yānxsarθ/ "Boon of Rule", *xsrδmyw* /Xsarθmēw/ "tiger of rule", *xsrδ'kk* /Xsarθak/, *wnwnxs'rδ* /Wanūnxsarθ/ "victorious rule", etc (*UI, Ep*), where *xs'rδ* derives from Old Iranian *xšaθra-*, maybe as a part of *xšaθra-vairiiu*. Probably a borrowing from a Scytho-Sarmatian dialect and not properly Sogdian development[2].

'rm'ts'c /Armāt-sāč/ "Slave of (spənta) Ārmaitī" (*UI*), there can be alternative explanations.

'rwtprnδ'yh /Arōtfarnδāy/ "Maidservant of glory of Haurvatāt" (*Buddh*), one can think that *'rwtprn* is another Sogdian divinity though. Cf. *hrwwt* in Manichaean Sogdian Book of Giants.

From the list above we see *Ahura Mazdā* and *Vohu.manah-* in doubtless names; the other cases are more controversial, and I could not find attestations either for *Amərətāt* in Sogdian onomasticon (apart from *mrwwt* in the Manichean Book of Giants) or for *Aməša Spənta*'s altogether.[3] Most of these names belong to the earlier strata of Sogdian literary tradition (Ancient Letters, Upper Indus inscriptions). One can notice here the widely accepted idea of Frantz Grenet to see six Aməša Spəntas on the reliefs of Biya-Nayman ossuaries[4].

The Late Avestan Theonyms

The "Younger Avestan" gods, *yazata*-s, are widely attested in Sogdian onomasticon. Let us start with ones to whom Yašts (hymns) of the surviving Avesta were consecrated:[5]

'n'xtβntk /Anāxətvande/, *'n'xt* /Anāxət/ (*UI*). The names containing Anāhitā, the main devotee of the *Ābān-yašt* are rare, and there are quite dubious depictions of Anāhitā in Sogdian art; most of the scholars tend to think that she was replaced with Mesopotamian Nanaia as the chief goddess[6].

xwrmyw /Xwarmēw/ "Tiger of sun (-god)" (*UI*) for *Huuarə.-xšaēta-*, maybe *wnwn xwr* "victorious sun" (*Num*). Normally "Sun" is spelled *xwyr* in Sogdian. Note also *xwrxšyδ-* as a PN in Manichaean texts which is Western Middle Iranian borrowing, and the place-names *Xur-baγn(a)* "Sun-temple" (*xwr-βγn*) near Bukhara and Nasaf (*Ar*)[7].

---

[1] See now Sims-Williams, 2021, pp. 58-59.

[2] Sims-Williams 1992, pp.78-79.

[3] Cf. Manichaean *mrδ'spnd* "element, angel" (Sims-Williams, Durkin-Meisterernst 2012, p.113) and *mrspnt rwc, mnspnt rwc*, The name of the 29th day of the week. The Ustrushana toponym *Marsamanda* (*Ar*), *Basmanda-say* of today, was probably named so after a market held here on the 29th day of month.

[4] Grenet 2013, pp.22-23.

[5] The first four Yashts are devoted to Ahura-mazdā, aməša-spentas in general, Aşā vahištā and Haurvatāt in particular. Quite often, the name of the Yasht does not correspond to the deity revered therein: the names of Yashts, discussed below, are *Rām, Dēn, Ashtād*. The devotees are *Anāhitā, Vāiiu, Xvarənah*. Others appear both as devotees and names of Yashts.

[6] Shenkar 2014, p.78.

[7] Smirnova 1971, pp.98-99.

Fig. 1　Druvaspa–Lohrasp

Left and top: The goddess with horse in her hands (Dhruwāsp?). Panjakent, Temple I, Outer yard, 7th-early 8th century, after Shkoda 2009, pp.254-255.
Bottom right: Coin of Kanishka with Lrooaspo on the reverce. From Wikipedia,creative commons, https://de.wikipedia.org/wiki/Lrooaspo#/media/Datei:Coin_of_the_Kushan_king_Kanishka.jpg.

m'xβntk /*Māxvande*/ "Slave of the Moon-god", *m'xprn* /*Māxfarn*/ "Glory of Moon-god", etc. Avestan *Māh-*, Sogdian *Māx* forms a serious share of personal names. In some cases *m'x* however should be understood as real "moon" such as *m'xβ'mh* / *Māxvām*/ "Moon-lustre" (*Man*). The famous temple of *Māx* (*Ar*) in Bukhara was obviously devoted to the moon-god.

tyšprn /*Tīšfarn*/ "Glory of Tīštriia" (*Ep*), *tyšr't* / *Tīšrāt*/ "Gift of Tīštriia" (*Ep*), *tyšβ'n* /*Tīšvān*/ "Light of Tīštrya (Sirius)" (*Num*).

δrw'spβntk /*Žuwaspvande*/ (*AL, UI*), *δrw'sph* *m'xw* /*Žuwasp-māx*/ "Druvaspa and Moon-god" (*Ep*),

from Druuāspā. It is worth noting that *Druwāspā* is probably depicted in Sogdian art as a goddess with horse, unlike male character of Bactrian *Λροοασπο* and Persian *Luhrāsp* and similar to the Avestan original[1]. The final *h* in *δrw'sph* also indicates feminine gender (Fig. 1).

mšyprn /*Məšifarn*/ (*Mugh*), *mšyy'n* /*Məšiyān*/ (*Mn, Buddh?*), *crδmyš* /*Čərθmiš*/ "essence om Mithra" (*Num*), with regular Sogdian development **θr > š*. One can take into account the Western Middle Iranian borrowing *myr* from *Mihr* in a number of names: *myr'yn* /*Mi(h)rēn*/ "related to Mihr" (*UI*), *myrprn* /*Mi(h)rfarn*/ "Glory of Mihr"

(*Man*), *myrδ't* /*Mi(h)rδat*/ "given by Mihr" (*Num*). N. Sims-Williams proposed to understand Sogdian *βγy* "god" in some personal names as Mithra, The God *par excellence*: *βγ"βy'rt* /*Vaγā-vyārt*/ "received (through the grace) of The God = Mithra" (*UI, Mn*), *βγyβntk* /*Vaγivande*/ "slave of The God = Mithra" (*UI, Buddh*), etc.[1]. Usually the images of a god in sun chariot in Sogdian art are identified with Mithra[2]. However, I cannot subscribe here because first of all in Sogdian, unlike Bactrian, some Pamiri vernaculars and Persian dialects, derivatives of Old Iranian *miθra* do not mean "sun". Moreover, *xwr*, variant of *xwyr* "son" appears in onomastics and toponymy as well, see above. So, it would be more logical to understand these images as depictions of *xw(y)r*.

sr'wš'rty'n /*Srōšart-yān*/ "Boon of righteous Sraōša" (*Ep*), the compound *Sraōšō Ašiio* is attested in Avesta, and in Sogdian Manichaeism *srwš(')rt βγy* has the meaning of "Column of Glory".

ršnδys /*Rašnδēs*/ "(he having) appearance (of) Rašnu" (*UI*). Frantz Grenet proposes to see *Sraōša* and *Rašnu* depicted on Sogdian ossuaries[3].

wyδr'γn /*Wēšāγn*/ "Vərəθraγna" (*UI*), an abridged name. The phonetic development is native Sogdian and not borrowed from the West. The depictions of Vərəθraγna in Sogdian art are dubious[4].

r'm /*Rām*/ (*UI*), *r'm'kkh* /*Rāmak*/ (*Buddh*), *r'mtyš* /*Rāmtīš*/ "Rāman and Tīštriia" (*Mugh*), from the god of tranquility. *r'mcytk* /*Rāmčēte*/ (*Num*), parallel to Bactrian *Ραμοσητο*, was probably a separate god, as analyzed in the recent paper of Yutaka Yoshida[5].

wyšδ't /*Wēšδāt*/ "Given by Wesh" (*UI*), *wyšy'n* /*Wēšyān*/ "Boon of Wesh" (*Mugh*), implying *Wēš* as parallel to Bactrian *Oηβo* from Old Iranian **Vayuš*, nominative of Av. *Vaiiu-*. Cf. below on *wyšprkr*.

δyn'kk /*Δēnak*/ (*Ep.*, dubious), from *Daēnā*? On her iconography see Shenkar[6].

rtštprn /*Rətštfarn*/ (*UI*), *rtštwm* /*Rətštōm*/ "Prayer for *Arštāt*" (*UI*), *rštβntk* /*Rəštvande*/ (*Ep*), *rštδ'yh* /*Rəštδāy*/ (*Buddh*); one can notice that *rtšt* for *Arštāt* simplified into *ršt* in the 6th century.

Names containing *prn* /*farn*/, Av. *xᵛarənah* are extremely numerous, normally forming part of other theophoric names (like *nnyprn*; usually translated as "glory of Nanaia", etc.) only in few cases one can suppose that a deity could be intended: *prnmyw* /*Farnmēw*/ "Tiger of Xvarənah" (*UI*), *prn"γt* /*Farnāγat*/ "Xvarənah has arrived" (*UI*). On the role

---

① Sims-Williams 1991.
② Shenkar 2014, pp.105-114.
③ Grenet 2013, pp.98-99.
④ Shenkar 2014, p.162.
⑤ Yoshida 2022.
⑥ Shenkar 2014, pp.94-96.

of *prn* in Sogdian language[1]; it is probable that the flying genii near human figures in Sogdian painting represent *prn*[2], but they are an illustration of a "glory" in the common sense, not any particular god (as seen by great variation in their depictons).

xwmδ't /Xōmδāt/ "Given by Haoma" (*Mugh*), *xwmγ'zn* /Xōmγazn/ "Treasure (?) of Haoma" (*UI*). Cf. *xwm* as a kind of cosmic substance in Bīrūnī's account on religion of Sogdian magi[3], Tajiki *hüma* "ephedra".

wn'nt /Wanand/ (*UI*), *wn'ntm'x* /Wanand-māx/ (*num*), probably from Av. *vanaṇt*, the goddess of Vega, Bactrian *Οανινδο* (one can translate this name simply as "Victorious").

Other Avestan gods appearing in Sogdian onomastics are:

nrsβ /Narsaf/ (*UI*), from *Nairiia-saŋha*, borrowed from Parthian *nrysf*; the genuine development is *nryšnx* in Manichaean texts meaning "the third messenger", it apparently formed the place-name *Naršax* near Bukhara (*Ar*).

'wšy'n /Ōšyān/ "Boon of Dawn, Aurora" (*Ep*) from Av. theonyme *Ušah-*.

zrwm /Zrōm/ "prayer for Zruuan, the god of time" (*UI*), *zrwmβntk* /Zrōmvande/ (*Ep*), dubious; cf. below on *'zrw'* as translation of Brāhma.

Other Iranian Theonyms

Apart from the gods listed in Avesta, Sogdian onomastic pantheon included a series of other deities with Iranian names. Some of them are common heritage of Sogdians and other Middle Iranian peoples, the others seem to be unique to Sogdiana. In some cases one can think that the absence of these gods in Avesta can be due to its fragmentary preservation, in other cases these gods were of more local, or of later character.

tyr /Tīr/ (*UI*), from the god *Tīri* "Mercury". Phonology of Sogdian, unlike that of Middle Persian, did not give ground to contamination of Tīri and Tištriia.

wxwšβntk /Uxušvande/, *wxwšwδβ''r* / Uxušuθvār/, *'xwšprn* /Uxušfarn/, *'wxšmryk* / Uxušmarēk/ with *mryk* = Bactrian *marēgo* "slave", from the deified river Oxus, *Waxšu-*. These names are extremely popular in Sogdian onomasticon, as well as among the names of Bactrians and Chorasmians. Michael Shenkar[4] made a convincing proposal to identify *Waxšu* with the bearded god seated on the horse(-throne) in the wall-paintings of Panjakent and Shahristan. The toponym *Xušūfaγn* (*Ar*) near Samarkand probably means "Temple of Oxus" rather

---

[1] See the paper of Elio Provasi, Provasi 2003. One can emphasize here that the expressions *šm'x prn*, *tw'prn* "your glory", "thee glory" have the meaning of polite address. In the Manichaean story of Caesar and thieves the much discussed words of the thief *'yy 'yy kysr wyγr's wyγr's 'PZY n'pckw(yr) p'rZ-Y ('zw) tw' prn 'ym o rty kδry 'nγ(wn) yw p'(š)['](y) prn 'ym γrβw t'yt ZY δ[ym] βynt* (Henning 1945, pp.478-479) should be translated like "Hey, hey, Caesar, awake, awake! Fear not, I am your majesty! Now, besides I am the guardian (?) majesty for many thieves and jugglers(?)" .

[2] Shenkar 2014, p.139.

[3] Lurje 2013, pp.227-229.

[4] Shenkar 2014, pp.128-131.

than "Six temples"[①].

βγrywβntk /Vaγrēwvande/ (UI), *rywprn* /Rēwfarn/ (UI), *rywy'n* /Rēwyān/ (Mugh), *ryw'xš* /Rewwāxš/ (Buddh), etc., indicate to the widespread presence of a god (*βγ*) or spirit (*w'xš*) *Rēw*; he is also known to Bactrians, Armenians, Achaemenid Persians, Chorasmians. The meaning of the name, Old Iranian **raiva-* "rich" would hint at identifying him with Central Asian images similar to those Kubera, the Indian god of richness, on Sogdian metal, terracotta and wood objects (Fig. 2)[②].

txs'ycβntk /Taxsīčvande/ (UI, AL), *txs'ycδβ'r* /Taxsīčθvār/ (UI). X. Tremblay understood it as "Returning one" and thus tentatively identified with the youthful goddess of dying and resurrecting nature (Grenet, Marshak, Tremblay 1998).

βγnw'k /Vaγnawe/ "New god" (Mugh), *nwyprn* /Nawēfarn/ (Man), *nwy β'mh* /Nawēvām/ "New Lustre" (Man), indicate certain certain "New (God)", probably "New Moon" with Henning[③], especially in Manichaean contexts.

nβyγβntk /Navīγvande/ (UI), where *nβyγ* is probably another variant of *nβγ*, *nγwβ* "excellent (god)".

The personal name *s's"n* (UI) forms its part in the discussion on characteristics and origin of Western Iranian god *Sāsān*[④].

wn'yptβntk /Wanēpatvande/ (UI), also attested in Chorasmia, the god's name can be etymologized as "lord of forests", less likely "lord of victories".

wyrwysprn /Wirwīsfarn/ (UI) is difficult. One can understand the name as oppositional compound "glory of house-man", or "husband – all glory", or to look for otherwise unattested god *wyrwys*. One can think even of a borrowing.

'xšwmβntk /Əxšumvande/ (Mugh), the

1.   2.   3.   4.

Fig. 2   The Kubera-like god of wealth (Sogdian Rēw?)

1. The bronze stamp from Kuva, Fergana. After Bulatova 1963.
2. Handle of the Sogdian silver mug from Tomyz, Perm region. State Hermitage Museum, after Marshak 1971, T-42.
3. The terra-cotta icon from Panjakent. Sector VI, room 2, excavations of 1951. State Hermitage Museum. After Belenickij 1953.
4. Reconstruction of a fragment of wood carving. Panjakent. After Marshak 2008, p.27.

---

① Smirnova 1971, pp.92-93.
② Meanwhile, a study of this image in Panjakent appeared in Marshak, Raspopova, 2021, pp. 22, 52 - 53, 102-105.
③ Henning 1945b, p.146.
④ Schmitt 2016, pp.197-200, with previous literature.

theonyme *xšwm* is attested also in Chorasmia, and related *Šomago* in Bactria. In Sogdiana and Chorasmia, *khshum* is the name of the 12th month, supplementing and replacing *Spənta Āramaitī*. N. Sims-Williams[1] etymologizes these names as Old Iranian **uxšma-kā* "the growing one", i.e. "new moon" (fem.), which, at a first glance, helps identifying this goddess with a maid in lunar crescent in Sogdian wall-paintings and terracottas[2].

Recently, I noticed an interesting set of comparanda: in the extinct polytheistic religion of Kati, a Kafir (Nuristani) people in the eastern Hindukush in Afghanistan, who are speaking a language closely related to but distinct from Iranian and Indo-Aryan, as well as in the pantheon of Kalasha, a still partially non-Moslem Dardic (northern Indo-Aryan) people in the neighboring region of Pakistan, there is a goddess *Kuṣumai*, the patroness of wild game, rains and wine blossom, she is residing on the Tirich-Mir mountain. I argue that the goddess related to Sogdian *Khshum* was once present in the religion of Pamiri Iranian Munjis and Yidgha (Ismaili Moslems since long ago), in the form of **Xšumá*, and therefrom she was borrowed by

Kafiri and consequently by Kalasha neighbours, with regular change of *x* into *k*.

Not much can be adduced to the function of the goddess Khshum and etymology of her name remains unclear. One can notice that in the calendar she replaces *Spənta Āramaitī*, the goddess of soil of Zoroastrians, and that an irregular shift could occur in Sogdian *xrwm* "earth" giving *xšwm*[3].

Foreign Theonyms

This Iranian pantheon was enriched with a number of deities of other origins: Indian, Greek, Semitic and Mesopotamian.

Nanaia, the goddess best represented both in onomastics of Sogdiana and in monumental art, is well known to originate in Mesopotamia, from where her worship spread to Parthia, Armenia, Bactria and Sogdiana. It is interesting to note that no names containing *nny* have ever been attested in Chorasmian onomasticon (the names based on *Anāhitā* are well known there); however, the silver vessels of 8th century Chorasmia, containing the image of the goddess on lion, with sun and moon in her hands, preserve the name *nny* recorded as recipient in

---

[1] Sims-Williams 2010, pp. 157-158; more in detail Sims-Williams 2017, where Bactrian *Omma* is added.

[2] The unpublished author's presentation on this matter was quoted and accepted by Shenkar 2014, p.100; Grenet 2015, p.139. However, I do not hold this idea convincing any more. In each and every case the "lunar maid" is depicted not as other Sogdian deities (large scale, enthroned figures with attributes, donors at sides, at the center of the composition), but in small-scale, decorative, usually repeated way. More probably, it was a part of decorative program in Sogdian art, perhaps somewhat related to astral beliefs (Lurje 2021). Incidentally, I wonder if Khshum would be a correct name for the Sogdian goddess associated with wild ram on the mural from Panjakent 26/XXV (last reproduced in Shenkar, 2014, fig. 130), since Kshumai is a patroness of wild goats.

[3] Lurje 2021.

inscriptions[1].

The Sogdian goddess *δrym(')t* /*Žēmat*/, attested as a name per se and in *δrymtβntk* /*Žēmatvande*/ (*UI*, *Ep*), appears also in a Manichaen polemical text. As it was shown by N. Sims-Williams, this theonyme is Sogdian development of Greek *Δημήτηρ*[2].

For the feminine and masculine names *δ'p't̄šyr(h)* "Good through Dhapat" and *δ'p't̄syγh* "fine through Dhapat" (*Man*, *Mugh*) W. B. Henning proposed the root of Semitic goddess *Dalībāt*, but added other possibilities of Buddhist Sogdian *δ'p't* from *dānapati* "donor" and Christian Sogdian *d'p't* "truly".

The name *βr'yšmnβntk* /*Vrēšmanvnde*/ (*Ep*) is explained as "Slave of Vaiśravaṇa". As I tried to show, the name *Vrēšman* seems to be a contamination of Indian *Vaiśravaṇa*/*Vaiśramaṇa* and Semitic *Ba'l Šamīn*, the "Lord of heaven"[3].

The names *''δ'k* /*Āδak*/ (*UI*), *''δprn* /*Āδfarn*/ (*Ep-Buddh*)[4] can be translates either as "Majesty; Supreme fortune", or as "(glory of) *Āδvaγ*", the supreme god associated with *Ahura Mazdā* (see below), probably a semi-translation of Indian *Adhideva*[5]. The Chinese records (La Vaissière, Trombert, 2004. P. 936, 938) of the names Kang Wutipantuo (乌提畔陁, EMCh *ʔɔ-dɛj-*

banʰ-da) * *''δβntk* "Slave of Āδ" and Cao Wudiba (乌地拔 EMCh *ʔɔ-diʰ-bəit/bɛːt;*) * *''δβyrt* "obtained through Āδ" hint at the second possibility.

Finally, Buddha, Sogdian *pwty* /*Buti*/, is included into the common onomasticon as we see such names as names *pwtty'n* (*Buddh, Mugh*) *pwtyprn* (*Ep*), and even *budävaṃdai* "Slave of Buddha" in Khotanese rendering. These names follow perfectly the patterns of onomastics of non-Buddhist Sogdian[6]. The name *'yšwy'n*/*yyšw'y'n* (*Man*) "Boon of Jesus" is unknown outside Manichaean usage but follows the same model.

Calendrical Names

Many of these gods, including the foreign *δrym't* "Demeter", were involved into the calendar of Sogdians, the names of days, months, lunar mansions, days of the week (the latter borrowed from Western Middle Iranian), and many personal names can be explained as indicating the day of person's birth[7]. Indeed the names *''p'nc* and *''pwxy'n* (*Mugh, Ep*) come back from Sogdian *''p'nc* "eighth month" (Middle Persian *ābān*) and *''pwx* "tenth day" (Avestan *āpō vaŋhuīš*) rather than "water-god" per se; the same for *'sm'nc* "27th day", hardly "god of

---

① Lurje 2018, p.288.

② On her iconography and related rituals see Grenet, Marshak, Tremblay 1998.

③ Lurje 2020.

④ In the epitaph of Buddhist Sogdian laywoman, Sims-Williams Bi 2020, p. 807.

⑤ Sims-Williams 1983, pp.138-139.

⑥ Lurje 2020 b, pp. 21-22.

⑦ See in detail Bogoljubov 1985.

heaven"[1]; ambivalent are the names like *δšcy'pt / Δəščiyāpət/* "preserved by *δšcy*", *δyšcy* (*Ep*), where the first part is derived from Old Iranian *Daθuša* "creator", in the sense of the patron of the 8th and 15th month, or as epithet of one of chief gods? Avestan *gəuš-urvan-* is attested in Sogdian only in the day-name *γwš rwc* "14th day" and personal name *γwšprn* (*UI*), etc. One can underline that the day-names in Sogdian were borrowed from Western Iran, as it is indicated by the term *rwc* "day" used here, not Standard Sogdian *mēθ*[2]. The only names based on weekday seem to be *wnx'n'kk, wnx'ncwr* (*Mugh, Man*) from *wnx'n* "tuesday".

Names of Heroes and Religious Terms

We mention here briefly the names based on the names of heroes and other humans—not gods—mentioned in the Avesta as well as the later Iranian epics. Once again, we encounter only the names of *real* people of Sogdiana and not legendary characters in Sogdian epics, so the names like *rwstmy* "Rustam", or *γwδ'rz* "Gōdarz", *swrx'p* "Sohrāb", *βrytwn* "Farīdūn" in the recently published laudation[3] are left aside.

''βtc /Āvdič/ (*Mugh*), is maybe related to Old Indian *Āptyá-*, Avestan *Āθβiia-* New Persian *Ābtīn*, the father of *Θraētaona-*.

cwyws /Čūyus/ (*Ep*), is perhaps a dialectal

development of Avestan *Kauui- Usan-*, Pahlavi *Kāwus*, and Kāwus as the name of the king of Ustrushana principality to the north-east of Sogdiana proper (but cf. the cited laudation where the regular form *k'ws MLKw* is given). F. Grenet holds the opinion that legends of Kei Kāwus are depicted in the murals of Minor Throne hall of Qalai Qahqaha, the palace of Ustrushana; M. Shenkar and the present author think Kei Kawus' ascent to the heaven might be represented on the carved lunette from the same palace (both papers are in preparation).

γ'wtws /Γāwtus/ (*AL*), seems to be a compound of "Cow" + "Tusa-", New Persian champion *Tūs*

γwšnspyc /Γušnaspīč/ (*Ep*), borrowed from Middle Persian *Gušnasp*, Old Iranian **vr̥šan-+aspa-* "male horse, stallion with a hypocoristic suffix".

γyw /Γēw/ (*Mugh*), Old Iranian **Gāwya-*, Shahname *Gēw*, Bactrian *Γηο*, etc.

kw'tynk /Kawātēnak/ (*Ep, Man?*) Avestan *Kauuāta-*, Middle Persian *Kavād*, Bactrian *K(αο) οαδο*, New Persian *Qubād*. Possibly a borrowing from Western Middle Iranian.

pry'nk, βryn'k /Friyā̃nak/ (*UI, Mugh*) Avestan family-name *Friiāna-*, Sarmatian *Φλιανος*, Middle Persian *Friyān*.

s'm /Sām/ (*UI*), Avestan *Sāma*, Middle and New Persian *Sām*, etc.

y'm'k, y'mk' /Yāmak/ (*UI, Ep*), Avestan *Yima-*,

---

[1] Cf. however Chorasmian *'sm'nbntk* on the unpublished inscription silver vessel; I venture to reconstruct *'s]m'nywny βntk* "slave of heavenly colour" (*Man*, Ch/U6084/R/5, quoted by Colditz 2018, No. 716).

[2] Henning 1939, p. 93.

[3] Yoshida 2013.

Middle Persian *Yam*, New Persian *Jamšēd*.

From this short list we can observe that the names of heroes are attested in both archaic and developed onomastics.

Finally, we include a selection of names which are based not on gods or humans, but rather on Zoroastrian religious concepts, its vocabulary.

Aša, *arta* is preserved in the names *'rtmyw /Artmēw/* "tiger of justice" (*UI*), *'rtyβ'n* "guardian of justice" (*AL*), which is borrowed from Parthian *Artabān*.

The name *cynwnytβnt /Činvanitvand/* (*UI*) alludes to *činuuant-*, Činvad bridge leading to the after-life (it is depicted on Wirkak's sarcophagus and probably the painting from Panjakent temple II).

The name *cytβntk /Čētvande/* (*UI*) derived from Avestan *kaēta*, Sogdian *cytk* "ghost, spirit".

The name of *Frauuašii* could be attested in the name *'prwtβntk, pr'wtβntk /(Ə)frōtvande/* (*UI, Ep*), if *əfrōt* is simplified from **frōrt* from **fravarti-*, but one can understand this name as "slave of a riverside(god)" as well. The procession of young ladies on the walls of Panjakent temple II are usually explained as *Frauuaši*[①].

The name *δ'nδ't /Δāmδāt/* (*UI*) reflects Avestan expression *dāmi.dāta-* "created by creator".

Names like *k'w, k'wyprn* (*Mugh, Ep*) derive from Avestan *kauui-* "king, hero, poet".

mnδryny /Mārēn/ (*UI*) reflects Avestan *mąθra-*,

Sogdian *mār* "spell".

The names like *yztδβ'r /Yazdθvār/* (*UI*), *yzt' /Yazdā/* (*Buddh*) indicate the presence of word *yazata-* "deity".

The names like quoted *rtštwm* or *zrwm* show presence of Old Iranian **vahma-* "prayer".

One cannot pass by the name *šyspyr /Šīšpīr/* (*Num*) as it seems to derive from **sraišta-parya-* "best faith, *weh dēn*".

For the name *xšwδrh-βntk /xšōθr-vande/* (*Ep*) the etymology from Avestan *xšnaoθra-* "gratitude, mercy" was proposed.

One should mention also the names based on *δyw* "daeva, demon", including the famous *Δēwāštīč*, lit. "led by demons", the last king of Panjakent whose documents left in the castle on mount Mugh in 722 came down to us; further *δyw* (*Ep*), *δyw'kk* (*Ep, UI*), *δywγwn* "daeva-like" (*Mugh*), *δywn'm* "named by Daeva" (*UI*), *δywsr* "Daeva-head" (*Mugh*), *s'tδyw* "pandemonium" (*Mugh*), *snkδyw* "stone-daeva" (*Mugh*). The name *'zβntkk* (*Mugh*) offers various etymologies, one of them being "slave of Aži Dahāka".

The names containing *βγy* "god" are too numerous to be listed here.

Sogdian *xwt'w* "king" might be also an epithet of some "king of gods", as witnessed by the name *xwt'wβntk* "slave of King" (*UI*) and maybe **xwt'wprn*, rendered as Chinese *Hudaofen* (胡到芬,

---

① Shkoda 2009, pp.78-79; Differently Shenkar 2022.

EMCh *γo-taw^h-p^hun*[1]). Similarly, *xwt'yn* could mean "Queen of gods" (Nanaia?), in the name *xwt'ynβntk* (*Mugh*).

Theonyms in Translated Sogdian Texts

Theonyms we know from the personal names, however, only partially correspond to those few mentioned in texts in their primary role. The best known of the latter occasions is the passage in Sogdian free rendering of the popular Buddhist narrative Vessantara Jataka as well as an invocation text P8 where the Indian gods are "translated" into Sogdian gods:[2] Brāhma as *'zrw'* / *Ǝzrwā* (Zurwān), Indra as *"δβγ* /*Āδvaγ*/ (lit. "Chief god", probably Ahura Mazda) and Śiva as *wyšprkr* /*Wēšparkar*/ (Vayu, *Vaiiu yō Uparo-kariia*). We possibly see Zurwān in the personal name *zrwm* (see above), the personal name *"δ'k* /*Āδak*/ and *"δprn* /*Āδfarn*/ could be related to Āδvaγ (see above), and in the first part of the names *wyšδ't* / *Wēšδāt*/ and *wyšy'n* /*Wēšyān*/, *wyšx'n* /*Wēšxān*/ (*Mugh, UI*) one can recognize the abridgement of *Wēšparkar*, similar to Bactrian *Oηþo*.

Conclusions

The listing of Sogdian theophoric personal names given above can probably be enlarged in future (even in the case of increasing corpus of the texts) but

still allows some preliminary conclusions.

First of all, we see the high degree of integration of foreign gods in Sogdian culture. These gods of different origins were included into the single integral system so far we can see from the iconographical data and also from the analysis of names in families. It is worth notice to list many relatives of *Wirkak* or *Shi Jun*, a rich Sogdian official in China who died in 579 in Chang'an and was buried in a luxury sarcophagus with long inscription, now in the Xi'an Museum. The name of the deceased is *wyrk'k*, lit. "small wolf, Wulfila", his father is *wn'wk* /*Wanūk*/ "victorious", the grandfather is *rštβntk* /*Rəštvande*/ "slave of (deity of) rightfulness", his wife is Called *wy'wsyh* /*Wiyusi*/ "dawn, Aurora", and sons bear names *βr'yšmnβntk* /*Vrēšmanvande*/ "slave of Vaiśravaṇa/ Ba'l Šamīn?", *δrymtβntk* /*Žēmatvande*/ "slave of Demeter" and *pr'wtβntk* /*Frōtvande*/, probably "slave of Fravashi?"[3].

Second, we notice the clear distinction of way how the gods, heroes and demons appear in onomastics. There are the names of heroes and other humans known from both Avesta and Shahnameh and the ones that appeared later, in the Middle Iranian period (*Rustam, Gēw*). The former are attested in the old and new sources, the latter only since the 7th century. In some cases they were borrowed from Western Iranian (*γwšnspyc, rwstmy*), the others

① Vaissière, Trombert 2004, p.937.
② Sogdian Manichaeans, too, adopted native gods to render the entities of their religion, as they picked e. g. Ahuramazda, *xwrmzt'βγ* (sometimes also *"δβγ*), to "translate" the Primeval man (Sundermann 1979).
③ Yoshida 2005.

(*"βtyc, y'm'k*) might be considered native Sogdian developments. The composition of such names (without elements like *δβ'r*, *βntk*, etc)[1] indicates that they were *not* considered as gods but rather as (exemplary) humans. It is in contrast to Bactria where *Iαμβο* "Yima" is a deity according to coin imagery and names like *Iαμβολαδο* "Given by Yamsh", or to Chorasmia where the ruler's name *sy'wšprn* "glory of Siyawush" seems to indicate that Siyawush was venerated (indeed one can glean this information also from al-Biruni's passage). These names containing *δyw* "Daeva, demon" also do not follow ordinary models of theophoric names.[2]

Third is the distinction between the most popular gods forming Sogdian personal names and the gods picked up for translation of foreign deities by the Buddhist and Manichaean literates.

Fourth, we can notice weak representation of Ahura Mazdā and some key figures of Zoroastrian pantheon in Sogdian onomastics; they are clearly more numerous in the early attestations and become more and more rare with the course of time.

Fifth, we see that theophoric pantheon of Sogdians, having much in common with neighboring cultures[3], was a distinct one. So, *Καμιρδο*[4] and *Zovo* were, so far we know now, idiosyncratic to (parts of) Bactria[5]; *'sny* , Avestan *asniia-* "gods of sections of a day", are attested only in Chorasmia[6]. As noted above, *Yima* (*Iαμβο*) was primarily deified in Bactria, and *Siyāwush* /*Šāwuš*/, in Chorasmia. Similarly, the deities *txs'yc* "returning goddess", *(βγy) nwy* "new god", the peculiar form *'βy'mn(yw)* for *vahiiå mainiiuš* are so far known only in Sogdiana. Moreover, the function and attributes of some gods could be distinct from one region to another. This means that identification of deities in Sogdian murals with those on Kushan coinage cannot be always taken "at face value". Male *Αροοασπο* in Bactria and female *δrw'sph* in Sogdian are a good example (Fig. 1), cf. above the remark on Mithra and the Sun-god.

The author supposes that in the whole, moreover, those spiritual worlds that we learn from Sogdian culture in different media (theonyms in texts, calendars, onomastics, examples of monumental and applied arts, funerary customs, etc.) do not always correspond to one another.[7] This divergence was dictated by different points of view, methods, vectors for making the *Weltanschauung* of Sogdians; by

---

[1] The probable exceptions are the Chinese records *Yanyan* (炎延 EMCh *wiam-jian*) and *Yanpantuo* (炎畔陀 EMCh *wiam-banh-da*), representing **y'my'n* "glory of Yima" and **y'mβntk* "slave of Yima" (Yoshida, Kageyama 2005, p. 205).

[2] The exception is *Dēwdāt* "given by Daeva", son of *Dēwdast* "Daeva-hand" (*Ar*). The names like "daeva-head" or "daeva-hand" might mean "one with large head/hands", as e. g. Tajik *devzira* "sort of long rice of pink colour", literary "devil cumin".

[3] Including Avestan gods, the other Iranian deities (Oxus, Khshum) and the borrowed ones such as Nanaia or Demetra.

[4] One can probably add Chorasmian *kmdrng/kmrdng* from weakly preserved Toprak-kala document (Livshits 1984, p.264).

[5] Sims-Williams 2010, pp.65-66, 75.

[6] Livshits 2011, p.162.

[7] Just to note a characteristic example: the gods are often with four or more hands in murals and wood carvings but on terracotta figurines they never have more than two hands.

different attitudes to the heavenly spheres in different situations, by the absence of strict ideology regulating and standardizing the religions like what we see in Sasanian Iran[1]. One can hope nevertheless that future discoveries can fill (or explain) the gaps we observe now in Sogdian beliefs.

Bibliography

Belenickij 1953 - Belenickij, A. M., "Iz arkheologicheskikh rabot v Pjandzhikente v 1951 g. (On archaeological works in Panjakent in 1651)", *Sovetskaja arkhelogija (Soviet Archaeology)*. Vol. 18, 1953, pp.326-341.

Bogoljubov 1985 - Bogoljubov, M. N., "Otrazhenie nazvanij zvezd i sozvezdij lunnogo zodiaka v sogdijskoj onomastike. (Mirroring of names of stars and lunar constellations in Sogdian onomastics)", *Iranskoe Jazykoznanie. Jezhegodnik* (Yearbook of Iranian linguistics), 1981, Moskva: Nauka, 1985.

Bulatova 1963 - Bulatova, V. A., "Bronzovyj shtamp iz zhilogo kompleksa VII – VIII vv., gorodische Kuva v Ferganskoj oblasti (Bronze stamp from the living quarter of 7th – 8th century, Quva site in Fergana region)", *Istorija material'noj kul'tury Uzbekistana (History of Material Culture of Uzbekistan)*, Vol. 4, 1963, pp.110-115.

Colditz 2018 - Colditz, I., *Iranische Personennamen in manichäischer Überlieferung (IPNb Bd. II Fz.*

1), Wien: Verlag der ÖAW, 2018.

Grenet 2013 - Grenet, F., "Zoroastrian funerary rites", S. Stewart, *The Everlasting Flame: Zoroastrianism in History and Imagination*, Exhibition catalogue, London: I.B. Tauris, 2013, pp.18-27.

Grenet 2015 - Grenet F., "Zoroastrianism in Central Asia", M. Stausberg, Y. S.-D. Vevaina (ed.) *The Wiley Blackwell companion to Zoroastrianism*, Oxford: Wiley Blackwell, 2015, pp.129-146.

Grenet, Marshak, Tremblay 1998 - Grenet, F., Marshak, B.I., Tremblay, X., "Le mythe de Nana dans l'art de la Sogdiane", *Arts Asiatiques*, No. 53, 1998, pp.5-20.

Henning 1939 - Henning, W.B., "Zum soghdischen Kalender", Orientalia, 1939, pp.87-95.

Henning 1945 - Henning, W.B., "Sogdian tales", *Bulletin of the School of Oriental and African Studies*, pp.465-487.

Henning 1945b - Henning, W.B., "The Manichæan Fasts", *Journal of the Royal Asiatic Society*, 1945, pp.146-164.

La Vaissière, Trombert 2004 - La Vaissiére È. de, Trombert, É., "Des Chinois et des Hu. Migrations et intégration des Iraniens orientaux en milieu chinois durant le haut Moyen Âge", *Annales*, 59e année, pp.931-969.

Livshits 1984 - Livshits, V. A., "Dokumenty (Documents)", Ju. A. Rapoport, Je. Je. Nerazik (ed.) *Toprak-kala. Dvorec (Toprak-kala. The*

---

[1] Marshak 1999, p.181.

palace), Moscow: Nauka, pp.251-286.

Livshits 2011 - Livshits, V. A., "Lichnye imena v khorezmijskom jazyke (Proper names in Chorasmian)", *Vestnik drevnej istorii (Journal of Ancient History)*, 2011, No. 4, pp.156-166.

Lurje 2010 - Lurje, P., *Personal Names in Sogdian Texts (Iranisches Personennamenbuch, Ⅱ/8)*. Vienna: Verlag der ÖAW.

Lurje 2013 - Lurje, P., "O sledakh manikhejstva v Srednej Azii (On traces of Manichaeism in Middle Asia)", P.B. Lurje, A.I. Torgoev (ed.) *Sogdians, their precursors, contemporaries and heirs,* (Volume in the memory of B.I. Marshak), Transactions of the State Hermitage, LXII, St.-Petersburg: Izdatel'stvo Gosudarstvennogo Érmitazha, pp.219-251.

Lurje 2018 - Lurje, P., "Some New Readings of Chorasmian Inscriptions on Silver Vessels and Their Relevance to the Chorasmian Era", *Ancient Civilizations from Scythia to Siberia* 24, 2018, pp.279-306.

Lurje 2020 - Lurje, P., "The Semitic Lord of Heaven and the Buddhist Guardian of the North: another contamination in Iranian syncretism?", B. Outtier et al. (ed.), *Armenian between Byzantium and the Orient, Celebrating the memory of Karen Yuzbashian,* Leiden: Brill, pp.457-467.

Lurje 2021 - Lurje, P., "Богиня Хшум – Кшумай от Хорезма до Кафиристана (The Goddess *Khshum – Kshumai*: from Chorasmia to Kafiristan)", *Rodnaya rech' (Mother tongue)* No. 2021(1), Fs. Dzhoj I. Édel'man, pp. 237-255.

Lurje 2020 - Lurje, P., "Buddhist Indian loan-words in Sogdian and the development of Sogdian Buddhism", *Entangled Religions*, 11(6), 2020.

Marshak 1971 - Marshak, B. I., *Sogdijskoe serebro. Ocherki po vostochnoj torevtike. (Sogdian Silver. Essays in Oriental Toreutics),* Moskva: Vostochnaja literatura.

Marshak 1999 - Marshak, B. I., "Sogd v V – VIII vv. Ideologija po pamjatnikam iskusstva (Sogdiana in the 5th-8th century. Ideology according to the works of art)", G. Brykina (ed.) *Srednjaja Azija v rannem srednevekov'je (Middle Asia in the Early Middle Ages)*, Moscow: Nauka. pp.175-191.

Marshak 2008 - Marshak, B. I., *Iskusstvo Sogda (The art of Sogdiana),* St. Petersburg: Gosudarstvennyj Érmitazh.

Marshak, Raspopova, 2021 - Marshak, B. I., Raspopova, V. I., Kupol'nye konstrukcii v Pendzhikente v nachale VIII veka (na primere pomeshhenija 57 ob'ekta XXIII). Sankt-Peterburg: Politekh-press.

Provasi 2003 - Provasi, E., "Sogdian farn", Carlo G. Cereti, Mauro Maggi and Elio Provasi (ed.), *Religious themes and texts of pre-Islamic Iran and Central Asia, Studies in honour of Professor Gherardo Gnoli on the occasion of his 65th birthday on 6th December 2002,* Wiesbaden:

Harassowitz, pp.305-322.

Schmitt 2016 - Schmitt, R., *Personennamen in parthischen epigraphischen Quellen (Iranisches Personennamenbuch,* II/5), Vienna: Verlag der ÖAW.

Shenkar 2014 - Shenkar, M., *Intangible Spirits and Graven Images: The Iconography of Deities in Pre-Islamic Iranian World,* Leiden – Boston: Brill.

Shenkar 2022 - Shenkar, M., "The So-Called 'Fravašis' and the 'Heaven and Hell' Paintings, and the Cult of Nana in Panjikent", Iran: Journal of the British Institute of Persian Studies, 60 (2022).

Shkoda 2009 - Shkoda, V.G., *Khramy Pendzhikenta i problem religii Sogda* (The temples of Panjakent and the problems of religion of Sogdiana), St.-Petersburg: Izdatel'stvo Gosudarstvennogo Érmitazha.

Sims-Williams 1991 - Sims-Williams, N., "Mithra the Baga", P. Bernard and F. Grenet (ed.), *Histoire et cultes de l'Asie centrale préislamique,* Paris: Editions du CNRS, pp.177-186.

Sims-Williams 1992 - Sims-Williams, N., *Sogdian and other Iranian Inscriptions of the Upper Indus. II* (Corpus Inscriptionum Iranicarum, Pt. II, Vol. III), London: School of Oriental and African Studies.

Sims-Williams 2000 - Sims-Williams, N., "Some reflections on Zoroastrianism in Bactria and Sogdiana", *Silk Road Studies.* IV. Turnhout,

Belgium, 2000, pp.1-12.

Sims-Williams 2010 - Sims-Williams, N., *Bactrian Personal names* (Iranisches Personennamenbuch, II/7), Wien: Verlag der ÖAW.

Sims-Williams 2017 - Sims-Williams N., "The Name of the Kushan Goddess Oμμα", *Studia Philologica Iranica, Gherardo Gnoli Memorial Volume,* Ed. E. Morano, E. Provasi, A. Rossi, Roma: Scienze e lettere, pp.449-454.

Sims-Williams 2021 - Sims-Williams, N., "The Avesta in Sogdiana", Himalayan and Central Asian Studies, VO. 25 No. 1 - 3, pp. 54-62.

Sims-Williams Bi 2020 - Sims-Williams, N., Bi, B., "The Epitaph of a Buddhist Lady: A Newly Discovered Chinese-Sogdian Bilingual", *Journal of the American Oriental Society* 140, 4,2020, pp.803-820.

Sims-Williams, Durkin-Meisterernst 2012 - Sims-Williams, N., Durkin-Meisterernst, D., *Dictionary of Manichaean Sogdian and Bactrian* (Dictionary of Manichaean Terms, Vol. III Pt. 2), Turnhout, Belgium: Brepols.

Smirnova 1971 - Smirnova, O. I., "O mestakh domusul'manskikh kul'tov Srednej Azii (po materialam toponimiki) (On the places of pre-Moslem worship in Middle Asia on toponymical material) ", *Strany i narody Vostoka (Lands and Peoples of the Orient),* X, Moskva: Glavnaja redakcija vostochnoj literatury, pp.90-108.

Sundermann 1979 - Sundermann, W., "Namen von Göttern, Dämonen und Menschen in Iranischen

Versionen des manichäischen Mythos", *Altorientalische Forschungen,* 6, pp.95-133.

Yoshida 2005 - Yoshida, Y., "The Sogdian version of the new Xian inscription", E. de la Vaissière, E. Trombert (ed.) *Les Sogdiens en Chine (École française d'Extrème-Orient, Études thématiques,* 17), Paris, pp.57-72.

Yoshida 2013 - Yoshida, Y., "Heroes of the Shahnama in a Turfan Sogdian text. A Sogdian fragment found in the Lushun Otani collection", P.B. Lurje, A.I. Torgoev (ed.) *Sogdians, their precursors, contemporaries and heirs. (Volume in the memory of B. I. Marshak),* Transactions of the State Hermitage, LXII, St.-Petersburg: Izdatel'stvo Gosudarstvennogo Érmitazha, pp.201-218.

Yoshida 2022 - Yoshida, Y., "Sogdian Christians in China, Turfan and Sogdana", G. B. Mikkelsen, K. Perry (ed.) Byzantium to China: Religion, History and Culture on the Silk Roads. Studies in Honour of Samuel NC Lieu. Leiden - Boston: Brill, pp. 596 - 617.

Yoshida, Kageyama 2005 - Yoshida, Y., Kageyama, E., "Sogdian names in Chinese characters, pinyin, reconstructed Sogdian pronunciation and Englisj meanings, an appendix to Valerie Hansen, The impact of the Silk Road Trade on a Local Community: The Turfan Oasis, 500-800", É. de la Vaissière, É. Trombert (ed), *Sogdiens en Chine,* Paris: EFEO, pp.205-206.

Carved Wooden Panel with a Buddha on a Lotus from the Sector xxvi of Panjakent

Sharof F. Kurbanov

(Institute of History, Archaeology and Ethnography, Academy of Sciences of Tajikistan)

According to the research conducted by T. G. Filimonova on Buddhism on the territory of Tajikistan before Islam, the following conclusion was made "Buddhism in Sughd was not as prominent as in Tokharistan, and later its role continued to decline, and by 630 it was already losing its importance forever. The evidence that some small part of the population was still worshippers of Buddhism is very few works of art found in different parts of Ancient Penjikent..."[1]

One highly fragmented composition was found in 1985 by D. A. Abdullayev in the room 28 of Sector XXV, located in the residential development of the center of the settlement. The painting with the Buddha was applied to the space above the door of the hall and was separated from the main composition by an arch. The mural consisted of an arch with an ornament simplistically repeating the patterns of archivolts of the arches of the hall. A male figure in a saffron-coloured cloak, such as Buddhist monks wore, was placed in the middle. The right shoulder is bare. Over the shoulders the flames are depicted. The head is surrounded by the usual Penjikent nimbus with rays. The face is full, beardless, and the ears are drawn with loop-shaped lobes. The top of the head is not preserved. The right hand with straight fingers is pressed to the chest, the left is bent at the elbow, the palm is turned towards the viewer. To the right of the central figure, at the level of its head, a small golden human figure is placed, sitting either on a dragon or on a chariot. Below the little man is a bush with pink and red lotus flowers. The left part of the field is occupied by a standing male figure in rich Indian ornaments, facing the central character and offering him a lotus[2].

The second small fragment of the wall painting

---

[1] Filimonova 2019, p. 164.
[2] Marshak, Raspopova 1988, pp. 142-143.

was an image of the Buddha Maitreya[1], the third is Buddha on terra-cotta mould in somewhat Gandharan style[2].

The fourth extremely rare specimen with a Buddhist plot embodied in a carved wooden block was found in 2016 during the excavations of the southernmost household of the Sector XXVI, in the room No. 63.

The research of the Sector was started in 1972-1975 by I. B. Bentovich and continued since 1995 by Sh. F. Kurbanov. The Sector is located in the eastern part of the ancient town attaching the secondary eastern wall, it was occupied by rich houses of the late VII-VIII centuries. Excavations of this site, systematically continuing from north to south, revealed 65 rooms. To date, the width of the excavated part is about 10 m, and the length exceeds 90 m. The excavations were brought to the section of the fortress wall (Sector XXVIII, studied by G. L. Semenov in 1975-1979), and thus completed.

Among the most important objects from the Sector XXVI one should name mural paintings, including the very well-preserved head of a demon in armour on the blue background, a non-professional depiction of a tale about a donkey defecating with golden coins, the rich but weakly preserved depiction of a festivity, a hunting scene, the image of worshippers in somewhat archaic expression and well-preserved floral frieze. There was moreover a Sogdian document on cow rim telling about trade in wood, the golden fingering with Sasanian-style small gem depicting a Zoroastrian priest (?), the sealings, decorations and wood carving described below.

The sector has very rich stratigraphy with up to 7 construction phases on the limited timeframe between the 6th (erection of the wall) and middle 8th century. It is noteworthy that we have very limited material postdating 750 (the inhabitance of the city as a whole lasted until 770). The general feature of the sector XXVI is lowering of the surface from east to west, from the fortification wall, and abundance in granaries. The excavations yielded also in the most abundant mass finds. The interim results have been published annually since 1998 in the fascicles of the Materials of the Panjikent Archaeological Expedition.

7 households are excavated in the southern part of the object, with length 50 m and width up to 14 m (Fig. 1). We mark them as A – J, respectively, and give the brief outline below.

A. Rooms 34, 35, 36 are interrelated, they had internal wall and remains of the inhabitance. Later the walls were levelled, and the space between them was filled with bricks. However there are no traces of construction on this podium. The same destiny happened the corridor or a lane No 33, 11 × 1,1 m to the north of them, leading to the wall from the east. The coin of Bilge (Bidyan) on the upper floor of the room 36 dates the erection of chambers not earlier

---

① Belenitsky, Marshak, Raspopova 1994, pp.122-123.

② Marshak, Raspopova 1997, p.8.

Complex A, 700 – 722?
Complex B, after 750?
Complex C, 740s
Complex D, before 722?
Complex E, eve of 8th century.
Complex F, first half of the 8th century.
Complex G, 7th century

Fig. 1 Sector XXVI, southern half. The ground plan and architectural section north–south

than to the eve of 8th century, although earlier coins are found in the filling, probably the soil was taken from inside the city. The mud-brick filling should be dated to the mid-8th century, judging by the pottery on the floor of the corridor 33.

B. The rooms 32, 37 and 38 formed a small separate house 14 m long and 4 – 6 m wide attached to the wall above the filling and deposition of rubbish; at some point the room 31 from the north belonged to it too. The rooms form an enfilade from north to south, the coat of the city-wall is their eastern wall, and the passages are along the western wall. We could not detect the entrance to the house, perhaps it was located in the lost southern part of the western wall of the room 32. This room served as economic one, with sufa (podium), fireplaces and chests for the

grain, at some point it was probably an open kitchen. The next room 37 with sufas and central burned fireplace served as a sleeping room. This planning is quite rare for Panjakent, although similar rooms are quite common for the neighboring lands in the early medieval period: Bukharan Soghd, Ustrushana, Khorezm, middle Syr-darya, Bactria. The usage of the third room No. 38, with sufas, is unclear, maybe it was a storage facility. The pottery material from the rooms chiefly belongs to Dhewashtich's time (before 722), probably due to small amount of diagnostic sherds. The dating of the house to the third quarter of the 8th century is evident through its stratigraphic position (the room 39, related to the room 40 with Turgar's coins of after 738 on the floor, is under the room 38 of this house), it is further collaborated by a mug with high thin lip and a wide handle of a pitcher from the fireplace in room 32 and a wheel-made pot with complex profile.

C. The rooms 39 (11 × 4 m) and 40 (6,5 × 5,5 m) with room 42 (3 × 5 m) to the west of it are located further to the south, to the east of the street. There is no passage between the room 39 and 40 – 42, but they are united in the single house according to the murals, the floral friezes in the both, which are executed in one hand. The wall between the rooms 40 and 42 is late and stands on the sufa.

The rooms 40 and 42 seem to be united with household D through the passages leading to the rooms 43 and 47, although they do not match chronologically. The coins of Turgar of the second type, the best marker of 740ies, were found in room 40, both on the floor and under the sufa. In the house D, however, we do not have material of this date (safe layers of destruction above the floor). The bowl with imprints of stamps with pomegranates from the room 39 belongs to the same date of 740ies. Probably, the rooms 40 and 42 were radically rebuilt in 740ies, and at that time they were decorated with murals. Apart from friezes, we observe a sequence of donors on the eastern wall of room 40, one of them offering a golden coin, executed in archaicizing hand, but datable to the same period of last Panjakent murals due to stratigraphy.

Before renovation, the space of 40 and 42 belonged to the house D. We could not find the entrance to the room 39, probably, one came into it using a wooden ladder (there is only somewhat similar to stairs between the rooms 40 and 39 in the eastern part). In this shape of large panted halls the house survived not for long, because about 750ies – 760ies the upper part of the room 39 was occupied by room 37 of the complex B. The described complex C does not look like inhabitance and perhaps had some social function.

D. The rooms 43, 44, 47, 52 and 40 and 42 in the earlier period, 50 on the ground floor and maybe 49 are united in a typical household, comprising of the antechamber 47, where an offprint of wooden door leaf survived, wherefrom one could reach the winding ramp 52, the room 42 of the lower period to the north, to the high vaulted room 43 to the east, and from here a passage led to the room 40 of lower layer. The passage below the ramp led to the high vaulted room 44, wherefrom one could reach the ground floor of room 50 to the south. The coin assemblage, especially from the floor of room 43, gives the date of Dhewashtich (before 722), later pottery is sometimes found in the debris above the floor.

We are not sure whether the upper horizon room 49, attached to the wall, belonged to this house. Only its eastern wall with attached fire-niche of "chapel"-type and part of the floor remained intact. The passages from this room did not survive, the pottery and numismatic material seem not to postdate early 8th century, but is not sufficient for any decisive dating. Its floor stands on the ceiling of room 50, the lower part of the later belongs to the house D, and the upper, to the F.

E. The rooms 51 and 53 are a square hall with the side c 5 m and an antechamber to the west of it, with a cranked passage to the street also seems to be a separate social block. The hall preserved parts of wooden ceiling that divided it into main floor and mezzanine of a kind, hollows and imprints indicated support columns. In the layer next to the floor and in the brick deposit there was a number of coins and pottery of the eve of the 8th century, the assemblage can serve a reference for this epoch. Later, the hall was left out of use, and the antechamber served as granary, wherefrom an 8th-century volute-shaped belt buckle of Byzantine type was discovered. There were deposits of street or dump type above it.

F. The largest household in the sector on the area of c 150 meters, where the wooden block in question was found, is to be described below.

G. The granaries and storage chests 31, 41, 45, 46, 48, 54 as well as the one outside the eastern half of the vault in room 60 are located along the city-wall. These rooms are in general some 2 – 4 meters above the main floors of the households, but we did not detect any constructions of the ground floor, their floors do never stand above the walls of the lower horizon houses. These rooms are to the major part preserved partially but even when we detect the western wall (room 41, 45, 54), they do not show passages to these houses, and in the rooms 45 and 54 the manholes leading from above in order to fill grain are detected. There is no material postdating 722 in the granaries, but there are early coins of the "Samarkand archer"

type, there is much pottery of the 6th – 7th century in them. We suppose that these granaries are not connected to the houses and belonged to the economy of defenders of fortifications of Panjakent.

F. The southernmost household of the Sector XXVI had no less than 11 rooms: 55 – 65, 50 (upper floor) and possibly 49, occupying 150 m2, was the largest here.

The entrance was from the west, and the antechamber or vestibule 58 had also passages to the east, north and south. The northern one led to the mezzanine of the room 62 with visible traces of the wooden ceiling, and from there, along the western wall the ramp descended to the ground floor, a storage chamber, as well as probably the secondary entrance to the street. The passage from the ground floor of the room 62 led into 55 to the north, to its east was a low vaulted room 56a. A passage to the east of 62 led into the room 56b that was not studied, and probably a pass in the lost part of the mezzanine of 62, oriented towards the room 56 of the upper store. This room, 5 × 5 m, was founded on the two low vaulted rooms of the ground floor, 56 a and b, oriented east-west, its floor in the central part did not survive. To the north, the secondary (?) passage led to the mezzanine of the vaulted room 50, equipped with granary chests. Its lower floor has the door to the house D (which is stratigraphically older than F). Possibly, the room 49 at the wall also belonged here.

To the east of the room 62 on the mezzanine level there was a chain of granaries with gypsum plaster above baked bricks (rooms 57 and 61), the latter could house more than 4 tons of wheat. In general, one can characterize the northern part of the house as economical one.

To the east of the vestibule, a wide passage led to a vaulted room 59, 2.4 × 3.7 m, and further to the east, the passage led to another vaulted room 60, oriented along the wall, measuring 7 × 2.6 m To the south of the vestibule was a vaulted ramp with a central pillar that led to the mezzanine and the second floor of the house. Under the ramp was a miniature vaulted room, 2.2 × 1.2 m. It opened onto room 63, located to the east. The passage to the ground floor of this vaulted room, 3.8 × 2.7 m, led from the north, from room 59, and the passage to the mezzanine was preserved at the eastern march of the ramp. It was in room 63 that a fragment of wood was found (Fig. 2). There were no passages detected from this house to the Sector XXVIII immediately to the south.

The numismatic assemblage of the household belongs to the late 7th – first half of the 8th century, one fals (Moslem copper of 760s) was found in the upper part of the debris. In some cases (upper and lower floor of rooms 56, 63) we see two stages of the inhabitance of the house, the lower one predating 722 and the upper one of 740s. The most interesting finds, apart from the wooden panel and sealings noted below, are bronze handle in the shape of lion, mould for terracotta head of "Alexander" type, iron utensils, silver and bronze ornamentals, stone door supports, etc. There are no traces of mural decoration here, the fact untypical for the large houses of that date.

The room 63 (Fig. 3) is a high vaulted room common for Ancient Penjikent, the walls are made of pakhsa in the lower part, the vault is somewhat elliptical in shape and made of brick in inclined segments. The height of the top of the vault, preserved at the eastern wall, is 4 m, the nests

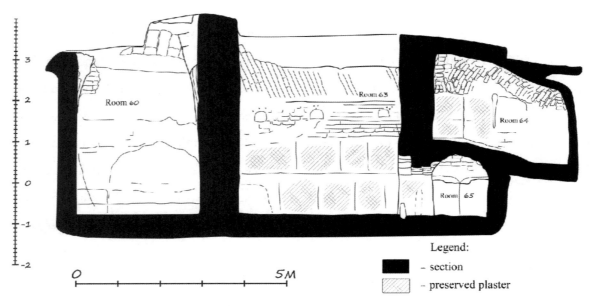

Fig. 2　Sector XXVI, architectural section north–west through the southern rooms looking to the south

from the beams of the mezzanine divide the room approximately in half in height. The filling of the major part of the room comprised of fallen bricks, they were lowered to the southern wall (Fig. 4).

Fig. 3   Room 63, lower floor

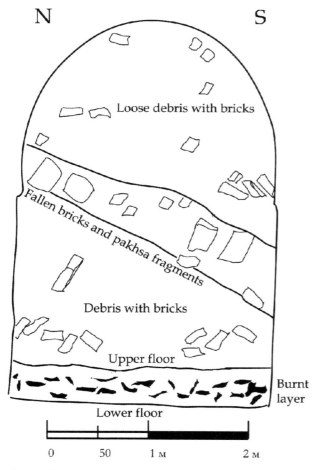

Fig. 4   Room 63, stratigraphic section

From the burnt layer comes a rather impressive complex of ceramics, from here and the underlying floor the coins of Tarkhun, Ghurak without a hole, "Panjikent queen", Bilge (so-called Bidyan) and two indeterminate ones with a square hole were found. The layer, therefore, dates back to before 722. Stone and clay spinning whirls, a ploughshare, a fragment of a round bronze bracelet that thickens to the opening, a bell, a coral bead, a fragment of the khum (large storage vessel) body with Sogdian inscription prn "glory" scrtatched upon and two burnt sealings that deserve a separate publication, were found in the same burnt layer.

The ceramic complex of the burnt layer consists of a large number of khums (storage vessels, Fig. 7). Khums occupy a third of all diagnostic ceramic fragments from the layer, they are many times larger than other ceramic fragments, and therefore the layer can be perceived as a deposition of broken khums. Among the kitchen forms (Fig. 6) we note three wide-necked vessels with holes for hanging above weakly pronounced rim, an ornament of "wave" of three stripes maximum and diagonal notches above it, a wide-necked vessel with a inverted L-shaped handle, pitchers with a low vertical neck and a protruding rim, aquifer vessels with a low neck and wave ornament. These vessels are characterized by the presence of red, brown, and sometimes black slip in the upper part. Cauldrons (Fig. 8) are both hand- and wheel-made, with admixture of quartz or chamotte, one can note a whole miniature cauldron and a cauldron with two vertical handles.

Among the tableware (Fig. 5) there are numerous bowls of hemispherical shape, with slip (fadable in one case), or without, and table pitchers of the Tali Barzu – V type with a oinochoia recharge, a rim with two or three protrusions, L-shaped handle with round section, in one case the stiffener is located in the narrowing of the throat, thereby achieving even greater similarity to the metal prototype. This vessel is covered with a burnish and a ring of brown slip, other table pitchers have the slip of red color. There are 4 funnels in the complex (the relatively rare form in Penjikent), one of them is complete. Note the complete absence of mugs.

The pottery, again, belongs to the Late seventh-first quarter of the eighth century, the time immediately preceding the fire of 722. It is important to note that the burnt layer did not affect the walls of the room in any way, where there are no traces of puncture, nor is it in the neighboring rooms. Probably, the burning dump was moved here from another quarter of the settlement that was damaged by the fire, or it was a localized small fire that did not affect the walls of the room. The floor above the burnt

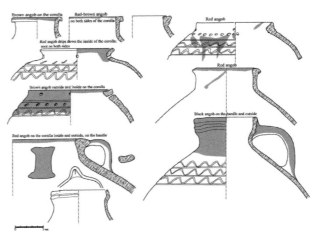

Fig. 6　Ceramic assemblage from the burnt layer of room 63. Household ware

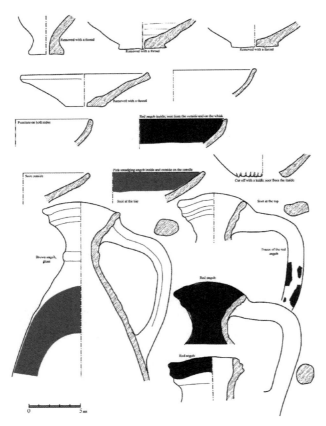

Fig. 5　Ceramic assemblage from the burnt layer of room 63. Tabletop ware

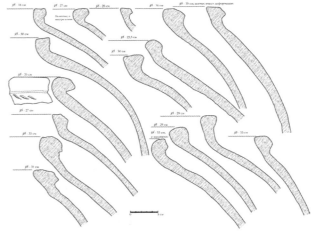

Fig. 7　Ceramic complex of the burnt layer consists of a large number of khums. Storage vessels

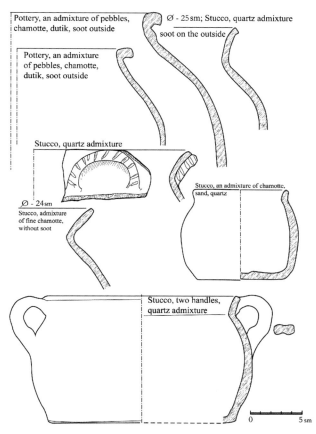

Fig. 8   Ceramic assemblage from the burnt layer of room 63. Handmade ware

layer, as well as the filling above it, dates back to the second quarter of the eighth century. The existence of the house, as a whole, dates back to the first half of the eighth century.

There was, of course, a large amount of charcoal in the burnt layer, and in its western half there was a panel to which we will devote the following lines. The panel was facing up, the top of the image facing northwest, toward the entrance to the room. Its height is 58 cm, the maximum width is 53 cm, the thickness in the lower part is 10 cm, gradually decreases upwards. To the right and left lay burned sticks, under

the panel there were several shards, there were also burnt sealings.

Generally it should be emphasized that the reception rooms of the rich houses of Ancient Penjikent, the Sogdian city of the 5th – 8th centuries, which has been annually explored by archaeologists for 70 years, were decorated with wall paintings and carved wooden decor. Unlike the paintings on the walls of buildings and in the rubble having been preserved to some extent in most painted houses, the carved wood is not often found by archaeologists. Wooden elements are preserved only in the burnt form, in the layer of fire, when the adobe ceiling blocked the air access and the wood slowly turned into charcoal. It turned thus into natural preservative that saved for us these wonderful, but very fragile works of ancient art.

The charred wood was preserved only in those households that survived the fire, so the bulk of the carved wooden decoration belongs to the blocks to the east of the temples, which were burned when the city was captured by the Arabs in 722. These blocks are Sectors III, VII, etc., they were excavated in the first decades of the expedition, since then the finds of carved wood in Penjikent are rare. The latest major discovery, trapezoidal panels depicting a young deity with a peacock and a scene of a man fighting with a winged lion were found in 1981-83[1]. Thus, the discovery of a carved wooden panel at the XXVI site in 2016 was a great surprise and an outstanding find for us.

[1]   Belenitsky, Marshak, Raspopova 1989, pp. 129-131; now Marshak, Raspopova 2021.

The image (Fig. 9, 10) consists of two unequal registers. In the upper one, a character in what seems to be wide trousers and a shirt with V-shaped deep collar is sitting cross-legged. His left arm, the right hand raised to the level of the shoulder, the shoulders and head did not survive. The rich folds of his trousers or robe are clearly visible, there is perhaps some kind of decoration on the left ankle and under the shin, there are traces of a belt set on the waist. On the neck of the character is a pearl ornament, a triangular cutout on the chest goes down to the belt, its bottom is decorated with a trefoil, there are stripes of pearls in the center in two lines, and a short fringe on the outside. Under the neckline, there are probably some other clothes, with a decor of lunar strokes. The same kind of pearl line and fringe are located on the right shoulder, and rich draperies occupy the elbow and forearm.

There are three downward-facing palmettos under the flat feet of the upper character in the center, as if dividing the panel into two registers, they depart from the curving stem with the leaf lowered down, and on both sides of the stem there are images of smaller-scale characters sitting on their knees and turned to the center. The face of the right-hand man is preserved, with his hair tied up in a Sasanian corymbus bun at the back of his head (possibly part of a palmetto located behind his head). His left hand is raised to the level

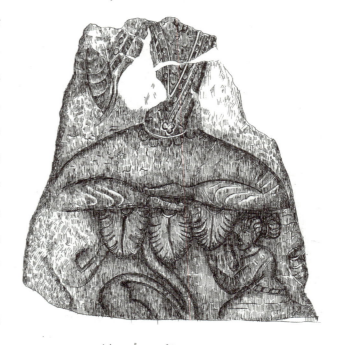

Fig. 9   The panel in situ in the course of conservation

Fig. 10   Tracing (above) and photo (below) of the panel

of his shoulder, and his right hand, too, seems to be raised. One can see the details of the ornamented belt at the waist of the character, the round collar, the drapery of clothing on the arms and legs. Only an arm and bent knees were preserved of the left-hand character. To the right of the right character, at the level of his shoulder there is another palmetto.

The arrangement of a large character sitting at the top and smaller ones facing the center at the bottom is a common design of deity worship scenes in the art of Penjikent. They are characteristic of painting, although they have not been found in carved wood until today in Panjakent, there is a recent discovery of wooden panels of earlier date found at Kafir-kala of Samarkand depicting communal worship[1].

The important and distinctive details of our worship scene are out of step with the standard Panjikent styles of depictions, where the deities sit on their "riding animals" (vahana), or thrones with protomes of these animals, and mostly sit with one leg bent and the other lowered from the throne (lalitasana in Indian iconography). In the panel, the object of worship sits on palmettos supported by a stem (on a flower?) with legs bent.

This interpretation is very close to the iconography of Buddhist art. The Buddha (or other character – object of worship) sits on the flat surface of a lotus flower, with his legs crossed (padmasana or other pose), in richly draped clothes. Below or to the sides are worshipers, possibly laymen. Numerous analogies of such a scene of worship are found in the reliefs of Gandhara, Mathura in India, and Chinese stone steles from the Northern dynasties and later. Among the material that is geographically close to Penjikent, one can name a painting with the worship of the seated Buddha from Kalai-Kafirnihan, reliefs with adoration from Fayaz-tepe in Old Termez, a sculpture from Gaur-kala of Margiana, a Chinese stele found on the Krasnaya Rechka site in Kyrgyzstan[2]. A terracotta plaque with a bodhisattva and adorants from Kul-tepe in Southern Sughd is also quite close geographically[3].

Interpreting the panel as an image of a Buddha on a lotus allows you to reconstruct some missing details. The adorant's hands were probably folded in a gesture of worship (añjali). The Buddha's right, raised hand was apparently turned towards the viewer in the gesture of abhāyamūdra (fearlessness). The palmette to the right of the adorant probably referred to a lotus on which another object of worship was located, one of the bodhisattvas or arhats (they were usually depicted standing); it is logical to assume that there was a similar pedestal in the left part of the panel.

However, many details of the image do not correspond to the Buddhist canon. This is not surprising, since in Sogdiana Buddhism has shown

---

[1] Grenet 2020.

[2] Mkrtychev 2002, p. 221, 110, 118, 122 literature.

[3] Mkrtychev 2002, p.196; Dvurechenskaya 2000.

itself to a very limited scale, and traces of this world religion directly in Sogdiana (in contrast to the culture of the Sogdian colonists in Turfan and Dunhuang) are rare. Significant deviations are characteristic of the Penjikent Buddhist painting over the passage in room 28 of the XXV object mentioned above[1], it is enough to point out that the mūdra, the gesture of the Buddha, is performed with the left hand, and not with the right. The subordinate position of the Buddhist painting is also important in comparison with the images of the gods of Sogd: Nanaya, the god with the camel, the goddess with the ram, the patron of agriculture. The matrix of the terracotta icon with the Buddha, apparently originating from the ancient Penjikent, does not fully correspond to the canons too[2].

Therefore, we can also see in some details of the image under study departure from the prototype, its reinterpretation. First of all, this is a strip of typical Sogdian palmettos, in which the lotus petals are recognized quite distantly. The character's foot is placed on the throne, not on top of the knee, as one would expect for sitting in the lotus (or half-lotus) position. The dress of the Buddha with triangular collar and shoulder piece can be compared either to the Buddha Paré or Buddha in prince' dress from Fundukistan in Afghanistan and other sites, or to the clothing of gods and goddesses on Panjakent murals. The right hand is slightly removed from the body of the main character, which is typical for the gestures of the characters in Sogdian paintings, and not pushed forward, as is usual in Buddhist iconography. The left hand would be expected to lie between the character's knees, but in early Kushan depictions of a seated Buddha (such as the Kanishka reliquary) it is bent at the elbow. Buddha has thin, elongated legs with small feet, like the characters in murals of Panjakent and unlike heavy limbs of early Buddhist style. It is more risky to assume that the unusual hairstyle of the adorant is a reinterpreted transfer of the uṣṇīṣa topknot on the head in Buddhist iconography. In general, the prototype of the image can be reconstructed as the image of the central character sitting on a lotus, two adorants and probably two smaller-scale saints on side lotuses (Fig. 11).

The dimensions of our wood fragment at first glance are similar to the numerous trapezoidal details of carved imitation of dome in Penjikent. However, the rim of the panel is not visible anywhere, so the similarity might be accidental. In addition, there is no place in the room 63 for a wooden false dome. If our semicircular reconstruction of the panel is correct, it finds a parallel in another type of wooden decoration of Sogdiana: the lunette, which decorated the passage to the room in Panjakent and Shahristan[3]. We should recall that in the room 28 sector XXV painting with the Buddha was also located in a semicircular

---

① Marshak, Raspopova 1990, pp.150-153.

② Marshak, Raspopova 1997, p.8.

③ Voronina 1959, p.125; Negmatov 1977.

Fig. 11   A variant of graphic reconstruction of the panel

compartment above the passage, too.

Finalizing this study, we emphasize that we have found the only figurative carved wood in Penjikent in recent decades, and that it is one of the very few examples of Buddhist art not only in Penjikent, but also in the whole of Sughd. The finds of early carved wood with Buddhist subjects are still limited to the southern part of the Tarim basin. The conclusion of B. I. Marshak and V. I. Raspopova that in all cases the images in Sogdiana are far from the Buddhist canon finds additional support. They were made by Sogdian masters who knew little about Buddhism and its iconography, although there might be also good Buddhist prototypes in Sogdian. The works of art we have so far represent the interaction

of Sogdian and Buddhist traditions. They show that the Sogdians were not zealous adherents of Buddhism, but only to some minor extent worshipped the Buddha[1], as probably in the case of the wooden panel under investigation, too.

Literature Cited

Belenitsky, Marshak, Raspopova 1989 - Беленицкий А. М., Маршак Б. И., Распопова В. И., "Работы на городище Древнего Пенджикента в 1982 г. ", *Ареологические работы в Таджикистане, Душанбе*, 1989, Вып, 22, pp.105-143.

Belenitsky, Marshak, Raspopova 1994 - Беленицкий А.М., Маршак Б.И., Распопова В.И., "Раскопки

---

[1]   Marshak 2009, p. 28.

городища древнего Пенджикента в 1985 г. ", *Арехологические работы в Таджикистане*, *Душанбе*, 1994, Вып, 25, pp.100-131.

Voronina 1959 - Воронина В. Л., "Архитектурный орнамент древнего Пянджикента", *Скульптура и живопись Древнего Пянджикента, Москва*, 1959, pp.88-138.

Dvurechenskaya 2000 - Двуреченская Н. Д., "Терракотовая плитка с изображением Бодхисаттвы из восточной Кашкадарьи", *Российская археология*, 2000, 3, pp.125-131.

Marshak 2009 - Маршак Б.И., *Искусство Согда. Санкт-Петербург*, 2009,64 с.+ илл.

Marshak, Raspopova 1988 - Маршак Б.И, Распопова В.И., "Новые открытия в Пенджикенте", *Наука и жизнь*. 1988, 2, pp. 142-143.

Mkrtychev 2002 - Мкртычев Т. К., *Буддийское искусство Средней Азии (I − X вв.) Москва*, 2002.

Negmatov 1977 - Негматов Н. Н., "Резное панно дворца афшинов Уструшаны", *Памятники культуры. Новые открытия*, 1976, Москва,

1977, pp.355-362.

Filimonova 2019 – Филимонова Т.Г., "Таджикистан", *Религии Центральной Азии, Том III, Буддизм, Самарканд: МИЦАИ*, 2019, pp.157-231.

Grenet 2020 - Grenet F., "The Wooden Panels from Kafir-kala: A Group Portrait of the Samarkand nāf (Civic Body)", *Acta Asiatica* 119, 2020, pp.21-42.

Marshak, Raspopova 1990 - Marshak B. I., Raspopova V. I., "Wall Paintings from a House with a Granary. Panjikent, 1st Quarter of the Eighth Century A. D.", *Silk Road Art and Archaeology*, vol.1, 1990, pp.123-176.

Marshak, Raspopova 1997 - Marshak B. I., Raspopova V. I., "Buddha Icon from Panjikent", *Silk Road Art and Archaeology*, vol.5, 1997, pp. 297-305.

Marshak, Raspopova 2021 - Маршак, Б. И., Распопова, В. И. Купольный конструкции в Пенджикенте в начале VIII века (на примере помещения 57 объекта XXIII). Санкт-Петербург: Политех-пресс, 2021.

Preliminary Remarks on a Silver Dish with Royal Banquet Scene

Amy Heller

(CRCAO/ University of Bern)

This research presents a parcel -gilt hammered silver plate, diameter 34. 2 cm, with weight marks on the underside, tentatively attributed to Central Asia or the Tubo period (7th-9th century).

Description

In the central medallion (13. 8 cm) of this silver platter, a King is represented in the middle of a rug, raising his cup while seated with crossed legs in the bagdas position characteristic of enthronement, which position formed the prototype for representing the monarch in Turkic art[1]. He is raising his cup to be served wine from an animal-finial rhyton with the head of a sacred deer "qilin" which his servant presents to him. Such rhyton is renowned in the regalia of Penjikant as well as among silver vessels produced for the early Tibetan emperor and aristocracy. Most notably a rhyton with a similar sacred deer "qilin" head as orifice, is now conserved

Fig. 1　A Sovereign, Musicians and Dancers of the Court amidst Trees, hammered silver with gilding, diameter 34.2 cm, weight 1795 gr., Central Asia or Tubo period (608–866), Private Collection.

---

[1]　Esin Emel, "'And', the Cup Rites in Inner-Asian and Turkish Art", Oktay Aslanapa and Rudolf Naumann eds, *Forschungen zur Kunst Asiens, In Memoriam Kurt Erdmann*, Istanbul, 1969, p.232. According to Esin, this position formed the prototype for representing the monarch in Turkic art.

in the collections of the Cleveland Museum of Art[①].

The king's demeanor is noble. His pose is stable, with the two feet, wearing boots, gracing the ground in front of him. His rectangular rug is placed on a low dais. The sovereign is wearing Sogdian center-closure robe with long narrow sleeves, as represented in the Penjikent murals[②] as well as the famous painting of Emperor Taizong Receiving Foreign Envoys attributed to the Tang master painter Yan Liben (601-673)[③]. The male envoy in this painting who wears a robe with roundels of deer and birds in similar cut as the present garment has been identified by some scholars as a Tibetan envoy to Tang while Professor Boris Marshak was of the opinion that this is a portrait of a Sogdian envoy. This remains a subject of scholarly debate at present, insofar as the handscroll with ink and colors on silk now conserved in the Palace Museum is a replica, a faithful copy quite possibly executed during the Song period when the Tibetans retained importance in international relations with the China, while the former significance of Sogdian-Chinese relations during the Tang period was long forgotten, thus the foreign envoy would have been re-interpreted as a Tibetan rather than a Sogdian person. It is important to note that the Imperial collectors' seals and added comments show that this replica was very highly valued from at least the start of the 14th century[④]. In the most recent exhibition, "Cultural Exchange Along the Silk Road, Masterpieces of the Tubo Period" curated by David Pritzker and Wang Xudong, this man is identified as a Tibetan: Emperor Taizong Receiving the Tibetan Envoy (Dunhuang Academy, 2019). The sovereign's crown has a formal resemblance to royal portraits on Sasanian coins, replete with pativa, however, the crown type does not conform to a precise royal model[⑤]. I thank Frantz Grenet for the suggestion that this crown bears a resemblance to the crown of the male guardian god on the Deydier vase[⑥], which has been attributed to the Tibetan empire. Simultaneously, the sovereign's crown on the silver platter also recalls the crown worn by the Central Asian dancer portrayed on a silver ewer now conserved in Lhasa, attributed to 9th

① Martha Carter, "Three Silver Vessels from Tibet's Earliest Historical Era: A Preliminary Study", *Cleveland Studies in the History of Art*, 3, 1998, fig.1.
② The 7th-8th century Penjikent murals have been often published. For example, see Belenitski, *Asie Centrale*, Genève, 1968: plate 144 for this style garment worn by a seated man raising his cup.
③ Emperor Taizong Receiving Foreign Envoys, attributed to Yan Liben, Tang Dynasty, handscroll, ink and color on silk, length 129 cm, width 38.5 cm, The Palace Museum, Beijing. See recent publication in *Cultural Exchange Along the Silk Road, Masterpieces of the Tubo Period(7th-9th century)*, D. Pritzker and Wang Xudong eds, Dunhuang Academy and Pritzker Art Collaborative, Beijing: China Tibetology Press, 2021.
④ Murray Julia, *In the Mirror of Morality*, University of Hawaii Press, 2007, p.53.
⑤ This observation in relation to the crowns worn by the Central Asian dancer on silver ewer now conserved in Lhasa led Boris Marshak to attribute its manufacture to foreign artisans' emulation of Sogdian workmanship. See Amy Heller, The Silver Jug of the Lhasa Jokhang, 2002, www.asianart.com. and *Silk Road Art and Archaeology*.
⑥ Frantz Grenet, "The Deydier Vase and Its Tibetan Connections: A Preliminary Note" in E. Allinger et al (eds.) Interaction in the Himalayas and Central Asia. Vienna, Austrian Academy of Sciences, 2017, pp.91-103, fig1.

century. The crown of the dancer on the silver ewer is also non-specific for an identified crown type, it is thus influenced by such models but does not replicate. This Lhasa ewer has a sacred deer "qilin" head; as a complement to the initial study by the present author in 2002, the sketches by Grünwedel of the Gaochang Idikut palace murals with two giant ewers, one with phoenix head and one with "qilin" head must be considered, insofar as these may be as late as 10th century[1]. The sovereign's facial features are simple: oval eyes wide open, narrow brows, small nose, small mouth with moustache and very short goatee beard, his long wavy locks of hair cover his shoulders.

The servant who presents the "qilin" rhyton to the sovereign also wears a sort of low crown or head ornament, which is quite different from that of the sovereign. His relatively narrow belted tunic has a panel of central closure of contrasting fabric, armbands on the long narrow sleeves with cuffs in contrasting fabric, then narrow pants with "chaps " (an additional vertical fabric panel above the pant-leg), emerging from underneath the long tunic. His face is in 3/4 profile, with emphasis on the chin, perhaps also to indicate a slight goatee.

There are two dancers and four musicians surrounding them, each separated by a distinctive tree with branches and vegetal or floral motif. These men all appear to be Tibetans wearing long robes with slits at the sides to facilitate riding. The grapes and acanthus leaves are best preserved in-between a dancer performing the "Sogdian Whirl" and a musician holding a clapper.[2] There is also a musician holding flute, the drum, the lute, and another dancer. Such groups of musicians are known in Sogdian murals, also in the carving of Kafir Kala attributed to ca. 710 AD, while their influence is to be found in Sogdian funerary couches excavated in China (see below) of which the Sogdian murals may be regarded

Fig.2　Musicians in the carving of Kafir Kala

---

[1]　I thank Lilla Russell-Smith for discussion on the Gaochang murals and their chronology which is far from certain at present as the site may have been long occupied (Personal communication May 2021).
[2]　The Central Asian dancer on the Lhasa silver ewer is performing the dance known as "Sogdian Whirl" , see Annette Juliano and Judith Lerner, *Monks and Merchants*, New York: Asia Society, 2002, pp.250-254, and Amy Heller, "The Silver Jug of the Lhasa Jokhang", 2002, ibid. I thank Ciro Lo Muzio for identification of this instrument as a type of clapper.

as antecedents.

Thanks to Pavel Lurje, it is possible to compare the shape of the drum on the silver platter with some terracotta figures from Panjikent in the collection of the Hermitage Museum. The drummer on the silver platter has the drum suspended from his neck by a thick strap, he drums with his hands. The differentiation from the Indian type of drum which is shorter and hit by a mallet is significant, for which reference I am indebted to Frantz Grenet[①].

Several observations tend to suggest that this silver platter was made within the multi-cultural context of the Tibetan empire in Central Asia. The use of the deer-headed ewer is one element for this is a small deer with stylized antler in a distinctive «crown» shape, which is found on Sogdian silver of the 7th and 8th centuries, even earlier still on Sasanian metalwork. In Tibet, as discussed above, a similar deer-head finial is found on the ancient silver ewer now preserved in Lhasa, while in China this deer corresponds to the Chinese fantastic creature, the qilin "heavenly deer", frequently represented in gold and silver ware of the Tang dynasty as an auspicious creature linked to the Daoist quest for immortality[②].

Moreover, the scene of a king being presented wine in an enthronement surrounded by the dancer performing the «Sogdian whirl» and a group of musicians is a key scene on the Sogdian stone funerary couches which were commissioned for Sogdians in northwest China[③]. This identical scene is also represented on the paintings on Tibetan coffins excavated in Qinghai, which also have scenes of ceremonial banquets with the principal donor holding rhyton[④]. In view of the context of the ceremonial banquet represented on this gilt silver plate, and the well known symbol of banquets as part of the emblems of the sovereign's power, the protocol of the

① Dan and Grenet, *Bulletin of the Asia Institute,* 2021, p.160. Anca Dan, Frantz Grenet, "Alexander the Great in the Hephthalite Empire: 'Bactrian' Vases, the Jewish Alexander Romance, and the Invention of Paradise", *BAI* 30, pp.151-180.

② See Martha Carter's research for discussion of the Sogdian and Sasanian antecedents of this distinctive deer, which also is represented on silver vessels attributed to Sogdian workmanship in Tibet (Martha Carter, "Three Silver Vessels from Tibet's Earliest Historical Era: A Preliminary Study", *Cleveland Studies in the History of Art,* 3, 1998, pp.22-47). See also the Tang dynasty *qilin* dishes, in Han Wei, Christian Deydier, *Ancient Chinese Gold*, Paris: 2001, pp.130-131, illustrations 318-319, and 322-324.

③ There are several couches now identified, the most well-known is now conserved in the Shumei Collection, Miho Museum. See the line drawings and photographs published p.28. Yang Junkai, "Carvings of the Stone Outer Coffin of Lord Shi", *Les Sogdiens en Chine*, Etienne de la Vaissière and Eric Trombert, Paris, 2005, pp.21-45. See the dancers on the tomb door, Annette Juliano and Judith Lerner, *Monks and Merchants*, New York: Asia Society, 2002, pp. 250-253, and their article: "Cultural Crossroads: Central Asian and Chinese Entertainers on the Miho Funerary Couch", *Orientations*, October 1997, pp.72-78.

④ The first publication on these coffin paintings see Tong Tao, Patrick Wertmann, "The coffin paintings of the Tubo Period from the Northern Tibetan Plateau", Wagner, Mayke and Wang Wei (eds.), *Bridging Eurasia*, German Archaeological Institute, Beijing, Branch office, Verlag Philip von Zabern, Mainz, 2010, pp.187-211, where the detail drawings are published. See Amy Heller, "Observations on the painted coffins of the Tibetan Empire", *Zentral Asiatische Studien*, 2016, for the discussion on the theme of the Sogdian dancer and royal enthronement represented in the Sogdian funerary couches and in the narrative scenes of painted panels of Tibetan coffins. For the most detailed study of the Sogdian funerary couches see the subsequent publication of the thesis of Patrick Wertmann, *Sogdians in China*, Darmstadt, 2015.

attendants and musicians participating in such events, as well as the broader implications of preparation of the after-life in a post -mortem paradise modeled on the ultimate achievements of the sovereign during his reign, all tend to suggest that this silver platter was created specifically in the context of funerary offerings for a Tibetan tomb in the territory of the Tibetan empire in Central Asia.

We have here presented a preliminary analysis of the imagery of the platter, the proposed identification of the main figures and their activity. Future research will study more the weight marks on the reverse, the costume antecedents as well as musical instruments typology and the cumulative elements in the narration, all of which constitute a representation such as this gilt silver ceremonial platter.

胡汉之相：宋夏以来婆罗门艺术新样探究[*]

吴雪梅

（陕西师范大学历史文化学院）

婆罗门（梵文：Brahmana），意译为外意、净行、净志、静志等。《瑜伽师地论》认为婆罗门有三种："一种姓婆罗门，二名想婆罗门，三正行婆罗门。"[①]《旧唐书·西戎传》称："天竺国，即汉之身毒国，或云婆罗门地也。"[②]《新唐书·西域传》记："天竺国，汉身毒国也，或曰摩伽陀，曰婆罗门。"[③] 由上可知，婆罗门主要来自印度地区，其形象"人皆儋耳，布裹腰"。[④] 在佛典中，婆罗门主要指佛教之外的婆罗门教，与婆薮仙、鹿头梵志、尼乾子、劳度叉、六师外道等同属于佛的对立群体，佛教产生以后，提倡种姓平等，允许不同种姓的人加入教团，因此僧团中也有婆罗门出身的僧人，如舍利弗、目犍连等。婆罗门外道多出现在本生、佛传、因缘等故事画中，是佛教艺术中分布非常广泛的一类人物。婆罗门的形象源自印度，经中亚传至中国，虽然类别不同，但在云冈石窟、敦煌石窟中都统一称为婆罗门，身形枯瘦、束发椎髻、光腿跣足、腰间围布一直是婆罗门的标志特征，直至宋初仍是如此。

近期，笔者在整理西夏佛经版画的过程中注意到一类特殊的婆罗门形象，图版见于《俄藏黑水城文献》第 1、2、3、4 册编号俄 TK14、TK17、TK18、TK45、TK124、TK179、TK247 的《金刚般若波罗蜜经》卷首版画，其中 TK14、TK17、TK18、TK45 图像内容相同，属于同一版本。婆罗门分别位于 TK179 版画第四折面中间三组人物中，榜题"婆罗门"，以及 TK14 版画第四折面中间一组人物中，榜题"婆罗门众"，对应高鼻大髯、圆袍尖靴的胡人形象，与以往形象有所不同。

回顾以往研究，学界对婆罗门身份的问题讨论较多，[⑤] 但涉及形象的问题则讨论较少，仅吕德

* 本文为国家社科基金冷门绝学研究专项学术团队项目"敦煌壁画外来图像文明属性研究"（20VJXT014）、陕西师范大学历史文化学院研究生"念海史学"探索项目"西夏佛经版画图像研究"阶段性成果。

① （唐）玄奘译：《瑜伽师地论》，《大正藏》第 30 册，第 446 页下。
② 《旧唐书》卷 198《西戎传》，中华书局，1975 年，第 5306 页。
③ 《新唐书》卷 221 上《西域上》，中华书局，1975 年，第 6236 页。
④ （唐）杜环著，张一纯笺注：《经行记笺注》，中华书局，2006 年，第 10 页。
⑤ 王璞：《"泥婆罗门"疏证》，《历史地理研究》2020 年第 3 期，第 147—151 页；严耀中：《来华的"夷教"与婆罗门教》，《上海师范大学学报》2018 年第 5 期，第 150—157 页；严耀中：《唐代的婆罗门僧和婆罗门教》，《史林》2009 年第 3 期，第 21—25 页；曹凌：《婆罗门教、佛教"有无之辨"的交集——〈五百梵志经〉初探》，《西南民族大学学报》2019 年第 10 期，第 68—72 页。

廷先生对敦煌石窟中的外道形象做过专题研究，严耀中先生对敦煌壁画中的婆罗门教神祇形象做过辑录，[①]业师沙武田先生则对敦煌莫高窟壁画中较为少见的女性外道形象做过论述，认为随着时间的推移，传统的婆罗门女性形象发生变化，其中汉文化的影响是形象转变的重要原因。[②]上述观点无疑为笔者思考西夏版画中婆罗门形象的转变问题提供启示，鉴于此，本文拟以前人未曾关注过的婆罗门版画为例，结合壁画、造像中不同时期的婆罗门形象进行对比研究，探究婆罗门这一外来的佛教艺术形象自印度传入中国以后在宋夏时期的形象演变线索以及样式背后的转变原因。不足之处，敬希方家指教。

一　宋夏以前的婆罗门形象

（一）印度、中亚和克孜尔石窟中的婆罗门形象

考虑到对比研究的需要，笔者首先就佛教造像的源头印度、中亚和克孜尔石窟中的婆罗门形象进行简单介绍。

印度、巴基斯坦、阿富汗等地出土的早期佛教造像中，婆罗门出现的场景比较多，且在犍陀罗艺术早期阶段就已出现，形象比较固定，多是老年男性，身体枯瘦，头结发髻，络腮胡须，腰围裙，表现在佛教造像艺术中以印度桑奇大塔第 1 塔上的降服毒龙中的外道形象（图 1）为早，这些外道的形象特征体现了早期的婆罗门图像特

征。如印度桑奇大塔第 1 塔上的降服毒龙浮雕中的外道头发束于顶，有胡须，双腿裸露，腰间围短裙，呈现早期男性婆罗门形象。另有皇家安大略博物馆藏的犍陀罗浮雕（图 2），也是男性婆罗门形象，浮雕以横条的形式展开，表现释迦显现神通降伏毒龙，画面中为首的外道赤裸上身，腰间围布，布的上端在胯部系住，长可及膝，其余弟子也是半裸形象，上身裸露，腰间围布，头发

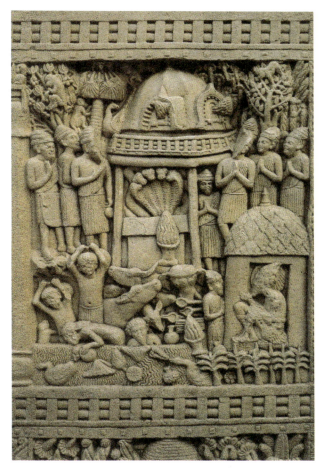

图 1　印度桑奇大塔第 1 塔上的婆罗门外道

（采自小学馆编《世界美术大全集　东洋篇1》，日本小学馆，2000 年，图版 65）

---

①　吕德廷：《佛教艺术中的外道形象：以敦煌石窟为中心》，博士学位论文，兰州大学，2015 年；吕德廷：《论涅槃图中的外道形象》，《民族艺术》2013 年第 6 期，第 130—135 页；严耀中：《关于敦煌壁画中来自婆罗门教神祇形象的诠释》，《敦煌学辑刊》2012 年第 2 期，第 68—76 页。

②　宋若谷、沙武田：《敦煌壁画中女性外道表现手法发覆》，《敦煌研究》2020 年第 1 期，第 60—69 页。

束于顶上结髻，与印度佛教早期的婆罗门形象保持一致。

新疆克孜尔石窟、库木吐喇石窟中的婆罗门形象与犍陀罗艺术中的婆罗门属于同种类型，形象上未发生太大变化。克孜尔石窟第38窟中的婆罗门（图3）图像位于主室券顶东侧壁菱形格因缘本生画中，婆罗门结高发髻、留络腮胡须，须发皆为白色，画工以线条突出其瘦骨嶙峋的外形特征。克孜尔石窟第97窟中的婆罗门（图4）形象与第38窟中的图像类似，也是高发髻、留络腮胡须的婆罗门男子形象。第171窟主室券顶西壁菱格画中绘二婆罗门，精进力比丘本生图中的婆罗门（图5）于树下修道，身体半裸，高发髻。猕猴献果本生图中的婆罗门（图6）于草庐中修行，身体虚弱，筋骨外露，须发皆为蓝色，同精进力比丘本生图中的婆罗门相似，外来特征十分明显。另外，在库木吐喇石窟第43窟中的两幅菱形画中有手持骷髅头的婆罗门鹿头梵志（图7），鹿头梵志皈依佛教前也是一位修行者。《增一阿含经》卷20记载："鹿头梵志，而渐游行到大畏塚间。尔时，世尊取死人骷髅授与梵志，作是说：汝今，梵志！明于星宿，又兼医药能疗治众病，皆解诸趣，亦复能知人死因缘。我今问汝，此是何人骷髅，为是男耶？为是女乎？复由何病而命终？"① 大意是佛与婆罗门外道鹿头梵志曾在墓地讨论骷髅问题，共同分析五个骷髅，判定男女、死亡原因、治疗方法、死后往生之处等，鹿头梵志一一知晓，最后佛示以罗汉骷髅，而鹿头梵志

图2　皇家安大略博物馆藏犍陀罗降服毒龙浮雕
（采自中野徹编《世界美术大全集 东洋篇15》，日本小学馆，1999年，图版139）

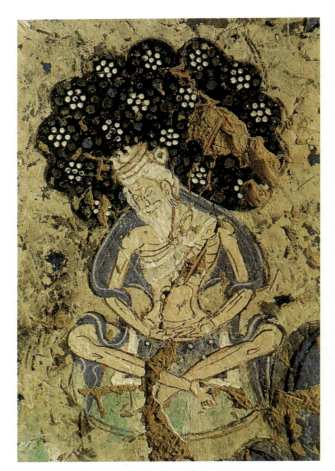

图3　克孜尔石窟第38窟婆罗门②

不能判定罗汉往生何处，于是佛向他解释佛教能断轮回，劝其"快修梵行，亦无有人知汝所趣向处"，③ 最后鹿头梵志"即得出家学道，在闲静之

---

① （东晋）瞿昙僧伽提婆译：《增一阿含经》，《大正藏》第2册，第650页下。
② 以下图版若无特殊说明，版权均为敦煌研究院所有。
③ 《增一阿含经》，《大正藏》第2册，第652页上。

图 4 克孜尔石窟第 97 窟婆罗门

图 6 克孜尔石窟第 171 窟猕猴献果本生图中的婆罗门

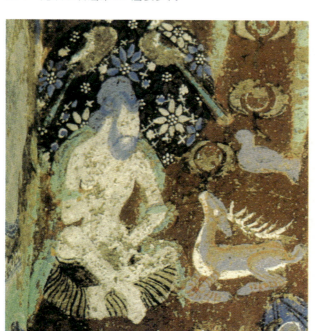

图 5 克孜尔石窟第 171 窟精进力比丘本生图中的婆罗门

图 7 库木吐喇石窟第 43 窟鹿头梵志

处，思惟道术"。[1] 画面中的鹿头梵志就出现在主室窟顶右侧，两幅菱形画上下相连，龟兹风格。壁画中主尊面向鹿头梵志，鹿头梵志胡跪，双眼紧闭，左手托骷髅头于胸前，右臂弯曲，老年男子形象。再如，克孜尔石窟第 14 窟兔王本生图中的婆罗门（图 8）人物与第 38 窟须大拿太子本生图中的婆罗门（图 9）形象也相似，二婆罗门均上身赤裸，从左肩向右腋斜搭一披帛，着短裙，光腿，赤足，分别面向兔王和佛，身材偏瘦，四肢修长，长发束于头顶前部扎成椎髻，浓眉、高鼻、深目，须发浓密，具有早期西域特征，外来形象明显。近年来，龟兹研究院赵莉女士对流散于海外的克孜尔石窟壁画做了大量的复原工作，通过数字复原，克孜尔石窟第 224 窟壁画中婆罗门的形象得以可见，从复原结果来看其形象仍与早期西域风格的婆罗门特征保持一致，上身裸露，腰间围布，发髻束于头顶，身形枯瘦修长，与同期老年男子婆罗门形象无异。

图 8　克孜尔石窟第 14 窟兔王本生图中的婆罗门

（二）云冈石窟早期洞窟中的婆罗门形象

云冈石窟早期洞窟中的婆罗门形象见于云冈石窟第 19 窟前壁（南壁）东部中层的二佛并坐龛外的鹿头梵志和尼乾子。主尊二佛左右两侧下方各有一老年婆罗门，仅着裙，上半身刻线以表示瘦骨嶙峋，左侧的婆罗门左手持圆形物，右侧的婆罗门右手残缺，持物不明，可以推测，左侧持圆形物的是持骷髅头的鹿头梵志，与之相对的应该是执雀外道尼乾子。云冈石窟第 19 窟东壁释迦多宝二佛并坐龛外两侧也雕刻了鹿头梵志和尼乾子，左侧为尼乾子，右侧为鹿头梵志，鹿头

图 9　克孜尔石窟第 38 窟须大拿太子本生图局部

① 《增一阿含经》，《大正藏》第 2 册，第 652 页上。

梵志和尼乾子均是老年婆罗门形象，有头光，瘦骨嶙峋，裸上身，腰间仅围短裙。云冈石窟第9窟的鹿头梵志与尼乾子（图10、图11）形象非常清晰，二人均为束发的老年男子形象，半跏趺坐于荃缇之上，尼乾子右手上举至额，手掌外翻，左手握一只鸟；鹿头梵志右手托骷髅头，左手伸出食指，其余手指弯曲，形象采用了犍陀罗以及新疆石窟中的老年婆罗门形象。图像中的荃缇与前文提及的克孜尔石窟、库木吐喇石窟中的兔王本生荃缇样式相似，都应从西方传来。云冈石窟中表现事火外道的优为迦叶的形象则是自印度至龟兹石窟中表现婆罗门形象的传统手法，高髻、多须，身体枯瘦，上身裸露，腰围短裙。如云冈石窟第12窟（图12）和第6窟（图13）中

图10 云冈石窟第9窟鹿头梵志
（采自云冈石窟文物保管所编《中国石窟·云冈石窟二》文物出版社，2016年，图版67）

图11 云冈石窟第9窟尼乾子
（采自云冈石窟文物保管所编《中国石窟·云冈石窟二》，图版67）

图12 云冈石窟第12窟事火外道
（采自云冈石窟文物保管所编《中国石窟·云冈石窟一》，文物出版社，2016年，图版106）

图13 云冈石窟第6窟事火外道
（采自云冈石窟文物保管所编《中国石窟·云冈石窟二》，图版100）

的优为迦叶仍表现为老年婆罗门，救火者也是老年男子形象，高发髻、长胡须，工匠还刻意表现救火者的胳膊、上身以及裸露的小腿，线条刻画极为枯瘦。

由上可见，早期石窟中的婆罗门大多身材修长偏瘦，显得十分单薄，整体形象似一位上了年纪的老者。身体枯瘦、头结发髻、腰系围布的老年男性正是早期佛教壁画和佛教造像中婆罗门共有的形象特点，但也要看到，克孜尔石窟壁画中多以浓眉大髯表现婆罗门的面部特征，很明显是受西域人种的影响，人物形象具有明显的外来属性特征，这种样式被后来的云冈早期石窟所继承，人物形象上外来特征明显。

图 14　莫高窟第 254 窟鹿头梵志　　图 15　莫高窟第 254 窟尼乾子

（三）敦煌早期洞窟中的婆罗门形象

莫高窟第 254 窟是敦煌最早绘有鹿头梵志和尼乾子的洞窟[①]（图 14、图 15），这对后世产生了一定影响。该窟为中心柱窟，中心塔柱正面圆券龛内塑交脚弥勒一铺，龛内南壁残存菩萨一身、北壁存二身，龛外两侧原塑二菩萨，现仅残存北侧一身。在龛外南侧画尼乾子，北侧画鹿头梵志，此二婆罗门有头光、椎髻束发、浓髯，瘦骨嶙峋，腰间围布，手臂间绕条纹式披帛。西魏第 285 窟中的婆罗门外道（图 16、图 17）也是身体枯瘦、须发尽白、腰间围布的老年男子形象。总体而言，莫高窟早期三个洞窟中的外道均表现为老年枯瘦的婆罗门男子形象，和新疆

图 16　莫高窟第 285 窟鹿头梵志　　图 17　莫高窟第 285 窟婆罗门外道

[①]　关于鹿头梵志和尼乾子的身份辨识问题，学界早有定论，见王惠民：《执雀外道非婆薮仙辨》，《敦煌研究》2010 年第 1 期，第 1—7 页；王惠民：《婆薮仙与鹿头梵志》，《敦煌研究》2002 年第 2 期，第 64—70 页。

克孜尔石窟中的婆罗门样式类似，都是沿袭了犍陀罗艺术中的婆罗门形象，基本形象为束发椎髻，络腮胡须，赤裸上身，腰间围布。到了北周时期，莫高窟第296窟中的尼乾子和鹿头梵志（图18）虽然在服饰方面与西魏第285窟中的尼乾子相似，但面貌与之前的婆罗门形象有所不同，表现为胡人形象，高鼻深目，戴大耳环，体型上也非瘦骨嶙峋，而是肩膀宽大、体格健壮的青壮男子形象，服饰方面仍然沿袭传统的婆罗门装束，赤裸上身，下穿短裙。

须摩提女因缘绘于莫高窟北魏第257窟，画面起始部分绘满财长者接待梵志（图19）。画面中满财长者坐高凳，右腿伸直，左脚踩搭在右腿膝盖处，身体前倾，与梵志交谈。与长者相对而谈的四位婆罗门，两位共坐一具胡床，两位站立，或挥舞手臂，或回首张望，相貌类似。坐胡床的两位婆罗门身材修长，一赤色身体，上身赤裸，仅腰间围黑色短裙，须发尽白，头顶结髻；另外一位也是赤裸上身，环绕帛带，肤色与满财长者相似，腰间围布，绿色头发。站立的两身梵志也是赤裸上身，腰间围裙，帛带围绕，一白色发髻，一绿色发髻，均有胡须，呈现老年婆罗门男子形象，以上婆罗门的形象特征符合《增一阿含经》对梵志的饮食及服饰的描述：

> 尔时，长者自知犯制，即饭六千梵志。然梵志所食炙食猪肉，及猪肉羹、重酿之酒；又梵志所着衣服，或被白氎成被毳衣，然彼梵志之法入国之时，以衣偏着右肩半身露见。尔时，长者即白：时到，饮食已具。是时

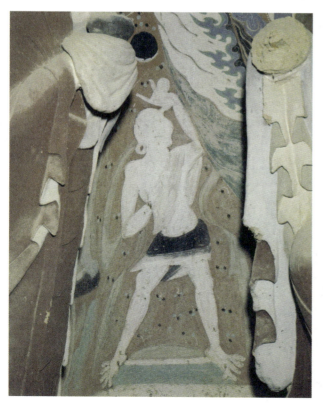

图18 莫高窟第296窟婆罗门外道

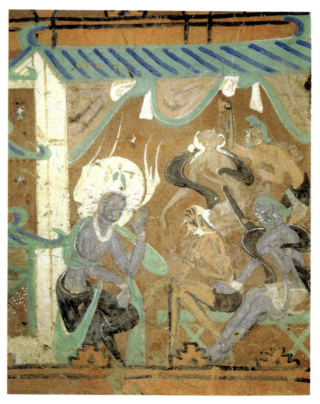

图19 莫高窟第257窟满财长者与梵志

六千梵志，皆偏着衣裳半身露见入长者家。①

画面中的梵志上身裸露，与《增一阿含经》中的记载大体一致，虽然梵志"偏着衣裳半身露见"，但须摩提女仍将其视为"裸人"，其中还有一段精彩的对答：

> 尔时，六千梵志坐已定讫，时长者语须摩提女曰："汝自庄严向我等师作礼。"
> 须摩提女报曰："止止大家！我不堪任向裸人作礼。"
> 长者曰："此非裸人，非不有惭，但所着衣者是其法服。"
> 须摩提女曰："此无惭愧之人，皆共露形体在外，有何法服之用？长者愿听，世尊亦说有二事因缘世人所贵，所谓有惭有愧。若当无此二事者，则父母、兄弟、宗族、五亲、尊卑、高下则不可分别……实不堪任向作礼拜。"②

尽管满财长者解释"此非裸人，非不有惭，但所着衣者是其法服"，③须摩提女仍不能接受这种"半身露见"的服饰，说明在主流文化中，人们对待"裸"的态度是保守和含蓄的，服饰作为制度和礼仪的象征，是父母、兄弟、宗族、五亲、尊卑、高下的区别之一，因此当须摩提女面对"偏着衣裳半身露见"的婆罗门外道时即视其为"裸人"，"实不堪任向作礼拜"。而且从画面来看，

图 20　莫高窟第 257 窟须摩提女请佛

请佛场景中的须摩提女（图 20）已经是汉地女子面貌，上身着衣，下身着裙，实不同于梵志"半身露见"的夸张形象，是比较汉化的人物样式，说明到了北魏时期画家在表现婆罗门形象时已经开始考虑汉人传统思想观念的影响，作为一种偏见文化，这种形象上的差异往往最先体现于女性形象上，而对男子则无过多约束。

总之，早期敦煌洞窟中的婆罗门形象以鹿头梵志和尼乾子为主，其形象通常是上身半裸、腰间围布、头结椎髻、瘦骨嶙峋的老年男子特征，由于早期的敦煌壁画受西域的影响较大，因此这一时期的人物形象也呈现浓郁的域外特征。尼乾子与鹿头梵志的婆罗门形象在北朝至唐初较为流行，以后渐

① 《增一阿含经》，《大正藏》第 2 册，第 660 页中—660 页下。
② （东吴）支谦译：《须摩提女经》，《大正藏》第 2 册，第 838 页中。
③ 《须摩提女经》，《大正藏》第 2 册，第 838 页中。

趋衰落，据王惠民先生推测，"这一组图像的消失可能与造像的时代潮流变化、外道猥琐形象有损于佛国庄严景象、对外道的鄙视态度也有违佛教的众生平等思想等等因素有关，还可能与三阶教有关"。①通过对比可知早期经变画中主体样式尚能忠实于新传入的佛教艺术粉本，即使在本生因缘故事画中婆罗门的形象也依旧是典型的新疆克孜尔石窟中的西域婆罗门形象，须发浓密，颜色各异，与早期石窟中的鹿头梵志、尼乾子形象无异，婆罗门的形象大体上没有发生变化。

（四）敦煌石窟初唐至五代经变画中的婆罗门形象

（1）莫高窟第323窟佛教史迹画中的婆罗门形象。莫高窟第323窟开凿于初唐，主室西壁龛内为倚坐佛，北壁分为三部分，上画千佛，中为佛教史迹画，自西向东分别为"张骞出使西域""释迦洗衣池与晒衣石""佛图澄事迹""阿育王拜塔""康僧会感应故事"等，其中"释迦洗衣池与晒衣石"情节有表现婆罗门的画面，主要描绘释迦牟尼成道之初，天人献袈裟，忉利天见佛要洗袈裟，于是变化出水池，又有天人化出石头，供佛晒衣，有婆罗门外道踩踏晒衣石（图21），这里踩踏晒衣石的婆罗门就是骨瘦如柴、头结椎髻、腰间围布的形象，与之前表现婆罗门外道手法无异。

（2）报恩经变中的婆罗门形象。报恩经变中的婆罗门出自序品部分，讲述阿难路遇一婆罗

图21　莫高窟第323窟婆罗门踩踏晒衣石

---

①　王惠民：《执雀外道非婆薮仙辨》，《敦煌研究》2010年第1期，第1—7页。

门背负老母乞讨，得美食即仰奉老母，得恶食则自食之，婆罗门斥责释迦为无恩分人，阿难乞示于佛，引起佛说《报恩经》。该婆罗门在敦煌莫高窟盛唐第148窟（图22）、晚唐第85窟（图23）、五代第4窟（图24）均有绘制，形象特征基本表现为上身裸体、腰间围布、光腿跣足的老年男子，面部特征上的域外性逐渐削弱，呈现汉式人物特征。

图22　莫高窟第148窟婆罗门背母行乞（盛唐）

图23　莫高窟第85窟
婆罗门背母行乞（晚唐）

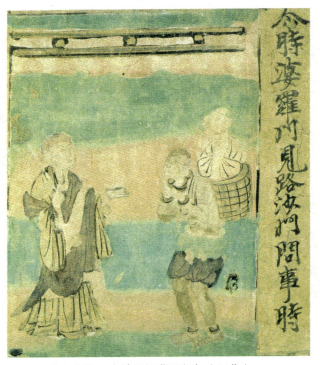

图24　莫高窟第4窟婆罗门背母行乞（五代）

（3）劳度叉斗圣变中的婆罗门形象。自晚唐开始，敦煌石窟中绘制了大量劳度叉斗圣变，布局沿袭了初唐时期舍利弗、劳度叉对坐的形式，完整绘制了斗法的起因及结果。这一时期的劳度叉斗圣变，画面内容更为丰富，经变画的主体画面符合《降魔变文》的内容。[①] 如莫高窟第9窟的经变画出现了大量变文中的内容，包括王舍城、须达买园、舍利弗禅坐、须达寻找舍利弗、舍利弗及天龙八部等赴道场、斗法、外道皈依的场景。画面中的婆罗门大多上身裸露，也有上身半穿披帛、装饰华丽的婆罗门形象，如敦煌莫高窟第9窟劳度叉斗圣变中的斗法婆罗门（图25）下身穿裙或裤，点缀有团花图案，似为胡锦，与此相似的还有莫高窟第196窟中的剃度婆罗门、跪拜婆罗门（图26、图27）。与先前婆罗门半裸形象相比，这一时期的

婆罗门形象随着佛教艺术中国化的发展，最突出的特征就是服饰的增加和丰富。另外，沿用连环画式表现斗法场面的有P.4524《降魔画卷》（图28），该画卷首尾已残，正面以单独的场景表现斗法，背面有韵文说明斗法的内容。斗法场面依次为：力士击山、狮子食牛、白象吸水、金翅鸟搏杀毒龙、毗沙门天王降伏恶鬼等情节，画面中的婆罗门头发浓黑，结发髻，胡须浓密，多数裸上身，身体肥满，下身着短裤，露小腿，

图25 莫高窟第9窟斗法婆罗门

图26 莫高窟第196窟剃度婆罗门

① 参见魏健鹏：《敦煌石窟壁画"劳度叉斗圣变"的中断与重现》，《艺术设计研究》2021年第3期，第6页。

赤足或穿靴，非瘦骨嶙峋的老年男子，更像中年男子，但这种类型的婆罗门在敦煌壁画中只是特例，占绝大多数的还是身材偏瘦的老年男子形象。另外，在瓜州榆林窟第16窟东壁绘有五代时期的婆罗门（图29）剃度场景，画面中的二婆罗门斗法失败接受剃度，其形象已经明显不同于早期以及隋唐时期瘦骨嶙峋的老年男子形象，而是肌肉发达、身体丰满的壮年男性，下身也不再是腰间围裙，而是身着长裤，右侧一位的长裤上还装饰有团花图案，具有中国本土改造外来样式的图像特征。

总体来看，敦煌经变画中的婆罗门形象在北魏时期发展迅速，但受西域的影响较大，域外特征比较明显，说明早期经变画中主体样式尚能忠实于新传入的佛教艺术粉本，即画面中的婆罗门形象仍然以印度、中亚、西域人物为主，如莫高窟第257窟须摩提女因缘中的婆罗门形象就是典型的新疆克孜尔石窟中的西域婆

图27　莫高窟196窟婆罗门

图28　P.4524《降魔画卷》婆罗门外道

图29　榆林窟第16窟婆罗门剃度

罗门形象，须发浓密，颜色各异，与早期石窟中的鹿头梵志、尼乾子无异。但是通过前文所引满财长者与须摩提女的对答可知，佛教传入中国以后关于裸体形象的合理性已经存在争议，外来佛教艺术的中国化趋势不可避免。初唐以及盛唐时期的婆罗门形象基本没有太大变化，只是表现在面部特征上域外性逐渐削弱，世俗人物的形象尤为明显，符合中国本土改造外来样式的结果。到了晚唐以及五代时期，婆罗门形象在保持大体不变的情况下出现了一些个性化创造的特征，如部分体型肥满、须发浓密的婆罗门形象被作为特殊样式加以描绘，服饰特征上并不完全同于此前上身裸露、下身腰间围布的半裸形象，而是依据不同的经变、场合，不同程度地半披帛或者着团花胡锦的长裤或裙，服饰上呈现多样化的特征，初步认为这是中原汉式粉本在婆罗门形象上的尝试性使用。

二　西夏佛经版画中的婆罗门形象

宋夏以来，雕版印刷技术被广泛应用于佛教艺术品的印刷和传播。根据《俄藏黑水城文献》刊布情况来看，俄 TK14、TK17、TK18、TK45、TK124、TK179、TK247《金刚般若波罗蜜经》卷首皆存版画，其中 TK14、TK17、TK18、TK45 图像内容相同，属于同一版本，与 TK179 属于同经异图版本，此两版本卷首版画皆刻绘婆罗门形象，具体如下。

（一）TK179 西夏汉文本《金刚般若波罗蜜经》中的"婆罗门"

西夏佛经版画中的婆罗门形象出现于俄藏TK179《金刚般若波罗蜜经》版画（图30）中。该版画为西夏刻本，经折装，上下单边，高29.5厘米，面宽11厘米，版框高24.8厘米。整体由《金刚经启请》《净口业真言》《安土地真言》《普供养

图30　TK179《金刚般若波罗蜜经》版画

（采自俄罗斯科学院东方研究所圣彼得堡分所、中国社会科学院民族研究所等编《俄藏黑水城文献》第4册，上海古籍出版社，1997年，第131页）

真言》《奉请八金刚》《发愿文》组成。其中，版画共四折面，上下双边，内有金刚杵装饰纹样，刻绘释迦牟尼在舍卫国祇树给孤独园与弟子须菩提、给孤独长者之间关于空性与智慧的问答情景，画面共五组十一身人物，皆面向释迦牟尼，或胡跪或揖拜。婆罗门（图31）位于版画第四折面，榜题"婆罗门"，对应躬身站立的一胡人男子，身着圆领袍服，足蹬长筒尖靴，高鼻大髯，胡人形象突出，双手于胸前执笏，后面持扇的五位侍从以及善男子、善女人，皆长袖宽衣，胡跪于毯。

（二）TK14 西夏汉文本《金刚般若波罗蜜经》中的"婆罗门众"

西夏佛经版画中的另一组婆罗门出现于TK14《金刚般若波罗蜜经》版画（图32）中。该版画于西夏乾祐二十年（1189）刻印，白楮纸，经折装，上下双边，高28.7厘米，面宽11厘米，版框高23厘米。版面内容包括《金刚经启请》《净口业真言》《安土地真言》《虚空藏菩萨供养言》《奉请八金刚》《奉请四菩萨》《云何梵》《发愿文》《金刚般若波罗蜜经》等。首尾题记与TK179相同，即"金刚般若波罗蜜经"，署名"姚秦三藏法师鸠摩罗什译"。尾题下方空白处有"温家寺/院记"，后书"大夏乾祐十年岁次己酉三月十五日/正宫皇后罗氏谨施"。其中，版画共四折面，同样刻绘释迦牟尼在舍卫国祇树给孤独园与弟子须菩提之间关于空性与智慧的对答情景，与TK179属于同经异图版画。画面中主尊释迦牟尼佛结跏趺坐于须弥莲花宝座之上，头顶覆垂幔华盖。身着半披式田相袈裟，头顶螺髻，一手托腹作与愿印，一手前伸作说法印，有单圈头光和背光，周围云气缭绕。主尊于白毫处生出一光束，宛转升腾，一分为二，由细变粗，融入背景云气。在构图样式上，主尊居于右侧说法，面向经

图31　TK179版画中的婆罗门

图32　TK14《金刚般若波罗蜜经》版画

（采自俄罗斯科学院东方研究所圣彼得堡分所、中国社会科学院民族研究所等编《俄藏黑水城文献》第1册，上海古籍出版社，1996年，第349页）

文。其中婆罗门（图33）位于版画第四折面，榜题"婆罗门众"，对应三身婆罗门，胡人形象突出，高鼻大髯，须发浓密，其中一身身着圆袍尖靴，双手合十，躬身站立；另两身婆罗门手捧宝物，回头张望，形象与第一身婆罗门类似，不同于版画"祇陀太子""善男子""舍卫国王"等人物的中原汉式着装，胡人特征明显。

由上可见，西夏画工在刻绘婆罗门形象时已经抛开传统的历史图像资料，改变以往传统中婆罗门束发椎髻、身形枯瘦的老年男子形象，将其与其他汉式人物区别开来，有意突出婆罗门的胡人特征。何以婆罗门的形象在西夏时期发生如此

明显的变化，样式背后又有怎样的设计理念和审美态度？这是下文将要重点讨论的内容。事实上，这样的变化不只体现在西夏佛经版画中，山西朔州崇福寺弥陀殿壁画上的婆薮仙（图34）形象也在这一时期发生变化。弥陀殿的婆薮仙位于千手千眼观音经变的下左位置，身着交领长袍，衣饰飘逸华丽，束发戴冠，须发尽白，神情自若，一派贵族老者形象，充满智慧，显然不是此前敦煌莫高窟壁画所见的身体裸露、瘦骨嶙峋的鄙小形

图33　TK14版画中的婆罗门

图34　山西崇福寺弥陀殿婆薮仙

（采自柴泽俊、贺大龙《山西佛寺壁画》，文物出版社，2006年，图版108）

象，如莫高窟晚唐第 156 窟西壁龛顶中央的婆薮仙（图 35）就是传统的婆罗门形象，上身赤裸、骨瘦如柴、高鼻长髯。如此差异，说明这一时期的画工以新的粉本代替旧有的婆罗门图样，仅从服饰来看就已经向着汉式风格转变。省思婆罗门形象之变，笔者以为：汉化是主要线索。

三　宋夏以来婆罗门形象转变的原因

10—13 世纪，既是各个民族政权激荡融合的时期，也是文化交流史上又一次碰撞的时代，对应宋夏以来佛教艺术发展的重要时期。由于特殊的历史背景，这一时期的婆罗门艺术形象在题材、画法上获得了新的突破。在题材上表现为版画作为一种新兴的艺术媒介流行于宋、辽、西夏以及东亚的其他地区，促进了婆罗门这种艺术图像在不同的艺术载体间向着多元化方向演变。在图像的艺术表达手法上抛开以往壁画、造像中的传统历史图像资料，以胡人特征突出的世俗人物取代以往束发椎髻、腰间围布的老年婆罗门形象，体现了外来佛教艺术与同期汉地佛教艺术审美趣味相适应的图像特点。可见随着中国佛教艺术的发展成熟，外来的佛教艺术显然已经不可能再直接影响中国的佛教发展，婆罗门形象深受这一时期社会背景、文化观念、艺术审美的影响而呈现出全新的面貌和样式。

（一）社会背景：汉文化身份的自我认同

　　西夏版画中的婆罗门胡人形象是西夏人对外来文化认识和选择的结果，深受儒家文化影响的西夏在处理佛教艺术中的婆罗门形象时抛开传统的历史图像资料，选择将域外胡人形象作为婆罗

图 35　莫高窟第 156 窟婆薮仙（晚唐）

门形象的表现手法，实际上也是西夏人对自己中原正统汉文化身份的认同和标榜。10 世纪以后，随着陆上丝绸之路交通的阻隔，来自中亚的粟特人相比唐朝时期要少得多，而从海路来的高丽、东南亚、印度、大食（阿拉伯）人群逐渐增多，关于胡人的称法也不再多见，甚至在史料中和《清明上河图》这样的图像资料中也已经很难看到胡人形象。因此，在讨论西夏佛经版画中用胡人替代传统的婆罗门形象时有必要讨论胡人消失的问题。邓小南先生曾在《论五代宋初"胡/汉"语境的消解》中分析了宋代初年具有沙陀、粟特、奚、回鹘等民族背景的军事将领，认为他们"一代代相互通婚造成的血缘混溶关系，长期磨合中

发展起来的共有文化倾向、文化心理，使他们步步融入了中原社会"，以及"宋人观念乃至叙事书写方式的演变"造成"胡／汉"语境逐渐消解。①可以认为，宋代以后，虽然生活着一些从五代延续下来的胡人家族，但他们在身份认同中已经自我认定为汉人，因为在传统汉文化的观念中，胡人始终不是历史的主角，汉文化的身份给他们提供了更加贴近于中原社会的机会。同样，偏居西北一隅的西夏人在对自我身份认同中也是以中原正统汉文化来标榜自己的，正如李焘《续资治通鉴长编》有宋人关于西夏的记载："（党项）得中国土地，役中国人力，称中国位号，仿中国官属，任中国贤才，读中国书籍，用中国车服，行中国法令，是二敌所为，皆与中国等。"②西夏俨然已经是以中原汉文化正统自居了。事实上，这样的现象不只出现在西夏，契丹也是"尽致周、秦、两汉、隋唐文物之遗余而居有之"，③金也以"承裔等奉诏宣扬国威""吊民伐罪者也"④的姿态突出自己天下共主的地位，可见这一时期各个政权都为确立自己权力的正统性和合法性寻找依据。10—13世纪宋、辽、西夏、金、蒙古都是当时亚洲相互竞争的中心之一，在各个政权的基本观念里，中国的中心、中原的正统身份只有一个，那就是自己。⑤图像作为历史事实的形象表达，西夏画工将佛教对立面的婆罗门描绘成胡人形象毫无疑义地也在突出自己本民族的正统性，强调自身文化的优越感，真正的政治实践中或许胡人早已随着

"胡汉语境的消解"退居到人们视线之外，但在具体的绘画语言中"胡人"仍然是一种带有歧视性的表达方式，西夏佛经版画借用非历史主角的胡人来表达婆罗门，一方面符合汉文化观念下婆罗门这种外来文化的身份特点，另一方面也体现出西夏人对自己中原正统汉文化身份的自我认同和标榜，是受偏见文化影响下的艺术表达。

（二）文化观念：理学思想下的审美演变

随着宋明理学的兴起，以儒家为主导的传统文化排斥裸体，因此像早期壁画中身体较为裸露的婆罗门形象实际上已不能为儒家文化所接受，态度和观念的转变也是促使这一时期的婆罗门形象发生转变的重要因素。从上述图像梳理来看，以婆罗门形象指代外道的处理方式并不仅仅见于中国内地。在克孜尔石窟的舍卫城神变中，与佛斗法的六师外道是一个群体，他们均是老年婆罗门形象，克孜尔石窟第114、97、207窟均是如此。早期石窟中的婆罗门形象由于受到西域风格的影响，还在一定程度上保持写实性的特征，如克孜尔石窟、敦煌莫高窟、云冈石窟中的婆罗门就常以半裸的形象出现，几乎全部统一为束发椎髻、上身赤裸、腰间围布、光腿跣足的男子形象，这种固定的图像样式延续时间较长，一直到五代宋之前变化不大，之后到了宋、辽、西夏、金、元、明、清其形象有了显著变化，婆罗门逐渐被描绘成具有中国本土人物特征的形象，印度原始

①　邓小南：《论五代宋初"胡／汉"语境的消解》，《文史哲》2005年第5期，第57—64页。
②　（宋）李焘：《续资治通鉴长编》卷150，"庆历四年甲申"条，中华书局，1992年，第3641页。
③　《辽史》卷55《仪卫态》，中华书局，1974年，第899页。
④　《金史》卷108《胥鼎列传》，中华书局，1975年，第2382页。
⑤　韦兵：《完整的天下经验——宋辽夏金元之间的互动》，北京师范大学出版社，2019年，第8页。

的影响越来越小，域外特性逐渐削弱。即使在西夏佛经版画中被刻画成西域胡人的形象，这也是因为婆罗门作为佛教的对立面，西夏是以中原汉文化的视角去审视婆罗门外道，实际仍然体现的是儒家思想主导下的审美观念和价值取向。在传统绘画和壁画资料中，裸体形象十分少见，周身全裸的形象也仅见于童子，半裸的形象虽然见于佛、菩萨、护法神众等，但此类半裸形象，是受印度、西域佛教图像粉本的影响以及佛教人物的特殊性，体现的是佛教的神圣庄严之美，区别于世俗人物，目的是适应汉文化环境下人们的认同感和审美要求。① 鸠摩罗什译《妙法莲华经·譬喻品》记载：

> 尔时四部众，比丘、比丘尼、优婆塞、优婆夷，天、龙、夜叉、乾闼婆、阿修罗、迦楼罗、紧那罗、摩睺罗伽等大众，见舍利弗于佛前受阿耨多罗三藐三菩提记，心大欢喜，踊跃无量，各各脱身所着上衣、以供养佛。释提桓因、梵天王等，与无数天子，亦以天妙衣、天曼陀罗华、摩诃曼陀罗华等，供养于佛——所散天衣，住虚空中，而自回转；诸天伎乐百千万种，于虚空中一时俱作，雨众天华。②

佛教人物裸露上身，是印度佛教信徒向佛供养的一种形式，表现的是佛说法度化众生时受法者获得"无上正道"的菩提觉悟时"所散天衣，住虚空中，而自回转"的恭敬和欢愉。婆罗门外

道作为佛教的前期对立者和后期皈依者，这种形象既区别于佛教徒，又不同于世俗者，束发椎髻、瘦骨嶙峋、腰间围布的形象正符合婆罗门外道风餐露宿的出家修行者形象，画工也是利用服饰、形象的差异以区别不同的信仰，半裸形象仅仅代表一类特殊的神祇形象，这在佛教信仰观念里早期是能够被人们所接受的。宋代以后，中国内地的佛教艺术中，画家们在表现婆罗门形象时充分考虑了当地和当时的文化认同与审美规范，以新的粉本代替旧有的图样，将原来婆罗门夸张的人物形象表达手法进行了适当的改造和创新，无论在相貌方面还是服饰方面，都体现出较大差异，尤其是西夏佛经版画中的婆罗门完全属于这一时期的婆罗门艺术新样，虽然是胡人形象，但整体体现的是汉式审美下的风格特征。这说明，到了宋夏阶段，画工在区分佛教徒与外道时，更侧重于两者服饰上的差异以及汉人与胡人相貌上的区别，至少从北宋开始，使用瘦骨嶙峋、身体裸露的形象指代婆罗门的图像样式渐渐趋于没落，身着袍服、穿戴整齐的胡人形象成为西夏佛经版画在创作婆罗门形象时的首选，外来的胡人形象似乎更符合这一时期汉文化背景下西夏人对于外来文化的接受态度。

（三）艺术手法：外来图像的汉化与胡化

北宋以后，文人画兴起，文人创作为表达自身审美和情趣，并不刻意强调人物的客观造型，相对于传统的西域式半裸体婆罗门历史图像资料，画家在人物画样的选择上更倾向于从中原汉式绘画中

---

① 宋若谷、沙武田：《敦煌壁画中女性外道表现手法发覆》，《敦煌研究》2020 年第 1 期，第 60—69 页。
② （后秦）鸠摩罗什译：《妙法莲华经》，《大正藏》第 9 册，第 12 页上。

汲取养分，因此传统绘画中的胡人形象对这一时期婆罗门形象的塑造在一定程度上提供母题的借鉴和指导。五代两宋，宗教画渐趋衰落，山水、花鸟画跃居主流，与隋唐时期相比，宋代以后佛教艺术受文人画的影响程度更深，中国化进程加快。在此之前，佛教艺术吸收的印度教神祇还保留有外来的图像特征，但宋代之后汉式风格愈加明显，如山西朔州崇福寺弥陀殿的千手千眼观音经变中的婆薮仙形象演变为身着华丽袍服、头戴束发金冠的贵族老者形象，很难让人联想到瘦骨嶙峋、束发椎髻的苦修外道形象。再如西夏佛经版画中的婆罗门众，也被刻绘成身着圆领袍服、脚蹬尖头胡靴的胡人形象，此前半裸身体、周身装饰璎珞的菩萨也在西夏的佛经版画中成了贵妇人的形象，明清时期的寺观壁画也是如此。可见在宋代以后的佛教艺术表现手法上，外来图像因素的影响力逐渐减弱，佛教艺术的中国化进程加快，外来人物在保持胡人面貌无法改变的情况下通过服饰的改变适应了汉式审美，身着汉式袍服的婆罗门形象在文人画兴盛的大环境中相得益彰。

画工创作佛教题材作品时，在一定程度上也会借鉴"前人画样"，从传统绘画中汲取母题来源。西夏佛经版画 TK179《金刚般若波罗蜜经》中的婆罗门形象最能反映版画图像汲取自绘画的养分。画面中的婆罗门（图 31）身着圆领袍服，足蹬长筒尖靴，高鼻大髯，双手于胸前执笏，具有明显的粟特胡人特征。此婆罗门形象所对应的佛经主题，乃出自《金刚经》序品部分"佛在舍卫国祇树给孤独园，与大比丘众千二百五十人

俱"①中的"婆罗门众"，值得注意的是，类似的婆罗门胡人形象，也出现在唐代阎立本《步辇图》中（图 36），唯《步辇图》对于人物的表现更为细腻。《步辇图》现存宋朝摹本，藏于北京故宫博物院，该作品描绘了贞观十五年（641），唐太宗下嫁文成公主与吐蕃松赞干布的联姻事件。《步辇图》中典礼官为禄东赞及随从前第一身人物，着团领缺骻红袍、戴幞头官帽，满脸络腮胡须，容貌似在唐廷供职的胡人，②典礼官躬身侧立，双手于胸前执笏，与版画中的婆罗门形

图 36 《步辇图》中的典礼官
（采自中国古代书画鉴定组编《中国绘画全集·战国—唐》，文物出版社，1997 年，图版 131）

① （后秦）鸠摩罗什译：《金刚般若波罗蜜经》，《大正藏》第 8 册，第 748 页下。
② 推测可能是多由西域胡人任职的鸿胪寺官员。

象非常相似，高度写实。相似的人物形象被忠实地抄绘于西夏佛经版画中，这样的人物母题，反映了西夏的佛教艺术善于从传世绘画中汲取图像元素，对一些外来的图像进行适当的汉化处理。从以上的图像比较可以看出，《金刚经》版画与《步辇图》所表现的胡人形象，虽然使用了共同的子模，[①]却透过画面上与其他的人物搭配、场景组合，构成了叙事内容完全不同的图像，类似的"胡人"母题现象还出现在其他的绘画或壁画作品中，如同一时期的山西金代崇福寺弥陀殿的婆罗门（图34）形象也借用了所传吴道子的《先师孔子行教像》的"孔子"形象（图37），这些相似的图像元素已经成为绘画者重复使用的构图母题。宋代以后宗教画虽然相比此前已经处于创作上的衰落期，但是文人画兴盛的大环境使得过去绘画史中某些特殊的图像要素被作为这一时期的绘画母题重新呈现和利用。从这个角度来看，西夏佛经版画中婆罗门的胡人形象也许保留了早期绘画史中某些被遗忘的记忆，再次说明了在图像创作中前人"画样"对于宋夏以后佛教艺术创作的重要性，是超越媒介、题材与人物身份的。通过图像"借用"，宋夏以来的画家对外来图像进行了"前人画样"的追溯，外来的婆罗门被赋予"胡人""老者"的形象，体现宋夏以后外来艺术在汉文化圈中逐渐融合和发展的过程。

结　语

　　婆罗门是佛教艺术中常见的人物题材，广

图 37　孔子像
（采自网络图版，https://www.jianshu.com/p/b85288007bb0）

泛见于印度、中亚、西域、汉地的佛教艺术题材中，其外貌特征通常是长发椎髻、身形枯瘦、上身赤裸的男性人物形象。通过梳理各个时期的石窟壁画，可以看到在本生因缘故事、劳度叉斗圣变、报恩经变等图像中有特定的婆罗门形象。需要注意的是，婆罗门的形象在宋、辽、西夏、金

---

①　子模概念出自美国莱斯大学艺术史系黄士珊《唐宋时期佛教版画中所见的媒介转化与子模设计》，意味着"一套由标准化的各部分或各独立单元所组成之体系里的每一部分"，见颜娟英、石守谦：《艺术史中的汉晋与唐宋之变》，北京大学出版社，2016年，第368页。

时期发生转变，北宋以前的婆罗门形象都是传统的束发椎髻、腰间围布、身形枯瘦的老年男子形象，至西夏则在佛经版画中出现粟特胡人形象，同时在山西朔州崇福寺的金代壁画中也有身着袍服、须发尽白的贵族老者形象，说明这一时期的画家在处理婆罗门形象时已经抛开传统的历史图像资料，以新的粉本代替旧有的图样，采用全新的人物图像和艺术表现手法，而且随着时间的推移，汉化特征愈加显著。

正如业师沙武田先生所述，"作为表达信众信仰和功德观念的洞窟壁画、版画、造像碑等艺术形式，不同时期、不同区域的艺术表达，主要受到相应的时代文化和审美左右"。[1] 西夏佛经版画中的婆罗门形象之变引发我们对其样式背后关于身份认同、文化观念、艺术审美的思考：西夏版画中的婆罗门形象是西夏人对外来文化认识和选择的结果，深受儒家文化影响的西夏在处理佛教艺术中的婆罗门形象时抛开传统的历史图像资料，选择将域外胡人形象作为婆罗门形象的表现手法，实际上也是西夏人对自己中原正统汉文化身份的认同和标榜，图像成为历史事实的形象表达，西夏画工将佛教对立面的婆罗门描绘成胡人

形象毫无疑义地在突出自己本民族的正统性，强调自身文化的优越感，因为在具体的绘画语言中"胡人"仍然是一种带有歧视性的表达方式。西夏佛经版画借用非历史主角的胡人来表达婆罗门，一方面符合汉文化观念下婆罗门这种外来文化的身份特点，另一方面也体现出西夏人对自己中原正统汉文化身份的自我认同和标榜，是受偏见文化影响下的歧视性艺术。

10 世纪以后，随着宋明理学的兴起，以儒家为主导的传统文化排斥裸体，因此像早期壁画中身体较为裸露的婆罗门形象已不能为儒家文化所接受，态度和观念的转变促使这一时期的婆罗门形象发生转变，而且在文人画兴盛的大环境中，传统绘画艺术必定对这一时期的全新婆罗门图样提供借鉴和指导，如唐代阎立本《步辇图》中的典礼官、传世绘画中的孔子像、敦煌壁画中的维摩诘形象，似乎都对这一时期人物形象的塑造提供了母题意义上的借鉴和指导。实际上，婆罗门形象的转变也是这一时期文化认同、审美观念转变的过程，西夏佛经版画中婆罗门形象的转变作为佛教艺术发展的一个侧面和个案，体现出这一时期的佛教艺术是多民族多元文化融合的结果。

---

[1]　宋若谷、沙武田：《敦煌壁画中女性外道表现手法发覆》，《敦煌研究》2020 年第 1 期，第 60—69 页。

类聚与诠释：我国粟特文物的博物馆藏展叙事[*]

杨 瑾

（陕西师范大学历史文化学院）

随着考古学和历史学等学科的发展，我国学界关于"粟特"的研究已走过了百年不平凡历程，近年来的研究综述已有全面总结。[①] 但亦如李大龙所言"国内粟特研究虽然取得了一定成绩，但从已经出版的成果数量上看并不是很突出。中国粟特研究虽然被认为'在国际上处于领先地位'，但对粟特及粟特人的了解离全面尚有较大差距，更谈不上具体。与此同时，粟特研究也存在泛化问题"。"和其他断代史、地方史及族别史研究相比成就并不占优势，依然亟待加强。""就整体研究水平来说，国内的粟特研究似乎存在着较大努力的空间，尤其是粟特研究受制于粟特语言文字识读的困扰，现有的研究尚不能给我们勾勒出粟特及粟特人在中亚、东亚从事政治、经济、文化活动的完整线索，粟特聚落的研究还属于零星的点状探讨，粟特人在丝绸之路上如何构建自己的商业网络的探讨也有待深入。"[②] 这些问题的成因是多方面的，笔者认为其中就有管理体制壁垒和资源配置失衡带来的资料藏展与学术研究之间的疏离与间隙，比如，当前我国粟特研究尚未形成一个"资料征藏→学术研究→成果传播→资料赋能"的累积循环圈，不同环节之间由于学科关注和方法论差异而导致关系黏性不强，以至于出现了"学界持续关注"而"征藏单位平平淡淡"的现象。如何填补且消弭上述各环节之间的间隙，特别是发挥博物馆作为公共征藏与诠释传播机构的作用，使各环节相互增益从而产生一个粟特研究学术共同体，值得学界共同探讨。

一 计量学视角：粟特文物的藏展现状

粟特文物藏展源于 19 世纪 70 年代以后外国探险家在中亚地区和我国西北地区的系列探险活

---

* 本文为国家社科基金项目"隋代墓葬中的外来元素与中西文化交融研究"（19BKG029）阶段性成果。

① 杜海、郭杨：《吐鲁番地区粟特人研究综述》，《吐鲁番学研究》2021 年第 1 期，第 55—64、154 页；韩树伟：《丝路沿线出土粟特文文书研究述要》，《中国农史》2019 年第 6 期，第 62—71 页。
② 李大龙：《中国"粟特"研究现状评析》，《青海民族研究》2019 年第 1 期，第 134—140 页。

动以及此后欧美学者的学术研究。[①] 按照我国相关法律法规，博物馆化是后发掘时代文物的普遍处理办法，因此，我国真正意义上的"粟特"文物藏展与考古和博物馆事业发展联系紧密。近年来，在"粟特"热影响下，博物馆（图书馆、档案馆等）及时征藏考古材料，丰富藏展体系，并对本馆藏品中与粟特相关的文物重新进行价值挖掘、学术研究与陈列展示，从而获得更加丰满的粟特"物化"塑型、语境复原、历史叙事与意义提升。

（一）国外博物馆关于我国境内发现粟特文物的藏展现状

1. 收藏

由于诸种原因，我国一些粟特文物最初作为珍贵文物（古董）而被国外博物馆或私人收藏（表1）。几乎所有世界著名博物馆均有收藏，最著名的是艾尔米塔什博物馆、大英博物馆、卢浮宫、德国柏林亚洲艺术博物馆、日本东京国立博物馆（图1）、中亚地区博物馆以及欧美各大图书馆或私人基金组织等。

表 1　国外博物馆收藏中国重要粟特文物概况

名称	收藏单位	时代	出处
器物	大英博物馆		新疆和田
文书			（Sims-Williams and Hamilton 1990）
石棺床	美秀博物馆（美术馆）	北朝	安阳
粟特语佛教残片	德国柏林		
石椁与石棺	纳尔逊艺术博物馆	6 世纪早期	
石棺床双阙	德国科隆东方艺术博物馆	北齐	安阳[*]
石棺床台座檐板	美国华盛顿弗利尔博物馆	北齐	安阳[*]
银碗等器物			
连接屏风石棺床屏风一件三格	巴黎吉美博物馆	北齐	安阳[*]
石棺床屏风二件六格	美国波士顿艺术博物馆	北齐	安阳[*]
敦煌白画	法国国立图书馆	10 世纪	敦煌
壁画、木质装饰等粟特艺术	艾尔米塔什博物馆		中亚
壁画和石头砝码	阿夫拉西阿卜博物馆		
木制品和皮制品粟特文字	国立撒马尔罕乌兹别克斯坦人民文化历史博物馆		
粟特器物	哈萨克斯坦中央国家博物馆		
苏遮摩舞纳骨瓮	日本东京国立博物馆		苏巴什

[*] 姜伯勤：《安阳北齐石棺床画像石的图像考察与入华粟特人的祆教美术》，《艺术史研究》第 1 辑，中山大学出版社，1999 年，第 152 页。

---

① 甘大明：《粟特文古籍的整理研究》，《四川图书馆学报》2014 年第 2 期，第 89—91 页；姜伯勤：《俄国粟特研究对汉学的意义》，北京大学中国传统文化研究中心编：《文化的馈赠：汉学研究国际会议论文集（史学卷）》，北京大学出版社，2000 年，第 201—208 页。

图 1　苏遮摩舞纳骨瓮

图 2　澳大利亚新南威尔士艺术博物馆虞弘墓石椁特展场景
（由山西博物院提供）

2. 展陈

包括：（1）常设展览。如美国华盛顿弗利尔艺术画廊和亚瑟·M.萨克勒画廊线上常设展"粟特人：丝绸之路上的影响者"。[①] 该展览是通过现有物质文化探索粟特艺术的新型数字展览，分为中国境内的粟特人，信徒、改变宗教信仰者和翻译家，中国境外的粟特人，从奈良到南希，对粟特人的重新发现五个部分。关注的是粟特人的黄金时代，从 4 世纪到 8 世纪粟特人通过贸易和农业繁荣起来，移民群体遍布中国、南亚和东南亚，并进入中亚大草原和蒙古。在这几个世纪里，高度复杂和独特的粟特城市文化发展起来，以色彩丰富的壁画、特殊的纺织品、金属制品和雕塑为代表。

（2）展品。一些典型的粟特文物作为汉唐主题的外展展品赴世界各地展陈，如虞弘墓石椁曾在美国、澳大利亚（图 2）、韩国等国博物馆展出（表 2）。

（3）临时展览（表 3）。如乌兹别克斯坦国家历史博物馆举办的安菩墓出土文物展（图 3），[②] 此外还有日本大阪市立东洋陶瓷美术馆举办的穆泰墓文物展（图 4）、德国柏林亚洲艺术博物馆举办高昌文物展（有粟特木构件）等。

[①] 2019 年 6 月 22—23 日，由中国丝绸博物馆主办，联合国教科文组织丝路在线平台、国际文化财产保护与修复研究中心、丝绸之路国际博物馆联盟、中国博物馆协会丝绸之路沿线博物馆专委会、国际丝绸之路研究联盟支持，杭州经纶堂协办"丝绸之路博物馆策展人论坛：主题与合作"，美国纽约大学教授 Judith Lerner 以史无前例的粟特人展览为中心，介绍了"粟特人：丝绸之路上的影响者"网上展览。报告点评了粟特人展览中独特的展览元素，同时也向观众展示了粟特人展的学术分享、国际合作和科学技术等各个方面的策展情况，见 https://www.chinasilkmuseum.com/。
[②] 分为"安菩是谁""安菩的家族""开放的唐东都""多元的精神世界"四个单元，展出罗马金币、墓志、唐三彩等 75 件（组）精品文物。

表 2　虞弘墓石椁海外展出情况

名称	地点	时间	基本情况
虞弘墓石椁	美国大都会艺术博物馆	2004 年 10 月 4 日	"走向盛唐"展
虞弘墓石椁	韩国首尔历史博物馆	2007 年 5 月 22 日	"中国国宝巡回展"（后至大邱市和大田市巡展）
丝路传奇——虞弘墓石椁特展	澳大利亚新南威尔士艺术博物馆	2013 年 8 月 10 日	

表 3　粟特文物境外展览情况

粟特文物	名称	地点	时间	来源
粟特木制建筑构件	高昌遗珍	柏林亚洲艺术博物馆	2016 年 9 月 7 日至 2017 年 1 月 8 日	课题
粟特俑	唐代胡人俑——梦行丝绸之路	大阪市立东洋陶瓷美术馆	2017 年 12 月 16 日至 2018 年 3 月 25 日	庆城县博物馆 60 件文物
陶俑、墓志等	梦回布哈拉——唐定远将军安菩夫妇墓出土文物特展	乌兹别克斯坦国家历史博物馆	2019 年 6 月 20 日至 9 月 20 日	洛阳博物馆 75 件文物

图 3　乌兹别克斯坦国家历史博物馆安菩墓展览
（洛阳博物馆提供）

图 4　东洋陶瓷美术馆穆泰墓展览
（庆阳县博物馆提供）

（二）国内博物馆粟特文物藏展现状

主要为考古发现（掘）品，包括墓志、石棺、陶棺或纳骨瓮等，特别是墓主人为粟特人者，以及文书与被冠以"粟特"的其他文物，如金银器、丝织品、壁画、俑类（图 5-1）及石质葬具（图 5-2）等。

1. 作为展品的"粟特"文物（表 4）

如表 4 所示，大多数粟特文物脱离原境之后，原本的叙事功能被弱化，被纳入博物馆藏品体系，成为被多层构建的个体展品（艺术品），进入博物馆展陈叙事，诠释着机构的使命与愿景，在统一风格中模糊了原有的价值与意义，被再构进完全不同的且意义不断被外化的时空景观中。

表4 国内博物馆粟特文物收藏情况

名称	收藏地（单位）	基本情况
石堂	中国国家博物馆	常设陈列
围屏石榻	陕西历史博物馆	北周同州萨宝安伽墓（579）/安国
石椁	西安博物院	北周凉州萨宝史君墓（580）/史国
石榻		北周甘州刺史康业墓（581）/康国
墓志、石棺床	宁夏回族自治区博物馆	宁夏盐池窨子梁唐何府君墓/何国
银瓶、金币	固原博物馆	北周敦煌太守李贤墓/鲜卑
史氏家族墓文物		史诃耽墓
壁画	山西博物院	北齐大将军徐显秀墓（572）/鲜卑
汉白玉石椁		隋并州太保虞弘墓（592）/粟特（鱼国）等
曹怡墓志（永徽六年，655）		
围屏石榻	天水市博物馆	隋代/粟特
墓志	洛阳博物馆	隋唐/粟特
安菩墓		
画像石	青州博物馆	北齐青州太守傅家墓（573）/粟特
织锦	青海省博物馆	都兰热水墓
墓志	西安碑林博物馆	
织锦	中国丝绸博物馆	
洞窟壁画	敦煌研究院	
围屏石榻	西安市文物保护考古研究院	北周甘州刺史李诞墓（564）
石榻	洛阳博物馆	北齐安国粟特人
石棺床	安阳市考古研究院	隋代魏庆墓（开皇十年，590）
纳骨瓮	新疆维吾尔自治区博物馆	焉耆七个星
信札		和田出土
墓门	靖边县博物馆	北周翟曹明
壁画	陕西省考古研究院	靖边统万城八大梁北朝壁画墓M1
粟特语泥封	国家图书馆	于阗
围屏石榻	大唐西市博物馆	隋安备墓
围屏石榻	深圳望野博物馆	翟门生墓
墓志	邯郸大名县石刻博物馆	唐何弘敬墓
德政碑（五礼记碑）		唐何进滔

续表

名称	收藏地（单位）	基本情况
粟特文书	敦煌研究院	
粟特文书	吐鲁番博物馆	
	新疆维吾尔自治区博物馆	
	中国人民大学博物馆	
郑延昌墓志	洛阳古代艺术博物馆	唐
石围屏	凤翔县博物馆	唐
石墓门	靖边县博物馆	北周
骑士对兽纹锦粟特纹锦	新疆维吾尔自治区博物馆	吐鲁番阿斯塔那101号墓
胡腾舞石墓门	宁夏回族自治区博物馆	盐池县苏步井乡窨子梁唐墓
胡腾舞俑	山丹县博物馆	唐
胡俑	庆城县博物馆	唐

图 5-1　虞弘墓石胡俑

（山西博物院提供）

图 5-2　盐池唐墓石墓门

（宁夏回族自治区博物馆提供）

表 5　粟特文物常设展览

名称	地点	时间
"粟特人在青海"	青海省博物馆	2021 年 11 月 29 日
"丝路瑰宝——隋唐贴金彩绘围屏石榻"	天水市博物馆	2011 年 11 月 24 日
"天堂里的歌——粟特葬俗中的艺术世界"		2018 年 6 月 20 日
虞弘墓特展	山西博物院	2005 年

图 6　天水市博物馆围屏石榻展
（天水市博物馆提供）

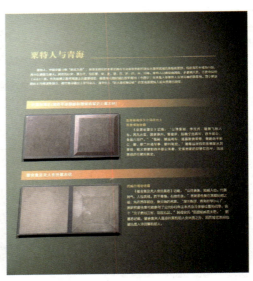

图 7　青海省博物馆展板
（青海省博物馆提供）

2. 以"粟特"为主题的展览

包括：（1）常设展览。如天水市博物馆的"天堂里的歌——粟特葬俗中的艺术世界"（图6）、青海省博物馆的"粟特人在青海"（图7）、山西博物院的"虞弘墓特展"等（表5）。

（2）配合学术研讨会的研究型展览。如 2004年 4 月 24 日至 5 月 20 日在中国国家图书馆开展的"从撒马尔干到长安——粟特人在中国的文化遗迹"展览，展品包括 7 件敦煌文书、3 种 5 册清代文献、24 张清末民初拓片、10 张新拓片、6张老照片等珍贵文献。该展览系配合"粟特人在

中国——历史、考古、语言的新探索"国际学术研讨会而举办。由中国国家图书馆善本特藏部、北京大学中国古代史研究中心、法国科学研究中心中国文明研究组、法国科学研究中心东方与西方考古研究组、法国远东学院、法国驻华大使馆文化处等单位共同举办，参会者为来自海内外的70 余位学者。出版同名图录（珍贵图片 100 余幅、专论 5 万字）和论文集。

（3）学术研讨会配合的展览。如 2014 年 1月 21 日为推进美国弗利尔－赛克勒美术馆粟特艺术展，中国丝绸博物馆举办了"中国粟特文化的

新研究"讨论会暨粟特艺术展策展会。①

（4）配合国家外交战略的展览。为了贯彻落实中乌两国元首重要共识，洛阳博物馆 2019 年 6 月 20 日至 9 月 20 日在乌兹别克斯坦国家历史博物馆举办了"梦回布哈拉——唐定远将军安菩夫妇墓出土文物特展"。2020 年王军花编《梦回布哈拉：唐定远将军安菩夫妇墓出土文物特展》由中州古籍出版社出版，成为中外合力展陈的成果。

（5）临时展览与国内巡展。除了个别文物作

为展品参与丝绸之路、"一带一路"或敦煌、克孜尔等石窟艺术主题展览之外，冠以"粟特"名称的专题展览主要有洛阳博物馆以安菩夫妇墓出土文物为主的国内巡展（图 8、图 9、图 10）、深圳金石博物馆的"翟门生的世界"和山西博物院的虞弘墓特展（表 6）。

（6）临时展览单元或展品。一些以丝绸之路为主题的临时展览中有单独单元（表 7）或者单个器物（表 8、图 11、图 12）。

表 6　国内巡展

名称	展品	时间 / 地点	展览结构
我从安国来——唐定远将军安菩夫妇墓出土文物特展	唐三彩、金币、铜镜等 99 件（组）	2019 年 12 月 28 日至 2020 年 3 月 31 日 / 甘肃省博物馆	"安菩是谁""安菩的家族""开放的唐东都""多元的精神世界"
粟特人在大唐——洛阳博物馆藏唐代文物特展	三彩遗珍、东罗马金币、唐代景教经幢等 116 件	2020 年 5 月 18 日至 8 月 23 日 / 长沙市博物馆	"丝路有来客""乐居在大唐""此处是吾乡"
丝路有来客——唐定远将军安菩夫妇墓出土文物特展	三彩遗珍、东罗马金币、唐代景教经幢等 116 件	2020 年 10 月 19 日至 2021 年 1 月 19 日 / 鄂尔多斯青铜器博物馆	"安菩是谁""安菩的家族""开放的唐东都""多元的精神世界"
翟门生的世界——丝绸之路上的使者	115 件（套）由金石博物馆收藏的粟特人翟门生相关文物和拓片，包括翟门生的围屏石床、各式随葬品、粟特人使用过的丝绸之路沿线的古国钱币、魏晋南北朝时期佛像造像、各式陶俑等精美文物	2018 年 5 月 18 日至 2019 年 5 月 17 日 / 南山博物馆	"笑问客从何处来——翟门生的故乡""金樽美酒醉他乡——翟门生在中原""此心安处是吾乡——翟门生的归宿"
平城·晋阳——山西出土北朝文物精品展	北朝鎏金银器、陶瓷器、石棺床、响铜器、陶俑等文物共计 200 余件（组）	2017 年 6 月 20 日至 7 月 20 日 / 深圳博物馆	"平城风华""霸府晋阳""北朝佛韵""丝路胡风""胡汉之间"

表 7　临时展览单元

名称	展览名称	地点	展览时间
"丝路胡商粟特萨保史君"	"丝路岁月：大时代下的小故事"特展	中国丝绸博物馆	2019 年 6 月 21 日至 9 月 8 日
"来华粟特人的天国记忆"	"丝绸之路"展	中国国家博物馆	2014 年 11 月 6 日至 2015 年 1 月 5 日

---

① 其他专题会议还有 2014 年 8 月在银川举办的"粟特人在中国：考古发现与出土文献的新印证"国际学术研讨会，国外相关会议如 2005 年 5 月意大利罗马大学"大使厅壁画"研讨会、2015 年俄罗斯冬宫博物馆举办的"粟特学新发现"研讨会、2016 年 8 月冬宫—塔吉克斯坦考古队在杜尚别举办的"粟特学与片治肯特"研讨会，参见〔意〕康马泰（Matteo Compareti）：《唐风吹拂撒马尔罕：粟特艺术与中国、波斯、印度、拜占庭》，毛铭译，漓江出版社，2016 年，第 187 页。

图 8　甘肃省博物馆"我从安国来"展览
（洛阳博物馆提供）

图 9　鄂尔多斯青铜器博物馆"丝路有来客"展览
（洛阳博物馆提供）

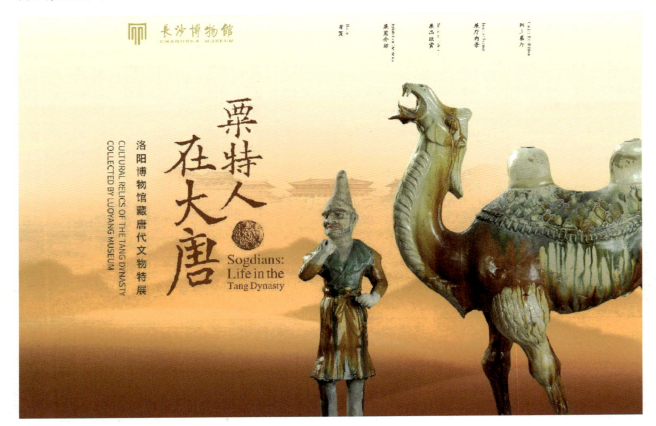

图 10　长沙市博物馆"粟特人在大唐"展览
（洛阳博物馆提供）

表 8　临时展览文物

文物名称	展览名称	地点	展览时间
米继芬墓志	"大唐风华"展	中国国家博物馆	2018 年 9 月 3 日至 12 月 3 日
粟特裔墓志	"文明之光——龙门博物馆藏唐代丝绸之路民族碑志展"	洛阳龙门博物馆	2018 年 10 月 1 日

续表

文物名称	展览名称	地点	展览时间
粟特银盘	"丝绸之路上的文化交流：吐蕃时期艺术珍品展" *	敦煌博物院	2019 年 7 月 2 日至 10 月 22 日
粟特织物	"锦绣中华——古代丝织品文化展"	首都博物馆	2019 年 9 月 28 日至 11 月 24 日
塔吉克斯坦国家博物馆藏 7—8 世纪《粟特语铭文石》	"殊方共享——丝绸之路国家博物馆文物精品展" **	中国国家博物馆	2019 年 4 月 11 日
东粟特钱币	"丝路币语——丝路古国钱币文化展"	北京古代钱币博物馆	2019 年 6 月 11 日至 8 月 30 日
粟特钱币	"丝路遗珍——古丝绸之路上的货币"	孔子博物馆	2021 年 5 月 1 日
安菩墓器物	"云望长夏——洛阳博物馆藏汉唐胡风文物展"	广州海事博物馆	2021 年 9 月 19 日至 12 月 15 日

* 国家文物局指导、敦煌研究院与美国普利兹克艺术合作基金会主办、海内外近三十家文博机构协办的大型国际展览。

** 展品来自柬埔寨、日本、哈萨克斯坦、拉脱维亚、蒙古国、阿曼、波兰、韩国、罗马尼亚、俄罗斯、斯洛文尼亚、塔吉克斯坦 12 个国家的博物馆。

图 11　安菩墓胡俑
（洛阳博物馆提供）

图 12　山丹县博物馆藏胡俑

（三）博物馆"粟特"文物叙事之得失

博物馆普遍关注粟特文物，并结合学界研究予以展陈叙事，极大地推动了粟特文物的价值挖掘，取得了良好的社会反响，如哈萨克斯坦国家博物馆的安菩展览被列入 2019 年度"丝绸之路文化遗产十大专题展览"。2020 年国家文物局推送的第三批全国博物馆网上展览资源中就有南山市博物馆推荐的"翟门生的世界"线上展览。

但普遍存在的问题是：在各自藏展体系中对于粟特文物并未构建完整的知识与话语体系，仅仅用来服务于通史或断代史视域下的历史叙事，或作为丝绸之路、中外文化交流等宏大主题的构成单元，无意凸显粟特文物的原境意义与历史价值，如墓志、文书等。即便是以安菩夫妇墓出土文物为题材的展览，举办者仍以"他者"为视角，展示其家族迁居大唐、入仕为官、屡建战功的传奇经历，展现大唐海纳百川、有容乃大盛世气度与唐代儒学、佛教、祆教等文化交流印记。然而，因策展理念和文物范围所限，展品与主题之间并不能产生多向交错的粟特联系或体系，"粟特"价值与意义诠释不足。至于"粟特式"器物（图 13）、纹样与"粟特胡"（图 14）这样比较泛化之物，更是被碎片化地分解于不同器类中，其粟特性被解构为单调的解说词或说明牌上的程式化展陈语言，如陕西历史博物馆、西安博物院、山西博物院、洛阳博物馆等藏粟特（式）金银器。① 此外，博物馆在推动粟特学术发展和学科专业化方面投入的力度也不够，对于粟特书写、叙事不足，并未在藏展叙述中把粟特作为他

者性和继承性互相叠加、将宏大视野与碎片化研究相互交织。

二 叙事学视角：构建粟特文物博学研体系

国内外博物馆有关粟特文物藏展之所以存在上述一些问题，主要原因在于藏展、研究与传播之间显而易见的学术鸿沟，展藏机构对粟特文物价值认知不足，即对形而下的器物与形而上的族群认同之间比附关系强弱问题阐释不足，故研究成果对博物馆"粟特"文物价值挖掘推动不足。

（一）从事粟特研究的历史学家的学术成果与社会大众的历史知识之间往往存在鸿沟。所有

图 13 环形壶
（西安市文物保护考古研究院提供）

图 14 胡人牵驼俑
（青海省博物馆提供）

---

① 齐东方：《西安市文管会藏粟特式银碗考》，《考古与文物》1998 年第 6 期，第 23—26 页；林英：《"萨珊银器"或"后萨珊银器"之外——〈粟特银器〉读后》，《文汇报》2019 年 8 月 30 日。

学者都致力于考古发现新材料的综合或专题研究，但在博物馆化方面缺乏强有力的推进（很多情况下是行业壁垒，但学者对于超出绩效考评范围的成果转化亦不重视也是一个重要原因）。研究成果在学术界关注多，但未能全部或大部分转化为博物馆阐释系统的赋能内容，遑论博物馆以观众为中心的叙事网络。但这一巨大群体的存在对了解"粟特"及其历史作用带有弥散性的传播效果，也是学术传播的重要对象。然而，由于目前双方皆缺乏"合力"的条件，弥合恐怕还需要更长时间。陕西师范大学与陕西历史博物馆合作的"丝路与长安"学术组织自 2015 年以来一直开展专题性学术活动，如果将粟特主题展览纳入规划，将会对粟特或相关主题研究成果的大众传播起到积极作用。

笔者认为，在"公共"学科得到广泛关注的背景下，粟特研究者作为历史学、公共考古学等领域的书写者，也是沟通者，不仅沟通学术群体，而且让普通大众能够从不同层面了解粟特人在华的历史发展脉络，以史为鉴，面向未来。特别是受教育程度已经普遍提高的青年群体，可通过学术传播提升其辩证式阅读、思考与行动等未来公民核心素质。

（二）教育与文化领域之间的管理壁垒使馆校合作推进粟特研究及其成果转化力度不足。这一点从上述研究成果与展陈、学术会议和讲座数量之间存在较大差距可见一斑。可喜的是，2021 年 5 月 11 日国家文物局等九部委联合印发《关于推进博物馆改革发展的指导意见》（文物博发〔2021〕16 号），提出建设"独立策展人"制度。[①]《"十四五"文物保护和科技创新规划》（国办发〔2021〕43 号）[②] 提出培养一批政治过硬、功底扎实、国际接轨的青年策展人，这些顶层设计为加强粟特学的学术传播提供了政策保障。

有鉴于此，笔者认为，应进一步增强粟特文物的多元阐释和复调叙事。

1. 完善"博学研"协同型粟特文物保护研究与成果示范模式。馆校或馆所合作将粟特研究的共性关键课题纳入各类国家项目或省部级计划予以重点支持。定期策划一些综合性研究专题，通过科研课题 + 策展人论坛、系列主题讲座（培育专业型观众）、系列研学活动以及"丝路之夜"公众活动，让广大人民群众通过粟特民族融入中华民族的历程增强对中华文明共同体的历史认知，增强对粟特文物的保护利用工作。

2. 探索"研究项目 + 专题展览 + 著述出版"复合型策展模式。借鉴国外一些博物馆或学术机构的研究型展览办展模式，如柏林亚洲艺术博物馆 2014—2015 年主持的国际项目"高昌遗珍：古代丝绸之路上的木构建筑寻踪"，项目主持人毕丽兰、孔扎克·纳格等在该馆策划并举办同名展览，出版同名图录（已有中文译本 [③]），通过展览向公众呈现研究项目成果。该图录学术性极强，是首部对尘封百年的高昌木制建筑构件进行集中且系

---

① 中央宣传部、国家发展改革委、教育部、科技部、民政部、财政部、人力资源社会保障部、文化和旅游部、国家文物局印发《关于推进博物馆改革发展的指导意见》的通知，http://www.ncha.gov.cn/art/2021/5/24/art_2318_44659.html。

② 《"十四五"文物保护和科技创新规划》，https://www.ndrc.gov.cn/fggz/fzzlgh/gjjzxgh/202112/t20211201_1306596.html?code=&state=123。

③ 〔匈〕毕丽兰、〔德〕孔扎克·纳格主编：《高昌遗珍：古代丝绸之路上的木构建筑寻踪》，刘韬译，上海古籍出版社，2021 年。

统研究的著作，由 16 位作者撰写的 17 篇专题论文组成，涉及建筑学、考古学、美术史学、语言学和文物保护科学等诸多学科。原书主要以英文兼德文写作，并涉及拉丁语、梵语、吐火罗语、突厥语和回鹘语等多种文字和语言。书末附有译名对照表，读者可以进一步参照研究。

3. 通过复调叙事方式展现粟特"人"的生活。（1）借助数字学术工具，对当前粟特文物研究比较充分的主题进行策展。李大龙梳理的粟特研究高频关键词就可以成为不同规模展览的主题词（表 9）。围绕"唐代""北朝"和"敦煌""西域""粟特""粟特人""入华粟特"（"商人"）的"墓葬"+"艺术""美术""服饰""银器""文化""音乐"（表 10）等线索，或集中于"敦煌""莫高窟""敦煌石窟""敦煌文书"等敦煌学研究中对粟特的重点关注。[①]

表 9　粟特研究的高频关键词（2019）

关键词	频次	关键词	频次
粟特人	136	吐蕃	6
粟特	52	康居	6
敦煌	18	莫高窟	5
丝绸之路	15	摩尼教	5
汉化	14	归义军时期	5
唐代	13	图像	5
粟特语	12	中亚	5
聚落	11	敦煌石窟	4
祆教	11	突厥汗国	4
粟特文	10	释教	4
墓葬	10	可汗	4
率利文	9	高昌国	4
文书	8	服饰	4
入华粟特人	8	葬俗	4
墓志	7	景教	4
洛阳	7	艺术	4
商业	7	敦煌文书	4
昭武九姓	7	长安城	4
温那沙	6	西突厥	4
北朝	6	银器	4
佛教	6	吐鲁番文书	4

① 李国、沙武田：《敦煌石窟粟特美术研究学术史》，《敦煌研究》2016 年第 4 期，第 139—157 页。

续表

关键词	频次	关键词	频次
河南	4	信札	4
金银器	4	墓志铭	4
文化交流	4	萨宝	4

表 10　不同工具库检索情况

名称	检索词	结果		名称	检索词	结果
知网期刊	粟特	粟特人	238 条	汉语词典	粟特 / 粟特人	12 条 /3 条
		入华粟特人	30 条	双语词典	粟特	8 条
		粟特文	27 条	专科词典	粟特 / 粟特人	174 条 /60 条
		粟特语	18 条	百科词典	粟特 / 粟特人	51 条 /28 条
		粟特音乐	12 条	图录图鉴	粟特 / 粟特人	39 条 /8 条
读秀	粟特	24628 条				
知网中国工具书网络出版总库	粟特	322 条				

（2）充分利用馆（所）粟特文物收藏，策划大历史背景下的粟特与周围世界互动的展示体系。如考古发现勾勒出隋唐粟特人从新疆吐鲁番到宁夏固原与盐池、甘肃敦煌与凉州、陕西西安与礼泉、山西汾阳、河南洛阳、河北大名、北京等地理上的流动大趋势（参照荣新江关于粟特人东方贸易路线及其贸易网络的描述）。具体手法如下。一是人物叙事法。群体如"史""安""康"等姓，帕特里克·怀特曼（Patrick Wertmann）等基于对国内外文献资料和考古材料的详细罗织，对固原史氏家族族系进行建构性研究，[①] 其成果可以通过展览予以呈现；个体粟特人，除了已举办专题展览的安菩、翟门生、虞弘之外，其他材料丰富的人物墓葬已可以

进行新的叙事。二是器物叙事法。如钱币、金银器、陶俑（器）或文书等。三是元素叙事法。如有关粟特人衣食住行等方面，包括服饰、信仰、纹饰（人物、动物、禽鸟、植物、山石、几何等宇宙图像）等。既可以普及一些基础概念，如粟特、胡、祆教等，也可以关注其在当代语言、文化习俗等方面的留存。

（3）及时将前沿研究成果补充到那些分散于博物馆已有展览的粟特文物说明中。特别是学界讨论激烈的重要问题，如果有损既有形式设计的话，可以通过数字手段予以增容。如山西博物院基本陈列中对隋唐时期汾州、介州地区粟特人的介绍，新疆维吾尔自治区博物馆基本陈列对吐鲁番沟西、巴达木康氏家族墓地的强调，宁夏固原

---

① Patrick Wertmann, Mayke Wagner & Pavel Tarasov, "Sogdian Careers and Families in Sixth to Seventh Century Northern China: A Case Study of the Shi Family Based on Archaeological Finds and Epitaph Inscriptions," *The History of the Family*, 2017, 22:1, pp.103-135.

博物馆对史氏家族墓地和盐池的 6 座墓有专题介绍，陕西历史博物馆基本陈列中亦应增加与安伽有关的粟特人历史背景。

（4）充分利用新的数字技术，加强粟特研究的跨界合作与新探索。例如，日本关西大学已经创造出安阳石椁的 3D 数字模型，其不同部分原本散布于全世界的不同机构，后来被斯卡利亚（Scaglia）重新组合。此外，应保证将分散全球的粟特数字资源予以充分整合，以便更好开展一些宏大型跨文化研究。

结　语

概言之，我国粟特研究应聚合离散各处的珍贵遗存，形成一个"资料征藏→学术研究→成果传播→资料赋能"的累积循环圈，在数字学术背景下进行二次元构建，构建粟特学研究的全球"职业共同体"。身处其中的学者们不仅要让自己以公共知识分子身份参与到粟特历史构建过程的不同层面与各个部分，而且"必须尽力回应所有问题，既为彼此写，也为大众写"。[①] 以便越来越全面地认识粟特、入华粟特人活动轨迹，更好地理解中华民族共同体的演进过程。通过其神话、起源、迁徙等长时段的跨时空复杂演变过程中的华夏认同（汉化），激发大众对像粟特这样的少数族群"小历史"与华夏"大历史"关系的多向一统化认知，并通过当代遗产化诠释传承中华民族共同体的集体记忆。

---

① 〔美〕帕特里克·格里：《历史、记忆与书写》，北京大学出版社，2018 年，第 8 页。

Sogdian Studies and the Silk Road in *Iran and the Caucasus*

Garnik Asatrian   Victoria Arakelova

[Russian-Armenian (Slavonic) University, Yerevan]

Being a multidisciplinary journal and presenting an extensive range of various interests, including such aspects as history and archaeology, linguistics, literature, folklore, textology, religion, economic and political studies, *Iran and the Caucasus* (Brill: Leiden)[①], covers a much wider geography than mentioned in its title. The term *Iran* is applied here to the vast area from Asia Minor to India and China, including Central Asia, that is, all territories that have ever been within the political boundaries of Iran, or inhabited by Iranian peoples, or have been influenced by Iranian culture. The Silk Road theme is among those key areas, which explicitly or latently integrate numerous studies into one solid bulk and create a multidisciplinary database on this variegated and multi-layered phenomenon.

Since its foundation, *Iran and the Caucasus* has paid particular attention to the issue of intercultural communications of the East, in the context of the Silk Road Sogdians having occupied a particular niche here.

Among the materials published by the journal for its 25-year history are those on archaeology of the Silk Road, its ethnic, religious and cultural landscape, as well as on textology. Relevant problems were discussed in numerous articles on to the history of Manichaeism, the analysis of Sogdian texts, particularly, the Sogdian Ancient Letters, the place of Armenia in Chinese Sources, analysis of the genesis of some universal mythological figures, etc.

In this paper we will try to present an overview of "Sogdian Studies and the Silk Road" as reflected in "Iran and the Caucasus", focusing on the most significant materials having been contributed to the field.

An important segment of the mentioned materials deals with the toponymy requiring clarification. The research by Hamidreza Pasha

---

① *Iran and the Caucasus* (Brill: Leiden-Boston), www.brill.nl/IC.

Zanous and Juping Yang "Arsacid Cities in the Hanshu and Houhanshu"[①] discusses the ancient Chinese records from the Han period, especially Shiji (《史记》), Hanshu(《汉书》) and Houhanshu(《后汉书》) containing information about the cities and routes in the Arsacid kingdom and its neighboring lands. The authors try to first clarify the location of the main trade routes, in order to identify the relevant place names in the Chinese accounts, particularly in the Hanshu and Houhanshu. Zanous and Yang argue that, in the Arsacid period, the Great Khorasan Road still functioned as the primary section of the Silk Road. The latter's main section, in the Arsacid Empire, started from Merv (Mulu) and Nisa (Fandou), then passed through Hedu (Hecatompylos) and led across the Zagros Mountains to Aman (Ecbatana) and Sibin (Ctesiphon). They conclude that the cities of Mulu, Fandou, Hedu, Aman, and Sibin were located along the Great Khorasan Road, also called the Parthian Royal Road, in the Arsacid Period.

During the last two decades, several materials on relevant subjects by late Prof. Vladimir Livshits have also been published in *Iran and the Caucasus*. One of them is The Sogdian "Ancient Letters" I and Ⅲ[②] – the publication of the Sogdian paper documents found by Aurel Stein in 1907, in the remains of a watch-tower on the Chinese frontier wall. The "Ancient Letters" (dated back to the 4th century A.D.), are the earliest Sogdian handwritten texts and the oldest available paper documents. It is a well-know fact that in the beginning of the 4th century, the Sogdian trade companies had a wide distribution in the Chinese towns. The "Ancient Letters" mention "a hundred noble men from Samarkand", staying in a town, whose name has not been preserved. Vladimir Aronovich presents the translations of the first and third letters, dictated by a woman named Mēwnāi (lit. "tiger cub"), whose husband Nanaidāt (lit. "Created by goddess Nanai") had left her in Tun-huang. These texts of the private character have preserved numerous special details reflecting their time and space.

One more paper by Livshits is "Armeno-Partho-Sogdica".[③] It is dedicated to the Parthian lexical elements of East Iranian (Sogdian) origin in the Armenian language. The author gives a general outline of the problem and suggests several new identifications and etymologies.

Finally, two short articles by Vladimir Aronovich Livshits should also be mentioned in the current context: "A Sogdian Precursor of Omar Khayyam in Transoxania"[④] and "On a Khwarezmian Name"[⑤]. The first analyses a Sogdian inscription on

① Zanous, Hamidreza Pasha and Juping Yang, "Arsacid Cities in the Hanshu and Houhanshu", *Iran and the Caucasus*, 22. 2, 2018, pp.123-138.
② Livshits Vladimir, "The Sogdian 'Ancient Letters' I and Ⅲ", *Iran and the Caucasus*, 12.2, 2008, pp.289-293.
③ Livshits Vladimir, "Armeno-Partho-Sogdica", *Iran and the Caucasus*, 10.1, 2006, pp.77-86.
④ Livshits Vladimir, "A Sogdian Precursor of Omar Khayyam in Transoxania", *Iran and the Caucasus*, 8.1, 2004, pp.13-15.
⑤ Livshits Vladimir, "On a Khwarezmian name", *Iran and the Caucasus*, 20.1, 2016, pp.85-86.

a rim edge of a khum, found in Krasnaya-Re¢ka in 1988. The text says "The one who failed to discern a damage will also never see (whatever) wealth (at all). Then, drink, o man!". The line sounds pretty poetic, and Livshits points to the striking parallel between its motif and that of the Ruba'is by Omar Khayyam, who lived later, in the 11th century. Vladimir Aronovich suggests that a poetic style close to Ruba'i had been known to the Sogdians by as early as the 8th-9th centuries. The second short note, "On a Khwarezmian Name", presents the etymology and interpretation of the personal name twtyxs MLK' found on the coin of the Khwarezmian kings.

In his article "From Zanzibar to Zaytun"[1] based on numerous diverse sources, Richard Foltz discusses the role of Iranian merchants as principal actors, from antiquity up to the 16th century, in the maritime trade from the East African island of Zanzibar (from the Persian zang-bār, or "Black Coast") to the great south China port city of Quanzhou, known in mediaeval times as Zaytun ("olive" in Arabic and Persian).

Among the materials on the Silk Road are also those related to Armenia and Armenians. "Armenia in the Chinese Sources" by Ralph Kauz and Liu Yingsheng[2] focuses on toponyms, which may possibly be identified with Armenia. Discussing the term "Aman" from the earliest sources, the authors argue that a number of reasons support the equation of Aman with Armenia, although it cannot be definitely proven that Armenia was known to China during the Han dynasty about two thousand years ago. Later sources preserve more reliable data, and among them is "Map of the Territories of the One World", the "Summary of the Territories and Peoples of the Western Regions" and the "Seen and Heard Records of Maritime Countries", etc. It is particularly interesting that, in "Map of Territories…" , most probably, two Armenias, the *Armanīyah al-akbar* and the *Armanīyah al-asyar* of the *Nuzhat-al-Qulūb*, are mentioned as *Alimi and Alumaliye*. The authors conclude that Armenia was documented in Chinese texts at least from the Mongol period, and that "the Chinese and East Asian knowledge of Asia during the Mongol period and thereafter was immense and detailed".

The research "Some Possible Chinese Records about Armenia and the Armenians in Mid-Qing Dynasty"[3] by Xi Yang deals with late sources and focuses on the Armenian communities, who settled in Guangzhou (Canton) and Macao not later than the end of the 17th century. The author tries to find out whether the Chinese could then identify the communities as proper Armenian, whether they had a distinct approach to them as to the people of specific

---

[1] Foltz Richard, "From Zanzibar to Zaytun: Iranian Merchants across the Indian Ocean Basin", *Iran and the Caucasus*, 22.2, 2018, pp.139-154.

[2] Kauz Ralph and Liu Yingsheng, "Armenia in Chinese Sources", *Iran and the Caucasus,* 12.2, 2008, pp.175-190.

[3] Xi Yang, "Some Possible Chinese Records about Armenia and the Armenians in Mid-Qing Dynasty", *Iran and the Caucasus,* 13.2, 2009, pp.229-237.

ethnic and religious attribution. Pointing particularly to the deeply rooted indifference among the Chinese of that time to all foreigners and their generalized approach to them as non-Chinese, and taking into account that the majority of Armenian merchants came to China from India or Southeast Asia rather than historical Armenia, the communities could be regarded as part of Indian and other groups of migrants. However, in the Chinese records dated from 1751 to 1840, the author managed to find certain evidence that the Chinese in mid-Qing period might have been informed about the Armenians, as well as the land of Armenia. Among them are the following: the first volume of Huangqing Zhigong Tu (Images of the Peoples Tributary to the Qing Empire), completed between 1751 and 1757 and containing the images of peoples from the states, characterised as "vassal" to the Qing Empire. Two images contain the term Yaliwan ("Barbarian man from Yaliwan country" and "Barbarian woman from Yaliwan country"), with the following inscription: "The Yaliwan country is located in the West (Xiyang), and close to the Huihui country. Its climate is moderate, and the custom of its people unsophisticated. The barbarian men there wear eightcornered caps, gowns and leather shoes. Their gowns are made up of colourful strips and decorated with wicker-like patterns, with tight sleeves and girdled waist. The barbarian women there wear long hairs without pinning-up, and cover their heads with blue kerchiefs down to their backs, their collars decorated with gold and silver. They wear long dresses, often carry washing articles, and are adroit at needlework".[1]

Based on the specifics of the Cantonese pronunciation, peculiarities of transliteration, as well as the inscriptions of the images and the images themselves, the author concludes that the Chinese name Yaliwan was very probably referred to Armenia, or Armenian. Xi Yang mentions also James Russell's suggestion that *Yaliwan* could mean "Yerevan". The other term under discussion in the article is *Alimin*. It occurred in the early 19th century memoir *Hai lu* ("Overseas Record") by Xie Qinggao, a Chinese traveler, who, inter alia, wrote:"Many of the merchants here are *Alimin*, who are identical with those coming to Canton, wearing *triangular caps*".[2]

One more paper related to Armenia is Iain Gardner's "Did Mani Travel to Armenia?".[3] Manichaean texts contain a number of early references to Armenia. Gardner refers, in particular, to Mani's *Epistles* (including the "Letter to Armenia"), the Greek Mani-Codex, a Sogdian fragment on Mār Gabryab at Revān, *The Discourse about the Crucifixion*, as well as to the Coptic

---

[1] Rong Xuan, "Huangqing Zhigongtu", *In Book 594 of Yingyin Wunyuange Sikuquanshu*, Taipei: Commercial Press, 1982-1986, pp.441-442; Xi Yang, "Some Possible Chinese Records about Armenia and the Armenians in Mid-Qing Dynasty", *Iran and the Caucasus,* 13.2, 2009, pp.230-231.

[2] An Jing, Xie Qinggao, Yang Bingnan, *Hai lu Jiaoshi*, Beijing, Commercial Press, 2002; Xi Yang, "Some Possible Chinese Records about Armenia and the Armenians in Mid-Qing Dynasty", *Iran and the Caucasus,* 13.2, 2009, p.232.

[3] Gardner Iain, "Did Mani Travel to Armenia?", *Iran and the Caucasus*, 22.4, 2018, pp.341-352.

Kephalaia codex (held at the Chester Beatty Library in Dublin). Analysing these accounts and attracting the mentioned newly-edited Coptic source, Gardner concludes that Mani traveled to Sasanian Armenia, in the company of a local nobleman named Baat. This visit took place during the early to mid 270s A.D. in the course of Mani's final travels.

Among the recent publications of *"Iran and the Caucasus"* on the discussed theme is Matteo Compareti's work *"Iranian Composite Creatures between the Caucasus and Western China: The Case of the So-Called Simurgh "*.[1] The research touches upon the Iranian composite creatures in the decorative motifs in monumental arts or objects of luxury arts, and discusses how the proper analysis of the images could contribute to proposing more accurate chronologies for excavated artifacts on a very wide area, which includes Persia, the Caucasus, Central Asia, and the Tibetan Plateau.

The comprehensive review article by Adrian Pirtea "Empires and Exchanges in Eurasian Late Antiquity. Rome, China, Iran, and the Steppe, ca. 250-750"[2] analyses a collection of twenty-six studies on Eurasia in Late Antiquity[3]. With the main focus on Late Antique steppe empires (Huns, Türks, etc.) and their interactions with the great sedentary states of Eurasia (Byzantium, Iran, China), *Empires and Exchanges* reflects also various issues related to Silk Road trade, religion, history of science, migration, ethnic history, diplomacy and political ideology. Covering more than a five century period (ca. 250-750 CE), the volume significantly increases the scopes of our knowledge in several relevant fields and reveal new perspectives in approaches. As Pirtea puts it: "The traditional way of approaching the history of Eurasian empires as separate monolithic entitites that 'collide' with one another can greatly benefit from the numerous case studies of political, religious, economic, and cultural entanglements exhibited here. Scholars of Mediterranean, Middle Eastern, Central and East Asian history will hopefully take up the editors' proposal to develop 'Eurasian Late Antiquity' as a distinct framework for research…".

Regarding the current portfolio of "Iran and the Caucasus", Sogdian Studies and the Silk Road problematics will remain among the most topical issues in the years to come.

---

[1] Compareti Matteo, "Iranian Composite Creatures between the Caucasus and Western China: The Case of the So-Called Simurgh" , *Iran and the Caucasus*, 24.2, 2020, pp.115-138.

[2] Pirtea Adrian, "Empires and Exchanges in Eurasian Late Antiquity. Rome, China, Iran, and the Steppe, ca. 250-750" (review article), *Iran and the Caucasus*, 25.3, 2021.

[3] Nicola Di Cosmo, Michael Maas (eds.), *Empires and Exchanges in Eurasian Late Antiquity. Rome, China, Iran, and the Steppe, ca. 250-750,* Cambridge: Cambridge University Press, 2018, pp.37,504.

英中文摘要

Dunhuang and Hexi Region in the Pre-Qin to the Han Dynasty

Zheng Binglin (Institute of Dunhuang Study, Lanzhou University)

Abstract: The residents in Dunhuang and Hexi region should be replaced three times from the Qin dynasty to the West Han dynasty. Wusun and Da Yuezhi were the first residents who living between Dunhuang and Hexi region, when Da Yuezhi moved westward due to the failure of the war with the Huns, Xiao Yuezhi stay in Nanshan and established a regime name *Langhe Qiang* (狼何羌), mainly located in the area of Delinha City of Qinghai province today. At the turn of the Qin and Han dynasties, the right part of the Huns's Hongxie King and Xiutu King were living in Hexi region. Zhang Qian was captured by the Huns on his way to Western Regions as an envoy of the Han dynasty, his activities were mainly in the Hexi region and the right part of the Huns and was unfamiliar to the left part of the Huns. Therefore, the army of Han lost its way and not defeated the Huns but went well in the Hexi war between Huo Qubing's army and the left part of the Huns, that might be due to Zhang Qian's twice capture experiences in Hexi. The beginning of the name of Dunhuang should be related to Zhang Qian, he named Dunhong(敦薨) as Dunhuang while he was the guide of the army of Han.

Yuezhi's Range of Activities before Westward Migration and Its Position in the Cultural Exchange between East and West

Zhang Defang (Institute for Advanced Studies in Humanities, Shaanxi Normal University; Gansu Jiandu Museum)

Abstract: It is generally believed that Yuezhi (月氏) and Wusun (乌孙) lived in the Hexi Corridor (河西走廊) in western Gansu Province, known as the "Dunhuang Qilian Range", before their westward migration (176-160 BC). But since 2006, more than 3,600 pieces (groups) of various cultural relics have been unearthed from 78 large tombs and three sacrificial pits excavated at the Warring States Cemetery in Zhangjiachuan (张家川), Majiayuan (马家塬), Gansu Province. Some of them are left over from the Central Plains culture, while others are closely related to the northern grassland culture. A significant number have roots in the so-called Scythian (斯基泰) cultures of Central Asia and the Altai region. According to the "Yuezhi" recorded in the Han slips (汉简), the Yuezhi Dao (月氏道) of Anding County in the *Book of Han · Geographical Records* (《汉书·地理志》), and the recently discovered

Yuezhi Qian Fan (月氏钱范) in Chongxin County (崇信), Gansu Province. The article holds that the cultural attribute of Zhangjiachuan Majiayuan Tomb should belong to Yuezhi who had lived in Gansu as early as the Warring States Period, but it is too broad to define this as XiRong (西 戎). Accordingly, Zhangjiachuan Majiayuan cemetery should be with the same period of Bazereke (巴泽雷克) tomb belongs to the same culture. Similarly, a large number of gold ornaments in the tomb are related to the inheritance of the gold tombs in Siberkand (席比尔甘), Afghanistan, after the Yuezhi moved westward. They belong to the same culture, that is, they belong to the cultural legacy of the Yuezhi in this vast area. Thus, the Yuezhi's centuries of cultural exchanges between East and West, not to mention the spread of Buddhism during the Kushan Empire, and their role on the Silk Road, require careful study and re-evaluation.

A Study of the Edition, Age and Author of *The Periplus of the Erythraean Sea*

Li Dawei (School of History and Civilization, Shaanxi Normal University)

Huang Dongxiu (International College, Xi'an Siyuan University)

Abstract: *The Periplus of the Erythraean Sea* as one of the *Periplus* series of ancient Greek-Roman, was written by the anonymous Greek from Egypt in the middle of the 1st century based on his navigation and trade experience in the Indian Ocean. Its two manuscripts respectively collected in Heidelberg University and British Museum. As the only surviving work about the direct knowledge of the Indian Ocean in the early Greek-Roman world, it provides the most complete and authoritative record of the navigation and trade in the Ancient Indian Ocean. It is of great value to study the early Indian Ocean trade, the history of the maritime Silk Road and the formation of knowledge system about the Indian Ocean in the ancient Greek-Roman.

Zoroastrianism in Central Asia: New Discoveries in Khorezm

Author: Frantz Grenet (College de France)

Translator: Li Sifei (School of History and Civilization, Shaanxi Normal University)

Abstract: For the last 20 years or so, progress on the knowledge of Zoroastrianism in Central Asia came mainly from Sogdian ossuaries and funerary monuments of Sogdians in China, both providing images of the hereafter never met anywhere else in the Iranian world. Since 2008, an unexpected set of discoveries came from Akchakhan-kala, the earliest capital of far-off Khorezm (2nd c. BCE – 2nd c. CE). A set of large-scale wall paintings has been recovered from fragments fallen on the ground; the composition once adorned the southern wall of the hypostyle hall in the central part of the palatial complex. Radiocarbon samples indicate the early 1st c. CE. It shows three, or perhaps four, standing deities, over six meters high. These images are currently being studied by Fiona Kidd, Michele Minardi and myself. The deity to the left is now safely identified as the god Sraosha, overseer of ritual activity and chief fighter against demons. The next one, upholding the sky, is probably the Fravashi of Khorezm (Fravashis are guardian spirits of communities and helpers in the process of rainfall). On both images some motifs on the costumes appear to directly illustrate Zoroastrian rituals and formulas from the Avesta, showing that the liturgical book or at least some parts of it was well known to the priests who supervised the iconographic program. This is the earliest set of Zoroastrian art so far discovered.

On the Identification of the God Tishtrya/Tish Sitting on the Dragon in Sogdian Art

Author: Matteo Compareti (School of History, Capital Normal University; University of Venice, Italy)

Translator: Li Sifei (School of History and Civilization, Shaanxi Normal University)

Abstract: This paper is an attempt to identify the Zoroastrian rain god Tishtrya in Sogdian art and specifically in Temple Ⅱ at Penjikent. In ancient Mesopotamian religion, Nana and Nabu formed a divine couple. They were both introduced into Central Asia during the Achaemenid period (sixth-fourth century BCE) or even earlier although, while Nana kept her characteristics and functions, Nabu was superimposed to Tishtrya. Both Nabu and Tishtrya were associated to the planet Mercury, their symbolic animal was the dragon and they both held in their hands an elongated object: a stylus for Nabu and an arrow for Tishtrya. Nana and Tishtrya appeared together in Sogdian art and they arrived as far as the Tarim Basin (Xinjiang) and Dunhuang. For some reason not completely clear, Central Asians represented Tishtrya dressed as a woman and he appeared with very strong feminine traits in a paper fragment found in Dunhuang in the beginning of the last century. His association with the personification of Mercury probably determined the representation of this planet in some Chinese astronomical-astrological texts to be represented as a woman.

The Sogdians and the Spreading of Seals on the Silk Road in Mediaeval Times

Han Xiang (Institute for Western Frontier Region of China, Shaanxi Normal University)

Abstract: The Silk Road reached its peak during the Mediaeval Times which the Eastern and Western civilization exchanged with each other closely. Sogdians, being a commercial group, were so active in Sogdiana, Persia, Eastern Rome Empire and China. At that time, they were not only engaged in trade, but also spread the culture which the seals are part of it. There unearthed various western and eastern seals in Central Asia or the Western Region. And some western-Style seals are also discovered in the tombs of the north China in Mediaeval Times. Sogdians are probably the disseminators of the seals. Based on the archaeological materials unearthed in the West and the East, we discuss the role of Sogdians in the spreading of the seals on the Silk Road.

佩肯德城：从堡垒到粟特城市——布哈拉考古调查的研究成果

安德烈·奥梅尔琴科（俄罗斯国立艾尔米塔什博物馆）

摘要：本文介绍了俄罗斯圣彼得堡国立艾尔米塔什博物馆和撒马尔罕乌兹别克斯坦考古研究所组织的布哈拉考古考察队多年来对佩肯德城址进行实地考察的主要成果。佩肯德（Paykand）于公元4世纪始建于布哈拉绿洲（乌兹别克斯坦）西南部，公元11、12世纪因泽拉夫尚河下游水势恶化而废弃。佩肯德的历史大致可以确定六个时期。在这个时间段内，我们可以看到堡垒的产生、物质的变化，最后是城市中心的形成。在某种程度上，它们与整个中亚的历史事件相关。有证据表明，在公元前 4 世纪后半叶布哈拉绿洲就有许多定居点。这是由两种情况决定的：环境变化和粟特人从泽拉夫尚河上游迁徙。佩肯德聚落的核心是火神庙，这是粟特城市的一个特征。我们可以看到游牧民族（所谓的东萨尔马提亚人）在公元前 1 世纪至公元 1 世纪期间对布哈拉绿洲的物质文化和政治领域的重要影响。佩肯德堡的主体部分在公元 3—4 世纪进行了深度改造，这是伊朗萨珊王朝军事扩张所形成的结果，后者在布哈拉绿洲城市化进程中扮演了重要角色。在赫普塔利斯和突厥时代，佩肯德已经成为中国、中东、东欧和印度贸易路线上的一个著名城市。

The Uncommon Portrait behind the Coin Engraved with "*Yong An Wu Zhu*"（永安五铢）

Yan Yan (Wang ye Museum, Shenzhen)

Abstract: The part of the study in Silk Road that associated with the coins from diverse ethnic groups is a crucial subject. The round square hole copper minted coin from Northern Dynasties engraved with "*Yong An Wu Zhu*"（永安五铢）at the front and an uncommon portrait at the back discovered at the city of *Ye*（邺）early in the years is a recent and unprecedented material regarding coins in Silk Road. Metal coins were first imported to landlocked regions in Central Asia under the reign of the Achaemenid Dynasty. The break away from the Achaemenid Dynasty led to the establishment of Bactria, which ultimately Hellenized the Sogdiana areas deeply; thenceforth, more Greek patterned coins become regional mainstream. From the middle of the 7th century, the Sogdiana areas and Semirechie regions started to cast and issue an imitation of the round square hole coin engraved with "*Kai Yuan Tong Bao*"（开元通宝）from the Tang Dynasty. From then on, the Sogdiana coins had a further and deeper knowledge of the Central Mainland. The recent discovery on the "*Yong An Wu Zhu*" round square hole copper minted coin from Northern Dynasties with an unusual portrait at the back of the coin is intensely Hellenistic. The period of "*Yong An Wu Zhu*" is after Bactria, and before the imitation of a round square hole coin in Sogdiana areas. It is decidable that this coin is profoundly associated with the city of *Ye* according to its discovery location and popular districts for usage. The emergence of the Hellenistic portrait at the back of the coin especially links it to the knowledge on Greece from West Asia through the Sogdiana areas. And it provides the possibility for a new interpretation of the classification and genre division made by Boris Ilich Marshak on the discovery of Sogdiana silverware in Pokrovskoye village; this led to the investigation of newly gained channels for exchanges between Central Asia and the core region of Central Mainland in the before and after of the 6th century.

Huteng Dance Images in 12th-Cave of Yungang Grottoes

Liu Xiaowei (Music College, Shanxi University)

Abstract: In the music and dance sculptures on the dome of the 12th-Cave in Yungang Grottoes, there are images of dancers with their hands raised above the head, which used to be interpreted as a band "conductor". In the author's research, it is found that this movement feature is highly consistent with the images from the Sogdian tombs of the Northern Dynasty and the Dunhuang Grottoes, which are interpreted as Huteng dance. This consistency is also reflected in that the distribution of the image is basically consistent with the Sogdian settlement, the distribution of Buddhist caves and the location of tombs unearthed. It can be inferred that Sogdian merchants, as the core carriers of the Silk Road trade in medieval times, brought music and dance culture, which is closely related to their lives and rituals, to the settlement along the Silk Road in the process of business exchanges. it promoted the exchange of music and dance culture between the traditional Western regions and Pingcheng of Northern Wei, Chang'an of Sui and Tang dynasties, and innovated the composition of music in Sui and Tang dynasties.

中亚游牧世界和粟特名称的由来

保罗·奥尼贝内（意大利博洛尼亚大学）

摘要：自古以来，在一些地区，游牧民族和定居民族这两个截然不同的部落之间的互动和共存是必要的。尽管这些不同部落是相互依存的，但它们看待生活的方式不同，并且有着截然不同的价值体系：共存、物品交换及生产，这往往是冲突的交替时期，即游牧民族以掠夺的方式侵入定居部落。历史上最著名的这种负面影响的例子是蒙古入侵中亚，对中亚造成了彻底破坏性的影响。事实上，在定居民族和游牧民族之间并没有真正的界限：气候条件往往决定了在某一地区最适合的社会形式。因此，在较大领土内有游牧区，游牧区边界上有定居人口和定居前哨。更常见地说，从中国到匈牙利的普什塔，有一大片土地代表着从一种社会模式向另一种社会模式的逐渐过渡：游牧和定居的生活方式随着时间的推移而交替。沿着这一地带，有时会修建防御工事以防止游牧民族入侵，如中国长城，但人们意识到在大多数情况下，这些防御工事只能部分地解决问题。随着时间的推移，这个被称为粟特的地区就像古代黑海北部海岸的希腊城市一样，已经成为游牧世界定居生活的前哨。但是这个地区的名字证明了他们与游牧民族的频繁接触，他们仍然铭刻在粟特这个词上。本文的主题是粟特名字的由来，它反映了与游牧世界的密切联系（古波斯铭文中的广义术语 Saka）以及古代该地区定居发展的过程。

古代粟特社会中女性的地位

Maria Marinova（保加利亚索菲亚大学）

摘要：尽管在过去的几十年里，粟特研究取得了重大进展，但古代粟特社会中女性的地位仍是一个颇具争议的话题。可以阐明这一主题的直接资料很有限，其中最重要的资料包括有关亚历山大大帝的妻子——粟特公主罗珊娜（Roxana）的一些历史记载、在塔吉克斯坦穆格山（Mt. Mugh）古堡中发现的粟特文婚书以及英国考古学家奥莱尔·斯坦因（Aurel Stein）在敦煌附近发现的粟特文"古书"。据推测，粟特妇女享有权利和自由，不仅在社会领域，她们在当地的文化和政治生活中也发挥了巨大的影响。为了进一步考察这一假设并阐明妇女在古代粟特社会中的作用，笔者还分析了源于宗教习俗、艺术作品等粟特人物质和精神文化方面的一些间接资料。

Examples of the Spread of Chinese Culture to the West: The Spreading of the Pattern of "Three Rabbits Sharing Ears" in Dunhuang

Zhao Yanlin (Archaeology Department, Dunhuang Academy)

Abstract: The "Three rabbits with ears" decorative patterns are widely distributed throughout the Eurasian continent. The earliest known examples of this pattern date from Mogao Caves, China, and from Western Europe and elsewhere. According to the time and distribution of the pattern, it appeared in northern Zhou Dynasty in China at the latest, and then spread to Central Asia, West Asia, Europe and other parts of Asia and Europe gradually. Based on the analysis of the Stone Jingtang Stele of Yunju Temple in Datang, the pattern of "Three rabbits with ears" is a great example of the spread of ancient Chinese culture to the West.

"P"、"R"和"D"形刀鞘配件的剑和匕首：理解欧亚大陆某些方面新路径的机会

伊琳娜·阿尔赞采娃（俄罗斯科学院和高等经济学院民族与人类学研究所）

伊戈尔·加夫里图钦（俄罗斯科学院考古研究所）

摘要：6、7 世纪是亚洲和欧洲的动荡时期。在此期间，一系列欧洲（包括高加索）军械和军装军衔标志创新的发现，显示出了明显的东方特征。我们正在处理一些高级别武器的材料，诸如匕首和斜边刃的武器（单刃剑）。它们构成的关键要素之一是悬挂支架的典型形式，其形状类似于字母 P、D、R 以及它们的组合。为强调其重要性，根据从悬置匕首或鞘中剑的底座之类的小细节中所提取的信息，值得注意的是，这类底座的出现表明了一种新型轻武器的时空分布。6、7 世纪，在跨越欧亚大陆广大地区的"移民走廊"，轻武器取代了古老的重型武器。7—9 世纪粟特和苏对沙那（阿夫拉西阿卜〈Afrasiab〉、瓦拉赫萨〈Varakhsha〉、片治肯特〈Penjikent〉、卡拉伊－卡卡哈 1 号遗址〈Kalai-Kakhkakha I〉）统治者宫殿中的粟特壁画，则为我们提供了一整套邻国和当地人的"武器材料库"。所有这些壁画都随着阿拉伯人对中亚各国的征服而结束，并由此反映出中亚的一种先于阿拉伯人的独特物质文化层。在这方面，阿夫拉西阿卜的绘画因其题材——外国使节抵达粟特国王拂呼缦的宫廷——而格外引人关注，画中表现了一个完整的刀剑"博物馆"。

苏对沙那的阿夫申（Afshins）宫殿小王座大厅壁画中的"美女与野兽"

尼基塔·维·谢苗诺夫（俄罗斯国立艾尔米塔什博物馆）

摘要：卡拉伊－卡卡哈宫殿大厅的壁画分三栏排列，描绘了人、神、魔之间的斗争。这些绘制精美的壁画残片展示了武器、盔甲、服饰中包括各种珠宝和头饰的不同细节。马尔沙克曾一度认为，小厅中更为精致的线描绘画不仅证明了中国的影响，也说明当地艺术家熟知中亚及中国西北部分地区画派作品。也许，这种影响不仅涉及图像的绘画风格，也涉及图像的个别细节。在中亚及中国西北地区的佛像绘画中，以保存完好的施克申（Shikshin）、敦煌、柏孜克里克等绘画为代表，当中的菩萨等人物形象，身着带有冠冕、绶带和树叶等装饰的华丽服饰。关于这一点，我们来看西壁中心人物右侧的琴女形象。她的高髻和冠饰，上面装饰着一道环箍，可与包括莫高窟

壁画在内的演奏箜篌的伎乐形象相媲美。宫殿大厅壁画中的另一幅图像，在中亚及中国新疆部分地区的佛教图像中也有类似的表现，与玛哈嘎拉等神灵形象接近，北壁的两幅场景，通过坐在一辆由翼马拉动的战车上的人物被展现，第三栏也同样出现了这样的形象，在东壁的场景中在与娜娜女神相近的位置也出现两次。目前还不知道在这幅叙事壁画上所表现的全部故事，但毫无疑问，在天堂世界中逗留的人物及其形象所占据的第三栏没有任何叙事情节。据此，这里的人物不可能再描绘两次。可能是壁画上表现的不是一个而是两个相似的人物。他们大概能被解释为"双胞胎"，这也许反映了印度－伊朗对原始的阎魔和阎弥夫妇的信仰。特别是因为"Kahkaha"这一史诗巨人的名字，在其中一个版本的故事中他也有一个双胞胎。

从西方的视角看中国的胡人舞者

齐洛·罗穆齐奥（意大利罗马大学意大利东方学研究所）

摘要：胡腾舞是一种源于西方的主要舞蹈，由与古代粟特（今乌兹别克斯坦的沙赫尔－伊萨布兹）的石国有关的男性舞者表演。唐代的史书记载了他们的服装和他们表演的背景——通常是在夜晚。此外，男性"跳"胡腾舞与西域另一种备受推崇的舞蹈"旋舞"胡旋舞之间的区别也有明确规定。图像是一个重要的证据来源，尤其是在6—7世纪。在许多"汉化粟特人"的丧床上有胡腾舞舞者的形象，通常与宴会场景或其他伴随音乐和舞蹈的聚会有关。在金属器皿和宗教建筑（安阳修定寺）的装饰中也发现了胡腾舞舞者的证据。材料描述之后将讨论胡腾舞的起源，丰富的图像记录使我们能够追踪男性（早期也包括女性）人物的轨迹，这些人物以这种特有的姿势和手势演绎舞蹈：从犍陀罗艺术（今天的巴基斯坦北部，公元1—3世纪）到古希腊（公元前6—前5世纪），再到法老时代的埃及（公元前2000年），在空间和时间上都有延伸的曲目。

Built for Sogdiana: The Image Show of Mogao Cave 323 and the Spread History of Buddhism from Central Mainland of China

Sha Wutian (Shaanxi Normal University)

Zheng Binglin (Lanzhou University)

Abstract: The main part of the murals in Mogao Cave 323 of High Tang Dynasty selected the spread history of Buddhism from central mainland of China as the main content, which is genius in the history of Medieval Buddhism art history without sharing second example. In view of this, what is the purpose of building Cave 323? Why is it designed and built with such an image space focusing on the spread history of Buddhism from central mainland of China before the Tang Dynasty? A brief examination of history shows that in the period of Cave 323, a large number of Sogdian residents in Shicheng, Boxian and Khotan on the eastern part of the southern margin of Tarim migrated into Shazhou on a large scale as a result of the internal wars among the Western Turks precisely after the first year of Jinglong reign (707). Before this, in the late Wuzhou period, several batches of Tuyuhun people also submitted to Tang and were resettled in Guazhou and Shazhou areas for various reasons. In consequence, facing the large-scale immigrant Sogdians (may include some Tuyuhun people) who mainly believe in Zoroastrianism, the

Buddhist community in Dunhuang made full use of the original Sogdians who had converted to Buddhism as a supplement. Neighboring with the former built Sogdian An's Gongde Cave 322, they took advantage of the favorable condition that Mogao Grottoes was the public cultural center, broke the convention and chose to build a new cave with special function centering on displaying important historical stories on the spread of Buddhism from central mainland of China before the Tang Dynasty, which gradually formed a place similar to Buddhist lecture hall that disseminated Buddhist knowledge to these Sogdians. Therefore, it can be said that Mogao Cave 323 was built specifically for the Buddhist knowledge need of the Sogdians, which is unique in the Buddhism art history, a particular case in Dunhuang Grottoes and is of great significance.

Mysterious and Technology: A Study of the Witches and Folk Sorcery Activities of Tang Dynasty

Jiao Jie (School of History and Civilization, Shaanxi Normal University)

Abstract: Witches are marginalized groups in women's groups, mainly through witchcraft activities such as selling divinity and practicing medicine, reducing demons and eliminating monsters, praying for gods and so on to obtain living materials. In the Tang Dynasty, witches were usually handed down from mentors to apprentices, but many were handed down from mothers to daughters, and new witches would appear in family god-making activities. From the perspective of their activity space, the witches in the Tang Dynasty lived in the street and the temple. The witches living in the street were active in the folk. In addition to medical treatment, divination predicts that auspiciousness and evilness were their most concerned technology. The famous witches had a great income and would also have contact with the official circles. The witches who presided over the temple received incense money from pilgrims as their main income, and also took part in official and private prayer activities to receive payment. However, their magic was not innate, but acquired by entertaining gods, serving ghosts and spells. Some of the witches were folk doctors themselves, putting on the cloak of sorcery, and their skills were even more mysterious.

Analysis on the Cultural Factors of Hu Figurines Wearing Pointed Hats in the Tang Dynasty: Focusing on Hu Figurines Excavated from Tang Tombs in Guanzhong Area

Zhang Quanmin (Xi'an Institute of Cultural Heritage Preservation and Archaeology)

Abstract: The Hu figurines are a special and important category of ancient figurines, among which those wearing pointed hats are distinctive and striking. This paper briefly traces the origins of the pointed-hat figurines, focuses on the pointed-hat figurines excavated from Tang tombs in the Guanzhong area, summarises the evolution of their types, and explains the reasons for their change in relation to the historical facts of the Tang dynasty's strategy for the West and the flourishing of the East-West traffic, as well as examining the connotations and significance of burying the Hu figurines. The figurines are artistic copies of foreign peoples who entered China, including elements of the Sogdiana and other peoples from the West, which are difficult to identify with certainty. This paper combines historical documents and pictorial material to analyse the multi-cultural aspects of the figurines in terms of appearance, custom and identity, and to explore the absorption of Tang culture by the Hu people and their influence on the social mores of the time.

Messengers and Traders: A Study of Tribute Paintings and Exchanges between the Sogdians and China (6th-8th Centuries)

Lee Yun (School of History and Civilization, Shaanxi Normal University)

Abstract: In this study, the author focused on six Sogdian in *Portraits of Periodical Offering* (《职贡图》). Early 6th century, Hephthalites (*White Huns*) had a number of vassal states; they assisted by Sogdian send tribute to the Liang. *Portraits of Periodical Offering* which also reflects the diplomatic rituals throughout Eurasia in medieval period, such as offer the letter of credence, gift exchanges and accompanied by translator. By the middle of the 6th century, Turks inherit Hephthalites's legacy, including diplomatic rituals. This kind of diplomatic rituals can also be seen in the murals of Afrasiyab which is an ancient site of Northern Samarkand, which have the Sassanian Persian tradition. The records of *Tongdian* (《通典》) about the *he* (何国) building represent the Sogdian model of this kind of art works. The creation of the new type murals in Afrasiyab is based on the *Kao-ti* (高宗) gave the title of Governor to Vargoman, who is the King of the *Kang* (康国), during Yonghui era (650-655). In the murals of Afrasiyab, a Chinese embassy carrying gifts to Kang. However, it should be noted that in the gift exchange activities, the gifts that foreign countries paid tribute to the Tang Dynasty came from rich sources, which became a part of the Royal property, but the goods that the Tang Dynasty gave back to foreign countries were mainly domestic products of the Tang Dynasty, which have absorbed foreign technology and culture. The final stage presents an evolution about the rules concerning paying tribute and bestowing gifts in Kaiyuan era (713-741). In the eighth century, the Umayyads expand their control over the Sogdiana, which resulted in the Sogdian kingdoms sending envoys to the suzerain host court in China frequently, to ask for intervention by the Tang. It indirectly leads to large-scale commercial tributary trade become institutionalized.

A Study on Multiculturalism of Decorative Image of Wooden Coffin in Tuyuhun

Sun Jie (Xining Museum)

Abstract: Located on Qinghai Road of the Silk Road, Haixi Mongolian and Tibetan Autonomous Prefecture of Qinghai has been an important channel and node of ethnic migration, cultural exchange and trade since ancient times. It was successively controlled by Tuyuhun and Tubo, and was under multiple influences from different regions and cultures of different nationalities. Therefore, the diversity of cultural factors has become one of the most prominent features of the ancient relics in this area, and the colored painted wood coffin is one of the most concentrated carriers of this cultural diversity. The painted wooden coffins in Tuyuhun period are no exception. From the decorative images, we can see the influence from the Central Plains and the inheritance of the original culture of Tuyuhun. Meanwhile, the influence from the Soghite culture in Central Asia also began to emerge at this time.

A Discussion about the Related Concepts and Main Features of Sasanian Silver

Fu Chengzhang (Sun Yat-Sen University, Department of History, Zhu Hai)

Abstract: Silver is an important reflection of Sasanian royal art. For "Bactrian metalwork" and "Post-sasanian" silver, the space-time impact of Sasanian silver is obvious, which can be interpreted as an unique creation under the influence of Sasanian art. And the key of judging the cultural attribution of related silver, which is depended on whether we could have a relatively accurate knowledge about the blending degree of different cultural elements. As a result, we need to discuss the features of Sasanian silver from three main aspects of shape, motif and craft to make the origin clear.

Fantastic Flying Creatures in Sogdian Arts: Generic Symbols of Glory/Farn or Specific Divine Personifications?

Li Sifei (School of History and Civilization, Shaanxi Normal University)

Abstract: Composite creatures represent a distinctive element with rich significance in medieval Sogdian art. This kind of hybrid animals appeared very often in front of important people in 7th-8th century Sogdian paintings from Penjikent (Tajikistan) and, occasionally, on unexcavated silver vessels. Scholars have given varied interpretations on their meaning because written sources are scarce and controversial. According to the most accepted theory, they could be symbols of an important religious concept of ancient Iranian society: glory (Sogdian *farn*) or protection of the gods, though some recent studies could allow better identifications. Aside from being generic symbols of glory/*farn*, one could assume that some composite creatures point to specific divinities of the rich Sogdian Zoroastrian pantheon. This article attempts to reexamine related texts and archaeological findings such as Penjikent paintings, newly-discovered seals, Sino-Sogdian Shi Jun funerary monument (580) and several Central Asian metal objects, in order to propose at least two associations. In fact, the triton-like creature holding a drape above his head could be associated with the Zoroastrian wind god Weshparkar (Avestan Vayu), while the winged camel with a beribboned ring in its mouth should be considered as the protection of the Zoroastrian god of war and victory Washaghn (Avestan Verethraghna). These (hypothetical) associations and new ideas would hopefully help to deepen the understanding of the individual meaning of composite creatures and allow further researches.

Images of the Riderless Horse as a Symbol of the Deceased in Sino-Sogdian Tombs

Sun Wujun (School of Humanities, Xi'an University of Architecture and Technology)

Abstract: Images of the riderless horse are prevalent in the Sino-Sogdian tombs of the Northern

Qi, Northern Zhou, and Sui dynasties. Some scholars argue the images embody one god, while others suggest they represent the divine sacrifice of the tomb owner, destined for another world. This study examined references from ancient China, Iran, India, and Sogdiana, to discern the closest motif in Sino-Sogdian tombs, appearing in ancient China. Results indicate that the images represent the deceased tomb owner, and bear the same meaning in ancient China. Additionally, this study explains the reasons why tomb owners chose the representation, and considers implications for future research on iconography and symbolism associated with Sino-Sogdian tombs.

The Hunting Images in the Tombs of the Sogdians Entering China and Their Aesthetic Concepts
Yang Yuhan (School of Humanities, Xi'an University of Architecture and Technology)

Abstract: As one of the richest themes in the funerary utensils and tomb images of the Sogdians in China, hunting is not only an intuitive appreciation of the images of social fashion at that time, but also an inclusive product of foreign Sogdian culture. The paper mainly takes the hunting image in the Chinese Sogdian'tomb image as the research object to analyze the image details, cultural background and aesthetic characteristics from the perspective of modern aesthetic concept. It is worthy to have a deeper understanding of the aesthetic concepts contained in Chinese Sogdian'tomb.

粟特纳骨器上琐罗亚斯德教情节：钦瓦特桥与死后的审判
根纳季·波戈莫洛夫（乌兹别克斯坦共和国科学院，国家考古中心）

摘要： 丰富的历史遗产是研究中亚从古至今各种历史进程、社会文化现象取之不尽、用之不竭的基础材料。中世纪早期是中亚历史上的一个重要时期。中世纪早期的特殊性在于物质和精神文化中的民族及文化发展，对中亚各国传统文化各种现象的深层结构及思想的后续发展产生了巨大的影响。相关研究的主题领域之一便是中世纪早期宗教信仰和文化接触问题。此时期，基督教、佛教和琐罗亚斯德教广泛传播于包括粟特在内的中亚各国。其中，琐罗亚斯德教被认为是粟特本土宗教。其最具体的特点是火崇拜和丧葬仪式，明确体现了万物有灵论信仰、对来世和未来轮回的信仰、对死者转世的关注。考古学研究表明，对于前穆斯林时期的粟特人来说，纳骨器是葬礼仪式的组成部分之一。它们都被用来装清洁过的骨头。这些纳骨器的出土被认为是琐罗亚斯德教思想和仪式存在的证据。仪式包括几个历史阶段，但只有最后两个阶段的情况可考。

粟特铠甲装武士：天神还是国王？
阿桑·托戈耶夫（俄罗斯国立艾尔米塔什博物馆东方部）

摘要： 在7世纪到8世纪初的粟特艺术中，主要是在红陶方面，有一个全副武装、身穿精致盔甲人物的著名的图像，文章旨在研究这个人物形象本身及其起源。对武器和盔甲特征的观察显示出在7世纪它们似乎已经很古老了，这种情况表明人物本身更有可能具有神性。遗憾的是，目前我们还没有资料能够可靠地辨识出他与粟特万神殿的任何人物的联系。

Exploration of the Tomb Records of Kang Chazhi, Chief of the Submissive Turkic Tribes in the Tang Dynasty

Zhao Zhenhua (International Research Centre of Heluo Culture, Luoyang Normal University)
Wang Linghong (Longmen Museum)

Abstract: In the late *Kaiyuan* period, the upper echelons of the post-Turkic Khanate declined due to years of incessant infighting, and tribes fleeing from the depletion of war took their money with them and entered the Tang dynasty. In the first year of *Tianbao* reign, *Kang Chazhi*, 40 years old, along with his elder brother *Kang Aye Qu Dagan*, led the 5,000 Eastern Turkic tribes to the Tang dynasty and stationed in *Liucheng*, where they were subject to the control of *Fangyang's* envoy, *An Lushan*, and were actively involved in the invasion of Xi and Khitan, and were promoted frequently. The grassland military tribes, made up of exclusively Turkic peoples, gradually faded in the new environment. In the winter of the 14th year of *Tianbao*, when *An Lushan* rebelled against the Tang Dynasty, the Kang brothers showed their loyalty to the Li Tang Dynasty by killing the rebellious Hu. Although in the centre of the rebellion, it was difficult to contact the imperial court, they insisted on marching southwards. *Kang* confronted rebellion by force and destroyed stronghold of *An Lushan* in the north and south of the Yellow River. As a result, their relatives were killed, their tribes were consumed and scattered, and their power was sharply reduced. The two brothers with their families and Tribal members fought while marching. Eventually, they turned back to *Su Zong* and becoming a military force in the defence of Tang dynasty to destroy the power of *An Lushan*.

专有名词学视野下粟特人的万神殿

卢湃沙（俄罗斯国立艾尔米塔什博物馆）

摘要： 本文试图分析在现存古文书中粟特人的名字，从而推动对粟特宗教的研究。在对基本的个人信息，关于其来源、众神的形象以及研究方法的论述之后，对几组名称展开进一步研究调查：阿胡拉·马兹达以及马赫拉斯坎德；"更年轻的阿维斯塔"众神；不见于琐罗亚斯德教记载的伊朗神；域外众神、英雄以及一些宗教概念；重大事件甚至恶魔等组成。在掌握了以上的材料之后，笔者得出一些结论，分别从琐罗亚斯德教首席众神的一些艺术形象；粟特人人名词源中的外来尊神；从专有名词词源学角度看众神和英雄们的功能；粟特本土众神的相似与不同，在巴克特里亚以及花剌子模；众神的名字在文书中被翻译成外来的神的变化；从纪念性艺术到人名的粟特文化不同媒介所表现的天国之间的巨大差异。

一件来自片治肯特第 26 区的木板刻莲花座佛像

沙罗夫·库尔巴诺夫（塔吉克斯坦科学院历史、考古与民族学研究所）

摘要： 在这篇论文中笔者介绍了一个发掘出土于片治肯特的木板，其上装饰有一件佛像，极为罕见。佛教在粟特并不流行，其主要信众是生活在现代中国边境的粟特移民。因此，这件木制佛像是一个非常有趣的证据，需要具体研究，它有助于更好地理解粟特人的宗教信仰，以及他们在亚洲佛教文化传播中的角色。

一件饰有王室宴会场景的银盘

艾米·海勒（瑞士伯尔尼大学历史、宗教与中亚学研究所）

摘要：本文的研究对象是一件镀金银盘，直径 34.2 厘米，盘底刻有重量标记，学界将其时代暂定于中亚吐蕃时期（7—9 世纪）。在银盘中央，绘有一圆圈（13.8 厘米），一国王盘腿坐于地毯之上，呈巴格达斯登基式，手中举杯，准备从侍者手中所持的一个带有鹿头（麒麟）的壶中盛酒。该国王身着粟特式长袍，窄袖，与片治肯特壁画中所描绘的极为相似。而国王的王冠类似于萨珊王朝钱币上的皇家肖像中的王冠，西藏拉萨所藏银壶上所描绘的中亚舞者所戴的王冠也很相似，可将其追溯到 8—9 世纪。但据我们所知，此王冠样式却与皇家王冠并不相同。此画面中，国王和侍者外侧由两名舞者和四名乐师包围，他们都是男性，被独特的植物或花卉图案隔开。这些人都身着两侧开衩的长袍，以便骑乘。一个舞者正在表演"胡旋"舞，右脚腾起，另一个乐师手拿木槌，两者之间饰有葡萄和鼠尾草的枝叶。其余乐师分别持长笛、鼓和琵琶，与另一个舞者一起站立。通过观察，这个银盘是在中亚吐蕃时期的多元文化背景下制作的。用鹿头装饰酒壶，正是其中一个元素。这是一只小鹿，鹿角呈独特的"皇冠"形状，在 7—8 世纪的粟特银器中很常见，甚至在更早的萨珊银器上也有发现。与此相似的头戴"王冠"的鹿头在西藏拉萨的一件古代银盘上也有出现。在中国，这种鹿与瑞兽麒麟相对应，而麒麟在唐朝也是一种吉祥神兽，其与道家主张的长生不老的思想息息相关。此外，在中国的西北地区，国王献酒的场景也出现在粟特人的石椁之上，国王献酒的场景是在表演"胡旋"舞者和一群乐师的簇拥下进行的。在青海出土的藏式棺椁上也画有同样的场景。上述因素表明，这一银盘很有可能是在为制作专门的丧葬祭品这一背景下产生的。我们通过对服饰和乐器进行对比研究，进一步深入研究该银盘的制作背景。

Portraits of Hu and Han: An Analysis of the Image of the Brahmins since Song and Xixia

Wu Xuemei (School of History and Civilization, Shaanxi Normal University)

Abstract: Brahman is a common character subject in Buddhist art, it is widely seen in Buddhist art in India, Central Asia, the Western Regions, and the Han region. Its appearance is usually a male figure with a bundle of hair, a withered body, and a naked upper body. Through sorting out the image data of various periods，you can see that there are specific Brahman images in grotto murals, statues, prints and other images，the image of Brahman did not change much before the Song Dynasty. In Xixia, the image of Huren appeared in Buddhist scripture prints. At the same time, the image of Brahman was painted as a noble man and an old man in the murals of Buddhist temples in the Jin Dynasty in Shanxi. The change of Brahman's image triggers our thinking about identity, cultural concepts, and artistic aesthetics behind his style.Think that the sinicization is the main clue when painters deal with Brahman images over time. Although the Brahman image in the Xixia prints is a Hu people, it actually reflects the Xixia people's identification and advertised identity of the orthodox Han culture in the Central Plains under the influence of Confucian culture. In addition, with the rise of Neo-Confucianism in the Song and Ming Dynasties, it he prosperity of literati painting makes the foreign images of this period reflect the strong Chinese color. Through the transformation of Brahman image，we can see the gradual integration and sinicization of foreign art in the Han cultural circle after Song Xia.

Conglomeration and Interpretation: Narration of Sogdian Treasures in Museum Context of Collection and Exhibition

Yang Jin (School of History and Civilization, Shaanxi Normal University)

Abstract: Sogdian collections in China and other country's museums are very constructive for the Sogdian studies and research. Museum curators and scholars were frequently seen to work together to communicate the public via exhibiting the research achievements. However, comparing with the themed exhibitions in some foreign museums, Chinese museums were less academic due to the lack of thoroughly involvement of researchers, leading to some inadequate or misleading or undue interpretations. As the public intellectuals, those focusing on Sogdian studies should take the full advantage of museum as a narrative approach to publicize their research, allowing the audience to understand the historical evolution of Chinese nation, some ethnic groups, such as Sogdian who played a very especial part in the Hu-Han dualism society during the Northern Dynasties and Sui, Tang dynasties.

《伊朗和高加索》中丝绸之路及粟特学研究概述

加尼克·阿萨特里安　维多利亚·阿拉克洛娃 [（亚美尼亚）俄罗斯 – 亚美尼亚国立大学东方学研究所]

摘要： 自其创立，《伊朗和高加索》就对跨文化交流的研究很感兴趣，而有关粟特学和丝绸之路的话题更是其关注的重点。在本文中，笔者对在《伊朗和高加索》上发表的有关粟特学和丝绸之路相关话题的研究成果做了一个系统梳理，重点梳理的是对相关领域研究起着基础性作用的实物证据材料。

征稿启事

　　为促进丝绸之路历史文化的学术交流，不断提高本刊办刊质量，《丝绸之路研究集刊》热忱欢迎学术界同行的支持。本刊由陕西师范大学历史文化学院、陕西历史博物馆、陕西师范大学人文科学高等研究院联合主办，任务是借同道之力，深入挖掘丝路历史、地理、民族、宗教、语言、文字、考古、艺术等问题的新材料，尤其关注与丝绸之路有关的美术考古、艺术考古等图像的相关研究，倡导"图像证史"的研究方法，试图透过历史文物，探索丝路上"人"的历史。

　　稿件请采用电子文本投稿；若以打印稿投稿，请同时提供电子文本。稿件字数一般不超过 2 万字（优秀稿件不限制字数）。作者单位及联系方式请置于文末。本刊编辑部有权对稿件进行修改，如不同意请在投稿时注明。本刊审稿期为三个月，实行匿名双审制度，如逾三个月未收到用稿通知，作者可自行处理稿件。因本刊人手有限，来稿恕不退还，请作者自留底稿。来稿文档或信封请注明"稿件"二字。本刊出版后，即致稿酬、出版刊物（2 本）及作者文章抽印本（20 份）

　　本刊已加入"中国学术期刊全文数据库"（CNKI）及 CNKI 系列数据库，凡在我刊发表论文者（特别声明者除外），均视为同意授权编入相关数据库，我刊所付稿酬已包括此项费用。凡转载、引用本刊文章及信息者，敬请注明出处。

来稿地址：陕西省西安市长安区西长安街 620 号，陕西师范大学历史文化学院

邮编：710119

收件人：沙武田　先生

电话：18292870965

投稿邮箱：shawutian@163.com

敬祈　惠赐大作以为本刊增色，不胜感激。

《丝绸之路研究集刊》编辑部

2022 年 12 月 1 日

稿件格式规范

一　稿件格式

（一）文稿内容

1. 标题（宋体，小二号，加粗）；

2. 作者（宋体，小四号）及作者单位（楷体，五号）；

3. 正文（宋体，五号）；

4. 题目、作者、单位的英文翻译和英文摘要（Times New Roman，200—300 字）。

文本采用 WPS 或 WORD 编辑，1.25 倍行距，页边距普通格式（上下 25.4mm，左右 31.75mm）。

（二）正文注释采用每页脚下注，正文中的注释序号和脚注序号均用①、②、③……按序标识，每页单独排序。正文中的注释序号统一置于包含引文的句子（有时候也可能是词或词组）之后，标点符号之后右上角。 如需大段引用典籍文献原文，请单独另起一段落，楷体（字号不变），引用符号置于标点符号之后右上角。

（三）文中采用新式标点符号，破折号（——）、省略号（……）占两格，其余符号占一格。古代朝代名称用圆括号（ ）；国籍用六角括号〔 〕。另外，正文也可采用少量夹注。涉及古代帝王的年号应标注公元纪年（公元前可省略为"前"，公元后可省略"公元"），如唐贞观元年（627）。国外的地名、人名首次出现时标注外文名字，如尼罗河（Nile）、阿尔卑斯山（Alps）、斯坦因（M. Aurel Stein）。

二　文内数字使用

（一）使用汉字情况

1. 古籍文献中的数字

《晋书》卷 11《天文志上》："古旧浑象以二分为一度，凡周七尺三寸半分。"

2. 中国朝代的年号及干支纪年使用的数字

元鼎七年，雍正十一年

3. 数字的惯用语

十之八九，四分五裂

4. 带有"几"字的数字

几千年来

（二）使用阿拉伯数字情况

1. 公历世纪、年代、年、月、日；

2. 公制的度量衡单位计数与计量，包括正负数、分数、小数、约数和百分比，各种物理量值；

3. 表的顺序号、数据及计量单位均用阿拉伯数字；

4. 引用敦煌写本，用 S.、P.、Ф、Дx、千字文、大谷等缩略语加阿拉伯数字形式。

三 脚注标注格式

（一）书籍

作者姓名＋责任方式：书名，出版者，出版时间，起止页码。（责任方式为著时，"著"可省略，其他责任方式不可省略。引用翻译书籍时，将译者作为第二责任者置于文献题名之后；如果引用点校过的古籍，点校或校注者放在书名后面；外国国籍和朝代，请分别用〔 〕和（ ）在作者姓名前注明。）第二次及以上引用同一古籍文献时，只需注明书名、卷数、篇名、页码；专著只注明作者、书名、页码。

1. 陈垣：《元也里可温考》，商务印书馆，1923年。

2. 〔法〕戴密微：《吐蕃僧净记》，耿昇译，甘肃人民出版社，1984年，第20页。

3. （唐）玄奘、辩机：《大唐西域记校注》，季羡林校注，中华书局，1985年，第200页。

4. （汉）司马迁：《史记》卷7《项羽本纪》，中华书局，1982年，第10页。

（二）期刊

作者姓名：篇名，刊名并发表年份及卷（期），起止页码。

1. 姜伯勤：《唐敦煌"书仪"写本中所见的沙州玉关驿户起义》，《中华文史论丛》第1辑，中华书局，1981年，第157页。

2. 王尧、陈践：《敦煌藏文写本PT1083、1085号研究》，《历史研究》1984年第5期，第45页。

（三）论文集

析出文献作者姓名：析出文献篇名，原文献题名，出版者，出版年，析出文献起止页码。

1. 荣新江：《萨保与萨薄：北朝隋唐胡人聚落首领问题的争论与辨析》，《法国汉学》丛书编辑委员会编：《粟特人在中国——历史、考古、语言的新探索》，中华书局，2005年，第49—71页。

2. 施萍婷、贺世哲：《敦煌壁画中的法华经变初探》，敦煌文物研究所编：《中国石窟·敦煌莫高窟》（三），文物出版社、平凡社，1987年，第177—191页。

（四）电子文献

作者姓名：电子文献名，电子文献的出处或可获得地址，发表或更新日期。

1. 张俊民：《〈敦煌悬泉汉简释粹〉校读》，简帛网，http：//www.jianbo.org/admin3/ 2007zhangjunmin001.htm。

（五）未出版文献

1. 学位或会议论文：作者姓名：文献篇名，获取学位类型及学校，文献形成时间，起止页码。

（1）张元林：《北朝—隋时期敦煌法华艺术》，博士学位论文，兰州大学，2009年，第1—5页。

（2）〔日〕京户慈光：《关于尊胜陀罗尼经变》，敦煌研究院石窟研究国际学术会论文，2004年，第88—90页。

2. 手稿、档案文献：文献标题，文献形成时间，卷宗号或其他编号，藏所。

《傅良佐致国务院电》，1917年9月15日，北洋档案1011-5961，中国第二历史档案馆藏。

（六）外文论著（书刊名用斜体，论文不用斜体）

1. Wu Hung, *The Double Screen: Medium and Representation in Chinese Painting*, University of Chicago Press, 1997, p.l.

2.Lawrence Stone, "The Revival of Narrative: Reflections on a New Old History", *Past and Present*, Vol.3, 1979, pp.22-32.

四 关于图版

本刊欢迎作者随文配附相应的能够说明文字内容的各类图版，在文中标示清楚图版序号（图1、图2、图3），图版标题为叙述式，简洁明了，图版质量在300dpi以上，并要求注明图版无版权问题。图版须与文本内容保持一致，需单独发送。

如：图1陕西历史博物馆藏唐韩休墓出土《乐舞图》（采自程旭《唐韩休墓〈乐舞团〉属性及相关问题研究》）；

图2敦煌莫高窟西魏第285窟主室南壁五百强盗成佛图（敦煌研究院版权所有）。

五 课题基金项目标注

若是课题研究项目，请在文中标明：课题来源、课题名称、课题编号等。题名右上角加注星号（*），内容标注在脚注①前面。

图书在版编目（CIP）数据

丝绸之路研究集刊. 第九辑，粟特研究专号 / 陕西
师范大学历史文化学院，陕西历史博物馆，陕西师范大学
人文科学高等研究院编. -- 北京：社会科学文献出版社，
2023.8

ISBN 978-7-5228-1316-5

Ⅰ. ①丝… Ⅱ. ①陕… ②陕… ③陕… Ⅲ. ①丝绸之
路 – 丛刊 Ⅳ. ① K928.6-55

中国版本图书馆 CIP 数据核字（2022）第 252566 号

丝绸之路研究集刊·第九辑（粟特研究专号）

编　　者 / 陕西师范大学历史文化学院　陕西历史博物馆
　　　　　陕西师范大学人文科学高等研究院

出 版 人 / 冀祥德
责任编辑 / 赵　晨　郑彦宁　汪延平
责任印制 / 王京美

出　　版 / 社会科学文献出版社·历史学分社（010）59367256
　　　　　地址：北京市北三环中路甲 29 号院华龙大厦　邮编：100029
　　　　　网址：www.ssap.com.cn
发　　行 / 社会科学文献出版社（010）59367028
印　　装 / 北京盛通印刷股份有限公司

规　　格 / 开　本：889mm × 1194mm　1/16
　　　　　印　张：34.25　字　数：770 千字
版　　次 / 2023 年 8 月第 1 版　2023 年 8 月第 1 次印刷
书　　号 / ISBN 978-7-5228-1316-5
定　　价 / 198.00 元

读者服务电话：4008918866